ALLEGORY: The Theory of a Symbolic Mode　ANGUS FLETCHER

アンガス・フレッチャー

アレゴリー

ある象徴的モードの理論

伊藤誓 訳

高山宏セレクション〈異貌の人文学〉

白水社

アレゴリー

ALLEGORY
The Theory of a Symbolic Mode
by
Angus Fletcher
1964

装幀　山田英春
企画・編集　藤原編集室

よそ者であることは不名誉ではなく、流浪の身であることもそれほど退屈ではない。雨は大地にとってよそ者であり、川は海にとってよそ者であり、ユピテルはエジプトではよそ者であり、太陽はわれわれみんなにとってよそ者である。魂は身体にとってのけ者であり、ナイチンゲールは大気のなかではのけ者であり、ツバメは家のなかではのけ者であり、ガニメデ〔オリュンポス山で神々のために酌をしたトロイアの美少年〕は天国ではのけ者であり、象はローマではのけ者であり、〔エジプト神話の〕不死鳥はインドではのけ者である。もっとも未知なもの、もっとも遠くから来たものが、われわれをもっとも喜ばせるというのは、ごく普通のことである。

――『憂鬱の解剖』

アンガス・サマヴィル・フレッチャーと
ナンシー・エリクソンの
思い出にささげる

謝辞

本書を準備するにあたって、わたしは多くのさまざまな助力と励ましを受けた。参考文献のリストは、わたしが他の著作家にいかに負うところが多いかをいくらか伝えている。そのなかでも、ノースロップ・フライ、ミルチャ・エリアーデ、I・A・リチャーズ、ケネス・バーク、ウィリアム・エンプソン、そしてとりわけフロイトは、わたしの研究のほとんどすべての局面に、指針となる影響力を与えている。アレゴリーをめぐるわたしの思索は、数年前の、恩師と同僚との議論にさかのぼると思う。イェール大学でのジョン・ポープ教授の、スペンサーを扱った大学院のゼミは、アレゴリーという主題へとわたしを導いた。その前には、J・T・カーティス教授とL・P・カーティス教授の学部コースで、わたしは観念の歴史に興味をもった。その後ハーヴァード大学で、わたしはふたたびアレゴリー研究を始めた。最初はアーチボールド・マクリーシュ教授の授業で短いエッセイを数篇書き、I・A・リチャーズ教授とルーベン・ブラウアー教授の指導のもとで書いた博士論文でアレゴリー研究を続けた。以上のお三方にわたしは謝意を述べたい。彼らは、わたしの思索が、どちらかと言えば、ゆっくりとかたちをなすのを忍耐強く見守って下さった。とくにブラウアー教授は、教育と大学行政の激務のなかでも、時間を見つけ、わたしの論文原稿に入念かつ細心の査読をして下さったことを思い出す。さらに院生時代以来の恩義に対しても謝意を述べなくてはならない。W・J・ベイト教授は、彼といっしょにサミュエル・ジョンソンの作品を研究するものすべてにとって霊感源であった。彼はまた、文学批評でわれわれを鍛えて下さった。彼の影響力は本書でも、深く広く浸透している。

わたしはコーネル大学の友人と同僚にも謝意を述べなくてはならない。彼らは親切にも、専門的な助言と全般にわたる励ましを与えて下さった。とくにどこというわけではなく、本書の発展の初めから終わりまで、エフィム・フォーゲル教授は情報源だった。彼は進んで、彼のもつ英文学とヨーロッパ文学の該博な知識をわたしが利用するのを認めて下さった。そのことに謝意を表したい。ロバート・M・アダムズ教授も同様に、わたしの思考に酵母菌的影響力を与えた。彼のウィットと学識は、批評の討論でつねに発揮された。ウィリアム・R・キースト教授は、わたしが、コーネル大学英文科交付基金から資金援助を受ける手はずを整えて下さった。深く感謝申し上げたい。

わたしは、コロンビア大学学部長にもお礼申し上げなくてはならない。コロンビア大学から助成金を受ける手はずを整えて下さったおかげで、本書に収める図版を拡充することができた。

わたしはコロンビア大学図書館にこれからも消えることのない恩義を受けた。協力して下さったスタッフ、とりわけ図書の貸し出しを担当されている部長のアーサー・カルプ氏は、多くの点でわたしの研究の便宜をはかって下さった。

多くの友人たちは、ある意味で、本書の第二の著者である。テイラー・ストウラー教授は、原稿の大部分を一度ならず査読して下さり、訂正し、検討し、多くの価値ある変更を示唆して下さった。彼の批判すべてに対して感謝したい。カルヴィン・エドワーズ教授は、彼の、スペンサー詩学とルネサンス神話集に関する百科全書的知識をわたしに利用させて下さった。彼との数知れぬ会話のなかで、わたしはきっと、彼の考えだとも考えずに、自分のなかに吸収してしまったにちがいない。彼に対する借りがどこまであるかはっきり述べられないほどである。最後に、友人のハワード・フロック教授に謝意を述べたい。彼の心理学理論に関する専門家としての意見、図版を選ぶにあたっての彼の助言、全般に及ぶ多数の批評は、本書の発展において持続的役割を果たした。負い目を感じるほどの感謝の気持ちをここに記録することは、格別な喜びである。

アンガス・フレッチャー

ニューヨーク市
一九六四年一月

アレゴリー　目次

アレゴリー　ある象徴的モードの理論

原注は各省の末尾にまとめた。参考文献の邦訳については巻末を参照のこと。なお、本文中の〔　〕は訳注を示す。

序論

アレゴリーは変幻自在な技法であり、西洋文学の最初期から現代にいたるまで遍在している。アレゴリーを包括的かつ歴史的に扱った一冊の本は存在していないし、一冊の本では不可能なことであろう。そのような不備を一部補うこともまたわたしの目的ではない。そのかわりに、アレゴリーのモードの本質を把握することを念じて、その文学的要素の理論的な、主として非歴史な分析の概略を描いた。

包括的な歴史は、変化する文学的コンヴェンションについての数えきれないくらい多くの、小さな観察を含むことになるだろうが、それに対し、アレゴリーの理論的な扱いは、正反対の手段、つまり一般原則という水準を守らなくてはならないということによって、うまくいくことだろう。われわれは、「風刺」、「悲劇」、「喜劇」のようなカテゴリーよりももっと広く多様な素材を説明しなくてはならない。もっとも広い概念、たとえば「アイロニー」や「ミメーシス」のようなモード概念のみが、このような多種多様な文学を包含する。このような参照内容《レファレンス》の広さを考えると、狭く規定された排除的な定義は、たとえそれが望ましいと思われることがあるとしても、役には立たないだろう。形式的厳密さは、アレゴリーという主題を学ぶ者には、現在のところ、導く方向を過つことさえあるかもしれない。それゆえわたしが試みたことは、一般論的主張と単純な帰納推論とのあいだのバランスをとることである。以下に続く文章は、アレゴリーのモデルを導き出すための予備的記述である。わたしは、批評の地図作成の初期段階をいくつか経たあと、理論的議論をする意気ごみで、どのような人物がアレゴリカルな主人公か、彼らがする典型的なこととはなにか、彼らの行動様式はなにか、彼らの行動と性格を描くにはどのようなイメージが使われているか、を問うた。要するに、アレゴリカルなフィクションのモードとはなにか、を問うた。

ごく単純に言うと、アレゴリーは、あることを言って別のことを意味する。アレゴリーは、われわれのことばは「言っていることを意味する」という言語に関する通常の期待を破壊する。われわれが人物Yについての属性Xを賓述するとき、Yは実際にわれわれの賓述が彼がそうであると言うところの者である（あるいはわれわれがそうであると仮定するところの者である）。しかし、アレゴリーはYを、平明で直接的な陳述が読者に伝えるものとは違うなにか（*allos*）に変えるだろう。[1] 極端な場合、アイロニックな語法は、言語そのものを崩壊させ、すべてをオーウェルのニュースピークに変えてしまうだろう。[2] このような意味において、アレゴリーをひとつのモードとして考察するのが妥当であることがわかる。つまり、アレゴリーは、われわれのことばをコード化するための根本的な過程なのである。アレゴリーが根源的な言語学的方法であるというまさにその理由ゆえに、ありとあらゆる多様な作品に現われうるのである。しかしその多くは、オーウェルのニュースピークを効果的な洗脳道具にした混乱を与える二重性をもつまでにはいたならい。

アレゴリー的表現様式はきわめて異例なくらいに多様な種類の文学を特徴づけている。つまり、騎士道ロマンスやピカレスク・ロマンス、そして現代のそれらの等価物である「西部劇」、ユートピア的政治風刺、擬似哲学的アナトミー、警句的風刺形式の個人攻撃、あらゆる種類の牧歌詩、黙示録的幻視、本物と偽物の学問の「大全」を含む百科全書的叙事詩、社会変革の情宣を目的とする自然主義的暴露小説、ルキアノスの『本当の話』、スウィフトの『ガリヴァー旅行記』、ヴェルヌの『地底旅行』、アンリ・ミショーの『グランド・ガラバーニュへの旅』のような架空旅行記、上品な探偵小説《フーダニット》とハードボイルドのハメット＝チャンドラー型の両方の推理小説、おとぎ話（その多くは「教訓話」[3]）、作者未詳の中世の「フクロウとナイチンゲール」やイェイツの「自己と魂の対話」のような討論詩、アラン・ド・リールの『自然の歎き』とアレン・ギンズバーグの『吼える』のような（並置するのは不適当に思われるだろうが）告発詩を特徴づけるものである。これらすべて、そしてひとつのジャンルが他のジャンルと混じりあったもっと多くの作品が、アレゴリー的もしくは一部アレゴリー的な作品と名づけることができるかもしれない。わたしが主として言いたいのは、これらの作品は、進行中に、ひとつのことを言いながらも、たいていは、それ以外の何かを言うためにそうするのだということである。アレゴリーがすべて散文で、あるいはすべて韻文で、あるいは典型的なアナトミー文学である『哲学の慰め』のように両者の混合で書かれてはならない理由はまったくない[4]。アレゴリーがいつも物語叙述でなくてはならない理由もまったくない。アレゴリーは古代劇（『縛めのプロメテウス』）であろうと、中世劇（道徳劇）であろうと、ルネサンス劇（*autos sacramentales*「秘蹟劇」[5]と仮面劇）であろうと、現代劇（イヨネスコやベケットの超現実主義の劇とブレヒトの「叙事詩演劇」）であろうと、そのなかで使うことができる。劇や叙述文学に加えて、叙情詩も[6]「拡大隠喩」を伝えるのに利用できる。たとえばある種のイマジストの詩（パウンドの「パピュルス」、スティーヴンズの「クロウタドリの十三の見方」[7]）、そしてもっとなじみのあるものとして、形而上詩の奇想がそうであり、とりわけ（クリーヴランド調のように）その過剰性によるものがある。

この多様性は、理論家にとって、挑戦でもあれば強みでもある。なぜなら、理論家は他の多くの読者によって検証されることが可能になるが、彼らはみな特定の関心領域をもち、彼らの多くが、理論家がごく表面的にしか知らないジャンルに特別の造詣があるからだ。しばしばわれわれは、アレゴリーの理論を、古代のよりまじめな文学伝統の直接の末裔である娯楽作品——西部劇ロマンス、ＳＦの架空旅行記、虚構の「事例史《ケース・ヒストリー》」に基づくメロドラマ——に関連づけることができる。読者は、これらの作品、主としてロマンスが、少なくとも一部はアレゴリーであることにおそらく気づいていないことが多い。中世においては、牧師の説教が、聴衆に生気のない抽象的で退屈な前置きに聞こえたことはなかっただろうし、とくに象徴的なものに聞こえたことはたぶんなかっただろうと推測できる。[8]しかし聴衆は教会から家に戻り、そうしたければ、たとえ話の隠れた意味を思いめぐらすことができ、きっと疫病や内乱の時代にはまさにそうしただろう。中世のアレゴリーは説教壇から民衆に届いたが、現代の読者には、世俗的とはいえ、説教に劣らず人気のある形式で届く。現代のロマンスと謎解きのある推理小説もまた、牧師のたとえ話にとっての教訓《モラリタス》におとらず、プロットの完成にとって重要な二重の意味を含んでいる。

　宗教的なたとえ話の古い図像学的言語は、今、多くの解釈を必要としている。[9]なぜなら、そのことばはわれわれの世界とかけ離れているからである。そのことは、中世のアレゴリーはわれわれには明らかにアレゴリー的に思われるのに対し、現代のアレゴリーは（種類をそこまで拡大してよいのなら）寓話として読まれることはないことの説明になる。この古くて新しい図像にどの程度親しんでいるか、その程度が変動要因である。[10]二十世紀の読者はたとえ探偵や殺人者を実際に経験することがまったくなくても、「私立探偵」の世界はわかる。同じことが他のステレオタイプについても言える。中世の宗教的象徴体系に関して同種の知識をもっていないことが、現代の読者に、自分が楽しみのために読んでいるものと牧師の説教とは種類が異なるにちがいないと考えさせる。しかし、推理小説が謎の解決を求めるとき、それは推理小説を最古のアレゴリー形式である「謎《アエニグマ》」[11]の一種に変える。ゼイン・グレイの西部劇には別種の類似性がある。崇高な情景描写の表層構造はアレゴリー的謎ではなく、テーマ的意味を伝える。グレイの西部劇の情景は、つねに鋲で留められた背景幕以上のものである。それは「道徳的風景画《ペサージュ・モラリゼ》」[12]である。グレイのヒーローたちは、そのような情景を描いたタペストリーと調和した行動か、あるいは激しく対立する行動をする。[13]さらに、カウボーイのヒーローと山賊団の悪党との闘争は、探偵スリラー小説の場合と同様に、善悪の二元論に従って描かれている——最古の西洋文学以来の様式を画定する特徴である。われわれが、ある特定のアレゴリー理論が適切か否かを決定するときにみずからに提示できるのは、この種の慣れ親しんだ、人気のある気取らない作品である。われわれのお気に入りのロマンスにあてはまることは、伝統の主要な例、たとえば『妖精の女王』と『天路歴程』にももっと力強く適合する。

かならずここで反論にあうにちがいない、つまり、すべてのロマンスがかならずしもアレゴリー的ではない、という反論に。すぐれた冒険物語は、深い意味と娯楽性をもつためには、挿入される副次的意味をまったく必要としないと読者は言うだろう。しかしその反論は、アレゴリーの真の基準と関わりがない。アレゴリーの全要点は、アレゴリーは聖書解釈学的に読まれる必要はないというところにある。つまりアレゴリーは、それだけで十分な意味をなす逐語的レヴェルをもつことが多いのである。しかしどういうわけか、その逐語的表層は意図の奇妙な二重性を暗示する。逐語的表層が、いわば解釈なしでやっていけるあいだは、もし解釈が与えられればもっと豊かに、もっと興味深いものになる。もっとも周到な寓話でさえ、もし素朴に、あるいはむとんちゃくに読まれれば、たんなるお話にしか思われないかもしれないが、われわれの議論で重要なことは、副次的意味を生みやすい構造、あるいはむしろ、一次的意味に加えて副次的意味が与えられるとより強力になる構造である。

それにもかかわらず、作品が正しくアレゴリーと呼ばれるためには、すべての人々が二重の意味を見なくてはならないという考えをわれわれは避けなくてはならない。少なくともアレゴリーの一分枝であるアイロニー的「謎《アエニグマ》」[14]は、政治的、社会的目的に役立つ。支配する権力は（警察国家のように）「アイソポス的言語」[15]の副次的意味を見ないからである。しかし誰かが副次的意味を実際に見た場合、それはいったん見られると一次的意味の背後の窮極的意図であると強く感じられる。たぶん素朴な読者は、ゼイン・グレイ流のロマンスの表層にある筋の展開の下にエロティックなアレゴリーを見ないが、そのときは、アレゴリーを論じていても、われわれはそのような素朴な読者にはあまり関心がないのである。われわれは、洗練された読者と彼らが文学に読み込むものについて語っているのである。他方、物語は純然たるプロット、筋の展開、驚きで読者の心を動かすということを認めることにはなにも悪いところはない。しかし、このような物語は、われわれの予想をはるかに越えてまれなのである。道徳的意図のうえに見かけだけの筋の展開があることに気づくことが多い。最後に、われわれが純粋な物語というものがあるのだと考えるにせよ、すべての虚構作品の下にはさまざまな度合の抽象的なテーマ構造（アリストテレスの言う「ディアノイア」）があるにすぎないと考えるにせよ、大事な点は、文学全般を論じるときには、ほとんどすべての作品に、少なくともわずかな程度のアレゴリーの存在を見抜く身構えをしていなくてはならないということである。ノースロップ・フライが述べたように、すべての文学は、注釈という観点から見れば、程度の差こそあれ、アレゴリー的であり、他方、「純粋なアレゴリー」なるものはけっして見つからないのである。[16]それゆえ、境界線上の作品から事例を抽《ぬ》きだしてもかまわないのである。大部分の読者が西洋でもっとも偉大なアレゴリーの例と考えるであろう『神曲』でさえも、コウルリッジにとっては、そして最近ではアウエルバッハにとっても、擬似アレゴリー作品なのである。[17]このような大作の例を念頭に置くと、境界線上の作品は基準にならないのではないかと思わざるをえない。

関連する文学の範囲に加えて、批評のうえで意見の一致しないある領域に言及してよいかもしれない。それらの領域は、われわれが対処しなくてはならない大きな困難の存在を暗示するからである。つまり、言語が比喩的に使われているとき何が起こっているかに関しては心理学的にも言語学的にも不確定な状態にあるということである。比喩的言語は現代では、どのようなかたちであれ、確定的に理解されることはない。ともに大批評家であるウィリアム・エンプソンとケネス・バークの回りくどく巧緻な表現は、発話の心理学に関するわれわれの限定された知識を考えると、単純な公式は不可能であることを暗示している。[18]「テナー」と「ヴィークル」のような用語は役に立つもののレッテルでしかない。[19] I・A・リチャーズの、コミュニケーション理論と科学的教授法への最近の関心は、『実践批評』と『新修辞学原論』で初期に到達した地点から、彼の革命的な隠喩概念をさらに大きく前進させてはいない。もうひとつの重要な論文であるロズモンド・テューーヴの『エリザベス朝の形而上学的イメジャリー』は、修辞学研究に精緻な歴史的分析を加えたが、一部の現代詩人への言及はあるものの、テューーヴは本質的にはルネサンスという一時代への関心にとどまっている。[20] ノースロップ・フライは、その『恐ろしい均衡』のなかで、アレゴリー的解釈の未曾有の輝かしい実践と言ってよい解釈をこれ見よがしに実演してみせたが、この特異な手続きに関する彼の理論的見解は、この書以上に注目すべき書である『批評の解剖』においてさえ、あまり大きな進展はないとわたしは考える。[21] この書でフライは、アレゴリーは、ロマンスで一番多く出会う主旋律的「対位法」の一種であり、どのような文学作品でも高度の主旋律的内容はアレゴリー的技法の実践を含意すると述べている。[22] このようないくぶん広い用語概念を考えると、もしエドウィン・ホニグの全般的論考『ダーク・コンシート』が主要な探究方法を定めていなかったら、理論は印象主義の段階にとどまっていただろう。[23] この本は、わたしの知るかぎり、この問題に関する現代の先駆者的な本である。わたし自身のこの本に対する反論は、ある細部に関わる事柄である。大きな反論があるところについては、わたしによってではなく、もっと客観的な比較に委ねたい。わたしはさいわいにも、『ダーク・コンシート』執筆中に行われたアレゴリーをテーマにしたホニグの講演に出席することができた。今のわたしにはわからないいくつかの点でわたしが影響を受けたことは疑いない。ホニグの本は、主としてアレゴリーの創造的局面の説明に関わるものだとわたしには思われる。ホニグは、アレゴリーがどのように存在するにいたるか、外からの文化的決定因は何かを示したいと思っている。わたし自身の方法は、アレゴリーの精神分析理論に一章さいたにもかかわらず、発生論的というよりは形式論的である。わたしは、個々の作家や個々の時代よりも、形式のほうに大きな関心がある。ある特定のアレゴリーがどのようにして存在するに至ったかはともかく、それが洗練された読者に提するであろう形式に関心があるのだ。そういう意味で、わたしは『ダーク・コンシート』とは少し異なる説明を試みているのである。

アレゴリーの比喩的性質を修辞学用語で分析する必要性は依然としてあるものの、われわれが歴史的境界を横断する理論を定式化すれば避けられるある特殊な歴史的な混乱がある。最初のそれは、「アレゴリー」と「シンボル」の違いをめぐる論争である。ゲーテによる二つの用語の区別に始まるこの不幸な論争は、かなりの批評上の注目を受けてきた。(24) この論争は主として歴史的な問題である。というのは、それは精神の、とりわけ「想像力」のロマン派的概念に関わるものだからである。想像力の心理学は、アレゴリー文学の展開を十分に歴史的に扱う必要があるだろう。ゲーテの、アレゴリーとシンボルの区別への関心は、ファウスト伝説に対する彼の態度の進化を考えると、特別の価値をもつ。しかし、そのような現代批評理論の起源には歴史的興味はあるが、むしろそれらの起源は、現代の文学研究者にアレゴリーを説明するためにとる手段の再考へとわれわれを導く。二十世紀の批評家としてのわれわれは、M・H・エイブラムズが『鏡とランプ』のなかで十分に描いた、批評理論の心理学的局面の徐々たる精緻化という風土から生まれた。[25] われわれは、心理学的、精神分析学的思考の時代に生きている。われわれは、このような思考の初期段階に定期的に戻る必要がある。そこでならたぶんわれわれは、もっと有効な探究ともっと不確かな探究のための双方の出発点を見つけることができるだろう。たぶん、十九世紀の批評の歴史にもっと綿密な注意を払ったら、われわれが「ロマン派的想像力」やフランスの「サンボリスム」のような概念を漠然と口にするとき起こりがちな不幸な過度の単純化は避けられるだろう。とりわけ「シンボル」という語は混乱の旗印となった。この語が「悪い」(「アレゴリー的な」)詩に対して「良い」(「シンボル的な」)詩を意味するように使われるときにはいつでも、誤った評価機能をもちやすいからである。このようにこの語は、すでに区別だてのしにくいものをさらに不明瞭にさせるのである。

平準化的批評言語に対する反論は、アレゴリーをおとしめて「神話」を称揚する近年の傾向に対しても行えるかもしれない。かくして批評家は、『城』や『審判』や『変身』について、これらは「神話的」であると言い、さらには、たぶんフロイト的シンボルを利用して、もっとも純粋なアレゴリーとして読むかもしれない。「神話批評」の基本は、物語の核心に存在するある元型の反復パターン(たとえば竜殺し神話)の探究であるが、そのパターンは、元型という観点から考えない別の批評家にはもっと複雑な様相を呈示するだろう。[26] 元型パターンは、ヒーローまたはヒロインの行動の最深部にある心理的意味が表現される形式である。おそらく、あらゆる種類の物語の語りには、そのような還元できないパターンが存在しているのだろう。[27] しかし、奇妙な展開が「神話批評」では生じる。元型という観点からの先入観のない記述として始まったものが、元型がはっきりと識別できる作品のみを評価する価値基準となるのである。批評家が、カフカやフォークナーを形容するのに「神話的」という語を使うとき、われわれは、それが隠れたほめことばになっていないか確かめる必要がある。この語は形容記述的に思われるが、実は価値評価をしていることが多い。このように使われた「神話」という用語は、アレゴリーとシンボルをめぐるかつての論争における「シンボル」の末裔であるように思われる。この語は、文化人類学における重要性から、内包する意味がとても豊かになっている。ゲーテ的な大文字の「シンボル」のもとに、深い意味をもつ契機として時空内に局所化されていたものが、今や、想定される「集団的無意識」の現われとして普遍化されているのかもしれない。われわれは実際に、批評の場における大文字の「神話」の出現の一段階前に戻らなくてはならない。

コウルリッジはアレゴリー的実践の自然な出発点となる。彼はこの問題をきわめて不明瞭なものにした論争の中心にいるからである。

コウルリッジにとってアレゴリーの定義は重要な問題であった。なぜなら、それは彼がもう一度、「有機的」形式と「機械的」形式の区別をし[28]、想像力と理性の論理的な力とのあいだの妥協から創造される文学の主要な例を提供することを可能にしたからである[29]。そのような妥協は、最高級の芸術を生み出すことはできなかったが、われわれがアレゴリーと呼ぶテーマとイメージの混合体のためにまさに必要とされる妥協であった。コウルリッジは、彼のアレゴリーの定義にも、シンボルとアレゴリーの区別にも内在しているアレゴリー批判をした。まず定義から。

「シンボル的なもの」は「アレゴリー的なもの」とは異なり、「シンボル的なもの」はあるもの、つまりそれが表象する全体の一部である、というのがたぶんもっとも良い定義であろう。――「帆がやってくる」――(つまり船)はシンボル的表現である。われわれが勇敢な兵士について語るときの「われらがライオンを見よ!」はアレゴリー的である。われわれの今の話題にもっとも重要なのは次の論点である。つまり、後者（アレゴリー）は意識的に口にする以外にないのに対し、前者（シンボル）においては、シンボル構築中の作家の精神のなかに、一般的真理が無意識のうちに存在することは大いにありうるということである。シンボルは彼自身の精神から生み出されることによって、——セルバンテスの完全に正気の精神から生まれたドン・キホーテのように——自らを立証する。外部の観察や、歴史的方法によってではないのである。シンボル的著述がアレゴリーに対して優位にある理由は、シンボル的著述は諸能力の分離はまったく想定せず、まったき支配のみを想定している点にある。[30]

コウルリッジは、「シンボル」とシネクダキー〔提喩。帆で船を表わすように、一部で全体を示す言い方〕とを同一視することによって、「シンボル」とシンボル化された観念の一種の「神秘的協力《パルティパシヨン・ミステイク》」[31]を想定している。「シンボル」はさらに、船を知覚する行為において直接与えられる。「シンボル」によって精神は事物の合理的秩序を、われわれの物質的世界の現象からの論理的外挿を経ずに「無媒介的視覚」[32]によって直接的に知覚する。それに対しアレゴリーにおいては（コウルリッジがそう見ていたように）最初に論理的秩序を類別し、次にそれらを手近な現象に適合させる、つまり、最初に観念体系を提示し、次にそれらを例証しようという試みがつねにある。後者のプラトン的なイデアーイメージ関係は、われわれが抱いている概念の哲学的地位を意識化しているときにのみ存在しうる。われわれは、このような概念体系を構築する私的動機をかならずしも自覚化する必要はないが、この体系を統合する相互関係について高度に組織化された自覚的見解をもつ必要がある。[33]「シンボル」はフロイトの「無意識」のひとつの表われ——したがって夢のシンボルの等価物——であると実際に言わなくても、われわれはコウルリッジの「諸能力の分離」という概念について考察することができるだろう。

というのも、アレゴリーには明らかに意味の分離があるからだ。「アレゴリア」は明らかに二つかそれ以上のレヴェルの意味をもっており、それらを把握するには少なくとも二つの精神態度をかならず必要とする。たとえば、イニゴ・ジョウンズの舞台装置の宮廷仮面劇を観たとき、人々はきっと、演劇のたんなる装飾部分、衣裳、舞台装置、舞踏、音楽などに大いに注意を凝らしたにちがいない。この種の感覚的世界から観念の世界への移行は、思考の二次的連想を伴ったにちがいない。しかしコウリッジの理論はここまでである。現代の研究方法が行く行くはそれにとって代わるだろう。アレゴリーにおける意味の二重性は「理性」と「想像力」の分離に必ず伴うものか否かは、現代の心理学がコウリッジの用語を使って提起するような問題ではない。

しかしコウルリッジは、心理学と修辞学の両方の理論に厳密に従うことにより、作品の表層と作品の心理的効果と意味に対する、二重の研究方法と二重の注目を可能にする仕方でアレゴリーを定義した。

それゆえわれわれは、アレゴリー的著述をひと組の仲介者《エージェント》とイメージの行使と定義しても大丈夫かもしれない。これらにはそれぞれ行為と随伴物が対応する。そしてそれは、それ自体は知覚の対象ではない道徳的特質と精神の諸概念のいずれか、あるいは他のイメージ、仲介者、行為、運命、状況を仮装のもとで伝達するためである。その結果、相違はいたるところで、眼もしくは想像力に提示されるが、他方、相似性は精神に暗示される。これらは連結してなされるので、諸部分が結合して一貫した全体が形成される(34)。

どの場合にも、用語は精密化され、ときどき再定義されるが、以下の議論の各章は、この定義に言及されている主要な要素にあてられている。第一章は物語と演劇の、中心となる焦点、それらの仲介者、それらが活動中の姿を提示している人々を考察する。第二章は、アレゴリーのテクスト的局面、つまりイメージのタペストリー的表層を考察する。これら二章と続く章で用いられる語彙は、さまざまな出典をもつ。ダイモンとしての仲介者という概念は比較宗教学とキリスト教史に由来する。[35]（フライは最近、彼の『批評の解剖』のなかで、ダイモン的仲介者について書いている）[36]。アレゴリー的イメージに使われる「コスモス（*kosmos*）」という概念は、科学史ではなく古代の修辞学に由来する。わたしはその原初の、きわめて有益な意味を復元しようとした。この語は実践批評ではあまり使われていないが、人類学（たとえばミルチャ・エリアーデ）と批評（ニュー・クリティシズムやロズモンド・テューヴの歴史主義的学問）の架け橋となるであろう。第三章は儀礼の相での行為を考察する。儀礼という概念は、主として比較宗教学で、そして少し違うかたちであるが、精神分析学で有効とされているものである。儀礼に関する両者の見解が関連しており、活用される。さらに、「シンボル的行為」を表わす用語としての儀礼は、ケネス・バークの批評において確立された。すべての物語は蓋然性もしくは必然性のなんらかの基盤のうえに、つまりある種の原因結果の系列に従って統合されているので、第四章はこの問題を取り上げ、アレゴリーのなかの出来事の下にある因果の系列を説明するために、感染魔術、共感魔術というフレイザーの人類学の概念を活用する。最後に、コウルリッジが「仮装」と言及した、レヴェルのテーマ的二元論を説明するために、わたしは、両価性《アンビヴァレンス》という精神分析学的概念を援用する。しかしこの概念をもっと簡単に扱えるように、「諸能力の分離」を、シラーとカントが崇高に内在しているのを見出した精神の葛藤と関連づけた。第六章はアレゴリーの精神的基盤を示すために精神分析学の理論を利用している。第七章は、美的価値という窮極的問題を提示し、このモードの限界と長所の両方を示唆する。この章はアレゴリー作家が本質的に硬直した意図の統御をどのように柔軟化するのか、彼らはアイロニーと脱線的注解でどのように純粋な儀礼の重みを軽減するのか、どのようにわれわれは「すぐれた」文学と呼びうるものを手にするのかを示す。

わたしの記述用語は、アレゴリーが宗教的儀礼とシンボル体系と厳密に同一視されることを暗示するかもしれない。これは偶然ではない。C・S・ルイスが述べているように、「すべてのアレゴリーは、一般読者にはカトリック的に思われそうである」[37]。まさにこの探究がわたしの目的のひとつである。精神分析学的見解をたとえとらなくても、ルイスの主張が真実であることをわれわれは示すことができる。しかし、精神分析学は次の点でその真実性を力強く補強してくれる。つまり、われわれはアレゴリー形式といわゆる「強迫観念的儀式[38]」のあいだの密接な類似性を示すことができ、次にはこれらの儀式が宗教的儀式と相似的であることを示すことができるという点においてである。宗教的現象、文学的現象、精神分析学的に観察される現象、これらから抽き出せるさまざまな相似性はすべてアレゴリーのもっとも古い観念、つまり、アレゴリーは神から霊感を受けたメッセージの人間的再構成であり、適切にヴェールで覆われた神性の隔絶感を保とうとする超越的啓示言語であるという観念を指し示している[39]。しかし、この伝統的な結論に到達するには、非形而上学的な議論の系列が最良の最初の進路であるように思われる。これがわたしのたどった進路である。わたしはこの問題の形而上学には手をつけなかった。また、聖書釈義の歴史と理論にも手をつけなかった。なぜなら、友人のことばを借りると、「聖書釈義は議論の目的と基盤として、啓示された神の言葉としての聖書の、歴史的、神学的擁護をしている——言いかえると、これは現在の研究の範囲からそれる関心事だ」。これは、旧約聖書の預言書と黙示録の伝統的読解が、『神曲』や『農夫ピアス』や『妖精の女王』のような詩の研究と無関係であると言おうとしているのではない[40]。価値と機能に関するわたしの見解の結論部は、「たんなるアレゴリー」がときどき出現する黙示録的、幻視的瞬間について詳しく述べるだろう。しかし読者は、この出現がどれくらいの頻度で起こるかたずねるかもしれない。アレゴリーが純然たる幻視となるとき、たとえば『天路歴程』が「天上の市」を見せるのは、目的地にたどり着くための苦闘ののちである。最終的幻視に先立つ段階は質的に最終的幻視とは似ていないように思われる。つまり後者は解放の一瞬なのである。前者は困難な労苦の連続であり、しばしば、死活を決するほどの運命へのヒーローの隷属というかたちをとる。「サイコマキア」と歴程はこの苦闘の物語的イメージである。それらはヒーローの最終的解放のための闘いであり、そこへ向かう旅なのである。たとえ一時的な解放が途中で起ころうとも、それは一回の最終的勝利の先触れなのである。もし詩人が邪悪な勝利を見せたいと思うなら、善悪に対してまったくアイロニックな態度をとることができる。たとえば、ヒーローが大盗ジョナサン・ワイルドのような人物なら、彼もまた黙示録に向かって旅をするが、それは再生の、ではなく死の黙示録なのである。

黙示録に至ろうと至るまいと、非形而上学的な意味論的技法とみなされたアレゴリーは、敵対する権力のあいだの衝突をも表わすように思われる。政治的抑圧の時代には、われわれは反体制者の思想に対する検閲を逃れるために「アイソポス的言語」を使うかもしれないが、それと似ている。どのようなアレゴリーであれ、その核心にはこの種の権力の衝突が見出されるであろう。ひとつの理念が敵対するもうひとつの理念に対峙されるであろう。かくしてこのモードにおなじみのプロパガンダ的機能が生まれ、かくして保守的風刺機能が生まれ、かくして教訓的機能が生まれる。このモードは本質的にヒエラルキー的である。それは、「照応」形式で配置された伝統的イメジャリーを用いているという理由によるばかりでなく、加えて、すべてのヒエラルキーは、われわれが「将軍は士官たちに、部下を指揮するように命じた」と言うときの二次的意味での指揮、命令の連鎖を含意するという理由による。ヒエラルキーは人々に「適所」を与えるたんなる制度ではない。それはさらに、人々に正当な権力は何であるかを伝える。いかなるヒエラルキーも、これらの権力に対する鋭い情動的反応をかならず喚起する。それゆえわれわれは、このモードを力動的な視点から記述することができる。アレゴリーは、世評で伝えられるところの退屈な制度ではなく、シンボル的力の葛藤であることの方がはるかに多い。もしアレゴリーがしばしば硬直した柔軟性のない構造であるなら、それは権威の衝突に巻き込まれることによる。たとえアレゴリーが抽象的で、厳格で、機械的で、日常生活からかけ離れているとしても、そのことはときどき純粋な欲求に合致しているのかもしれない。人々が日々の生活の決まり仕事で不活発な状態に陥り、より高次の渇望を忘れるとき、作家は行動をグロテスクで抽象的な戯画で提示するのがたぶんよいだろう。そのようなやり方で作家は全般的な自己批判を喚起することができるかもしれないので、その方法は正当化されるだろう。

　この風刺的批評も、無限の時空間への黙示録的逃避も、いずれも高次の人間的目標に向かっている。いずれの場合も、アレゴリーが主要な社会的、霊的欲求をみたしている。われわれがこれらのものに教育的機能（教訓的傾向）と娯楽（謎々やロマン派的傾向）を付け加えると、われわれの尊重すべきシンボル体系のモード性が得られる。アレゴリーとは、わたしがこれまで定義しようとしてきたように、多面的な現象であるように思われる。その全体にわたる目的は、数多くの小さな変奏を容れることができる。わたしはこれらの全体にわたる目的を、小さく細かな区別を損なうことなく明るみに出そうとした。それゆえ、以下の文章は、探究の地図作成の性格をもっている。そのためにわたしは、日々の出来事の走り書きの日誌または写生帳を注につけた。これらの注は、全体にわたる地図に絶対的に必要というわけではないが、新旧の学問的著作への言及によって、地図を有益に補完してくれるものと期待している。

注

（1） *Allegory* は *allos* + *agoreuein*（*other* + *speak openly, speak in the assembly or market*）に由来する。*Agoreuein* は公共の、開かれた、布告的ことばという含みがある。この意味が接頭辞 *allos* によって逆転される。かくしてアレゴリーはしばしば「逆転」と呼ばれる。E.g., ed. Thomas Cooper, in Thomas Elyot, *Bibliotheca Eliotae: Eliotes Dictionarie*（London, 1559）「*Allegoria*――逆転と呼ばれる比喩で、語としてはひとつだが、文あるいは意味として別のもの」。Edward Phillips, in *The New World of English Words*（4th ed., London, 1678）「*Allegory*――逆転あるいは変更。修辞学ではこれは不可思議なことばで、そこには文字通りの意味とは違う何かが述べられている。」ときどき *inversio* という語は *translation* というもとの意味で理解されるかもしれないが、*translatio* はギリシャ語の *metaphor* のラテン語の等価物でしかない。釈義的技法としての翻訳については R. M. Grant, *The Letter and the Spirit*（London, 1957）, 34 を参照。Jules Pépin は、*Mythe et Allégorie*（Paris, 1958）, 87–88 において、プルタルコスを、「アレゴリー」の古いギリシャ語の等価物である *hyponoia* の代わりに「アレゴリー」を使った最初の批評家、そして動詞「アレゴリー化する」を最初に使った最初の批評家とみなしている。動詞 *agoreuein* の政治的含意はつねに強調されなくてはならない。検閲がもって回った、アイロニカルな話し方を生みだしているかぎり、そうしなくてはならない。

（2） Thucydides, *The Peloponnesian War*, tr. Rex Warner（Penguin ed., 1954）, III, ch. vi は西洋の歴史における最初の、ニュースピークに関する本格的な議論を提示している。トゥキュディデスはコルキア島における革命を記述するさいに「強欲さと個人的な野心を通して働く権力欲」がある新しい言語的風土を作ったこと、そしてその風土にあっては、まるで悪疫、つまりペロポネソス戦争のすべての災いの提喩、あるいはたぶん換喩である悪疫のせいであるかのように言語が腐敗したさまを示した。これが「誇大宣伝」の始まりであった。「かくして革命が次々とあの町この町で勃発した。……出来事の変化に適合させるため、ことばもまた通常の意味を変えなくてはならなかった。かつては無思慮な攻撃行為と記述されていたものが、今や、仲間には期待される勇敢さとみなされた。将来を考えて待つことは、臆病者だと言うためのたんなる別の方法でしかなかった。どのような中庸の概念も、めめしい性格を隠すための試みでしかなかった。問題をあらゆる角度から理解する能力は、その人が行動にまったく適していないことを意味した。狂信的熱情は本物の人間であることのしるしであり、背後で敵に対して陰謀を企むことはまったく正当な自己防御だった。……これらの党派は既成の法の恩典を享受するために形成されたのではなく、既存の体制を転覆させることによって権力を獲得するために形成されたのである。これらの党派の構成員は互いに信頼を置いているが、それは宗教的交わりの仲間意識によるものではなく、彼らが犯罪の共犯者だからであった。たとえ敵が合理的な演説をしても、権力をもった党派は、それを寛大に受け入れるどころか、あらゆる配慮をして、それが実際の効果をもたないようにした」（*Peloponesian War*, 209）。トゥキュディデスの半虚構的な話は、ギリシャ都市国家のイデオロギーを提示しているので、この文章は政治的革命の理論をわれわれに伝える。彼はオーウェルがそのエッセイ「政治と英語」で述べたのと同じ主張をしている。個々のことばと表現の真理価値にほとんど宗教的といってもよい信念をいだいていたオーウェルは、「現在の［第二次世界大戦後の］政治的混沌は言語の衰退と結びついている。……われわれは、ことばの終末から出発することによって、いくらかの改善をたぶんもたらすことができるだろう」と主張した。『カタロニア讃歌』（*Homage to Cataloria*）はこのことばの腐敗をもたらした報道機関を攻撃している。

（3） Karel Čapeck, "Towards a Theory of Fairy Tales," *In Praise of Newspapers*, tr. M. and R. Weatherall（New York, 1951）, 49–89を参照。

（4） 「ボエティウスの『哲学の慰め』はその対話形式と韻文の中間部と瞑想的アイロニーという全般的な口調とによって、純然たるアナトミーであり、このことは、その広範囲にわたる影響力を理解するうえでかなり重要な事実である」（Northrop Frye, *Anatomy of Criticism: Four Essays*［Princeton, 1957］, 312）。このジャンル全般についてはFrye, 308–314を参照。

（5） カルデロンの *autos* についてはフライの *Anatomy*, 282–284を参照。ほかに参照すべきものとしては A. L. Constandse, *Le Baroque espagnol et Calderón de la Barca*（Amsterdam, 1951）, *passim*; A. A. Parker, *The Allegorical Drama of Calderón*（London, 1943）; Ernst Curtius, *European Literature and the Latin Middle Ages*, tr. W. R. Trask（New York, 1953）, 205, 244を参

照。Edwin Honig はとりわけカルデロンに関心がある。彼の論文 "Calderón's Strange Mercy Play," *Massachusetts Review*, III（Autumn 1961）, 80–107 参照。*Eour Plays*（New York, 1961）の彼による翻訳と序文参照。

（6） Ezra Pound, *Personae*（New York, 1926）, 112 にある。

（7） Wallace Stevens, *Collected Poems*（New York, 1954）, 92–95.

（8） G. R. Owst, *Literature and Pulpit in Medieval England*（Cambridge, 1933）, chs. i. iv-vii 参照。聖書の解釈は「鮮やかな例証、生き生きとした逸話、素朴な人物描写、ウィットに富む仮借ない風刺」（55）によってつねに活気を添えられた。のちに風刺は、『ジョウゼフ・アンドルーズ』や『トリストラム・シャンディ』におけるように、すべての説教のまったく慣例化した出版物に向けられた。ダンの説教とともに、釈義が、劇的な、ときに法廷討論術的でさえある話し方の向上のための構造上の道具立てとなる。

（9） 謎に内在する形式上の不明瞭さに加え、現代と中世の文脈のあいだには歴史的障壁もある。かくして James Hastings は *Encyclopedia of Religion and Ethics*（New York, 1916）, I, 327b で「アレゴリーは、ほとんどつねに相対的な、つまり絶対的ではない概念であり、問題の実際の真相とは無関係であり、大部分は、時代のせいで神聖とみなされるに至ったなんらかの理想を保持したいという自然な欲望に発する」と言う。また Roger Hinks は *Myth and Allegory in Ancient Art*（London, 1939）, 16–17 で「登場人物が抽象観念であることがアレゴリーの特徴である。それらは、神話にあるような個々の存在や伝説はもっていない。概してそれらは、特定の必要をみたすためにその場で創造されるのである」と言っている。必要がなくなれば、そのシンボル体系は意味を失う。キリスト教とフィロン派の釈義については R. P. C. Hanson, *Allegory and Event*（London, 1959）を参照。その書の中心的話題はオリゲネスである。Grant, *The Letter and the Spirit*; H. A. Wolfson, *The Philosophy of the Church Fathers*（Cambridge, Mass., 1956）; Wolfson, *Philo*（Cambridge, Mass., 1947）; Pépin, *Mythe et allégorie*; Jean Daniélou, *Philon d'Alexandre*（Paris, 1958）. これらの書はわたしにとって有益だったものの一部である。もちろんこの話題についての文献は厖大である。

（10） この用語 "iconography" については Erwin Panofsky, "Iconography and Iconology: An Introduction to the Study of Renaissance Art," in *Meaning in the Visual Arts*（New York, 1955）, first published in *Studies in Iconology: Humanistic Themes in the Art of the Renaissance*（New York, 1939）を参照。

（11） W. H. Auden, "The Guilty Vicarage: Notes on the Detective Story, by an Addict," in *The Critical Performance*, ed. S. E. Hyman（New York, 1956）を参照。「スリラー小説への興味は、善と悪、『われら』と『彼ら』との間の倫理的、論争的衝突にある。殺人者の研究への興味は、罪のない多くの者による、罪ある者の苦しみの観察にある。推理小説への興味は、無罪と有罪の弁証法にある」（302）。オーデンは少しからかい気味の口調を意図している。

（12） オーデンにはこのタイトルの重要な詩がある。*Paysage Moralisé*, in *The Collected Poetry of W. H. Auden*（New York, 1945）, 47–48. この詩をめぐる議論については J. W. Beach, *Obsessive Images: Symbolism in Poetry of the 1930's and 1940's*（Minneapolice, 1960）, 104–113 を参照。

（13） *Black Mesa*, ch. ix.「ビター・シープス砂漠は石だらけで地面は焦げ、熱気を沈下させる。来る日も来る日も、ますます乾燥し、ますます熱くなり、ますます厳しくなる。……ポールもまた、悲惨な破滅へと向かっていた。彼はそれに気づいているが、場所、時間、さしせまっているように思われるすべての恐ろしい極点の圧倒的な力を抑えることができなかった。……ベルモントもまた、たくらみをいだいていた。彼の深く陰鬱な思考は荒野にたれこめる闇に似ていた。この数週間のかすかな、ほとんど知覚できない変化が、今や、触知できるほど目立ってきた。ベルモントはひどく緊張していた。その大破局を彼は疑っていなかった。彼の酒に対する貪欲、欲情、愛情は、ビター・シープスの分解的影響と一体化したように思われた。」

（14） Henry Peacham, *The Garden of Eloquence*（London, 1593; reprinted Gainesville, Fla., 1954）に「謎：一種のアレゴリーであるが、不明瞭さだけが違う。謎は一文あるいは一種の発話であるが、その分かりにくさゆえに、意味はまずとらえがたいかもしれない」（27）とある。この文彩は通常、謎《リドル》と同一視される。たとえばパットナム（George Puttenham）は *The Arte of English Poesie*, ed. Gladys Willcock and Alice Walker（London, 1589; reprinted Cambridge, 1936）で「われわれはさらに、隠された分かりにくいことばで本心を隠す。そんなとき、われわれは、党派自らの説明以外ではその意味をまずくみとれない謎《リドル》（*Enigma*）によって話す」（188）とある。第七章の、アレゴリーの政治的利用についてを参照。

（15）　Alan Paton の論文 "The South African Treason Trial," *Atlantic Monthly*, CCV（Jan. 1960）を参照。また、より一般的な E. S. Hobsbawm, *Social Bandits and Primitive Rebels*（Glencoe, Ill., 1959）, ch. ix, "Ritual in Social Movements" 参照。

（16）　注釈が、とくに極端にまで施されると、必然的にアレゴリー的になるということのめざましい証拠として、ある種のパロディ以上の適例はない。たとえば Theodore Spencer の "Thirty Days Hath September" の「新批評」的読解（*New Republic*, Dec. 6, 1943）。シオドア・スペンサーは、「ニュー・クリティシズム」は、理論上はアレゴリーを攻撃しているが、テクストを念入りに深読みすることにより、この方法を実践していることを示した。

Church Times の、馬鹿馬鹿しいほどまじめな解釈を競うコンテストのいくつかの参加作品は同じくらい真相を明らかにしてくれる。コンテストの名前は「隠された意味」である。読解はビアトリクス・ポターの児童読物に基づくものとされた。これらのパロディのうち五例を、一部または全文で示そう。

ビアトリクス・ポターの『まちねずみジョニーのおはなし』（*Tale of Johnny Town Mouse*）について。「両主人公のそれぞれの運命への忍従と互いの運命の本気になれないお試し体験は、巨大な強制的な力に屈する小人《しょうじん》の組織化された社会的挫折の鋭い研究としてこの作品を特徴づけている。大型バスケットを考えてみよう。……小人はそれをもってひとつの挫折のパターンから別のパターンへ移動することを選ぶかもしれない。大型バスケットを運ぶことで彼は意思表示をしているのである――われわれはここで大型バスケットが『田舎へ行く』ことに気づくかもしれない。それゆえ彼は、自分の決断の囚人となり、大型バスケットを自分のところへ送る次の恣意的決断まで出来事の形成に参加しないのである。」

ジェレミー・フィッシャーをめぐる、ビアトリクス・ポターのもうひとつの子供向け寓話はこう呼ばれる。「きわめて神秘的なアレゴリーで、もっとも単純なことばに還元して言うと、物質への依存に反対する注目に値する小冊子ということになる。支配的なモチーフは物質的要素への執着に関わるものである。フロイト主義者にとっては、これが胎児の環境を連想させることは重要である。」

もっと学問的読解が『ジェレミー・フィッシャーどんのおはなし』（*The Tale of Mr. Jeremy Fisher*）に関してなされた。「これは、この作品の真の人類学的意義が広く認知されない現代の学問を悲しげに非難している。物語の倍音になれた者には、これは明らかに『漁夫王』神話のもうひとつの再話である。彼の犠牲とその後の再生は、さもなくば不毛のままの荒れ地に豊穣を回復する。犠牲と再生の過程が、ここでは摂取と嘔吐で表現される。

「テクストの組織を形成する引喩と文化的参照の、目の密な網のなかでは、最後の晩餐（かすかに隠された植物生育儀式）の客の名前でさえ深いシンボル的意味をもっている。『サー・アイザック・ニュートン』は、この神話を時空連続体の適切な文脈のなかに置く。それに対し、オールダーマン・プトレミー・トータス氏は、そのサラダ好みゆえに、古代エジプトの豊穣儀礼と明白につながる人である。

「まじめな学生は、最近出版されたルートヴィッヒ・シュウォルツ＝メッタークルム教授の『世界苦とポター夫人』（ライプチヒ、一九〇五）を調べるとよいだろう。……」

『あひるのジマイマのおはなし』（*The Tale of Jemima Puddle-Duck*）について。「『あひるのジマイマのおはなし』の焦点は『材木置場』である。これは、心理学者ならだれでも知っているように、『悪の魅力』のあまねく認められているシンボルである。作者は、巧妙なわずかな筆でこの場面を作る。するとほとんどすぐに、恐ろしい『材木置場』は催眠力のある呪力を発揮し始める。『プリムローズ・パス』は、直接テクストでは言及されていないが、見事な挿絵で微妙に暗示されている。なかば無自覚のうちに、ヒロインはだんだん速度を増しつつ引き寄せられていく。始めはよたよた歩き、次に駆け足、そして突進。これは真の洞察である。

「動的視点についてはこれまでにする。静的視点からも、『材木置場』への接近は同じくらい巧みに扱われている。『材木置場』のそばにはつねに『キツネ』（策謀、『悪』の変わらぬ随伴者）がいる。『キツネ』を隠すのは美しいジキタリス《フォックスグラヴ》である。シェイクスピアが言うように、『ああなんと美しい外見を虚偽はもっていることか！』」

『ピーターラビットのおはなし』（*The Tale of Peter Rabbit*）について。「この哀切なアレゴリーは思春期の悲劇的なジレンマに焦点を合わせている。青春が安全な子供時代（地下の穴倉）から浮上し、退屈な世間体と神秘的な禁断の土地、無法のエル・ドラド——マグレガー氏の庭！——のいずれかを選択する。

「ポター女史は見事な筆遣いで、ヒーローの罪への下降を、門の下を押し分けて進む姿として縮図に描く。はじめは報償が簡単に手に入る。レタスをたらふく食った『青春』は抑圧（上着と靴）を脱ぎ捨てるが、やがて大の

『敵』と直面する。彼の父の殺害者であり彼の部族の敵である。「雰囲気が劇的に変化する。入りやすい死の『庭』は脱出が困難なのである。不吉な『パイにされる』で暗示されていたサディズムの底流は、レーキ、ふるい、待ちぶせするネコで明るみに出る。「軽い読物でないことはたしかだが、無情なメッセージをもつこの陰鬱な本は、二十一歳以上の読者にすすめることができる。」

（17） Coleridge, *Miscellaneous Criticism*, ed. T. M. Raysor（London, 1936）, 151.「『神曲』は、道徳的、政治的、神学的真理の体系であり、それらが恣意的に人間として例証されているのだが、わたしの意見ではアレゴリー的ではない。『地獄』における罰が厳密にアレゴリー的であるということにさえわたしは確信はもてない。わたしはむしろそれらは、ダンテの心のなかでは擬似アレゴリー的なものだった、あるいは純粋なアレゴリーとの類推で構想されたものであったと考える。」*Miscellaneon Criticism* にはアレゴリーの性格についての論評が点在している。バニヤン、ダンテ、スペンサーのような主要なアレゴリー作家についてばかりでなく、ラブレー、スターン、デフォーのような境界上の作家についても論評がある。コウルリッジの「擬似的アレゴリー」的読解は Erich Auerbach, *Dante: Poets of the Secular World*, tr. Ralph Manheim（Chicago, 1961）によって確証されている。

（18） エンプソンなら *Seven Types of Ambiguity*（London, 1930; reprinted New York, 1955）で第三の型に入れるだろう。ケネス・バークのアレゴリー論はもっぱらその政治的利用に関わるものである。たとえば“Order”と題された *A Rhetoric of Motives*（London, 1936）の第三部。エンプソンと同様にバークは、社会的、政治的緊張に対処する手段としての「シンボル的行為」に関心がある。

（19）「テナー」と「ヴィークル」はI・A・リチャーズによって講演集 *The Philosophy of Rhetoric*（London, 1936）で導入された。彼の教授法、コミュニケーションの問題（たとえば翻訳）に対する関心の例としては、近著 *Speculative Instruments*（Chicago, 1955）を参照。リチャーズの用語法については、Max Black, *Models and Metaphors: Studies in Language and Philosophy*（Ithaca, 1962）, ch. iii, “Metaphor” 参照。

（20） テューヴ女史の「開戦理由」は、ダン、ドレイトン、ハーバートのような詩人に前提されている修辞技法に対する二十世紀批評の誤解にあった。彼女の研究の主たる対象は、エリザベス朝とジェイムズ朝の理論と実践の両方に明らかにされる「ルネサンス詩学」だった。

（21） フライのアレゴリー論は *Fearful Symmetry: A Study of William Blake*（Princeton, 1947）, 115–117 と最終章 "The Valley of Vision"; また *Anatomy of Criticism*, 89–92; "The Typology of *Paradise Regained*," *Modern Philology*, LIII, 227–238; "Notes for a commentary on *Milton*," in *The Divine Vision*, ed. V. de Sola Pinto（London, 1957）.

（22） Frye, *Anatomy*, 90. アレゴリーの全範囲の要約的論述（pp. 89–92）は簡潔さの驚異であり、それゆえ、批判は不当である。

（23） Honig, *Dark Conceit: The Making of Allegory*（Evanston, 1959）. わたしはまだ Abraham Bezankis, "An Introduction to the Problem of Allegory in Literary Criticism"（Ph. D. dissertation, University of Michigan, 1955）を参照できていない。もっと短い全般的解説については "The Allegorical Method," in Rex Warner, *The Cult of Power*（London, 1946）; Edward Bloom, "The Allegorical Principle," *Journal of English Literary History*（以後 *ELH* と略記）, XVIII（1951）, 163–190. C・S・ルイスはこの全般的話題について *The Allegory of Love*（Oxford, 1936）, 44–111 で一章をさいている。彼はそこで「サイコマキア」を強調している。ルイス自身が数篇の寓話『かの忌わしき砦』『ペレランドラ』『沈黙の惑星を離れて』『悪魔の手紙』『ナルニア国ものがたり』（*That Hideous Strength, Perelandra, Out of the Silent Planet, The Screwtape Letters, The Chronicles of Narnia*）の著者である。

（24） René Wellek, *A History of Modern Criticism*（New Haven, 1955）, I, 200. また Honig, *Dark Conceit*, 39–50. ゲーテの *Maximen*, as tr. by Wellek（I, 211）はこう述べている。「詩人が一般的なものを求めて特殊なものを捜すのと、特殊なもののなかに一般的なものを見るのとは大きな違いがある。最初の手続きからはアレゴリーが生まれる。そこでは特殊なものは一般的なものの一例としての役を果たすにすぎない。しかし、二番目の手続きは実のところ詩の本質である。それは一般的なものを思い浮かべたり指示することなく、何か特殊なものを表現するのである。」「真のシンボル体系においては、特殊なものがより一般的なものを、夢や幻影としてではなく、『不可解なもの』の生きた瞬間的な啓示として表わすのである。」

（25）心理学がゲシュタルト、行動主義、精神分析理論の諸分野に展開するにつれ、「想像力」の概念は複雑な要因に覆われている。I・A・リチャーズは、コウルリッジの導きに従う主要な理論家である。M・H・エイブラムズの *The Mirror and the Lamp: Romantic Theory and the Critical Tradition*（New York, 1953）は主として歴史的である。

（26）W. K. Wimsatt and Cleanth Brooks, *Literary Criticism: A Short History*（New York, 1957）参照。ウェレックの *A History of Modern Criticism* 第二巻の続篇には「神話批評」の章が入ることになっている。これらの批評家の主要な影響源はカール・ユングである。彼の元型理論は Jolande Jacobi, *Complex/ Archetype/ Symbol*, tr. Ralph Manheim（New York, 1959）にその要約を見出すことができる。典型的なユング的研究は Jung, "The Archetypes of the Collective Unconscious," in *Collected Works*, IX（New York, 1952–1961）; "The Paradigm of the Unicorn," *ibid*, XII; with Karl Kerenyi, *Essays on a Science of Mythology*, tr. R. F. C. Hull（New York, 1949）. また Erich Neumann, *The Great Mother: An Analysis of the Archetype*（New York, 1955）と *The Origins and History of Consciousness*（New York, 1954）; Joseph Campbell, *The Hero with a Thousand Faces*（New York, 1949）. これらの著作は文学批評から離れて人類学に向かっている。これらの著作は文学的特異性を消してしまう傾向があるが、神話研究のみならずアレゴリー研究にもとても示唆に富んでいる。さほど精神分析学的ではなく明確に文学を強調しているのは Maud Bodkin, *Archetypal Patterns in Poetry: Psychological Studies of Imagination*（London, 1934; reprinted New York, 1958）.

（27）*Myth: A Symposium*, ed. T. A. Sebeok（Bloomington, 1958）の神話的パターンに関する Claude Lévi-Strauss, Lord Raglan, Stanley Edgar Hyman, Stith Thompson の諸章を参照。また Lord Raglan の先駆的な作品 *The Hero*（London, 1936; reprinted New York, 1956）と Vladimir Propp, *The Morphology of the Folktale*, ed. Svatava Pirkova-Jacobson, tr. Laurence Scott（Bloomington, 1958）参照。後者はロシア「フォルマリスト」批評の古典である。

（28）Coleridge, "Lectures on Shakespeare," "Recapitulation, and Summary of the Characteristics of Shakespeare's Dramas," in S. T. Coleridge, *Essays and Lectures on Shakespeare and Some Other Old Poets and Dramatists*（Everyman ed. London, 1907）, 46.「われわれが素材の属性から必ずしも生じたわけでもない、あらかじめ決定された形体を、素材が何であれ、それに刻印するとき――ちょうど湿った粘土の塊に固まったときにもたせたい形状を与えるときのように――その形体は

機械的である。他方、有機的形体は本有的である。それは展開しながら自らを内部から形成する。その展開の完全さは外形の完成と同一のものである。生命はそのようなものであるので形体もそのようなものになるのだ。」コウルリッジが機械的形体について述べていることは「フィグーラ」と「インプレッサ」の理論にも含意されている。Erich Auerbach, "Figura," in *Scenes from the Drama of European Literature: Six Essays* (New York, 1959), 13.「ウァロは、正確な用語研究の資質に恵まれた哲学の専門家ではないすべてのラテン作家と同様に、形式という一般的な意味で『フィグーラ』と『フォルマ』を互換可能なかたちで使ったことを心に留めておかなくてはならない。厳密に言えば、『フォルマ』は型《モールド》、フランス語の'moule'を意味し、『フィグーラ』との関係は、空ろな形体とそこから現われる塑像的形態との関係に相当する。」「インプレッサ」についてはMario Praz, *Studies in Seventeenth Century Imagery* (London, 1939), I, ch. i, "Emblem, Device, Enigma, Conceit" と付録の "Emblems and Devices in Literature" 参照。

(29)「さてアレゴリーとは、抽象概念の絵画言語への翻訳にすぎない。絵画言語そのものが知覚対象からの抽象にすぎない。その主役格といえども、幻影的代理役と較べても価値はなく、ともに実質を欠いており、前者は加えて無形体である。他方、シンボルは……個のなかにある特殊、特殊のなかにある一般、一般のなかにある普遍の半透明性、とりわけ一過性のなかにある永遠性の半透明性によって特徴づけられる。シンボルはつねに、それが理解可能なものにする現実を分有する。シンボルは全体を表わすが、自らが表象する統一性のなかの生きた一部として自らを保持する。他は空ろな反響でしかない。空想が恣意的に物質の亡霊と結びつけている反響であり、下の澄んだ湖の中に見える傾斜した果樹園もしくは丘の中腹の牧草地ほどは美しくないが、それらに劣らず幻影的である」(Coleridge, *The Statesman's Manual*, ed. W. G. T. Shedd [New York, 1875], 437–438.

(30) *Misc. Crit.*, 29. コウルリッジはここでゲーテ的格言を反響させている。「真のシンボル体系においては、特殊なものがより一般的なものを表象するが、それは夢や幻影としてではなく、『不可解なもの』の生きた瞬間的な啓示として表象する」(quoted by Wellek, *History*, I, 211)。コウルリッジはさらに、ゲーテ的な、アレゴリーとシンボルの区別に従う。「アレゴリーは現象を概念に、概念をイメージに変えるが、概念が依然として制限され、イメージのなかに完全に保持保全され、イメージによって表現されるような仕方によってである。(それに対してシンボル体系は）現象を観念に、観念を『イメージ』に変えるが、観念がイメージのなかでつねに無限に活動的で接近しがたく、すべての言語によって表現されていようと依然として表現不可能な状態にとどまるという仕方によってである。」この最後の論点は、アレゴリーは一種の翻訳可能な専門用語だが、シンボルは局所的限定を受けつけない普遍言語であるというものだ。われわれはゲーテ的な意味では十字架を「翻訳」できない。シンボルはそれ自体で超言語的だからである。

（31）この用語は、今日、人類学者たちによって少し疑問視されているがレヴィ＝ブリュル（Lévy-Bruhl）のものである。彼の *L'Âme primitive*（Paris, 1927）とこれもまた彼の *Les Fonctions mentales dans les sociétés inférieures*（Paris, 1910）を参照。Johan Huizinga, *The Waning of the Middle Ages*, tr. F. Hopman（New York, 1954）, 205.「中世的意味でのリアリズムはすべて、擬人化に通じている。観念に現実の存在性を帰したあと、精神はこの観念が生きているのを見たいと思うが、これは擬人化によってのみ達成することができる。このようにしてアレゴリーは生まれる。シンボル体系とは同じものではない。シンボル体系は二つの観念の間の神秘的なつながりを表現するが、アレゴリーは、そのようなつながりの概念化に可視的形体を与える。シンボル体系は精神のとても深い機能であり、アレゴリーは表面的な機能である。アレゴリーはシンボル的思考が自らを表現するのを助けるが、それと同時に、生きた観念に形象を代用させるので、シンボルを危険にさらす。シンボルの力はアレゴリーのなかで容易に失われる。そういうわけで、アレゴリーは最初からそれ自体、規範化、表面的投影、結晶化を含意している。」

（32）Geoffrey Hartman, *The Unmediated Vision: An Interpretation of Wordsworth, Hopkins, Rilke and Valéry*（New York, 1954）参照。

（33）M・H・エイブラムズは、ハズリットとジョン・キーブルの両者に、フロイトに先行する衝撃的な箇所を見出した。「想像力は、このようにそれらを具現化し、それらを形成化させることによって、意志の不明瞭で切迫した渇望をくっきりと浮き上がらせる」（*Mirror and the Lamp*, 143）という箇所をハズリットから引用している。

（34）Coleridge, *Misc. Crit.*, 30. われわれはこの定義の発言の記録を二つもっている。ひとつは引用したものであるが、もうひとつはアレゴリーの推測される機械的効果をあまりうまく説明していない。というのも、その発言は、精神と想像力の機能を逆転させているからである（「想像力と似ているが、知性とは異なる」）。

（35） デフォーの途方もないダイモン的な文体については Coleridge, *Misc. Crit.*, 194 参照。コウルリッジは『ガルガンチュアとパンタグリュエル』と『トリストラム・シャンディ』を、そのすべてではないにせよ部分的にアレゴリー的であると言っている（「ラブレーの登場人物はすべて幻想的アレゴリーであるが、パニュルジュはとりわけそうである」）。彼は、ある種の物語が、その仲介者が「あまりにも強烈に個性化」するにつれアレゴリー的でなくなる傾向を見た。「これは『天路歴程』で、登場人物がニックネームをもった現実の人間であるとき、しばしば感じられる」（*Misc. Crit.*, 33）

（36） Frye, *Anatomy*, 147–50, on "demonic imagery" 参照。フライは "demonic" をその標準的、後期キリスト教的な "diabolic"（「悪魔的な」）の意味にとっている。わたしは天使的な力を含めるために中立的な定義を選ぶ。

（37） *Allegory of Love*, 322. わたしの以下の議論は、正確になぜそうなのかを示すことになるだろう。アレゴリーは、カトリックの信仰において、行動の過剰性をかなり頻繁に示すという根拠に基づくものである。「カトリック教が堕落するとき、それは護符と聖所と司祭職の世界とともに古く世界と同じ広さの *religio* となる」（Lewis, *Allegory*, 323）。

（38） 本書の第六章の諸所を参照。

（39） この神聖な啓示の過程の媒介者は霊、導く善良なダイモンと誤り導く悪しきダイモンだった。Sir Thomas Browne, *Religio Medici*, ed. J. J. Denonain（Cambridge, 1955）, sec. 31, 42.「われわれ自身の創作に帰されている多くの神秘は、霊の思いやりのある現われであるとわたしは切に考える。というのも、これら天上の高貴な実体は、地上の仲間を友好的に見ているからだ。それゆえ、国家、君主、私人の破滅の先触れとなる多くの天変地異と不吉な前兆は善良な天使の慈悲深い予告である。それをもっと不注意な探究は偶然と自然の影響と名づけている。」インスピレーションの教義については R. P. C. Hanson, *Allegory and Event*（London, 1959）, ch. vii. また H. W. Robinson, *Inspiration and Revelation in the Old Testament*（Oxford, 1946）, 160–198; John Skinner, *Profecy and Religion: Studies in the Life of Jeremiah*（1922; reprinted Cambridge, 1961）, ch. x 参照。

（40）スペンサーの「ゴシック」形式をその批評で正当化しようと試みているBishop Hurdは*An Introduction to the Study of the Prophecies concerning the Christian Church, and, in Particular, concerning the Church of Papal Rome, in Twelve Sermons*（2nd. ed., London, 1772）の著者でもある。この一連の説教は、真の預言の基盤である神学的前提を示しているばかりでなく、説教の九から十一で、「預言的様式」を説明している。スペンサー批評の場合と同様にこの場合も、ハードは少しロマン派的な理論家である。彼の評言はブレイク、ヤング、シェリーのような作家にしか認可を与えないであろう。

第一章　ダイモン的仲介者

コウルリッジはアレゴリーを、あたかもそれがつねに物語あるいは劇であり、それゆえつねに「仲介者」をもつものであるかのように扱った。多くの事例において、これは最良の仮説であるように思われる。とりわけわれわれが長い作品について語っているときはそうである。しかし、あまり行動の起こらないエンブレム的な詩がたくさんある。(1)詩人が秤《はかり》をもっている婦人を描く。そしてわれわれは彼女を「正義」と呼ぶ。詩人が弓と矢をもち目隠しをした子供を描く。そしてわれわれはその子を「愛」と呼ぶ。しかし動きのほのめかしは、公正な秤と性愛的愛情の固定された慣例的観念を伝えるにすぎない。価値の相対的比重を測る動きや情念の突然の激しい奔出の動きはあまり残されていない。たとえそうでも、動きの残滓はそこにある。それに対し詩人の寓話は、出来事の真の連鎖を繰り広げることはよくある。この詩人が純粋なエンブレム作家でなければ、彼は自分の詩を複雑化しがちであり、理非の公正な比較考量が数秒間の過程となり、恋する者ののぼせ上りが親密化の穏やかな過程になる。詩人はスペンサーが言うところの「すべてのものの楽しい分析(2)」を行い、この分析の過程で、それを行う仲介者を伴いつつ行動が展開する。

擬人化と話題への言及。ここでの仲介者は二種類から成る。これらの仲介者は、抽象的観念を表象するか、あるいは現実の歴史的人物を表象するか、いずれかが意図されている。前者がわれわれの中心的関心事となるだろう。というのも抽象的観念はこのモードの本質であり、同時代的あるいは歴史的人物を表象する仲介者よりも、(時事性が少ないので)より多くの問題をはらみ、永遠の重要性をもつからだ。擬人化された抽象はたぶんもっとも明白なアレゴリー的仲介者である。「サイコマキア」[3]における美徳と悪徳であれ、中世ロマンスの騎士道の理念であれ、ロマンス的叙事詩における魔術的仲介者であれ、そうなのである。[4]抽象的観念がどの分野に由来するものであれ、これらの仲介者は知的概念に一種の生命を与える。これらの仲介者は実際にわれわれの目の前にある個性を創造するわけではないが、個性の写しを創造するのである。[5]この擬人化の過程は逆転の型をもっており、そこでは、詩人は実在の人間を定型的に扱うので彼らは歩く「観念」となる。彼らが、ダンテにおけるように、神による時間の摂理的構築に参加する歴史的人物であるとき、その方法は「フィグーラ」もしくは予型論と呼ばれる。[6]

典型的な「純粋な」アレゴリーは「不死鳥と山鳩」のような詩であろう。そこには次のような詩行が見られる。

本質が破壊された［appalled］ので
自己は元の自己と違ってしまった
単一の性質のもつ二重の名は
二つとも一つとも呼べなかった。

「理性」はそれ自体破壊されたが
離れている二つのものが一つになるのを見た
両方とも自分自身でなくなり
成分がよく調合されたので

この時「理性」は叫んだ——この調和した一つのものは
なんという真のつがいだろう！
成分がそういうように結合して残るなら
愛には理性があり理性には何もない。
（西脇順三郎訳）

これらの連の始めから終わりまで、シェイクスピアは、本質、性質、理性、離れている二つのもの、愛という観念に、ある程度の論理的相互作用を与えている。これらの観念には個性は与えられていないかもしれないが、部分的には擬人化されているので、力動的な体系のなかで動いていると言える(8)。これらの観念はなんらかの方法で互いを修正している。「本質」という概念、それに従って二人の恋人は二つの別個の自己にとどまっているべきだったのだが、一方の死によって、ほとんど人間の喪失を経験したかのようである。この概念は「経かたびらを着て」という地口的意味に加えて「逆帆になる《テイクン・アバック》」という意味で破壊された［appalled］のだ。いずれの場合も「本質」には、通常哲学的抽象には欠けている特徴、つまり感情が与えられている。この詩の「本質」と他の「観念」は複雑な三段論法的方式で相互に関連しているが、それぞれの観念が、人間化された肖像画にはありえないほどの同一性を保持している。「観念」は、それらが示す相互作用にほとんど反比例して、哲学的には別個のままである（それらの観念はあえて互いに触れあおうとしないように思われる）[9]。「本質」が獲得して失うという逆説そのものが、それぞれの「観念」が他のすべてと厳格に切り離されていることによるものである。このことは、複雑化の運動に並行して単純化の運動が進行していることを意味する。全体的な効果は三段論法と体系のそれだが、あるどれか特定の瞬間の個別の効果は不連続な特殊性のそれである。「観念」は、それぞれが順番に、もっとも洗練された微妙な輪郭を描きうる実体として提示される。読者は観念のあいだの障壁を強く意識する。ミメーシス的演劇の登場人物を連結する共通の人間性のような感覚はまったくない。この共通の人間性の欠如はつねにアレゴリーの特徴であるわけではないこと――ラングランドの風刺の「七つの大罪」がその例――がわかるであろうが、人間性の欠如の方が頻度が高い。

「不死鳥と山鳩」の諸観念が複雑であるときでさえ、この詩の全体的な三段論法的構造のなかでこれらの観念が果たす機能によって、これらの観念は厳密に境界を定められたままである。複雑な概念のおおむね同種の区画化がマーヴェルの「愛の定義」の以下の詩行で起こっている。

わたしの「愛」は生まれはまこと珍しいが、
　また不思議なもの、高雅なものだ、
それは「絶望」と
　「不可能」の間に出来た子だ。

寛仁な「絶望」のみが

こんな神々しいものをわたしに見せることが出来、
か弱き「希望」などは徒らにそのぴかぴか光る翼を
羽叩くのみで、とても届かないものだ。
（佐山栄太郎訳）

この、プラトンの『饗宴』の改訂版において、絶望はその通常の自己とは正反対のものであるように思われるし、その「寛仁」はアイロニックで逆説的である。このことは、話し手の精神状態の人間化を暗示するだろう。なぜなら、複雑で混じりあっているのは人間の精神状態の本性であるからだ。[10] しかしながら、アレゴリー的に厳密な関係が、「絶望」と「不可能」とのあいだ、そして詩のあとの方では、これらの概念と「運命」の概念とのあいだにある。その効果は弁証法的分析からほんの一歩離れているにすぎない。その一歩はアイロニーによるものである。そのようなアイロニーが用いられるときに生じる自然な微妙さは別にして、人間的性質を暗示するものはこれらの擬人化にはほとんどない。とはいっても、戯画作家の言う意味での「個性」はこれによって表現されるかもしれない。形而上詩人は論理体系のなかでの関係を強調する傾向があるので、彼は読者の注意をミメーシス的基準からそらすかもしれない。したがって、読者は、活動する観念を示されても、奇妙なことではないかと疑問に思うことはまったくないかもしれない。しかし、現代の読者は、擬人化に出会うときまさにこのような疑問をいだく。擬人化の多くはダイモン的で超自然的であり、十八世紀のアレゴリー的頌詩の主要な道具立てを含むからである。われわれは「薔薇色の胸の『時』」「『瞑想』のさめた目」、「陽気な『希望』」、「黒い『不運』」、「精神のハゲタカ／さげすむような『怒り』」、青ざめた『恐怖心』」、こそこそ逃げる『恥辱』」におそらく反発を示すだろう。トマス・グレイの荘重な様式のこれら絵画的特徴はアイロニカルな視点を欠いているように思われるだろう。その結果、これらの特徴は奇怪なものになっている。

　このような擬人化された仲介者は、言うまでもなく、現実の人間ではなく、観念を表現することが意図されている。それらは、若い作家の最初の小説の登場人物のようには、特定の「モデル」へとたどって行くことはできない。この論点は容易に誤解される――アレゴリー的仲介者は、たとえその指示対象がどれほど理念的であろうと、たとえそれらがどれほど「われわれと似ていない」ものであろうと、十分に実在しているのである。それらは、「適切な表象能力」と呼んでよいものをもっているのである。たとえば、以下のどれがもっとも実在的であるかを決定するときの困難とあやしげな有効性に注目するとよい。『冬物語』におけるハーマイオニの彫像か、第一幕から第三幕までの「現実の」ハーマイオニからわれわれが受けとる観念か、彫像が蘇生したときの再生のハーマイオニか。あまりにも多くの哲学的疑問がかきたてられる。実在性を構成するものは何か。それは表象の正確さか。それでは正確さを構成するもの、あるいは表象を構成するものは何か。このような疑問は、シェイクスピア劇によって浮かび上る本体論的問題に関わる。つまり、これらの疑問は、シェイクスピア劇の正体を画定することはない。このような疑問は、わたしの文学の理論化の目的には少し根本的すぎるし、少し哲学的すぎる。[11] ここにおける主要な論点は、アレゴリー的擬人化の「非実在性」について自動的な憶測をすべきではないということである。

　典型的な擬人化された仲介者は、他の同種の仲介者と協力してはじめて「活動する」ことができる。これは、それぞれの仕事をある特定の問題、あるいは一組の問題に限定させる協調である。高度に制御された観念の相互作用は、それに対応する、各観念の境界の画定を必要とする。「かくして『名声』は物語を語り、『勝利』は将軍の上を空中徘徊したり、軍旗の上にとまる。しかし『名声』と『勝利』

はそれ以上のことはできない。[12]」「不死鳥と山鳩」の寓意的な鳥のそれぞれはひとつの意味をもっており、それぞれが葬儀の列に連れてこられるとき、回想しながらその意味をわれわれに提示する。このような強力な「メッセージ」の制御は、意味の制限化、圧縮化、区画化と考えられるかもしれない。アレゴリーがもっと自然主義的であるときでも、アレゴリーがドキュメンタリーのジャーナリズムの言語を自分のものにするときでも、それは概念を戯画のかたちで封じ込める。典型的な例は、十八世紀のバーレスクに出てくる人物であろうし、ディケンズに出てくる脇役であろう。[13]制限化の示すものは、これらの人物の名前が、制限された概念の代名詞を供給しているという事実である。ことばの奇矯さを表わすマラプロピズム、偽善を表わすペクスニファリー、ろくでなしの貧困を表わすミコーバーリズム、という具合である。戯画は現実の特徴を誇張する喜びを証明していると仮定しても、[14]戯画はそれでも、現実と言われていることを抽象に変形しているのである。ちょうどゴーゴリが役人の鼻を、その顔から取りはずすことによって鼻の観念に変形しているように[15]。戯画家は人物を描く際に複雑な特徴を思いきって排除することから活力の多くを得ている。その排除が、ゴーゴリや他の例が示すように、完全な削除を必要とするなら、彼は喜んでそこまで進むだろう。戯画は、説明したように、本質においてアレゴリー的であるとわたしは論じたい。なぜなら、それは単一の支配的な特性という観点から、人物の単純化をめざして努力しているからである。このように取り出された特性は、それぞれの仲介者の図像的な「意味」である。

　擬人化のもっと明白に人為的な技巧について言えることは、もっとまことしやかな仲介者であることがすぐにわかるアレゴリー的ヒーローにもあてはまる。中世においてオデュッセウスとアエネーアスとヘラクレスがキリスト教的知識と帝国的権力の理想を伝えるために表象として使われたとき、意味の深さは、あらゆる可変性を伴う人間の性格を含意するという前提はまったくなかった。[16]アエネーアスはひたむきさの「典型」であり、それゆえ中世の釈義に役立つのである。彼のひたむきな行動は単線的解釈に順応するので、単線的解釈は読者ごとに異なるとしても、アエネーアスは運命を予定された仲介者であるという基準的概念からはけっしてそれることはなかった[17]。

しかしながら、作家がもっと複雑な道徳的世界を見たいと思うなら、われわれは、ヒーローはどの程度まで限定されるかを問うてもよいかもしれない。ダンテの自己イメージ、彼の描くウェルギリウス、彼のベアトリーチェは、意味は単一だろうか。『妖精の女王』の主要人物の誰かは、ひとつの美徳に限定されているだろうか。バニヤンの描くクリスチャンは、性格は一面的だろうか。これらの人物が複雑な人物を構成していることはたしかである。このことは、アレゴリーはとても人間的な仲介者をもつかもしれないことを暗示するだろう。ある意味で、とりわけバニヤンに関しては、主だったアレゴリー的ヒーローは広い範囲に及ぶ弱点と強みをもちうる。彼らはさまざまな試練が起こる多くの冒険をくぐり抜けて生きるかもしれない。しかし、このようなヒーローたちの性質は、「不死鳥と山鳩」のような詩、つまり全体が相互に関連する語から成る複雑な体系で、語のひとつひとつが境界を定められているような詩の性質と似ているのだろうか。この問題に対して別の見方をすると、アレゴリー的ヒーローにとって、人生は発現化的性質をもっており[18]、出来事が起こるたびに、ヒーローの新たな不連続的特徴が明らかにされ、それはほとんど、前の出来事とは、あるいは他の同時的特徴とはなんのつながりもないかのようなのである。アレゴリー的ヒーローは、現実の人間というよりは、自分の部分的局面である二次的個性の生成者なのである。

概念的ヒーロー——彼による下位人物の生成。体系的に複雑化した登場人物は、彼と三段論法的に敵対したり協調したりするとても多くの主要人物を生成する。わたしは「生成する」と言ったが、ダンテ、スペンサー、バニヤンにおけるヒーローたちは、彼らのまわりに世界を創造するように思われるからだ。彼らは実生活における「投影する《プロジェクト》」人々に似ている。彼らは、出会う人々やともに生活する人々に虚構の個性を帰属させるのである。投影を分析することによりわれわれは、高度の想像力をもつ投影者の心のなかで何が起こっているかを決定する。同様に、もし読者が、スペンサーにおける赤十字の騎士の性格の素描をしたいのなら、赤十字の騎士が経験した一連の冒険と試練を列挙する。それは、赤十字の騎士がそれぞれの事例でどのように行動するのかを見る喜びを得るというより、文字通り、ヒーローのどの局面が詩人によって示されているかを見るためなのである。赤十字の騎士はサンフォワと彼の兄弟を想像する。サー・ガイオンは富の神マモンと彼の洞穴を想像する。サー・カリドアは悪口獣《ブレイタント・ビースト》を想像する。このような意味で、アレゴリーのきわめて数の多い仲介者である脇役は、中心となる主役たちによって生成されるのかもしれない。そしてもっとも洗練されたヒーローとは、彼の一局面一局面を明らかにする手段となる脇役——彼自身の諸局面——をもっとも自然に生成するように思われるヒーローということになるだろう。この生成機能が、聖アントニウスのような修道者が、絵画と文学の両方で頻繁にアレゴリー的主題になる理由を説明する。(19) 修道者の習性は、ダイモンの幻視、つまり投影された欲求、欲望、憎悪を誘発する。これは心理学的に、聖者の妥当なイメージである。なぜなら、禁欲状態はその身体的衰弱とともに、極度に多様かつ多量の幻想を誘発するからである。(20) アレゴリーにとってもうひとりの自然のヒーローは旅人である。なぜなら、旅の途上、数多くの新しい状況へと彼は導かれていくが、それはもっともなことだからだ。そのような状況で彼の新しい局面が明らかにされる可能性があるように思われる。(21) ダンテの旅は、あるレヴェルでは、「普通人《エヴリマン》」としての彼自身の屈折したものであるが、それに対してスウィフトのガリヴァーは、ひとつではなく百の第二の自我と出会う。そしていかにも彼らしいが、彼が「わたしもまたかつては企画屋《プロジェクター》でした」(22) と言うとき、これらの第二の自我と彼が深く関係している理由の鍵をわれわれに与えてくれる。バニヤンのクリスチャンは、極度の慢性の不安感に苦しむ。われわれはバニヤン自身の経歴を思い出す。彼は『罪人の最たるものにも溢れる恩寵』のなかで、霊的絶望と不安の時期に湧いた幻想を記録にとどめている。人間バニヤンについて言えることは彼が創造したものにも等しく言えることであったし、メルヴィルとホーソン、カフカとオーウェル、つまりその不安が作品の表面近くに現われている作家たちのヒーローたちにも言えるのである。不安はアレゴリーの必要要素ではないが、アレゴリー的抽象がヒーローの前に「ダンシネンの森」のように現われるきわめて肥沃な土地である。

ヒーローと対立して生まれる脇役は、そのことによって、人間的個性の、たとえそれが外見にすぎないとしても、外見を所有する。それらに加えて、ヒーローを助けるために生まれる脇役がいる。従僕サンチョ・パンサや『妖精の女王』第一巻のドワーフ、第二巻のパーマー、第五巻のタラスがそうである。ここでは、個性の分裂の過程がまさしく進行している。混成的性格の断片の分離によって、作家はそれらを、純粋で孤立した擬人化された観念として扱うことができる。その結果それらは、体系と「一貫性」という全体的目的によりかなうものとなる。この分離は、タラスのような脇役にはきわめてはっきりと現われている。彼は暴力の仲介者であり、アーテガルが法執行の暴力でけっして自らの手を汚さないように、アーテガルのために行動しているのである。このような荒っぽい暴力はアーテガル自身の機能の一部に直接にはなっていないことは、スペンサーのグレイ卿に対するイメージにおける何か特定のやさしさを証明するものではなく、当惑させられるほどに寛大さに欠けた性格に対するスペンサーの詩的制御を証明するものである。この詩人は、この巻の表題になっているヒーローの怒りの発作や残酷な復讐心を制御するよりも、はるかにうまくタラスを制御することができる。さらにこの詩人は、彼のヒーローがになうことが意図されている意味もしくはいくつかの意味を制御している。しかし、この手続きの結果、この詩人はそのヒーローに対して真の人間的性格を与えていないのである。

テーマの展開におけるダイモン的圧縮。それによりわれわれが仲介者の図像的意義を認識する意味の圧縮強化の基準は、もっと厳密な用語に置き換えることができる。意味の制限、圧縮、単一性は、自明の意味論的概念でもなければ、一見してアレゴリー的仲介者を指す適切な用語を暗示することもない[25]。適切な用語を見つけるためには、われわれは、ほとんど心理学的と言ってもよいやり方で「圧縮された意味」を分析しなくてはならない。ヒーローは擬人化された抽象か、表象的類型のいずれかであるが、どちらも帰するところほとんど同一である。いずれの場合も、制限化された図像的意味として感じられるものは、ヒーローに特徴的な、多様性が厳格に限定された行動を通して、われわれ読者に知らされる。われわれは、われわれの解答を求めて、アレゴリー的ヒーローの行動に戻らなくてはならない。われわれは、彼は、ダイモンに取りつかれていると（たとえ非科学的であろうと）考えられる人々が示す行動の型に合致していることに気づく[26]。この考えは受け入れがたいものかもしれないが、それは、ダイモンに関する今日の通念が、それを荒々しく粗野で獣的で怪物的で悪魔的な存在としているという理由による[27]。しかるに古代の神話と宗教は、多くの穏やかで慈悲深いダイモン、「エウダイモニアイ（*eudaimoniai*）」の存在を認識していた。極度に善良なダイモンと極度に悪質なダイモンとのあいだに、善悪のすべての中間段階がある[28]。それゆえ、どのアレゴリーの類型についても、少なくとも道徳的あるいは霊的地位の点でパターンが不足するということはまったくないのである。

ダイモンは、わたしがこれから定義するように、アレゴリー的仲介者のこの主要な特徴、つまり、彼らは機能を分割するという事実を共有しているのである。もしわれわれが実生活でダイモン的人物に出会ったとしたら、われわれは彼について、彼はたったひとつの観念に取りつかれている、あるいは、彼は絶対的な単一軌道的精神をもっている、あるいは、彼の生活は、けっしてそれることを自らに許さない絶対的に厳格な習慣によってパターン化されていると言うだろう。彼は何か隠れたひそかな力に駆り立てられていると思われるだろう。[29] あるいは彼を別の角度から見ると、彼は自らの運命を統御せずに、何か外の力、彼の自我の圏域の外にある何かに制御されていると思われるだろう。

道徳的アレゴリーを例にとろう。これは主として美徳に関わるものである。われわれは、美徳とは一種の善の習慣と仮定するかもしれない。われわれは、美徳は力の相対的な違いを超越すると仮定するかもしれない。美徳は、*virtus*（イタリア語では *virtù*）のもともとの意味である「男らしさ」あるいは「力」を顧慮せずに概念化できるかもしれない。[30] しかし、もし道徳的アレゴリーが美徳と悪徳の競合の、物語的もしくは劇的表現であるとするなら、それは必ずや戦う力と力の競合となるだろう。ダイモン的仲介者とアレゴリー的仲介者を同一視することによって、きっとわれわれは、「純潔」というキリスト教的意味での美徳と、「強さ」というもともとの異教的意味での美徳との関係を説明することができるだろう。われわれはまた、非キリスト教的アレゴリーを容易に説明することができるだろう。

ダイモン――善良な仲介者にして邪悪な仲介者。ダイモン的なものという概念は、それが生まれたさまざまな宗教的文化の結果、複雑なものになっている。[31] 通常のキリスト教的観念は、角とフォーク型のくま手をもった姿のダイモン、つまり悪魔を呈示するが、それはダイモンと「堕天使」の同一視から生じたもっとも単純な紋切型である。この同一視は、ダイモン的なものと天使的なものが密接に関連していることを示しているし、ギリシャ神話のみならずヘブライの宗教神話においても、ダイモンは善良な霊か邪悪な霊のいずれかでありえたことを示している。

語源的に言うとデーモン（demon）という語は、分配する、あるいは分割するという意味の「ダイオマイ *δαίομαι*」に通常由来するとされている。デーモンは通常、運命の分配者なのである。ラクタンティウスは、デーモンは、技術と学識をもった人を意味する「ダエモナス *δαήμονας*」に由来するのかもしれないというプラトンの意見を思い出している。なぜなら「文法家たちはデーモンはその技術と知識ゆえに神々であったと言っている」からであると彼は言う。歴史のごく早い頃から、デーモンという語は、宗教的、霊的意味をもっており、別世界に属するものとされた。その宗教的意味において、この語は、異教古代において三重の意味で使われた。つまり、神々、仲介者、仲介者とは直接的なつながりをまったくもたない死者の魂を表わす語として。これら三つの意味はさらに発展して、きわめて錯雑複雑な意味の迷路となった[32]。

われわれの視点からもっとも興味深いのは第二の意味である。仲介者、一部人間で一部神であるダイモンは、異教古代においてもキリスト教古代においても、しばしば人間という種の守護者であると考えられた[33]。人間ひとりひとりが守護天使、この場合はダイモンに導かれたものであった。あらゆる事例のなかでもっとも有名なのはソクラテスのダイモン、彼に話しかける「声」だった[34]。この声はソクラテスに、正しい道を知らせたばかりでなく、彼がけっして美徳の指令から離れないようにしたという意味で彼に美徳を強制したのである。ダイモンの「忠告」はきわめて権威があったので、人々は自分から進んでさからおうとはしなかったし、おそらくは自分のダイモンを疑問視しようとさえしなかっただろう。疑問視されることのない声、あるいは神託（ダイモンは神の意志の神託による開示の責任を負っていた[35]）は、敬意と崇拝に値する完全さ以上のものをもっている。彼らは、人間の生活をこのうえなく微細な点に至るまで支配する力をもっている。ローマの宗教は小さな神々の数において、きわだった増加を示している。彼らはみな、厳密に言えばダイモンである。彼らは特定の機能を付与されているが、その多くはきわめて微細なものなので、結果として、こっけいなほど過剰に統御されているように思われるほどである。[36] ダイモンが人の目、髪、ナイフ、帽子、本、鏡を担当するとき、増殖分化は極限に達した。[37] 市民の日々の生活を統御するダイモン的仲介者の多さは、実際には宗教はもはや関与しておらず、宗教の地位が魔術、奇術、[38] 呪術、[39] 降神術、迷信に簒奪されたことを暗示する。このことがまさに、古代ローマの宗教にしばしば向けられた非難である。[40] ダイモン的仲介者の発展がキリスト教によって抑止されるとき、この抑止は霊の善天使と悪天使への二元論的分割（例、ラクタンティウス）というかたちをとる。ダイモンの数は減らない。彼らはたんに、異教の宗教的慣行に見られるよりも、もっとくっきりと分割された二つの集団に分かれるだけである。しかし異教の近東ゾロアスター思想でさえ、善霊と悪霊への二分割を認めている。キリスト教が二元的であるという点に限ってはこの近東の影響力を反映している。[41] ダイモン的仲介者の二種類への制限は、少しもその本質的性質、つまり、擬似神格的仲介者における力の体現という性質を変えない。J・B・ビアはこの、体現された力という概念をエネルギーの概念に環元しており、きわめて有益である。[42] われわれが善良なダイモン、つまりアガソダイモンと邪悪なダイモン、つまりカコダイモンを手にする「ダイモン的両価性」について、彼はこう語っている。

しかしながら、われわれがダイモンを、人間に対する影響力という観点からではなく、彼らの内的力という観点から考えれば、この両義性は解消できる。善良であろうと邪悪であろうと、彼らは、ミルトンのサタンのように、その固有の超自然的エネルギーで特徴づけられる――実際、彼らは堕天使と同一視することができる。ベーメの火のように、彼らは天使的性質の本質的一部を失った。天使的性質の基盤に通常はなるべきその残余が、今日、善もしくは悪のエネルギーとして利用されるのである[43]。

道徳的アレゴリーの場合には、獲得したものであれ欠けているものであれ、ひとつひとつの美徳を、アリストテレスの『倫理学』の定義にあるような存在状態としてではなく、一種の道徳的エネルギー、身体的世界における調整された筋肉の、道徳的世界の等価物と考えるのは有効かもしれない。同じように他の技量と考えるのも有効かもしれない。マギ的性格は純粋に知的な力を発揮するかもしれないが[44]、この種の強さは、文法家たちに、学識や修辞技術をダイモン的力と同一視させたものである[45]。

ダイモンの憑依。 われわれがアレゴリー的仲介者とダイモンとを同一視することを望むなら、ある調整が必要である。人間は、実際にダイモンにならなくてもダイモンに取りつかれるかもしれないからだ。しかしこの反論は深刻なものではない。われわれは、人間は彼のダイモンに取りつかれると言うこともできるし、彼は彼のダイモンの指令と完全に同一化されていると言うこともできる。そのため、彼の性格とそれを支配するダイモンの力とのあいだには外見上の違いはまったくない。俗なことばで言えば、「彼はデーモンだ」と言うことに何のためらいも感じない。このことばは、ダイモン的影響力が性格を限定し単純化しているので、通常の意味の性格はもはや存在していないということを含意するからだ。取りつかれた人間は、われわれがすでに論じたように、圧縮された役割を果たす[46]。それゆえわたしは、ダイモンに取りつかれた人、あるいはダイモンに取りつかれたように行動する人にさえもダイモンという語を使おう。定義上、もし人間がその力が彼に働いているあいだ、他のすべての影響力を排除する影響力に取りつかれているなら、彼は明らかに、排他的行動圏の外に生命をもつことはないからだ[47]。

『妖精の女王』のマルベッコは嫉妬心に取りつかれており、その情念への完全な隷属状態におかれている。このような性格づけは、リアリズムとミメーシスから離れてアレゴリーへと向かう。マルベッコは最初、嫉妬深い狭量な夫という役柄で現われる。その役柄において、彼はきわだって写実的で自然で喜劇的である。しかしスペンサーは、イタリアのノヴェッラ的世界から、擬人化された美徳と悪徳の抽象世界に向けて、このミメーシス的性格づけを徐々に転換させる。マルベッコは彼のダイモンである嫉妬心にますます深く、そして絶対的に取りつかれる。性格に対するダイモンの支配の増強は、アレゴリーの強化にいたる。この抽象化の進行に、関連する特定の悪徳の名前の、重要性の増大が伴うのは衝撃的である。最後にスペンサーは、『妖精の女王』に一貫して作動しているのがわかるある過程に従って、マルベッコが「嫉妬」と呼ばれる（「そしてジェラシーと呼ばれる」）ことを指摘する。人に名前を与えることは、彼の機能を不可逆的に固定することであるように思われる。この事実は、ダイモン学の観点から説明できる[48]。ダイモンは、彼固有の名前に訴えることによってのみ呼び出すことができた。ダイモンが、そういうことをすると考えられていたように、神託を統御するとき、彼らの名前が、神に鼓吹された神託的メッセージを得るための「開けゴマ」の合図となった。寓意的な名前は、ダイモン的仲介者の代役を果たすことさえできた。自分の守護ダイモンの名前を使って敵に呪いをかけることは、戦場で敵と出会い、自分の武器を強化すべく自分のダイモンに呼びかけるのと同じくらい効果があったものだ。

ダイモン的ヒーロー[49]。豊かな多様性をもつアレゴリー的作品には、きわめて明白にダイモン的性質をもつヒーローがいる。『神曲』のような作品がその例であるが、そこに出てくるダイモンは、主としてラクタンティウスが記すところの第三の型、つまり、すでに死んだ人の魂である。とはいっても、「煉獄」にも「天国」にも、「仲介者」の例、つまり「煉獄山」の上の霊界に住む「力」がいるけれど。

われわれは、スペンサーにおける「妖精の国」の概念を示せばよい。この概念は本質においてダイモン的である。というのも、騎士たち淑女たちが、妖精の女王と王女の世界である霊的世界の住人であるばかりでなく、彼らはみな、運命づけられた行動に従事しているからである。ちなみにこの語句は、たまたま「フェアリー（"faerie"）」の語源的含意である。[50] バニヤンの、『溢れる恩寵』と彼の寓話におけるダイモンたちはよく知られている。十八世紀において、「デーモン」という語はアレゴリー的仲介者を表わす通常の語である。新古典主義の頌詩と前ロマン派の詩[51]においては、ゴシック小説[52]においてと同様に、この語は、あるがままのものとして、つまり、ヒーローとヒロインに奇蹟的な力を与えることによってロマンティックなプロットを展開する手段として公然と受け入れられ理解されている。[53]

かくしてウォルポールは、『オトラント城』初版の「序文」に、この作品は絶対的に絶えることのない応報の観念、決定的な一族の運命の観念に基づいていると記した。彼の目的は道徳的であることを意図している。「彼［著者］がこれよりももっと有益な道徳に彼の設計図を基づかせていてくれたらとわたしは思う。つまり、父親たちの罪は第三、第四の世代の子供たちにもふりかかるということに。彼の［著者の］時代には、野心が、遠い先に下される罰を恐れてその支配欲を抑制することは、現代と同様にもうなかったのかと思う。」この主題――野心とその「支配欲」――は表現手段に完全に適合している。なぜなら、ダイモン的世界は、超自然的エネルギーと激しい欲望が存在するための唯一の手段である世界だからだ。同様に、絶対的な力とそれが魂に及ぼす危険性の描写が、ベックフォードの『ヴァセック』の基盤になっている。そこではカリフは「闇の諸力に法を命令する野心に燃えている。[54]」

もっと現実主義的な寓話に目を向けると、デフォーはダイモン的なものに魅せられていると言わなくてはならない。クルーソーが、古代人の「ダイモンの憑依」のもっと洗練された等価物である不気味な精神異常にどれほど苦しめられているかを示すことに加え、デフォーは少なくとも三つの主要作品、つまり『幽霊の歴史と実在をめぐる試論』、『悪魔の政治史』、『魔術体系』をダイモン的仲介者の分析にあてた。さらに、『ロビンソン・クルーソー』のダイモン的幻想とヒーローの孤立とのあいだには密接な関係がある。のちにわれわれがみるような、象徴的な理由からばかりではない。クルーソーの物理的孤立が、彼の幻想や希望の激しさと対照的な実際的な弱さをデフォーが示すのを説得力のあるものにしている。[55] この文脈において高慢という主題が何度も何度も導入される。作者が謙虚さの単純で十分な理由、つまり人間の死ぬ宿命に明示される肉体的弱さについて語るとき、高慢という主題は自然に活動する。[56]

高慢、強さ、権力（あるいは典型的なアメリカの「成功物語」における成功[57]）を求める闘いは、アレゴリー的仲介者のダイモン的性格をしばしばこのうえなく明瞭に実証する関心の単一性を含んでいる。[58] いかに多くの現代のアレゴリーが政治的権力の問題を取り上げていることか。きわだった例からいくつか挙げると、『ペスト』、『われら』、『山椒魚戦争』、『ロボット（R・U・R）』『一九八四年』、『動物農場』、『審判』、『田舎医者』、『城』、『マリオと魔術師』、『蝿の王』。これらの作品のいずれにおいても、表層から遠く離れた奇蹟的なものという要素はまったく無い。これらの作品は、一般人に対する専制君主的な、呪文で縛る政治家の絶対的支配力を劇的に描いている。不自然なファウスト的エネルギーがヒーローや悪漢を駆り立てる。それとは逆に、ヒーローが皮肉にもKやウィンストン・スミスのような人間に縮小される（つまり、虚弱化される）と、たとえ抑圧者を憎悪していようとも、彼は必死の思いで暴君と握手しようとする。

ダイモン的機構とアレゴリー的「機械」。ダイモン的仲介者のもうひとつの局面を、われわれが展開している体系に今、導入する必要がある。意味の圧縮は、それが擬人化された力あるいは権力におかれた制限であるとき、擬人化がいくぶん機械的に作用する原因になる。完全なアレゴリー的仲介者は、ダイモンに取りつかれた人間ではなく、ロボットやタラスのような者である。メアリー・シェリーの『フランケンシュタイン』のように、ある種の原型的創造のあとついに、この型の仲介者は二十世紀の作家によって十全に開発利用された。カレル・チャペックのことである。彼の劇『ロボット(R・U・R)』は、人間そっくりの生物からロボットを作る。[59]身体的にこの劇の現実の人間と区別できないこれらのロボットは、たんに別の種類の人間でしかないように思われる。これがまさにチャペックの風刺目的だった。人間は自らが創造するロボットの影であるという同じ含意は、もっと大衆的なSFに頻繁に現われる。というのも、これらのロボットは、科学者たちが自分のきわめて突飛な着想を表現する手段として発明したものとして描かれているからである。[60]機械は、SFにおいては機械として高度に発達している場合があり、フレッド・ホイルの「暗黒星雲」のように、物語のなかでもっとも知的な人間の仲介者の誰よりも強力なのである。[61]この場合、ダイモン的機械は神のごとき地位と力に接近している。われわれは、神学者ラクタンティウスによって認知された第一の型のダイモンに戻る。

「機械」という語を技法的な意味で使い、ダイモン的仲介者が舞台上に導入され、筋の展開が命令、つまりまったくの力ずくで決着をつけられる、劇場的あるいは修辞的仕掛けの意味をもたせるのが長い伝統だった。「機械仕掛けの神」[62]は袋小路となった筋の展開に入り込み、人間の力では不可能なやり方でこの袋小路を打開する。神の力とは何であれ完全な観念——完全な正義、完全な愛、完全な技量——の力である。その等価物が十八世紀の作家たちによって、あまり演劇的ではないかたちで導入される。その頃彼らは、しばしば「機械《マシーン》」、それほど頻繁ではないが「機関《エンジン》」と呼ばれるアレゴリー的仲介者の設定に従って、いわゆる「崇高詩」を書いている。[63]このような意味において、「機械」という語は、しかしながら、科学的な思考秩序を意味として内包してはいない。ロボットという観点から思考する詩人は、ロボットに興味がない、あるいは非実用的と考える人と較べて、より科学的であるわけでは必ずしもない。アレゴリーが「機械」を使うとしても、それはエンジニアの使う型の機械などではまったくないことがわかるだろう(64)。それは実際の燃料を使うこともないし、燃料を使用可能な現実のエネルギーに転換することもない。そうではなく、それは幻想のエネルギーであり、シャーマンがダイモンを信じることによって付与される幻想のエネルギーのようなものだ(65)。そしてSFのヒーローの研究は、擬似科学の一種である。アレゴリーは真の科学的知識を増大させる立場にはまったくない。真の科学的知識の用語は相対主義的なものではまったくないからだ。その用語はつねに絶対的である。プラトンの「永遠の形相」に似ている(66)。言えることはせいぜい、この幻想的芸術は、もっと本格的な経験科学の原型を提供しているということぐらいである——錬金術は近代化学を予示しているが、根本的にそれとは異なる。骨相学はある種の近代心理学である肉体的な類型の研究を予示している。占星術の一分野は近代気象学を予示している。ダイモン的仲介者がいる結果として、アレゴリー的芸術は原科学的機能を果たしうると一般的に言える(67)。

　宇宙的体系が個人の運命を支配する。原科学的ではないにせよ擬似科学的な、ほとんど分析的と言ってもよい目標は、ダイモンという観念そのものから生まれる。「分割する」を意味する語に由来するダイモンは、研究と統制のために、世界のすべての重要な局面を、別個の要素へと終わりなく連続的に分割することを含意する(68)。人間のダイモンとは彼の運命、彼のモイラ、彼の運勢、彼の運、分割されてとくに彼に割りあてられたすべてである(69)。運命の働きによって、彼は、彼のダイモンによって表わされる機能へと限定化される。したがって、もし自然が、そのすべての部分と局面がダイモンによって統御されている合成的な体系であるなら(70)、そしてもし人間がそのような体系のなかでのみ活動するなら、アレゴリー的仲介者——その範型はダイモン的人間——はつねに何かより大きな力の分割された一部である。人間が彼と結びついた神官的標章、特定の飾り、特定の衣裳、特定の聖なる名前、彼に割り当てられた特定の義務をもち、その結果特定の「観念」が彼に取りつき、彼のするいっさいを支配しているのは間違いないと考えるのは自然な考えであろう。

機能の特定性は、しかしながら、運命《モイラ》の意図せぬ割り当てが暗示するような、すべての人に個人的に関わる問題ではない。むしろ、古代のギリシャ人やヘブライ人、そしてその後のヨーロッパの作家たちもそう見ていたように、特定のダイモンによる仲介者の統御は、宇宙全体の組織の問題なのである。[71] 世界は、たがいの相互作用を顧慮せずに快適な道を進む人々、事物、諸過程の偶然の集合体ではない。[72] ギリシャ人は宇宙を、「精神」が充満する「肉体」のイメージで考えた。[72] 彼らは世界図を、神々をヒエラルキーの頂点に、人間と動物を底辺に置いて構造化することができた。この宇宙図においては、彼らはダイモンを人間と神の中間に置いた。[73] ダイモン的諸力は、かくして、人間対神の宇宙的劇への参加者となった。それはまるで、ダイモンは人間対神の関係の擬人化のようであった。この中間的なパターンに従うかぎり、アレゴリー的仲介者は完全に人間的でもなければ神的でもなく、両方の状態を分有する。不倶戴天の敵を追いかけるエイハブのような人間、庇護者を捜すKのような人間、彼の犠牲となる人々に従属しかつ同時に指揮する騎士チポッラのような人間の絶対的決意は、何か神々しいまでの単純さをもっているが、他方、そのような場合、神にはありえないほどの無力な状態にある。そのような場合、ヒーローは、彼の頭脳に宿った善悪いずれかの圧倒的な観念と同一化された呪いに屈したのである。

ダイモン的仲介者を信じる人間は、自分自身は中間的位置にあると見、交渉するすべての人々の位階を強調するのが精神的習慣となる。[74] 反グノーシス主義者のテルトゥリアヌス(一五五年頃—二二二年頃）が異教世界のダイモンの蔓延に激怒したのも不思議ではない。彼はそこに、一般人のダイモン信仰の結果である物質的かつ精神的経験の、広範囲にわたる腐敗断片化を見たのだった。[75]彼は、神の恩寵の自由な流出を妨げるであろう固定観念に反対する議論をした。硬直した宇宙論に反対する議論をしたが、彼はそれを、彼自身の同じくらい硬直したパターン、つまり、すべての人間が自分用の横木に縛りつけられているキリスト教的完全性のはしごに喜んで置きかえたことだろう。その後、「運命の女神」崇拝が発展したあと、このはしごは、明らかに複雑な円に変えられた。[76]アレオパゴスの偽ディオニュシオスの、アレゴリー的語彙の展開には申し分のない「天上のヒエラルキー」は、すべての人間とすべての人間の行為を宇宙的物差にゆだねる。この物差は人間ひとりひとりとその個性を、一方が高く他方が低い二つの地位の中間に位置づける。[77]この宇宙の組織は「（軍隊の）区分 *taxis*」という軍事的名称が与えられる。[78]このような組織のなかで仲介者となることとは、自由な仲介者ではなく固定された仲介者となることである。偽ディオニュシオスに従うダンテが、「天国」の祝福された霊たちが好きなように自由に出入りすることを示したいと思うときでさえ、彼もまた実は、神への前進のある段階に固定されている彼らを示しているのである。思うに、これはすべてのアレゴリー的仲介者にあてはまる。作家が、自由な変身と状態の変化と思われるものに興味をもっているとき、彼は実際には登場人物が自由に行動しているところを示していない。[79]彼らが運命の一側面から他の側面へと急速に移っているのを示しているのだ。「運命の車輪」は上昇したり下降したりして回転し、彼らに変化した状態の幻想を与えるが、彼らは依然として車輪に縛られたままなのだ。変身の大物詩人オウィディウスは、『道徳的オウィディウス』で、釈義に自然なかたちで利用されている。というのも、彼自身もきわめて頻繁に変化の正反対、つまり固定性に注意をひいているからだ。ヒーローが彼が闘う「サイコマキア」の結果、あるいは苦悶の結果、あるいは前進の結果、あるいは月への旅の結果、あるいはどのような典型的な物語を選ぼうと、ヒーローが変化をこうむるという構想によって、われわれは、これらの物語すべてにおける自由の真の欠如に盲目になるべきではない[80]。たとえばピカレスク的ロマンスは、ヒーローたちを、盲目的な偶然の働きにゆだねる。これらのヒーローたちは選択せず、「熟慮」せず、強制されて行動し、内的制御の欠如をたえず実証する[81]。このことは、心理学的アレゴリー、たとえばスペンサーとカフカにおいてとても興味深いことである。そこで作者はくり返しくり返し、人々は、みずからの行動を統御していると想像するとき、根源的な幻想にとらわれていることを示す。高慢な想像力は罪と呼ばれるかもしれないが、それはまた、心理学的な真理であることは、通常の経験がわれわれに教えてくれることである。

もし真の変化と真の自己統御が可能でないとするなら、探究はしばしば、完全さを求める永遠にみたされることのない探索という外観のもとで提示されるだろう。これは真に価値のある愛の対象を求める一種のプラトン的探究である。『妖精の女王』の典型的な騎士は、つねにさらなる試練を先に控えており、多数の批評家が気づいているように、ひとつの戦いにおける勝利あるいは前進の報償はつねに新たな挑戦なのである。この世に満足なるものはない。ダイモン的仲介者は「完璧妄想 *manie de perfection*」を含意する。これは、変化しない純潔というイメージと一体化したい不可能な欲望である。仲介者はみずからのなかで孤立化し、永遠に固定された形体に凍りつき、この語のプラトン的意味での「イデア」になろうとする。

このような傾向はアレゴリーの性格に大きな影響を与える。ダイモンたちはみな、自分自身の階級をもっており、ダイモン的ヒーローや仲介者も同様に階級に固定されており、最後にはあるレヴェルにピンで留められる。人間は霊的および現世的な力で階級が定められる。そういうわけで、たとえば、教皇や国王は伝統的な「死の舞踏」ではつねに最初の人物で、道化や反キリスト者は最後になる傾向がある。動物には彼らの序列があり、ライオンが「国王」である。鳥にも序列があり、ワシがヒエラルキーの頂点にいる[82]。同じヒエラルキーが宇宙のすべての種類のものに確立することができる。中世の宝石研究書が示すように、石にさえ可能なのである[83]。さまざまな、シンボル的上昇のはしごがすべて「たがいの横に」並べられるやいなや、垂直的に対応するはしごではなく、シンボル構造が水平的に対応する「レヴェル」ができることが明らかになる。それによると、多数多様な領域——動物、イメージ、石、人間——からの対応する種が存在し、それらは純粋さまたは完全さの相対的なレヴェルに存在しうるのである。「グリルはグリルらしく、ブタの心をもたせてやれ」という一行は、ブタとブタのように行動する人間は、道徳的堕落の同じレヴェルにいることを暗示する[84]。「スクーンの石」は、その上で戴冠式が行われる国王と同じくらい神聖である。ワシとライオンは、身体的には国王以下の生物だが、それぞれが自らの王国を統治するという点では、同じシンボル的レヴェルにいる。このシンボル的ネットワークのどこにおいても、仲介者を単一のシンボル的階級に固定化する働きが見られる。

仲介者からイメージへ——静止的仲介者。これはわれわれを逆説的状況に置く。固定された仲介者はイメージに相当する。逆の場合（偶像破壊者にとって）イメージがダイモン的仲介者に相当するのと同様である。ある意味でわれわれはこのことをいつも知っている。というのも、アレゴリー的著述の仲介者は、視覚的図像によってエンブレム的に提示されることが多いからだ。しかし、われわれは一巡して、物語においてさえアレゴリー的著述がなぜしばしば完全にエンブレム的なのか説明できる地点に来た。それらの神官的機能がそれ以外のものになることを禁じるのである。意味の固定化は、厳密な統制に従う必要から生じる。われわれが通常、人間の仲介者を理解しているように、心理学的に、あるいは行動学的に自然と言える人物の型は、意志決定できるように見える人のそれ（「自分の欲するところを知る」人、この目的のための手段を熟考できる人）であり、またこれも同じくらい重要であるが、「成長」できる人のそれである。われわれはたぶん、たとえそれが可能だとしても、この変化と成長が何かとみずからに問うことはないだろうが、問うたとしたら、この場合変化は、階級の移動とこの階級に伴う新しい環境に同化する能力を含むと答えることだろう。それゆえ成長は「成熟」を意味する。（これはきわめて私的で内的な問題でありうるし、社会的上昇や階級の物質的変化を伴う必要のないことはたしかだ。）人々の成長を描くすぐれた小説の一般的基準は明確な理論的陳述に言語化できないかもしれないが、人物のリアリズムは行動の選択の自由と関係しているというわれわれの意識を指し示している。真に「リアル」な人物である『戦争と平和』のピエールは、かならずしも根源的に変化するわけではないが、必要とあらば根源的に変化しうる力を実際にもっている。そしてわれわれはその可能性を実感させられる。彼はただ固定された必然性に従って行動するのではなく、蓋然性に従って行動することができるし、でたらめな偶然性の犠牲者でもない。逆にヒーローが図像として意図されていると仮定しよう。その場合、彼は厳格な因果的必然性に従う。彼はあれこれのことをする選択はせず、そのような誘惑には抵抗し、必然性という理念を受け入れる。彼の選択は、そう呼ぶのが適切であればだが、彼のために彼のダイモンによってなされるのだ。[85]

アリストテレス的ミメーシスはこのパターンには適合しない。なぜならそれは、行動の変更可能な進路を人物が熟慮する姿をわれわれに示すことが予想されるからだ。アリストテレスは「非合理な」人物を劇の主題とすることを非難する。そういう人物は劇の筋の展開を過剰決定するというのがその根拠である。いったん狂った国王が導入されると、宮廷人が彼を殺し、王国から不正な運命を取り除くことしか残っていない。アリストテレスの見解では、ミメーシス的芸術の目的は、自然の変更可能な進路をたどることである。偏執的狂人の場合のように、自然が変更不可能であることが判明したら、ミメーシス的芸術は、狂った人物を描くことにより、過剰な鮮烈さで崩壊する。アリストテレスならたぶんこう言うだろう。アレゴリーの標準的主題としてはミメーシスはあまりに迫真的なイメージを提示する。観衆は何であれ模倣されたものに感情移入するので、この場合、不合理で偏執的な行動に感情移入しなくてはならなくなるだろう、と。観衆は舞台上に自由な仲介者を見るかわりに、強烈な固定観念を見るだろう、そしてそれは、観衆の心に同じ固定された観念を誘発するだろう。同一化の過程によって、観衆は、アレゴリー的仲介者のように、みずからが固定されてステレオタイプになる傾向をもつだろう。これは言うまでもなく、まさに政治的プロパガンダ芸術の目的である。このようなプラトン的芸術は、ほとんど全面的に、アレゴリー的仲介者に依存していることは明らかだ。プロパガンダの犠牲者は、きわめて組織的で系統的で官僚的な型で鋳《い》られた光景に感情移入する以外の道は与えられない。この種の体制が政治プロパガンダ担当者の目的であることが多いので、彼はただ、観衆に体制順応的な筋の展開の表層的性質にのみ興味をもたせればよい。観衆を三段論法的な筋の展開に巻き込むことによって、プロパガンダ作家は、観衆が劇場をあとにするとき、観衆に、対応する行動パターンをとらせる。少なくとも、これが彼が起こるのを期待していることである。筋の展開全体に注意を向けさせるとき、彼は、のちにみるように、イメジャリーに頼る。アレゴリーのイメジャリーはしばしばギラギラしており、ワクワクするほど豊かで、驚嘆させられることさえある。

　結論。アレゴリーの主役たちはダイモン的であるという考えは、批評にさまざまな結果をもたらす。そのうちの一部をすでにわれわれは見たが、他は、われわれがこのモードのイメジャリー、因果系列、リズム、テーマ的傾向に目を向けるときに現われるだろう。われわれはすでに主役たちはまるで取りつかれたかのように行動することを見た。このことは、程度の差こそあれ、宿命と個人の運命についての宇宙的概念を含意する。彼は途中まで人間的圏域と神的圏域の中間で、両圏域に接触しつつ行動する。このことは、彼が模範的なロマンスのヒーローとして利用できることを示唆する。ロマンスはそのヒーローに、人間的興味と神的力の両方を与えるからである。彼の本質的にエネルギーにあふれた性格は、純然たる力という外見で読者を楽しませるだろう。マキャヴェッリ的君主のように、アレゴリー的ヒーローは通例の道徳的拘束に縛られずに行動することができる。道徳的に行動しているときでもそうなのである。彼は、自分の力が他の人々のためになるときのみ道徳的であるからだ。この種の行動は、われわれみなにとってあからさまな魅力をもつ。われわれはそれに衝《つ》き動かされて推理小説、西部劇、宇宙探検のサガ、惑星間旅行記を読む。しかし、ダイモン的仲介者が拘束されない意志と願望へのわれわれの欲求に訴えることのできるしばしば表層的な魅力以上に、アレゴリーは、事物の秩序に関するほとんど科学的とも言える好奇心に訴える。巡礼者の旅は一種の研究プロジェクトであり、境界があるがゆえに人生を引き受ける。ダイモン的仲介者そのものの不合理性にもかかわらず、これはまさに、宇宙的秩序を発見するためには欠かせない仲介者である。ヒーローは征服者である。つまり、彼は、人々と出来事の偶然的集合に直面し、みずからの運命をこの偶然的集合に課すことによって、混沌に対する秩序を制定する。すべての下位の主役もこの秩序の押しつけにある程度加担する。ひとりひとりが、一般的体系、「王位、支配、権力、君主」のヒエラルキーをみずから生み出すと主張する我意の強い人に似ている。このようにアレゴリーは、その創造者に最大限の意志と願望充足を、最大限の拘束とともに与える。この逆説的な結びつきが読者を魅了せずにはいない。最後に、アレゴリーをひとつの修辞的技法とみなすと、それは視覚的、幾何学的図形の物語的、演劇的等価物を生むさらなる能力をもっている。われわれはすでに、ダイモン的仲介者が神官的地位、次に高い地位を表わす名前と同一視され、次には名前そのものと一体化する傾向に注目した。そのような過程によって、仲介者はイメジャリーと混同され、行動が図形となる。実体化された仲介者はエンブレムである。天秤をもった正義はイメージとなる。弓をもったキューピッドはインプレッサとなる――このことは、アレゴリー的仲介者は独特なかたちで固定されていることを示唆する。それゆえ、逆に、われわれがイメジャリーに向かうにつれ、われわれはおそらく、すべてのアレゴリー的イメージに、たとえシンボル的な運動であれ、一種の運動を帰属させることができるだろう。

注

（1） Rosemary Freeman, *English Emblem Books*（London, 1948）参照。また Erwin Panofsky, *Meaning in the Visual Arts*, ch. i, "Iconography and Iconology: An Introduction to the Study of Renaissance Art"; and ch. iv, "Titian's *Allegory of Prudence*: A Postscript"; 最後に Emile Durkheim, *The Elementary Forms of the Religious Life*, tr. J. W. Swain（Glencoe, Ill., 1947）, Bk. II, ch. i, "The Totem as Name and as Emblem," and ch. vii, "The Origin of the Notion of Emblem." パノフスキーはデューラーに関連してエンブレムを次のように定義している。「たんなる事物の表象として受けとめられることをこばみ、概念の媒体として解釈されることを要求するイメージ。これらは、『雰囲気』に富み、そのためくわしく説明しなくても結局『容認』されるかたちで作品内に包含されている場合のみ、多くの近代批評家によって一般的に黙認されている（例はデューラーの『メランコリアI』の銅版画）」（*Albrecht Dürer*［Princeton, 1948］, 173）。パノフスキーはほかの場所でもさらにくわしくエンブレムを説明している。エンブレムは部分的に（1）シンボル、（2）謎、（3）警句、（4）格言――しかし重要な違いがあり、エンブレムは（1）特殊であって普遍的ではない、（2）それほど難解ではない、（3）視覚的であって言語的ではない、（4）学識があり、月並ではない。*Meaning in the Visual Arts*, 148 参照。

（2） スペンサーの「ローリーへの手紙」は、彼がこの「分析」を歴史家の年代記的方法と区別していたことを明らかにしている。「歴史的詩人［われわれなら叙事詩人と呼ぶべきところ］の方法は修史家のそれではないからだ。というのも、修史家は出来事を起こった順序で、行為と年代を説明しながら語る。しかし詩人は、彼にもっとも関わる場合であれ、事のただ中に飛びこみ、そこから過ぎ去ったことを語り、来たるべきことを予言し、すべてのことについて楽しい分析をする。」Spencer, *Faerie Queene*, ed. J. C. Smith（Oxford, 1909）, II, 486 参照。詩はこのように、大きな時間的自由を許容し、さらには予言さえ楽しむ。コウルリッジは *Misc. Crit.*, 36 で、こう論評している、「妖精の女王における驚嘆すべき自立性と真の想像における特定の空間や時間の不在。それは歴史や地理の領域にはなく、すべての人為的境界、すべての物質的障害を知らない。それは真に妖精の土地、つまり精神的空間である。」擬人法は筋の展開の観点からみると無時間である。George Puttenham, *The Arte of English Poesie*, 239 と Peacham, *Garden*, 136 の擬人化された抽象、つまり擬人法を利用した筋の展開の議論を参照。

（3） Thomas Warton, "Of Spencer's Allegorical Character"（*Observations on* The Fairy Queen *of Spenser*, 2d ed., 1762, see 10）, in *Spenser's Critics*, ed. William Mueller（*Syracuse*, 1959）, 60.「この時代においては、公開の演し物や見世物の主題や典拠としてアレゴリーが使われ、前の時代よりもはるかに壮麗に展示されたことをわれわれは忘れてはならない。それぞれエンブレムの種類で区別された美徳と悪徳がしばしば擬人化され、生きている役者によって演じられた。これらの人物は、彼らが『ページェント』と呼ぶものを提供するうえで主要な役割を果たした。それらは当時、主要な娯楽であり、ただ私的に演じられたり、舞台で演じられたりしただけではなく、公的行事を執り行ったり、大きな出来事を祝うために、開放された通りで行われることがきわめて多かった。」Jacob Burckhardt, *The Civilization of the Renaissance in Italy*, ed. B. Nelson and N. Trinkhaus（New York, 1958）はこれらのページェントを生き生きと描写している。Gabriel Mourey, *Le Livre des fêtes française*（Paris, 1930）にはページェントの道具のさし絵がある。また Jean Jacquot, ed., *Les Fêtes de la Renaissance*（Paris, 1956）も参照。

（4） ハード主教（Bishop Hurd）はその *Letters on Chivalry and Romance*（1762）でタッソーの『エルサレム解放』を「魔法と妖術の世界」であるとして賞賛し、規範の「ゴシック的」標準をスペンサーに適用した。タッソーの魔法による出来事については C. M. Bowra, *From Virgil to Milton*（London, 1948）, 139ff. ととくに 163 と 171 参照。トマス・ウォートンは妖術とアレゴリーをロマンス的叙事詩の要素として結びつけた。たとえば彼は、「アリオストの常套的方法は、アレゴリー、妖術、そして騎士、巨人、魔術師、虚構の人物によるロマンス的探索であった」と言っている。Warton, "Of the Plan and Conduct of the *Fairy Queen*" (1762), in *Spenser's Critics*, ed. Mueller (Syracuse, 1959), 45 参照。

(5) 隠喩と擬人法の関係については I. A. Richards, *Practical Criticism* (New York, 1956), 190–192 と Pt. III, ch. ii, 諸所参照。アニミズムと「神話的擬人化」については E. B. Tylor, *Origins of Culture* (1871; reprinted New York, 1958), I, 287 参照。

Freud, *Totem and Taboo* in *Basic Writings* (Mod. Lib. ed., New York, 1938), 857.「先の事例では、投影の機構が、感情の葛藤を静めるために使われている。それは、神経症に通じる多くの心的状態において同じ目的を果たす。しかし、投影は防衛の目的のために特別に作られるのではなく、まったく葛藤がない場合にも現われる。内的知覚の外部への投影は原初的機構であり、それはたとえば、われわれの感覚＝知覚にも影響を与え、そのため投影は、われわれの外部世界の形成にも通常、最大限に関わる。まだ十分に確定されていない条件のもとで、観念的および感情的諸過程の内的知覚でさえ、感覚知覚のように外へ投影され、外的世界の形成に使われるが、しかるにそれらは当然、内的世界にとどまったままなのである。これはたぶん、注意の機能はもともと内的世界に向かってではなく、外的世界から流れこむ刺激に向けられ、内部の心的諸過程から快と苦痛の報告を受けるだけであるという事実と発生的に結びついている。語表象の感覚的残余と内的諸過程の連合による抽象思考の言語が発達してはじめて、内的諸過程はしだいに知覚が可能になった。こういうことが起こる前に、原始人はすでに、内的投影の外的投影による外的世界図を開発していた。このことをわれわれは、意識的知覚を強化しながら、今や、心理学に翻訳し直さなくてはならない。」*Totem and Taboo* (Standard ed.), XIII のストレイチーの翻訳参照。

(6) アウエルバッハの古典的エッセイ「フィグーラ」は *Scenes from the Drama of European Literature*, 11–76 にリプリントされている。この本には釈義的エッセイ "St. Francis of Assisi in Dante's 'Commedia'," 79–100 が収められている。「フィグーラ」は厳密に言うと、アレゴリーとは区別しなくてはならない。「フィグーラ」は特殊な、非アレゴリー的歴史観に基づいているからである。「フィグーラ的解釈においては、ある物が別の物を表わし、そしてある物が他の物を表象し意味するので、フィグーラ的解釈はもっとも広い意味にとった場合に、『アレゴリー的』である。しかしそれは、われわれの知っているアレゴリー形式の大部分とは、記号とそれが意味するものの両者の歴史性によって異なる」（*Scenes*, 54）。この区別はまた、R. P. C. Hanson, *Allegory and Event*, 7 においてもなされている。そこでは「フィグーラ」は同じくらい一般的な用語である「タイポロジー」によって理解されている。

（7） わたしは *The Phoenix and Turtle: By William Shakespeare, John Marston, George Chapman, Ben Jonson, and Others*, ed. Bernard Newdigate（Oxford, 1937）にリプリントされた本文に従った。このリプリント版は、輝く群像のなかでのシェイクスピアの詩の位置付けを明確な絵としてわれわれに見せてくれる。彼の詩は数篇の記念碑的な詩のひとつでしかなく、その輝きを、彼の詩とこれらの作品の相互作用から得ていたのだ。「アエニグマ」は終始保持されていた。

（8） Bertrand Bronson, "Personification Reconsidered," *ELH*, XIV（1947）, 163–77; R. W. Frank, "The Art of Reading Medieval Personification Allegory," *ELH*, XX（1953）, 237–250; C. F. Chapin, *Personification in Eighteenth Century English Poetry*（New York, 1955）参照。アレゴリー的抽象の理論は、批評家たちが抽象の「力動的」意味を考察できなかったことでとても不明瞭なものになってしまった。アレゴリーは、「擬人化された抽象」を利用するという理由で「抽象的」だと通常言われる。しかしアレゴリーは、生気を与えられた哲学的用語をたんに使用した場合以上に、はるかに深く抽象的である。アレゴリーは、ホワイトヘッドが抽象とは「真理の一部の省略である」と言ったときの意味で抽象的である。アレゴリーは、その主題と対象に関連する条件の一部を省略するという意味で抽象的である。たとえば、「正義」のアレゴリーは、抑圧的でない寛大な正義をきわめて達成しがたいものにしている付随事態を省略するだろう。アレゴリーは、ミメーシス的モード、そしてそれが高度に圧縮された神話的モードなら省略しない人間的細部を省略する。アレゴリーにおける「抽象」はまた「抽象的行動」――人間的関与の十分な広がりと興奮を欠いた行動――という意味ももっている。アレゴリーはしばしば「ぽかんとした様子"an abstracted air"」をしている。

（9）「『イデア』は感覚体験の変化し消滅する対象には属さず、それらのかなたに『輝かしく孤立している』玉座に属している。」Richard Kronerはプラトンの理論について*Speculation in Pre-Christian Philosophy*（Philadelphia, 1956）のなかでそう述べる。他方、それほど古臭くなく、たぶんより正確な見解はG. M. A. Grube, *Plato's Thought*（London, 1935; reprinted Boston, 1958）, 41.「見知らぬ人はこのように、『イデア』はたがいに絶対的に孤立して存在することはできないことを明らかにする。われわれはすでに『パイドン』のなかで、特殊なものがさまざまな『イデア』に同時に参入しうることをみた。『イデア』そのものについて今、疑問が発せられる。それらはどこまでまじりあうことができるのか、と。」これは、形而上学的観点からは、アレゴリーが投げかける重大な疑問である。

（10） Johan Huizinga, *The Waning of the Middle Ages*, 114参照。「それからここ、『薔薇物語』において、性的モチーフがふたたび、好色な詩の中心に置かれるが、シンボル体系と神秘に包まれ、聖性のよそおいのもとで提示される。キリスト教的理想に対するこれ以上の周到な挑発を想像するのは不可能である。愛の夢が、情熱的であるのと同じくらい芸術的な形式を帯びた。あふれんばかりのアレゴリーは中世的想像力のすべての必要条件をみたした。これらの擬人法は、より繊細な感情の陰影を表現するのに欠かせないものであった。性愛的用語は、理解されるためには、これらの優雅な人形〔擬人法〕を手放すことはできなかった。人々は『絶望』、『毒舌』などの人物を、科学的心理学の通用語として利用した。中心的モチーフの情熱的性格は、退屈さや衒学を防いだ。」

（11） この問題はH. A. Myers, *Systematic Pluralism*（Ithaca, 1961）, 48, 125–129で十分に論じられている。

（12） Samuel Johnson, "The Life of Milton," *Works*, ed. Arthur Murphy（New York, 1843）, II, 44におけるミルトンの「罪」と「死」に関する議論より。ここでジョンソンはアイスキュロスも攻撃している。擬人化された観念の相互作用は不合理だというのが根拠である。「わたしが一瞬たりと信じられないことは、見ても一瞬たりと興味や不安をかきたてられることはない。」ウェレックはジョンソン的偏見を要約している。ジョンソンにとって、「活動的仲介者であるアレゴリーはすべて不合理なのである。それらがたんなる比喩的言説、教示の心地よい媒体、ジョンソン自身が『ランブラー』や『アイドラー』のためにたくさん作った退屈なものである場合のみ是認されるのだ」（*History of Modern Criticism*, I, 82）。

（13） フィールディングの『ジョウゼフ・アンドルーズ』の「序文」参照。またコウルリッジの*Misc. Crit.*, 118の

「ユーモア」の性質についての論も。「俗衆に笑われるこっけいな立場には、微妙な擬人化、何かシンボル的なことが進行している。それゆえ、喜劇的な動物物語の不完全で居心地の悪い効果が生まれる。つまり、『悟性』はアレゴリーによってみたされるが、『感覚』はみたされないのだ。」コウルリッジのアレゴリーの定義においては、美的効果の同種の分裂が強調されている。

（14） *Caricature* は *Caricare*（「積みすぎる」）に由来する。このことはフロイトの用語「過重決定」を暗示する。カリカチュアはこっけいなマンネリズムと定義できるかもしれない。

（15） ゴーゴリにおいては鼻が物語『鼻』の主要な仲介者になる。ある意味で、外套が『外套』で主要な仲介者になるのと同じである。『トリストラム・シャンディ』では、鼻をめぐる話は、もっと喜劇的な規模で、同じ機能を果たす。身体の部位の他のイメージとともに、そして要塞や橋のイメジャリーとともに、それらは、この本のまさに核心である性的不能の問題を暗示するからである（スターンはその点でラブレーの二巻十五章に従っている）。コウルリッジは、スターンの議論において、不均衡、ある「ユーモア」の不合理な過剰発達の感覚を強調する。彼は不能の問題にとてもよく気づいている。「ユーモラスな作家たち、とりわけスターンのような作家は、無で終わること、純然たる矛盾で終わることを楽しむ」（*Misc. Crit.*, 118）。

（16） Jean Seznec, *The Survival of the Pagan Gods*, tr. Barbara Sessions（New York, 1953）, ch. iii 諸所参照。キリスト教化された人物としてのヘラクレスについての議論は Curtius, *European Literature*, 170–175, 203–207; Marcel Simon, *Hercule et le Christianisme*（Paris, 1953）参照。ルネサンス英国劇への彼の登場については E. M. Waith, *The Herculean Hero in Marlowe, Chapman, Shakespeare and Dryden*（New York, 1962）参照。

（17）「しかしながら、もし『アエネーイス』が加えて建国叙事詩の性格をもっているなら、それは、ウェルギリウスが、文明を構築するには努力以上の何かを必要とし、それは組織化であることに気づいているからだ。……アエネーアスはかくして古代のピルグリム・ファーザーであり、彼に従う者たちは古代世界のメイフラワー号の乗組員なのだ。帝国の組織化された社会は、聖者たちのニューイングランド王国のギリシャ＝ローマ版なのだ」（C. N. Cochrane, *Christianity and Classical Culture: A Study of Thought and Action from Augustus to Augustine*［New York, 1957］,

64–65)。アエネーアスとヘラクレスの関係については R. W. Crutwell, *Virgil's Mind at Work*（Oxford, 1946）参照。
（18）「一度にひとつのこと」というのは、仲介者の組織体としての寓話は興味をそそらないということを含意しない。一歩一歩の総計が、モザイクのように、きわめて複雑になるかもしれない。クルティウスは *European Literature*, 174 で、アエネーアスについてこう論じている。「アエネーアスを面白味のない人間だと思うのはありうることだ。しかし『アエネーイス』の大きなテーマはアエネーアスではなく、ローマの運命である。歴史と運命への引喩に富むこの詩に埋めこまれているのは、異世界への旅である（第六巻）。そのことがわれわれを地上的なものすべての上へと引き上げてくれる。それがこの詩の最大の美である。この詩がのちの時代におよぼした影響はきわめて重要である。ダンテの『神曲』がわれわれのもとにあるのはこの詩のおかげなのである。」
（19）この伝統の源泉は St. Athanasius, *The Life of St. Anthony*, tr. Robert T. Meyer（Westminster, Md., 1950）である。
（20）ルイスの言うように、「アレゴリーの自然なテーマは誘惑である」。キリスト教の禁欲主義の主要な目的は「情念の専制」からの信者の解放である。それについては Jean Daniélou, *Platonisme et théologie mystique*（Paris, 1944）, 76ff. 参照。動物、怪物その他で象徴的に表現される情念については（78）「［グレゴリウスの『モーセ伝』は、高次の善なる情念を示すために戦車の御者という人物像を使い、他方、低次の、邪悪な情念を表わすために同じくらいプラトン的な、馬のイメージを用いている。］ われわれが取り組まなくてはならないのは二番目の範疇である。もし魂が無感動（*apatheia*）の状態に到達するつもりなら、自らを守るべきはこの種の情念に対してである。グレゴリウスがわれわれのために情念の世界、つまり七つの大罪の世界を説明するときに使うさまざまなシンボルをわれわれは研究するだろう。これらのイメージは五つの範疇に属している。情念はまず第一に、動物の生命として表現され、さまざまな獣でシンボル化される。……次に、情念は、精神（*nous*）を隷属状態に置く暴君と考えられる。第三に情念は、泥、さびなど、一種の汚れと思い描かれる。最後に情念は扇動と幻想として提示される。これらの局面のひとつひとつにこれらとは反対の局面が対峙される。つまり動物性に対して『無感動』が対峙される。」（引用者訳）「聖アントニウスの誘惑」で想起される怪物は、禁欲的な「無感動」によってのみ殺害できるような獣である。しかし、彼の誘惑がまさにこれらの怪物の創造を必然的なものにしていることは明らかだ。誘惑は動物寓話集のそれに似たグロテスクで象徴的な語彙を創造する。

(21) Marjorie Nicolson の *Voyages to the Moon* (New York, 1960) に描かれている旅は、主として、知的発見を象徴的に表わしている。幾何学はベーコンに、知的発見を表わすもうひとつの似た隠喩、侵略 (invasion) を提供している。*Advancement of Learning*, ch. xiii. 「われわれは予言者のように、ただ心のなかで国々を測量するだけで、侵略の方法は知らない。」

(22) ここでの「企画屋《プロジェクター》」はフロイト的意味はもっていないが、近代的意味との平行関係は顕著である。スウィフトはユートピア的企画を、精神の投影、とりわけ、自然の可変性が否定される「魂の機械的作用」とみなした。スウィフトのパロディ作品である『慎ましい提案』は、典型的な「企画屋」のダイモン的インスピレーションを劇的に描き、そのような思考がどこまで偏執的になりうるかを示している。

(23) フラッ・カフカは "The Truth about Sancho Panza," *Parables*, tr. Willa and Edwin Muir (New York, 1947), 125 でこう述べている。「サンチョ・パンサは、すこしも自慢することはないが、年月の経過のなかで、晩方と夜の時間に騎士道ロマンスと冒険ロマンスを大量にむさぼり読んで、彼がのちにドン・キホーテと呼ぶ彼のデーモンを自分からそらすことに成功した。その後彼のデーモンはまったく自由に、このうえなく気違いじみた英雄的偉業を求めて出発する。しかしながら、それは、あらかじめ定められた標的、当然サンチョ・パンサがそれだったはずだが、その欠如のために誰も傷つけなかった。自由人サンチョ・パンサは、哲学的に、ドン・キホーテの聖戦に従うが、それはおそらく責任感からであろう。彼はその聖戦から、啓発的な大きな楽しみを死ぬ日まで得たのだった。」 Reprinted by permission of Schocken Books Inc. from *Parables and Paradoxes* by Franz Kafka; copyright 1936, 1937, by Heinr. Mercer Sohn, Prague; copyright 1946, 1947, 1948, 1953, 1954, 1958, by Schocken Books Inc.

(24) B. E. C. Davis, *Edmund Spenser: A Critical Study* (Cambridge, 1933), 122–26 参照。

(25) 「フィグーラ (*figura*)」や「パラデイグマ (*paradeigma*)」のような用語は、抽象的外郭線、図式的形状、様式化された仮面を暗示する。プロフィールとファサードは関連する概念であるように思われる。

(26) ドレイトンは彼の *Heroical Epistles* の「序文」で、彼のヒーローたちに半神 (*daimonial*) の地位を与えている。

「Heroicalというのは厳密に言えば、ヘラクレスやアエネーアスのような半神に関するものだと理解されるべきである。彼らの両親は、一方は神、他方は人間であると言われていたからだ。しかし、その語は、精神の偉大さゆえに神々に近い人にも与えられる。というのも、天上の夢魔から生まれるとは、ほかでもない、偉大で力強い精神、人間の地上的な虚弱さを超越した精神をもっているということだからだ。そういう意味でオウィディウス（すこし告白するとわたしは彼の模倣者）もまたHeroicalを使っている。」"To the Reader," *Works*, ed. J. W. Hebel（Oxford, 1931), II. 130参照。

悪魔学についてわたしは以下の書を利用した。Edward Langton, *Essentials of Demonology*（London, 1949）; Martin P. Nilsson, *Greek Piety*, tr. H. J. Rose（Oxford, 1948）とくにch. i, sec. 7とiii, sec. 10; E. R. Dodds, *The Greek and the Irrational*（Berkeley, 1951); F. M. Cornford, *From Religion to Philosophy*（1912; reprinted New York, 1957); M. P. Nilsson, *Greek Folk Religion*, ed. A. D. Nock（1940; reprinted New York, 1961）とくに10ff.と101ff.; Franz Cumont, *After Life in Roman Paganism*, tr. H. D. Irvine（1921; reprinted New York, 1959）とくにch. vi, "The Journey to the Beyond"; Cumont, *Astrology and Religion among the Greeks and Romans*, tr. J. B. Baker（1912; reprinted New York, 1960), とくに天体の神々のアレゴリー的表象については、61–63; Guy Soury, *La Démonologie de Plutarque*（Paris, 1942); Emil Schneweis, *Angels and Demons according to Lactantius*（Washington, 1944). これには有益な全般的文献表がある。

(27)　これらピクチャレスク的に歪められた生物にふさわしい場所は、仮面劇の幕間狂言である。そこでは、彼らは高次の天使たちの引き立て役として活動する。ベーコンはエッセイ *Of Masques and Triumphs* でこう述べている。「仮面劇の幕間狂言は長くならないようにしよう。幕間狂言はたいてい、道化、サチュロス、ヒヒ、野人、おどけ、獣、妖精、魔女、エチオピア人、ピグミー、トルコ人、ニンフ、田舎者、キューピッド、動く彫像などから成る。天使に関して言えば、彼らは幕間狂言に入れるにはあまり喜劇的ではない。他方、悪魔、巨人のような恐ろしいものは何であれ、ふさわしくない。」ベーコンは競技大会にふさわしい戦車は「ライオン、クマ、ラクダなどの不思議な獣」によってひかれることを要求する。このようなアレゴリーは問題をはらんだものになりうる。レイヴン参事司祭（Canon Raven）はジェイムズ一世は「演じられる寓話のかたちで警告の説教」を廷臣たちにすることに決めたと報告している。「アイソポスは百獣の王がどのように強情な臣下であるクマを、裁判官にして死刑執行人として扱ったかを述べていた。ロンドン塔の動物園にはモロッコのスルタンから彼に贈られた壮麗なライオンがいた。サザークで闘場から逃げて子供を殺したクマもいた。ジェイムズは、法廷のかたちでタワー・グリーンに檻を作り、そのまわりに彼の玉座とやっかいな貴族たちの座席を作るように命じた。舞台が整えられた。ライオンは裁判官席に置かれた。クマは被告席に入れられた。しかし、そのとき、アイソポスは信頼できないことが判明した。ライオンはすすり泣きしながら檻の片隅に逃げた。クマはマスチフ犬に慣れていたので、けんかをしかける理由は見当らなかった。意図されていた王の正義の実演は茶番と化した」(*Natural Religion and Christian Theology*〔Cambridge, 1953〕, I, 56.) ジェイムズ王の動物園については J. E. Egerton, "King James's Beasts," *History Today*, XII (June 1962), 405–415 参照。

(28) プルタルコスはそのエッセイ "On the Cessation of Oracles," sec. x, in *The Morals*, tr. C. W. King (London, 1903) で「神々と人間の中間にあり、あるやり方で両方の社会をひとつに集め結びつけているダイモンの種族」について語っている。神託はダイモンによって吹きこまれ(彼らの代理人である神官を経て)、ことばに表わされると考えられていたので、このプルタルコスのエッセイはすべて、ダイモンの霊感の教義に関わるものである。同じエッセイがローブ古典双書のプルタルコスの全作品集にある。

(29) 「ダイモン的性格は、それが一部の人間に威圧的に突出するとき、きわめて恐ろしいかたちで現われる。そのような人は、精神的性質においても自然の才能においても、つねにもっとも目立つ人であるわけではない。彼らには長所となるべき心の善良さはまずない。〔原注。彼らはたんに荘厳な *numinous* だけであり、神聖な *holy* 人間ではない。〕しかし、信じがたい力が彼らから発揮され、すべての生物に、いや、おそらくは四大元素に信じがたい力をおよぼす。そのような影響力がどこまでおよぶか誰にわかろう。」(Goethe, *Dichtung und Wahrheit*, as quoted by Rudolph Otto, *The Idea of the Holy*, tr. J. W. Harvey〔New York, 1958〕, 152. また 122 も参照。)

(30) Otto, *Idea*, 118.「ダイモン的というのは、ある明確な力の作用に帰せられている性格であり、その力が強くても弱くても、並外れたものであろうとごく些末なものであろうと、それは魂あるいは『非＝魂』の働きなのである。この特質は、あの比類ない感情の要素、『不気味さ』という感情によってのみ暗示されうる。……その積極的内容は概念的には定義できない。それに対する心的反応、われわれが『戦慄』と呼ぶ反応によってかろうじて示しうるものである。」この畏怖と恐怖の感情をこめてボエティウスは問う。「富はそれ自体の性質ゆえに価値があるのだろうか。それともあなたや他の人々の性質ゆえに価値があるのだろうか。どちらがより価値があるか、金貨そのものか、それとも蓄えたお金による権力か。」『哲学の慰み』は最初、強欲さによる腐敗についてまったく実務的であるように見えるだろうが、しだいに、所有者の自由、ダイモンの支配からの自由に関するより深い関心が顕著になる。権力は富によって与えられ、富は次にはダイモン的仲介者、マモンになる。権力の隠れた源泉としてのダイモン的なものについてはNilsson, *Greek Piety*, 103–110, "Power" 参照。われわれの「名人 virtuoso」という語はこの古い意味を保っており、さらに畏怖を与えるもの、そして崇高なものという内包的意味をもつ(Otto, *Idea*, 150–151 参照)。

(31) 悪魔学の展開についてもっとも内容豊かな論評のひとつは Ralph Cudworth, *The True Intellectual System of the Universe* (1678) である。その一八四五年のロンドン版には、John Harrison 訳の Dr. J. L. Mosheim の注と論文が加えられている。「ケンブリッジ・プラトン学派」については、いわゆる「非実体的本質 (incorporeal substance)」をめぐる大論争があり、ダイモンがこの位置を占めているので、われわれは自然に悪魔学の議論と注を拡大した。とくに I, 114–119, II, 342ff. 参照。カドワースはピュタゴラス的ダイモンについてこう書いている。「人間よりもすぐれた存在で、ギリシャ人には通常デーモンと呼ばれている。(それらはフィロンによると、ユダヤ人のあいだでは天使と同じものであり、したがってデーモンと天使という語は、ヒエロクレスやシンプリシウスその他ののちの異教作家にはときどき区別なく、同じ意味で使われている)つまり、これらデーモンや天使は、物質との生きたつながりのない、純粋で抽象的で、非実体的な本質ではなく、非実体的な何かと実体的な何かの結合から成る。……『それらはそのなかにすぐれた部分と劣った部分をもつ。そしてすぐれた部分は非実体的実質であり、劣った部分は実体的実質である』」(342–343)。モシェイムは、カドワースは「前の時代のプラトン主義者のようにすべての霊 [genii] とデーモンは自然の肉体が付与されていると主張する人々の意見を明白にかつ公然と認めている」（原注 345）」と言う。カドワースの立場については Basil Willey, *The Seventeenth Century Background*（1934; reprinted New York, 1953), ch. viii 参照。

キリスト教はそれが混合主義的である度合に応じて悪魔学に寛容である。たとえばホッブズは、『リヴァイアサン』をダイモン的なものに関する論考で結び、ギリシャ人と教父たちを、迷信を助長したと非難した。「われわれの救世主の時代の前には、人々は一般的に、ギリシャ人の悪魔学の汚れ、つまり、人間の魂は肉体とは別個の実体であり、それゆえ、肉体が死んだとき、すべての人の魂は、神聖なものであれ邪悪なものであれ、神の超自然的な恵みを認めずに、みずからの本性の力によってどこかに存在しなくてはならないという意見にとらえられていた。教会の博士たちは長いあいだ、魂は復活のときに肉体と再結合するまで、どこに滞在するのか疑問に思っていた。しばらくのあいだ祭壇の下だと想定したが、のちにローマ教会は魂のために煉獄という場所を作ったほうが利益になると思った。それらはのちに一部の他の教会によって破壊された」（*Leviathan*, XLIV, quoted by Willey, 110–111）。これに基づき、アレゴリー的物語での古典的場所は煉獄であり、『神曲』のもっとも明白かつ単純にアレゴリー的な箇所は「煉獄」となった。

（32） Schneweis, *Angels and Demons*, 82–83. ラングトンはこの伝統的な語源学に同意している（*Essentials*, 84）が、わたし自身の議論が要請する方向でさらにこの用語を限定し、ダイモン的なものと装飾的なものとのあいだには親密な関係があるとしている。「ダイモンの語源は少し不確かである。全般的に『分割する』、『分ける』、『分配する』という意味の語根ダイオ（*daio*）に由来する。それゆえ一部の学者によって、『分配者』『配布者』としての神——人間に地上での運命を割り当てる者——と理解されている。しかしながらウェルカーは、『分割する』は『配列する』と『知る』であると指摘し、この語は、とりわけギリシャ人にふさわしい意味である『知る者』も意味するかもしれないと示唆している。ラムゼイによれば、フィックはこの語を『教える』という語根のダス（*das*）に由来するものとし、サンスクリット語のダスマント（*dasmant*「賢明な」）と同一視しているという。他方、ポウリィ＝ウィソワは語源が不確かであることを認めている。」この語はしばしばテオス（*theos*「神」）とゆるやかに同意語である。

（33）　仲介者としてのダイモンについては A. D. Nock, *Conversion: The Old and the New in Religion from Alexander the Great to Augustine of Hippo*（London, 1933）, 222–224 参照。ノックは、ダイモンは少しも「邪悪な色づけ」を必要としないと記している。古代とルネサンスでよく知られている例は『饗宴』におけるエロスの描写であろう。そこでディオティマは「彼は偉大な霊［daimon］であり、すべての霊と同様に、神的なものと人間的なものの中間にある」と言う。「わたしは『彼の力は何か』と言った。彼女はこう答えた。『彼は神々と人間のあいだで解釈し、人間の祈りや犠牲を神々に運び伝え、神々の命令と返事を人間に運び伝える。彼は両者を分かつ深淵を橋渡しする仲介者である。それゆえ彼のなかですべてが結び合わされ、彼を通って、予言者と神官の技術、犠牲と魔力、すべての予言と呪文が進んでいく。……今やこれらの霊あるいは仲介する諸力は多数多様であり、そのひとつが『愛』である。』」（フランツ・カフカはこの神話を彼の寓話「運び屋」で皮肉に書き直している。）

この仲介的機能はルネサンスの新プラトン主義的イメジャリーにも現われる。「フィッチーノによる数多くの悪魔学の解説から、以下の全般的輪郭を描くことができる。デーモンは元来地上的なものである。もっとも超天上的で元素的なものもいる。彼らは地位に応じて魂とエーテル的もしくは大気的肉体をもつ。これらの肉体は人間の霊と同種の性質のものである。それゆえ地上のデーモンとは、天上圏に住む地上の肉体を欠いた人間に似ている。彼らは天上の影響力を伝える機能を果たす。彼らは魂でありかつ霊であるので、人間の霊と魂の両方に働きかけることができる。新プラトン主義のデーモンのヒエラルキーはキリスト教の天使のヒエラルキーと同一視される。［原注。これの出発点は、もちろん偽ディオニュシオスである。ディオニュシオスの天使のヒエラルキーの、天上圏への配置は、ダンテとともに始まるように思われる。］守護天使は親密な地上のデーモンと同じ種類のものである。地位が低く大気的肉体をもち、人間の霊や想像力を苦しめる悪いデーモンがいる」（D. P. Walker, *Spiritual and Demonic Magic from Ficino to Campanella*［London, 1958］, 46）。

（34）　Soury, *Démonologie*, ch. viii, "Le Démon de Socrates" 参照。われわれは「声」でポルターガイストや魔術を連想する。しかし古代においては、神託はすべて事実上「声」であった。シェイクスピアは『コリオレイナス』でこれを多用し、大衆がその「声」を護民官に与える儀式を劇的に表現している。別の文脈では、『テンペスト』もまた、ダイモン的発言を直接的に提示している。

（35） Plutarch, "On the Cessation of Oracles," sec. xiii.「それでは、神託は神によって吹きこまれるのではないと言う人々、あるいは、ある儀式と熱狂的儀礼を神々は気に留めないと言う人々に耳を傾けるのをよそう、あるいは他方で、神が上ったり下ったりして、この種のことで現場にいて助けていると想像するのはよそう。しかし正しく適切なこととして、これらの作用を仲介者、もしくは、神々の、いわば召使いと書記に帰そう、そして、神聖な儀式や秘儀を執り行う人々をつかさどるダイモンたち、他方、高慢ちきな罪人を罰するために徘徊するダイモンたちを信じよう。」

キリストの誕生で異教の神託が停止したことについては *Paradise Regained*, I, 406–464 参照。これらの神託は異教のデーモンあるいは悪魔と結びついていた。キリストの浄罪的生誕によって神託は未来を正確に予言しなくなった。宿命の一局面は予言である。魔術はこの目的を達成するために、神託以外の多くの仕掛けを利用する。たとえば占い師はタロット・カードを使う。エリオットは現代詩にこの仕掛けを特別に魔術的なものとして復活させ、マダム・ソソストリスはカードを使う邪悪な女であることをわれわれに気づかせ、他方でエリオットは、カードを擬人化し、彼の象徴主義的な劇の役者にしている。タロット・カードは真のエンブレムの完璧な例である。カードは観念的な意味に加えて力動的な意味をもっている。タロットについては Grillot de Givry, *A Pictorial Anthology of Witchcraft, Magic, and Alchemy*, tr. J. C. Locke（New Hyde Park, 1958）, Bk. II, ch. viii. "Cartomancy and the Tarot" 参照。チャールズ・ウィリアムズ（Charles Williams）は彼のロマンス *The Greater Trumps*（New York, 1950）でタロットの象徴体系を使っている。

（36） ローマ人の宗教の短い特徴記述については Ernst Cassirer, *An Essay on Man*（New York, 1953）, ch. vii, "Myth and Religion," 113, 128–130 参照。

（37） Nilsson, *Greek Piety*, 60.「ダイモンという語の偉大な神々への適用は限定的だった。この語は、小さな神々や不明瞭な超自然的諸力に言及するときに主として使われた。アテネ人の雄弁家たちに、われわれは、不運をダイモンに帰す明白な傾向に気づく。彼らは神々にその責任を負わせるのをためらったのだ。これがこの語の堕落の始まりであり、ついには『デーモン』がわれわれの言語でもつ意味を帯びるにいたったのだ。」A. H. Krappe, *La Genèse des mythes*（Paris, 1952）, 55も参照。「これら『特別の神々（*sondergötter*）』はすべて、特別な活動、特定の義務に専心する神々である。」面白い例は、サー・ジョン・ハリントン（Sir John Harington）がエリザベス朝の人々の便所をつかさどるのを見た小さな神々であろう。「彼ら［古代人］は揺りかごから墓場まですべての生活必需品に神々や女神たちをもっていた。つまり、1.受乳、2.草刈り、3.食事、4.飲酒、5.睡眠……等、にいたるまで。そういう彼らが、すべての言語で、必要あるいはくつろぎの名前をもつ必需品を忘れるほどうっかりしていると考えてはならない。彼らはそれに、その用事のすべてを預る神と女神をもっていた。その神はステルクティウス（Stercutius）だった。……その女神ははるかに特別かつ適切にこの仕事にあてがわれた。その名前はデア・クロアチナ（*Dea Cloacina*）だった。彼女の彫像はティトゥス・タティウスによって建てられた。彼はロムルスとともに立派で大きな事業所（このような聖者にぴったりのやしろ）で羽振りをきかしていた。ロドヴィクス・ヴィヴエスは以上をラクタンティウスから引用している。」（in *The Metamorphosis of Ajax*［reprinted at Chiswick, 1814］, 28–29; new ed. by E. S. Donno［New York, 1962］）. クロアチナは風刺の守護者である。風刺では、スカトロジーが呪いと冒瀆の極端な型である。

（38） Nilsson, *Greek Piety*, 138–150.

（39） Dodds, *The Greeks and the Irrational*, App. II, "Theurgy."

（40） たとえば、多くのダイモンに対する信仰を攻撃するテルトゥリアヌスの "On Idolatry" sec. 9で彼は、占星術を「人々が、自分は星々の不変の意志に駆り立てられていると思い、神に助けを求める必要はないという考えに導く」ものとして攻撃している（in *The Library of Christian Classics*, V, tr. and ed. S. L. Greenslade［London, 1956］）。

（41） Krappe, *Genèse des mythes*, 64は「人間にとって有害で敵対的なすべての力をつかさどる『邪悪なデーモン』の概念の、抽象化による形成」について語っている。「この概念は、われわれがすでに注目した父なる神の概念と自然に対峙され、かくして二元論的体系の誕生へと通じる。……発展ののちの段階において、善良なデーモンと邪悪なデーモンは、双子は必ず不倶戴天の敵になるという古くからの仮説により、二人の兄弟、しばしば双子の兄弟と想定される。これがエジプト神話のオシリスとセト、ペルシャ神話のアフラ・マツダとアフリマン（Ahura Mazda and Ahriman）、イロコイ族神話のハウェインとハネゴアセゲ（Haweyn and Hanegoasegeh）の起源である。イランの二元論は疑いなくスラヴの神話に影響を与えた。この神話には、中世に、「白い神」と「黒い神」（拙訳）であるビエルボグとツェルニボク（Bielbog and Czernibog）がある。グノーシス主義の二元論的図像法については Hans Jonas, *The Gnostic Religion: The Message of the Alien God and the Beginnings of Christianity*（Boston, 1958）, 48–97 参照。

（42）*Coleridge the Visionary*（London, 1959）, 114. コウルリッジにおけるこのオシリス神話の分析において、オシリスは男性で活力のある神であり、イシスは「受動的で、受け入れる女性の自然である。」

（43）*Ibid*, 124 ff. この章「ダイモン的崇高」は『妖精の女王』第五巻の、有用な注釈になるだろう。この章はもっぱら、両価的な神話的人物としてのオシリスに関するものだからだ。「この『ダイモン的両価性』は」とビアは言う、「蛇に関する多くの神話にさかのぼることができる。これらの神話では、蛇はときに善良な人物、ときに邪悪な人物として現われる。」このことは、第五巻のイシスの神殿の状況にぴったりと適合する。なぜならワニはじゃれつきもするし威嚇もし、多情であるとともに敵対的でもあるからだ。Torgny Säve-Söderbergh, *Pharaohs and Mortals*, tr. R. E. Oldenburg（Indianapolis, 1961）, the chapter "The Friendly Crocodile"; Joseph Fontenrose, *Python: A Study of Delphic Myth and Its Origins*（Berkeley and Los Angeles, 1959）とくに chs. iii, vi, x 参照。

（44）P. F. Fisher, "Blake's Attacks on the Classical Tradition," *Philological Quarterly*, XL（Jan, 1961）, 14–15 参照。フィッシャーはブレイクの *Vision of the Last Judgment* を引用している。「アレゴリーは道徳的美徳と関係するものである。道徳的美徳は存在しない。それらはアレゴリーであり偽善である。」フィッシャーはこう論評する。「自然の自己あるいは『亡霊』を、道徳的理想あるいは美徳に合わせて矯正することが、ギリシャ合理主義と理神論者の助言であった。これらの道徳的理想をめぐる困難は、それらはけっして実現されることはなく、ただ擬態できるにすぎないということだった。なぜならそれらは、生命の源泉を否定する禁圧か、具体的な体験との関わりを失った抽象だからである。セネカのような古典的道徳家には偽善の雰囲気が避けがたくつきまとう。というのは、彼の陳腐なことばは、人間の実際の苦境との現実の接触をまったく欠いていたからだ。彼の道徳的美徳は占い師の幻視に由来するアレゴリー——元来の文脈から離れて引き上げられた——か、行動に関する一般論に由来する抽象だった。それらはブレイクの言う『アレゴリー的寓話』もしくは彼の言う『実験的理論』の産物だった。」

(45) ヘラクレスはこうして「七学芸」の擁護者となり、マルティアヌス・カペラは *Marriage of Mercury and Philology* を書く。クルティウスはそれについてこう述べている (*European Literature*, 38–39)。「あらゆる種類のデーモンと半神ばかりでなく、古代の詩人と哲学者 (78, 9 ff.) が含まれる。結婚式の贈り物として花嫁は七学芸を受けるからだ。彼らひとりひとりにカペラは彼の作品の一巻をあてる。時代の趣味に合わせて、それらは女性として擬人化され、その衣裳、道具、髪の結い方で区別される。かくして文法は老齢の白髪の女性として現われ、自分はエジプト王オシリスの末裔だと自慢する。」

(46) 後期シェイクスピアはこの「分解」(この用語はアーネスト・ジョウンズの『ハムレット』研究からとったもので以下の注68を参照) の例を提供する。ブラッドレーは、シェイクスピアの後期劇のアレゴリー的性質についてこう記した。「われわれは、想像力の、分析し抽象する傾向、つまり人間性を構成要素に分解し、それからこれらの要素のひとつあるいは二つ以上がそのなかでは不在あるいは萎縮している、あるいはわずかに萌芽状態にある人物を構築する傾向をたどっているように思われる。これは言うまでもなく、特質や抽象観念のシンボル、アレゴリー、擬人化を生み出す傾向である。……彼は『リア王』で意識的な象徴主義やアレゴリーを用いていたと暗示するのは行きすぎであろう。しかし、忘れてはならないが、シェイクスピアが道徳劇や『妖精の女王』で親しんでいた様式があった。その様式からさほど遠く離れてはいない想像力の様式をこの作品は開示しているように実際思われる」(from *Shakespearian Tragedies*, 263–265, quoted by W. B. C. Watkins, *Shakespeare and Spenser* [Princeton, 1950], 98)。ド・クィンシーの「マクベスにおける扉たたきについて」(一八二三) は、分解に関するブラッドレーとジョウンズ両者の考えに先行するものであり、さらに、ダイモン的ヒーローであるマクベスの感情が、どのように、「主として」妻からの「汚れに取りつかれている」かを示している。

(47) このような過程は、シェイクスピアの『コリオレイナス』の十八世紀に上演されたもののひとつに現われる。

本文に挿入された以下の詩行は *Bell's Shakespeare*（London, 1773）, II, 62 にある。

市民二　われわれのみつぎ物の結果がこれか。
市民三　復讐の三女神ならこれを見て首の骨を折って殺すだろう。
市民四　おれたちが自分でできるのに、いまわしい隣近所をわずらわせることはない。おれたちが復讐の三女神だ。
全市民　そうだ、おれたちが復讐の三女神だ、おれたちが復讐の三女神だ。岩に、やつらを岩にぶつけろ。

原文では潜在しているにすぎないものをここは明示化している。復讐の三女神が市民となる。憑依が完全な一体化となる。

（48）物体の属性はたんに名前にすぎないということに関して Cudworth（*Intellectual System*, I, 114–115）はこう述べている。「これら抽象的な名前にはいくらかの効用があるが、乱用もきわめて多い。それらは実のところ無につけた名前である。というのも、あれこれの人の本質は、その人がいなければ無であり、偶有性も実体がなければ無だからだ。しかるに、人々は、それらによって大きな間違いへと導かれ、それらを、みずから存在する現実であると想像するにいたる。そのようなのぼせあがりは主としてスコラ哲学者から発した。」名前は、ダイモン的世界観を付与されると、「マナ（*mana*）」が付与され、単純な日常の物質的物体と実体の十分な代用物となる。そのような信仰のひとつの結果が、ひとつひとつのダイモン的仲介者の異名の増殖——つまり「パロノマシア（*paronomasia*）」——である。この主題については Leo Spitzer, *Linguistics and Literary History*（Princeton, 1948）の "Linguistic Perspectivism in Don Quixote," 41–87 という表題の章参照。スピッツァーは、セルバンテスが「ある人物たちに与えられる名前の不安定性と多様性」を許容していることを示す。この不安定性は、強迫観念的な発話に現われる「不確定性好み」に相当する。これについては第六章参照。

（49）フライはヒーローの概念を、アリストテレスの、ヒーローはつねにある程度の、つまりわれわれの力より大きな、あるいは等しい、あるいは劣る力をもつという考えを敷衍して体系化した。高次から低次に向かうその範囲は、（1）神々、（2）ロマンスのヒーロー、（3）高次のミメーシス文学のヒーロー（大部分の叙事詩と悲劇）、（4）低次のミメーシス文学のヒーロー（大部分の喜劇とリアリズム文学）、（5）アイロニー的文学（風刺、もじり、不条理）。フライが二番目にあげたロマンスのヒーローの定義は、ダイモン的ヒーローもしくはダイモンの概念とぴったり一致する。「もしヒーローが、程度において、他の人々や彼の周囲に卓越しているなら、そのヒーローはロマンスの典型的なヒーローであり、その行動は驚嘆すべきものであるが、彼自身は人間と同一視される。ロマンスのヒーローは、通常の自然の法則がわずかに停止される世界を動く。勇気と忍耐力の驚異はわれわれには不自然であるが、彼らには自然なものである。魔法のかかった武器、話す動物、恐ろしい怪物や魔女、奇蹟的な力をもつ護符、これらは、いったんロマンスの基礎条件が確立されると、蓋然性の規則を侵犯することはない。ここでわれわれは、本来の意味での神話から、伝説、民話、メルヘン、それらの系列的、派生的文学へと移動する。」*Anatomy*, 33–34 参照。

（50） Frye, *Anatomy*, 147.「デーモン的人間の世界は、エゴ、集団の忠誠心、個を減少させる、あるいはせいぜい自分の快楽を義務や名誉と対比する主導者の、いわば分子的緊張によって結合された社会である。」デーモン的機械の知的機能については Cassirer, *Language and Myth*, 58–59 参照。

（51） たとえば James Thomson, *The Castle of Indolence*, Canto I, xxi, 1 にある。ウィリアム・コリンズ（William Collins）の *Odes* における「なんじ」は、いつもわたしには一種のダイモンであるように思われる。*Ode to Fear* においてはきわめて明白である。コリンズはたいてい、彼の「なんじ」を装飾的衣裳の観点から定義しようとする。

（52） 恐怖（あるいは不安）という支配的感情が、ゴシック小説に、ダイモン的イメジャリーと仲介者の自然な土台を与える。ゴシックの復活におけるダイモン的なものについて A. O. Lovejoy, "The Chinese Origin of a Romanticism," in *Essays in the History of Ideas* (New York, 1960), 130 と "The First Gothic Revival and the Return to Nature," *ibid.*, 145 参照。ゴシック小説にはダイモン的仲介者——血を流す彫像や汗をたらす彫像、霊魔、魔法の護符、異様な「よく似た二人」（ドッペルゲンガー）——にみちている。わたしはこの特別に多様な仲介者を崇高の概念と並べてみたい。この概念は人間にみずからの相対的無力さを暗示するすべての現象に高い価値を置く。たとえば不気味なものは、たんなる人間の力に対して疑問をいだかせる。

(53) デュボス神父(Abbé Dubos)はアレゴリーの本質から生じる奇蹟や驚異の不合理を攻撃する。さらに *Critical Reflections on Poetry, Painting and Music*, tr. Thomas Nugent (London, 1748), I, 171 において彼は、アレゴリー的絵画で超自然的な仲介者を使うことを、芸術の主題としてあまりにも畏怖の念を与えすぎるとして反対している。「われわれが謙譲の心と恐怖心をいだかずには考えることさえすべきでないこれらの神聖な真理は、これほどにもウィットに富んだ絵に描くべきではないし、巧みなアレゴリーのエンブレムで描かれるべきではない。」ここにはジョンソン的な響きがある。

(54) William Beckford, *Vathek* (1786), in *Shorter Novels* ed. Philip Henderson (London, 1956), 288. ルイス(Lewis)の『マンク』(1796)は誘惑のテーマを、すべてがすべて官能的であるわけではない観点から扱っている。聖アントニウス型の人間に造形されたアンブロシオは「獣的欲望の飢え」に苦しむ。しかし彼は、それと同じくらいに、知り、体験し、「修道院の隔離された生活」から「偉大な世界」へ出たい欲望に苦しむ。*The Monk* (reprinted New York, 1952), 237 ff. 参照。同じ飢えがマチューリン(Maturin)のヒーローを苦しめる。William F. Axton's introduction to *Melmoth the Wanderer* (1820; reprinted Lincoln, 1961), xiv 参照。「さまよえるユダヤ人やミルトンのサタンを想起させるメルモスは、空《むな》しく救済を求めて地表をさまようべく運命づけられている。彼は、不死による他の人類からの孤立と生を運命づけられるという皮肉な罰によって精神的に苦しめられている。みずからを呪い、超自然的な力をもち、奇妙な共感力をそなえたメルモスは、ゴシックのヒーロー=悪漢の縮図である。」

(55) なんとデフォーは現代的であることか。*Serious Reflections of Robinson Crusoe with His Vision of the Angelic World* (London, 1790), ch. i, "Of Solirude" でデフォーはヒーローにこう言わせている。「もちろん、わたしは過去を何度もふりかえり、そして孤独で長く退屈な人生という考えをさまざまに思いめぐらしてきた。わたしはすでにそのことは世間の人々に説明したし、あなたも、島で暮す男の生活を少し思い描けたにちがいない。……わたしは、なぜそれが悲しみや苦しみでなくてはならないのか同じくらい何度も思いめぐらした。わたしたちがこの世で演じる人生という舞台を全体的に眺めわたしてみると、人生一般は、孤独というひとつの普遍的行為にすぎないし、そうであってしかるべきだとわたしには思われる。……世間は、そう、わたしにとっては無である。しかし、多少はわれわれの興味をそそる。すべての思索は家にもち帰られる。われわれの大事な自分は、ある点において、生きることの終わりである。それゆえ、人間は、厳密に言えば、仕事にいそしむ人々の群れと喧騒のただなかにあっても孤独かもしれない。」デフォーのクルーソーは、このような観察から、彼の島での生活は孤独ではないと論じる。なぜなら、彼はときどき「崇高なことを瞑想」して時を過ごすこともあるが、多くの時間をこのようにして過すことはできない——要するに、孤独な人とは真に瞑想的な人なのだ。クルーソーは瞑想によって「荒涼とした島に二十八年間閉じこめられていたときよりも、世界で最大の人間の集まり、つまりロンドンにいるほうが、はるかに多くの孤独」を享受することができるのである。

もしわれわれが、なぜクルーソーは、彼の島で真の孤独を享受しなかったのか、と疑問に思うなら、その答えはこうである。「神聖な瞑想は、情念の異常な動きや乱れで中断されない魂の落ち着きを必要とする。これは、そう、修道士の個室や強制的な黙想期間よりも、日常的な生活の流れのなかで手に入れ享受するほうがはるかに容易だからだ」(7)。このようにしてデフォーは、クルーソーの幻想を説得力のあるものにする——彼はみずからの選択によってではなく、強制的にひとりにされたので、彼の世界を幻視でみたさなくてはならなかったのだ、と。ここでデフォーは、カトリックの禁欲主義を攻撃し、聖アントニウスのような人の幻視は、社会的交わりによる制約から退却したがゆえに、尊敬すべきものとされていると示唆する。実際、『ロビンソン・クルーソー』は、進行するにつれ、ダイモン的なものの強調が次第に増すさまを示す。これは心理的にもっともであるばかりでなく、象徴主義的にも妥当である。というのは、この島に悪人の住人がふえるにつれ、それはクルーソーの宗教的孤立をますます表わすからである。

(56) Lovejoy, *Essays in the History of Ideas*, "Pride in Eighteenth Century Thought," 62–68 参照。「金の鎖」は終わりのない円(「運命の車輪」の相似物)で、上下運動を暗示するだけでなく、回転するものと理解できる。「車輪」の上昇は、人間の高慢にもかかわらず、完全にひとめぐりすると下にたたきつけられる可能性がある。この上昇下降は、何かの権力ばかりでなく普遍的知識を求めるファウスト的試みも巻きこむかもしれない。Empson, ch. iv, "All in Milton," in *The Structure of Complex Words* (London, 1951) の含意するところはそういうことである。

(57) Kenneth Lynn, *The Dream of Success* (Boston, 1955) 参照。

(58) John A. Wilson は *Before Philosophy*, ed. Henri Frankfort (Penguin ed.), 110 でそのようなエトスを説明している。旧王国では、エジプト的価値は物質的成功という理念に対応していた。その結果が、現実の官僚制に加えられる象徴的官僚制であったように思われる。「すべての人々が目にする成功は大きな善であった。」ヤコブソン (Thorkild Jakobson) は *Before Philosophy*, 151 で、古代メソポタミアの、神聖な領域としての空に対する態度について、こう書いている。空は「偉大さ、ときには恐ろしさの体験さえ」鼓吹する。「人は自分自身の無意味さ、橋わたしできないへだたりを鋭く自覚する。……しかしながら、とりわけ、威厳を体験することは力を体験することである。恐ろしさと境を接しているが、静止している力、意識して意志を押しつけることのない力を、である。威厳の背後の力はとても大きなものなので、みずから力を発揮する必要はない。」この、神と人間との関係における、崇高な不均衡に対する畏怖にみちた反応は、たぶん、ヤコブソンが示唆するように、メソポタミアの天候の特徴である「力と暴力の元素」にまでさかのぼることができるかもしれない (138–40 参照)。

(59) SFのロボットは動く。しかしこの種のからくりは、デウス・エクス・マーキナというありきたりなかたちでも存在する。一種の影像であり、汗を流したり口をきく影像が出てくるゴシック小説がその例である。モーツァルトの『ドン・ジョヴァンニ』――コメンダトーレ (騎士団管区長) の影像、『冬物語』――ハーマイオニの影像、プルタルコスは言及しているが、シェイクスピアは劇中に入れず、ただ暗示的に言及している『コリオレイナス』の影像。これらの機械の典型的な静止した性質は、見せ物 (*opsis*) としての機能に一致している。現代ではさらに、驚異が、精緻な写実主義的舞台道具の使用を要請する。一九二〇年代には、舞台上の蛇口から水と湯が出た。それより前に、ダゲール (Daguerre) のジオラマが、一見現実のものと思われる戸外の風景で前の世代の観衆を畏怖させたように、これは観客を、畏怖させ圧倒し仰天させる意図をもった魔術的演出効果だったのだ。ここ、不気味なものの領域で、目を見張らせるものとダイモン的なものが明らかに出会う。

グラント・ジェフリー（Grant Jeffery）の *Science and Technology Stocks*（New York, 1961）, 11は、未来の人間自身のロボット化を暗示する。リットン産業は、とジェフリーは語る、「兵士、労働者、アマチュア運動家の通常の筋力の増強に着手しつつある。この会社の最初の、装甲型『サーボ兵士』の構想は、キング・コングの身体能力に匹敵するほど走行・跳躍・荷あげの活動能力を電気的に引き上げられたワンマン戦車に帰着する。建築市場のため、リットンは、平均的な労働者の二倍の寸法の外骨格を製作している。この大きい図体の枠のなかにいる者が、野球のバットのように鋼鉄製のI型綱梁をあやつりながらとてつもない大またで歩くことを可能にするものである。」

（60） Nicolson, *Voyages to the Moon* はそのような機械の例を数多く挙げ、ケプラーとホイヘンスが宇宙旅行の物語を書いたことをわれわれに教えてくれる。この伝統は文学的には、ルキアノスの『本当の話』（スウィフトの飛島の典拠）にさかのぼる。しかし、精神的もしくは霊的な旅の隠喩を見つけようとしていたギリシャ哲学もまた、飛ぶ機械の着想に頼る。たとえばプラトンの『パイドラス』（246a-256e）がそうである。それについてはMarignac, *Imagination et Dialectique*（Paris, 1951）, 115参照。その前にはParmenides, Fragment I（in Burnet, *Early Greek Philosophy* [New York, 1957], 172）がそうである。「わたしをのせたクルマは、わたしの心が望むがままに遠くまでわたしを運び、有名な女神の道まで運んでおろした。その道は知恵のある人をすべての町へ導く道である。その道の上をわたしは運ばれていった。知恵のある馬がクルマをひきながらわたしを運び、乙女たちが道案内をした。軸受けの上で輝く車軸——両端で勢いよく回る車輪に駆り立てられるので——はさらに、管楽器のような音をたてた。そのとき、太陽の娘たちがわたしを光のなかへ運ぼうと急いでやってきて、顔からヴェールをはねあげ、夜の住まいをあとにした。」この「太陽」の迂言表現は宇宙論的アレゴリーの早い例である。

（61） Fred Hoyle, *The Black Cloud*（New York, 1957）. ホイルは職業作家ではないが、テクノロジーを楽しげに導入している。「暗黒星雲」はヒロインに、ベートーヴェンのソナタを少し速く演奏するように求める。「暗黒星雲」は言われなくても、ベートーヴェンの馬鹿げたほど速いメトロノームによる速度標示が「正しい」ことを明らかに知っている。SFについてはキングズリー・エイミス（Kingsley Amis）の簡潔で精彩に富んだ *New Maps of Hell*

（New York, 1960）参照。

（62） Gwin J. Kolb の論文 "Johnson's 'Dissertation on Flying' and John Wilkins' *Mathematical Magick*," *Modern Philology*, XLVII (1949), 24-31 参照。いかにもジョンソンらしく、宇宙旅行に含意される楽観主義を彼は拒絶する。「(『ラセラス』の) たったひとつの段落のなかで——その簡潔さゆえにますます力強いのだが——飛行が始まり終息する。技師は空中に飛びあがり湖に落下する。彼は救出される——しかしラセラスの、翼を借りて世界を見るという希望は失われる。」機械は虚栄心と止めどないダイダロス的想像力のシンボルである。

（63） Dryden, *Preface to the Fable* とその後のフィールディングの『ジョウゼフ・アンドルーズ』における機械に対するからかいを参照。トウビー叔父さんの要塞に（精神分析的に解釈すると）無意識の意味が与えられている『トリストラム・シャンディ』において、機械の使用に対する風刺はもっと複雑になる。

（64） たとえそうであれ、舞台設計では、実際の機械仕掛けが使われている。ルネサンスの舞台設計家の建築手引書は、「機械」によって暗示することが意図されているダイモン的魔術がどのようなものか、きわめて明確に示している。たとえば Nicolo Sabbattini, *Manual for Constructing Theatrical Scenes and Machines*（*Practica di fabricar scene e machine ne' teatri*, Ravenna, 1638）は以下の技術上の問題を論じている。「いかにして火に包まれた全情景を見せるか」、「いかにして地獄を出現させるか」、「いかにして山々や他の物体を舞台からせり上がらせるか」、「いかにして人間を岩やそれに似た物体に変身させるか」、「いかにして岩や石を人間に変身させるか」、「いかにして海を隆起させたり、うねらせたり、嵐にしたり、色を変えさせたりするか」、「いかにして帆船やガレー船や他の船を、海の上を動いているように見せるか」、「いかにしてイルカや海の他の怪獣が、泳ぎながら潮を吹くように見せるか」、「いかにして天を解体するか」、「いかにして人が乗った雲を天から舞台に直接降下させるか」。このような機械仕掛けは英雄劇や、大部分の古典の、一部は現代のバレーにたくさんある。この様式は共感覚的アレゴリーである。サバティーニその他については *The Renaissance Stage: Documents of Serlio, Sabbattini, and Furttenbach*, tr. A. Nicoll, J. H. McDowell, and G. R. Kernodle, ed. B. Hewitt（Coral Gables, Fla., 1958）参照。

のちの境界線上の事例は Butler, *Erewhon*, chs. xxiii-xxv であろう。ここでは、進化する肉体と有機体的構造という概念が、そのような変身の実現へと変えられる。ロバート・シェクリー（Robert Sheckley）のSFからもう一例。「制御盤は、金属、プラスティック、クォーツでできたダイアル、スウィッチ、ゲージが一面を覆っていた。他方フレミングは、肉と血と骨だった。きわめておざなりな関係を別にして、両者のあいだに少しでも関係が存在しうるということはありえないように思われた。そのかわり、フレミングが制御盤に溶けこんでいくように思われた。彼の目は機械的精確さでダイアルを精査した。彼の指はスウィッチの延長となった。金属は彼の手の下でしなやかになり、彼の意志に従順になるように思われた。クォーツのゲージは赤くきらめいた。フレミングの目もまた赤く輝いたが、その輝きはまったくの反射光とは思われなかった」（"Paradise II," in *Notions Unlimited* [New York, 1950], 103–104）。

（65） Dodds, *The Greeks and the Irrational*, ch. v, "The Greek Shamans and the Origin of Puritanism" は禁欲（*ascesis*）と「幻視」の発生が両立しうることを示している。

（66） この問題の主要な理論家のひとりは Wilhelm Worringer, *Abstraction and Empathy*, tr. Michael Bullock（New York, 1953）である。この著作は一九一三年頃にまでさかのぼるものである。そのあとに同じくらい重要な、ゴシック芸術の論考が続いた。ヴォリンガーは、「純粋な装飾、つまり抽象的な形体の馴化」と「自然の物体の様式化」とのあいだに重要な区別をたてている（60）。後者はある種の窮極的なミメーシス的芸術で起こっていることであり、前者は「自然主義的」なアレゴリーで起こっていることである。ヴォリンガーはさらに（62–77）、いかにして「自然主義」は、もともとは抽象的であった観念と形体を獣＝擬人化的な形体に変えるかを示す。それゆえ、われわれには、ミメーシス芸術があるように思われる。しかし繰りかえすが、イメジャリーと仲介者は「純粋に、線的＝抽象的な傾向の産物」である。ヴォリンガーは、そのような芸術の機能を、最終的には安定化の機能に還元する。ほとんど制御できない流体の世界で、精神は休息と安全の地点をさがし、それを抽象的、線的、図式的、装飾的な意匠に見出すと言う。

（67） Abrams, *Mirror and the Lamp*, ch. x "The Criterion of Truth to Nature: Romance, Myth, and Metaphor" とくに sec. iii, "The Poem as Heterocosm" 参照。ここでスイスの批評家ボードマー（Bodmer）が、詩は、創造という原初的行為との類

似性を通して、「創造者」の力が偉大であるまさにその程度に応じて信じられる蓋然性をもつと論じていると紹介されている。「驚嘆すべきものを描いた詩は第二の創造であり、それゆえ、この世界のレプリカではなく、合理的なファクシミリでさえもなく、それ自体で独自の世界であり、みずからの法則のみに従い、その存在はそれ自体が目的である（と示唆される）ものである」（278）。

（68）このような過程はジョウンズ（Jones）が「分解」という名前を与えた過程を想起させる。「分解は……夢の大きな特徴である『圧縮』とは正反対のものである。後者の過程では、合成写真を作るのとだいたい同じように数人の個人の属性が融合されてひとりの人物が創造されるが、前者の過程では、さまざまな属性が作りだされ、それぞれに、もともとの属性の一集団が付与される」（*Hamlet and Oedipus* [New York, 1955], 149）。なるほどジョウンズは、この「分解」の過程を神話の属性とみなしたが、神話はデーモン信仰に基づくものであり、彼自身も言うように、圧縮の夢の過程の正反対のものである。このことは、当然、分解は夢では起こりえないことを意味する。ジョウンズの矛盾だろうか。夢の矛盾だろうか。

（69）Cornford, *From Religion to Philosophy*, chs. i and ii, "Destiny and Law" and "The Origin of *Moira*" とくに sec. 16, 37–39 参照。「オリュンポスの神々のくっきりと高度に差異化された個性の背後に、それはわれわれに、はるかに不明確でほとんど個性があるとは言えない古い人物群を見せる。ギリシャ語で彼らを表わす適切な語はテオス（*theos*）ではなくダイモンである。テオスはつねに個性を暗示する。しかるにダイモンはまだ『人物像』をもっておらず、彼らのひとりを他と区別するいかなる特有の機能も技能ももっていない。われわれは、テオスの起源の追求を間違えたヘロドトスの、ダイモンは『宇宙を秩序づける』という見解を放棄しなくてはならない。彼らは宇宙的力ではなく、地霊であり、それぞれが、彼を崇拝する者たちが住み耕す一地域に根ざした善良な霊であった。これが彼のモイラ（*moira*）であった。そのなかですべての配剤（*nomai*）が彼によって掌握されていた。」「これは、不可侵のタブーという境界によってたがいにくっきり分けられた区画（*moirai*）から成る体系であり、ひとつひとつが、その区画に浸透し、そのなかで力を配剤し、外からの侵入に抵抗する力の座である」（38）。Nilsson もまた *Greek Piety*, 61 で「ダイモンはまた、ときに、『運命』とほぼ同じ意味をもった」と述べている。

（70）アリストテレスは、タレスは「万物は神々（もしくはデーモン）にみちている」と主張したと報告している（*De Anima*, A 5）。Kroner, *Speculation in Pre-Christian Philosophy*, ch. iii, "The Rise of Cosmology" とくに 81 参照。

（71）部族社会の境界、そして自然の諸過程の境界のダイモン的守護者については Conford, *From Religion to Philosophy*, 96–101 参照。

（72）R. G. Collingwood, *The Idea of Nature*（1945; reprinted New York, 1960）, Introd, sec. 2.「自然の世界は生きているばかりでなく知性をもっている。独自の『魂』もしくは生命をもった巨大な動物であるばかりでなく、独自の『精神』をもった理知的な動物である。」ミクロの宇宙の尺度のすべての精神＝肉体は、マクロの宇宙の偉大な「肉体」に参加する。「ギリシャの、自然を知的有機体とみなす自然観は類比に基づいていた。自然の世界と個々の人間との類比である。人間は個としての自分自身のなかにある特徴を見つけることから始め、さらに進んで、自然が同種の特徴をもっていると考える。……ルネサンスの、自然を機械とみなす自然観は、起源においては同じくらい類比的であるが、まったく異なる観念の秩序を前提にしている。第一に、それは、創造的にして全能の神というキリスト教的観念に基づいていた。第二に、それは、機械を設計構築する人間の体験に基づいていた。ギリシャ人とローマ人は、ほんのわずかの例外はあるが、機械使用者ではなかった」（8）。しかしながら、肉体は一種の原機械であり、今日われわれはその見解に戻りつつある。なぜなら、肉体の手足や運動の、機械による延長が産業として開発されつつあり、コンピューターはときどき人間の頭脳をモデルにしているからだ。

　自然／有機体の類比については Joseph A. Mazzeo, *Medieval Cultural Tradition in Dante's Comedy*（Ithaca, 1960）, ch. iv, "The Analogy of Creation in Dante" 参照。

（73）ダイモンと天使はこのように並行関係にある。なぜなら両者とも、神の力の配達人だからだ。カフカは彼らを、その寓話のなかで「運び屋」と呼んでいる。

（74）Frye, "Notes for a Commentary on *Milton*," in *The Divine Vision*, 113.「デーモン的視点から見ると、完全な形体であり、ひとつであることがまったく自明のキリストとは対照的に、すべてが階級構造をなしており、頂天のエゴへと通じる。」フライは、ブレイクの見解ではこうであると述べたばかりである。「神的世界は、自然における非人間的力と意志、『妖精、ニンフ、地の精、そして四大元素の霊魔』（M. 34: 20）の認識に始まる。これらの霊は、自然科学の進展とともに、さらに遠くへ、主として星々へ遠ざかり、神々となる。このような神々は、デーモン的人間社会との類比で、みずからの特権に汲々としている不可解な暴君として概念化される。彼らが存在しないあいだは、彼らへの信仰の結果が存在する。彼らのうちのひとりが、通常、至高の支配力をもち、自分は『唯一の神』であり、『他には神はいない』（M. 9: 26）と主張する。」霊の中間的世界は、そのなかで人間の運命が恣意的に支配される世界である。「霊的世界は、独善的なデーモンたちの社会である。彼らは人間を破滅させるために人間に取りつく。彼らはもちろん、神についての宿命論的な見解のなかの星＝神に発するものであり、通常、『エルサレム』ではアルビオンの十二人、つまり十二宮の数の子供たちによって表わされる。」

（75） Tertullian, “On Idolatry,” 95. 芸術作品とイメージに対するこの偶像破壊的攻撃は、それらを「不潔」であり、霊的汚れの源であるとみなす。テルトゥリアヌスは、偶像崇拝がまったくなかった「黄金時代」の存在を信じている。しかし、悪魔が彫像の製作者を創造したとき、冒瀆への衝動はこのエンブレム的表現手段を発見したと彼は信じている。「偶像」は人形《ひとがた》である必要はない。「ギリシャ語では *eidos* はかたちを意味する。この語には指小型の *eidolon* がある。英語の *form* から *formula* が生まれたのと似ている。それゆえ、すべての “form” あるいは “formula” は “idol” と呼ばれる資格がある。」純粋でないキリスト信者についてテルトゥリアヌスはこう語っている。「もし彼らが、他の者の手から、何か汚すものを受けとったとしても、たぶん大したことではない。しかし、彼らは他の者に、彼らが汚したものを手渡しているのだ。というのも、偶像製作者が聖職階級に受け入れられているからだ」（89）。St. Cyprian, “That Idols Are Not Goods,” ch. vi, in *The Father of the Church*, tr. and ed. R. J. Deferrari（New York, 1958）, XXXVI; Gerhart B. Ladner, “Origin and Significance of the Byzantine Iconoclastic Controversy,” *Medieval Studies*（New York and London, 1940）, II, 127–149; Ladner, “The Concept of the Image in the Greek Fathers and the Byzantine Iconoclastic Controversy”; Paul J. Alexander, “The Iconoclastic Council of Sophia（815）and Its Definition（Horos）”; Francis Dvornik, “The Patriarch Photius and Iconoclasm”—all in *Dumbarton Oaks Papers*, Number 7（Cambridge, 1953）; Ernst Kitzinger, “The Cult of Images in the Age before Iconoclasm”; Milton V. Anastos, “The Ethical Theory of Images Formulated by the Iconoclasts in

754 and 815"—both in *Dumberton Oaks Papers*, Number 8（Cambridge, 1954）参照。

（76） H. R. Patch, *The Goddess Fortuna in Medieval Literature*（Cambridge, Mass., 1927）; and Patch, *The Tradition of Boethius: A Study of His Importance in Medieval Culture*（New York, 1935）, 99–113.

（77） ディオニュシオスについては René Roques, *L'Univers dionysien: Structure hiérarchique du monde selon le Pseudo-Denys*（Paris, 1954）とロークに負う一章 Mazzeo, *Medieval Cultural Tradition in Dante's Comedy*, "The Medieval Concept of Hierarchy" 参照。「召命」という考えは、世界の階級制度的概念化を具現している。これについては C. E. Raven, *Natural Religion and Christian Theology*（Cambridge 1953）, 76 参照。「召命の宇宙」については Ernst Troeltsch, *The Social Teaching of the Christian Churches*, tr. Olive Wyon（1911; reprinted New York, 1960）I, 293–296 参照。「任務 *ministerium*」は、人間と神の仲介をするダイモンの機能と似ていることに注目。

（78） Burnet, *Early Greek Philosophy*, 9 は「コスモス」という語を同じようにとらえている。「それはもともとは軍隊の規律を、次には国家の秩序づけられた体制を意味した。」しかしながら、これはたぶん、語源追求の間違いだった。バーネットは *taxis* を考えていたのかもしれない。ロックの *L'Univers dionysien* の第一章には、「コスモス」の関連する意味と同語源語のみごとな要約が含まれている。芸術の装飾における軍隊的秩序化としての *taxis* については、本書のピクチャレスクの議論を参照されたい。

（79） わたしはこの点について J. S. Spink, "Form and Structure: Cyrano de Bergerac's Atomistic Conception of Metamorphosis," in *Literature and Science*, Proceedings of the Sixth Triennial Congress, Oxford, of the International Federation for Modern Languages and Literatures（Oxford, 1955）, 144–150 に負っている。

（80） アプレイウス『黄金のろば』のピクチャレスク形式と同様である。これについては、A. D. Nock, *Conversion*（London, 1933）, ch. ix 参照。

（81） ボエティウスは人間の生殖の本能と習慣についてこう語っている。「くり返すが、自然の配慮はなんと偉大であることか。彼らは種子の再生産でみな繁殖する。彼らはみな、よく知られているように、規則的な機械のようであり、たんに一定期間作動するのではなく、永遠に、しかも同種のものによって、みずからを再生産する」

(*The Consolation of Philosophy* [Modern Library ed., New York, 1959], 67)。彼は論点を明確にする。「われわれは今、理性的な精神の意志的運動を論じているのではなく、自然的な本能を論じている」、それは自動的であることが含意されている、「たとえば、われわれは食べたものを知らないうちに消化し、睡眠中、無意識に呼吸する。」古いダイモン的世界観は、これら本能的行為は、特定の限定された義務をになうダイモンたちによって、絶対的かつ不変に制御されていることを明示する。本能的全生命は、エリザベス朝的意味で「ヒューモラスな〔体液による〕」生命ということになるであろうし、文学では、ベン・ジョンソン、モリエールの自動機械的演劇、そして現代のその等価物である「不条理演劇」に通じるであろう。

(82) これは動物寓話集の伝統である。Emile Mâle, *The Gothic Image: Religious Art in France of the Thirteenth Century*, tr. Dora Nussey (1913; reprinted New York, 1958), 33–34 参照。そしてまた Louis Réau, *Iconographie de l'art chrétien* (Paris, 1955–1959) 参照。T・H・ホワイト (T. H. White) は *The Bestiary* (New York, 1954) の表題で、十二世紀の動物寓話集のひとつを訳した。

(83) 植物の階級制度についてはMircea Eliade, *Traité d'histoire des religions* (Paris, 1949) ch. viii を、魔法の石と宝石の階級制度については ch. vi を参照。

(84) H・W・ジャンソン (H. W. Janson) は *Apes and Ape Lore in the Middle Ages and the Renaissance* で、驚くほど広い範囲にわたる図像資料を提供している。サルの伝承は、二重のイメージを提示するので重要である。サルは賢く、人間のような模倣的学習者であり、サタンのように不潔である。彼の二重の局面は、人間の「高級な」性質と「低俗な」性質と並行関係にある。

(85) アリストテレスは *The Nicomachean Ethics*, III, 2 と 3 で「選択」を論じている。この種の「熟慮」がいかに、われわれがアレゴリーに帰している衝動的目的論を許容することが少ないか注目されたい。「人間はみずからの行為の起源的原因である。熟慮はその作用領域にみずからの力でなしうる行為をもつ。われわれがすることはみな、なにかそれ以外のことを念頭においてなされる。したがって、われわれが熟慮するとき、それは手段についてであり、目的ではない。……それゆえ、われわれが選択するとき、われわれが熟慮の結果として望む、手の届く範囲内の何かを選択するので、われわれは *proairesis* を『われわれの力のおよぶ範囲内にある何かに対する熟慮に基づく欲望』であると説明できるかもしれない」J. A. K. Thomson, *The Ethics of Aristotle* (Penguin ed., 1958), 87。アリストテレスはほかのところでも、人は可変的なものについて「熟慮する」のであって、プラトンの「永遠のイデア」のような絶対的なものについてはけっしてしないことを示している。かくして、熟慮はまたもや、ミメーシス的芸術を含意する。この芸術にあっては、必然性よりも、むしろ蓋然性が規則となる。

第二章　宇宙的イメージ

キケロ、クウィンティリアヌス、そしてルネサンスの修辞家たちが示す伝統的修辞は、アレゴリーは副次的メタファーの連続体であり、集合体としてひとつの連続的な「拡大」メタファーであると主張する。これは、詩人はひとつに対して二つの広範な意味をわれわれに与えるというかぎりにおいて、形式的には正しい。

> アレゴリーの機能の一部は、存在の二つのレヴェルが細部においてたがいに対応し、実際に、なにか根底にある現実、こういうことを実現させる事物の性質をもつなにかが存在するとあなたに感じさせることである。……しかし、アレゴリーの効果は、存在の二つのレヴェルがきわめて多くの細部で相互浸透しながらも、それらをあなたの心のなかでくっきりと別個のものとして保つことである。[1]

このように分析的に思考する詩人は、たぶん、彼自身の空想から作り上げられたなにかではなく、事物の性質をもったなにかを利用する——ただ、エンプソンの説明が修正されて、「事物についてのわれわれの思考の性質をもつなにか」を読む、ということにならなければ、だが。いずれの場合も、詩人は分析的に思考しており、「すべてのものを楽しく分析している」。彼は壮大かつ広範な類比を取りあげ、それを要素に分解する。たとえば、「罪」は少なくとも七つの局面に細別されて、特定の図像的標示が与えられるかもしれない。人間の体の各部位が、政治的統一体《ボディ・ポリティック》の特定の一部を表わすよう要請されると、細別化の過程は、きわめて明白な、多様性のなかの統一を示す。いずれの体も、解剖され、両者の部位が、同形として一対一の対応をすることが発見される。典型的な現代作品であるカミユの『ペスト』では、腺ペストの感染媒体であるネズミによるペストと、侵略する軍隊による占領（ナチスのオラン占領）というペストとそれにともなう政治的病弊のあいだに類比関係が成立する。

　伝統的理論なら、この類比的シンボル体系を、多くの小さなメタファーが集まって、これもまたひとつのメタファーである、より大きな統合的比喩の領域へ移行したものとして説明するであろう。ロズモンド・テューヴは、この見解を少し修正した。彼女の、ルネサンス期のアレゴリーの説明は、当然、現代文学にもあてはまるはずである。

> *Allegoria* はメタファーを使わない。それはひとつである。定義上、連続的なメタファーであるアレゴリアは、さらなる意味をともなう個別の連続体として、メタファーに見出される具体と抽象の通常の関係を呈示する。そのようなそれぞれの具体もしくは感覚的細部は、そもそもの基盤から、すでにメタファーなのである。(2)

アレゴリーを直接的にメタファーと同等視し、その効果を本質的に同じものと仮定するこの見解は、

「メタファー」という語がゆるやかに理解されるかぎりにおいて妥当である。もしメタファーがすべての意味の「転移」を表わす一般的な名称であるとするなら、それはかならずやアレゴリーを含むだろう。

伝統的理論への反論。ここで面倒なことは、そのような修辞学用語は、アレゴリーの興味深い局面である複雑性そのものをぼやけさせてしまうことだろう。カミュが二種のペストを並行させた細部にこだわる方法が、われわれに彼の虚構を受けいれさせるのである。さらにわれわれは、ジョンソン博士が『ガリヴァー旅行記』について、「小人」と「巨人」がいることをいったんあなたが知ったら、そこにはほかになにもないと言ったとき、いかに彼が愚直であるか、あるいは皮肉屋であるか、わかるのである。[3] アレゴリーとメタファーを同等視することは、これらきわめて興味深い作品に対して、狭量でげんなりするような見方を導く可能性がある。テューヴは、アレゴリアに関する意見をこう結んでいる。「そのようなそれぞれの具体もしくは感覚的細部は、そもそもの基盤から、すでにメタファーなのである。……十分な理解を望む詩人なら、二重メタファーを導入することに慎重になるだろう。」[4] この助言はルネサンスから十八世紀にかけての多数の修辞家に見出しうるであろう。テューヴは、すべてのすぐれたアレゴリーは不明瞭さを避けると言いたいのではないのかもしれない。しかし、彼女はこの点に関していかなる価値判断もしていないが、アレゴリー作者は最後には「十分な理解」を望んでいるとほのめかしている。一部の批評家は虚構作品における機械的一貫性の必要性を疑問視するかもしれないが、すでにメタファー的である言語はその一貫性によって、混ざったり交差することのない、二次的意味の線の上で維持されているのである。「それではダンテの『多義的』意味にはなにが起こっているのか」と彼らは問うだろう。おそらく「神話的」文学は、テューヴが避けるようにとアレゴリー作者に助言している一貫性の欠如と二重性に基づいているのだろう。とにかく問題は複雑である。わたしの現在の関心は、明晰さが大部分のアレゴリーの曇りのない目的であるとはけっして軽々しく仮定しないことである。

このモードは明晰さと不明瞭さの両方を目的にしており、それぞれの効果は他方に依存しているように思われる。エニグマ、つねに解読可能であるわけではないエニグマは、アレゴリーがもっとも大事にしている機能であると思われる。シンボル体系における混乱がこの機能を助長することを疑う者がいるだろうか。さらに、作家があるイメージを用いるとき、それが「すでにメタファー」であることをやっとのことで思いつくということはありうることである。たとえ伝統的類比に基づいていても、彼のメタファーは（たとえテューヴ独自の根拠に基づいていても）彼が使うときのみ、効果的なメタファーになりうるだろう。メタファーの伝統的常套への潜在的指示は、その作家を、それだけで単一のメタファーの産出に制限することはない。伝統的な参照点（たとえばキリスト教暦を表わす伝統的なシンボル体系）は実際に、作家がそれによってある種の稔り豊かな混乱をみずからに与えうる手段になる。基本的なシンボル体系はきわめて明瞭に表現されているので、彼はたとえ私的な不明瞭さによってであれ、それによってエニグマを深化させることができ、他方、アレゴリー全体は、それによって無意味へと分解することもないだろう。

どのようなアレゴリーに対しても「十分な解釈」ができるかは、読者がいくつのレヴェルが関与しているかを感知できるか否かの結果であるように思われる。たとえ十のレヴェルがあり、それらがときどきたがいに争うことがあるとしても、この予想は依然として理論的には可能であり、アレゴリーは理解可能である。解明の過程、段階的展開は形式的には連続している。読者が寓話を追求するにつれ、通常は、理解の段階的深まりが起こる。しかし、大きな重要性をもつ大部分のアレゴリーは窮極的には不明瞭なイメージをもっており、これがその偉大さの源泉となる。

伝統的な説明に対するもっと深刻な反論がもうひとつある。それは、わたしが思うに少し反批評的に、アレゴリーは「通常の」あり方でメタファー的であると主張する。メタファーの慣用の基準について意見の十分な一致があるとは言えない。どのようなメタファーであれ、それがまさになにをしているかを示すのは少し困難である。われわれは、それにもかかわらず、アリストテレスおよび彼に従う修辞学の伝統を参照する。しかしながら、ここでもまた、疑問が生じる。

「不死鳥と山鳩」のような詩は、実際、副次的メタファーを使っているかもしれないが、それらはもっとも因襲的で重苦しく周到で非直観的なものである。つまり、それらはアリストテレスが高く評価する「潑剌さ」で輝くことはないのである。それらは生きた体験をわれわれに新しく認識させてくれない。それらはイメージの学問的帳簿から抽出されたものであり、硬直した順序で組み合わされている。シェイクスピアはこの非柔軟性をすみからすみまで意図していた。われわれはこの詩に、劇的韻文の標準的なメタファー使用、つまり図像学的衒学からの大きな自由によって特徴づけられる技法に一致させるという余計な努力をしているのではないかと疑う。「不死鳥と山鳩」は少なくとも、劇的韻文がメタファーを利用するようには利用していない。他方、ミメーシス的演劇の慣用は、メタファー的言語の可能な基準であるように思われるだろう。

しかしながら、キケロとクウィンティリアヌスはともに、アレゴリーはメタファーであるという見解をいだいていた。クウィンティリアヌスは、「連続したメタファーはアレゴリーに発展する」[5]と言う。これは『ヘレンニウスによる修辞学』(*Rhetorica ad Herennium*)と、この論点をもっと明確にしているキケロに由来する。

メタファーが連続するとき、語の意味は完全に変化する。そういうわけで、ギリシャ人が語源的にアレゴリアを語るこの場合、それは正しい。しかし、論理的に言うと、アリストテレスにならって、これらの比喩すべてを、メタファーの項目に入れるほうがよいだろう。(6)

論理的には、アレゴリーは、アリストテレスにとってはメタファーの一種とならざるをえないだろう。というのも、彼は「比例的」と名づけた（「類比的」と名づけたほうがもっとよかったかもしれない）(7)第四の種類のメタファーを規定したからだ。それは、全体に加えて部分の並行関係を生みだす比喩の事例を包含するためだった。一例として『リア王』から「われわれは神々にとっては、いたずら小僧にとっての蠅のようなものだ」を挙げられる。それにシェイクスピアは、「彼らはわれわれを気晴らしに殺す」という説明的な手掛かりを加えた。われわれはこの比喩の論理的説明を越えて進む必要がある。この必要性は、現代ではアリストテレス的メタファー論があまり利用されていないことに反映している。現代批評家の装備は、論理的というよりは心理的なものになる傾向がある。彼は、アリストテレスの議論の中に、われわれがメタファー的と呼ぶようなメタファーを見つけるのが困難であることに気づいている。アリストテレスは、比喩の分類機能に関心をもつすぐれた言語学者のように、われわれが「死んだメタファー」と呼ぶものから主に例をひいている。

メタファー——驚きの基準。 メタファーは二十世紀の韻文の衝撃的なイメージ、「テーブルの上の麻酔にかけられた患者」、「キャンディの花嫁と花婿」、「彼の手のなかの足の長いハート」によってよりよく例証されるように思われる。このような詩句は、標準的な散文的意味から異例の詩的意味への、真の意味の転移を伝える。『詩学』の議論はこの種のイメージを詳しく考察していない。しかし、おそらくはそれらは比例的メタファーの項目に入るのだろう。(8) しかしアリストテレスは、論理的にばかりでなく心理的にメタファーを考えている。ローマの修辞学者は、『詩学』以外の文章にあたることもできた。『弁論術』（III, 12, 1412a）でアリストテレスは、同じ主題について、少し違う語りかたをしている。

潑剌さはメタファーによって、そして聴き手を驚かせるさらなる力によって伝えられる。聞き手はなにか違うものを予想していたので、新しい観念の獲得は、よりいっそう彼に深い印象を与える。彼の心は、「そう、たしかにわたしは、そういうことは思ってもみなかった」と言っているように思われる。警句的発言の潑剌さは、そのことばが言っている意味だけを意味しているのではないことによる。ステシコロスの言ったことば、「セミは地上で自分のために鳴いている」というのがその例である。巧みに作られた謎々は、同じ理由で魅力的なのである。新しい観念が伝えられ、メタファー的表現があるからだ。テオドロスの「新奇さ」も同様である。そこにおいては、思想が驚きを与え、テオドロスの言うように、あなたがすでにいだいている観念とはぴったりと一致しないのだ。それらは、喜劇作家に見られるもじりことばと似ている。語の文字を変えることによる冗談によってさえ生み出される効果、これもまた驚きなのである。

驚きについてのこのきわめて重要な基準は、われわれがある比喩をメタファー的と呼びたいときにはいつでも、はかりにかけて考量すべきであるとわたしは考える。メタファーが多ければ多いほど、警句が多ければ多いほど、「巧みに作られた謎々」が多ければ多いほど、潑剌さはますます大きくなる(9)。通常はこれが実情であろう。なぜなら、ひとつひとつの新しいメタファーは、物語や劇に対して新鮮な視点を導入するからだ。とりわけ、メタファーは、たがいに激しく攻撃する必要はまったくないからである。アリストテレスの見解では、メタファーは普通、一過的な演劇的装置であり、組織化するテーマ的原理ではない。メタファーは通常、直接的な感覚体験の記録である。ホメロスのメタファーは、われわれによりよく「見」させる、とアリストテレスなら言うだろう。メタファーが故意にたがいに闘わされると、状況は一変する。新しい比喩がつけ加えられるたびに、読者の驚きは減少し、全体がますます感覚体験から抽象化される。

この減少的回帰のよい例は作者未詳の十四世紀の詩、「国家の船」であろう。この詩では、船と国家との伝統的な類比関係が、一連の仕切りを通じて、スタンザごとに打ち立てられる。[10] この奇妙な政治詩は全文を引用するに値する。なぜなら、この詩はアレゴリー特有の手続きを数多く例証しており、とりわけ時事的言及の活用、そしてアレゴリーの多くに典型的な弱点と強みを例証しているからだ。

われわれの船は陸地を発った、
神に祝福あれ、いずれも順風を受けて無事でありますように！
われわれの船乗りたちを船長は見つけたし、
　彼の索具さばきで耐えぬくだろう。
すぐれた木で作られたこの高貴な船、
われわれの至高のあるじ、ヘンリー王、
神よ彼を逆境から導きたまえ、
　彼が行くところ、馬で向かうところへ。

船には帆が張られた、
裂け目があると、長もちしないかもしれない。

今や彼は裂けない帆を手にし、
　古いものは脇にのけられた。
この美しい帆、丈夫な帆桁、
間違った案内は恐ろしい、
正しい彼の名はエドワード王子――
　彼が長くわれわれとともにありますように。

船は彼のそばに近づく
正しい航路を保つため
下で輝く炎の剣、
　一度の過失もなかった。
このすぐれた光、澄みきった光、
なんじをエクセター公と呼ぶ、
その名は本当に澄んだ輝きをみせた、
　閣下は勇躍する。

この船にはとてもすぐれた船尾があり、
干潮でも満潮でも彼を導く、
ふたたび波が荒く激しくなり
　四方八方周囲を流れる。

その船の船尾は
なんじサマセット公、
ごつごつした岩を間近にしてもビクともしない、
　引潮でも満潮でも。

丈夫で安全な帆桁があり、
船にとっては大きな宝だ。
どんな嵐にも耐えるだろう——
　困ったときに頼りになる。
さあ、帆桁よ、なんじは試演するだろう、
礼儀正しく猛々しいペンブルック伯を。
帆を彼はまたぐ、
　すぐれた船を導くため。

帆柱にはとてもすぐれた支索がある、
しっかりとした帆とともに、となんじは言うだろう、
へり下って彼に従う、
　もし彼が彼らを必要とするときには。
この支索とはバッキンガム公、
この帆は彼らの身分に応じて安全だ。

デヴォンシャー、グレイ、自由人ベッカム、
　そして潮流の度合に応じて安全だ。

この船にはとてもすぐれた帆がある、
破れることのないすばらしい帆布だ、
労苦に耐える帆布だ、
　最高の誇りだ。
このすぐれた帆とはなんじのことだ、
ノーサンバランド伯よ、
ロス、クリフォード、そしてエグレモンド――
　真実は隠すべきではない。

高くそびえる中檣がある、
船を正しく守るためだ。
闘うときは船首の男が相手だ、
　連中は彼にはかなわないのだ。
中檣の名はシュロウヴズベリー伯、
彼は船を危害と中傷から守る。
ウィルチャー伯もそんなひとり、
　船を不安から守る。

このすぐれた船には錨がある
ありえないほどすぐれた金属でできている、
船を強化するためだ、
　船が潮をとめたいときに。
第一の錨は健康で健全、
彼の名前はビーモンド卿。
ウィリスとリヴァースは彼のなかに真実を見つけた。
　うやうやしく彼らは彼を案内する。

さあ助けたまえ、聖ジョージよ、われわれの女騎士を、
昼も夜も、われわれの道しるべとならんことを、
われわれの王とイングランドを正しく鍛え
　そしてわれわれの不吉な高慢さをへし折るために。
今われわれの船はふさわしい身仕度をした、
前にもうしろにも索具をつけた。
ありがたいと思わない者を、神よ盲目にしたまえ、
　苦難に耐えるために[11]。

このような詩の形式上の期待は、詩が進むにつれてますます予測可能なものとなる。たぶん「薔薇戦

争」が、国王の臣下の名前に特別な修辞的鋭さと深刻さを与えているが、それでも、メタファー的な等式としては、彼らのここでの行列はだんだんと新奇さに欠けてくる。数スタンザ過ぎると、われわれは、程度の差こそあれ、なにが期待できるかわかるのである。徐々たる知覚麻痺が避けられているのは、おそらく韻の組織が錯綜しているからであり、その独自のメタファー的効果があるからだ（たとえば、第三スタンザでは"lyght,""ryght,""bryght"がメタファー的に同等化されている。これはあとで、"hyght,""ryght,""fyght"の同等化に、そして少し一貫性に欠けるが、"knyght,""nyght,""ryght"の同等化にとってかわられている。）しかし韻体系でさえ反復的局面をもっている。"abyde"と韻をふむ語の複合体は、たとえ逆説的で分析的であろうと、リズムの上では単調な連続体である。

「国家の船」のような詩は、その「より純粋な」形式において、このモードのきわめて典型的なものである。この例が、たんに拡大的で包括的という理由だけで単調であるとわれわれが非難しないために、メタファー的驚きの欠如、つまり知覚麻痺が、きわめてありそうもない条件のもとでも起こりうることを示すために、短い事例をあげさせてもらう。われわれは、それが謎々や警句の特徴だとは予想しないだろうが、それらにもまた見られるのである。イェイツの「三つの運動」という単純な現代の例をとりあげよう。

シェイクスピアの魚は、陸地から遠く離れた海を泳いだ。
ロマン派の魚は、手の届く網のなかで泳いだ。
浜で横たわりあえいでいるあの魚たちはなんだ。(12)

ここには硬直性と単純性の極限がある。謎々であるこの詩は三回くり返されるひとつのイメージに依拠するものだからである。それに対して別の詩であれば、三つの異なる種類の動物生活をとりあげ、生き物たちというひとつの項目のもとで対照させたかもしれない。「魚」はひとつの視点から見ると仲介者であるが、きわめて容易に詩のイメジャリーとして考えられる。ここでは、第一行の奇妙に生き生きとしたメタファーがしだいにその異様さを失い、最後に、われわれがすでにもっている観念、詩自体がわれわれに与えた観念に正確に適合する観念が残される。類比が拡大されるにつれて、驚きは減少する。なぜなら、隠された主旨《テナー》の意味を、ますますくっきりとわれわれは見るからだ。大部分の例において、アレゴリーは不明瞭さから明確さへと進行する。アレゴリーが最後の最後までエニグマという姿勢を維持するとしてもそうである。ベルトルト・ブレヒトの「石の漁師」という政治詩を例にとろう。

　大きな漁師がふたたび現われた。彼は自分の腐った小船にすわり、最初のランプが燃えあがる早朝から、最後のランプが消される晩まで釣をする。

　村人たちは堤防の砂利の上にすわり、ニヤニヤ笑いながら彼を見守る。彼はニシンを求めて釣をするが、引きあげるのは石ばかり。

　彼らはみな笑う。男たちは脇腹をたたき、女たちは腹をかかえ、子供たちは笑いながら高く飛びあがる。

　大きな漁師が破れた網を高くかかげ、そこに石を見つけると、隠しもせずに、屈強の褐色の腕を遠く伸ばし、石をつかみ、高くかかげ、不幸な者たちに見せる。[13]

人民に必要としているものを与えずに、かわりに「石」を与えているという指導者の任務をめぐるこの寓話は、エニグマであることをやめない。にもかかわらずこの寓話は、謎を最後の一行まで追求する読者にとって、だんだんとエニグマでなくなってくる。詩人は読者に、隠れた意味をめぐって格闘してほしいので、驚きを取り去り、予想のつかないものを少なくするように求めているのであり、その逆を求めているのではない[14]。散文作品にもこれは同様にあてはまる。ホーソンの「あざ」は、あざが、それの含意する不完全さによって人生そのものの標章であることを、読者に徐々に実感させる。それが実際に真相であることが、アイルマーがついに妻の体からあざを取り除くことに成功するとき判明する。ホーソンは「ラパチーニの娘」で、一度に二つの方向へ動く。筋の展開はしだいに休止がなくなり劇的になる一方で、図像はしだいに安定した解釈のパターンに落ち着くので、物語の終わりには、われわれは、ラパチーニの庭園に付着する特殊な汚れの固定観念をもつ[15]。古いアレゴリーは、メタファー的驚きの減少をもっと明らかに示す[16]。ホーズの『歓楽の慰み』の主要な節のように、作品が教育的プログラムに基づいて組み立てられていると仮定しよう。つまり、「文法」の部、次に「修辞学」の部、次に「音楽」と「数学」の部、次に、五感の図像的扱いを含む「自然科学」の部が学ばれるプログラムを。この詩は、その対称性とあらかじめ決定されたリズムの秩序のせいで、潑刺さを達成できないでいる[17]。われわれがいったん公式の一部から始めると、われわれは論理的にすべての部分に関与させられる。このように一般的には、アレゴリーはアリストテレスの「メタファー」に似ていない。

部分－全体の関係。もしこの見解が正しく、アレゴリーとメタファーの同等視には便利さを上回る困難があるなら、われわれはイメージをさらに、全体の図式に支配されているものとみなすことによって困難を取り除くことができるかもしれない。つまり、ある意味で、全体が部分を支配しているとさえ仮定できるかもしれないのだ。われわれは、部分と全体の共生を示唆する用語を必要としている。その用語は「トロープ」〔修辞語句〕と「フィギュア」〔修辞的表現法〕、前者は単純な語の遊び、後者は語群全体、文、ときには段落の遊びであるが、それらの語の古典的な区別を思い出すことは役に立つかもしれない[18]。アレゴリーは後者の範疇に入るにちがいない。真に「フィギュア」化された発話の最良の例は、アイロニーを含んだ話を拡大したものであろう。つまり、話全体に疑惑、二重の意味、アイロニックな超然とした姿勢が浸透しているのである。

フィギュア的なアイロニーの形式では、話し手は意味のすべてを隠すが、その仮装は、打ち明けられたものというより、見て明らかなものである。というのも、トロープにおいては、衝突は純粋にことばのうえだけだが、フィギュアにおいては、意味が、そしてときどき、われわれの事例の全局面が、言語と、そして採用された声の調子と衝突する。いや、それどころではない。ひとりの人間の全人生がアイロニーに色づけされるかもしれない。ソクラテスの場合がそうだった。彼は他人の知恵に驚嘆する無知な人間という役割を演じたのでアイロニストと呼ばれた。それゆえ、連続するメタファーがアレゴリーに発展するように、持続的な一連のトロープ（たとえばアイロニー的トロープ）はこのフィギュアへ発展する[19]。

クウィンティリアヌスの人文教育的論考という文脈においてきわめて雄弁なソクラテスの人物像が、われわれの問題に対する新しい方法を示唆する。

目的論的に制御されたトロープ。おそらく、部分、つまりアイロニーや二重の意味の特定のトロープが、どのように全体的なアレゴリー的フィギュアを生みだす力をもつのかを考察するかわりに、われわれは、ソクラテスの場合には一種のシンボル的人生であった全体的フィギュアが、部分に特殊なシンボル的力を与えるのか否かを問うたほうがよいかもしれない。全体が部分の意味を決定し、部分は全体の意図に統御されるかもしれない。これは、目的論的に秩序づけられた発話という概念を生むだろう。「ひとりの人間の全人生がアイロニーに色づけされるかもしれない」と言うことは、全人生が、あたかも上位の目的因——中世の詩人の、シンボル統御の四つ目のレヴェルである神秘的《アナゴジック》レヴェル——に統御されているかのように、ケネス・バークの用語を使えば「図式化」されていたことを含意する。

　二種類の目的論的に統御されたトロープがすぐに念頭に浮かぶ。メトニミー〔換喩。国王の意味を王冠で表わす類〕とシネクダキーである。

　シネクダキーはクウィンティリアヌスによって「単一のものから複数のものを、部分から全体を、種から属を、先行するなにかから後続するなにかを理解させること、そしてその逆」であると説明される[20]。シネクダキーは、それゆえ、アレゴリーの一要素の論理的基準に容易に適合しうるであろう。なぜなら、シネクダキーはそれ自体で、その体系に統合的関係をもつシンボルのより大きな組織を読者の心につねに浮かびあがらせるからだ[21]。もし人が、「それでは握手を」と言ったら、われわれは、全人格によるより大きな契約を、握手の仕草が意味していることを理解する。クウィンティリアヌスはさらに、シネクダキーとエリプシスを同等視する。これは、「実際には言い表わされないなにかが仮定されているとき」に起こる[22]。たしかに、これは、アレゴリーがわれわれに現われるときによく起こることである。そのことは、クウィンティリアヌスが挙げる例から明らかである。たとえば、

見よ、牛たちが
くびきにかけられた犂《すき》を元に戻すのを、

ここからは、この修辞学者が言うように、「われわれは夜が近いと類推する」。解釈的アレゴリーの大きな本質であるこの類推過程は、少しでもエリプシス的あるいはエニグマ的な虚構作品に対する自然な反応である。

シネクダキーからメトニミーまではほんの短い一歩である。後者は、ある名前を別の名前の代用とすることにある。キケロが言うように、これは修辞学者によってハイパレージ［交換］と呼ばれているものである。この方法は、発明者の名前で代用して発明を示すとか、所有者の名前で代用して所有を示すのに用いられる(23)。

ここでは、属－種関係（アリストテレスならメタファーの第一の型と第二の型に入れたであろうもの）のかわりに、主として原因－結果関係がある。他方、クウィンティリアヌスの挙げる例は、またもや、もっとも純粋なアレゴリー、われわれが「擬人化的抽象」（修辞学者ならプロソポペイアと呼ぶであろうものに使われている）という名称を与えてよいものである(24)。たとえば、「青ざめた死が落ち着いた足どりで、あわれな人間のドアをノックする」、そして「そこには青ざめた病いと悲しい老人が住む」。いずれの事例も、原因と結果という観点から、つまり、フィギュア的行為という観点から、テナーとヴィークルのあいだにメタファー的相互作用がある。

メトニミーのこれらの例とともに、われわれは、仲介性の領域に戻り、真のイメジャリーの静止型（イメージの完璧な例は幾何学的図形のような、なにか固定的なものと仮定して）から少し微妙に離れていく。われわれの前の見解は、アレゴリーにおけるすべての仲介者は、意味のうえできわめて固定されたものとなり、そのためそれらはイメージを構成し始める（実のところ、仲介者はそのようにして詩に導入された。というのも、擬人化された抽象はかならず一種のイメージだからだ[25]）というものであった。これらの抽象に「仲介者」という名称を与えるのは便利かもしれないが、抽象は理論的に「性格」が十分に自由でもなく十分に豊かでもないので、行為の通常のミメーシス的表象と同一視できないと認識されたのであった。クウィンティリアヌスが挙げるようなメトニミーに関して、われわれはふたたび、仲介者とイメージを区別するのに困難にあうという事実は、仲介者をイメジャリーに変えるという全般的なアレゴリー的変形に関するわれわれの見解を補強するだけである。

全体的に見ると、シネクダキーとメトニミーは、アレゴリー的部分＝全体関係の全域を含んでいるように思われる。前者は分類の静的関係（帆は、船の一部であるという点で、船の質的に下位のクラスである）と呼ぶことをわれわれに許し、後者は部分と全体の動的相互作用（剣が横死の原因となる）と呼ぶことを許す。他にももっと正確な区別が可能になる。第一に、われわれは今や、イメジャリーの記述において、かつてよりはいくぶん抽象的でなくなる。第二に、われわれは、シネクダキーとメトニミーの両者を含むジャンル的名称を決めることができる。

孤立したイメージ。アレゴリーにおけるイメージでもっとも衝撃的で感覚的な性質は、それらがたがいに「孤立」していることである。それを模倣するアレゴリー的な絵画とエンブレム的な詩は、この性質をきわめて明確に提示する。それらは、アレゴリー的「道具立て」のあれやこれや、つまり正義の秤、魔法の鏡、水晶球、印章付き指輪などを提示する。これらの道具は、奥行きのある明確な位置づけはなされず、絵画の平面に置かれる。それらの相対的な大きさは、しばしば遠近法に違反する（それらはしばしば均衡を失している）、そしてそれと同時に、それらは極端に鋭くエッチングされた輪郭線によって描かれることによって同一性を保持している。これは、画家の側の純然たる構図上の基準の結果ではない。イメジャリーの「孤立」はダイモン的効力を維持する必要性に由来する。

ダイモン的力をもつとされる物体（護符、魔よけなど）に特有の性格は、それらが、ひたすらダイモン的物体として存在できるということで、護符は他の種類の石や宝石ともともとつながっていないかのようである。問題の物体をダイモン的かつ魔術的機能以外の機能から切り離すことによって、物体の使用者は、その魔よけをどうにか全身全霊、意識を集中させて扱うのである[26]。

それゆえ、アレゴリー的イメジャリーの典型は孤立したエンブレムである。三つの例で十分だろう。このイメージは第一に、占星術的記号に似ているかもしれない（「星々なのだ、頭上の星々なのだ、われわれの状況を支配するのは」）、あるいは第二に、戦争で、あるいはなにか平和な先触れの目的で運ばれる旗に似ているかもしれない、あるいは第三に、まったくの赤の他人からでさえ即座に従順さをかちとれる力をもつという意味で、権威をもつ印章付きの指輪に似ているかもしれない。これらの道具はアレゴリー作者の商売道具である。ひとつひとつのイメージが「クラトファニー *kratophany*」、つまり、隠された力の開示へと向かう[27]。

魔よけ。ホーソンの短篇小説「古い指輪」は、これらの道具のうちの第三番目を用いる[28]。ホーソンは、エリザベスがエセックス伯に、万が一彼が不興をこうむったなら返すことになる印章付き指輪を与えたという伝承から出発する。物語はシュルーズベリ伯爵夫人の裏切りを語るが、彼女は女王のもとに指輪を運ぶと約束しておきながら、故意に彼女から隠す。それはエセックスを断頭台で死なせるためだった。ホーソンは、ますます強力になる魔法の影響力を指輪に与える。

指輪を飾るダイアモンドは、小さな星のように輝いたが、異様な赤味をおびていた。ロンドン塔の陰鬱な牢獄には、石の壁に穿たれた深くて狭い窓があったが、伯に自由な俗界の眺望はそれだけだった。それゆえ、彼がじっと宝石を見つめ、暗闇と破滅のなかにある人はかならずそうするように、地上の偽りの輝きについて道徳を説いても不思議ではなかった。

くり返しくり返しホーソンは、宝石の血のように赤い色に立ちかえる。通常の事物の体系にあってはありそうもない色だ、この宝石はダイアモンドなのだから。（星と同じように、それは一種の星界の影響力をもっている。）この小物のダイモン的性格が、歴史を貫いて流れているのが感じられるかもしれない。伯爵夫人が「悪意のある満足」、彼の状態が険悪になるにつれて湧きあがる感情をもってエセックスを見るとき、彼は、自分の全運命は指輪の力に結びつけられているという信念を明かす。

「この指輪だけが」と彼は違う口調で話を再開した、「臣下に惜しげなく与えたもうた女王の好意の品のなかで残っているのです。わたしの運勢はこの宝石のように明るく、一度輝いたのです。そして今は、暗闇がわたしのまわりにたれこめています。この輝き――わたしの牢獄のなかの唯一の光――は、ただちにかき消されても不思議ではないと思います。わたしのこの世での最後の希望はこれにかかっているからです。」

「なんてことおっしゃるの、閣下」とシュルーズベリ伯爵夫人は言った。「この石は明るく輝いています。この悲しいときにあっても、あなたに希望をもたせることができるなら、きっとこれには不思議な魔力があるにちがいありません。塔の鉄格子と塁壁《るいへき》はそんな呪力に屈しそうにないのは残念です。」

伯爵夫人は魔術を信じない者として入念に提示されている。そのため、伯の信頼を裏切り、指輪をエリザベスのもとへ運ばないとき、彼女は指輪の焼きつけるような影響力を受けるが、そこには二重のアイロニーがともなう——それは彼女の死に際し、「胸の上に発見された」、そしてそこには「この上なく強烈な熱の結果に似た、黒ずんだ赤い円が刻印されていた。」

エセックスは指輪に対して二重の態度をとる。彼はもちろん、それはたんなるしるしであり、女王にとっては合意の上の意味があったことを知っている。しかしこの実務的な見方は彼の思考を占めていない。彼は指輪の神秘的な価値を感じている。

この罪を言い渡された貴族は指輪の上に身をかがめ、こう続けた——

「かつてはそのなかに力があった——このまばゆい宝石に——偉大な女王の好意を得られる護符の魔力が。彼女はわたしに命じられた、わたしが今後彼女の不興をこうむるようなことがあったら、——たとえその罪がどれほど深くても、そしてどのような罪であっても、——この宝石を彼女の面前に持っていけば、それがわたしのかわりに弁じてくれるはずだ。きっと彼女は、その鋭い判断力で、わたしのむこうみずな性格をすでに見抜いていて、わたしに破滅をもたらしたこのような行為を予感していたのだ。彼女自身の血筋による厳格さも知っていたが、わたしの危急の際には、もっと穏やかでおやさしかったときの記憶が、たぶん、わたしのために彼女の心をやわらげることになるだろうと、そういうおつもりでおられたのだ。わたしは疑っていた、——信用していなかった、——しかし、今でさえ誰に言えるだろう、この指輪が幸運な影響力をもっているかもしれないなどと。」

ホーソンは、指輪の丸いかたちに鋭く注意を引き寄せる。われわれが、その集中力と包含力に気づくようにさせるためだ。

しかしなおもエセックスは夢中になって指輪を見つめていた。彼の楽観的な気質が希望をそこに集中させていることを証明していた。しかしこの広い世界のなかにあって、金色の輪の広さに収まるもの以外、彼にはなにも残されていなかった。(29)

ホーソンの寓話の文脈において、この関心と注意の集中はきわめて自然なので、このような「小道具」の使用がきわめてアレゴリー的であるのを忘れるかもしれない。ホーソンは、彼がこの物語で神秘的なものにのみ興味があるとわれわれが想像することのないようにと、この物語に、ほとんどアイロニーといってよい解釈を与えて教訓を示している。この伝説は二人の十九世紀のアメリカ人、クレアラ・ペンバートンとエドワード・キャリルがかわす議論のなかに埋めこまれている。キャリルの朗読の終わりに、ペンバートン女史は、「あなたはこの指輪でどのような思想を表わしたのですか」とたずねると、彼はこう答える。

ああ、クレアラ、ひどいことを言うね。……わたしが、観念と、観念がみずからをその中で明示するシンボルをけっして切り離すことができないことを、あなたは知っているじゃないですか。でも、われわれは、「宝石」は人間の心であり、「邪霊」は「嘘偽」であり、なんらかの変装をしているが、この世の悲しみと悩みすべての原因である悪鬼であると考えてよいかもしれない。お願いだ、これでよしとして下さい。

ホーソンはここで、アイロニーをこめて、コウルリッジ的「シンボル」あるいはヘーゲル的「具体的普遍」を擁護していると理解してよいかもしれないが、彼のヒーローはイメージを道徳的に解釈しているという事実は残る。そして、われわれの観点からすると、完全に孤立し境界を限られ凍りついた宝石は、元型的なイメージである。

標章。われわれの第二の例である先触れの旗は、別の方法で孤立を表わしている。旗は、印章付き指輪と同様に、実際的な目的に役立つかもしれない。戦いでは、旗は、その明るい色と騎兵や歩兵の頭上にそびえる高さゆえに遠くからでも容易に見えるので、集結地点を提供する。しかし、それらの重要性は、それらに刺繡された図像的意匠に与えられた特別な価値によって、古くから大きなものであったように思われる。旗はわれわれの時代でも、国旗のカリスマ的力をもっていた。[30] われわれは、ローマ皇帝の軍旗と帝国期の軍団兵士の旗（*vexilla*）を知っている。中世後期、旗は、集団による政治的または軍事的行動の、同じくらい顕著な特徴だった。十三世紀のチオンピの反乱をわれわれに伝える作者未詳のフィレンツェ年代記は、戦術的かつカリスマ的目的のための旗の使用を強調している。

上述の日の午後七時、行政官たちは、ギルドの旗すべてを求めた。彼らはそれらを宮殿に集めたかったのだ。その理由はただひとつ、「下層階級民（*populo minuto*）」が旗のもとに集まれないようにしたかったのだ。そこでギルドのすべての旗が運ばれた。彼らはどんな計画が立てられたか知っていたからで、彼ら「チオンピの人々」が旗を放棄したら、彼らはばらばらになり、追い出される、ということでは意見が一致していた。そして射手の弓の弦はすべて切られるだろう。「天使」の旗が求められたとき、彼らは渡したくないので、「これが卑怯な手だったら、われわれは誰に頼ったらいいのだ」と言った。そして彼らはそれを放棄しなかった。

チオンピの反乱が鎮圧されたとき、市内の服従を拒否する全集団の旗の全面捜索が行われた。

すべてのギルドのすべての旗と「太った市民たち」が広場に入った。宮殿にいた新旧すべての行政官が指導的行政官に、「下層階級民」の旗を他の旗とともに窓の外に垂らすように助言した。彼はそうした。そして（広場では）大きな騒音と、「それを投げおろせ、馬鹿者どもを放り出せ」という叫び声があがった。

それから旗は投げおろされた。それはズタズタに引き裂かれ、踏まれ、投げ捨てられた。それから二人の行政官が神のもとへ行け、と言われた。

この正義の処刑のあと、行政官たちは、すべての教会を、この住民とゲルフ党の紋章のある旗や団旗を求めて捜索した。それらは宮殿に置かれた。そして、いかなる画家も、だれのためであれ、どの階級の人であれ、市民であろうと外国人であろうと、その人のために絵を描いてはならない、現場をおさえられたら死刑だ［と宣告された。］[31]

これはもっぱら社会的行為の問題かもしれないが、そのなかで、シンボルは、人々を集団へと団結させるきわめて重要な役割を「演じている」。しかしながら、チオンピの人々の反乱における旗の使用と、もっと洗練された騎士道的集団、つまり輝くよろいを着た騎士たちの旗の使用とのあいだに、線を引くのは容易ではない。マリオ・プラーツは、ある十六世紀の対話に注目した。その中では、旗が、チオンピの人々のそれよりも、もっと明確にエンブレムの役割を果たしている。

シャルル八世とルイ十二世がイタリアへ移動したあとのわれわれの時代には、だれであろうと軍務に従う者はみな、フランスの隊長の真似をして、優美な意匠［*imprese*］で身を飾ることを望んだ。それらは騎士の上で輝いたが、隊ごとに異なり、制服も隊ごとに違っていた。というのも、彼らは銀糸でダブレットや外套に刺繡をし、胸と背に隊長の意匠をつけたからだ。そのため兵士たちのバッジは優美で豪華な壮観を呈した。戦いでは、それぞれの隊の勇敢さと忍耐力を見分けることができた(32)。

衣服の象形文字、衣裳の刺繡、旗に縫いこまれたエンブレム——これらはほとんど退廃的と言ってよいものに見え始めるが、それと同時により純粋に装飾的でエンブレム的なものに見え始める。ルネサンスはここで、もっと古い時代の言語に回帰しつつある。たとえばラングランドは、別の戦いの場面で、旗のイメージを使った。

そしてそれから、らっぱ手がらっぱを吹く間もなく、あるいは伝令官が名を読みあげる間もなく、これらの騎士たちは、じゃんじゃん鳴らしながらいっしょに戦いにやってきた。白髪の「老人」が前衛にいて、「死神」の前で、権利上彼のものである旗をもっていた(33)。

アレゴリー作家がエンブレム的効果をすぐに出したいときには、彼は、「奇妙な意匠の旗」のようなものを使いがちである。効果はしばしば好戦的である。旗は人々の国民的遺産、あるいは人々の政治的もしくは宗教的な信念の体系への忠誠を示唆する。これは『ウズ・ルジアダス』（*The Lusiads*）の第八歌に現われる。そこでは、ポルトガル人の伝承的かつ実際の歴史が、ヴァスコ・ダ・ガマの旗艦上の一連の旗で示される。同様に、リンゼイの『三つの身分へのひとつの風刺』（*Ane Satyre of the Thrie Estaits*）という祭りの演し物は、エディンバラで上演されたように[34]、紋章的な旗（ブレヒトのある劇で実際に見られるもの）を多用している。「身分」はキビキビと兵士のように、等級を示す旗をかつぎながら観客のあいだを通って入る。この光景には図像法が潜在している。

星のシンボル体系。典型的なアレゴリー的イメージの、われわれの挙げた最初の例は星のイメージだった。星のシンボル体系は、たとえばマーロウの『タンバレイン』やシラーの『ヴァレンシュタイン』[35]に現われているように、明確に焦点を合わせたシンボル、つまり星を使っている。天体がわれわれの圏域から現実に物理的に孤立していることが、このような作品ではたえず強調されている。というのも、詩人が星の影響力（あらゆる場合においてダイモン的影響力）に注意を向けるときにはいつでも、彼はそれと同時に、これが遠くの運動であり、人間は離れた天体に制御されていることをわれわれに思い起こさせずにはいない[36]。星の遠さはその宝石のような輝きよりも重要であると言ってよいくらいである[37]。この遠さはアレゴリー文学に一貫して、人間の「窮極因」からの、ほとんどグノーシス主義的と言ってよいほどの疎外というかたちで見出せる。人間は地上で「よそ者」[38]である。なぜなら、彼の家、彼の星の安息の地は、彼からは完全な遠方に切り離されているからだ。この意味で、星のイメジャリーは、最高度のシンボル的「疎隔」を示している。というのも、星々は王冠の宝石のようにたがいに分離されているばかりでなく、人間からもそれ以上に遠く切り離されているからだ。人間は遠く離れ疎外された距離を置いて賛嘆し驚嘆しなくてはならないのだ[39]。

星はアレゴリー作家にとってはさらなる美点をもっている。つまり、星は星座に属している。星座は太古から、たがいに依存する関係からなる厳格な秩序をもった体系として運動することで知られている。「固定された星（恒星）」、その相対的運動が変化しない星々は、完璧な図像的意匠を提供する。[40]天体の体系的運動以上に、体系を哲学的精神にはっきりと見せるものはない。ヘンリー・ピーチャムが、アレゴリーそのものの秩序ある性質を説明するために、まさにこれらの運動を利用したのは不思議ではない。

アレゴリーの使用は、事物の生き生きとしたイメージを刻み、深い陰影を添えて精神の瞑想に提供するのにきわめて適切な役割を果たす。そのなかでウィットと判断力は快感を覚え、記憶力は長く永続する印象を受ける。そこでは、メタファーが美しさと輝きと方向の点で星になぞらえられるかもしれない。そしてアレゴリーは、多くの星々から構成される図形に正しくたとえられるかもしれない。その図形はギリシャ人にはアストロン（*Astron*）と呼ばれ、ラテン人には、シドゥス（*Sidus*）と呼ばれ、われわれは星座、つまり多くの星々の集まりあるいは結合と呼ぶ。[41]

批評家たちはアレゴリーの視覚的局面を強調したピーチャムによる類比に、長く賛同してきた。（わたしはここに、メタファーについての問題があることをすでに示唆した。）この視覚の強調はアリストテレスにも見られるものであり、そこでは「溌剌さ」がときどき「視覚的に鋭いイメージ」という強い意味をもっている。「イメージ」というわれわれの語自体がつねに批評家を悩ませてきた。なぜなら、それは、詩は本質的に視覚的でなくてはならないことを示唆しているからである。われわれはすでにこれがナンセンスであることを知っているので、詩的特質の主要条件に困惑させられている。

しかし、I・A・リチャーズが、素朴な視覚的イメジャリー論の誤謬を、牙城であるケイムズ卿の十八世紀的写実主義を攻撃することによって示して以来、「イメージ」の共感覚的（*synaesthetic*）な観念を受けいれることが容易になっている。[42] イメージはどの感覚とも関連づけることができる。しかしながらアレゴリーでは、純粋に視覚的なものに向かう傾向があるように実際思われる。これは、ケイムズ卿の素朴な視覚中心主義がまさにイメジャリーの正しい観念であると言えるひとつの領域になるだろう。

図式的孤立化。視覚的孤立化の傾向は、体系が求められるところではかならず現われる。なぜなら、そのような目的のための完全なイメジャリー形態は、幾何学的なかたちに似たものになるであろうからだ。[43] アレゴリー的イメジャリーのこのようなプラトン的源泉は、プラトン自身の実践という観点からたしかに正当化される。彼の、アレゴリーに向かう傾向はあまりにもよく知られているので注釈を必要としないほどである。それはおそらく、プラトン的体系にあっては永続的なイメージが、それによって弁証法的議論が進行する固定的観念を伝えるうえで、大きな必要性をもっていることに帰することができる。プラトンの形而上学的前提についてはいろいろなことが言えるだろうが、それは別にして、活力ある弁証法的議論の重圧を支えるためには、「観念」には輪郭の擬似的な視覚的明晰さが与えられなくてはならない。図式的なもの（コウルリッジは『縛めのプロメテウス』を「偉大なパラダイム」として取り上げている。[44] デイグマ［*deigma*］は聖書の釈義学の用語である）と幾何学的なものは、ともにきわめて図式化された思考手段である。[45] そのような抽象的手段によって、詩人は、自然と人間の行動の形態を離して取り出し、それらを分析に従わせることができる。[46] もし現実が図式的形態でイメージ化されるなら、それはかならず、対象をそれらの通常の環境から隔離した状態で、まさにわれわれがエンブレム的絵画や詩で見た状態で提示する。

シュールレアリスム的孤立化。美術史は、この「孤立化」効果を収める概念的枠組を提供する。シュールレアリスム芸術は、超現実的である。それはまさに、そのイメージがすべて、わたしがこの表現をこれまで使っていた意味において「孤立化されている」からである。[47] われわれは明確な発展の系列を示すことができる。つまり、テーマ的メッセージがつねに顕著である古い時代の幻想芸術（ボッス、ブリューゲル、デューラー、ゴヤ）から、十八、九世紀のある種の崇高的、ピクチャレスク的画家を経て、フランスのダダとシュールレアリスムの現代の流派に至る系列である。この超現実的イメジャリーが詩で描かれるとき、詩人は遠近法について同じ自由を享受する。つまり、彼は、彼の詩を時間的に不連続にし、空間的関係を不連続にする。[48] 結局、謎々とは、言語化されたシュールレアリスム的コラージュであり、「表面下」で部分を結びつける隠れた意味をもったものである。ロートレアモンの「黒いユーモア（*l'humour noir*）」の古典的定義である「手術台の上でのミシンと傘の偶然的出会い」はエニグマ的アレゴリーのパターンに適合する。エイゼンシュテインのモンタージュのように、それは、省略された形体と断片化されたイメジャリーという手段によって、われわれを解釈へと誘う。[49] ダリやエルンストの絵画とカフカの物語のなかの、対象のきわだった孤立化が、ピエロ・ディ・コジモやベッリーニのようなイタリア・ルネサンス画家の絵にぴったり対応するものがあること、[50] そして同様に、リドゲイトの『理性と官能』、ホーズの『歓楽の慰み』、フィニアス・フレッチャーの『深紅の島』のような詩の図像的道具立ての部分の厳密な計算に対応物があることをわれわれは思い出す必要がある。

アレゴリー的絵画が実現するものと、アレゴリー的文学が想像力に「見る」のを委ねるものとの比較は、アレゴリー的イメジャリーの視覚的明確さは正常ではない、つまりわれわれが日常生活で体験するものとは一致しないことを示すだろう。[51] それは、メスカリンのようなドラッグが誘因する超感度の視力に似ている。[52] それは不連続で、断片的細部にあふれている。デューラーの記念碑的門扉の意匠に見られる高度の対称性であろうと、ボッスやゴヤの幻想における荒々しい偶然であろうとそうである。ダイモン的イメジャリーが統御されていようがいまいが、いわゆる「例証的」人物は、道徳的議論に、たんに「付けたりに加え」られたものではなく、それ以上のものなのである。アレゴリー的イメジャリーは例証的でなくてはならない。なぜなら、その不連続な性質は、通常の感覚的世界が創造されることを許さないからである。[53] 典型的な具象主義絵画の、絵の平面では、対象が事物の体系においてもつ重要性にもかかわらず、遠近法に従うことを余儀なくされるだろう。背景の物体は小さく、前景の物体は大きく描かれるだろう。そのような絵の平面は、知覚者の目に、われわれが「現実世界」として知っているものを生む。[54]（一部の具象主義の芸術家では、遠近法の歪みが起こるが、それは通常、知覚の「現実主義的誤謬」とでも呼ぶべきものを誇張するためなのである。）アレゴリー的世界はわれわれに、すべての対象が、いわば、ひとつひとつ「真の」、不変の大きさとかたちをもつモザイク模様の表面に整列している姿を見せてくれる。アレゴリーはたぶん、独自の「現実」をもっているが、それはわれわれの物理的世界の知覚に働いているようなものではないことはたしかだ。それはテーマ的内容の観念的一貫性をもっている。なぜなら、きわめてアレゴリー的なイメジャリーの視覚的不合理性にもかかわらず、観念と観念のあいだの関係は、強力な論理的統御のもとにあるからだ。

諸部分のシュールレアリスム的孤立は、仲介者がイメージ化する傾向からきっと生まれるのだろう。というのも、その傾向は、仲介者がダイモンに取りつかれ、みずからがついにダイモンになり、完成度のはしごの中間のどこかにいる生物としてヒエラルキーの上で孤立するときにはいつでも起こることだからだ。[55] 宗教絵画は、この孤立化を、人類を訪れる天使たちの降下を、まったくとびとびの不連続なかたちで示すことによって実演する。われわれが、聖者の伝記あるいは最後の審判の絵にともなう悪魔的イメジャリーに向かうとき、孤立化は明らかになる。その性質がメトニミー的かつシネクダキー的な現代シュールレアリスムのイメジャリーもまた、先立つ数世紀のエンブレム的意匠に直接的先行者をもつ「遺失物（*objet trouvé*）」を提示する。これら最近の意匠も同様に「発見された物」である。もっとも、それらは、シュールレアリスムの主としてフロイト的な図像法よりも、われわれがすぐに認知できる伝統的な図像法に構成されている。ジョージ・ハーバートの「苦悩（“Affliction”）」の以下のエンブレム的スタンザを取りあげよう。

わたしの思考はすべてナイフの鞘、
　心臓を傷つけ、
あちこちに痛みを与えるナイフの。
じょうろが花に生命を与えるように。
　彼らの怒りはなにものも制御できない、
　他方、彼らはわたしの魂を傷つけ突き刺す。

第四行目は、ロートレアモンの「偶然の出会い」と同じくらい不連続で「一貫性」に欠けている。基底にある観念のみがスタンザを連結している。他方、二十世紀のシュールレアリスム芸術においては、屈折したイメージを連結するのは、主として、無意識の動機に関する新しいフロイト理論である。いずれの場合も、全体的効果は、イメージのあいだの障壁の創造である。この障壁を何と名づけるべきかについては批評家のあいだで違いがある。ハーバートの四行目については、一部の批評家は「ウィット」、「ディスコルディア・コンコルス」つまり正反対のものの力づくの連結を例証していると言うかもしれない。他の批評家は、このウィットをシュールレアリストたちの「黒いユーモア」、不条理と結びつけようとするだろう。(56) しかし、このウィットと不条理の実演はたがいにきわめて近いものであることは疑いない。

ミメーシス的自然さの欠如の代価は、アレゴリー作家が、形而上詩人のように、読者を分析的気分にむりやりもちこむために支払わなくてはならない。発話における省略《エリプシス》はまさにこの効果をもっている。どのような断片的言表（修辞学者の「頓絶（*aposiopesis*）」）が、解読の必要があるコード化されたメッセージの外観をおびるのとほぼ同様である。要素の厳格な秩序がアレゴリーのコード化のプロセスのもうひとつの局面であることにわれわれは気づくだろう。しかし当面は、シュールレアリスム的表層構造をもつことによって、アレゴリーは即時に、読者から解釈の反応を誘発するということを指摘することで十分としよう。アレゴリーにおける沈黙は、埋められた空間と同じくらいの意味をもつ。なぜなら、奇妙な無関係状態にあるイメージとイメージのあいだの沈黙の空白を橋わたしすることによって、われわれは、思考に沈没している下部構造（聖書釈義家の言う「下部思想」、ヒュポノイア［*hyponoia*］、ロシアの学童の言う「アンダーテクスト」）に到達する。

孤立化のもたらすひとつの最終的効果を観察する必要がある。それは、特定のイメージのきわめて正確な輪郭描写を可能にするばかりでなく、実際にきわめて望ましいものにする。アレゴリー作家の抽象的なテーマの目的は、彼が対象の輪郭をことばで正確に描くことを妨げない。どちらかというと、彼は正確さに向かって過度につき進むように奨励される。この過剰さは、粘り強く正確なドキュメンタリー的作品になって現われる可能性がある。あるいは、アレゴリーが大っぴらに装飾的であるときには、たとえば華麗なスコットランドのチョーサー派や、十四世紀の『真珠』のような詩となって現われる。(57) アレゴリーの組織は「念入りに織り交ぜられて」おり、装飾的細部で作られている。これは写実主義ではなくシュールレアリスムである。

コスモス——アレゴリー的イメージ。装飾的語法を表わすもっとも古い語である「コスモス」は、アリストテレスの考える詩的言語を構成する語の八種類のリストに出てくる。「すべての語は通用しているものか、外来のものか、メタファーか、装飾［*kosmos*］か、新しい造語か、引き伸ばされたものか、圧縮されたものか、変えられたものか、のいずれかである。[58]」この埋もれていたことば[59]は、ラテン語の派生語である *ornatus* と *decoratio*[60] といういくぶん仮装され確実に卑俗化されたかたちでわれわれにはなじみのあるものだが、わたしはこれを復活させて使いたい。この語がアレゴリー的イメージの必要条件をみたすからである。第一にこの語は体系的な部分－全体の関係を含意するにちがいない。第二に、この語はメトニミーとシネクダキーの両方を包含できるはずである。第三に、この語は「擬人化」を包含できるはずである。第四にこの語は、イメージのダイモン的性質を示唆するはずである。第五に、この語は視覚的様相、シュールレアリスムとまでは言わないが、とくに視覚的あるいはシンボル的「孤立化」の強調を可能にするはずである。最後に、この語は、他の同種のイメージと結び合わせると広範な二重の意味が浮上するはずだ。

どのようにコスモスがアレゴリー的イメージの本質的な型になっているかは、この語を定義すればすぐに明らかになるだろう。コスモスは（1）宇宙、そして（2）ヒエラルキーにおける地位を含意するシンボルを意味する。後者に関して言えば、それは、作家がヒエラルキー上のある位置に置きたい対象に付属している、あるいはそれに結びついている、あるいはその代用となる場合もあるものである[61]。コスモスの古典的例は、その社会的地位を示すために貴婦人が身につける宝石、あるいは他のなにかそのような地位を表わす衣服のエンブレムである[62]。

英語の場合と同様に、ギリシャ語のコスモスは二重の意味をもっている。その語は、大、規、模、な秩序

（マクロコスモス）とその秩序の小規模な記号（ミクロコスモス）の両方を意味する。[63]それは、どのような装飾あるいは衣裳の飾りにも、どのような装飾品にも、とりわけ地位を意味するどのような衣裳にも、そのような衣裳を与えることにともなうどのような紋章的意匠にも使えるだろう。[64]それは、印章付き指輪や幸運のまじないにも、もしそれらがヒエラルキー上の地位に関連するならば、使われるだろう。たとえば、もし人が、そのような指輪や護符の所有でのみ知られる秘密団体に属しているなら、それが実例になるだろう。[65]副詞的そして形容詞的に使われると、コスモスという語とその派生形は、衣裳や態度における適正と端正（κοσμιοτης）を含意した。というのは、社会における人の真の地位に従って飾られることは礼儀作法に一致することになるであろうからだ。この形容詞的用法によって、われわれは、コスモスのもうひとつの、同じくらい重要な意味へ、つまり宇宙という含意へ移動し始める。ギリシャ人もわれわれ自身も、「新しいコスモロジー」あるいは「無限宇宙としてのコスモス」などについて語るときがそうである。[66]これが生き残った意味である。そのことは、哲学的根拠に基づいて妥当と思われるものを暗示する。つまり、宇宙的な大規模の秩序の意味が原初的なものであることを示唆する。そのような秩序の諸要素が全体的な体系的性質をかならず分有するということは、辞書編纂者によって決定されるもうひとつの意味、つまり法から明らかである。このように意味が決定されるのは、コスモスという語が、特別な事例において行政長官、立法者、つまり、社会の諸要素が秩序づけられ、すべての市民が自分の場所を見出す普遍的体系を規定する人を表わすために使われるからである。[67]この場合、もっと一般的な意味である装飾の場合と同様に、部分が全体を、全体が部分を含意し、部分も全体も、相手なしですませることはできないのだ。ミクロコスモスとマクロコスモスはたがいに相補的である。[68]これはきわめて、シネクダキー的関係で、純粋で単純である――もっぱら認知的思考に関わる問題である――しかし、それが特殊な喚情的緊張をともなうことはやがて明らかになるだろう。コスモスはこれらの緊張をときにいくぶん間接的に、ときにまったく公然と含意するが、いずれの場合も、コスモスは依然として、程度の差こそあれ強力な仲介者とイメージのヒエラルキーを確立するアレゴリーのようなシンボル体系の諸要素を名づけるのにもっとも役立つ用語である。

アレゴリーはたがいに照応する存在の二つのレヴェル、ひとつは読者によって想定されるもの、他方は文字通り寓話に提示されるものだが、これらのあいだの並行関係に基づいている。これはよく知られている。照応体系に関する典型的な現代の研究は、E・M・W・ティリヤードの案内書『エリザベス朝の世界像』であろう。この本は『エリザベス朝のコスモス』というタイトルでもよかったかもしれない。コスモスの意味は、ここでは当然二重になるだろう。というのは、ティリヤードは実際には、エリザベス朝のアレゴリー的詩の諸要素を扱い、全般的には、それがアレゴリー的であるかぎりにおいてエリザベス朝の詩を扱っており、同時に、典型的な例として、「偉大な連鎖」について語るときのシェイクスピアのユリシーズの詩行（『トロイラスとクレシダ』第一幕第三場）に言及することによって、シンボル体系の並行する系列を作るために詩人たちが操作するコスモス的ヒエラルキーを説明しているからである[69]。「偉大な連鎖」の階梯は、ティリヤードが示したように、水平方向に扱うことができる。そしてわれわれはアレゴリーの基盤《マトリックス》を手に入れる。なぜなら、もし万物に階級があるなら、それぞれの階級を表わす特定の物もあり、それぞれの階級のシンボル化にはある種の狭い選択幅があるということになるからだ。それゆえ、たとえば、劇『コリオレイナス』は動物のイメジャリーにみちている。なぜなら、そのイメジャリーは、その劇の主要なシンボル的「レヴェル」、つまりメネニウス・アグリッパによって語られる政治的統一体の寓話に照応する「レヴェル」を提供しているからだ。しかし、そのイメジャリーは、次にはさらに二つのレヴェル、つまりミクロコスモス的「身体」とマクロコスモス的「身体」によって示唆されるレヴェルの上に基礎づけられる(70)。人間の有機体はヒエラルキーの体系となり、頭(理性と意志)は頂点に、他の身体の部位はより低いレヴェルに置かれ、次には、われわれは、「集会の偉大な足指」、つまり市民の代弁者へと移る。自然界と霊的世界のなかに秩序があるのと同じ数の照応するレヴェルがありうる(71)。真に科学的な宇宙観は照応するレヴェルの数をゼロに減らそうと努力するだろう。しかし、実際には、物理学、化学、天文学は、経験論的な問いに対する答えとなるかもしれないものを推測する方法として、これらメタファー的構築物を実際に利用しているることにわれわれは気づく(72)。どのような科学であれ、初期段階では、われわれはアレゴリーを期待できる。逆にいえば、アレゴリーはしばしば科学理論の似姿《シミュラークラ》であることを示すことができるだろう。大きな違いは、われわれの道徳的、神秘的アレゴリーは、経験論的試験を必要とはしないということである。かくして、われわれがシェイクスピアの『コリオレイナス』に見出す宇宙的秩序としての身体のイメージは、初期ギリシャの科学的コスモロジーを支配するイメージであることに気づいても驚くにはあたらない(73)。

詩においてもまた、ギリシャ文学は、このうえなく明確なかたちで、コスモスのアレゴリー的使用の完璧な例を提供する。ホメロスによるアキレスの盾の記述は、後世に見られる、人体の衣裳、身仕度、装中(74)を、観念と事物のより大きな体系のアレゴリー的シンボル体系として利用するためのお手本を提供している。『イリアス』の始めから終わりまで、詩人は、兵士と市民両方の飾りを入念に描いている。そこからわれわれは、戦さの秩序と平和な生活の秩序を感じとるのである。ホメロスによるシミリーの装飾的、構築的利用——叙事詩のシミリーはつねに、きわだって装飾的な意匠と考えられている——は、読者に二重の視点を与える。それによって詩は、二つの正反対の世界、つまり平和な世界と戦いの世界の観念を伝える。シミリーとコスモスは、これら「コスモス的」目的のためにたえず使われる。もし『イリアス』が圧倒的にミメーシス的、非アレゴリー的な詩であるとしても、まさに装飾的強調の瞬間においては実際にアレゴリー的である。同様に『オデュッセイア』においても、アリストテレス（『詩学』1460a）は、ヒーローが「ニンフの洞窟」のかたわらに、帰還の途中に上陸するときの装飾の古典的位置（*locus classicus*）を見出す。この一節は、キルケの島の物語ほど、アレゴリー的読解にふさわしいものではないとしても、のちには、新プラトン主義のポルピュリオスの手によって濃密な釈義的論述の対象になっている[75]。このような節は、装飾的シミリーは『オデュッセイア』では頻繁に起こらないというまさにその理由から、鋭い焦点があてられ際立っている[76]。

装飾の喚情的性質。一方ではコスモスは特定の地位を飾り印づけるが、他方でコスモスは、「たんなる」装飾的あるいは「たんなる」ヒエラルキー的機能以上のものをもっている[77]。地位のシンボルほど強烈な感情的反応を起こしそうなものはないだろう。なぜなら、コスモスを身につけている人を見た人は、その人と同じ地位に属しているかもしれないし、属していないかもしれないからだ。そういうときには、連帯の感情か、あるいは競合したい欲望か、あるいは嫉妬の感情が生まれるだろう。それらの感情のいずれも、装飾を見ることでかきたてられるかもしれない。「動詞 *kosmein* は、あなたが賞賛したい（そして容認した）対象を、立派な名前をもったよりよい対象になぞらえる過程であると説明できる[78]。」この過程には中立的なものはなにもないことに注目しよう。修辞学的意味の *kosmein* である飾ることは、低い地位を高い地位に引き上げることを意味する[79]。衣裳と身なりは、この過程によって、社会的出世の道具となりうる。社会的圏域においては、われわれが、オスリックやパミラのような出世主義者に注目すると、その上昇は、ことばであれ、態度であれ、服装であれ、コスモイ（*kosmoi*）を使うことによって助けられていると確信することができる[80]。衣裳の誇示は私的虚栄心の問題かもしれない[81]。しかし、「コスモス的」意匠としては、それは、それを身につけた人を、最良の身なりをした「高名な人」と同等な人へと引きあげる。それとは逆に、地位のある人が、粗野な、あるいは貧しい衣裳をわざと身につけると、われわれは、地位に対するあざむき、実際の社会的地位を壊す「アイロニックな」試みに気づく。

均《なら》すことと下げることとは、引きあげる機能に劣らず、コスモスの原初的機能である。われわれがけなしたい対象を、貧弱な名前の劣悪な対象になぞらえることによって、下降運動をもたらす(82)。装飾は良いものにも悪いものにも、望ましいものにもいまわしいものにもなりうることを、そして「存在の鎖」は上にも下にも伸びていることを知ることはきわめて重要である。それはまさに、われわれのアレゴリー的仲介者の研究に見出された状況であった。「ダイモン的」という語を悪魔にとっておいたのは後世の素朴な伝統だけだった。より寛大な見解はダイモンに中間的な位置を与え、まさに現在のコスモイ観、つまり彼らと同様に、仲介者は人間以上か以下になりうると主張した。アレゴリー的仲介者との出会いの結果は(天使によって)引き上げられるか、(悪魔によって)引き下げられるか、いずれかであるが、ダイモンの地位に関連して影響を受けないということはない(83)。同じ影響力は、アレゴリー的イメジャリーによって、もっと明確なかたちで発揮される。

教訓的機能。アレゴリーは古典的には教訓的で道徳的な説明に使われる。アレゴリーは、政治変革の時代には、まったく新しい倫理の理論を提示する、あるいは保守的な時代には、時とともに役に立たなくなった古い理論を提示する。一部の批評家は、アレゴリーが通常、伝統的な「所与」、つまり、容認された格言的道徳の世界観を提示し、潑剌とした例解によってそれをわからせるという事実を重要視する。「所与」の説得力はそのような芸術が「たんなる例解」となるのを防ぐ、あるいはむしろ、イメジャリーの付加的性格が、非装飾的寓話の内的本体と活力に対してひどく鼻につく影響力を及ぼすのを防ぐという議論がなされている。しかしこれは、わたしにはあまりにもおとなしい見解に思われる。事実、宗教と道徳の古い格言は、それらを活気づかせるにはたんなる例解をはるかに超えたものを必要とする。それらの格言は、独自の適切な装飾、つまりそれらと体系的に調和する記号を必要とする。それは、司祭のガウンがミサと調和し、制服の標章が軍事的独裁者や元帥と調和するのと同じである。個人の地位をヒエラルキーの体系から切り離すことはできないし、特定のシンボルの喚情的性質を避けることもできない。

欲望と行為への修辞的刺激。アレゴリーは窮極的には誇示的（epideictic）修辞、つまり賞賛と儀式の修辞の分野に属する[84]。なぜなら、それはある種の行動方針あるいはある種の哲学的立場の賞賛と非難にもっとも多く使われるからである。エラズマス・ダーウィンの植物詩のように、自然を科学的ヒエラルキーの体系に組織化しようとするときでさえ、それは依然として高次の秩序を賞賛し、低次の秩序を非難しているのである[85]。これらの問題におけるわれわれの感情について選択肢はまったくない。われわれは暗黙の好みを認めずに項目を序列化することはできないとわたしは思う。修辞学者の側では、特定の読者を支配しようとするとき、コスモスの言語の喚情的効果を計算しなくてはならない。そういうわけで、

われわれは、賞賛の演説をするとき、特定の聴衆の性質を考慮に入れなくてはならない。というのも、ソクラテスがかつて言っていたように、アテネの聴衆に対してアテネ人を賞賛するのは困難ではない。その聴衆が特定の特質を尊重しているのなら、われわれは、その相手がスキュティア人であろうと、哲学者であろうと、われわれのヒーローがその特質をもっていると言わなくてはならない。尊重されているすべてのものを、実際、われわれは高貴なものとして表現しなくてはならない。結局、人民はそれら二つのものをほぼ同じものとみなすのだ[86]。

アリストテレスは現実主義的に、要するに人間はその真の長所があるか否かにかかわらず、自分のことをいいように考え、狡猾な賛美者は、客を賞賛するためなら、たとえなくても、高貴さをもっていると主張するだろうと指摘している。この技術は、まず第一に、なにが実際に高貴であるかに関する広く容認されている考えを前提とする。それには、お決まりの属性——美徳とされていること——のシンボル的活用が必要とされる。これらの属性は、結局一種の「性格観察」に相当する客の行動の説明のためのものである。「賞賛とは、人のすぐれた特質の卓越性をことばで表現することである。それゆえ、われわれは、その人の行為を、そのような特質の成果として示さなくてはならない[87]。」この効果を達成するために、雄弁家は、コスモイの蓄えをもちだすのである。人がなにをしたかを言うだけでは十分ではない。われわれは、その人が最高の動機からそれをしたと言わなくてはならない。ある種の典型化するイメージが、これらの動機と結びつけられる必要がある。

本当の美点であれ、みなしの美点であれ、それに対する賞賛は、人々を行動に駆りたてる効果がある。「人をほめることは、ある点で、一連の行動を促すことに似ている。……あなたがだれかを賞賛したいときにはいつでも、あなたが人々に何をするように促したいのかを考えなさい。そして、あなたが、なんであれそれをすることを促したいときには、なにをしたことでその人をほめるのかを考えなさい[88]。」この手続きの明確な例は、シェイクスピアの『リチャード二世』の第二幕第一場にある。そこではリチャードが入って来るのを待っているゴーントのジョン老が、最後の息をひきとる際に「しっかりと意見をして、軽率な若気を改めてもらわねばならぬ」(菅泰男訳)と言う。ゴーントは「死んでゆく者の言うことは、深い和音の音楽のように、人を傾聴させずにはおかぬ」と信じている。彼の有名な演説は、ここに引用してよいかもしれない。なぜなら、それはまさに「人を傾聴させ」る試みであり、よき国王あるいはよき市民のための理想をかかげるため、装飾――コスモスのもとの意味――の修辞的使用によって効果を発揮する。これらの詩行は、しばしば格言的であることを隠さず、老人の知恵をほのめかす。皮肉なことに、この演説は、若き国王によって聞かれることはない。国王が登場するのは演説終了の直後だからだ。これもまた皮肉なことに、演説は宇宙のはしごの高みから底へ、賞賛から非難へと下る。

わたしは新しく霊感の息を吹きこまれた予言者のような気がする。
だから、こうして息をひきとる際《きわ》に、王のことを予言してゆく。
王の、向こうみずな放埒《ほうらつ》の炎はあのままで続こうはずはない。
激しい火はやがて燃えつきてしまうものだ。
細々と降る雨は長つづきするが、急な嵐は短い。
あまり早く馬を走らせる者はすぐに疲れてしまう。
がつがつと貪り食えば、胸がつかえ息がつまる。
浮気な虚栄は、飽くことを知らぬ鵜《う》のように、
餌種を食いつくして、やがてみずからを餌にするようになる。

これらの平凡な意見が、霊感にみちたイメージの連続によって突然高揚する。

この歴代の王の座、このすめらぎの島、
この尊厳の地、この軍神《マーズ》のいましどころ、

第二のエデン、天国にたぐうところ、
自然の女神が、悪疫悪風を防ぎ、
戦いを防がんとして築いた、この城塞《とりで》、
この幸福な種族、この小宇宙、
そねむ外敵の侵入にそなえて
城をかこむ城壁となり、
家を守る堀となる、あの白銀《しろがね》の海を、
下敷きの箔として飾られたこの宝石、
この祝福された地、この土地、この領土、このイギリス、
この育ての土、歴代の王の母胎、
この、種族のゆえにおそれられ、血統のゆえに名高く、
外に出でては、ユダヤの地に、
この世の救い主、マリアの御子《みこ》の、御墓をとりもどさんと、
キリストの教えのため、騎士道のために
名をあげし王を生んだ母なる地、
この、尊い人たちの土地、尊い、尊い土地、
世界に名だたる名声の、尊いこの国、
それが賃貸されているのだ――死ぬまぎわに言わねばならぬ！――
まるで、借家か、些細な農場でもあるかのように！
すばらしい海に囲まれたイギリス、

その岩壁の岸が、海の神ネプチューンの押しよせる包囲攻撃を
堂々と打ちかえしているイギリスが、今は恥にとり囲まれてしまった。
腐った羊皮紙にインキで汚点をつけた証書類で縛られてしまった。
他を征服するに慣れていたこのイギリスが、
恥ずかしくも、自分で自分を征服してしまった。
ああ、この汚名がわたしの命とともに消えてくれたら、
死んでも、どんなに幸福だろうか!

賞賛のアナフォラ〔行頭反復〕のひとつひとつが、イングランドの運命の概念的予言的イメージを含んでいる。そのようなものとしてのアナフォラ的列挙は、展開されないアレゴリーの枠組である。演説の宇宙的内容に加えてその対称の形式は、それによって「傾聴させ」るための手段である。

ここでは、アレゴリーの道徳的、教訓的説得は賞賛と非難のことばで表現されている。たとえそうであれ、シェイクスピアは、観客をゴーントに対してアイロニカルにさせる。われわれは、ゴーントにいさめられて怒る王にほとんど共感に近いものをいだくこともある。というのも、リチャードがやっと到着すると、ゴーントはその感情を抑えないからである。しかし、ここでは、もっと精妙な修辞的制御が発揮されている。われわれは、シェイクスピアは、わたしが引用したせりふのゴーントの最初の数行のいかにも格言的な格言を、賞賛の突然の霊感にわれわれが向けるかもしれないアイロニーを弱めるという、ただそれだけの目的で含めたのではないか、と考えてもよいかもしれない。そのような賞賛はきわめて非難を受けやすいからだ。そのような賞賛は、少し多すぎる目的、少し強すぎる高貴な運命への関与を伴うからである。

アレゴリーに対する一番よくある攻撃は、アレゴリーは、アリストテレスの「賞賛」がまさに含意する効果、つまり、「一連の行動を促す」ことにある。アレゴリーは、多すぎる「メッセージ」をもち、芸術の自然な無私に欠けており、芸術の有機的自律性を欠いていると言われている。[89]明らかにこのモードはコスモイに依存しており、同様にこのコスモイは、あまりにも厳格で芸術的想像の自由な働きを許さない地位の体系に依存している。アレゴリーが読者に、芸術的必然性が疑わしい倫理的命令を強制するとき、アレゴリーは、「人がそれをしたことでほめたいもの」の理想的イメージを提示しているのである。この賞賛に値するもののイメージは、西洋芸術の中心的貢献であると——とくに『詩学』で訓練されたものには——思われる高度なミメーシス的機能とは無関係である。[90]

この見解では、「たんなる」装飾はもはや存在しない。むしろ装飾は、それが明らかに中世およびそれ以前にもっていた意味をおびている。理論的側面では、アレオパゴスの偽ディオニュシオスの『天上のヒエラルキー』のような作品は、[91]ダンテのシンボル的世界観と彼のイメジャリーの基盤を形成している。実践的側面では、ダンテの詩は、人間の業績の全範囲を、賞賛と非難の修辞のなかに収めている。[92]しかし、その二重の意味、つまり「宇宙的」意味のために分析する必要がある装飾的芸術には、数えきれないほどの事例と種類がある。[93]アングロサクソン語の口誦詩、そのすべて「念入りに織り交ぜられた」イメジャリー、[94]バロック音楽と建築に加えてバロック詩の装飾、[95]教会のロココ調正面、ピクチャレスク芸術と風景庭園の迷路のような渦巻きと隠れた洞窟、[96]十八世紀犯罪文学の裏表のある人物の服装、[97]カーライルの『衣裳哲学』の服装、[98]革命後のロシア・プロパガンダ作品のような現代政治小説のお決まりの意匠とエンブレム[99]——これらすべてと数えきれないほどの他の装飾の例は、信念が喚情的に負荷された体系のなかでの、ヒエラルキー的体系を前提としていることを示すことができるだろう。

このようにして、修辞的装飾に関するよくある漠然とした概念が、すべての分類的比喩を包含するようになる[100]――しかし、それは有益な一般化だろうか。アレゴリー的イメジャリーが、読者に、特定のヒエラルキーを受け入れるように圧力をかけると理解できる場合のみ有益である。地位のシンボルのもつ喚情的圧力は、地位のシンボルは分類体系を示しうるという事実よりも重要である。

用語の一般化。修辞学の歴史は、装飾（*ornament*）という用語の段階的一般化を示している。そして装飾は、たとえば、パットナムの『英詩の技法』（*The Arte of English Poesie*）の第三巻のように、すべての比喩と文彩を含むにいたる[101]。徐々に、端正な文章作法（*exornatio*）がいかなる文体の意匠をも含むようになった[102]。それゆえわれわれは、コスモスと呼ばれる特定の意匠だけを切り離すことができるだろうか。そうだと、わたしは論じたい。人が聴衆を動かしたい――どのような方向にであれ、聴衆を動かしたい――ときにいつでも用いられる詩的技法に対抗して、散文の文体論、あるいはおそらく、科学的に中立な、装飾のない散文とわれわれが呼びうるであろうものの段階的、共起的出現を認める意志があるのであれば、そうである。というのも、ルネサンスの時代までに、詩は人類に利用可能な道徳的説得の主要手段になっていたからだ――それゆえ、説教が散文で行われる説教壇の詩学があるし、ルネサンスの時代までには、詩はもっとも一般的な方法で、宇宙的機能を受け入れていた[103]。詩によって人間は同朋がキリスト教社会の階層、そして霊的存在の集団において上昇するのを手助けできるという意味で、詩は人間の「上昇的ウィット」の表現である。詩は散文とは区別される韻文、それ以上のものである。それはまた散文的なものとも区別されるべきである。われわれはさらに、エリザベス時代の修辞家たちは宮廷の、あるいは宮廷志向の聴衆のために書き、修辞は宮廷を見すえていたことを思い起こす必要がある。宮廷は天上のヒエラルキーのミクロコスモスとなる。イングランドがプロテスタントの王国であるという理由が大きい。「適正さ」は、たとえその用語がどれほど一般的なものになろうと、十分明確に定義することは可能である。なぜなら、われわれは、適正さとはつねにヒエラルキーの問題であることをはっきりと意識しているからである。適正さはたんに、だれかがあなたに求めるだけのものではない。もっとも権力をもった人々があなたに求めることでさえない。もっとも、権力の要素はすべてのアレゴリーの背景に入ってくるけれども。それは彼らが既成の秩序を現わしている結果として、人々があなたに求めることなのだ。権威者がわれわれに、われわれの「場所」を指し示す、あるいは、人生におけるわれわれの適正な「使命」を指し示す。

宇宙発生論的装飾。キリスト教は、「宇宙的な」詩のために認可を与える。「調和の使命」[104]は中世の社会のすべての構成員、ルネサンス社会の構成員の大半によって受け入れられた。それには、キリスト教の宇宙論に加えて、キリスト教的宇宙発生論が、その受諾の正当性を示したという十分な理由があった。われわれが、シンボル的世界を自然にあてはめて解釈することに加えて、シンボル的世界を創造することが可能であることは明らかである。批評家たちは、一見正反対の二つのアレゴリー的手続きがあることにしばしば困惑させられている。つまり解釈的なものと創造的なものであり、それは一方では聖書釈義によって例証され、他方では『神曲』と『妖精の女王』によって例証されるものである。詩人がダンテやスペンサーのようにアレゴリーを書き始めるとき、彼は読者に、地位の違いを極度に意識させることは明らかである。イメジャリーが関わるかぎりにおいて、アレゴリー芸術は、読者を解釈活動に関わらせるために「装飾」の組成を操作するものになるだろう。

キリスト教は、しかしながら、この技術を、純然たる機械的世界における場合よりも、はるかに簡単なものにする。[105]なぜなら、キリスト教は、世界の創造を、普遍的なシンボル的語彙の創設とみなしているからである。

まず最初に（"*in principio*"）、原初的物質の第一の創造（*prima creatio*）があった。次に「神の諸観念」の影響力のもと、この物質の成型があった。これが可視世界を飾った——「飾り立て、装飾（"*expolitio, exornatio*"）」。最後に、宇宙の魂の支配のもとで、世界の、終末へ向かう運動が起こった。これらの段階のひとつひとつに「自然」の段階のひとつが実際に対応する。自然はみずからを学者の探究、解明、瞑想に委ねる。[106]

ここでの「自然」は、詩人の目に開かれた可視的コスモス全体を意味した。それは組織化された世界、永遠に無秩序が取り除かれた世界であった。神の「摂理」が混沌を追放したのだ。

宇宙を装飾する前に、神は物質、この未成型の混沌を作った。それはみずからのなかに美の萌芽をもっていたが、知覚可能なかたちをまだ示すことがないので、依然として醜悪さにみちていた。……モーセとカルキディウスは、星々を天の飾り、動物を地の飾りと呼ぶことで一致している。世界の装飾（*ornatus*）、それは重さと数で差異化された原初的物質であり、ある輪郭のなかに局限されており、かたちと数を示し、限定された美しいかたちを提示する。[107]

「物質への聖なる観念の刻印[108]」（古代世界のもっとも偉大なアレゴリー作家であるユダヤのフィロンの作品にもっとも顕著な概念[109]）によって世界の装飾が「現われる」。物質の飾り立て（exornation）が起こる。これは最初は美しいと感じられるが、ヒエルラキー的秩序を基底にもっているものである。このように、中世の体系において美を表わすことば、美しさ（*speciosum*）と美しいかたち（*formosam*）は、種類と形状の概念に由来する。[110] ひとつ主要な例をあげよう。中世の美徳と悪徳のアレゴリーは、それを体現したものとして「木」の美しいかたちを好む。それは、優美で繊細な木の葉を暗示するからという理由ばかりでなく、それ以上に、葉が落ちたあとのくっきりとした姿を暗示するからである。

かくして、二本の木の寓話は十二世紀のあいだ、すりきれるほど使われる。その理由は、自然の成長の高度に明確化された構造は、抽象の複雑な体系を収容できたからであり、その上昇的発展は一歩一歩——あるいはむしろ、枝一本一本——解釈することができたからである。[111]

そういうわけで、われわれが偽ディオニュシオスのような人の、中世の神中心の宇宙論を受け入れるや否や、創造的かつ解釈的視野のたえざる調和が生まれる。人間は、その天与の性質によって、そしてその芸術的努力によって、世界の創造を模倣することができた。そして学者は、自然に対する活発な美的反応によって、つまり自然を享楽的というよりは「宇宙的」にとらえることによって、創造にみずから参加しているとみなすことができた。[112] われわれがどのように解釈的活動と創造的活動を関連づけるかに関する近代の疑問は、中世的世界観の崩壊以前には起こりえなかった。他方、近代の経験科学は、一部には、創造的（想像的かつ総合的）精神と解釈的（経験論的かつ分析的）精神の分裂によるものである。これは近代のアレゴリー嫌いを説明するかもしれない大きな知的変化である。

権威の源泉。しかしながら、創造的解釈の中世的概念から、アレゴリー文学の近代的形式へと橋わたしするものがある。というのは、アレゴリーは、今日、初期の数世紀におとらず活力があるからだ。[113] われわれは、旧世界の伝統が、依然として、さまざまな種類の文学的ドキュメンタリーによって継続されているのを見出す。[114] 中世のアレゴリーがしばしば百科全書的であることはよく知られている。[115] 現代ＳＦもまた、擬似科学的立証資料の幻想世界を提示し、同じような宇宙的装飾を可能にしている。

語彙は細部において異なるが、全般的には、現代SFの用語は明らかに装飾的である。それは単純なロマンス的プロットに外皮を成型したもの、つまりダイモン的作品の装飾である。もっと真面目なレヴェルにある作品としては、社会学的論文＝小説がある。その最良の例はゾラとドライサーであるが、極左的あるいは極右的傾向の群小小説家、アプトン・シンクレアやアイン・ランドのような作家に模倣されている。われわれは、そのような作品すべてに、細部を誇張し、社会的堕落の証拠を誇張し、とりわけ、人間存在に対する社会的制度の影響力を誇張する傾向を認める。そのような特徴は本質的に装飾芸術の特徴だが、この場合の装飾とはわれわれが考える意味での装飾である。この点で、他のもっと古い文学の場合と同様に、シンボルのはしごの頂点に、つねに統治的権威がある。ドキュメンタリー文学の動態学を説明しようとする批評家たちは、『神曲』や『天路歴程』でそうするように、権威主義的な力を探すだろう。

この権威主義的基盤がもっとも顕著なのは、「文体の衣服」という概念を修辞学者がきわめて力強く展開していた時代である。「文体の衣服」を、わたしは、コスモスの理論の通俗的な一般化されたかたちとみなす[116]。エリザベス朝期においては、宮廷が、一方では現実の政治的権力を、他方では理想的、道徳的、美的な拘束力をもち、実際の衣裳ばかりでなく修辞的衣裳の手本になるであろう「衣服」の基準を定めることができた[117]。

そしてわれわれが身分の高い立派な婦人たちに見るように、容姿や他の点でたとえどれほどきれいで美しくても、宮廷の衣服あるいは少なくとも、習慣と礼儀が裸身を覆うように定めた服を身につけていなかったとしたら、その格好で見られたらほとんど恥じ入ることだろう、あるいは度を失うだろう。そして彼女たちが絹か紗《しゃ》と思われる布と豪奢な刺繡のもっともぜいたくな服を着ているときは、質素で地味な服のときよりも、おそらく自分はすべての男性の目に愛らしく映っていると思うだろう。ちょうどそのように、われわれの世俗的な詩は脚韻が裸でむきだしで、心地よい布や色のものを着ていないとき、みずからをきらびやかで華麗なものとして見せることはできない。この心地よい布や色のものとは、詩を少し見えないところへ連れていく、つまり、日常的なことばと世俗の判断の能力という普通の道からははずれたところへ連れていくものである。しかし人の手が加えられればかならずやはるかに多くの美と長所を生みだすにちがいない。われわれが語っている装飾は、比喩と比喩的なことばによって与えられる。それらはいわば花であり、詩人が技によってみずからの言語にそえる色である。それはちょうど、刺繍家が、豪華な服の布地に宝石や真珠、あるいは金モールを刺繍するようなものである、あるいはすぐれた画家が、肖像画の薄板のうえに豪奢で見事な光沢の色を与えるようなものである。[118]

ここでは宮廷の身ごなしと衣裳が「すぐれた」装飾の型になっている。おそらく、商人の妻のもっと質素な服は、「中間」様式の手本となるだろう。そして農夫の妻あるいは下層の市民の妻の服は「下流」様式の手本となるだろう。[119]

ルネサンス演劇は、実際に、装飾の「美容的（cosmetic）」使用に基づく劇文学のひとつの型を発達させた。きわめて豊かで豪奢な装飾で意匠化され提示される仮面劇は、国家の指導者の高い地位を賞賛し強化するためのものである。仮面劇はそれを視覚的かつ言語的に行う。仮面劇のことばはアレゴリー的であり、事実上、この芸術形式に目のくらむほどの美的な外観を与えている衣裳、踊り、背景に説明を加えている。この壮観なイメジャリーには、ダイモン的なものを強く示唆するものがつねにある。[120]そして仮面劇のお伽話的な雰囲気は自然に生まれてくる。牧歌的世界の一歩先にあるオベロンとシンシアの妖精の世界は、理想的観念に完全に自由な働きを与える。それはまたベン・ジョンソンのような作家に、完全な設計図に従って社会を回復することを可能にする。この世に正義を確立するためなら不可能なことなどないからだ。

イタリア・ルネサンスの存在が適度な時間差で感じられるイングランドでは、仮面劇のあとの次なる段階は、もしわれわれが演劇的コスモスを探しているのであれば、王位空白期〔一六四九―六〇年の共和国時代〕の抑圧的検閲から生じたと論じてよいと思われる音楽的演劇の出現である。音楽的熱弁に舞踊と精緻な魔術的装飾がともなう、現実世界をめぐるものとは思われない劇が可能となる。[121]音楽的演劇、そしてもうひとつ、それの派生態である後期英雄劇は検閲に抵触することはない。なぜなら、その素材そのものが劇をミメーシス的再現から遠ざけるからである。演劇は、このような抑圧的状況のもとで公的礼儀作法を利用する。演劇が、ダヴナントの宮廷の後見のもとで復活することは可能なのである。なぜなら、彼は装飾的語彙を確立するために王の権力のイメジャリーを利用することができるからだ。

しかしながら、宮廷的基準は、それによって宇宙的ヒエラルキーが整序できるかもしれないひとつの原理でしかない。[122]他の基準もありうるのである。そしてわれわれは、続くそれぞれの時代に、コスモスがさまざまな進路にそって一般化していくことを予想できる。ギリシャ人にとって、秩序とは、主として公共的、政治的名誉に関わる問題であった。神秘崇拝が起こるまでそうだった。というのは、ローマ人にとって、地元の意味での祖国への愛（*pietas*）がより大きな役割を果たしているからである。そして、われわれは、地元の小さな神々に特有の装飾の急増拡散を目にする。それをカッシーラーはローマの「官僚的神々」と呼んだ。今度は中世的概念作用が、一種の霊的名誉、キリスト教的「恩寵」あるいは封建的忠誠を包含する傾向が高まった。なぜなら、地位は、創造された宇宙という現象と「キリスト教摂理」の世俗版に提示された神聖な形式の秩序に関係づけられているからである。キリスト教的終末論はわれわれの目には、ギリシャ人の知っていたものよりは、より厳格で固定されたヒエラルキー概念に思われる。しかし中世の時代は詩的アレゴリーの創造により好意的であった。なにが適正な礼節であるかが、徐々により明確に規定され、概してより容易に知られるものとなり、ついにはルネサンスの到来とともに、ふたたび、世俗的な公共の事柄が修辞学の教授で中心的な位置を占めるにいたる。

地位における反権威主義的移動。このような大きな西洋の伝統の波をここで単純化する必要はまったくない。とりわけ次のような理由からである。つまり、建築における、そして次に音楽におけるバロック的なものの出現、そして詩の組織化原理としての、同様にバロック的で、形而上学的で、ゴンゴーラ的な詩的奇想の出現とともに、われわれはコスモスの混乱を目撃しているように思われるからだ。それはあたかも位階が取り払われ、精巧な不調和の調和(*discordia concors*)に実験的に取ってかわられたかのようである。これはただ、混乱に見えるだけである。もっと間近に見ると、ペトラルカ的奇想のよくあるパロディのように、アイロニーであることがわかる。ダンのある詩、あるいはシェイクスピアのソネット「わが恋人の目は太陽とは似ても似つかない」は、ペトラルカ的賛辞の脆弱さを冷やかしている。[123] このアイロニーは混乱の過程ではなく、非難の過程である。それはヒエラルキーにおける下降運動を明示するものである――そのコスモイは、それにもかかわらず、劣らずに「装飾的」なのである――あるいは、中世の詩人ならおそらく言ったであろうように、それはカタゴジー(*katagogy*)、つまり、よりなじみのあるアナゴギーの逆である。

『批評の解剖』でフライは、西洋文学は、語調と視点において段々とよりアイロニックになったという意味で、着実な「下降」傾向を示していると論じた。[124] そのヒーローたちは、かつては神々、半神、超人間な力をもつ人間であったが、「人間以下」となり、ついには、フライの指摘するように、サッカレーが『虚栄の市』を「ヒーローのいない小説」と呼ぶにいたる。オーウェルやカフカのような現代作家は、さらにその先へ進み、害虫の地位にまで縮小されたヒーローを見せる（とはいっても、中世のアレゴリーとアイソポスの伝統が全般的に人間を動物の一種として示したことはたしかである。[125]）この下降的進行に反対方向の運動があるか否かはあまり重要ではない。なぜならコスモス全般は質の下落の方へ傾いているからだ。しかるに、それは、かつては正反対の上方に向かうか、あるいは、中道を選び、上から下までの全ヒエラルキーを表象した。それはちょうど、プラトンの愛のはしごが、最高次と最低次の愛の形態の両方向に伸びているのと同じである。近代の運動はデフォーのような最初のジャーナリストである作家とともに始まり、ゾラのような巨匠たちやアメリカ自然主義小説家へと進む。細部の醜悪さは、装飾が関与しなくなったということを示す指標ではまったくない。ヘンリー・ジェイムズがゾラについて述べたように、[126]ゾラは情報を提供するために政府の白書を利用しながら「偉大なロマン派的アレゴリー」を書いた。白書は中世の美しい覆い（*formosum involucrum*）に相等するものなのである。カフカのアレゴリーは、彼の賛美者たちはそれをもっと流行の名称である「神話」と呼びたがるが、われわれが厳密な意味とゆるやかな意味の両方で「装飾的」と呼ぶことのできるイメジャリーを精緻にしたものである。初めは彼の浮遊するイメジャリーの宇宙的意味をどのように正確に読みとるべきかわからないかもしれないが。しかし、それが大事な点なのである。カフカとともに、コスモスには疑惑と不安が吹き込まれる。ヒエラルキーそのものが、恐怖、憎悪、ためらいがちの接近、ためらいがちの退却の原因となる。日の当たる場所というたしかな感覚は消え失せた。ヒーローと支配的な政治的または文化的理念とのたしかな同一化は消滅した。疑惑は行動を禁じる。いかなる種類の敬神も困難なこととあるいは不可能なこととなる。「ああ、わたしのそばにいてくれる家庭の神を求める」とカフカは『日記』のなかで叫んでいる。変身させられたグレゴール・ザムザのぞっとするうろこと関節は、それゆえ、スウィフトの飛島で発見された装飾品、『コーマス』の森のイメージ、[127]『妖精の女王』の騎士たちの紋章学的衣裳に劣らず装飾なのである。われわれはこのことを忘れてはならない。というのも、なにが「適正」であるかに関するわれわれの観念は依然としてヴィクトリア朝的な理想に少し影響を受け、アイロニーに少し欠けるかもしれないからだ。

宇宙の拡大するイメージ。結論として、経験科学が現代の文化において中心的な役割をおびるとき、日常的観点から、あるいはむしろ物理的、自然的な観点からコスモスを考えることが合理的となると言えるかもしれない。その結果、宇宙の標章としての装飾の観念の全般的弛緩が生じる。ますます多くの現象が、科学が発見し続ける宇宙に押し込められなくてはならなくなる。他方、発見の過程それ自体が一種の全体的拡大となる。コスモスは、知識そのものの拡大とともに拡大しなくてはならない。[128]この点でコスモスの概念には依然として境界があるのかと考える人がいるかもしれない。

ここにこの語の明確な有用性がある。というのも、われわれの定義は、詩的装飾とその体系的に秩序化された虚構が、文明的生活がますます複雑化するにつれ、より多様な、つねにより多様な色彩をおびることを可能にするものだからである。われわれはただ、もとのヒエラルキー的意図を念頭に浮かべ、こう問えばよいだけなのだ。つまり、なにか特定のイメジャリーの事例がこの「宇宙的」機能をもっているのかどうか、あるいは、われわれがこれまで思いついたことのないもの（メタファー）をわれわれに示すことが意図されているのかどうか、あるいは漠然とした擬似宗教的な感情（シンボル）をかきたてることが意図されているのかどうかを、このような大ざっぱな区別だてができるとしての話だが、問えばよいのである。[129]コスモスという語の一般化は、生活の漸次的な世俗化と対応しているのかもしれない。生活において、権威主義的ヒエラルキーは単一的ではなく多数的になり、もはや、単一の、全体に行きわたる存在の宗教的方向づけはないのである。われわれは、さらに多くのアレゴリーが、現代の価値判断の不安と不確定と調和する装飾をもつと予想するだろう。実際、この「両価的コスモス」がカフカのような作家においてアレゴリー的イメージの支配的な型となる。他方、科学的探究にともなうある程度の楽観論がある。とくに医療と宇宙旅行の分野がそうであり、その分野では、前進の矢は、たとえわれわれがその結果に恐れをいだいていようとつねに前を向いている。(130) SF（サイエンス・フィクション）はかならず続いていくだろう。そしてその一部はフィクションなしのサイエンスとなり、そのとき作家は、アレゴリーがますますドキュメンタリー小説の型に入りこんでいくことがなければ、強力な、新しい権威主義的言語を捜しあてなくてはならなくなるだろう。自然主義的な寓話に関して言えば、イメジャリーの範囲は自然現象それ自体の範囲とまったく同じになるだろう。そのときには、コスモスという語の解体は完璧なものになるだろう。

注

（1） William Empson, *Structure of Complex Words*, 346–347.

（2） Rosemond Tuve, *Elizabethan and Metaphysical Imagery*（Chicago, 1947）, 105–106.

（3） これはおそらく、ジョンソンによる、無思慮な公的賞賛の波に反対する試みであろう。この本の成功について「スウィフト伝」のなかで、彼はこう言っている。「それは身分の高い者にも低い者にも、学識のある者にも無学な者にも読まれた。批評はしばらくのあいだ驚嘆でわれを忘れた。いかなる判断の規則も適用されなかった。」

（4） Tuve, *Elizabethan and Metaphysical Imagery*, 106. 不明瞭な混合的トロープに対する偏見の典型はジョウゼフ・プリーストリー（Joseph Priestley）の *A Course of Lectures on Oratory and Criticism*（London, 1777）, 195 の論評である。「長い

アレゴリーを適正に扱うには、並々ならぬ技量と注意を要する。なぜなら、あるいくつかのものが多くの点でたがいに類似していながら、その類比を心地よいものにできるほどたがいに異なっているものはほとんどないからである。そのうえ、引喩を理解可能なものにし、同時に、直接的なことばでわれわれが意味するものの名をけっして言わないことはきわめてむずかしい。それは、メタファーにこのうえなく大きな混乱を導き入れることになるであろうからだ。」この常識による偏見が、十八世紀批評において十分に根をおろしたように思われる。たとえばヒュー・ブレア(Hugh Blair)の典型的な *Lectures on Rhetoric and Belles Lettres*(Edinburgh, 1783), "Lecture XV." のメタファー論参照。

(5) Quintilian, *The Institutes of Oratory*, tr. H. E. Butler (Loeb Classics ed., London and Cambridge, Mass., 1953), VIII, vi, sec. 44は最初にこう定義している。「アレゴリーは、ラテン語では転換(*inversio*)と訳されているが、ことばでひとつのこと、そして意味で別のことを提示するか、あるいは、ことばの意味と正反対のなにかを提示する。」クウィンティリアヌスは比喩の混合的使用を好む。「しかし、もっとも装飾的な効果は、シミリー、メタファー、アレゴリーの芸術的混合によって与えられる」(sec. 49)。彼は、アレゴリーはとくに難解な比喩というわけではないと述べている。「アレゴリーはあまり才能のない人々によって日常生活の会話にしばしば使われる。というのも、裁判所の訴訟のありふれた言い回し、『つかみ合う』、『のど元を攻撃する』、『放血する』は、注意を引くことはないが、すべてアレゴリー的である」(sec. 51)。クウィンティリアヌスはメタファーを混ぜることを禁じる規則を定める(このことからわれわれは、この規定は、メタファーそれ自体よりも、アレゴリーのほうにあてはまることがわかる)。「例示した原則に従い……けっしてメタファーを混ぜないことがきわめて重要である。しかし、嵐で始めながら、火災や倒壊する家で終わり、おぞましいほど不調和な効果をもたらす人が多い」(sec. 50)。

(6) Cicero, *The Orator* (*De Oratore*), ed. and tr. E. W. Sutton and H. Rackham (Loeb Classics, London, 1948), ch. xxvii, sec. 94.

(7) Aristotle, *The Poetics* (*Works*, XI), ed. W. D. Ross, tr. Ingram Bywater (Oxford, 1924), 1457b.「類比あるいは比例とは、第二項の第一項に対する関係が第四項の第三項に対する関係と同じ場合である。われわれはそれゆえ、第四項を第二項のかわりに、あるいは第二項を第四項のかわりに使ってもよい。」通常、項のうちひとつまたは二つは、たんに含意されているだけである。アリストテレスは、われわれが今日「シンボル」と呼ぶものを、偶然とはいえ、基礎としている。「比例の項のいくつかについて、ことばが存在していないことがある。それでもメタファーを使ってもよい。たとえば、種をまくことは種まきと呼ばれる。しかし太陽がその光をまき散らす行為には名前がない」（1457b, 7）。

（8）アリストテレスにおいてもっとも近いのは、『詩学』1457bで論じられている類比的メタファーである。オーウェン・バーフィールドは、これら類比的メタファーと、彼が「偶然的メタファー」と呼ぶものを結びつけている。それはわたしなら「装飾」と呼びたいものである。これらは「現実の直接的認知というよりは、観念の合成に基づく」ものである。「事実、偶然的メタファーは、一種の論理的枠組のうえに構築されたことを暗示するものを含んでいる。この種のものをアリストテレスは *kata to analogon* と呼んでいる。彼の挙げる例は「バッコスの盾」であるが、それは杯の説明なのである。なぜなら、『杯はバッコスにとってアレスにとっての盾のようなものだからだ。』……真のメタファーと偽のメタファーとの違いは、神話とアレゴリーの違いに相当する。アレゴリーは程度の差こそあれ、観念の意識的実体化であり、その後の観念の合成であるが、神話は想像力に生まれた意味の真の子供である。ごく早い時代から、ギリシャの詩人は偽のメタファーと元来の神話を混合し始めたことは疑いない。ギリシャの哲学者が、元来の神話にアレゴリーを混成し始めたのと同じである。そのため、この場合、神話がわれわれのもとに伝わってきた形式は二重である」（Barfield, *Poetic Diction* [London, 1951], 201）。

（9）Quintillian, *Institutes*, VIII, iii, sec. 74.「というのも、シミリーが、それが適用される主題から遠く離れれば離れるほど、新奇さの印象とそれが生み出す予期せぬものはますます大きくなる。」クウィンティリアヌスは、すべての比喩的発話に溌剌さを見る傾向がある。彼はアリストテレスのメタファーの心理学を一般化する。

（10）これは月並な例である。アレゴリーとはなにかを示すためにジョージ・パットナム（George Puttenham, *Arte of English Poesie*, III, xviii）が最初に挙げた例である。明瞭さと不明瞭さの逆説的関係は、パットナムは最初に「偽装」（われわれの使うこの語の意味とほぼ同一）を強調し、次によくある月並な比喩でアレゴリーを例証しているという事実に現われている。「そして、あなたは、われわれが偽装する、つまり考えていることとは違うことを言うかもしれないことがわかるだろう。それはふざけてそうするばかりでなく真剣にそうする場合もあり、内密の謎めいたことばの場合もあれば、知的で明瞭なことばの場合もある。短い文の場合もあれば、長くてまわりくどい言い回しやもったいぶったことば遣いの場合もある。そして最後に、本当のことを言っている場合もあれば嘘をついている場合もある。要するに独自の自然な意味からもぎ取られてあまり自然でない別の意味へ移されたすべてのことばは一種の偽装である。なぜならば、ことばは内容と逆の表情をもっているからだ。しかし厳密にその主たる力能においては、アレゴリアとは、独自の［つまり『本来の』］の意味からもぎ取られて移された意味で、しかしそれにもかかわらず、まったく逆ではない別のものに適用され、前にわれわれがメタファーについて語ったときと同じようにとても便宜性をもった意味で話すときである。たとえば、もしわれわれが国家を船、国王を舵手、顧問官を水夫、嵐を戦争、凪《なぎ》（と港）を平和と言えば、これはすべてアレゴリーで語られているのである。そしてそのようなたったひとつの語における意味の逆転はメタファーという比喩によるものであり……そしてこのように話全体にまで及ぶものであるので、アレゴリーという比喩は長く永続的なメタファーと呼ばれる。」

　この特殊な比喩は少なくともプラトンの『国家』にまでさかのぼることができる。支配者と「舵手」（*cybernetes*）の対比は持続的に使用される類比になっている（「支配者」"governor" は *cybernetes* に由来するが、制御装置の現代科学、サイバネティクス［cybernetics］もそうである）。「国家の船」はクウィンティリアヌスにとってはありきたりなもので、修辞学の教科書の標準的な例としてふたたび現われる。たとえば、パットナムに加えて、トマス・ウィルソン（Thomas Wilson）の *The Arte of Rhetorique*（1585), ed. G. H. Mair（Oxford, 1909）にこうある。「アレゴリーとは文全体あるいは弁論に使われるメタファーにほかならない。邪悪な違反者に反対してこう言ってよいかもしれない。ああ神様、彼の本性はきわめてよこしまで、彼の知性はきわめて邪悪な傾向があるので、彼自身が舵をとる船を壊すつもりだった。つまり、彼は自分の国を破滅させる目的だったのだ。」伝統的にこの比喩の標準的な例は、スティーヴン・ホーズ（Stephen Hawes）の *The Pastime*［もとは *Pastyme*］*of Pleasure*, ed. W. E. Mead（London, 1928）の開巻のスタンザであろう。この本は、中世後期の標準的な意匠の大要である。後世の例はホイットマンの“O Captain! My Captain”である。

(11)　“The Ship of State”(1458), collected in *Historical Poems of the XIVth and XVth Centuries*, ed. R. H. Robbins (New York, 1959), 191–193.

(12)　Reprinted by permission, from W. B. Yeats, *Collected Poems*, copyright 1933 by The Macmillan Co., renewed 1961 by Bertha Georgie Yeats. Quoted in Tuve, *Elizabethan and Metaphysical Imagery*, 144.「この三つに分かれたイメージは、遅鈍な人々には *aenigma* と呼ばれ、頭の鋭い人々には *allegoria* と呼ばれたことだろう。それが『主題を美化する』ことを疑う人がいるなら、その人に、それなしでイェイツの考えを述べさせるとよい。」

(13)　“Der Steinfischer,” tr, H. R. Hays, in Bertolt Brecht, *Selected Poems* (New York, 1959), 144 (copyright 1947 by Bertolt Brecht and H. R. Hays; reprinted by permission of Harcourt, Brace & World, Inc.).

(14)　パノフスキー(Panofsky)は、デューラーのアレゴリー的な彫版『騎士、死神そして悪魔』について、そのような作品に現われている高度な体系について述べている。「積み重ねられた研究と観察に基づくデューラーの騎馬群像は、科学的な範例のすべての特徴をおびている」(*Albrecht Dürer* [Princeton, 1948], 154)。体系は、そのような芸術における幻想の要素に反対する傾向がある。体系が現代の「幻想芸術」のとっぴな「お化けや幽霊」に反対するのと同じである。これについては Jurgis Baltrusaitis, *Anamorphoses ou perspectives curieuses* (Paris, 1955); *Aberrations: Quatre essais sur la legende des formes* (Paris, 1958); G. Hugnet, *Fantastic Art Dada Surrealism*, ed. A. H. Barr (New York, 1936)。ロマネスク芸術におけるイメージについての議論は D. W. Robertson, Jr., *A Preface to Chaucer: Studies in Medieval Perspectives* (Princeton, 1962), 151–156 を参照。ロバートソンは、モンスターの抽象的性質を強調する。つまり、モンスターは一部魔術的な、一部哲学的なエンブレムだった、と。

(15)　この庭園は閉じられた庭 *hortus conclusus* である。われわれがそれに気づくのは、とりわけ、ホーソンがその垣根と庭をとりまく都市を強調し、エデンの園との類似を強めるため、都市を砂漠になぞらえているからだ。

(16)　閉じられた庭については D. W. Robertson, Jr., “The Doctrine of Charity in Medieval Literary Gardens,” *Speculum*, XXVI (1951), 24–49 を参照。そして Freeman による Henry Hawkins のエンブレム本 *Parthenia Sacra* (1633) についての

English Emblem Books, 173ff の解説を参照。これには中心的イメージである閉ざされた庭、つまり、「耕やされた」宇宙全体を含む庭が転載されている。フライは *Anatomy*, 141–155 と 199–200 で、*hortus* の神話的価値を論じている。ジョンソンの『ラセラス』は庭から出ていく。この動きは Krappe, *Genèse des mythes*, 61–62 で簡単に論じられていて、そこでは、ラセラスの旅の物語の約二千年前のインド版が語られている。イギリスの図像で、一冊の大きなバロック的テクストはブラウンの *Urne Buriall and the Garden of Cyrus*, ed. John Carter（Cambridge, 1958）であろう。この、さいころの五の目型の庭では、丸いかたちが網目状に変えられる。網状の菱形の模様が全体を包含する。他方、著者の関心は、『薔薇物語』の古い探究行動にあるのではなく、静的範型の明確化にある。『薔薇物語』における庭については、ロバートソンの *Preface to Chaucer*, 92–96 を参照。

（17）ホーズについてルイスは書いている。「彼が一種の強迫観念のもとで書いていることは、彼の強みでもあり弱みでもある。ここから彼の物語の冗長さとひんぱんに起こる退屈さ（*longeurs*）が生まれるが、美しいものであれ、幻想的なものであれ、忘れがたい画像も生まれる。そのことがときどき、この荒涼感をもたらし、それをほとんど『幻想的な荒涼感』に変える」（*Allegory of Love*, 280–281）。

（18）トロープ対フィギュアについては Tuve, *Elizabethan and Metaphysical Imagery*, 417 と Quintilian, *Institutes*, VIII, ii, secs. 44–47; IX, i, secs. 1–28.

（19）Quintilian, *Institutes*, IX, ii, secs. 44–47.

（20）*Ibid.*, VIII, vi, sec. 19.

（21）このようにベンサムは *Handbook of Political Fallacies*, ed. with preface H. A. Larrabee（reprinted Baltimore, 1952）, 174–178 で、彼の言う「アレゴリー的偶像」を政治的権威の構造と関係づけている。Watson, *Shakespeare and the Renaissance Concept of Honor*（Princeton, 1960）, "The Political Hierarchy," 82–90 参照。

（22）Quintilian, *Institutes*, VIII, vi, sec. 21.

（23）*Ibid.*, sec. 23.

（24）Prosopopeia（擬人法）はフィギュアであって、トロープではない。なぜなら、それはある程度の長さの物語か劇で通常具現化されるからである。*Ibid.*, IX, ii, secs. 30–33 参照。

（25）イメージと仲介者の中間段階は名前、つまりメトニミーである。仲介者を名前に固定することは、それを運動から休止へ移すことである。クラショーのような詩人にはメトニミーがふんだんにあるが、神聖な名前、「神的観念」の名前を利用する。それは、忘我（*ecstasis*）（一種の魂の運動）を過剰な運動から離すためなのである。Ruth Wallerstein, *Richard Crashaw: A Study in Style and Poetic Development*（Madison, 1935）, 85.「クラショーは、他方、忘我の癖があるので、ゆりのシンボルを作る人のように、彼の観念を鋭い官能的色彩と喚情的力の対象に具現化することを選ぶ。喚情的力あるいは暗示の複合体を彼は、彼の概念のサインまたはメタファーとして使う。それによって彼は、その単一の対象を、彼が表現したい霊的もしくは知的概念の抽象的名前とする。」

（26）彫像に対する態度はここで重要であろう。なぜなら、彫像は、ヒーローのイメージをノンヒーローの月並な差異のない世界から孤立化させる記念碑として考えることができるからだ。われわれはさらに進んで、どの哲学体系がそのイメジャリーを彫像の固定されたイメージから取り（例、パルメニデス）、どの哲学体系がそのイメジャリーを音楽の流動的イメージから取っているか（例、ヘラクレイトス）を知ることができる。Kroner, *Speculation in Pre-Christian Philosophy*（Philadelphia, 1956）, 113 参照。

（27）この用語は Mircea Eliade, *Traité d'histoire des religions* その他で使われているが、「力の開示」の意味である。たとえば石に宿る力について。「物質の硬さ、堅さ、永続性は、原初の人間の宗教的意識には秘儀伝授 hierophany を表わす。荘厳な丸石、大胆不敵に直立する花崗岩の塊り、力においてこれ以上直接的なものはないだろうし、これ以上自律的なものはなく、これ以上高貴で恐ろしいものはないだろう。とりわけ石はそうである。石はつねにおのれ自身であり続け、存続する。もっと重要なことは、石は打つ。人が石で打つために石を拾い上げる前にさえ、人自身がそれにぶつかる。かならずしも体とはかぎらないが、少なくとも、視覚のうえではそうである。かくして彼は石の硬さ、ごつごつした感じ、力に気づく。岩は人間に、人間的条件のあやうさを超越するなにかを開示する。絶対的存在の様態を、である」（*Traité*, 191）。Worringer, *Abstraction and Empathy*, "Ornament," 51–77 は、自然のモチーフ（葉、つる、など）を用いた半抽象的装飾様式が、その写実的（感情移入的）意味ではなく、喚情的意味のためにどのように使われるかを示している。石と記念碑の理想的結合はピラミッドやスフィンクスのようなものになるだろう。それについてモスヘイムはカドワースの *Intellectual System*. I, 536 で価値のある注釈を残している。そこではカドワースは、古代エジプトのアレゴリーの起源を論じている。

（28） "The Antique Ring" は *Tales and Sketches* にある。同じような話は "The Birthmark," "The Artist of the Beautiful," "Drowne's Wooden Image," "The Prophetic Pictures," "Chippings with a Chisel," "A Virtuoso's Collection." これらの物語は、護符の力をもつ ikon としての芸術作品や精巧な作品へのホーソンの関心の前兆を示していた。あざでさえも、ジョージアナの夫アイルマーが、あざを取り除こうとすることによって芸術家になるという点で、護符的なイメージである。あざは否定的なかたちでの精妙なものあるいは否定による精妙なものなのである。ホーソンの *Short Stories*（New York, 1955）に対するニュートン・アーヴィン（Newton Arvin）のすぐれた序論を参照。

（29） 宇宙は円のかたちできわめて完璧に開示されるという信念がここに明らかである。おそらくもっとも古いこの種の西洋哲学の伝統はパルメニデスの伝統である。「パルメニデスは、たがいに交差し、たがいに囲みあう、それぞれ希薄な元素と濃密な元素で作られた帯があり、帯のあいだには光と闇で作られた他の混成の帯があると考えた。それらすべてを囲むものは壁のように固かった。すべての帯のまん中にあるものもまた固く、炎の帯に囲まれている。混成の帯の中心の円は、他のすべてのものにとっての運動と生成の原因である。彼はそれを『進路を導く女神』、『運命の支配者』、『必然性』と呼んでいる」（Aetios, quoted by Burnet, *Early Greek Philosophy*, 187）。バーネットはパルメニデスを次のように解釈している。「*stephanai*（帯）という語は『へり』あるいは『縁』あるいはそのようなもののすべてを意味しうる。……それゆえ、われわれは、アナクシマンドロスの『車輪』のようなものに直面しているように思われる」（187–188）。閉じられた円という観念は、もちろん、プトレマイオスの宇宙論の中心をなす。ルネサンス期にそれが攻撃されたことについては、Nicolson, *The Breaking of the Circle: Studies in the Effect of the "New Science" upon Seventeeth-Century Poetry*（New York, 1960）とくに ch. i, "A Little World Cunningly Made" そしてまた F. R. Johnson, *Astronomical Thought in Renaissance England*（Baltimore, 1937）, ch. iv: Tuve, *Elizabethan and Metaphysical Imagery*, 420–421, no. M 参照。

（30）木と森のイメジャリーは一種の自然のたれ幕または旗を生み出す。それとは逆に、エデンの低木の茂みは紋章的装飾である。

（31）"Cronaca prima d'anonimo," in *Il Tumulto dei Ciompi*, ed. Gino Scaramella（"Rerum Italicarum Scriptores," XVIII, iii; Bologna, 1934）. わたしはこれらの文章について Leo Raditsa 氏に負っている。彼がこれらの文章にわたしの注意を引いてくれたのである。そしてまた *Encyclopaedia Britannica* 11th ed. の "Flags" の記事も参照。

（32）Praz, *Studies in Seventeenth Century Imagery*, I, 48. 国王が日常的あるいは国家的業務によってさまざまな服を着ることについては Einhard, *The Life of Charlemagne*, ed. S. Painter（Ann Arbor, 1960）, 51 参照。「彼はときどき宝石のついた剣をたずさえていたが、それは大事な祭礼の日か、あるいは外国の大使のレセプションのときにかぎられていた。」以下に注目されたい。「彼は外国の衣裳を、それがどれほど美しくても軽蔑し、それらで身を包むことをけっして自分に許さなかった。例外はローマで二回あった。彼はそのときローマのチュニクを着、クラミスをはおり、靴をはいた。……大事な祭日には彼は刺繡のはいった服と宝石で飾られた靴を使い、外套は金の留金で留められていた。彼は金と宝石の王冠をかぶって現われた。しかしほかの日には、彼の服は民衆の普通の服とほとんど変わらなかった。」Watson, *Shakespeare and the Renaissance Concept of Honor*, "Magnificence—the Accoutrements of Honor"（Princeton, 1960）, 150–155 参照。

（33）*Piers the Ploughman*, tr. J. F. Goodridge（Penguin ed., 1959）, XX, 286.

（34）これはほぼ祭礼のだし物である。*The Three Estates* は、そのアレゴリー的単純さと様式化によって、そのような機会によく適しており、ルネサンスのイタリアの祭礼の凱旋式 *trionfo* に少し似ている。Burckhardt, *Civilization of the Renaissance in Italy*, IV 参照。

（35）シラーの *Wallenstein: A Historical Drama in Three Parts* はコウルリッジ訳があり、もっと最近は Charles E. Passage（New York, 1958）訳がある。とりわけ、三部作三番目の *The Death of Wallenstein* 冒頭場面を参照。

（36）「原初の人々の空間概念は具体的な方向づけである。それらは感情的色彩をもつ土地を指し示す。それらはなじみのある土地かもしれないし、異質な土地かもしれない、敵意のある土地かもしれないし、友好的な土地かもしれない。たんなる個人的な体験の範囲を越えて、地域共同体は、空間的領域に特定の意義を与えるある種の宇宙的出来事を意識している。昼と夜は東と西に生と死の相関関係を与える。思弁的思考は、われわれの直接的体験の外にある領域、たとえば天上界や地下界と結びついて容易に展開するかもしれない。メソポタミアの天文学は、天体と空の事象と地上の土地とのあいだの相関関係をめぐるきわめて広範囲にわたる体系を進化させた。このように、神話詩学的思考は、調和のとれた空間体系の確立において、近代的思考におとらず成功を収めるかもしれない。しかしその体系は、客観的測定によってではなく、価値の感情的認知によって確定されるのである」(Frankfort, *Before Philosophy*, 30)。

(37) "Bacchus to Ariadne," in Ovid's *Fasti*, tr. H. T. Riley (London, 1890), Bk. III, 11. 510ff.「彼は彼女を抱擁し、キスで彼女の涙をぬぐい、こう言う、『空の高みをいっしょにめざそう。結婚してぼくと結ばれたきみは、通り名をつけられるだろう。これからは、変えられたきみの名はリベラとしよう。ウルカヌスがウェヌスに与え、彼女がきみに与えた王冠を記念碑としてきみのそばに置こう。』彼は約束を守り、九つの宝石を星々に変える。九つの星のおかげで、それはいまだに金色の光を放って輝く。」

(38) グノーシス神学における「異質なもの」についてはHans Jonas, *The Gnostic Religion*, 49–56参照。これはもともと神秘的な観念で、政治的な疎外とはなんの関係もない。しかしながらR. McL. Wilson, *The Gnostic Problem: A Study of the Relations between Hellenistic Judaism and the Gnostic Heresy* (London, 1958), ch. viii, "Diaspora, Syncretism and Gnosticism"参照。地上にいる「異質な者」「よそ者」という人間観念は、グノーシス神学で用いられるようなシンボル体系には深い影響を及ぼした。それについては、とりわけJonas, Pt. Iを参照。政治的圏域においては、よそ者は、古代世界で新しい土地に到着すると、独特の反応に出会う。M. D. Legge, "'To Speik of Science, Craft and Sapience' in Medieval Literature," *Literature and Science* (Oxford, 1955), 124はこの禁圧がどのようにして中世まで続くかを示している。「中世においてあなたがよそ者と出会ったときは、天気の話をして身を守ることはなかった。あなたは理知的な会話を続けるが、その前置きに、矢継ぎ早に個人的な質問をする。それは範疇によって彼を『位置づける』ためなのだ。あなたが人間に話しかけているのか、デーモンに話しかけているのかを探り出すことがきわめて重要だったのだ。」古代世界における自由な旅と自由な国際的協調の障壁に関する全般的主題はT. J. Haarhoffの*The Stranger at the Gate*（Oxford 1948）で扱われている。「異邦人」（"barbarian"）という語が示唆するように、これは元来、文化に関わる問題で、古代世界における政治体系の成長ばかりでなく、言語と衣裳も深く関係するものである。

（39） Nicolson, *Voyages to the Moon*, 219.「わたしは、わたしの船員たちの旅を『宇宙的航海』と呼びたい。なぜなら、これらの旅は、われわれの地図の上の文明の前哨へと導くものではなく、地球を離れて別の世界、通常は月や惑星へと導くものだからだ」（強調は引用者）。

（40） エンブレム的対象がネオプラトニズム的魔術理論（そしてこの理論が影響を与える詩）で使われれば使われるほど、同じような対象と背景の距離化、それの結果である星々がちりばめられた秩序が生まれる。ネオプラトニズム的魔術の一分枝が、「事物、つまりそれらの元素的なものではなくそれらの力や力能の神秘的な特質全般」に作用している。「これらの特質は、通常、惑星が原因となって生まれ、惑星のある性格に照応すると考えられており、それらの特質は、要請される惑星の影響力を誘い出す、あるいは強化するために使われる。」「神秘的な特質の主要な魔術的重要性は、その結果の、対象の惑星的集合にある。それらは次に、他の諸力によって使うことができる。われわれは、たとえば、絵画、歌、弁論を、太陽的な対象（ヘリオトロープ、蜜、雄鶏など）を描くことによって太陽的なものにすることができる。あるいは、われわれは、ただすわってそれらを想像することができる。——いずれの場合も、われわれの想像力はより太陽的になるだろう。対象のこれらの集合には、同じように使うことのできる人間も含まれるかもしれない」（Walker, *Spiritual and Demonic Magic*, 79）。

（41） *The Garden of Eloquence*（1593; facsimile ed. by W. G. Crane [Gainesville, Fla., 1954]）, 25–26.

（42） Richards, *Philosophy of Rhetoric*, ch. i. 十八世紀には、「ことばのオプシス」、つまり、頭韻が視覚化された攻撃をわれわれに思い浮かばせるように、純粋な音の効果で視覚的現実を模倣することに通常以上の強い喜びがあった。古い例として——ダン「わたしの顔につばを吐け、お前たちユダヤ人よ、そしてわたしの脇腹を刺せ、／わたしを打ちのめし、愚弄し、むち打ち、はりつけにしろ。」

「英語によることばのオプシスのもっとも顕著な折紙つきの名人芸は、おそらく『妖精の女王』に示されている。われわれはこの作品を特別な注意力を払って読まなくてはならない。この注意力とは音を通しての視覚化を受けとめる能力のことである」（Frye, *Anatomy*, 259）。「描写的韻律」についてはジョンソン博士の『ポープ伝』を参照するとよい。そこでジョンソンは、ミルトンの"Nativity Ode"の音＝意味関係に関するリチャーズ博士の実験のもととなったものを行っている。ジョンソンの説明のすべてが最良の彼を示している——鋭く、高邁で、ユーモラスで、断定的な彼を。「この種の美は」と彼は結ぶ、「一般的に想像上のものである。現実のものであるときは、小手先の無価値なものであり、拒絶されるものでも求めるべきものでもない。」もっとも明確な、「ことばのオプシス」の現代例は「音楽的」特質が支配的なE・E・カミングズの詩である。カミングズの花のイメジャリーの利用は、ブラックマーが示したように、きわめて装飾的である。

（43）「空間的観念はわれわれのもっとも明確な観念である。明確に描きたい観念を空間的形態で包まないことはきわめて困難である」（Dean Inge, *Mysticism in Religion* [London, 1918], 81）。「空間的」はつねに、きわめて感覚的な現実を含意する必要はない。エーリッヒ・アウエルバッハは「感覚的外観と意味のあいだの対立、キリスト教的現実観の初期、実はすべての時期に浸透している対立」について語った、「……神聖な文書の全内容は、語られるものをその感覚的基盤から遠く離す釈義的文脈のなかに置かれた。つまり、読む者と聴く者は、その注意力を、感覚的出来事から離しその意味へと向けざるをえなかった。これは、出来事の視覚的要素が、意味の濃密な組織に吸収される危険を含意した」（*Mimesis: The Representation of Reality in Western Literature*, tr. W. R. Trask [Anchor ed., New York, 1957], 48）。それは、禁圧、つまり動機の葛藤は、シュールレアリスム絵画の不気味な視覚的世界を生み、そこには自然の視覚的世界に対するある種の抵抗とかき乱された形態への好みが生まれるからかもしれない。シュールレアリスム絵画は「感覚的基盤」と「釈義的文脈」とを結びつける。Stephan Körner, *Conceptual Thinking: A Logical Analysis*（Cambride, 1955）, 213 のことばでは、「絵画において、美的意味が描写、ときには理論的意味とさえ結びつけられる。後者は、たとえば、シュールレアリスム絵画に入り、そのフロイト的シンボルは、理論に従って描く人々の手にあると論弁的になる傾向がある。」時間の空間化については Ernst Cassirer, *The Philosophy of*

Symbolic Forms（New Haven, 1955), III, 187 参照。古代エジプト芸術と古北欧芸術は、それぞれフランクフォートとヴォリンガーの研究にあるように、装飾的形態による時間の流動性の空間化を示している。

（44）"On the Prometheus of Aeschylus," in *Essays and Lectures on Shakespeare and Some Other Old Poets and Dramatists*（Everyman ed.), 326–351. この講演は、一八二五年五月十八日、王立文芸協会で行われた。

（45）Dionysius of Halicarnassus は *hyponoia*（「下層の意味」）と *schema*（「略図」）を、程度の差こそあれ同意語とみなしている。Pépin, *Mythe et allégorie*, 87 参照。

（46）この分離の過程はどのような中世の道徳 *moralitas* にもともなう。以下の例はヘンリソンの「オルペウスとエウリュディケ」*Poems and Fables*, ed. H. H. Wood（Edinburgh and London, 1958)

金髪のフェブスは知の神である。
彼の妻カリオペは雄弁である。
彼らの真の長所がオルペウスの信頼をえた、
すばやく動く彼らの知性、
人間の魂から遠く、悟性は自由、
そして官能性から遠く離れる。
エウリュディケはわれわれの愛、
空想がしばしば上り、下る。
理性にあわせてそれは喜びを投げ、
肉にあわせて食欲をかきたてる。
アレスティウスはそれを追い求め、
エウリュディケは美徳そのもの、
彼女の仕事はわれわれの精神を清潔に保つこと。［425–437］

説教を整理するとき、この方法が本文の「部」を生む。この方法は寓話あるいは「格言」の部と部を前進的諸段階へと分類する。

(47) シュールレアリスム芸術のきわめて原初的な初期の例については Waldemar Déonna, *Du Miracle grec au miracle chrétien: Classiques et primitivistes dans l'art* (Basel, 1956), II, 88 参照。この初期の陶製芸術は主として、自然の形態、たとえば動物の手足、鳥のくちばし、木の枝などの変形化に関心を示している。孤立化の現代の例として、シュールレアリスム作家であるポール・ヌジェ(Paul Nougé)はルネ・マグリット(René Magritte)の作品についてこう書いている。「この方法それ自体が、対象を、それがそれ以外の世界とのあいだにもつながりを、程度の差こそあれ乱暴な、あるいは程度の差こそあれ狡猾な方法で切り離すことによって孤立化させることにある。われわれは手を切ってテーブルの上に置いたり、切り離された手のイメージを壁に描いたりすることができる。われわれは、物体を主題とするとき、枠を使ったり、ナイフを使ったり、もっと多いのは変形や修正によって孤立化させることができる――頭のない女、ガラスでできた手。あるいは比率の変化によって――森の高さの口紅。あるいは風景の変化によって――氷原の上のルイ＝フィリップのテーブル、側溝のなかの彫像。」この芸術は錬金術的かもしれない。その構築原理は一般化して地域社会全体に適用できるだろう。「われわれはみな、個人的物神をもっている。集団的物神は、錬金術的で高度に統合された地域社会でのみ可能である。そしてこれはまさに萌芽期のシュールレアリスト集団を説明している。……ブルトンと彼の弟子たちは、戦後のパリの中心部で神話的王国を作り出したのだ」(Germaine Brée, in *An Age of Fiction* [New Brunswick, 1957], 52)。

カミュの短篇「ヨナあるいは制作する芸術家」"Jonas, ou l'artiste au travail," in *L'Exil et le royaume* (Paris, 1957) はおとぎ話のかたちで芸術家の自主的な流浪生活を語っている。この芸術家は足場の上に登り、もう降りてこようとはしない。そのあいだ、彼はただ自分の想像のなかでのみ仕事をし、実際はキャンバスに描かない。ヨナは、言うまでもなく、クジラにのみこまれた予言者である――この経外典の物語のこっけいな味わいがここには漂っている。

（48）　マニエリスムとシュールレアリスムを区別することは賢明だが、これら二つの傾向は、「変形（*deformation*）」崇拝を共有している。手短かに言うと、シュールレアリスムは、身体の部位を組み直すことによって、マニエリスムは部位の引き伸ばしと圧縮によって変形する。両者には、まるでまじめな戯画のように部位を過度に強調する傾向がある。クラショーのような詩人の効果がその例である。彼についてウォラースタイン女史はこう述べている。「そして第二に、クラショーのマニエリスムは、主題の物質的細部、しばしば些細なものだが扇情的な結果をともなう細部へのこだわりに明らかである。最後に、それは、激しい対照の弁証法を用いた、感情の図式的分析、つまり、情念に、情念が結びつけられている具体的な細部と同じくらいの乾燥性を与える分析である」（*Richard Crashaw*, 108）。クルティウスは *European Literature*, 273–301 でマニエリスムの問題を概括的に要約している。「この体系の危険は、マニエリスムの時代に、装飾が無差別に、そして無意味に積み重ねられる点にある」（274）。これは、遠近法が欠如し「充填密度」が過剰に高いシュールレアリスム的イメジャリーを暗示する。

（49）　Curtius, *European Literature*, 97, on the *topos* of "The World Upsidedown" （*similitudo impossibilium*）. 例はダンの "Go and Catch a Falling Star" という謎詩、エドワード・リアのナンセンス詩、ルイス・キャロルのナンセンス詩、散文寓話であろう。

（50）　ワトキンズは *Shakespeare and Spencer* で、スペンサーと、ベルリーニあるいはピエロ・ディ・コジモのような画家との類似性をわれわれに思い出させる。Mario Praz, *The Flaming Heart: Essays on Crashaw, Machiavelli, and Other Studies in the Relations between Italian and English Literature from Chaucer to T. S. Eliot* （New York, 1958）, 12 参照。「ある意味でスペンサーは、アリオストと比較すると、中世の理想への顕著な回帰を示している。ちょうどチョーサーがボッカッチョに対して、『フィロストラート』*Filostrato* の改作（*rifacimiento*）でそうしたのと同じである。この点において、そしてページェントとアレゴリーに示す趣味において、彼はイタリアのマニエリスム画家との印象的な類似性を示している。彼は彼らと、入念に再現された細部の溌剌さと非現実的な、恣意的に構築された空間の対照を共有している。」ロバートソンは無構造の、あるいは無構造化空間のロマネスク的処理を *A Preface to Chaucer*, 156–161 で、後期ゴシックの処理を 176–188 で論じている。

（51） アレゴリーやリアリズムの極限形態についてアウエルバッハは、アプレイウスやカフカや四世紀の歴史家アミアヌス・マルケリヌス（Ammianus Marcellinus）——彼については *Mimesis*, 43–66 参照——に見られる「人間生活における日常的、平均的な出来事の、なかば愚かしく、なかば幽霊めいた歪曲」に言及している。Paul Goodman, "The Real Dream," *Midstream*, V. no. 1, 86–88 参照。画家が、「現実世界」を再現するにあたって彼の創造的技術に注意を引きたいと思うとき、彼は「だまし絵」という手法をしばしば用いる。Robert M. Adams, *Strains of Discord: Studies in Literary Openness* (Ithaca, 1958), ch. iv, "*Trompe-l'Oeil* in Shakespeare and Keats" 参照。絵画における完璧な例はピーター・ブルーム（Peter Blume）の合成壁画『永遠の都』*The Eternal City* であろう。そこにはだまし絵的効果があるばかりでなく、われわれがそれらの、アレゴリー的なものとのジャンル的つながりを範例的に知覚できる崇高な風景とピクチャレスクな風景の組み合せがある。この壁画については Kenneth Burke の *The Philosophy of Literary Form: Studies in Symbolic Action* (New York, 1957), 325–326 の彼の注を参照。

　みずからに注意を引く、あるいはブルームの絵画のように想像上の見物人に注意を引くことによって、芸術家は即時に思考の批評的訓練を始める。われわれはその光景を想像上の見物人の視点から解釈する。この二重の視点は、模倣のアレゴリー化に帰着する。アリストテレスはこう言っていたように思われるが、ミメーシス的芸術は、そのような二重の視座を導入する必要はない。作者でさえ彼の虚構作品の外にいられるし、事実アリストテレスは、作者の不在を、ホメロスの作品の美点に数えた。（コロスは視座のための工夫だったが、われわれはコロスのせりふを、演劇的注釈と演劇的アイロニーの必要性と結びつけ、次にはそれらをアレゴリー的衝迫と結びつける。）

（52） Tuve, *Elizabethan and Metaphysical Imagery*, 108 はアレゴリーの「幻想や夢のそれのような鋭く刻まれた細部」について語っている。

（53） 叙事詩のシミリーは、より基礎的な構造の効果的ではあるが孤立化した装飾的例解の一例であろう。ウォラースタインは *Richard Crashaw*, 69 でテサウロ（Tesauro）の修辞学理論の重要性に注目した。「修辞的あるいは詩的導きの効果は、それゆえ、比喩、華美な装飾、外面の精巧さを強調することであった。その結果は全体を犠牲にしての比喩の展開であった。叙事詩の大きなゆったりとした運動と生活の広範な描写によって、比喩化された対象のまばゆい描写で始まり、物語叙述に戻る前に独自の美しい光景を完成させる拡大シミリーは、ゆったりとした背景を創造し、叙事詩の多様な生活に欠かせない世界の全体感覚を創造するのに役立つという点で、偉大で有機的な美の一要素である。」ホメロスの叙事詩において、シミリーは、戦争と平和の二つの世界のあいだのミクロコスモスとマクロコスモスの対照性を伝えるためにしばしば使われる。叙事詩のシミリーが使われると、つねに、中断された感じが生まれる。この不連続性がこの比喩の使用にはきわめて重要であるように思われる。シミリーはつねに部分的脱線であり、かくして、きわめて居心地よく、説教やエッセイに収まる。十七世紀の聖職者ジェレミー・テイラー（Jeremy Taylor）について、ジョン・バカン（John Buchan）は、「シミリーが浮かぶと、彼の想像力はそれをアレゴリーの域にまで精緻化する」と述べた（*A History of English Literature*［New York, 1923］, 233）。同じことがロバート・バートン（Robert Burton）についても言えるかもしれない。たとえば「空中の脱線」の始まりのタカのシミリーがそうである。「長い翼のタカは、最初、口笛を合図にこぶしから離れると、高く舞い上り、自分の楽しみのために何度も空中を旋回し、さらに高く高く舞い上がり、ついに彼の最高限度にまで達し、最後には、猟鳥が現われると、急降下し、突然飛びかかる。ちょうどそのようにわたしは、今ついに大気のゆったりとした領域に来たので、わたしの気晴らしのために自由に詳述し、わたしの考えを述べ、しばらくは徘徊し、世界を流浪し、天体と天界に舞い上がり、それからわたしのかつての本領《エレメント》へとふたたび降下する」（*The Anatomy of Melancholy*, ed. Floyd Dell and P. Jordan-Smith［New York, 1927; reprinted 1948］, II, sec. 2, member 3, "Air Rectified. With a Digression of Air," 407）。

（54）　恒常性という関連する観念についてはM. D. Vernon, *A Further Study of Visual Perception*（Cambridge, 1954）, ch. i 参照。

Robertson, *A Preface to Chaucer*, 149–150 における重要な一節に注目されたい。「ロマネスク芸術における全体の秩序は、しかしながら、自然の秩序というよりは、つねに人為的な秩序であるので、諸部分は、後の芸術の視点からも、『現実生活』の視点からも、一種の自律性を獲得するように思われる。リーグルが後期古代芸術に認めた

『個性化』もしくは『孤立化』の傾向は、ロマネスク芸術にも浸透している。われわれがもっと大きな単位を考えていようと、人の姿の描写を考えていようと、そうなのである。もしわれわれが、典型的なロマネスク様式の教会とフランス・ゴシック様式の聖堂を比較してみると、前者の側廊は、本堂〔身廊〕の主要本体からは切り離されているように思われ、それはまるで、主要なアーチの長い『水道橋』的構造によって仕切られたほとんど別々の部屋であるかのようである。そして教会堂外陣と聖歌隊席は別々の幾何学的存在になっている。外からは、さまざまな部分が、あたかもあるかたちのブロックが別のブロックに加えられたかのように、『付加的』効果をもつ。くり返すが、人物の集団が彫刻や彩飾画に現われるとき、個々の人物は拱廊、後光、光輪でたがいに切り離される、あるいは、そのような機械的分離が起こらない事例でも、彼らは、たがいに関係をもたずに独立して行動しているように思われる。〔『シャフツベリー詩篇』の彩飾画では〕『御子』は『聖母マリア』の伸ばしたひざのあいだに浮いているように思われる。彼の姿勢は、哀願する尼僧に首を少し向けているのを除けば、『聖母マリア』の姿勢の反復である。彼は尼僧を見ていないし、尼僧も実は彼のほうを見ていない。集団を全体として一貫した空間的連続体に統合し、彼らが自然にたがいに反応するようにさせる努力はまったくない。事実上、彼らは、空間と時間に関するかぎり、たがいに孤立している。この種の連続性に配慮がないのはこの時代の特徴である。そのため、ひとりの人物が同じ描写のなかでさまざまな装いで現われるかもしれない、あるいは、後期古代芸術におけるように、ひとりの人物による一連の行動がたったひとつの描写に押しこめられるかもしれない、あるいは、たったひとつの風景の枠のなかでその人物を反復させることによって描かれるかもしれない。……見る側に知的統合活動を要請する同じ種類の孤立が、ロマネスクの図像にはよくある。このようにジョーン・エヴァンズ博士（Dr. Joan Evans, *Cluniac Art in the Romanesque Period*,〔Cambridge, 1950〕, 23）は、クリュニーの後陣の装飾の『シンボル的統合』に注意を引いている。そこでは、さまざまな別個の要素は視覚的一貫性をもっていないが、それらから抽き出せるかもしれない意味に関連させることによってのみ識別できる一貫性をもっている」（copyright Princeton University Press, 1962）。

（55）「すべての崇拝行為、それがもっとも緻密かつ激烈なものにおいても、アイコンは、敬意が払われる神あるいは聖者のシンボル、思い出させるもの、表象の役を果たしたにすぎないと主張することは可能である——事実、いつの時代のイメージ擁護者によっても、くり返しくり返しそう主張された。魔術がからむ場合にはいつでも、この主張が空虚になる傾向がある。魔術的属性をひとつのイメージに帰するすべての信仰と慣行の共通特徴は、イメージとそれに表象される人物の区別は、少なくとも一時的に除去されることである。イメージと原型のあいだの障壁を取り壊す傾向は、考察中の時代［ユスティニアヌス以後の時代］のイメージ崇拝のもっとも重要な特徴である」（Ernst Kitzinger, "The Cult of Images Before Iconoclasm," 100–101）。この取り壊しによってキツィンジャーが意味するのは、たとえば、聖者のイメージは奇跡を起こすために、聖者に代わって行動することができた——イメージが真に聖者のペルソナとなる——ことである。そのような魔術は擬似合理的説明からそうかけ離れたものではない。それゆえ、魔術は、この点において、哲学的で合理的であるのと同じくらいに非現実的であるアレゴリー的虚構と似ている。このことは、キツィンジャーの以下の説明から明らかである。「イメージのいわゆる介入の仕方も注目に値する。エウアグリウスによると、イメージは、ペルシャ人によって攻撃用の塔として作られた人為的な丘を焼きつくす火をおこす道具だった。それは、火に向けられる前に聖なる顔にふりかけられる水の仲介によってこの効果をもたらした。火が水にあおられるという一見逆説的な、それゆえなおさら奇跡的な現象は、そのことが完璧に合理的に説明されているプロコピウスの話に基づいている。しかし、それはまた、エデッサの物語を奇跡物語群と合致させる。この物語群では、イメージが——聖者やその遺物のように——なにか媒介的な物質を通してその有益な効果を発揮する」（104）。「この物語は新しくより激しい信仰ではなく、信仰の対象を可触的なものにしようとする新たな欲望を開示する。」可触的な観念——アレゴリーの素材。

（56）ジョンソン博士の、アレゴリーの不条理への攻撃と現代のシュールレアリスムの不条理礼賛を、あたかも「不条理」がいずれの場合も同じものを意味しているかのように対照させてみるのは心をそそられることだ。歴史的背景を考慮に入れれば、これは公正な並べ方かもしれない。われわれの住む物理的な空間と時間の組織を顧慮せずに現実の諸平面を混ぜあわせる形式的、視覚的な不条理のみを考えれば、そういうことがいえる。ジョンソンに典型的な攻撃はドライデン（Dryden）の『雌鹿と豹』（*The Hind and the Panther*）批判である。「この作品の構成は思慮に欠け、狭苦しい。というのも、ある獣が、教皇と枢密院に信を置くべきかを、別の獣に相談することほど不条理なことはないからだ。」彼はそれから、「この作品の不調和」について語る。これは、シュールレアリスムが実際にわざわざ作り出すような不調和である。われわれの現代のシュールレアリスムほどジョンソン博士に衝撃を与えうる芸術運動はほとんどないだろう。

アレゴリー的芸術における時間関係の不条理については、シャフツベリー（Shaftesbury）の *Second Characteristics*, ed. Benjamin Rand（Cambridge, 1914）を思い起こされたい。シャフツベリーは、アレゴリー的画家は、「彼の歴史画を描くための確定された日付けあるいは時点を選ぶと、そのあとは、その日付け時点のすぐそばにある行動しか利用できない」と言ったあと、こう続ける。「しかしながら、なにか別の場合に、ある謎めいた意匠を用い、未来の時間を描くことは可能かもしれない。たとえば、まだほんの少年でしかないヘラクレスが、小さなこん棒をもち、若いライオンの皮をまとっている姿が見られるとき……歴史画は、ヘラクレスはまだとても幼いとき、みずからの手でライオンを殺したとは語っていないが、このような彼の表象は、それにもかかわらず、詩的真実に完全に一致するだろう」（35–36）。

（57）E. V. Gordon の編集した *Pearl*（Oxford, 1953）の「序文」pp. xi-xxix を参照。

（58）*Poetics*, 14576（わたしは「装飾」を表わすためにギリシャ語の複数形の *kosmoi* を使う）。

（59）装飾についてはQuintilian, *Institutes*, VIII, ch. iii, sec. 61 参照。アレゴリー（*hyponoia*）と装飾が同じ過程の局面であることのもっとも古い例のひとつとしてPépin, *Mythe et allégorie*, 85 にあるエウリピデスが装飾の施された盾を「われわれの都市に定められた運命のシンボル」と呼んでいる事実を参照。コスモスについての全般的議論はLane Cooper, *Aristotelian Papers*（Ithaca, 1939）, "The Verbal 'Ornament' [Kosmos]," 101–128 参照。また Henry Wells, *Poetic Imagery*（New York, 1924）, ch. ii, "The Decorative Image" 参照。Wilhelm Worringer の著作については A. Warren and R. Wellek, *Theory of Literature*（New York, 1949）, 211 参照。Edward Bloom は "The Allegorical Principle," *ELH*, XVIII, 164 で、装飾を、なにか付け足されたもの、なにか「たんに」装飾的なものという通常の見解をとっている。

ハリー・バージャー（Harry Berger）の、装飾研究へのすばらしい貢献は、「これ見よがしの無関係性」についての理論である。これについては *The Allegorical Temper: Vision and Reality in Book II of Spenser's* Faery Queene（New Haven, 1957）, chs. v, vi, vii 参照。これはまったく新しい考えというわけではない。たとえばグリアソン（Grierson）は、スペンサーは「もっとも関連性のないときに最良である」と考えた（*Cross Currents in English Literature of the Seventeenth Century* [London, 1929], 56）。

エンプソンは、装飾的な一節である『ヘンリー五世』（*Henry V*, I, ii, 320 ff）のシェイクスピアの働きバチの寓話を第三の型のあいまいさとして十分な読解をしている。エンプソンが以下の分析をしている文脈に注目されたい。「さまざまな詩の『葛藤』理論がある。これは、詩人はつねに、彼の地域社会のさまざまな土地のあいだのなんらかの意見もしくは習慣の違い、社会階層の違い、生活様式の違い、思考様式の違いに関わらなくてはならず、そのため、彼は同時にさまざまな種類の人間となって、彼自身のなかで彼の部族を和解させなくてはならない。このいくぶん限定された公式が適合するのは、とくに、第三の型の一般化されたあいまいさである」（*Seven Types*, 128）。

パノフスキーは、デューラーの「装飾的段階」に関する議論のなかでこの装飾芸術を扱っている。この段階で見出されるのは、ダイモン的形式を実験しているデューラーである。彼の偉大な凱旋車は、重要な意味で装飾的であるのと同じくらい表象されたダイモンである。しかし、実際は、多くの芸術家の素描（とりわけレオナルドのそれ）が示すように、装飾的なものとダイモン的なものは視覚的パートナーである。このことは、仮面劇の舞台装置あるいは、あるルネサンスのエンブレム本における幻想的なものと機械的なものとの組み合せ使用によく現われている。プラトン的エンブレム作家について、エドガー・ウィント（Edgar Wind）はこう述べている。「道徳的驚異や神話にみちた彼らのヒーロー的意匠の本は、自然の隠れた力を劇的効果のために解放すべく、その力を縛りつける機械的発明品や見事な機械の絵がちりばめられている。古典的な列柱とサイレーン、ダイアモンドと月桂樹、火竜、ヤマアラシと一角獣——寓話の言語によってヒーローの教訓を伝え続けるシンボル——のかたわらに置かれると、新しい水車、ふいご、投石器、のろし、射石砲、外堡は、野蛮な散文的侵入者、幻想の舞台の現実的道具であるように思われる。しかし発明家自身——とりわけレオナルド・ダ・ヴィンチ——にとっては、それらは自然の魔術的な力、人間もまたその胸のなかにもつ力を例証するものであった」（*Pagan Mysteries in the Renaissance* [London, 1958], 96）。十九世紀の装飾芸術のきわめて豊かな展開は、ダイモン的なものに対する同種の関心を示唆している。この関心は、おそらくアール・ヌーヴォーで、そしてとりわけこの様式の偉大な巨匠、カタルニアの建築家ガウディで頂点に達する。

（60）「端正さ」（*decorum*）と「装飾」（*decoration*）、「洗練された」（*polite*）と「公安」（*police*）と「飾り立て」（*expolitio*）、「宇宙の」（*cosmic*）と「化粧の」（*cosmetic*）、「衣裳」（*costume*）と「習慣」（*custom*）の語源的つながりは、それらの小さな異形（「装飾的造園」、「適切な衣服」など）すべてとともに、同じ根本的二重性を示している。

（61）ベンサムが述べたように、「この意匠の目的と効果は、聴く者や読む者の心のなかで、たまたまその人やその階層の観念と結びつくかもしれない不愉快な観念はすべて、それからは切り離されるということにある。そして、程度の差こそあれ不愉快な人あるいは人たちのかわりに、提示される対象は空想により描かれた人である。その観念により、詩の場合のように、想像力が刺激されるのである――これは、人もしくは階層がそれに包まれている力によって敬意と尊敬の対象として構成される幻想である」（*Works*, IX, 76; quoted in C. K. Ogden, *Bentham's Theory of Fictions* [London, 1932]）。

（62）St. Cyprian, "The Dress of Virgins," in *The Fathers of the Church*, XXXVI, tr. and ed. R. J. Deferrari,（New York, 1958）, ch. v. 35.「処女を見て、だれも彼女が処女であることを疑うべきではない。彼女の無垢がすべてのことにおいて等しく現われ、彼女の衣服が身体の清らかさを汚さないようにしよう。なぜ、まるで亭主もちか募集中であるかのように着飾り、髪を結って人前に出るのか。」このことは、聖母マリア崇拝にとっては、倫理上も教義上も教会にとって重要である。次の Cyprian, "On the Unity of the Catholic Church," in *The Library of Christian Classics*（London, 1956）, V, 128 を参照。「福音書には、この一体性の神秘の証拠がある。つまり、主イエス・キリストの上着がまったく切られることも裂かれることもないときの、切り離せない調和の絆のことである。衣服が無きずのまま受け取られ、上着が、だれがキリストに服を着せるべきか、くじ引きで決める者たちによって汚されず分断されることもなく元に戻される。聖書はこれについてこう語る。『しかし上着について言えば、それは上から下まで、縫われたのではなく織られているので、それを裂くのではなく、だれのものになるかをくじ引きで決めよう、と彼らはたがいに言った。』彼は上から、つまり天と『父』に由来する統一性、それを受けとり所有した者によってけっして裂かれることのない統一性を示した。その全体性と統一性は永遠に堅固で壊れずにあった。教会を裂き分断する者はキリストの衣を所有することはできない。それとは対照的に、ソロモンが死んで彼の王国と人民が分裂したとき、予言者アヒヤは国王ヤラベアムと野で出会い、彼の衣を十二片に切り裂いた。」この比喩は、キリスト教時代に終始、完全な、分断されない統一性のしるしとしてくり返し現われる。国家のそれ、あるいはそのような地域社会、そしてさらには、精神と国家が対比されるときには精神についても言われる。

(63) Plutarch, *Moralia*, tr. W. W. Goodwin (Boston, 1878), Bk. II, ch. i, "Of the World," 132参照。「ピュタゴラスは、世界の秩序と美ゆえに、それにコスモスという名を与えた最初の哲学者だった。というのも、それがその語の意味だからだ。タレスと彼の弟子は、世界はひとつだと言っている。デモクリトス、エピキュロス、そして彼らを研究する学者メトロドロスは、無限の空間には無数の世界があると断言する。というのは、無限の空虚はその広がり全体でそれらを包含するからである。エンペドクレスは、太陽がその運動で描く円は、世界の輪郭を描く、その円は世界の一番端の境界であると断言する。セレウコスは、世界には境界はないと断言する。ディオゲネスは宇宙は無限だが、世界は有限だと断言する。ストア派は、宇宙と呼ばれるものと全世界と呼ばれるものとを区別している。——宇宙は空虚をともなう無限の空間と考えられ、空虚が取り除かれるとそれは世界の正しい概念を伝える。それゆえ、宇宙と世界は同じものではない。」

(64) 劇場は、フライの言うように「端正な節度《デコーラム》のリズム」の支配する場であるが、いつも衣裳の図像的機能を認めてきた。Donatus, "On Comedy and Tragedy," *European Theories of the Drama*, ed. Barrett Clark (New York, 1947), 45.「彼らはいつも、ギリシャ人の衣裳をしたオデュッセウスを舞台に出す。それは、無理やり知らないうちに戦争へ送られないように、統治者になりたいと思っている彼は最後に狂人のふりをしたからである、あるいは、そのおかげで彼が仲間にたいへん役立った並々ならぬ知恵を彼がもっていたからであった。というのも、彼の本性はつねに人をだます性格だったからだ。一部の人々は、イタケーの住人は、ロクリス人のようにいつもパラス（*pallas*）

を着ていたと言っている。アキレスとネオプトレモスに扮する役者は、けっして王笏はもたないが、王冠をかぶる。この慣例の理由は、彼らは、トロイアとの戦争を続けるために、他のギリシャの若者との謀議の儀式にけっして加わらなかったことにある、そして彼らはけっしてアガメムノンの指揮下に入らなかったことにあると考えられている。……喜劇の老人は白い衣裳を着る。それがもっとも古いものと考えられているからである。若者はさまざまな色のものを身につける。喜劇の奴隷はぶあついショールを身につける。それはかつての貧困のしるしとしてか、あるいはより速く走れるようにするためだ。寄食者はねじれたパラスを着る。幸福な者たちは白い外衣を着る。不幸な者たちは汚れた外衣を着る。金持ちは濃い青に近い紫を着る。貧民は赤みがかった紫を着る。兵士は紫の短いマントを着る。少女は異国の外衣を着る。とりもち役は多色の外衣を着る。貪欲を表わす黄色は遊女のものである。」衣裳にあてはまることは掛け布にもあてはまる。たとえば、アイスキュロスの劇でアガメムノンが掛け布（「網」）で捕えられる。

性格と地位の指標としての衣服についてはCastiglione, *The Book of the Courtier*, tr. C. S. Singleton（New York, 1959）, 121ff. 参照。Della Casaの*Galateo: or, The Book of Manners*（ch. vii）とともに、端正な節度とは、国や特定の土地の慣習との一致をきわめてゆるやかに意味することは明らかだ。R. S. Pine-Coffinによる*Galateo*の新訳（Penguin ed., 1958）, 33参照。

（65）合いことばは視覚的イコンの魔術的等価物になるかもしれない。Ogden and Richards, *The Meaning of Meaning*（8th ed., New York, 1959）, 27, 28参照。

（66）宇宙論の哲学的、科学的背景の簡潔な説明についてはCassirer, *An Essay on Man*, 67ff. 参照。またR. G. Collingwood, *The Idea of Nature*; Kroner, *Speculation*, "The Rise of Cosmology," 73–87; A. D. Ritchie, *Studies in the History and Methods of Sciences*（Edinburgh, 1958）, ch. x, "Cosmologies" 参照。宇宙論研究についての最近の現代科学による説明についてはD. W. Sciama, *The Unity of the Universe*（New York, 1961）; Fred Hoyle, *Astronomy*（New York, 1962）参照。この分野は、現在、大きな関心と活動の盛り上がりを享受している。中世の背景についてもっとも重要な研究はたぶんRoques, *L'Univers Dionysien*であろう。コスモスの同意語のひとつはタクシス（*taxis*）であるので、プトレマイオス（100–

170 A. D.）の主要著作のタイトルは『シンタクシス』（*Syntaxis*）である。プトレマイオスの体系は、アレゴリーにとって、囲い（*enclosures*）、帯、輪、腕輪、車輪、あるいはなんであれわれわれが「圏域」（“spheres”）と呼びたいものの体系を確立するうえで、きわめて重要な影響力をもっている。

（67）　Frankfort, *Before Philosophy*, 137ff., “The Cosmos as a State” 参照。

（68）　Plutarch, “On the Cessation of Oracles,” in *Moralia*, tr. C. W. King（London, 1903）, 74 は、「些細なことが大きなことの前兆であると主張する」人々の予言的慣行を論じている。われわれは、そこから、マイクロコスモス＝ミクロコスモスの関係の魔術的意味を少し理解する。ジョージ・マクドナルド（George MacDonald）の『ファンタステス』（*Phantastes*）（1858）, ed. Greville MacDonald（Everyman ed., 1916）, ch. xii で、これらの信念が十九世紀中頃にくり返し現われることを知るのは驚きである。「星々の人間の運命に及ぼす影響力を信じる人々は、少なくとも感情においては、天体を、外的法則への共通する従属によってのみ自分と関係しているとみなす人々よりも、真理に近い。人間が見るものはすべて人間と関係がある。世界は相互世界的関係なしには存在しえない。全被造物の中心の地域共同体は、部分が相互に照らしあってつながりをもち依存しあっていることを示唆する。……輝く帯、あるいはきらめく月、みずからを輪で囲む双子の星の赤と緑の栄光は、かならず人間の魂の隠れているもの、そしておそらくは、人間の身体の秘密の歴史とも関係をもっている。それらは、人間が住む生きている家の部分なのだ。」われわれは中世の神学者ニコラウス・クザーヌスを思い浮かべる。彼は「神は英知的な圏域であり、中心はいたるところにあり、その境界線はどこにもない」と言った。Jorge Luis Borges, “The Fearful Sphere of Pascal,” *Noondays 3*（New York, 1960）参照。宇宙論における部分／全体の関係の体系的観念の初期の展開については S. Sambursky, *Physics of the Stoics*（London, 1959）の諸所、とりわけ ch. iv, “The Whole and Its Parts” と Friedrich Solmsen, *Aristotle's System of the Physical World*（Ithaca, 1960）参照。

（69）「金の鎖」の観念の根源については Ludwig Edelstein, “The Golden Chain of Homer,” in *Studies in Intellectual History*（Baltimore, 1953）, 48–67 参照。Tylor, *Origins of Culture*, I, 117 と Mircea Eliade, *Images et symboles*（Paris, 1952）, “Le Dieu Lieur” は、鎖は、尊敬と怒りの対象であるへその痕跡だが、他の絆の概念もまたヒエラルキー的秩序の支配的イ

メージに入っていると示唆している。英語の基本的図書は Lovejoy, *The Great Chain of Being: A Study of the History of an Idea*（Cambridge, Mass., 1953）である。ラヴジョイの仕事は、アレゴリーの研究にとってはとりわけ重要である。なぜなら、それはピューリタンの禁欲 *ascesis* の一異形である「超世俗性」の効果を強調しているからである。最後に Leo Spitzer, *Classical and Christian Ideas of World Harmony*（New York, 1944–45）参照。

（70） 身体の外にある衣服の装飾的イメージが身体そのものと融合する傾向がある。そしてわれわれは事実、アレゴリー的で神話作成的な詩のなかに身体イメージの広範囲な使用を見出す。その完璧な例、『シンベリン』（*Cymbeline*）における衣服と宝石（指輪と腕輪と王冠）のコスモイ（kosmoi）。英詩に関する、この比喩を中心とするおそらくもっとも広範囲にわたる批評的研究は John F. Danby の *Poets on Fortune's Hill: Studies in Sidney, Shakespeare, Beaumont and Fletcher*（London, 1952）である。そこでは、ルネサンスにおけるヒエラルキー的思考の研究が、直接、身体イメージの研究につながっている。たとえば Danby, 42, 50, 63, 85, 131（『アントニーとクレオパトラ』*Antony and Cleopatra* におけるコスモスとしての身体のイメージ）参照。Curtius, *European Literature*, 136–138 の短い記述参照。クルティウスはこう述べている。「この分野は広大で未開拓である。教父の文献からの例のみで丸々一冊になるだろう。」「有形的メタファー」に関するこの記述に加えて、この前の「食物メタファー」の節も参照。『楽園の喪失』（*Paradise Lost*）V, 414–431 にそのようなメタファーがあることを注意喚起してくれたのはジョゼフ・ペキニー氏である。ミルトンはこの比喩を一種の宇宙的消化組織に展開しており、プルタルコスとシェイクスピアの「腹の寓話」に似ている。身体イメージのプラトン的利用については Marignac, *Imagination et dialectique*, 71–98 参照。中世において、このイメージは、国家を形成する組織の標準的観念を提供している。Otto Gierke, *Political Theories of the Middle Age*, tr. F. W. Maitland（reprinted Boston, 1959）, 24 参照。「全体としての人類と同様に、普遍的教会と普遍的帝国ばかりでなく、すべての特定の教会とすべての特定の国家が、そして実際、すべての永続的な人間集団が、自然の身体（*corpus naturale et organicum*）になぞらえられる。それは神秘的身体として思い浮かべられ語られる。それを自然的身体と対照させながらフォルカースドルフのエンゲルベルト（Engelbert of Volkersdorf）（1250–1311）はすでに『道徳的、政治的身体』という語を使っている。」ギエルケ（Gierke）が指摘するように、この全体的メタファーから、内的組織をめぐるさまざまな帰結を導き出すことは可能であった。たとえば、「すべての部分がみずからの固有の機能を完璧に果たしている」(26) ときに結果する一種の政治的健康 (wholeness) がある。標準的な現代の論述は Ernst Kantorowicz, *The King's Two Bodies* (Penguin, 1957) である。

しかしながら、この分野でもっとも興味深い展開は、修辞学的なものではなく、精神分析的なものである。この分野では、クルティウスが注目した知識の欠如を矯正するための研究が実際になされている。オットー・ランク (Otto Rank) は *Art and Artist: Creative Urge and Personality Development* (New York, 1932) のなかで身体イメージの精神的意義を扱っているばかりでなく――この本は芸術の精神分析の依然として古典的著作であり、たとえばエルンスト・クリス (Ernst Kris) の著作よりもはるかに重要である――純粋に診療的側面からも、最近の研究がシーモア・フィッシャー (Seymour Fisher) とS・E・クリーヴランド (S. E. Cleveland) によって *Body and Personality* (New York, 1958) に集められ研究されている。詩の研究で発見されたこと、たとえば「切り裂かれた衣」の観念などの大半は、身体イメージの心理学の観点から、今やかなり体系的な解釈が与えられうる。『ソロモンの雅歌』『ポリオルビオン』『四季』(*The Song of Songs, Polyolbion, The Seasons*) などの作品は、そこでは自然、市民的秩序、人体が相同関係にあるので、おそらく、精神分析学で発見されたことの光にあてれば再解釈は可能だろう。

(71) 身体は建物、要塞、「身体の城」になれる、あるいは、身体と庭の類比により、自然な発芽になりうる。自動機械の発明のあとは他のダイモン的類比が可能になる。身体の装甲化は身体を一種の、硬く厳重で難攻不落の要塞に変える。ルネサンスの精緻な紋章学的甲冑、いわゆる「歴史的」甲冑は、それゆえ、人間要塞をその強さのしるしで飾る。たとえば Thomas Nashe, *The Unfortunate Traveller*, in *Works*, ed. R. B. McKerrow (Oxford, 1958), II, 271–278 におけるこのような意匠のきわめて見事なパロディ――サリーの馬上槍試合の描写――を参照。

(72) 「物質的」釈義の分野については Pépin, *Mythe et allégorie*, 86 参照。「それは物理現象の分野での教授という問題になることが多くなる。プロクロスは、アレゴリー的解釈を定義する際に、『ここでは、物理現象が神話における隠れた意味の窮極的対象となる』と言明している。」

(73) Collingwood, *The Idea of Nature*, 3–4 参照。「コスモス」(*"kosmos"*) という語のきわめて精緻な語源学において、

ボアザック（Boisacq）は「秩序、慣用、美しい形態」という意味とラテン語の「主体（*corpus*）」とそれからインド＝ヨーロッパ語の「身体、母体」を表わす語の語根とのつながりを注記している。Emile Boisacq, *Dictionnaire etymologique de la langue grècque*（Paris and Heidelberg, 1938）, 500–501 参照。また A. Juret, *Dictionnaire etymologique grec et latin*（Mâcon, 1942）, 77 参照。Maurice Charney, *Shakespeare's Roman Plays: The Function of Imagery in the Drama*（Cambridge, Mass., 1961）は、『コリオレイナス』が「孤立化」のイメジャリーを用いており、そのイメジャリーは、国家であれ都市であれ家族であれ人であれ、破壊された宇宙的全体性の観念に依存していることを示している。

（74）ペパン（Pépin）（*Mythe et allégorie*, 153–154）はストア派のクラテス（Crates）によるそのようなイメジャリーの解釈を論じている。特定の甲冑とはアガメムノンのそれである（Book XI）。スペンサーのような詩人においては、身体の甲冑はパウロの「神の甲冑を丸ごと身につけよ」という命令によって与えられたさらなる価値をもっている。しかしそれはさらに、とりわけアーサーや赤十字の騎士のような主要人物に関しては、宇宙的関連性をもっている。裁縫と刺繍のイメジャリーはおそらく装甲化のイメジャリーと近い。Marignac, *Imagination et dialectique*, 99–102 参照。

（75）Porphyrius, *Commentary on Odyssey XIII*, tr. Thomas Taylor（London, 1823）. ネオプラトニズム的なアレゴリー化については André Chastel, *Marsile Ficin et l'Art*（Paris, 1954）, 136–162 参照。シャステルは Edgar Wind, *Pagan Mysteries in the Renaissance* のように、イメージと経験のネオプラトニズム的解釈における魔術の役割を強調している。

（76）ウェルギリウスは、ホメロス以上に、典型的な「宇宙的」詩人である。Curtius, *European Literature*, 444 参照。装飾は無時間的、「時から運び去られたもの」であるので、その意味でプラトン的イデアであり、神的なものを分有している。クルティウスは、フォン・ホフマンスタール（Von Hofmannsthal）に「無時間的ヨーロッパ神話」の探究を見出している。

（77）「たんなる装飾」（つまり、なにか付け加えられた、あるいは外的な、あるいはなにかそのようなもの）としての装飾の典型的な活用については Middleton Murry, *The Problem of Style*（London, 1960）, 9–11 参照。Tuve, *Elizabethan and Metaphysical Imagery*, 112–113 は「装飾」という語がエリザベス朝の用法にあてはめられたものとしてこの見解を攻撃した。彼女はイェイツの詩 *Three Movements* を装飾された文体の例としてあげている。この詩では、中心となるひとつの比喩に関係しないものはなにもないことは明らかである。

（78）Lane Cooper, "The Verbal 'Ornament,'" 106. クーパーは、われわれにはたんにありふれたものにしか見えないかもしれないが、ありふれて見えるのは、たぶん、それが地位を強く暗示し、それゆえ過剰に使われているからかもしれない、そういう装飾的語法を数多くあげている。

（79）初期と中世の教会においては、装飾化の喚情的性格は深刻な議論に帰着した。Terullian, "On Idolatry," 100。「ランプを扉の前に置き、月桂樹の葉を柱につけるのは神に敬意を払うことなのかとあなたは尋ねる。実はそうではない。それらは神にではなく、人間に敬意を払うためにそこにある。そのような注目によって人間が神として敬意を払われているのだ。あるいは表面的にはそう見えるのだ。秘かに起こっていることはデーモンに達する。」E. G. Holt, *A Documentary History of Art*（Anchor ed., New York, 1957）I, 19 ff. はこの議論の資料を提供してくれる。聖ベルナール（St. Bernard）は教会の装飾に反対する議論をしている。「かくして教会は宝石を入れた光の王冠で飾られる――いやそうではない、まわりにランプをつけた荷馬車の車輪のような輝きだ。埋めこまれた宝石で王冠にまごう輝きだ。それに加え、われわれは、巨大な青銅の木のようにそびえる枝付き燭台、驚くべき精緻な技巧で作られ、宝石のおかげで、放つ光にも劣らぬくらい輝く燭台を目にする。これらすべてのものの目的はなにかとあなたは考える。悔悟者の良心のとがめか、見る者の賛嘆か。ああ、空の空なるかな、いや空というより狂気だ。教会の壁のなかはまばゆいばかりに輝きながらも、貧しさは乞食並だ。教会は石に金をかぶせながら、子供たちを裸にしている」（20）。ベルナールは攻撃の対象として、とりわけ以下のものの歪んだ、シュールレアリスム的で、グロテスクなイメージを選び出している。「不潔なサル、獰猛なライオン、奇怪なケンタウロス、半人間、しまのはいったトラ、闘う騎士、角笛を鳴らす狩人。ひとつの頭に多数の体、ひとつの体に多数の頭、等々。」この種の議論に対抗して大修道院長シュジェ（Suger）は書いている。「われわれは、かくも神聖な装飾を完璧なものにすべく、これらばかりでなく、他の宝石や大きな真珠を多量に金に糸目をつけずに飾った」（28）。サンドニ教会の豪華な装飾は、アレゴリー的解釈が加えられることによって一部正当化されている。「金、宝石、真珠などの素材の多様性は、記述なしに、光景をただ黙って知覚するだけでは容易に理解されないので、われわれは、読み書きのできるものだけにわかり、楽しいアレゴリーの輝きできらめくこの作品を、文章に書きおろすように配慮した。そしてまた、内容を解説する韻文を加えたが、それはアレゴリーがもっと明確に理解されるようにするためなのだ」(29)。

(80) Dorothy Van Ghent, *The English Novel*(New York, 1953), "On *Clarissa Harlowe*," and "Clarissa and Emma as Phèdre" in *Modern Literary Criticism*, ed, Irving Howe(Boston, 1958)参照。そこでは、裂かれる衣服のイメジャリーが小説の主要な劇的瞬間の中心をなしていることが明らかにされている。衣服は他の十八世紀小説においても同様に、主要な役割を果たしている。たとえば『パメラ』やフランシス・カークマン(Francis Kirkman)の "The Counterfeit Lady Unveiled," in *The Counterfeit Lady Unveiled and Other Criminal Fiction of Seventeenth Century England*, ed. Spiro Peterson(New York, 1961)参照。立派な服装は信用詐欺師のひとつの小道具である。

ベン・ジョンソンの『エピシーン』(*Epicoene*)における同じくらい標準的な化粧の仕掛けに注目。「いつも小ぎれいにし、身なりを整えなくてはならない」は、イメジャリーと意味において化粧に関わることである。エリザベス朝とジェイムズ朝時代の演劇においては、終始、装飾の機能はつねに普遍化のそれである。「この世は舞台」という決まり文句のひとつの重要な局面は、役者の化粧による仮装である。化粧された顔は、謎々のように「読みとられ」なくてはならない。かくしてエリオットの『ハムレット』への言及によって、われわれは「出会う人々の顔に合わせて顔を作れ」の詩行を迎える準備がなされるのだ。われわれは、表面によって、内部の真の目的を読みとれと言われる。『シンベリン』の法廷の修辞も同様である。

(81) *The Consolation of Philosophy*, 50 参照。「ネロは深紅の衣と雪のように白い宝石で誇らしげに身を飾ったが、それにもかかわらず、その怒りと奢侈の男はみんなに憎まれて生きた。」

(82) 緩叙法(*meiosis*)という比喩はその対象を、深い敬意の対象とするのではなく、格下げの対象とする。Tuve, *Elizabethan and Metaphysical Imagery*, 197, 203 参照。

(83) たとえば若いグッドマン・ブラウンは森のなかで悪魔の幻影に出会う。彼の進路はその時点で魔力の影響を受ける。あるいは「ラパチーニの娘」（"Rappaccini's Daughter"）のジョヴァンニ・ガスコンティはベアトリーチェに出会う。彼女のダイモン的性格を考えれば、単純な愛はありえない。これは、ミメーシス的文学の登場人物はたがいに影響を与えないと言っているのではなく、ヒーローの視点から見ると、ミメーシス的に描かれた状況にはつねに選択があると言っているのだ。しかしアレゴリーにおいては、ヒーローはつねに、たとえそれがよいダイモンであっても、ダイモンの条件を受け入れる。

（84）W. P. Ker, *Epic and Romance: Essays on Medieval Literature*（London, 1896; reprinted New York, 1957）, 328ff. は中世ロマンスの儀式的傾向を説明している。彼はその傾向を特徴的な「富と光輝の描写」と結びつけている。記念碑の場合、そのような儀式的目的は十分に明らかである。この点に関してはPaul Goodman の論文 "Notes on a Remark of Seami," in *Kenyon Review*, XX（1958）, 547–554 参照。また C. S. Lewis, *A Preface to Paradise Lost*（London, 1960）, ch. viii, 52–61, "Defence of this Style" 参照。

（85）ダーウィンは *The Temple of Nature, or, The Origin of Society*（London, 1803）できわめて専門的な注や論評を残している。そのなかには以下の論題をめぐる付論が収められている。つまり、「微視的動物の自発的生命力」、「感覚中枢の諸能力」、「火山の火」、「蚊」、「生殖」、「遺伝性の病気」、「電力と磁力に関する化学理論」。

（86）Aristotle, *The Rhetoric*（*Works*, XI）, ed. W. D. Ross, tr. W. R. Roberts（Oxford, 1924）, 1376b.

（87）*Ibid.*

（88）*Rhetoric*, 1368a. 『アレオパジチカ』は、この誇示的様式を予言的意図と組み合せている。たとえば「次は、われわれの幸福な成功と勝利の活気あふれる陽気な予感である」で始まる節である。

（89）倫理的基準が時の経過とともに変化するため、詩人は、彼が描くかもしれない特定の人物の礼節ではないにせよ、自分の礼節の一般性を考察する必要がある。かくしてシェリーは彼の *Defence of Poetry*（Oxford, 1932）, 132–133 で言う。「それゆえ詩人は自分自身の善悪の観念を具体化しようとすると間違いを犯すことになるだろう。それらの観念は、通常、場所と時間のいずれにも関与することのない彼の詩的創造物における彼の場所と時間にしばられた観念だからだ。おそらく彼は結局は不完全にしかふるまえないかもしれない結果を解釈するという低次の役目を引き受けるため、原因に関与するという栄光を諦めるだろう。ホメロス、あるいはだれであれ永遠の詩人が、彼らのもっとも広い領土の王座を放棄するほどみずからを誤解する危険性はほとんどなかった。詩的能力がたとえ偉大でもさほど強烈でない、エウリピデス、ルカヌス、タッソー、スペンサーなどの詩人たちは道徳的目的を好んで掲げた。彼らの詩の効果は、彼らがわれわれにこの目的に注意を向けるように強制するその程度にまったく比例して減少する。」スペンサーのことば遣いと教訓的目的についてはベン・ジョンソンの *Discoveries* の "Praecipiendi modi" という標題の節を参照。

エンプソンの *Some Versions of Pastoral*（New York, 1960）, ch. v. "Bentley and Milton" は、アリストテレス的な二重の意味での装飾の研究である。とりわけ170–183を参照。そこでは、エンプソンは、ベントレーが『楽園の喪失』の特定の装飾的な詩節の「宇宙的」含意に反発し、それらの含意を取り除くために改造しているさまを示している。どのような作品のどのような一節もそのように扱うことができるという事実から「装飾」の概念の本性を変える必要はない。なぜなら、一部の節は明らかに、意図の重要性の目盛りの高いところに宇宙的意味が置かれて書かれているからだ。もしわれわれが、リチャーズの *Speculative Instruments*, ch. i, で描かれている「コミュニケーション・トンネル」を取り上げ、それを装飾の用法に適用するなら、われわれは、装飾はその意味論的、調性的な重要性の大半を「感化力」に置いていると結論づけるだろう。

(90) あるいはおそらく、賞賛にも非難にも関係のない行為、ヒーロー的行為であれ悪業であれ、「詩的正義」の主張に従わない行為であろう。

(91) Pseudo-Dionysius the Areopagite, *De coelesti hierarchia*, in Migne, *Patrologia graeca*, III. フランス語訳は Maurice de Gandillac, *Oeuvres complètes du Pseudo-Denys, L'Aréopagite*（Paris, 1943）。英訳は *On the Divine Names and Mystical Theology*, tr. C. E. Rolt（New York, 1940）。Mazzeo, *Medieval Cultural Tradition*, 214 は偽ディオニュシオスの宇宙論を次のように要約している。「ディオニュシオスは秩序の概念を主として三つの用語を使って表現している。タクシス（*taxis*）あるいは「軍事的」規律。コスモス（*kosmos*）、すぐれた秩序としての宇宙の観念、美的倍音をともなう用語。そしてメトロン（*metron*）、測定原理としての神に適用された測定の観念。これらの用語は、『ハーモニー』とともに、

秩序の観念と特定の秩序の両方を指し示す。」Roques, *L'Univers Dionysien* はこの主題について最良の一般的論述をしている。

中世においてさえ、そのことだけを目的とする装飾の奨励があるかもしれない。しかしエドガー・ド・ブリュヌ（Edgar de Bruyne）はこれを疑問視する。「中世が、われわれのいう『金ピカもの』の美しさにふけっていたことは否定しがたい。しかし、彼らが原始的な美学に局限されていたというのは絶対間違いであろう。われわれがこれからそうするように、この輝く美しさという美学をもっとはるかに広大な総体のなかに統合するのが必要なことなのである。

「まず第一に、装飾的芸術についてさえ、芸術は主としてそれが実現化する主題ゆえに賛美されるのである。美しい芸術作品は、完璧な専門的技術によって描かれた、精神的興味をひく主題なのである。主題が普遍的なものになればなるほど、作品が精緻なものになればなるほど、名人芸的な技巧によって長い時間をかけて作られる。この普遍的なものという感覚は、教会、説教、詩のみならず下級芸術にも等しく現われる」*Etudes d'esthétique médiévale* [Bruges, 1946], II, 70. 引用者訳）。
（92）アウエルバッハ（Auerbach）は *Mimesis* の「ファリナータとカヴァルカンティ」と「フラーテ・アルベルト」の章で、中間的文体、つまり高尚（崇高）な文体でもなければ、キリスト教の民主主義的影響による低俗（写実的）な文体でもない文体の成立に関心を払っている。『神曲』はおそらくそのような文体を要請している。アラヌス〔アラン・ド・リール〕の『自然の嘆き』のような告発ものはそれを必要としない。なぜなら、そのような詩は一貫して非難の言葉で表現されているので実際に「写実的」であるからだ。M. D. Chenu, *La Théologie au douzième siècle*（Paris, 1957）参照。また、キリスト教的な、高尚文体と低俗文体の混淆については Tuve, *Elizabethan and Metaphysical Imagery*, 225 参照。この点において、礼節と装飾は完結した世界観のレヴェルにある。
（93）もっとも身近な例は「大衆芸術」――日常的な役に立つ物を装飾する芸術――の分野にあるだろう。大衆芸術のしばしばダイモン的で一貫して装飾的な形象化の数多くの例証として Margaret Lambert and Enid Marx, *English Popular Art*（London, 1951）参照。この主題は広大である。装飾は視覚芸術において無限の効用がある。中世の装飾についてはEmile Mâle, *The Gothic Image*（reprinted New York, 1958）, ch. i; Joan Evans, *Cluniac Art of the Romanesque Period* 参照。これらの研究は、エヴァンズの文献表に記された他の研究とともに、装飾の伝統がどのようなものか、いくらか伝えてくれる。

（94）アングロサクソン詩が現実の豊かさ、あるいは精神的な豊かさをともなう場合、この効果はもっとも強くなる。たとえば *The Phoenix*, tr. C. W. Kennedy, *Early English Christian Poetry*（London, 1952）, 238.

あの鳥は美しい胸をしており、色あいも美しく
色彩も種々様々。頭のうしろは
エメラルド色に輝き深紅もまじっている。
尾の羽は一部深紅、一部褐色、
輝く斑点が巧みにちりばめられている。
翼の裏は白い色
首は上も下も緑、
力強いくちばしはガラスか宝石のように輝く。
くちばしは中も外も美しい。
目は力強く、石にとてもよく似ている、
あるいは巧みに作られた輝く宝石だ、
巧みな細工人によって金の台座に入れられた宝石のようだ。

この詩節はこのような調子で続き、豊かな羽の図像的重要性で終わる。

美しく立派で栄光をしるしづけられている。

こんな優美さを彼に与える神よ永遠なれ。

(95) クラショーの「バロック的」文体に潜在するアニミズムについてはWallerstein, *Richard Crashaw*, 109参照。それはまるで、この文体と、音楽と建築におけるその等価物とが、植物界、葉が生い茂る世界を再創造しているかのようだ。ケルビムが現われて顔を出す。飾りが現われて組み込まれる。ロココとともにこの植物の成長が、中央および南アメリカのバロック調の教会のように、一種のジャングルとなる。

(96) ダイモン的装飾としてのピクチャレスクについては第五章参照。

(97) わたしはすでにカークマンの「にせ貴婦人暴かれる」には言及した。おそらく衣服はすべての虚構作品で重要である。しかしながら、この作品では、衣服が地位にまつわる劇的な役割を果たし、地位にまつわる詐欺を働いていることはたしかだ。儀礼の観念は衣裳のエンブレムの価値を強調する。Castiglione, *The Book of the Courtier*, II, 121–123参照。

(98) 『衣裳哲学』は実際、コスモス論として読むことができるかもしれない。なぜなら、この作品は、衣服をシンボル的語彙の基盤にしており、次には衣服が、人体および人体と相同的なすべての体系の宇宙的全体性を表わしているからである。ウィンザー公の自伝 *Windsor Revisited*（Cambridge, Mass., 1960）は、地位のシンボルとしての衣服に完全に心を奪われており、現代の衣服における独自の装いの意匠を例解している。

(99) ソヴィエト音楽のアレゴリー化についてはストラヴィンスキー（Stravinsky）の *Poetics of Music*（New York, 1956）, ch. V参照。

(100) この一般化されたかたちの装飾は、支配的な規範に適応させるために、どのような物、人、作品にも「適切に」適用される。装飾は「行儀作法の本」の全体的な目的となる。

(101) George Puttenham, *The Arte of English Poesie*（1589［Cambridge, 1936］）.

(102) *exornatio* の体系のひとつとしての *expolitio* についてはTuve, *Elizabethan and Metaphysical Imagery*, 141–142参照。
「現代のイメージも十七世紀のイメージも、それが非慣例的であるという理由で端正な節度に欠けるものと判断されるべきではない。イメジャリーは、たとえそれが非慣例的で素朴で粗雑で理解しがたいものであっても、正統派の意見とまったく合致しうることをわたしは示したと思いたい。それは、たとえそれが事柄を敷衍するというより格下げするために使われようと、また、たとえそれがアイロニックなものであろうと、控え目な表現であろうと、風刺の力が痛烈であろうと、端正な節度のあるものになりうるのである。イメジャリーが壮麗なものと口語的なものを驚くかたちで並置させようと、精緻な誇張法というかたちをとろうと、短くウィットに富んだ類比のかたちをとろうと、わかりにくい深遠なシンボルというかたちをとろうと、それは端正な礼節にかなったものになりうるのである。それはただひとつの基準をみたさなくてはならない——それは詩人が考量中の大義の真の『高さ』に適合しなくてはならない。これはまさに、現代の詩人が彼の先達には完全には従えない点である。彼はもはや、上昇あるいは重要性の順序で主題を配列することはできない。」また *ibid.*, 143, 234 も参照。

(103) W. R. Mueller, *John Donne, Preacher* (Princeton, 1962) 参照。また Joan Webber によるダンの説教の分析である *Contrary Music* (Madison, 1962) も参照。

(104) この句は *The Philosophy of Literary Form* のなかの長い論文の標題になっている。この主題はバークにとって主要なものであり、*A Rhetoric of Motives* の第二部と第三部における強調の示すとおりである。

(105) 「世界全体がひとつのシンボルである」(Emile Mâle, *The Gothic Image*, 31)。十七世紀に、エジプトの象形文字の意味がよく話題にのぼる問題となったとき、「自然」はシンボルという普遍的語彙を構成しているという見解に対する全般的合意があった。Sir Thomas Browne, *Religio Medici*, 46 参照。人間のシンボル化の技術が、人間が「分断され差異化された世界」に生きるのを可能にし、人間はそれらの世界のシンボル的つながりを見たり解釈したりして橋わたしをする。エジプト人の象形文字的絵画について Browne, *Pseudodoxia Epidemica*, *Works* (London, 1928–1931), ed. G. Keynes, III, 137–138 参照。Liselotte Dieckmann は、サー・トマス・ブラウンが、どのようにして古くから受け入れられていた幻想の現実性をある意味で破壊しているかを示した。「もし雌のクマの話が本当でなかったら、だれも雌のクマを『奇形だがその後正常な形状になる人間』(Horapollo, II, 83) のシンボルとして取りあげないだろう。」もし芸術が(そして *Pseudodoxia* が)本当に科学だったら、たしかにそうだろう。しかし、芸術は科学ではない。幻想はそう簡単に破壊されない。ブラウンは古い幻想を破壊しながら新しい幻想を同じ数だけ創造する。Dieckmann, "Renaissance Hieroglyphics," *Comparative Literature*, IX (1957), no. 4, 308–321 参照。

　プラーツ教授はこの象形文字的世界観、ブラウンが擁護しかつ同時に批判した世界観のなかにバロック詩人の奇想 *concetti* の基盤を見出した。「十七世紀の人々は、宇宙のあらゆる局面に機知 *argutezza* の例を見た。周囲の世界のすべての現象、学問のすべての範疇が、それらの精神的特異性を連想させるものを彼らに供給した」(*The Flaming Heart*, 206)。Lovejoy, "Nature as an Aesthetic Norm," in *Essays in the History of Ideas*, under Group C 参照。「『自然』一般、つまり、全体としての宇宙的秩序、あるいは、その作用の属性あるいは様態が人間の芸術を特徴づけるはずの、範例としてそこに開示される半擬人的力（*natura naturans*）。」「象形文字としての詩」についてはJ. H. Summers, *George Herbert: His Religion and Art*（Cambridge, Mass., 1954), ch. vi.

（106）De Bruyne, *Etudes d'esthétique médiévale*, II, 257（引用者訳）。

（107）*Ibid.*, II, 257. 最初の混沌の追放は創世記に描かれている。それについてはフィロンの釈義的読解 *Works*, tr. and ed. F. H. Colson and G. H. Whitaker（Loeb Classics ed., London, 1929), I 参照。聖バシレイオスは最初の「世界の装飾」（*kosmou kosmon*）について語っている。それについてはRoques, *L'Univers dionysien*, 53 参照。

（108）ド・ブリュヌによるとコンシュのギヨーム（William of Conches）は「*exornatio* の段階についての説明においてシャルトルの他の巨匠たちに同意している。つまりそれは、それらの創造されたイメージである形態を仲介にして、物質の上に神聖な観念を刻印したものである。ここで二つの観念、形而上学にとってばかりでなく、美学にとっても重要な観念を念頭に置くべきである。第一に、『装飾化』、つまり、混沌もしくは物質の集塊の確定的形態への『差異化』は、調和によって統轄された諸元素の混合によってなされる。（これがベルナルドゥス・シルヴェストリス（Bernard Sylvestris）とアラヌス（Alanus）〔アラン・ド・リール〕の『音楽的作法』*esthétique musicale* の起こりである。）……二番目はもっと重要な論点である。つまり、それぞれの『形態』が、創造されたものが『みずからと等しくなる』ことを、つまり、安定し、持続的で、ひとつの規範となり、ひとつひとつのものがこの形態に等しくなりうるほどみずからの種を完成させることを可能にするのである」(*Etudes*, II, 273)。

キリスト教神学にとって、もともとの *exornatio* のもっとも重要な瞬間は物質としての人間に魂を付与するときである。これはサン・ヴィクトールのフゴ（Hugh of St. Victor）の *Soliloquy on the Earnest Money of the Soul*, tr. Kevin Herbert（Milwaukee, 1956）, 24–25 にアレゴリー的に描かれている。「わが魂よ、お前はいかに高尚かつ輝かしく作られたことか。このような服は、お前に服を着せた『お方』が、彼の婚姻の部屋にお前を配偶者として迎える用意しておられたことをまさに意味している。彼は、お前がどのようなすばらしい仕事をするように運命づけられているか、どのような衣が必要とされているかをご存じだった。それゆえ彼は、ぴったりのものを与えられたのだ。……外側では『あの方』はお前を感覚で飾り、内側では『あの方』は知恵という光をお前に与えられた、つまり一方は外側の服として、他方は、内側の服として与えられたのだ。彼の感覚の贈り物は、いわば、見せるための貴重でまばゆい宝石であり、内部の知恵という能力は、お前の顔の自然な美に似ている。実際、お前の服はいかなる宝石の美をもはるかに超越し、お前の顔はすべてのもののなかでもっとも美しい。そのような美は、われらが『天上の王』の部屋に入りたいと思っている者にはもっともふさわしいものである。」魂に関するこの美容的観念は、「魂」はキリストの花嫁であるという考えに付随するものである。サン・ヴィクトールのフゴはこの考えを、*Soliloquy* の続くページでさらに長く展開している。彼は主として、完璧な、ぴったりの衣を汚す危険に関心がある。彼はたとえば、秘蹟、洗礼式が美容機能をもっていることを示したいのである。それらは、魂を堕落前の状態に戻してくれるからである。「魂よ、お前は本当に無知だ。お前は過去において、いかに汚れ、いかに堕落し、いかに醜く不潔でだらしなく放蕩にふけっていたかを知らないのだ。お前がおぞましく不潔だったのはたしかだ。だから、手入れと熱情で以前の美しさを取り戻さなかったら、慎しみと貞節の部屋にすぐに入ることを求めることができようか。これが入るのが遅れる理由である。これが、お前の『最愛の人』がお前から身を引き、お前を抱擁することもなく、お前に甘美な接吻を与えない理由なのである。というのも、本当に、汚れた者は清潔な者にふれるべきではないし、低劣な者は美しい者を見るべきではないのだ。しかしながら、お前にふさわしい準備と身なりが整ったら、お前はついに、当惑することもなく、お前の天上の『配偶者』のもつ花嫁の部屋に入り、とどまることになるだろう。そのとき、過去の恥辱はお前にとって恥の源泉になることもないだろう。というのは、お前は汚れと非難を免れることになるだろうからだ」(28)。フゴはさらにアレゴリーを続ける。「次には軟膏と化粧道具、食事、配偶者の管理のもとで用意される衣服を考察しよう。……この準備の部屋で、お前は最初に洗礼盤と再生のたらいを見つけるだろう。お前は過去の罪の汚れを洗い落とすだろう。次には聖油と油、それらを塗ることによってお前は聖霊により湯浴みを受ける。それから油を注いで清められ、喜びの塗油がしみこみ、お前はテーブルに来て、キリストの体と血という滋養物を受けとる。これによりみたされ元気を回復したお前はかつての飢えによる有害な衰弱を追い払い、かつての力と姿を回復して不思議なほど若返る。次にお前は、善行の衣をまとい、そして、施しの果実、断食と祈り、寝ずの祈禱と他の敬虔な行為によって、きわめて多様な種類の衣をまとったかのような装いになる。最後に美徳の芳香が漂い、湧き上がる甘美な香りは、過去の汚物の悪臭をすべて払う。そのためお前は、どういうわけか、すっかり別人へと変化変身するように思われる。お前はより喜びにあふれ、より鋭くなり、より活力にみちる。聖書という鏡がお前に与えられるので、お前はそこにお前の顔を見、そして衣服の取り合せにはどこも不適当なところがないことを知るかもしれない」(30–31)。キリスト教徒の生活様式の全部が、ここでは美容用語で説明されており、それは婦人が着飾った自分を点検する鏡(*speculum*)にまで及んでいる。魂の変身、それによって魂は真にキリスト教的で純粋で完全なものになるのだが、それが明らかに有機的に見える変化であるばかりでなく、外的なものの変化から生まれる、あるいはむしろ、外的なものは、内的改心を表わすアレゴリー的イメジャリーである。われわれは「内的衣」と「外的衣服」を表わすために、宇宙内的(endocosmic)と宇宙外的(ectocosmic)イメジャリーについて語ってよいかもしれない。

(109) フィロンの創世記解釈についてはWolfson, *Philon*, I, 120 and 295 ff. 参照。また宇宙論的解釈についてはDaniélou, *Philon d'Alexandre*, 129ff. そしてフィロンの体系のコスモスについては168–172参照。フィロンにおける「聖なる刻印」の理想的性格の強調を認めることは重要である。「実際、真のフィロン的アレゴリーは、われわれが『法則のアレゴリー』に見出すものである。それは、コスモスとそのなかの人間に関わるものではなく、可視界を超越し最後に神の世界に到着する魂の霊的旅に関わるばかりでなく超宇宙的世界の隠れた神秘に関わるものである」（Daniélou, *Philon d'Alexandre*, 135）。これは、この語の専門的な十八世紀的な意味において崇高な傾向である。

（110）かくしてカスティリオーネ（Castiglione）は *The Book of the Courtier*, IV, 337 で、宇宙的秩序の概念の局面からすべての美を考察する。「しかし、わたしたちが精神のなかにもつ美について語るならば、つまり人間の身体、とりわけ顔に見られ、われわれが愛と呼ぶ熱烈な欲望を促すものについて語るなら、われわれは、それは神の善性の流出であると言おう。それは（太陽の光のようにすべての被造物に注がれるが）よく均整のとれた顔、光と影、ほどよい距離と限定された輪郭によって引き立てられたさまざまな色彩からなるある種のまばゆい調和を保つ顔を見つけると、そこへ入り込み、きわめて美しく輝き出し、優美さと不思議な輝きで、そのなかでそれが輝く対象を飾り照らし出す。それはまるで、宝石が埋められた磨かれた金の美しい花瓶に太陽の光があたっているかのようなのである。」そしてそのあとにはこうある。「世界というこの偉大な建造物の構造を見よ。それは神によってすべての被造物の健康と保護のために作られたのだ。」天体についてはこう語る。「これらのものは、きわめて正確に構成された秩序の首尾一貫性によってたがいに影響力を与えている。だから、もしそれらが少しでも変えられたら、それらは共存できず、世界は破滅するだろう。そしてそれらはまた、人間の精神がこれ以上美しいものを想像できないほどの美と優美さをそなえている。」何度もくり返し、カスティリオーネは、美とは *formosam* とりわけ秩序と調和であるという考えに戻る。

（111）Adolf Katzellenbogen, *Allegories of the Virtues and Vices in Medieval Art*（London, 1939）, 67. Quintillian, *Institutes*, VIII, iii, secs. 7–11 は、装飾的文体の適切な育成はどうあるべきかを示唆するために庭園のイメジャリーを用いている。彼は、たんに装飾的な花や茂みよりも、果実のできる木のある庭を好む。手本となるシンボル的な木は、「至福の森」やシラノ・ド・ベルジュラックの『太陽諸国』（*States and Empires of the Sun*）にあるような人工の枝のある木である。「星々のあいだを旅するシラノの描く旅人は、太陽の表面に着いたとき、幹は金、枝は銀、葉はエメラルド、果実はルビーや他の宝石でできた驚くべき木の下に横たわっている自分に気づく。木のてっぺんでは、ナイチンゲールが憂いに沈み鳴いている。彼が見守っていると、二回次々と変身が起こる。最初に果実のひとつである、果肉がルビーでできたザクロが、自然に小人に変身する。それはシラノの言う煮えたぎっているものが沸騰した結果によるものだが、彼は今のところ明確に認識することも分析することもできない。その後、木全体が小宇宙であることが明らかになる。それは構成要素に分解する（そのすべては人間として姿を現わす）が、これら小さな生き物は空中でダンスをする（原子についての伝統的な想像図は、ちりが陽光のなかを舞う様子に似ている）、そして、次第に狭まる輪を描きながら舞ったあと、それらは最後に集まってとても美しく完璧な形状の人間をかたち造る」（J. S. Spink, "Form and Structure," in *Literature and Science*, 145）。もうひとつのよくある、おそらくははるかに原初的な観念では、たとえば Paracelsus, *Selected Writings*, ed. J. Jacobi（New York, 1951）, 100 ff. のように、木は「女性」と同一視される。

　木は最後に、自然の「花々」のなかでもっとも壮麗なものであるが、それについては聖書のたとえ話が「自然の」装飾としてのみ賞賛している。セビリアのイシドール（Isidore of Seville）（*Etymologies*, ed. W. M. Lindsay [Oxford, 1911], XIX, chs. xxx, xxxi; XI, ch. x）は自然の装飾と人工の装飾を区別し、前者は人体あるいは自然の美に関係し、後者は宝石あるいは衣服に関係するものとしている。このことは、高次の虚構作品にばかりでなく、現代の広告にも用語を提供している。De Bruyne, *Etudes d'esthétique medievale*, I, 79 参照。

（112）このことはシュジェ大修道院長と彼の批判者たちとの論争の争点となっていた。彼は、彼の修道院の富は「宇宙的な」もので、たんに神固有の栄光を反映しているにすぎないと主張したが、彼の批判者たちは、この誇示を、もっと単純な物質的な観点から解釈した。聖ベルナールのような人は、このようなこれ見よがしの出費がもたらすにちがいない貧民の窮乏のみを見ようとしたことだろう。注（79）参照。

（113）Quintilian, *Institutes*, VIII, iii, secs. 63–64 は、われわれなら「自然主義」——物質的細部に対する高められた意識——と呼ぶであろう文体の手順を説明しているように思われる。たとえば拳闘の場面について彼はこう述べている。「続く他の細部は、たとえわたしたちが現場で観客として見ていたとしても、これ以上明瞭になりえなかったであろうほどに、闘うために向かいあった二人の拳闘士の姿を描いている。」これは自然主義の定義ではないだろうか。

（114）M. D. Chenu, *La Théologie au douzième siècle*, ch. i, "La Nature et l'homme" 参照。また ch. vii, "La Mentalité symbolique"

も参照。そしてまた Curtius, *European Literature*, ch. vi, "The Goddess Natura" 参照。

(115) 「百科全書」("Encyclopedia") は、中世には、「七自由学芸」とそれらが科学的宗教的知識へと直接拡大していったものを取り囲む円を意味している。Curtius, *European Literature*, 302–347 は、この時代における「シンボルとしての書物」の重要性を示した。とりわけ、書物としての「コスモス」については 344 参照。すべての知識をめぐる百科全書的運動は、歴史的記念化の過程によって時間の流れを包含することを示唆する。次にはこれが、ウロボロス (*ouruboros*) に原初的なシンボルを見出す。図像的描写におけるこのシンボルについては Freeman, *English Emblem Books*, 96 参照。Kroner, *Speculation*, 100 は、ロゴス (*logos*) の前ソクラテス時代の古い用法はこの語を「収集」と等価としていると述べている。

(116) Tuve, *Elizabethan and Metaphysical Imagery* ch. iv, "The Garment of Style" 参照。

(117) 現代の最良の論述のひとつは H. D. Duncan, *Language and Literature in Society* (Chicago, 1953) である。そこでは地位のシンボルの使用が十分に論じられ、シンボル的行動に対する社会的圧力の効果が強調されている。

(118) Puttenham, *Arte of English Poesie*, III, ch. i. そのあと ch. vi でパットナムは、高尚な文体は攻撃されやすい、なぜなら、それは過剰な膨脹に向かいがちだからと述べている。そのような場合、それは「ロンドンの真夏のページェントに一番よく似ている。そこでは人々を不思議がらせるために、まるで生きているかのように行進する大きく醜悪な巨人たちが展示される。彼らは全身武装しているが、中は茶色の紙と麻くずが詰め込まれている。それを抜け目ない小僧たちが下から見て、狡猾にも見つけだし、大いにあざけるのだ。」

(119) ルネサンス期の私邸のエンブレム的装飾については Freeman, *English Emblem Books*, 50–51 参照。

(120) ダイモン的なものと仮面劇形式の関係については Frye, *Anatomy*, 290 参照。衣裳は、人物、動物、鳥、植物の形態のグロテスクな混淆を暗示することによって、しばしば両者の近縁性を示す。

(121) オペラの歴史で注目すべき事実のひとつは、『放蕩児の遍歴』(*The Rake's Progress*) や『ポーギーとベス』(*Porgy and Bess*) のような近代の作品においても、ましてや言うまでもなく、もっと最近の、SFにまで踏み入ったオペラ仕立ての冒険物においても、魔術的仲介性への依存が続いていることである。

Manfred Bukofzer, "Allegory in Baroque Music," *Journal of the Warburg Institute*, III（1939–40）, nos. 1–2, 1–21 は初めて音楽的アレゴリーについての理論を表明し、そのような音楽についてみずから理論化しているようなバロックのテクストの一覧を含んでいる。音の動きは、観念のパターンとの類比をつくるために配列することができる。「音楽における類比はたったひとつの声を指し示すかもしれないし、すべての声、リズム、ハーモニーのみ、背景と楽器編成のみ、たんに音の強烈さのみを指し示すかもしれない」（9）。現代のアレゴリーの理論にとってもっとも重要なのはブーカフザの見解である。そしてそれは典型的なものであるとわたしは信じている。つまりそれは、音楽の旋法と人間の感情とのつながりに関する古い観念は、「音楽的な根拠ではなく、宇宙論的根拠」をもっている、というものである。音楽的天文学は、古代世界に限定されたものではなく、中国、バビロン、インド、ジャワにも現われている。バロック期までに、これら宇宙的＝音楽的連想は慣例的規則になっており、「全般的な人文主義的装備の一部」（5）になっていた。それゆえ音楽は、文学や視覚芸術と同様に、そのトポイ（*topoi*）をもっている。たとえば、地獄への下降を際立たせる音楽的に下降する音階と、霊的上昇を際立たせる上昇する音階がある。シュヴァイツァー（Schweizer）のバッハのアレゴリー化がかつてないほど説得力をもつように思われる。

（122）　おそらく、もっと固定されたヒエラルキー的体系は、はしごのどの特定の横木についても、より大きな感情の両価性を誘発する。エリアーデは、このことがいかにインディアンにあてはまるかを示した。彼らの神への依存をめぐる神話は、反乱の神話でもある。*Images et symboles*, 155 参照。「インディアンの思考が、解放への渇望に支配されていること、そして、そのもっとも特徴的な語法は、『鎖につながれた—解放された』、『縛られた—縛りを解かれた』、『付着した—離れた』のような二項対立的定式に還元されることをわれわれは知っている。同じ定式がギリシャ哲学に一貫して流れている。プラトンの洞穴では、人々は、彼らが動いたり頭をめぐらしたりするのを妨げる鎖によって引き戻される（*Rep*. VIII, 514 et seq.）。魂は『堕落以降、とらえられ、鎖につながれた。……人々はそれは墓であり洞穴であると言う。しかし、思考に向かって戻ると、それはみずからを縛めから解放する……』（Plotinus, *Enneas*, IV, 8, 4, IV, 8, 1『知性に向かう行進は、魂にとっては縛めからの解放である』。」（引用者訳)。

大衆的思考においては、結び目と鎖のイメジャリーの両価性は、二つの対立する魅力を生み出す。「結び目とリボンが、若い二人を守るために、結婚式で使われることは重要である。他方、それは実は、結婚の床入りを妨げる結び目でもあるのだ。しかし、この両価性は、結び目とひもの魔術的宗教的使用すべてにわれわれが観察する両価性である。結び目は病気を誘発する。そしてまたそれは病気を撃退し病人をいやす。ひもと結び目は人間に魔法をかけ、そしてまた人間を魔法から守る。それらは出産を妨げ、かつ出産を容易にする。それらは、新生児を守り、かつ病気にする。それらは、死をもたらし、かつ遠ざける」(Eliade, *Images et symboles*, 147)。イルゼ・アイヒンガー (Ilse Aichinger) は最近、その短篇で結び目のイメジャリーを使った。「縛られた男」"The Bound Man," in the collection, *The Bound Man and Other Stories*, tr. E. Mosbacher (New York, 1956).

(123) 形而上詩人たちは、詩における慣用法とヒエラルキー的語法に対する挑戦を共有している。これについては Tuve, *Elizabethan and Metaphysical Imagery*, 196 参照。

歴史の早い段階では、端正さの欠如は、ヒエラルキー的秩序に対する、公然たる政治的あるいは社会的挑戦だった。この半政治的な「端正さの基準」の例として、*The Mirror for Magistrates* のリチャード三世の「悲劇」に続く散文の中間章ほどふさわしいものは見つからないだろう。*The Mirror* のほかの箇所にも見られるように、この中間章は複雑な機能を果たしている——いくぶん『カンタベリー物語』の対話のように、これは、ある一点から別の一点へと不連続に進む構造をしており、語られたばかりの話に別れを告げたり、これから語られる話を歓迎したりする。グロースター公リチャードの悲劇は、ボールドウィンと彼の対話者にとっては、下手な韻文物語に思われる。彼らが韻律に反対する根拠が入念に語られている。「わたしがこれ[悲劇]を読んだとき、われわれはこれについて大いに語りました。というのも、実際のリチャード王のような激しい人を表わすのに十分に激しくないと考えられたからです。内容は総体的に気に入られましたが、とりわけ韻律は好まれませんでした。そしてさまざまな人々がそれゆえそれを認めようとしなかったとき、なんたることか(とひとりが言いました)。あなたたちはなににこだわっているのかわかっていない。さもなければ『不安定な韻律』という理由だけでこれをそれほど好まないことはないでしょう。修辞学者に端正さ（*decorum*）と呼ばれている美しさは、すべてのことにおいてとりわけ守られるべきものです。それゆえリチャード王はすることすべてにおいて節度を守らなかった、そして秩序のない地獄で彼は語っていたと言うのです。すぐれた韻律や秩序を守ったら、彼の人柄という端正さに反したことでしょう。ですから、彼の演説がはるかにひどいものであったとしても、彼にはそれだけふさわしいものだったでしょう。マルスとミューズはけっして合意することはありませんでした。おだやかで神聖な技芸が、彼のそれのような残虐で冒瀆的な口から出るように思われてはなりません。なぜなら、それら技芸じたいが、それをまったく嫌悪しているからです。わたしたちはネロについて、彼は音楽にも詩歌にも秀でていたと読んだことがありますが、彼が作った歌や詩を見た記憶はありません。そのような不正な簒奪の記念碑を残していないミネルヴァ女神は正しいのです。ですから、これはこのままにしておきましょう。作家はあちこちを修正できるでしょうし、そうしたいことはわたしもわかっています。しかし、彼が意図的に守っている端正さは別です。「実際（とわたしは言う）あなたのおっしゃるとおりです。リチャード王のような無秩序で反自然的な人間が話のなかで韻律的秩序を守るのはそぐわないことです。それにもかかわらず、彼の演説の多くの箇所でそれが十分に守られているのです。ですから、悪人には良すぎるとしても、そのままにしておきましょう。そして、彼に欠けているものを補うために、わたしはショアの妻、雄弁な女を用意しました。それで韻律も内容も補われるでしょう。彼みずからは美しく言えないでしょう。彼女の言うことにどうか耳を傾けて下さい。そして、お気にめしたかどうか教えて下さい」（*The Mirror for Magistrates*, ed. L. B. Campbell［Cambridge, 1938; reprinted New York, 1960］, 371–372）。

（124）　Page, 34. このようにベンサムは彼の *Handbook of Political Fallacies* を権威の暴露にあてている。彼の態度はアイロニックである。

（125）　Giovanni Battista Gelli の *Circe*, ed. R. M. Adams（Ithaca, 1963）in the Tom Brown translation（1702）の最近の出版は、われわれがルネサンス期のメタファーの伝統の大きな回帰を検討するのを可能にしてくれる。

（126）　ヘンリー・ジェイムズの、ゾラに関する評言は、わたしが知るかぎり、現代の写実主義的アレゴリーの本質

ないことをわれわれに伝える。小説家というものは「全良心をかけて」書いたりしないものだ。
いる、『一冊の本、つまり民衆の風習（*moeurs*）の研究にいそしんでいます。そのためにわたしは『汚いことば』を集めています。国語のなかの野卑なことば（*gros mots*）のことです。大衆の語彙、くつろいだ会話に充満しているものです。』わたしは彼がこう明言したときの語調に衝撃を受けた――虚勢もなければ、言い訳がましさもなかった。それは、全良心をかけて本当に人物の性格と特定の真理に到達するために鍛えている彼の頭に浮かんだ興味のひかれる考えなのだった。」この最後の語句はジェイムズがゾラの方法が効果があるとは考えていないことをわれわれに伝える。小説家というものは「全良心をかけて」書いたりしないものだ。

しかし、ドキュメンタリーの美は、一種の静的な美によってわれわれの心を動かすかもしれない。われわれは、形態によってではなく組成に心打たれるのだ。ルゴン＝マカール叢書（*Les Rougon-Macquart*）〔ゾラの作品群の総題〕がほとんどいつも群れをなしている事柄を扱い、数、階層、群衆、混乱、運動、産業の描写となるのは運命であり、ある意味で宿命である――こうなるのは、説明を試みるのは興味深いであろうある理由からなのである。個人の生活は、完全に欠如しているわけではないにせよ、粗雑で月並な、一般化されたことばのなかに反映している。それによりわれわれはまさに、今名前をあげた奇妙なもの、つまり周りを取り巻く状況に到達する。われわれはどこか外を見て、しばしば悲しげに洗練されたものを味わうことを渇望するが、われわれの作者の幻想の果実のなかには見出されず、まったく違ったもののなかに見出す。われわれはそれを、作者の努力の歴史そのもののなかで得る。それは彼の生涯にわたる過程のイメージそのものであり、相対的にきわめて個人的で、場合によっては霊的でさえあり、そのあらゆる忍耐と苦労によって、ある特質をおびている。その特質は、彼が卓越性を目指すときに自分の作中人物に帰することに成功する特質よりも、はるかに際立った特質である。わたしが一巻また一巻と次々に取り上げるこれら狭い制限内では疑問は起こりえない――われわれの誇示の意識は、諸部分と書物の、特定の『プロット』と登場人物の印象をできるかぎり少なくしようとするのでなおさらである。それは陰影が犠牲にされるイメジャリーの集塊の効果を生み出す。それは登場人物と情念総体の、あるいはトン単位の効果である。中味があふれんばかりで、きわめて特徴のあるエピソードは鳴り響くコーラスや行進〔引用者強調」のように、がやがやいう音や群れをなす足の音をともなってわれわれの心を動かす。集塊を動かす者である彼自身が、群衆のなかにあって、どんなに奇妙な特異性をもち、こぶがあろうと欠けているものがあろうと、一番目立つのである。彼は、われわれ自身のそれと似た実質をもった存在なのである。くり返して言うが、彼をきわめてヒーロー的な存在とみなさなくてはならない。彼における細部への関心は、彼の全時点における問題との格闘への関心である。」ヘンリー・ジェイムズの以下の論文より。“Emile Zola,” in *The Future of the Novel*, ed. Leon Edel（New York, 1956）, 169–170.

　またヘンリー・ジェイムズの『居酒屋』（*L'Assommoir*）（ルネ・クレマンの映画化 *Gervaise*）についての解説については *ibid.*, 191 参照。「わたしはゾラにおける機械的なものについてはすでに十分に述べた。実際ここには、四大が与えられているとすれば、ほとんど耐えられないほどの生命感がある。」ジェイムズは『居酒屋』を、ゾラの天才の「もっとも風変わりな記録」であるとみなした。「『居酒屋』の語調はたんに『持続させる』ためのものであり、凌駕できぬものであり、大きくて深い、ゆったりとした波であり、描かれた対象はすべて楽々と運ばれる。それはけっして収縮することもなく、まばらに流れることもなく、一瞬たりと滴るものも、沈むものも、つかえるものもない。わたしがそう呼んだ誠実さ、温和さの最高水準が確実に保たれている。」誠実さ——この語は、読者が創造者の被造物よりも、創造者の精神状態のほうをより多く考えるであろう芸術の先触れとなっている。それは、「独自性」の時代以前には考えられない芸術である。また A. Bronson Feldman, “Zola and the Riddle of Sadism,” *American Imargo*, XIII（1956）も参照。

（127）森はしばしば魔力、魔法、魔術的影響力を暗示する。たとえば「若いグッドマン・ブラウン」“Young Goodman Brown” がそうである。そして一般的にピクチャレスクの墓場がそうであるが、それについては Lovejoy, “The Chinese Origin of a Romanticism,” in *Essays*, 116 and 120 参照。ここでは、「魔力」と「魔法」という語が、通例の、価値評価の低い意味以上のものをもっている。また Lovejoy, “The First Gothic Revival,” *Essays*, 162 も参照。もっと現代の例としてはトーマス・マンの短篇小説「男とその犬」の「猟場」という表題の節を参照。

（128）すべてのコスモイは保守的な価値を表わさなくてはならないと考えるのは、このように間違いである。ロシアの「社会主義リアリズム」においてそうであるように、革命の旗になるかもしれない。

(129) ここでの問題は、主として、「シンボル」という語に関わる。畏怖、禁忌、両価性の機能へのわたし自身のこだわりと、アレゴリーの、宗教的儀式との近縁性を示すフロイトのモデルをわたしが使っていることは、ここで矛盾を暗示するかもしれない。しかしながら、まったく矛盾はない。宗教的儀式は、もっと深く「大海的」性格をおびた宗教的感情から鋭く区別されなくてはならない。宗教的感情はおそらく「シンボル」によって誘発される。宗教的感情はわれわれを超世俗的な状態へ連れていくことはないというひとつの条件を認めたうえでならそう言える。宗教的感情は、おそらくわれわれを、この世に対して超世俗的態度へと導くだろうが、「シンボル」によって喚起された関心は、おそらくこの世界にとどまるはずである。さもなければ、ロマン派の理論は、正統的な宗教的信念をたんに倒錯させて薄めたものになる。

(130) ロバート・シェクリー『人間の手がまだ触れない』Robert Sheckley, *Untouched by Human Hands* (New York, 1960) 参照。物理的地平が拡大するにつれて人間的地平が狭まることについてはフレデリック・ポール&C・M・コーンブルース『宇宙商人』Frederik Pohl and C. M, Kornbluth, *The Space Merchants* (New York, 1953) 参照。このテーマは、最近のソヴィエト映画『送られなかった手紙』にある種のアイロニーを与える。この映画は、ソヴィエトの探検家と宇宙飛行士に捧げられたものであるが、最高の技術で作られた「純粋な」アレゴリーである。この映画はさらに、イメジャリーの崇高にしてピクチャレスクな様相の一例である。それは、「自然の崇高」のほとんど古典的なイメージで終わる。ヒーローが自然によって打ち負かされ、かつ栄光をさずけられるのである。

第三章

シンボル的行為——前進と闘い

『詩学』における悲劇の分析は、「筋の展開《アクション》」を説明しているが、それは、初め、中、終わりをもち、さらに、合理的な期待が喚起され最後にみたされる蓋然的な方法で観客に提示されることに加えて、アリストテレスがメタファーが驚きを喚起すると言ったのと同様に観客に驚きを喚起するという属性をもっている。[1] ここでもまた、「あなたがすでにいだいている考え」と適合しないことが起こる。アリストテレスは、プロットの基礎を、主要な登場人物が何をするかに関する一連の型通りの期待と、逆転や発見による思いがけない劇の中断に置き、彼の完璧な悲劇作家に、観客を驚かせ、そうすることによって注意を引き参加（*empatheia*）させ、それでいてもっとも驚きを引き起こす道具立て——超自然的出来事——を使わないように要請している。[2] そのような出来事は、アリストテレスによって、『詩学』のなかで記述されている。邪悪な男の彫像が、まさにその男がその下をたまたま通りかかったときに彼の上に倒れる。これは明らかに、自然な蓋然性の世界への恣意的な神の介入を表わしている出来事である。「なぜなら、われわれは、このような出来事を、意味がないこととは考えないからである。」そしてアリストテレスは機械仕掛けの神（*deus ex machina*）の抑制的使用を求めるが、話が、たんなる偶然的な出来事の演劇的提示にいたると、よりいっそう懐疑的になる。彼の蓋然性概念は、すぐれたミメーシス的プロットにおいて、でたらめな偶然性にはいかなる機能も認めない。いかなる道徳的意義をももたない偶発事件は、完璧な演劇からは締め出さなくてはならない。悲劇において、おそらく喜劇においてもそうだと思われるが、アリストテレスはそのような出来事は認めようとしなかった。なぜなら、それらは、完全に恣意的な、その場かぎりの（*ad hoc*）、外部の権威と権力の、事物の自然な構成への介入を表わすからである。わたしの考えでは、『詩学』は、自然はそのような場合にけっしてみずからの法則を一時停止しないと想定している。神々でさえも、一種の自然に従い、みずからの高次の運命の蓋然性と予測性をそなえた進路に従って行動すべきなのである。アリストテレス的な自然への喜びとは、秩序、幻想への不信、知覚――帰納的思考の主要道具――の神聖化の喜び、そしてとりわけ、不合理なものとの戯れへの嫌悪感である。こうして彼は、「しかしながら、見世物を利用して、たんに奇怪なだけで、恐怖心を起こさせないものをわれわれの目の前に示す人々は、まったく悲劇とは無縁である」という発言に導かれるのである。[3] ミメーシス的詩人は、自然に由来する制限を、ミメーシスの撰択の対象に課さなくてはならない。

『詩学』の第二章は実際、自然の多様性を強調している。それはまさしく、アリストテレスが、対象の選択の制御にこだわりたいからである。しかし、彼は、ミメーシス的演劇が、それによって致命的に制限されると思われたくなかった。模倣される事物、人々、出来事のこの自然の範囲内に「神の豊かさ」がある。超自然的素材を可能ならばどこでも制限し拒絶することによってのみ、ミメーシスはミメーシス的でいられるとわれわれは主張してもいいかもしれない。

それと同時に、ミメーシス的芸術は自然の多様性と並行関係にあるので、それは形式的な多様性を提示することができる。すぐれた演劇は、どの特定の時点においても、たどりうる多様な進路が可能であろう（さもなければ特殊な状況、つまり袋小路となり「機械仕掛けの神」の到来が要請される）、そしてこの成行きの多様性が、ミメーシス的プロットがおびうる無限に多様な形式に反映される。しかしながら、これは、ミメーシス的演劇はけっして超自然的なものを扱わないと言おうとしているのではない。むしろ、たとえばソポクレスの『フィロクテテス』における、ミメーシスの対象としてのヘラクレスの登場において、超自然的なものは、自然な蓋然性が袋小路に達したことを示されたのちはじめて劇に現われるということを言いたいのである。[4] 奇蹟それ自体が、筋の展開に終結を与える唯一の手段であるときのみ、「機械仕掛けの神」がアリストテレスにとって意味をなす。彼なら、たとえばモリエールの『タルチュフ』においてこの役割に王を使うことを賞賛するだろう。なぜなら、この劇の始めから終わりまでタルチュフは悪魔と同等視されており、最後には本格的なサタンの力をおびるからである。半神、太陽王のみがそのような力をくつがえし、自然の均衡を回復する。このような状況のもとで自然は超自然的なものから助けを求める。われわれは、たとえ「蓋然性のある不可能事」ではないにせよ、少なくとも、「必然的な不可能事」が得られる。さもなければ、ミメーシス的劇作家は、魔術が彼のプロットの因果の系列に入るのを食いとめなくてはならない。超自然的なものの役割を疑問視するのが目的なら、彼は、劇の世界で自然な行動をしている登場人物がいだく心理学的問題としてそれをもちだすことができる。彼らは、魔術的なものを、彼ら自身の自然観にとっては変則的な現象とみなす。このことは、ホメロスの叙事詩におけると同様、ギリシャの演劇においても、数多くの例にあてはまる。そこにおいては、コロスあるいは他の登場人物が、人間的動機、とりわけ怒りや欲情と、神々の意志とのあいだの関係を説明しようとする。もっと近代の例は『ハムレット』（『テンペスト』あるいは『シンベリン』と対立するものとして）であろう。そこでは、超自然的なものが、一部、倒錯した自然の事例、要するに狂気として扱われている。

ミメーシス的演劇は、それゆえ、人間の行動を制御しようと天上から恣意的に介入する力のどのような事例も疑問視しているように思われる。それは、人間の性格が徐々にみずからを修正するのを妨げるどのようなものも疑問視する。それは性格が変化することを喜ぶ。それゆえそれは、アリストテレスが指摘したように、発見と逆転は、「無知から知」へのたんなる知的変化ではなく、もっと重要な、「愛から憎悪へ、憎悪から愛へ」の感情的変化であることをつねに示している。とりわけ、自然な成長と自然な衰退は、ミメーシス的芸術の主たる関心事であるように思われる。

　われわれは、アリストテレスのミメーシスから始める。なぜなら、超自然的なものを疑問視することによって、それはアレゴリーの中心的意匠を疑問視し、可能なかぎりもっと強烈にアレゴリーと対照をなすものを提示するからである。アレゴリーは、逆転と発見、愛から憎悪、憎悪から愛への性格の変化に同じくらいなじんでいるように思われるかもしれない。しかし、これらの変化は、けっして蓋然性のある自然な変化ではない。それはつねに課された変化である。「地獄篇」における盗賊たちの変身あるいはホーソンの『トワイス・トールド・テールズ』における犠牲者たちの擬似医学的変化のようなものである。恣意的な転換が筋の展開の最後に起こるとき、われわれは、これはミメーシスがアレゴリーに屈する瞬間ではないかと問わなくてはならない。「機械仕掛けの神」はかならず魔術的な道具である。その反ミメーシス的な力は、あらゆる脱出のための蓋然的な通路を試し尽くしたあとの袋小路を防ぐためにそれが介入するという事実から、その存在が感じられるかもしれない。アレゴリーは、蓋然性とは対立する儀式的必然性に従って構造化される。それゆえ、アレゴリーの基本形態は、ミメーシス的プロットとは、多様性が少なく輪郭がより単純であるという点で異なる。

　われわれは、形式的配列において、どのようなミメーシス的演劇にも劣らず自由であるように見える寓話を想像することはきっと可能である。しかし、そのような作品は風刺の範疇に入ることにわれわれは気づく。風刺は、これから見るように、この様式の境界上にある。というのも、風刺はアレゴリーをアレゴリーに、アイロニーをアイロニーに向かいあわせるからである。しかしながら、通常の場合は異なる。以下のページは、どのようにしてアレゴリーが、つねに単純化する行動パターンへ回帰するかを示すことを意図している。この様式は根源的に還元的であり、その点においてミメーシスと不和の関係にある。

　二つの根本的なパターン。アレゴリーには分解して二つの基本形式のいずれかになる傾向がある。アレゴリーはたんに、これら二つの形式のむき出しの原基から生じるのではない。アレゴリーは回帰し続けて二つの形式に固執する。その二つとは闘争と前進と名づけてよいかもしれない。前者は西洋文学においては、たぶん、ギガントマキア、[5] つまり、世界の支配をめぐる巨人たちの争いについてのヘシオドスの話とともに始まるが、それが心理化されて、初期キリスト教詩人プルデンティウスの『サイコマキア』によってより顕著なものになる。[6] 前進は、『オデュッセイア』、『アルゴ探検隊』、そしてとりわけ『アエネーイス』のアレゴリー的解釈とともに始まる。[7] わたしがこの章で示したいのは、「シンボル的行動」は、前進と闘いへと形成されうること、この種の虚構作品はかならず二重の意味をおびること、そしてかならずダイモン的仲介性と宇宙的イメジャリーをもつことである。

　現実的前進と理想的前進。アレゴリー的前進はまず第一に、探究の旅という狭い意味で理解できるかもしれない。ヒーローは故郷を離れることでよりよい「故郷」に戻ることができるという逆説的な暗示が通常ある。『天路歴程』のクリスチャンは家族の故郷である「破滅の市」を離れて、すべての信者たちの真の故郷である「天上の市」にたどりつく。[8] ときどきヒーローは、旅を終えたあと、ひどく変わってしまったもとの故郷へ戻り、かつての地位をもう保持できないことがある。ガリヴァーはこの例になるだろう。この物語には、彼の旅は、もてるかもしれない安息の場所へ戻る機会を彼から取り上げてしまったという暗示がある。自知が明らかに目標である。自分の幻滅的イメージを目の前にして、彼は自分の「故郷」あるいは家族に我慢することができない。ときどき旅は、旅人を、故郷に戻る決意のすぐ手前に置くことがある。そのときわれわれは、自知以外のもうひとつのテーマ的機能が果たされていることを知る。ジョンソンの『ラセラス』は、その手本である『カンディード』と似ていなくもないが、みずからの欲望を知ろうとして、「幸福の谷」の外の世界を体験することによって、その願望の空《むな》しさを学ぶ一群の旅人を示している。(9) 彼らはみずからを知らなくてはならないが、人間存在の真の条件もまた知らなくてはならない。この厳しい現実を試したとき、彼らはみずからをも試したのである。「自分たちが抱いた願望のうち、どれひとつとしてかなわぬことを彼らはよく知っている。」イムラックと彼の若い友人たちの前進は頓挫し、失敗を知った彼らは、もと来た道をたどり直すことしかできない。謎めいた描かれかたをしているこの種の失敗が、ヘルマン・ヘッセのアイロニカルな現代の前進である『東方への旅』のヒーローの「目標」になっている。(10) このような寓話は、実際の旅の物語を語っている。われわれは目的地への到着の瞬間を容易になぞることができる。この種の典型的で単純なアレゴリー的前進を見分けるのは容易である。それは航海、陸の旅、空の旅で描かれる。写実的に描かれるものもあれば、まったく純然たる空想もある。しかし、家から少し離れた場所への旅、次にそこからの帰路の旅か、無限に続く旅か、つねに物理的な記述がある。通常は、物語がヒーローの家から遠く離れるにつれ、作者の想像力は、もっともらしさの要請からの解放によって刺激される。そしてわれわれはしばしば、その結果、きわめて幻想的な物語を手にする。

前進は、シンボル的創意の勢いが大きいかぎりは、もっともらしいものである必要はない。(11) 物理的な旅をともなう必要さえない。(12) 旅は、人が場所を変えられる唯一の方法ではない。全行程は、一種の自己をめぐる内省の旅として提示することができる。カフカの「巣穴」は、その瞑想とともに格好の例となるだろう。人は、物理的な移動が起こらなくても、心に想起される対象のカタログのなかを旅することができる。そういう意味で、ある特定の科学における学理上の全論点をあげる百科全書的な詩は、知的な田園を「旅している」のである。[13] これが前進運動となるために必要とされることはただ、それが絶えざる前進運動をすること、それが根気強く目標に向かうこと、それが特定の方向に、それることのない運動をすることだけである。

われわれは、理想的な前進の見事な例である「不死鳥と山鳩」から始めた。この詩の形式は主題によって与えられている。つまりそれは葬列であり、死者のためのミサなのである。そこでは、どのスタンザも、詩のしめくくりの葬送歌に向かうゆったりとした儀式的歩行の一歩一歩を構成している。この葬式にきわめて近いもうひとつの形式である行列聖歌の形式は、中世によく見られる「七つの大罪」の行列進行であるが、もうひとつは「死の舞踏」である。後者では、行進は一種の一覧であり、国王や教皇から始まり、ヒエラルキーの階梯を下ってゆき、ついには舞踏に、神と国王のもっとも卑しい僕《しもべ》が加わる。[14] この舞踏の儀式的パターンをもっとも特徴づけているのは、ハンス・ホルバインに見られるように、視覚的に例示されるときの行列の各人物の同一の枠づけである。ここでは、ダイモン的仲介者全般がそうであるように、運動と行動は最終的に静止されるのである。

語り手が自分の世俗の品物のすべてを、「死の舞踏」の人物たちに対応する代表的人物からなる生存者に与える中世の「遺言書」[15] は、世界が瓦解していくと考えられる一連の段階を記録する中世の「告発の書」に似ている。[16] いずれのジャンルにおいても、詩人は読者に、社会と自然の秩序の一覧を呈示する。詩は主題にふさわしい形式をとる、つまり、詩は、告発あるいは遺贈のリスト、一覧表、目録となる。これらのジャンルは、中世のもっと野心的な百科全書的アレゴリーと隣り合せのものである。これらのアレゴリーは、すべての道徳的、哲学的知識に加えて、すべての既知の事実や著者の知るすべての事実を含むものである。大量の素材を手近に並べるために、詩人は彼の詩を階層化する。これは、ヘシオドスの『神統記』、デュ・バルタスの『聖週間』、あるいは「社会の起源」の副題のあるエラズマス・ダーウィンの『自然の神殿』のような宇宙発生論的な詩において、きわめて顕著なかたちでなされている。このような作品においては、キリスト教神話の六日間であれ、全創造過程の他の分割法であれ、創造の諸段階の秩序がある。一日一日物語を語る詩は、最後の日、つまり七日目をつねに見ている。その意味において、こういう詩は理想的な旅を包含している。[17] 宇宙発生論では、「前進」という語は、もっとも知性化された意味をもたなくてはならない。なぜなら、移動するのはヒーローではなく（もっとも作者のペルソナが、詩を語る発見者を装って移動するかもしれないが[18]）、完結へ向かって移動するのは全宇宙なのである。

詩人が宇宙を創造するのではなく解剖するとき、詩人が宇宙発生論者ではなく宇宙論者であるとき、彼は「解剖《アナトミー》」として知られる風刺形式を好むかもしれない。この形式においては、脱線が規則となる。そのため、脱線自体が儀式の性格を帯びるほどである。[19] スウィフト『桶物語』の脱線は、自由で気ままに、はずれたところのまがりくねった道を行くどころか、この作品のなかでもっとも強引に秩序化された局面である。なるほど、解剖の目的は、アレゴリー的な展開には付き物の厳格さから、ある程度の見かけの自由を獲得することである。スウィフト、あるいはエウゲニー・ザミャーチンのような同種の現代作家を読むひとつの方法がある。形式についてはあまり考えず、風刺的メッセージをより多く考えることによって、われわれは、厳格さからのある種の自由を経験するのである。個々の瞬間に示されるウィットは、諸部分が収められている全体的秩序から、われわれの視線を移動させる。かくしてザミャーチンの『われら』では、きわめて多くの奇妙な形而上学的ジョークとアイロニー（と恐怖）が読者に押し寄せてくるので、この本が、それぞれ三つの大きな謎を含む章からなる終わりのない儀式に基づいていることに気づかないかもしれない[20]。ザミャーチン自身は、各章につき三つ、ちょっとした謎めいた題詞によってそれらの謎の存在の合図を送っており、読者は各章を読み始めつつ、それらを解読しなくてはならない。読者はその合図を無視するかもしれないが、解釈者には、精査と参加のための儀式がある。

この種のアレゴリー的展開の基準は、偏執的なまでにひたむきな直線運動である。ロマンス（たとえば聖杯物語）あるいは叙事詩（たとえば『アエネーイス』）の探求がすぐに念頭に浮かぶ。本書の第一章は、この直線が、どのようにしてダイモン的効果を生むか、あるいは伝えるかを示した。というのも、ダイモン的仲介者は一方向にしか進めないからである。あるいは、もし仲介者が、『桶物語』の語り手のように、あるいは、ラブレーの『ガルガンチュワとパンタグリュエル』の語り手のように脱線するなら、それは仲介者が偏執的にそうしているのである[21]。ダイモン的仲介者は、ただ進み、探求を続けるしか選択肢はない。その探求が知識と自知のそれであれ、聖なるものを求めるそれであれ、たんに力を求めるそれであれ、カフカお気に入りのヒーローであるKの例にあるように本人自身にも明確化できないそれであれ、そうなのである。われわれは、「前進」と「探求」という語をきわめてゆるやかにとらえなくてはならない。なぜなら、『神曲』のヒーローであるダンテと、『天路歴程』のヒーローであるクリスチャンと、『ガリヴァー旅行記』のヒーローであるガリヴァーとのあいだには、大きな開きがあるからだ。それでいて彼らはみな、前進運動に関わっている。われわれの困難は、人間の集団のすべてがこの運動に巻き込まれているのかもしれないという事実によってさらに深まる。ゾラのルゴン＝マカール家をめぐる一連の小説群においては、さまざまな世代の人々の群れの複雑な宿命が、ほとんど予定説的に展開される[22]。その道には、数のうえで中世の百科全書的作品の実録的な注釈をはるかに上まわる注釈が散乱しているが、同じ宿命論的な傾向がそこにはある。この前進運動に投げかけられているもう一枚のヴェールは、きわめて写実的な虚構作品の人物の堕落かもしれない。しかし、これはたんに、方向を逆転させただけである。アナロジー〔類比〕がカタゴジー〔逆類比〕になる。ヒーローがみずからの破滅を探求していても、やはり探求の旅をしているのだ。

闘い——サイコマキアとイデオロギーの戦争。筋の展開を解釈するうえで少し柔軟にならなくてはならない同種の必要性が、二番目の主要なパラダイムである戦闘形式とともに現われる。プルデンティウスは、『サイコマキア』において、アレゴリー的な筋の展開としての戦闘を確立する。彼は戦場での実際の争いを描写する。しかしまたもや、われわれの用語は、少しばかり可変的なアレゴリー的系列を表わすレッテルでしかない。この争いのイメジャリーのもっと穏やかな組み合せのなかで一般的なのは、「討論」と「対話」（ソクラテスとオイテュプロンのそれ、フクロウとナイチンゲールのそれ、自己と魂のそれ）である。[23] それらにおいては、戦争はことばによるものであり、プルデンティウスの身体的格闘よりもアイロニカルで洗練されている。ここでもまたスウィフトは『書物戦争』で典型的な例を提供してくれる。これは典型的な小作品であり、学者の書斎の優美な風趣が漂っている。しかしながら、討論の伝統というのは大きな伝統である。コウルリッジがアレゴリーの源泉とみなした『縛めのプロメテウス』[24] は討論のかたちで書かれている。『縛めのプロメテウス』は、闘いを相克《アゴーン》の静的苦しみへと還元する。

現実の暴力が、現代のアレゴリー的闘いのもっとも一般的な種類であるＳＦの「世界戦争」の特徴である。この戦争は、つねに、観念と観念の争いであることが判明するが、その比喩の基盤は、にもかかわらず、軍事的テクノロジーの比喩であり、その形式は、かならずや典型的な軍隊式の前進後退である。しかしながら、前進と戦闘の二つの形式が結びつけられて、チャペックの『山椒魚戦争』のような作品を生み出す。[25] この作品ではサイコマキア的なものが多くあるが、それと同じくらい百科全書的なものがある。あるいはオーウェルの『一九八四年』のような作品を生み出す。そこでは、精神と精神の格闘が、ヒーローであるウィンストン・スミスを、精神的試練を経て、運命づけられた結末へと導く。オーウェルの『動物農場』は、テクノロジーの進歩の寓話と、善と悪の仲介者間の戦争とを結合する。ケストラーの『真昼の暗黒』は、洗脳という神経戦を、問いかけと反芻《はんすう》という儀式へ変える。ここでもふたたびわれわれは、現代文学では前進が逆転するというフライの見解を支持する証拠を得る。現代のアレゴリーの反類比的退行は、ますます低俗で嫌悪をもよおさせアイロニカルなものになるイメジャリーに現われるばかりでなく、ヒーローが次第に、行動がより制限された範囲、監獄としての穴やほら穴へと移動する形式そのものに現われる。

前進と闘争の対照。前進と闘争はきわめてひんぱんに融合するので、両者の大きな違いを抽象的に思い描くのがよいだろう。両者は表面的にはかたちは同一ではない。前進は明らかに儀式的形式であるが、闘争は一見したところそう見えないかもしれない。前進とは、結局、ひとつの主要な方向に向かう一連の歩みを伴うものであり、われわれが行進するときの歩みと同様に、小さな不規則性が基本であるが、全体的な規則性も同じ程度に基本であり、最後には小さな不規則性をのり越える。儀式は歩みの均等性を誇張する傾向がある。「不死鳥と山鳩」のような詩では、形式と内容が一致するので、儀式がときに公然とそういうことをする。ときにそのような一致は表面下にある。もっと拡大されたアレゴリーの場合がそうである。細部において何が儀式的効果をもたらすかを見るためには、これらの作品の規模の大きな秩序の下へ入る必要が、それゆえ、生じる。

同種の精密な、細部の分析は、また、戦闘形態にも適用されるべきである。その場合、効果は、厳密に言うと儀式のそれではなく、むしろ、対称と均衡のそれである。もしこれらが儀式的特質でないとするなら、それは、儀式は連続的に展開する移動系列を暗示するが、対称は、ある特定の時点における静止と葛藤を暗示するからでしかない。しかし、葛藤は、ひとつの作品のなかで、対称的に複製と反復をすることができる。片側が一撃を浴びせると、反対側もそうする。戦闘の前進後退は、精神的葛藤やイデオロギーの戦いに転移されると、最初は片側の議論、次に反対側の議論の、対称的呈示となる。討論会の討論者は、平等に陳述の機会が与えられる。それは、どちらの側も活動に公平に参加するためである。この種の、多くの詩においては、それぞれの側に、交互に現われるスタンザがあてがわれ、主張と反論の議論が進行する。この場合の形式の対称性はまた、混成的な形式の効果をもたらすためにも使われるかもしれない。たとえば『天路歴程』は、語りの進行に討論が埋め込まれている。それに対し、本質的に戦闘形態である『妖精の女王』は、牧歌的前進と「激しい戦闘」と「忠実な愛」とを混交させている。

討論はつねにくり返され、戦闘は反復的に同じ形態をとり、逆転と発見がつねに紋章学的用語で表現される。それらが、中世ロマンスが儀式的形式を達成するための素材なのである。これらの効果は現代的なものにすることもできる。たとえばカフカにおいては、探求はしばしば法律的形式をとる。それが次には巨大な官僚国家の権力中枢への「くぐり抜け」の試みとなる。(官僚政治は、それぞれ個別の部署への分離を含意することに注目。)もっと明確に政治的内容をもったアレゴリーでは、儀式的探求はアイロニカルに洗脳の過程となる。オーウェルがそうであり、アーサー・ケストラーの『真昼の暗黒』がそうである。しかしながら、行動の内容が何であれ、読者は、いわば行列をなして進むことが期待される。読者はついていく。それは、反復的要素の系列は、ケネス・バークのことばを借りれば、一種のシンボル的なダンスであり、読者の注意をある方法で引き寄せるからである。意味論と統語論の両方が、この「シンボル的行動」の構成的局面である。アレゴリーのダイモン的仲介者と宇宙的イメージは、行動し表象する記号である意味論的要素である。他方、アレゴリーのリズム的性格は、広い意味で、統語論的要素である。統語法、つまり、部分の系列的秩序化は、総体的にも精密にも考察することができる。総体的に検証すると、それは、全体的なリズムのパターン、たとえばスペンサーにおいて巻、編、スタンザの使用によって確立されるようなパターンを生み出す。それはまた、これら課せられた構造的形式の内部で進行する筋の展開の全体的パターンを生み出す。たとえば、『妖精の女王』の決闘と結婚、あるいは、『神曲』のなかでダンテが順を追って話す暴露話の数々がそうである。これらは巨視的なシンボル的リズムである。微視的レヴェルでは、われわれは文と段落が形成される方法、手短かに言うと、われわれが通常、「統語法」という語で意味するものを調べなくてはならない。このレヴェルでは、われわれは同様に、詩人が彼に特徴的なリズム、つまりわれわれが彼と同一視する歩きぶりを呈することに気づくだろう。「文体の衣服」は、アレゴリー的リズムのほとんど原因となっているように思われる。つまり、コスモスの形式的要素は中世の騎士の甲冑に似ており、彼に威厳を与えるものの、彼を硬直させ、厳密に測られた歩きぶりに固定させる、そういう意味においてである。

統語法の微視的効果。小規模効果のレヴェルでは、われわれは、形式と筋の展開のどのような修辞的特徴を見ることができるだろうか。これは、全体的な物語の進路と統語法の問題であるのと同じくらいに、仲介者とイメージの問題であるはずだ。仲介者はダイモン的であり、イメージは宇宙的メトニミーあるいはシネクダキーである。前者はみずからの探求をたどることしかできない。後者は、望ましい美徳あるいは憎むべき悪徳に貼られた本質的に恣意的な標示である。メトニミーはとりわけ名前であり、なんであれ、それらメトニミーが適用されるものの魔術的価値を標示し固定する必要性をみたすために明らかに用いられる。美徳または悪徳の諸局面の標示となる一組の名前を記録するとき、われわれは目録を作っているのであり、今度はこれが儀式を構成するのである。メトニミーが恣意的に選ばれる度合に応じて、メトニミーは何らかの外的に課せられた秩序のなかに包含される必要が生じるだろう。(26) 同じ必要性が、シネクダキー的イメジャリーを特徴づけており、ここでもまた、詩人が全体を構成する要素を列挙してくれることはきわめて都合がよい。このことは、メネニウス・アグリッパの、『コリオラヌス』の「腹の寓話」にはっきりと見てとれる。いったんヒエラルキー的体系が言明されると、そのなかの宇宙的秩序を自由に開示することからよりも、列挙することから、ある理法《エコノミー》が浮上する。その効果は、とくにイメジャリーに関するかぎりでは、あきらかに一種のシンボル的孤立化、つまり、それぞれの部分的イメージの儀式的もしくは対称的な物語への隔離である。

筋の展開にとってより重要なのは、行動が表現される特定の統語法である。われわれは、われわれがすでにみた効果、つまり安定した推進力と厳密な対称性の統語法的記述を必要とする。前者の効果は、いわゆる「パラタクシス〔並列〕」(*parataxis*) に統語法的相似物をもつように思われる。この用語は文の構造化を含意するので、文は、高次の秩序と低次の秩序の区別はまったく伝えない。ここでの「秩序」は、関心の強さを意味する。なぜなら、より重要なものは、通常、注意のより多くの部分を占めるからである。パラタクシスにおいては、ひとつひとつの賓述が孤立する。「彼らは走った。彼は泣いた。彼らはふたたび走った。」あるいは、さもなくば、賓述は同等性の接続詞によって連結される。「彼は走った、そして彼らは泣いた、そして彼はふたたび走った。」あるいは、「彼は歩いた、しかし人々は走った。」このことは、パラタクシス的文は、関係詞節、従属接続詞、同格語句などによる修飾を試みないということを意味する。そのような従属化の工夫がなされるとき、いわゆる「ハイポタクシス〔従位〕」(*hypotaxis*) が起こる。ヘンリー・ジェイムズの文体はその極端な例となるだろう。

これら二つの用語は、その言語学的文脈から引き離し、ハインツ・ヴェルナーの『精神発達の比較心理学』が「パラタクシス」を使っているやり方と多少似た使い方をする必要がある。ヴェルナーはこの用語を、幼い子供や未開人の細切れの行動を意味するものとして使っている。われわれは、子供のような、あるいは未開人のような行動を含意させたくはないが、この用語に、大まかな心理学的意味をもたせたい。論理的に言うと、パラタクシスとハイポタクシスは明確に別個のものである。なぜなら、従属関係と上位関係とは論理的概念だからである。しかし、聖書的パラタクシスは、他人に指示を与える人が実践しているのとまったく同一の統語法的秩序とは心理的に異なる。ヘンリー・ジェイムズのハイポタクシスは、らせん状の自己弁護的複雑さの方向に向かって深く進行するので、修飾的文体であることをほとんどやめ、一巡してパラタクシスになる。それはまるで、信じがたいほど入り組んだ電報のようである――マックス・ビアボームが、ジェイムズのパロディ作品「中間距離のちり」で達成した効果である。このような効果は、論理的理由以外の理由で感じられる。あるいは、別の言い方をすると、統語法の喚情的効果は、その論理的効果とは同じものではない。これらの統語法のいずれもが、曖昧さを示すかもしれず、組織化の力として、統語法的秩序よりも深いリズム的秩序があることを暗示するかもしれない[27]。

　アウエルバッハは、その『ミメーシス』において、パラタクシスを用いることのできる、ほとんど対照的な二つの方法を述べている。彼は、自由な情念を伝える生き生きした口誦的使用を記している。

> 最初に人間を生きている存在として見、パラタクシスが詩的な力をもつ形式を発見したのは俗語詩人たちであった。並列の浅い単調な細流ではなく、われわれは今や『ローランの歌』のような詩において」、突然前進したり後退したり、ふんだんにエネルギーにみちた新しい始まりがある自由《レッセ》な形式をもつ。それが新しい高揚した文体なのである。この文体的手続きがつかみとること

のできる生命が、たとえ狭く限られたもので、多様性に欠けるとしても、それは、にもかかわらず、十全な生命、人間的感情の生命、力強い生命、古代後期の伝説の、あおざめた手ごたえのない文体からの大いなる解放なのである。俗語詩人たちもまた、音調と仕草という観点から、直接的言説をどう活用してよいか知っていた(28)。

アウエルバッハの記述から、儀式的統語法のモデルを導き出すには、パラタクシスが「狭く限られ、多様性に欠ける」生命をつかんだということを強調しさえすればよい、あるいはさもなくば、自由《レッセ》な形式の前方への突進は、拘束されない衝動的突進になるかもしれないと言いさえすればよい。たとえば、『自然の歎き』の次の一節を取り上げよう。これは原文と散文訳のいずれにおいても、同じ統語法を示している。

> 自然は泣く。性格は通り過ぎる。純潔はかつての高みから完全に追放されて孤児となる。活動的な自然の性は、みずからが受動的自然へと衰退していくさまに恥辱から震える。男は女に変えられる。彼は彼の性の名誉を暗くする。ウェヌスの技は二重の性を彼にもたせる。彼は主語にして賓述である。彼はさらに二つの語形変化をもつ。彼は文法の法則をあまりにも遠くへ押し進める(29)。

なるほど、この一節の四番目の文は関係詞節を含んでおり、それは従属化的効果をもち多様性を与えている。それゆえこの一節は完全に非混成的であるわけではない。さらに、特定の語の意味そのものがときに従属の要素を、たとえ統合法にはそうできなくても、導入するであろうし、そのことは、パラタクシス的文体を多様化するのに役立つかもしれない。他方、支配的効果は、歎きのなかのすべての項目の列挙と標示である。形式はまさに、アイロニカルな「遺言書」においてそうなるであろうものである。つまり、この詩人は、彼が歎くすべての過誤を世間の人々に残すのである。

口誦の定型的な詩は、比喩的複合語《ケニング》という技法を用いるが、それは、『自然の歎き』の文体のきわめて実際的な理由を示唆する。たとえば、古英語詩の比喩的複合語は「パラタクシス的単一系列のなかで」組み合わされた。なぜなら、そのようなやり方の即興は簡単だったからである。しかし、アラン・ド・リール、ウィリアム・ブレイク、あるいはウォルト・ホイットマンのような詩人は、みな際立ってパラタクシス的な作家ではあるが、口誦詩は書かない。ブレイクの次の詩行は、酒場の詩人が朗唱するためのものではなかった。

ニューヨークの市民は本を閉じ、櫃《ひつ》に鍵をかける。
ボストンの水夫は錨をおろし、荷をおろす。
ペンシルヴァニアの筆記者はペンを地面に投げつける。
ヴァージニアの大工はおびえてハンマーを放り投げる。(30)

ブレイクの『アメリカ』のこの一節と続く一節は、彼の予言的な詩全般と同様に、パラタクシス的である。この時点でホイットマンを引用することはおそらく必要ではない。というのも、ブレイクの一節がホイットマンを暗示することはきわめて明らかだからだ。(ホイットマンは、ブレイクやクリストファー・スマートと同様に、メトニミーの巨匠であるが、この点で彼らを凌ぐのは大メトニミストのガートルード・スタインだけである。)

この文体がもっと流動的でもっと律動的になりうることは、シェリーの詩の多くから明らかである。

たとえそうであれ、この詩人がどれくらい長くパラタクシスを効果的に続けられるか、われわれは疑問に思う。もしシェリーが次のようなスタンザ形式で数ページ書いたとしたら何が起こるか考えてもらいたい。

世界の偉大な時代は、新しく始まる、
　黄金時代が戻る、
地球は蛇のように新しくなり、
　冬の草は捨て去られる。
天はほほえみ、信仰と帝国は輝く、
溶け去る夢の破片のように。

輝くヘラス〔ギリシャの古名〕は山々を
　遠くの清澄な海から引き上げる。
新しくできたペーネイオス〔川〕は、明けの明星に向かって
　とうとうと流れる。
美しい神殿が咲きほこる花のように立つところ、
そこでは若きキクラデス〔諸島〕が陽のあたる海で眠る。

高いマストのアルゴ号は海をかきわけて進む、
　このあとは戦利品をのせて進む。

もうひとりのオルペウスがふたたび歌い、
　恋をし、泣き、そして死ぬ。
新しいオデュッセウスが、故郷の岸辺に向かって
もう一度カリュプソをあとにする。

もしこの韻文の文体がときに自由な詩行に傾いているとしたら、ハイポタクシスは、その過剰なかたちでは、また別の種類の儀式と化す「単調な、ぽつぽつと続く並列」へと傾くことがある。コウルリッジはジョンソン博士の均衡のとれた文について、それらはたんにことばのうえのことだと不満を述べたが、それが意味するのは、それらの文が、存在しない葛藤からジョンソンが人為的に構築したいつわりの対照だということだ[31]。それが公正か否かはともかく、同じ非難は、過度に対称的あるいはユーフュイーズ的〔誇飾体的〕で、均衡のとれた掉尾文的な文に、理論的には向けることができる。そのような文は、かならずやハイポタクシス的になる。少なくともこの一例においては、パラタクシスの名目上の反対物が、パラタクシスよりも儀式化されていない効果を生み出すという保証はない。対称の文のハイポタクシス的乱用は、ある種のアレゴリー的展開の基本であることをわれわれが発見した、過度に対称的な形式に対応するものであるように思われるだろう。ジョンソン的な対照法は、彼の思考の葛藤する要素のあいだの一種の闘いの縮図を提示する。彼は、ラテン語系の語源を示す場合と同様、この点においてもアレゴリー的である。彼はそれをサー・トマス・ブラウンから学んだのであった。ブラウンにおいては、象形文字的伝統が十七世紀を通じて、きわめて力強く生きていたのである。

統語法（散文）であれ、韻律（韻文）であれ、均衡のとれた要素の対称には、トマス・ウィルソン

が「行進者」というあだ名をつけた修辞であるアナフォラという技巧が大きく貢献する。[32]『不死鳥』というアングロサクソン語のアレゴリーは、口誦詩のすぐれた例を提供してくれる。以下の詩行と半詩行ではきわめて高い比率で、「no」と「or」の二つの語のいずれかで始まることがわかるだろう。その効果は、「行進者」を用いる詩にわれわれが当然予想するものであることはたしかだ。

あの土地にはどこにも敵意をいだいた家はない、
苦しみも、落涙も、悲しみのしるしもない、
老齢も、苦悶も、死の恐ろしさもない。
生命の終わりも、災いの到来もない、
復讐の反目も、不安の焦燥もない。
富の欠乏も、貧窮の圧迫もない。
冬の嵐も、空の下の厳しい天候の変化も、
冬のつららの凍てつく寒さも、そこの住民を悩ますことはない。
あられも白霜も地におりることはない、
風に飛ばされる雲もない、滝が
嵐に散らされることもない。そうではなく、流れる川と
あふれる水は、澄んだ泉から
驚くほど地表に流れ出る。[33]

聖書における類似の例は八福の教え〔山上の垂訓の一部。「マタイ」五：三—十二〕と「伝道の書〔コヘレト

の言葉』」の「時」の連続である。少なくとも後者に、普遍的な暦からとられた抽象名詞の原型的な点呼を見るのは容易である。

何事にも時があり
天の下の出来事にはすべて定められた時がある。
生まれる時、死ぬ時
植える時、植えたものを抜く時
殺す時、癒す時
泣く時、笑う時
嘆く時、踊る時
石を放つ時、石を集める時
抱擁の時、抱擁を遠ざける時
求める時、失う時
保つ時、放つ時
裂く時、縫う時
黙する時、語る時
愛する時、憎む時
戦いの時、平和の時[34]。
（新共同訳）

これは平明な提示に見える。しかし、たとえそうであれ、その統語法によって、よりシンボル的になり、たんなる提示である度合が減っている。つまり、ここでのリズムは、事実の言表とは反対の働きをし、かわりに一種の呪文的説教を創造し、行進を先導している「時」を擬人化している。それは、中世のアレゴリー的つづれ織りや、スペンサーの場合とよく似ている。高度の統語法的対称は、ここでは律動的な脈動を強めている。この脈動は、催眠効果をもたらすべく、計算された単調さを利用している。

同じ原型的リズムが、中世ではおなじみの行進する「七つの大罪」のような小作品にもっとよく現われている。わたしは、儀式化されたリズムは、それだけで十分に、提示をシンボル的なものにすることができると主張したい。ギャスコインの『はがねのかがみ』（一五七六）からの次の例がそうである。そこではアナフォラ（ここでは「報告の修辞」）が、原文の句読法によって強調されている。

しかし今、つやつやしたはがねのかがみが、
われわれに（そうわたしに）次のような領土と町は豊かであると考えさせる、
ひいきが法の宣告を支配するところ、
網にかかるのはすべて魚であるところ、
強い力が正義を支配するところ、
侮辱が怨恨をひそかに助長するところ、
血まみれの剣が強奪物を戦利品にするところ、
宴会が立派な出費とみなされるところ、
役人が王侯の改悛で金持ちになるところ、

かたりと詐欺で物が手に入るところ、
ごまかしができない者以外は恐れる者はおらず、
黙り屋だけを除いて神に仕える者はいないところ。
またもやわたしは、はがねのかがみのなかに見る、
それぞれの国土に仕える四つの身分、
王、騎士、農夫、司教を。
王はすべての臣民を世話すべきである、
騎士はすべての臣民を守るために闘うべきである、
農夫は彼らの安楽のために働くべきである、
司教は彼らと彼ら自身のために祈るべきである。[35]

これは、キリスト教詩人の言語である。国家のヒエラルキーを信じなくてはならない人々に話しかけているのである。彼らにとっては、すべての人間の行為は、もっと永続的な来世の状態の不確かな幻影でしかない。ジョージ・ギャスコインのような小詩人のこの例においては、全体的な韻律と句読法の効果は単純で見分けやすいので、カルロ・レーヴィの『恐れと自由について』のことばをうまくあてはめることができる。この本は権威主義的シンボリズムと行動に関する現代の研究である。

世界感覚が世界の外に置かれるとき、そしてすべての行為とすべての思考が神への犠牲になるとき、言語はその自律的創造的価値を捨ててシンボル的意味をおびる。言語のすべての部分、すべてのひとつひとつの文、文のなかのすべての語が神的シンボルとなる。そしてすべてのシンボル、

すべての語が、すべての他の語と同一の絶対的価値をもつ。なぜなら、それらはすべて等しく神を包含し神を前提とするからである。すべてのシンボルが価値あるものとなり、孤立して存在する。統語法は溶解する。文のひとつひとつの要素が同等の重要性を獲得し、同じくらい暗示的な力を獲得する。[36]

この自動性、自律性の喪失、統語法的自由の欠如、今ここの外的世界への反応の欠如が、一種の全般的な宗教的圧力のもとで生じうる。この圧力は、作家がきわめて慢然としか、おそらくはまったく意識せずに感じているものである。いずれにせよ、レーヴィのパラタクシスの記述は、アレゴリー的文学という文脈にぴったりあてはまるように思われる。この文脈においてわれわれは、この記述が、彼が描く時代を超えて通用するのを見る。

原初的表現、帝国とラテン語の崩壊直後に生じた世界のそれは、われわれがすでに見たように、宗教性にそめられた表現だった。それゆえ、その統語法はパラタクシス的である。すべての語、すべてのイメージがみずからのなかに閉ざされ、完結し、つながりがなく、価値において、他のすべてのものと同等である。すべて同じようにシンボル的であるイメージは、相互関係も対立もなく、並んで立っている。言説はモザイク的である。すべての語に強調が置かれる。すべての語が同じ平面にある。遠近法はありえない。そのうえ、統語法的関係もないので、すべてのひとつひとつの語が、みずからのうちに概念をそっくりそのまま包含しなくてはならない。語形変化は豊富で複雑である（両数形、第三未来時制、等）。

要するに、ここには、わたしがすでに強調したアレゴリー的様式が説明されている。エンブレム的、孤立的、モザイク的イメジャリー。パラタクシス的秩序。宗教的遵守にともなう儀式的なもの。ミメーシス的世界を創造する遠近法の欠如。「すべてのひとつひとつの語が、みずからのうちに概念をそっくりそのまま包含しなくてはならない」イメジャリーの小宇宙的性格。

リズムに関するこれらの暗示からひとつのパラドックスが浮上する。シンボル的様式の律動的性質を分離するのがどれほど困難であろうと、観念と出来事の、程度の差こそあれ儀式化された運動を記録することはできる。そしてこの運動は、奇妙なことに、大部分のアレゴリーのみずから主張する目的、つまり、観念と態度のヒエラルキー的構造化と衝突する。パラタクシス的力とハイポタクシス的力は、儀式のなかにおいては不和をきたす。権威主義的図像法は、当然、そのイメージを、多様なハイポタクシス的様式に見出すはずである。しかし、わたしがすでに記したように、アレゴリーは、それが感情の本質的欠如を隠蔽する擬似的統語法になるまで、ハイポタクシス的文体（たとえばユーフユーイズム）を破壊する。「パラタクシス」という用語は、わたしがすでに使用したように、次のような文体を表わすように思われる。つまり、感情が危険状態からそれによって退却する（精神分析学者が言う「情動の退却」）文体、もしくは厳格に方向づけられて、通常の本能と衝動の可変性をもはや示さない文体である。ガレー船の奴隷の行動は、どちら側の漕手席にすわっていようと、パラタクシス的であろう。

儀式的リズムという概念は、きわめて一般的な用語で定義されてきた。実際上、文学作品はすべて、厳密な定義を受けつけない小さな変差を示す。それゆえ、われわれが物語のとる形態（ギリシャ語のミュトス）を意味する「アクション」は、特定の作品に特有の性格を指すこと以外の効用がある。この概念が有用であるのは、われわれはアレゴリーそのものを、きわめて広い観点から考える必要があるからだ。つまり、われわれはこの様式を、なにか特定の作品の特別の主題という観点からではなく、特定の作品のリズムという観点から理解する必要があるのである。

律動的解読。最後に、作者は、内容ではなく、リズムによってアレゴリー的意味を伝える。どうしてそうなるか。きわめて単純である。われわれは解読技術という観点からこの過程を理解することができる。もしわれわれが、見なれない一連の暗号を使って、そう、たとえば、点やダッシュのかわりに、さまざまな高さのベル音を使って暗号体系を確立したいと思うなら、一種の儀式としてある種の主要な組み合せを反復しなくてはならないだろう。反復音を聞き取る聴者は、はじめはそれらにいかなるメッセージも認めないだろうが、徐々に、反復パターン、つまり与えられた「暗号体系」を知覚し、聞いたものを解読しようとこころみるだろう。アレゴリーはこの意味での暗号体系である。アレゴリーの謎めいた表層は、周期的な反復のおかげで、でたらめの偶然的なものではないことがわかる。たとえば、『ガリヴァー旅行記』の四つの航海のひとつひとつは、難破の概念の順列組み合せで始まる。最初の航海では、たんなる事故——人間対自然——以外、この難破にはほとんどない。しかし、次々と連続的に難破が起こると、ガリヴァーは、特有の仕方で見知らぬ島や領土に上陸させられていることが明らかになる。彼にとって難破とは、つねに、安全からの、社会的安楽と友情からの暴力的な排除を経験することなのである。この図式が次々と連続的に現われるにつれ、ガリヴァーへ向けられる人間的悪意が増大する。この悪意自体も、最初の航海の嵐のように、事故なのかもしれないが、難破が最初の災厄の変奏としてくり返されるという事実は、深層にひそむ概念を指し示す。このアレゴリーは、難破という技巧によって、不可避的な孤立という概念を表現している。これは明らかに読者にとっては図像的である。なぜなら、これは、暗号体系の反復単位の地位をもつからである。

暗号体系の確立に長くはかからない。カフカは短篇小説「狩人グラフス」でほとんど一挙に達成している。冒頭の段落で、彼の念入りなパラタクシス的リズムは、多くの仕切られた要素を強調する。それらはすべて、無時間的な断面図によって同時に見られる。その断面図の静的秩序は、デ・キリコの絵の秩序のように、一見したところエンブレム的である。

二人の少年はさいころを弄びながら、港の塀のうえにすわっていた。ひとりの男が記念像の踏み段のうえで新聞を読みながら、剣を高くふりかざす英雄像の影のなかで休らっていた。ひとりの少女が泉でバケツを水でみたしていた。ひとりの果物売りが天秤ばかりの脇に横たわり、遠く海を見つめていた。カフェのガランとした窓と入口のドアから、二人の男が奥でワインを飲んでいるのが見えた。主人は前のテーブルのところにすわりまどろんでいた。一艘の帆船が、まるで目に見えない力で海のうえを運ばれているかのように、静かに小さな港に向かっていた。青い上っ張りを着たひとりの男が岸によじのぼり、ロープを輪に通した。船頭のうしろの、銀ボタンの黒い上着を着た二人の男が棺架をかついでいた。大きな花柄の、ふち飾りのある絹布の下には、ひとりの男が横たわっているようだった。(37)

この圧倒的にパラタクシス的な謎は、第二段落でさらに深まる。ここでカフカはアナフォラ的反復を使う。

波止場にいる者で新参者を気にかける者はひとりもいなかった。まだロープに没頭している船頭を待って彼らが棺架をおろしたときでも、近づく者、彼らに問いかける者、好奇のまなざしを向ける者はひとりもいなかった。

わたしは、物語全体がこのように暗号化されなくてはならないと示唆しているのではなく、このような技法は、読者に、謎という観点から考えるきっかけを与えることを示唆しているのである。この技法は形式的なものである。内容それ自体は、とくに謎めいているわけではない。

未完のアレゴリー的進行。アレゴリーの展開のもうひとつの範型は、前進の数学的概念〔数列〕になるだろう。もし数学者が、1、3、6、11、20の数字を見れば、この数列の「意味」は、Xにある種の制限をともなうX plus 2^xの公式の代数的言語に書き直すことができることに気づくだろう。(38) 不慣れな人にはでたらめな連続体に見えるであろうものが、数学者には有意味な連続体に見えるのである。この数列は無限に進行しうることに注目しよう。これは、ほとんどすべてのアレゴリーにおける状況と似ている。アレゴリーには、大きさの、内在的「有機的」限界はない。多くのアレゴリーは、カフカの『城』や『審判』のように未完である。これらの作品の一部の物理的に未完の状態は、力動的な観点から理解する必要がある。作者が作品を終わらせるために要する時間量を研究するとき（ギョーム・ド・ロリスの『薔薇物語』あるいは、ベン・ジョンソンを信じるなら「パンの欠乏」のために『妖精の女王』を完結させる前に死んだエドマンド・スペンサーの場合）、そして（『桶物語』のような）他の作品に特徴的な断片的形式を研究するときには、ある種の明らかな伝記的限界があるが、にもかかわらずそうなのである。作品がどのようにして未完の状態におかれるかを示すには、外的、伝記的な証拠以上のものがあるのである。(39)

どのような儀式も本質的に未完にとどまる強い傾向がつねにある。すべての儀式は、宗教的なものであろうとなかろうと、時間を経るにつれて長く精緻なものになる傾向を示すという意味である。典礼式文として知られる教会の儀式は、原理主義的「改革」があるまで無限に精緻になる傾向がある。

というのも、礼拝の過去のひとつひとつの手続きが、原初の効能の一部を失ったように感じられるからである。ひとつひとつの儀式が精緻化され、新たな装飾が与えられ、新たな段階と細別が与えられるにつれ、儀式はかならず長くなる。二つの結果が起こりうるが、いずれもアレゴリー文学に見出されるものである。第一に、詩人は恣意的に精緻化をこばむことができる。中世文学で「総括的図式」[40]と呼ばれるものによって、アレゴリー的技巧の進行を断ち切るときのように、そのときには強い「閉止」感をともなう。「不死鳥と山鳩」の「挽歌」は、潜在的に果てしなく続く連続的段階の終わりを結ぶ総括的図式の古典的な例である。結婚または死によるロマンスの恣意的終結はもうひとつの例である。それほど目立たないのは、より実質的で、より非形式的な技巧であるからにすぎない。おそらく、『神曲』や『妖精の女王』のような詩は、大部分のアレゴリーよりも、この恣意的終結を強く示している。なぜなら、これらの詩は、わたしが「部分の分離」(両詩のスタンザ形式)と呼びたいものによって、途中ずっと終結を示しているばかりでなく、両作品はともに最後の理想世界への帰還によって終結することが意図されているからである。[41]『妖精の女王』は文字通りに、始まったところ、つまり結婚の儀式で終わろうとしていた。『神曲』は、わたしが最後の詩章を解釈したように、旅人ダンテが、今、日々の行動の地上での巡路に穏やかに回帰できたことをメタファー的に示唆している。この詩は、意気揚々たる平和の調べで終わる。

しかしすでにわたしの欲望と意志は
車輪のように回転していた、まるで、
太陽や他の星々を回転させる「愛」に規則正しく動かされる車輪のように。

アレゴリーは、ダイモン的仲介者が存在する限り続くであろうということは、アレゴリー的な筋の展開の恣意的性格に由来する。徐々に変身するダンテとは違い、ダイモンはまったく疲れを知らず、性格を変えることもないからである。ダイモンが実際に性格を変えることがあるとするなら、それは、ダイモンが上位の力と出会うときのみ起こることである。それはかならず別のダイモンである。そのとき、その変化は、単線的な筋の展開の継続に劣らず恣意的である。[42] 批評家たちは、中世の騎士道ロマンスにおいて、あるいは『妖精の女王』のような混成形式において、ヒーローが敵対的仲介者に対して勝利を収めるとき、彼はそれによって休息状態に導かれるのではなく、賞賛されて、別の課業を与えられると述べてきた。これは、無限の拡大へと向かう傾向の慣例的な表現方法である。この拡大が無限になることは、論理的にきわめて自然なことである。というのも、定義上、いかなる類比にも全体像といったものはまったくないからである。すべての類比は未完であり完結不可能である。アレゴリーはただ、この類比的関係を、演劇的あるいは物語的形式で記録するだけである。[43] アレゴリーの関心は、おそらく、場面と場面とのあいだの、そしてそれが確立するさまざまなアレゴリー的性格のあいだの特殊な因果関係に存在する。

アレゴリー的な筋の展開の「視覚的」性格。 われわれが儀式を運動感覚的な観点から研究すれば、おそらく、儀式の規則正しい足取りには特徴的な身体的反応があることに気づくだろう。高度に儀式化された散文の説明を読む人は、たちまち眠りにつき、その単調さに麻酔をかけられたようになるかもしれない。あるいは、儀式への、多少は催眠性があるにせよ、もっと高められた参加——ボレロやファンダンゴのような舞曲に耳を傾けたときの効果——に気づくかもしれない。しかし、概念という観点で儀式を思い浮かべれば、そして実際にアレゴリーはそうすることを要請しているのだが、われわれは読者のなかに、もっと冷静で合理的な反応があることに気づくはずだ。儀式は運動に秩序を課すので、それは実際には、計画、韻律設計、公式の感覚を伝える。そして次にこの感覚は図式の擬似視覚的な感覚となるが、アレゴリーの好む形式のひとつがそれをすぐに実証するだろう。仮面劇とそのいとこであるアレゴリー的ページェントは、儀式のこの「図表化」効果を例証する。この例と、アレゴリー的物語のより目立たない例まではそれほど離れていない。

　物語詩や散文作品の場合よりももっと際立ったかたちで、仮面劇の劇的形式においては、筋の展開が儀式化される。仮面劇は大部分が、たんに美徳や悪徳や題目に関わる人物の系列を導入する行進から成る。この行進は、劇中人物のあいだの形式化された劇的相互作用をある一定量許容することができる。関連性のない歌や舞踏が行進を妨げるかもしれないが、仮面劇の目的は最後に仮面劇の主要な観客に敬意を表することであるので、最後には仮面劇は少し厳格で端正な礼節で境界づけられる。多様性が仮面劇の筋の展開に入ると、中心的運動への極的対立という形式で、つまり仮面劇の幕間狂言として適切に参入する。もしそのような技巧がわれわれに、ギリシャ劇の複雑な、代わる代わる歌うコロスを連想させるとしても、われわれは、仮面劇がそれによってミメーシス的になると性急に仮定してはならない。代わる代わる歌うコロスは、ギリシャ劇においては典礼式文に近く、演劇を宗教的起源に結びつけるもっとも明確なつながりのひとつを構成している。仮面劇のなかの多様性は、それゆえ、複雑な典礼行進のそれに似ている。つまり、衣裳、舞踏、歌の色彩と対照の外観にもかかわらず、根本的には儀式的であるからだ。実際、仮面劇の役割の区別はきわめて明確なので、この小ジャンルは、理想的概念を孤立化させることができる。仮面劇は、観客の前に時間と空間において物理的に拡大された類比的メタファーであり、その図式的効果は、主として、提示の厳格さと役割の分離に由来する。

　ほとんど同じような図式的効果が、どのような、たんに文学的なアレゴリーにおいても現われる。

これは、わたしがこれまで記述してきたような儀式化された筋の展開の産物である。ケネス・バークは『文学形式の哲学』において、文学の「図表化」そして「地図化」機能について語った。しかしこの概念は、聖書釈義の用語が示すように、きわめて古い概念である。聖書釈義においては、アレゴリー的言語が、すべて視覚的含意の強い「パラデイグマ *paradeigma*」、「フィグーラ *figura*」、「テュポス *typos*」、「スキーマ *schema*」といった用語によって言及されているのを見出す。すべての比喩的言語は、アレゴリーとこの視覚的特質を共有しているとたぶん論じられるだろう。そして「イメージ」という用語は、この議論が全般的に正しいことを示すために例としてあげられるだろう。その通りなのである。われわれはここで、アレゴリーにおいては、すべての比喩的言語の視覚的特徴は、一種の図表的形式もしくは印象（たとえば「エンブレマ *emblema*」、「インプレサ *impresa*」）に還元できると主張するだけでよい。アレゴリーにおいては、メタファーの「拡大」、つまり、展開する物語は、メタファーの生き生きとした効果よりは生気がないが、それと同時に、メタファーの効果よりは明確なあるものを生みだす。アレゴリーが「純粋な」と呼ばれるとき、この形容詩は、図式に本質的に曖昧さがないように、アレゴリーに曖昧さが欠けていることを含意する。曖昧なメタファー的言語の暗示性と濃密さの代わりに、アレゴリーは、一種の具象的幾何学模様を提示する。アレゴリーは詩人に、フランシス・ベーコンが述べたように、「精神のなかの土地を測量する」ことを可能にする。ベーコンの語句は、アレゴリーは、つねに、心のなかの出来事ではなく、精神のなかの出来事になろうとしていること（多くの現代の批評家が主張しようとしてきたこと）を暗示しているのかもしれない。しかしこの見解は、のちに見るように、問題の一面だけを考察しているのである。アレゴリーはまた、喚情的発話として解釈できるかもしれない。この観点から見ると、アレゴリーは、われわれが幾何学的パラダイムの冷静な分析に長いあいだとどまっていられないほどの力をもった内的構造を示す。多くの寓話的な作品、とくに、ほどほどにアレゴリー的なロマンス――西部劇、推理小説、メロドラマ――の大衆的魅力は、対抗運動にある。場面と人物の因果関係――なぜ彼らはみなこのように行動するのかの理由、人物がたがいに影響を与え感化させる仕方、など――に関して言えば、これらはたんに論理的であるわけではなく、たんに合理的であるわけでもない。それらは、高度に魔術的な関係であり、その関係は表面的に秩序立った議論のかたちをしているにすぎない。

注

（1）「行動の模倣」については *Poetics*, 1450b 参照。

（2）転換と発見については *Poetics*, 1452a, b 参照。「しかし、くり返して言うが、悲劇は、完結した行動の模倣であるばかりでなく、恐怖もしくは憐憫を引き起こす出来事の模倣である。このような効果は、出来事が突然われわれを襲うときにもっともよく生み出される」（1452a）。発見（*anagnorisis*）の種類については *Poetics*, 1454b 参照。

（3）*Poetics*, 1453b. 装飾的演説、見世物、「不思議なもの」あるいは「驚嘆すべきもの」（*thaumastos*）のあいだには密接なつながりがある。実際、そのような効果はすべて、驚きの効果である。逆に、超自然的なものは、ある意味で、自然的蓋然性のあるわれわれがなじんでいる世界にとっては、つねに装飾である。次には、驚嘆すべき出来事とは、偶然起こるように見えるが、「詩的正義」の仲介者でもある出来事である。

（4）Paul Goodman, *Structure of Literature* (Chicago, 1954), 49–58 は『フィロクテテス』における「機械仕掛けの神」を分析している。「神」は袋小路を打開するためには必要である。「袋小路とは、可能性が尽きる前に『終わる』ように操作された筋の展開である。原因をもたない要素は、袋小路にある筋の展開にとっては蓋然性である。」ここで、グッドマンが「可能な」と「蓋然的な」とのあいだに保持している入念な区別に注目されたい。「原因をもたない要素」は通常可能であるが、蓋然性はない。「神」をともなって現われることにより、「原因をもたない要素」は、窮極的に専断的命令によって筋の展開を支配する司る「神」あるいは「必然性」を強調する。

（5） *Theogonia*. F. M. Cornford, *The Unwritten Philosophy*, ed. W. K. C. Guthrie（Cambridge, 1950）におけるヘシオドスの分析を参照。

（6） Prudentius, *Works*, tr. and ed. H. J. Thomson（Loeb Classics ed., London, 1949）, I, 274–343. トムソンは「サイコマキア」を「人間の魂のための闘い」と訳しているが、それはバニヤンのプルデンティウスの模倣である *The Holy War* を反響させている。「サイコマキア」については Lewis, *Allegory of Love*, 66–73 と Katzellenbogen, *Allegories of the Virtues and Vices*, ch. I 参照。

（7） Curtius, *European Literature*, 203–14, "Poetry and Philosophy" 参照。

（8） バニヤンの『天路歴程』第二部の「序文」は、アメリカに新しい安住の地を求める「ピルグリム・ファーザーズ」の旅に特別に言及している。この類比は「歴程」を正当化するのに力強い効果をもった。「彼らに伝えよ、彼らは家と故郷を離れて、／巡礼になった、と。来たるべき世界をさがせ。」道徳的探究の同種の「論拠」が『妖精の女王』第二巻の「序文」にある。他方、西洋にとって新しく発見された島は『テンペスト』にシンボル的な場所を提供している。

（9） *Rasselas*, ch. xlix. この小説の結びの章について衝撃的なことが二つある。小説が「ナイル川の洪水の時」とともに終わるという事実と、ペクアは聖アントニウス修道院への隠居を念願するがかなわず、王女は「学識ある女性の学院」の設立を念願するがかなわないという事実である――これによってわれわれは、「自然」の終わりのないサイクルと人間の終わりのない「自然」超克の衝動との対照を理解する。それについては Mircea Eliade, *The Myth of the Eternal Return*, tr. W. R. Trask（New York, 1954; reprinted as *Cosmos and History*, New York, 1959）の諸所。そしてまた Eliade, *The Sacred and the Profane*, tr. W. R. Trask（New York, 1961）, 68–113 参照。

（10） *The Journey to the East*, tr. Hilda Rosner（New York, 1957）の最終的イメージ。「やっとゆっくりとわたしに明らかになった。やっとゆっくりと徐々にわたしは、それが何を表わすつもりでいるのかうすうす感じ気づき始めた。それはわたし自身の姿を表わしていた。このわたし自身の似姿は、不愉快なほど弱々しく現実味に欠けていた。

ぼやけた目鼻立ちをしており、全体の表情には何か不安定で、弱々しく、死にかけている、あるいは死にたがっているようなところがあり、まるで『はかなさ』あるいは『衰退』あるいはなにかそのようなタイトルの彫刻作品のように見えた。」この記念像のイメージが、大統領レオの力強い形姿のイメージと混じり合いそこへと流れ込む。

(11) ピカレスクがそうである。そこでは、フィールディングが『オデュッセイア』について言ったように、「ひとつの大きな目的」があるかぎり、出来事のくねくねした連鎖は少しも不利に働かないのである。この「ひとつの大きな目的」は通常、故郷への帰還の旅である。ヒーローがしばしば捨子で、相続財産を受け取るために、自分が何者であるかを見つけださなくてはならないという特殊な意味での帰還の旅であることが多い。真のピカレスクでは、悪漢はつねに動き続けることを強いられていることに注目。、保安官はそういう彼を町から追い出すのである。

(12) ジョイスの『ユリシーズ』の基盤。そこには、ミメーシス的に描かれた物理的運動に加えて、精神的な出来事の圧倒的な流れがある。

(13) Spencer, *The Faerie Queene*, VI, proem, i 参照。

(14) アウエルバッハは「騎士の儀式の誇示的な様式と、粗野な効果を拒まずに実際は楽しんでいるあからさまなまでに動物的なリアリズムとのあいだの相互作用」について、アレゴリーと自然主義がどのように手をたずさえているかを示している(ホイジンガの『中世の秋』で強力に補強される概念)。「これら二つの要素に共通し両者を結合しているものは、時代の感覚的嗜好のある種の要素、つまり重苦しさと陰気さ、ひきずるようなテンポ、力強く張りつめた配色である。その結果、その誇示的様式はしばしば、いくぶん誇張された感覚的な印象をもつ。そのリアリズムはしばしば、形式のある種の重苦しさと、それと同時に、あからさまに動物的で伝承性にみちたものをおびる。多くのリアリズム的形式――たとえば『死の舞踏』――は行進と行列の性格をおびる」(Auerbach, *Mimesis*, 216–217).

(15) ヴィヨンの『遺言』はおそらくもっとも重要な例である。ヴィヨンは遺言の本体にバラッドを挿入することにより、目録の単調さを破っている。E. C. Perrow, "The Last Will and Testament as a Form of Literature," from *Transactions of the Wisconsin Academy of Sciences, Arts, and Letters*, XVII（Dec. 1913）Pt. I 参照。

（16）Alanus de Insulis（Alain de Lille）, *The Complaint of Nature*, tr. Douglas Moffat（"Yale Studies in English Literature," xxxvi）（New York, 1908）参照。この一般的主題については J. D. Peter, *Complaint and Satire in Early English Literature*（Oxford, 1956）参照。

（17）Wolfson, *Philo*, I, 120 に説明されているように、創造の一週間は、聖書釈義の伝統の中心をなしている。

（18）これはダンテとスペンサーにあてはまるし、ブレイクにまで下る幻視の伝統にあてはまる。

（19）「解剖」については Frye, 308–314 参照。

（20）Eugene Zamiatin, *We*, tr. Gregory Zilboorg（New York, 1959）. 各章が以下のような題詞で始まる。

　　機能の限界
第二十四章　復活祭
　　すべてを抹消すること

　　天からの下降
第二十五章　歴史上最大の災厄
　　既知のことは――終わる

　　輪のなかで
第三十五章　にんじん
　　殺人

(21) ラブレーの模倣者スターンにおけるユーモアの心理学についてのコウルリッジの評言は、この偏執的秩序をきわめて明らかにしている。スウィフトの「狂気をめぐる脱線」は、脱線そのものについての風刺的「理論」を提供する。

(22) ゾラが、この一家の構成員の運命をあらかじめ定めることになった遺伝性の伝染病という概念の根拠とした擬似科学的な遺伝理論については Hemmings, *Emile Zola* (Oxford, 1953), ch. i 参照。

(23) パノフスキーは *Galileo as a Critic of the Fine Arts* (The Hague, 1954) のなかで「討論」の伝統を論じている。典型的な例は中世の「フクロウとナイチンゲール」、リドゲイトの『理性と官能』、マーヴェルの「魂と肉体の対話」と「溶解した魂と生み出された快楽の対話」である。M. C. Waites, "Some Aspects of the Ancient Allegorical Debate," in *Studies in English and Comparative Literature* (Radcliffe College Monographs, No. 15; London and Boston, 1910) 参照。

(24) ささやかな中世の例は頭韻詩「死と生」であろう。とはいっても、ここでは、「アゴーン」は、この詩の比較的小さな部分、「生」と「死」の実際の対決に限られている。「アゴーン」については F. M. Cornford, *Origins of Attic Comedy* (New York, 1961), 27–46 参照。

(25) Karl Čapek, *War with the Newts* (1936), tr. M. and R. Weatherall, (New York, 1959).

(26) メトニミーとは対照的なメタファーの基本的根拠に関してもっとも示唆に富む説明のひとつは Roman Jakobson, "The Cardinal Dichotomy in Language," *Language: An Enquiry into its Meaning and Function*, ed. R. N. Anshen (New York, 1957), ch. ix, 155–173 である。ヤコブソンの論評は、カート・ゴールドスタインの失語症の研究に基づいている。Goldstein, *Aftereffects of Brain Injuries in War* (New York, 1942) と、"Abstract and Concrete Behavior: An Experimental Study with Special Tests," *Psychological Monographs*, LIII (1941), 1–31 も参照。ゴールドスタインは言語能力に枢要な二分法を見出したが、それは、通常の散文と詩の用法に一般化できるように思われる。「失語症障害のすべての形態は、選択と代用の能力か組み合せと構成の能力のいずれかの、深刻であろうとなかろうと、なんらかの損傷からなる。前者の病気はメタ言語的操作の劣化をともない、後者は言語単位のヒエラルキーを維持する能力に損傷を与える。前者では類似性の関係が抑圧され、後者の種類の失語症では隣接性の関係が抑圧される。メタファーは類似性障害とは無縁であり、メトニミーは隣接性障害とは無縁である」(Anshen, *Language*, 169–170).

この悲観的議論は積極的な側面をもつ。「ロマン主義と象徴主義の文芸学派におけるメタファー的方法の優位は一般的に認められているが、いわゆる『リアリズム的』潮流の根底にあり、実際にあらかじめ決定しているのは、メトニミー〔換喩〕の支配によるということはまだ十分に認識されていない。この潮流は、ロマン主義の没落と象徴主義の興隆の中間段階に属しており両者と対立する。隣接的関係の道をたどりながら、リアリズム作家は、メトニミー的に、ムードのプロットから逸れ、人物から逸れ、時間と空間のなかの場面へと脱線する。彼はシネクダキー〔提喩〕的細部を好む。アンナ・カレーニナの自殺の場面では、芸術上の注意はヒロインのハンドバッグに焦点化される。そして『戦争と平和』では、『上唇の上の毛』と『むきだしの肩』というシネクダキーが、これらの特徴が属している女性の登場人物を表わすために使われる」(*ibid.* 175)。

古い用語では、これらの特徴はある特定の人物の「エンブレム」である。そういうものとしてそれらは物理的ライトモチーフであり、孤立している度合に応じてデーモン的仲介者である。それらは、ヤコブソンが語る自然主義の作家に加えて、シュテファン・ゲオルゲのような詩人の魔術的名前でありエンブレムである。それらは、ワーグナーやリヒャルト・シュトラウスのライトモチーフのように、それらのいくぶん衒学的な反復という点において、明らかに偏執的である。

(27) リズムの統語法上の条件についてはさらに深く研究する必要がある。たとえば、第一に、パラタクシスは、英語とナヴァホ語では作られ方が異なるだろう。ナヴァホ語は本質的にいびきのような、接続詞を省略した言語である。英語においてさえ、統語法上、すべて似たようなパラタクシス的に思われる文でも、効果はさまざまである。また、「パロール」に多くの細かな違いがあり、それらは、表音文字的に、つまりパラ言語によってのみ研究できるだろう。「パラタクシスという語は、二つの意味で用いられるかもしれない。子供の言語や一部の未開人に見られるように、それはただ、文法的な従属関係の欠如を意味するかもしれない。あるいは第二に、たとえばわれわれが『あなたがノックすれば、それは開かれるだろう』と言う代わりに『ノックしろ、それは開かれるだろう』と言うときのような、等位並列文で従属関係が慣用句的に表現される修辞的技巧かもしれない」(S.

O. Andrew, *Syntax and Style in Old English* ［Cambridge, 1940］, ch. xi, 87）。アンドルーは、大部分の古英詩が、史的言語学的に依然としてパラタクシス的でありながら、従属関係を暗示する意味の曖昧さをもっていることに気づいている。『ベーオウルフ』のページの上にはほとんどなくても、そこに従属節があるとわれわれは感じる。たぶん、この口誦詩人は、吟唱するとき、半詩行と比喩的複合語を屈折させ、移行の際に、聴き手が重要性の高低を強く意識するようにしたのだろう。ちょうど役者が、特別な声の調子で「傍白」するようにである。しかしこのことは、文体は内容はともかく形式上はパラタクシス的であるという言語の事実を変えることはない。『地獄篇』十歌二二―七八行について Auerbach, *Mimesis*, 170–177 参照。アウエルバッハは「場面の急速な連続にもかかわらず、ダンテの文体にはパラタクシスの問題はまったくない」ことに気づいている。アウエルバッハの「ガネロンと対峙するロラン」全章とスピッツァー（Spitzer）の *Linguistics and Literary History* のなかのディドロに関する試論は、この問題に関する古典的な研究である。スピッツァーはディドロの『修道女』のなかに「二つの交互に現われるリズムのパターンの機械的反復」を見出している。この「裁断された文体」（*style coupé*）は「息もつけない、張りつめた、痙攣を起こした」文体と呼ばれている。

　パラタクシス的効果（高次と低次の関心または価値の心理的欠如、「情動の退却」）は、統語法の条件が従属関係であるように思われるときでも結果として生じるように思われる。要するに、ハイポタクシスは、ときにヒエラルキーのまったき欠如の感覚を生み、ときに統語法の休止、突進、強調、リズムの欠如を促進しさえするかもしれない。関係詞節の単調な連続（イヨネスコが劇『はげのソプラノ歌手』の、消防隊長の頭痛の話のなかで風刺しているもの）によって、著者は、ハイポタクシスの目的そのものを阻んでいるように思われることがある。ハイポタクシスの目的は、人間の、環境に対する反応の、融合したり、突然変化したり、突然加速したり失速したりする速度に適合するための転調と定義することができるかもしれないからだ。とくに抜きんでてその種の作家といえるのは、ウィリアム・フォークナーであろう。彼のハイポタクシスは、多様化の効果はまったくなく、単調なうねりを生み出す。自分の散文の朗読の仕方から判断して、それが彼の目的だった証拠がある。蓄音機の録音から判断してよいなら、彼は一本調子で読んでいた。

Alarik Rynell, "Parataxis and Hypotaxis as a Criterion of Syntax and Style," in *Lunds Univ. Arsskrift*, N. F. Avd. I, XLVIII（1953）, no. 3 参照。また *Time and Western Man*（New York, 1928）53–65 におけるウィンダム・ルイスのガートルード・スタイン攻撃参照。目立つアメリカ人作家は、ヘミングウェイ、フォークナー、エイジー――彼らの正反対はヘンリー・ジェイムズ――であろう。

　統語法的構造については W. Nelson Francis, *The Structure of American English*（New York, 1958）, 292ff. 参照。G. H. Vallins, *The Pattern of English*（Penguin ed., 1957）においては、構造が、英語における動詞の機能に関係づけられている。

（28）Page 103. アウエルバッハは、言語学的伝統にある学者らしく、統語法の効果を広範囲に扱っている。たとえば *Mimesis*, 155 and 185 も参照。Robertson は *Preface to Chaucer*, 163–171 において、『ローランの歌』について、関連する扱いをしている。

（29）*Complaint*, tr. Moffat, 3.

（30）*Complete Writings*, ed. Geoffrey Keynes（London, 1958）, 201.

（31）Lecture XIV, "On Style," in *Misc. Crit.*, 220.「ジョンソンの文体は、永久に翻訳可能であるというまさにその欠陥ゆえに多くの人を喜ばしてきた。つまり、彼は、どんなこともけっしてありきたりの言い方では言わないことによって賢明さという印象を作り上げる。このやり方の最良の例はユニウスのなかにある。というのも、彼の対照法は、ジョンソンのそれよりも、たんにことばの上のことであることが少ないからである。ギボンのやり方は最悪である。この特有の文体がもちうるすべての欠陥をもっている。タキトゥスはラテン語によるその例である。キケロから移るとすぐに『裏声』（*falsetto*）を感じる。」コウルリッジがこれらの評言のすぐ前で、掉尾文的文体を広い読者層の文化的発展と関連づけており、それは地位の象徴がここに関与していることを示唆していることに注目すべきである。「この文体の本質は、見せかけの対照法、つまり、たんなる音の対立にあり、擬人化、生命を与えられた抽象、こじつけのメタファー、奇妙な語句、韻律のある断片への熱狂にある、要するに、真の散文以外のすべてのものにある。」これは、統語法と文体論のレヴェルでの、アレゴリーへの熱狂の説明のように聞こえる。

（32）Puttenham, *Arte of English Poesie*, 208はアナフォラを「報告の修辞」と呼ぶ。目録、在庫明細、リストを暗示しているからである。彼の例はローリーから引いたものだが、ローリーにとってはこの修辞は、孤立した例証的シミリーとともに、お気に入りの技巧であった。

（33）"The Phoenix," *Early English Christian Poetry*, 232.

（34）「創世記」の崇高な文体についてはAuerbach, *Mimesis*, 95–96を参照。

（35）*The Steele Glas*, in *English Reprints*, *George Gascoigne*, *Esquire*, ed. Edward Arber（London, 1869）. この詩の末尾で、ギャスコインは、四十三行にわたってアナフォラを用い、"and"と"but"で始まる詩行によって、数箇所で小さな中断を設けている。

（36）Levi, *Of Fear and Freedom*, tr. Adolphe Gourevitch（New York, 1950）, 67（copyright 1950 by Farrar, Straus & Co.; quoted by permission）. レーヴィはパラタクシス（あるいはパラタクシスの効果）をモザイク、遠近法の欠如、単調なリズム、対称形式、「調性と構成」の廃棄と同一視している（72参照）。パラタクシスの働き一般についてはHeinz Werner, *Comparative Psychology of Mental Development*（Chicago, 1948）も参照。Christine Brooke-Rose, *A Grammar of Metaphor*（London, 1958）, 64, 203は、なぜ継続的なアレゴリーは、文法的に単調になる傾向があるか、そしてその結果、その指示対象がかならずや同語反復的にならざるをえない「属格のメタファー」（主としてシネクダキー）の集合を加える必要があるのか、その理由を示している。

（37）Tr. W. and E. Muir, in *Parables*（Schoken ed., New York, 1947）, 91. Reprinted by permission of Schocken Books Inc. from *Parables and Paradoxes* by Franz Kafka; copyright 1936, 1937, by Heinr. Mercer Sohn, Prague; copyright 1946, 1947, 1948, 1953, 1954, 1958, by Schocken Books Inc.

（38）スコット・ブキャナン（Scott Buchanan）はその著 *Symbolic Distance in Relation to Analogy and Fiction*（London. 1932）において、メタファー的構築物と幾何学的行列との類比性を展開した。この類比は十全に展開できるかもしれない（アレゴリー）、あるいは一部展開できるかもしれない（メタファーとシンボル）。

（39）詩的壮大さについてAristotle, *Poetics*, 1449b, 1451a, 1452b, 1455b, 1459b, 1462b参照。R. A. Adams, *Strains of Discord*

諸所も参照。カフカの未完の形式についてはHeinz Politzer, *Franz Kafka: Parable and Paradox*（Ithaca, 1962）参照。

（40） Curtius, *European Literature*, 289. この総括的図式は視覚的技巧である。なぜなら、それは読者に、詩の視覚的に提示された外観をふり返って見させるからである。この点において、それは、活字の形象の反復使用に似ていなくもない。たとえばハーバート（Herbert）の *Easter Wings* がそうであるが、これについてはJ. H. Summers, *George Herbert*, ch. vi とくに143–145を参照。これに関連してCurtius, 284も参照。クルティウスは「マニエリスム」の定義をしているように思われる。これら特有の比喩は、自然な用法の偏執的歪曲として「マニエリスム」のおとなしい血縁である。「総括的図式」に大きく傾いた文体は、なにか偏執的な行為に似て、読者をすぐに飽きさせるだろう。このような退屈さは、たとえば、テオプラストス流の「性格描写」に感じられる。同種の「視覚的」技巧についてはSir Thomas Browne, *Works*, V, "Of Ropalic or Gradual Verses" 参照。ブラウンはこう言っている。「ぜひ告白しなくてはならないが、わたしはそれにまったく愛着はない。わたしは詩におけるすべての気取りが大きらいである。空想を抑制するものであろうと、創意をふるいにかけて語を厳格に配列するものであろうと、そうなのである。」「律動的統語法的対句法」についてはVictor Erlich, *Russian Formalism*, in the series *Slavistische Drukken en Herdrukken*（The Hague, 1955）, 190 ff. 参照。

（41） Frye, *Fearful Symmetry*, 109–111 に記述されているように、ブレイクにとって、真の叙事詩とは、生の円環的構想である。「永遠回帰」の元型的な円は、百科全書的に閉じられた知の全体系の、物語的、時間的等価物である。これは、歴史的アレゴリーの問題ではなく、歴史化的アレゴリーの問題である。それについてはCohen and Nagel, *An Introduction to Logic and Scientific Method*（New York, 1934）, 359–360 参照。本書では、歴史的アレゴリーについての本格的考察は省略した。なぜなら、それは、アレゴリー的技術の、大きな、そしてある程度二義的な分野だからである。『妖精の女王』第五巻の歴史的アレゴリーを適切に論じたものは現在のところまったくないことは注目に値する。

（42） H. Frankfort, in *Ancient Egyptian Religion*（New York, 1948）, ch. v, "Change and Performance in Literature and Art," 141 は、さもなくば洪水の恐怖のなかで生きることになる人々の実体化的イメジャリーを論じている。文体論的観点での

窮極の効果は、視覚芸術と詩の両方におけるパラタクシス的な儀式化された一連のイメージである。このような秩序は、初期キリスト教のアレゴリーであるプルデンティウスの『サイコマキア』に現われる。そこでは詩人は、それぞれの場面を、まさに視覚芸術と詩のいずれの場面にも見えるのを可能にした挿話形式を強調する。のちに、儀式的なものが、死の舞踏が含意されたブラントの『阿呆船』のような大衆的な作品に現われる。「死の舞踏」の行列行進的性格（Auerbach, *Mimesis*, 217）は、スペンサーの「季節あるいは川の仮面劇」に生き生きとした相似物をもっている。Frye, *Anatomy*, 289 は「見世物」を、形式のうえで行列行進的で断片的であると説明している。仮面劇の中心にあるのは「勝利」である。

(43) *Speculations* の著者 T. E. Hulme は、彼が最高度の「イマジスト」詩と考えるものにおける類比の特別の事例を論じた。「しかし、類比全体が細部にわたって、正確な描写のために必要である場合……それが正確な意味で嘘偽りのないものである場合、類比全体が、あなたが表現したい感情や物の正確な曲線を達成するには必要である場合——そのような場合、あなたは最高度の詩を手にしているとわたしには思われる。」これは「イマジズムの教義」と呼ぶことができるかもしれない。ヒュームは、宇宙的諸体系（全体としての類比）が互いに完全かつ完璧に照応する詩を求めた。I・A・リチャーズはヒュームに強く反発したが、その理由はたぶん、ヒュームが実際は一種のアレゴリー的な詩のために論じていたからだろう。このように、類比を強調することは、自由な対位法的展開ではなく、厳格な意味論的対位法、学術的遁走曲を強調することであった。リチャーズは *The Philosophy of Rhetoric*, 133–134 でヒュームを攻撃した。「ひとつには、いかなる類比にも全体はまったくなく、必要なだけ類比を利用する。そして、もしわれわれが不手際に類比を推し進めると、われわれはそれを破壊する。」この発言は、アレゴリー使用に対する標準的な警告を繰り返している。マコーレーは、バニヤンを批判しつつ同じことを言っている。リチャーズは続ける、「テナー〔内容〕とヴィークル〔媒体〕の関係には〔ヒュームの〕説明が課すような制限はまったくない。この教義の結果は、ことばで知覚や感情を写し取ろう、『身体的に感覚を伝えよう』という不安で入念すぎる試みに見られうるかもしれない。現代のもっとも傑出した散文がこれらの試みから成り立っていることがあまりにも多い。ことばは生を写し取るための媒体ではない。ことばの真の働きは、生そのものに秩序を回復させることにある。」この最後の批判においてリチャーズは、「表象的韻律」の誤謬を想起させている。そして、彼の攻撃を拡大して、表象的音楽、つまり標題音楽の誤謬をそのなかに入れることができるだろう。われわれは、この種の芸術がもっとも偉大な作曲家たちに対してもっていたほとんど普遍的な魅力を認識する必要がある。一例をあげるとヘンリー・パーセル（Henry Purcell）はたえずアレゴリー的技巧を用いている。彼の顫動音は *King Arthur* のなかの「霜の精」のアリアのなかの震えを示している。音楽的顫音は *Dido and Aeneas* のなかの「震え」という語の寓意である。しかし、これはバロック的伝統であり、バッハのような作曲家において十分に確立されたものである。もっと興味深い事例は、もっとあとに現われる。というのも、対位法的音楽は本来的に図像的であり、それに対して単声的楽曲はそれほどでもないように思われるからだ（本書第二章の注121参照。文献表の Manfred Bukofzer の作品も参照）。いわゆる「純粋」音楽が、ドイツ歌曲とオペラのアリアの伴奏部とバレーに、図像法に対する欲望とのまずまずの妥協点を見出していることは明らかである。ワーグナーとともに、図像的なものに向かう傾向は、ミメーシス的演劇を完全に圧倒する。あとに残るのは、終わりのない、崇高でピクチャレスクな「効果」の連続である。バイロイトのオペラハウスの彼自身による設計と彼のオーケストラ席の「奈落」をあわせて考えてもらいたい。

第四章　アレゴリー的因果律——魔術と儀式の形式

　たとえどれほど短くてもすべての物語は、たとえどれほど圧縮されていてもすべての演劇は、たとえどれほど省略があろうとすべての抒情詩は、出来事のなんらかの因果律的相互連結で統合されなくてはならない。アリストテレスは『詩学』のなかで、ミメーシス的演劇は、因果律的系列をなして「蓋然的に」たがいに前後して続く出来事のみを描くのが望ましいと述べているが、それは、演劇と叙事詩が一貫性をもっているかを判断する経験論者の基準にあてはまる。もっと現代の作品では、われわれはしばしば、筋の展開の「もっともらしさ」について語る。われわれはまた、その語によって、作品が、公的に共有される体験の外的基準を指示していることを理解しているのである。このような基準は、なぜ特定の観客・読者は、特定の演劇・小説を、生活の諸問題に対して「時宜にかなってい る」あるいは「関連する」と考えるのか、その理由を示すのにしばしば役立つだろう。フライが「もっともらしさの基準」と呼んでいるものは、さらに、ある種の描写の技法を含意しているし、一般論として、作品は事実の報告という外観をおびると、つねにより現実的で迫真的であるように見えることを含意する。芸術家が、デフォー流の自然主義的作家になろうとするとき、この外観について語ることは、しばしば有益であろう。しかし、文学は、アリストテレスの蓋然性の基準と合致しない一連の出来事、不合理な、もしくは偶然的な出来事を呈示することもある。ある種の本当らしさを出す工夫がそれらをもっともらしいものにする、としてでもある。とりわけこのことは自然主義的アレゴリーにあてはまる。

一般的に、アレゴリー的な筋の展開では、出来事は、もっともらしく連結される必要さえない。筋の展開に恣意的に課された逆転や発見、筋の展開から行き詰まり状態を取り除くために導入される「機械仕掛けの神」——これらは、たとえ観念や理論を模倣しているとしても、「自然」を模倣してはいない。しかしながら、たとえそうであれ、アレゴリー的な筋の展開は、独自の結合の原理に基づいており、実際にばらばらになることはない。これらの原理が、魔術や魔術的因果律において不信の停止を要請することにわれわれは気づくだろう。筋と副筋がある種の仕方で結合されるとき、それらのあいだの相互作用の効果は因果律的なものであり、主要人物が副次的人物、つまり彼ら自身の断片を「生み出す」とき、これらの断片は特有の因果律的相互関係をもつ。アレゴリー的作品における登場人物は、ある論理的必然性をもって相互に働きかけているかぎりは、もっともらしく、ある蓋然性に即して相互作用する必要はないだろう。この論理的必然性は、次には、アレゴリーのリズムの結果として、魔術的な力をおびるように思われる。アレゴリーの仲介者は「まるで魔術によるかのように」たがいを助け、傷つけ、変化させ、また他の方法で影響を与えることができる。この章の目的は、この相互作用の様相をくわしく論じることである。

二重化——魔術的因果律。アレゴリーを中心に扱った『牧歌の諸変奏』におけるエンプソンの主題は、二重のプロットは、かならずや、これらのプロットが語られる二つのレヴェルのあいだの魔術的関係を暗示するということであった。『トロイラスとクレシダ』のような劇では、主要なプロットは二義的プロットによって鏡映され、この相互の鏡映は、一方のプロットが他方のプロットを、後者が前者の分身であるがゆえに現出させるかのように、魔術的な力をもっているように感じられる。それぞれのプロットが、他方のプロットの論理、一貫性、説得力を再創造し、その結果、われわれは、「ともに属する」二つの世界の奇蹟的な二重化のようなものを手にする。エンプソンは『トロイラスとクレシダ』についてこのように述べている。

二つの部分が、両方の側を照らし出す相互比較をする（「愛と戦争は似ている」）。それらの大規模な無限定の並置は、原始的な思考方法（「クレシダはトロイアに悪運をもたらすだろう、彼女は悪女だからだ」）を助長するように思われる。この暗示の力は、二重のプロットの強みである。いったんわれわれが二つの部分は照応するものと理解すると、どの人物も「マナ」〔太平洋諸島の未開人のあいだで信じられる超自然の力〕を身につけるかもしれない。なぜなら、彼はみずからが対応するものを生み出す、あるいは彼がシンボル化するものの「ロゴス」であるように思われるからだ。(1)

ここでは「ロゴス」は、シンボル的相似物の高度に負荷のかけられた体系、おそらくは、装飾の小さな細部に全宇宙を内包するコスモイ（kosmoi）でイメージ化される体系を含意する。『トロイラスとクレシダ』の戦争物語が、恋愛物語に対して力を及ぼし始め、それゆえ、恋愛が一種の戦争になる——宮廷愛文学でよく知られている奇想であるが、ここでは、形式の並行関係、つまりプロットの二重化の結果により特徴づけられる奇想である。

最初に奇妙に思われるのは、エンプソンが研究対象とする奇妙な対象——牧歌——である。そしてまた、彼が牧歌をきわめて広く定義して、彼が「プロレタリア的」と呼ぶ文学を主要なものとして含んでいることも奇妙である。後者は階級闘争の文学と名づけたほうがよいように思われる。しかし、エンプソンは十分な理由があって研究対象を選んだ。というのも、問題の詩には魔術的な二重のプロットがあり、その主たる目的が社会的もしくは政治的もしくは精神的ヒエラルキーを階級区分の線に沿って体系化することを目的とする詩だからだ。牧歌はつねに、社会的地位の差異に関する詩である。もしそれがコスモイを用いるなら、それはアレゴリー的になるだろう。『牧歌の諸変奏』で研究されている作品すべてに、聖書釈義的な読解がなされている（かくして「変奏《ヴァージョン》〔聖書の翻訳・版の意味もある〕」という語が使われる）。そして作品は、両価的な感情、鋭い社会的緊張状態でわれわれが経験する感情の例として解釈されている。魔術的に生み出された行動は、この牧歌的世界にふさわしい。なぜなら、社会的なはしごを一段別の段に移るためには、魔術の助けを必要とするからだ。物語が裕福で身分の高い人々の団欒を貧しい人々のそれとともに提示するとき、それは、彼らが貧しい人々にある程度の力を与え、他方、貧しい人々は、裕福な人々に純粋さを与えることで贈り物のお返しをすることを暗示する。この交換を可能にする相互作用は、プロット構造によりイメージ化され、その構造はつねにわれわれに、二つの集団がどのように場所を変え、宮廷人が羊飼いに、羊飼いが宮廷人になるかを示す[2]。

　この理論、つまり、ダブル・プロットはおたがいに関連づけられ、魔術的相互作用を生み出すということは、アレゴリーのプロットは対称的プロットまたは儀式的プロットに、図式的なアレゴリー的戦闘または予定表的なアレゴリー的探究になろうとしているという議論に結びつく。というのも、エンプソンはイギリスのアレゴリーの中心的伝統、つまり牧歌の特徴を述べているからである。そういうわけで、たとえばイェイツは、スペンサーの『妖精の女王』を次のように理解していた。つまり彼は、この詩を、興隆しつつあった中間諸階級の闘争をめぐる詩であると解釈したのだった。[3] しかしながら、ダブル・プロットの役割を牧歌に限定する必要はまったくない。対称的プロット構造は、なにか過激な闘争が起こるところではどこでも、文学全体にみちあふれている。対照的な立場のあいだのどのような闘争も、エンプソンが興味をもっていたような形式化された二重化を喚起するだろう。かくしてトーマス・マンの「ヴェルズンゲンの血」[4] において、ユダヤとアーリアの「人種」の主題は、マンが兄と妹、ジークムントとジークリンデについて語る実際の物語と、ワーグナーのオペラで語られる同名の物語の対称的対立によって進められる。この並行性は最小の細部にいたるまで正確で、兄と妹がオペラへ行くとき、彼らは、彼ら自身がしようとしているまさにその行為を目撃する。彼らはたった今目撃したまさにその近親相姦を犯すのである。マンは、彼らがまったく統御しえない魔術的因果律として、目撃した場面の影響力を記述する。

アレゴリー的作家が中心人物を二つの対照的局面に分割するとき、彼はかならず二重の物語、ひとつの半面につきひとつの物語を創造する。これが、ドイツ・ロマン派の散文文学に多くあるジキルとハイド型の物語に起こっていることである。ラルフ・ティムズは、ホフマンと他の作家たちが、どのようにドッペルゲンガーの観念を心理学的精密さで展開し、そのため彼らの著作のアレゴリー的性格が見えにくくなっていることを詳細に示した。[5] しかしながら事実は、ドイツ・ロマン派の分身の基盤となっている対照はつねに善悪の対照であるということだ。彼らはその二元論的な道徳遺産から脱していない。彼らは、同種の形式の二つ以上のプロットの同時的展開を考慮に入れている。これが必然的にアレゴリー的効果をもつ。心理学的倍音がこの図像学的意図をもっともらしく覆っている。心理学は、とてもよい口実なので、ティムズは、分身の心理学的利用と、アレゴリー的利用を、切り離して区別する。この区別は、われわれが「アレゴリー的」の意味をせばめて、きわめて常套的な説教まで含めても依然として妥当である。にもかかわらず、ロマン派の際立って二元論的な心理状態はすぐに聖書釈義的な読解の余地を生じさせる。

一見非政治的な作品の多くが、センティメンタルな恋愛的関心の表面下に階級闘争を描いているのを見てとることができる。これらもまた含める必要がある。共産主義国家ロシアの典型的な現代のアレゴリーがその例となるだろう。そこでは、恋愛物語が、ソヴィエトの前進の現状をめぐる高度なテーマをもったメッセージに物語のなかのすべての時間を図像的に貼りつけるという代価を払ったあとに、やっと起こりうるのである。[6] ロシアにおいて顕著な『ドン・キホーテ』の人気は、その社会的メッセージ、その、衰微していく生活様式への攻撃といくらか関係があるかもしれない。[7] 階級闘争が、サンチョの太守への転身をともなうダブル・プロットの中心的な主題である。これらの物語には一貫して、従僕は統治者である、あるいは好機があればそれになれるということを強く示唆するものがある。そして、典型的なスペインの従僕――サンチョ型あるいはフィガロ型あるいはドン・ファン物語のレポレロ型――は、主人を挑発し続け、物語のなかで主人公になることさえときどきある。同様に、オペラ・ブッファ〔とくに十八世紀イタリアの喜歌劇〕の複雑な筋の展開は、たとえば、従僕をともなうダブル・プロットによって、革命や社会的転覆の観念を伝えるが、魔術的並行論を用いる種類のひとつに数えることができる。オペラ・セリア〔十八世紀イタリアの正歌劇〕として知られている古い時代の神話的オペラはすべて本質的にアレゴリー的であることも明らかである。オペラ全般は依然として一種の高度に迎合的なアレゴリー的芸術である。「オペラ的」という語は、エイゼンシュテインの政治的な映画を特徴づけるより抽象的で図像的なプロット形成を指すために使われることさえある。このことは、これらもまた、エンプソン的な意味での牧歌であるかもしれないことを示唆する。オペラと映画によってわれわれは、見世物的提示の壮麗さと輝きの極致に到達することができる。

壮大さの正反対の極致として短い謎詩あるいは警句的寓話がある。そこには語の普通の意味でのプロットはまったくない。それゆえわれわれは、ダブル・プロットについて言ったことに条件を加える必要がある。抒情詩あるいは他の短い虚構形式が並行的もしくは対称的構造を用いるとき、読者はプロットが二重化されているとは強く感じないかもしれないが、その種の二重化の抒情詩的な等価物を経験するかもしれない。セスティナ〔六個の六行節と一個の三行節から成る詩形〕、そこでは六つの重要な語が、六つの並行的な処理によって六つのスタンザからなる集団のなかに置かれるが、その効果は物語的効果とほぼ同じであることが判明する。二重化は、筋の展開にではなく、イメジャリーに対して作用する。しかし、そうでない場合は、おそらく、このように並行的に呈示された語のあいだに魔術的関係を生み出す。さらにこれにとどまらず、六つの重要語は、それぞれがひとつのコスモスであるが、読者の精神のなかでの解釈の試演を要請する。この試演は読者の選択に委ねられているのではない。それは、六つの語すべてを、並行的陳述の最後のミクロコスモス的集合で取り上げる末尾聯《エンヴォイ》によって読者に課される。末尾聯はたんなる形式的技巧ではなく、アイソポスの寓話の末尾のモラリタス（*moralitas*）効果をもつ。

魔術、偶然そして奇蹟。魔術的因果律というエンプソン的概念をさらに進めるために、われわれが再考する必要があるのは、特定の瞬間にあることが起こる、あるいは起こらないことの妥当な蓋然性がつねにある有機的なプロットにおいて物語がミメーシス的に呈示される場合に、物語を統合するものは何かについてのアリストテレスの立場である。ミメーシス的詩人は明らかな不可能事は避ける。詩人がどうにかしてわれわれを欺いて、それらが実際に起こるかもしれないと思わせることができれば別であるが[8]。彼は可能な場合にはいつでも「機械仕掛けの神」は避ける。なぜなら観客は、ダイモン的介入の恣意的性格をけっして疑問視しているわけではないからだ。（それゆえ宗教的概念の多くは表象することはできない。）しかし、アレゴリーでは、プロットは儀式化されているか対称的であるかのいずれかである。そしてこれらのためには、われわれは、アリストテレスの「蓋然性」以外の、もうひとつの部分連結原理を必要とする。それは、以下の理由により、一種の魔術的因果律でなくてはならないだろう。虚構の出来事が偶然の働きで恣意的に生じるとき（「偶然事」）、あるいは至上の外的な力の超自然的介入によってもたらされるとき（「奇蹟」）にはいつでも、この偶然と介入は、宗教と詩的伝統の観点では同じ起源をもつ。古代人は、今日でもなお文学には有効であるが科学には有効でないこと、つまり、いわゆる偶然事はつねにダイモンの働きであると想定していた。今日でもわれわれが「それは偶然に起こった」と言うとき、この偶然的出来事には神秘的な原因があることをときに意味している。もちろん通常われわれは、神秘的な原因のせいにしようとはしない。しかし、ローマ時代と中世においては、女神フォルトゥナが、偶然的出来事の根底にある魔術的因果律への信仰の名前と崇拝の由来となった。女神の図像的活用は、アレゴリー的文学においてもっとも盛んである。「運命《フオーチユン》」と「宿命《フエイト》」（ウェルギリウスの *fatum*）が同一視されると、偶然と外的支配のつながりは明らかになる。

戦闘と前進にとって、魔術的因果律の二つの局面が関連する。それらはたいていの場合に相互に浸透するが、一方は主として戦闘に、他方は前進に適合するように思われる。ホメオパシー〔同種療法〕的魔術、あるいはわたしがこれからそう呼ぶ模倣魔術は、対称が支配的なアレゴリーにおける因果律の基盤である。感染魔術、これもまたメトニミー的魔術と名づけることができるかもしれないが、これは儀式化された形式の基盤である。(9) くり返すが、これら二種類は、多くの場合に相互に融合することを忘れてはならない。

模倣魔術。『金枝篇』に記述されているように、模倣魔術は、魔術師が統御したいと思う現実の出来事を、シンボル的出来事と並行関係に置こうとする。後者は彼の直接的支配のもとにある。かくして、もし彼が雨を降らせたいのなら、彼は雨を模倣する儀式を執り行う。おそらくは、水差しから水を注いだり、あるいは地面に小便をするだろう。あるいは、もし彼が女の出産を助けたいのであれば、分娩と出産の過程にできるかぎり正確に並行する踊り（擬娩）で分娩の苦痛を模倣する。踊りを適切に終わらせることによって、彼の魔術的並行関係は女の分娩のめでたい結果を実現するだろう。このような踊りにおいては、シンボルと事実とのあいだの想像上の対称を破らないことが絶対に必要である。演技のほんのわずかの誤りでも、魔術師は全過程を最初からやり直さなくてはならない。並行性の想定上の因果律の効力は、すべての細目を厳格に追求することにある。ここではもちろん、対称と儀式がともに機能する。

作品の基本形式が戦闘であるとき、筋の展開は振り子のように揺れ動く運動をする。プルデンティウスの『サイコマキア』は、最初に「美徳」を、次にそれを攻撃する「悪徳」を導入する。戦闘はシーソーのようなリズムをおびる。

草原での戦いに次に踏み出すは、美しい甲冑に輝く処女「純潔」。彼女のうえに、彼女の国の燃え木を帯に縛った「男色者色欲」が襲いかかる。そして彼女の顔に、瀝青と燃える硫黄で黒く燃えあがる松の木のたいまつをかざし、彼女の慎ましい目を炎で攻撃し、汚い煙で覆わんとする。しかし処女はうろたえず、炎で包まれた鬼の手と忌まわしい売女の燃えあがる武器を石で打ち、清浄な顔からたいまつを払いのける。そして彼女は、武器を奪われた売女の喉を剣で突きさす。売女は、汚い血のかたまりとともに熱い炎を吐き出す。あたりの空気は不潔な息で汚れる。(10)

そしてこのような登場と決闘がもう一度。

見よ、おだやかな「長らく苦しむ者」が、顔つきも変えず、闘いと混乱の騒ぎのただなかにあっても動ぜず、彼女がじっと待っていたときに堅い投げ槍が彼女の急所を貫いてできた傷を凝視した。遠くから、膨らんでいく「怒り」が、憤激で歯をむき口から泡を吹き、血走り憎しみをこめたまなざしを彼女に投げ、闘いに加わらない彼女を武器とことばで挑発する。(11)

細部に多様性が現われるが、戦闘の形式はほとんどスティコミティア〔隔行対話。古代ギリシャ劇で用いられた、二人の登場人物が一行ずつの詩で行う対話〕である。いずれの側にも勝利するときがあるのは十分に自然なことである。しかし、アレゴリーは、二つの敵対する力の対等性を強調する傾向がある。それが含意するところは、美徳と悪徳を並置させることにより、詩人は、後者が対等な対照的存在により魔術的に打ち負かされるのを示すことにある。二者の直接的な対峙は、哲学者の視点からすると弁証法的過程であるが、心理学者の視点からすると、それは、似て見えるものはともかく魔術的に関連づけられているにちがいないという神秘的な信念を喚起する原始的な技巧である。素朴な人のみが自分は悪を直接打ち負かすことができると考える。これほど原始的ではない見解は、むしろアウグスティヌスの公式に従って、悪は「善の不在」と想定する。アウグスティヌスなら、マニ教徒のように悪に正面攻撃を加えることによって、われわれはかえって新しい悪を作り出すと言う可能性がある。しかしアレゴリー作家は、美徳が攻撃の瞬間に悪徳を模倣するとき、まさにその同形模倣によって、敵対者を破壊することができると想定する。おそらく、厳格なマニ教主義を避けるため、主要なアレゴリー作家は、「美徳」が「悪徳」を攻撃するまさにその瞬間に、ある程度の混乱が生じるのを許容するかもしれない。こういうことが『妖精の女王』で起こっている。エンプソンが『曖昧の七つの型』で指摘しているように、この作品では、スペンサーが第三人称単数で二人の闘士を描くとき、「彼」が誰だかわからないのである。

二重化の種類。プロットのなかの対称にはさまざまな種類があるかもしれない。それらは戦闘のシーソーかもしれない。エンプソンのあげる例のように、それらは、たがいを鏡映する社会の二つの層をともなうダブル・プロットかもしれない。それらは、「七つの大罪」を分析する際、ひとつひとつの罪がまるでトランプの絵札のように同一の図像形式で呈示されるときのように、ひとつの儀式の諸部分の反復かもしれない。対称は紋章 *blason* の描写の分割された細部に現われるかもしれない[12]。そこでは人体のひとつひとつの部位に特定の賞賛のことばが添えられる。それらは広範囲に及ぶ効果をともなうかもしれない。たとえば『神曲』の三重構造、あるいは『妖精の女王』第一巻と第二巻の異種同形、あるいは宮廷仮面劇の均整のとれた構造の場合のように。宮廷仮面劇では、踊りとそれに対抗する踊りは、観客から解釈の反応を誘い出す存在の二つのレヴェルを呈示する。これらすべての場合において、われわれは、正・反・合の弁証法的構造は厳密な哲学的機能を果たしているのではないことに気づかなくてはならない。それは魔術的機能を果たしているのである。

この対称的並行関係の利用は、メタファーからも区別されなくてはならない。比喩的言語においては、わたしが理解するかぎりでは、テナーとヴィークルのあいだの厳密で総体的な、ブレのない照応は「生気」を破壊するであろう。このように統御されたメタファーは、直感的知覚から機械的例証になるだろう。メタファーは、知覚経験に基づくものから、圧倒的な論理のために知覚機能を失ったものになるだろう。そのかわり、真のメタファーは、類比では長く持続できない照応関係を活用する。照応関係のアレゴリー的拡張と、望む結果を誘発するために用いられる模倣魔術の両者によって、並行関係の厳密さは維持されなくてはならない。われわれがそれを好もうと好むまいと、スペンサーのもっとも厳密にアレゴリー的な部分は、二つの「中心のシンボル」、つまり第一巻と第二巻の「清浄の家」と「節制の家」の意味をたどっている部分である。それらの巻においては、彼がいったん比喩を作動させ始めると、小塔から土牢へと比喩を進め続け、城と概念体系のあいだの照応関係の主要項目はひとつとして省略しない。さらに、模倣魔術は表現のメタファー的過程とは区別しなくてはならない。メタファーは、魔術的対称では求められる現実に及ぼす力を求めないからである。[13] 魔術師は自然を統制しようとしている。メタファーを使うミメーシス的詩人は、ただ自然を理解しようとしているだけである。つまり、彼の芸術は、燃え尽きた感情のカタルシスを引き起こそうとしているのである。他方、アレゴリー的詩人は、彼の「メッセージ」によって、さらに読者を統御しようとしているのである。彼は魔術的技巧によって読者を揺さぶり、知的あるいは道徳的あるいは精神的な高みを受け入れさせようとしているのである。詩人は、読者は表象されているすべてのものに参加すると仮定して、現実をダブル・プロットあるいは分身をもつ人物というかたちで描くのである。

窮極的には、アレゴリーの模倣魔術は、ミクロコスモスとマクロコスモスとのあいだの照応に基づいている。なぜなら、たがいに対称の関係に置くことのできるイメージと仲介者の体系をもつことが必要だからだ。アレゴリー作家は、衣服と人体の大規模な並行関係を取り入れる。というのも、そうすると、一方で悪漢の歴史を、他方で彼の衣服の歴史を語る物語を構築することができるからだ。「もしあなたが泥棒をつかまえることができないなら、次善の策は、彼が逃げるときに脱ぎ捨てたかもしれない衣服をつかまえることだ。というのも、あなたがそれをしたたか叩けば、泥棒は気分が悪くなるからだ。[14]」外套はゴーゴリのアカーキー・アカーキエヴィッチの本人のイメージそのものだ。あるいは、もしあなたが、装飾の概念を衣服から身体に拡張したいのなら、あなたは一方で小役人の物語を語り、他方で、ゴーゴリが「鼻」でそうしたように、彼の鼻の物語を語ることができる。ベン・ジョンソンの『シジェイナス』は、いくぶん『コリオレイナス』と似たところがあり、主人公が（国家が政治的切断の危機に瀕しているあいだ）身体の切断をつねに恐れ、これが最後に彼を迎える死であることを示すことにより、身体イメージのミクロコスモス的技巧を用いている。

アレゴリー作家は、身体のイメージからさらに遠く離れて、あるレヴェルで動物が活動し、別のレヴェルで人間が活動するダブル・プロットを構築することができる。『見なれぬ鳥』のような大衆小説は、二つの並行する物語を同時に進めている。ひとつは白人の少年とインディアンの少女の異人種間結婚を語り、もうひとつは二つの異なる種のガチョウの不つり合いな交合を描いている。[15] 動物寓話は、この種の並行関係に基づいて構築されているが、そのことを明示することはない。動物寓話は『見なれぬ鳥』のように、「存在の偉大な連鎖」という着想にいくらか基づいており、それは、同等の品格があるが、異なる種であるという点で違う異なる生物のあいだの交差した関係を可能にする。ときどき、人間と動物のあいだの境界線が意図的に作家によって混乱させられる。『魔笛』においては、鳥人間パパゲーノと花嫁パパゲーナは初めは動物界に属しているが、転向を目ざしており、最後にはそれが起こり、彼らは発達のより高い段階の「偉大な連鎖」に入ることができる。[16] 変身への文学的関心の多くは、それが伝える解放あるいは監禁の概念に由来する。つまり、それはたえず人間を「偉大な連鎖」の目盛りのどこかの獣類の等価物に変えるか、あるいは、彼らを解放して、人間として自由意志をもって生きられるようにするからだ。

「偉大な連鎖」は、固定された場所をもつだけでなくさらに驚異と賛嘆を誘う対象を配置する。アリストテレスは、ミメーシス的な劇において不思議で魔術的な効果を達成するためには、装飾的言語を導入しなくてはならないと指摘している。その含意は、宇宙的照応の言語は本質的に魔術的言語であるということだろう。実際そうかもしれない。そう考えてよい理由がある。そのようなシンボル的語彙が魔術師の手によって開発される――パラケルススは「署名の教義」においてその宇宙的言語が魔術的、医療的な属性をもつことを意図している思想家を代表している――様相から判断すると、そうである。[17] しかし、魔術のもっと重要な原因、つまり、二重化的配列そのものがある。エンプソンの議論があてはまる。詩においては、並列に置かれて並列に保たれるイメージの二つの体系は、魔術的に結合されているように見えるだろう――詩の読者としてのわれわれは、二つのレヴェルが形式的な照応関係によって結び合わされるなら、素朴な考え方をし、どうして二つのレヴェルが神秘的な類似性によって結合されないことがあろうかと問う。さらにこれにとどまらず、並行的プロットの展開を説明しようとして、われわれは、アレゴリーの主要な定義的属性である二重の意味を導き出す。

結論としてわれわれは、アレゴリーの主要人物が二つ以上の自分自身の分身を生むとき、そして彼が多くの部分的人物に分割されるとき、この描写はプロットの対称性の量を大いに増加させると言うことができる。主要人物から生み出された部分的局面のひとつひとつは、他のすべての部分的局面に並行させて展開させるために、今や作家が利用できるようになる。善と悪がその性格のなかに漠然と混在する人物であるサー・ガイオンは、自分自身を作っている諸部分へと分割され、ひとつひとつの悪に対して、彼は同一の戦いをしなくてはならない。しかしながら、二重化の効果を生みだすスペンサー好みの方法は、人間は輪郭のはっきりした統合された自我をもつという人間の幻想を利用することである。スペンサーはアーキメイゴーとデュエッサのような真の分身を作る。彼らはそれから、赤十字の騎士がだまされるかもしれない美徳のひとつひとつの領域に適した特定の容貌をおびる。「真のフロリメル」と「偽のフロリメル」によって彼は、まどわしの外観という概念を拡大し、美学の領域までをも包含する。これらすべての事例において、彼は脇人物の創造によって、対称のダブル・プロットを導入することができる。くり返すが、ダブル・プロットの系列の創造はアレゴリー的解釈を強制する。というのは、結局われわれは、どちらが本物で、どちらがいつわりの表象か知りたいからである。

感染魔術――儀式的形式の帰結。 形式は、われわれがアレゴリーのもうひとつの主要な副次的構造である儀式を考えるとき、よりいっそう重要な決定要素になる。ここには、人類学者が「感染魔術」と呼ぶ因果律の過程がある。[18] この概念が含意するのは、統御の対象となるものすべてを正確に模倣する代わりに、魔術師は、何か衣服の一部、何かの所持品、場合によっては一対の指の爪、あるいは髪の房のような、何か身体の残り物を取りあげ、この物体に呪いをかけることによって、それが前に結びついていた人の運命を統御するということである。ここにおいて結びつけるものは、類似性ではなく近接性である。呪文の対象と「同伴する」ものはなんでも、その対象を魔術的に統御するのに十分であろう。ここで人間の衣服が使われるのは、それが彼に似ているからではなく、彼に所属するからである。ゴーゴリの外套利用は、それゆえ、魔術の二つの種類の両方を共にもつ。それは、デフォーの『ロビンソン・クルーソー』における足跡のような、古典的な魔術の例がそうであるのと同様である。[19] この種の魔術を用いる書法の傾向は、メトニミーの使用の増加に向かっている。この現象はロマン・ヤコブソンによって、その源流のひとりがダニエル・デフォーである十九世紀自然主義小説に属するものとされている。

伝統的アレゴリーは感染魔術の分野に多くの相関物をもっている。傷の魔術はサイコマキアにある。衣服と装飾の魔術は紋章（*blason*）[20] と祭りのアレゴリー的行進に現われる。名前の魔術はあまりにも広く行き渡っているのでどれかひとつの書法に帰することはできないが、詩人が道徳的寓話で行うのが典型的な例だが、美徳、悪徳、友人、敵を列挙しようとするときはいつでも支配的になる。スウィフトの有名な、ダンス教師で終わる社会的寄食者のリストは、ひたすら名前を喚起することによる、人間の全集団への呪いの一例であろう。

これらのシンボル的行為に関わる過程はどのようなものか。まず第一に、フロイトが記しているように、メタファーの分類過程は、隣接性の非分類的原理にとって代わられる。事物を、その本質的特質を暗示することによって種類分けするメタファーは、たんに新しい標示を貼るだけのメトニミーにとって代わられる。

もしメラネシア人が、自分に傷を負わせた弓を手に入れると、傷の炎症を鎮めるために、弓を冷たい場所に念入りに保管しようとするだろう。しかし、その弓がまだ敵の手にあるなら、相手の傷がヒリヒリし完全な炎症になるように、火のすぐそばにきっと近づけられるだろう[21]。

武器にはマナ（*mana*）つまり霊的な力があるが、それは、武器が傷に似ているからではなく、傷の原因となったからである。われわれには明らかに因果律の未開的混乱と見えるものを、未開人は高度の知識とみなすだろう。人の外套を燃やすことにより、未開人は同じくらい相手を傷つけることができるだろう。人の名前を知っているだけでも、その名前を現実の人間のほとんど身体的な代替物とすることができるだろうし、それに呪いをかけることによって、遠くからでも、神秘的な行為を通して敵を傷つけることができるだろう。未開人やそれに類似したアレゴリー作家が、メトニミーを特定の人間の仲介者のシンボル的に「しっかりした」代替物にする場合には、彼らはその記号をダイモン的仲介者に変えている。その結果生じる擬人化が、アレゴリーを読む読者にとってどれくらい「現実的」であるかを決定するのは容易でないかもしれないが、このように生み出されたアレゴリー的仲介者が、古代ローマ人にとってのローマの神々と同じくらい「現実的」で力強いものになることはありうることである。古代ローマ人が、「幸運」、「力」、「愛の成就」、「戦いの勝利」などから神々や女神たちを作ったとき、彼らは、ちょうど未開人が彼の崇拝するメトニミー的対象を用いるのと同じように、これらメトニミー的語を用いていた。コウルリッジは、アレゴリーを論じたとき、ローマの神々のような擬人化にどれくらい個別化された魂が帰せられているか、われわれにはけっして確信がもてないと指摘している。

> 熱狂、スポーツ、恐怖などに祭壇を設けた民族［つまりローマ人］について、彼らがどこまで個人の力あるいは力の擬人化を本気で意図していたかを決定するのは不可能である。これだけはたしかである。つまり、これらの仲介者の導入は、アレゴリー的に用いられた同じ仲介者がわれわれの精神に生み出すのと同じ混じりけのない効果をもちえなかった。しかし、ローマ・カトリック教詩人に特徴的な聖人の導入、あるいは『楽園の喪失』の第二巻における、「罪」や「絶望」と比較した場合のモロクやベリアルやマモンの導入により生み出された効果によく似た効果をもちえた(22)。

この観察は、リアリズムの基準がアレゴリーの理論に浪費されていることを暗示している。きわめて現実的で人間的な半抽象（モロク、ベリアルなど）ときわめて非現実的で非人間的な抽象（「大食」、「熱狂」など）とのあいだに重要な違いはまったくない。なぜなら、それらが、儀式化された、あるいは対称的に秩序化された全体の形式に加わるかぎり、儀式的な全体の形式が、それぞれの仲介者の最終効果を決定するだろうからである。アレゴリー的仲介者の明らかに表層的なリアリズムは、仲介者が魔術的プロットに加わっていると感じられるやいなや、そして、そのプロットにおける他者との因果律的関係が魔術に基づいていると感じられるやいなや、その重要性が減少するだろう。これは重要な論点である。なぜなら、非常に多くのアレゴリーの自然主義的細部の機能に関して、しばしば混乱があるからだ。わたしがその概略を描いてきた観点から見ると、この細部はもう、ジャーナリズム的機能をもっているようには思われない。つまり、それは、観察された事実のたんなる記録以上のものなのである。そのかわりにそれは、魔術的包含という目的に役立つものである。なぜなら、アレゴリー作家が、彼の登場人物の、メトニミー的属性とシネクダキー的属性を取り込めば取り込むほど、彼はますますうまく虚構作品の宿命を形成できるからだ。自然主義的細部は「宇宙的」で普遍化されたものであり、客観的なジャーナリズムにおいてそうであるような偶然的なものではないのである。

感染魔術における感染。この取り込みという方法は、キリスト教的アレゴリーの主要な伝統、つまり道徳を美徳と悪徳との闘いとする扱い方にもっともよく例示されている。このサ̀イ̀コ̀マ̀キアは、道徳的細菌、つまり良いウィルスと悪いウィルスの二つの軍隊の闘争としてもっとも多く描かれている。未開人の見方では、そのような魔術的形式の隣接する諸要素は、病気のウィルスが身体の健康な四肢に対するように、関係していると感じられる。キリスト教的な「罪」の描写は、ギリシャ思想にその相似物がある。そこでは、同種の伝統が、道徳的倒錯は、遺伝性の、制御できない、意志の介在しない病気であると主張する。「アトレウスの館」にかけられた呪い、それはアガメムノンの殺害の手段とともにしばしば「網」でシンボル化されているが、きわめて典型的な例ではアイスキュロスによって血の感染性の汚れになぞらえられている。

感染はキリスト教的アレゴリーの主たるシンボルである。というのも、そのアレゴリーは罪と償いに主として関わっているからである。[23] プルデンティウスの『ハマルティゲニア』はもっとも罪深い人

（たまたまマニ教徒）を血に汚れた殺害者になぞらえている。

彼は血まみれのカインである。統一を憎む者であり、世界の耕作者であり、すべての者を犠牲にして汚すために来た者である。彼の捧げ物は不潔で土の匂いがする。それは死すべき体、つまり、よどんだ水とちりといっしょくたにされた腐った肉からなる土である。邪悪さで豊かに花を咲かせ、罪深い人間の罪の実をふんだんにつけ、肉の汚れで魂の生命を殺す、それがその土の本性なのである。肉は武器をその妹である霊に向け、霊は酔払った脳のなかで振り回され、その脳の強烈な逆上に感染し、肉体の、狂気をもたらす毒で酔払う。それは永遠の神を二つの神に分断し、大胆にも分割できない神性を分割し、ひとつの神を否定して殺されて消滅する。他方カインは弟の魂の死に勝ち誇る。(24)

この魂の病気はプルデンティウスによって「狂気」になぞらえられてもいる。罪は自然に疫病と同一視されるようになった。なぜなら疫病は十八世紀に入ってかなり経ってもヨーロッパにおいてひとつの現実だったからだ。かくしてラングランドは『農夫ピアスの夢』のなかで、形而上学的信仰ばかりでなく肉体的現実も描いている。「良心」の復讐を記録するときがそうである。「良心」は罪人たちに彼らの本性を教えるために同種療法的に疫病を喚起する。

それから「自然」は「良心」に耳を傾けた。惑星のあいだから抜け出てきた彼は略奪者たちを送り出した――熱病と洪水、咳と発作、痙攣、歯痛、カタル、白内障、疥癬病み、病気、ねぶと、腫瘍、熱っぽいおこり、狂気の発作、数えきれないほかの病気を。そしてこれら「自然」の略奪者たちは住民を刺し貫き、えじきにし、少なくとも千人がほどなくその命を失った。それから四方から、こう叫ぶのが聞こえた、「お助けを！　悲しや！　『自然』が恐ろしい『死』をつれて、われわれを皆殺しにやってきた！」。そして色欲に生きる神は、彼の騎士「安楽」に、こちらに来て戦旗をもつようにと叫んだ。「武器をとれ！　戦闘用意だ！」とこの神は叫んだ。「皆の者、各自気をつけよ。」

そしてそれから、らっぱを吹く間もなく、軍使が名前を呼ぶ間もなく、これらの騎士たちは鎧をがちゃがちゃ鳴らしながらそろって戦いに出てきた。

白髪の「老齢」が前衛にいて、「死」の前で、権利上彼のものである軍旗をかついでいた。「自然」は悲惨な病気の大軍をひきつれ、何千もの人々を不潔な伝染病で殺戮し、目の前にいる者みんなを疫病と梅毒でなぎ倒した。それから「死」は突進し、国王も騎士も、皇帝も教皇も粉々に押しつぶした。彼はいとも公平に高僧であろうと俗人であろうと立っている者はひとりも残さなかったので、ぴくりと動く者さえいなかった。そして多くの美しい婦人と、多くの騎士の恋人が、「死」の残酷な一撃でくずおれ気絶した。(25)

ここではサイコマキアと疫病はひとつの恐ろしいイメージで結びつけられるが、そのイメージの物質的な現実性は、このイメージの比喩的、幻視的、ダイモン的意図によりいっそう大きな力を与える。疫病はここでは、罪の原因と結果の両方であり、人間の弱点と神の懲罰の両方である。

罪人としての人間は汚染によって病気になるという考えの当然の帰結は、神の思寵を享受するキリスト教徒は「清潔」であるという考えである。ある逸名の詩人は、ベルシャザル〔バビロン最後の王〕の富の汚れと彼の死を示したあと、十四世紀の頭韻詩「清浄」をこう結んでいる。

かくしてわたしは今、三重の話のなかで語った、
不浄がわれわれのいとおしい神の目をどのように汚し、
天の高みに住まう神がみずからのなかに怒りをつのらせ、
憤怒をかきたてるか、を。
清浄は彼の慰めであり彼の欲望である。
美しさに輝く人はあの方の顔を見るだろう。
われわれがこの衣を身にまとうため、神は思寵を贈られるのだ、
それは神の目の前で甘美な慰めに包まれて永遠に仕えるため。(26)

この詩は汚れの主題を、それとは正反対の、霊的清潔さを強調することによって導入している。他の場合には、ジョシュア・シルヴェスターの訳した『人間の地図』のように、病気はサタンの息(毒気 *miasma*)の産物であり、これもまた、黒死病に関する標準的な中世の見解だった。つまり、病気は空気中を浮遊する悪霊の流出物だったのである。

わたしは「老いた蛇」の有毒な息によって腐敗した
「人間の状態」を歌わない、しかし
(突然の嘆息で)むせびながら言うのだ。
その強烈な伝染病はさらに広がり
いにしえの「死の小世界」の末裔である

すべての生き物に及ぶ(27)。

キリスト教信者は、いかなるときも、「罪」と「死」が共生的関係のなかで共存していることを忘れることを許されない。ときどき信者に一抹の希望がある。たとえば、聖書を学ぶことによって、それ自体が最悪の病気である致命的無知を矯正することになると知らされるときである。

魂のなかの一番の汚れ、
第一の汚染にして一番の病い、それは肉体を通して拘束する
真と美の無知である。そこから湧き出すのは、
人間の身に起こる最大の疫病である間違った判断である。
そこから二匹の怪物、愚鈍と邪悪が生まれた。
両者から、人間がこの世であらわにするすべての病いが生まれる。

この文章――エリザベス朝時代のグージの翻訳によるパリンゲニウス『人生の黄道帯(28)』から――は、善の学徒に、少なくともいくらかの希望を抱かせる。しかし、他のもっと古い見解が、おそらく真に永続的な見解であり、それによると、安直な教育はけっして汚れからの脱出を可能にしないだろうというのである。ブルームフィールドは、十四世紀の『良心のとがめ』の見解を記録しているが、そこでは詩人(おそらくリチャード・ロール)が、

罪にはそれにふさわしい罰があるという原則により、さまざまな罪人がかかるに違いない以下の

病気を記録している。毎日熱（a quotidian fever）が高慢な者を責めさいなむだろう。貪欲な者は水腫になるだろう。怠け者は手足に「ポタージュ」と痛風ができるだろう。潰瘍、瘭疽《ひょうそ》、無気力（impostumes）が嫉妬深い者の手足を襲うだろう。[29]

この、魂の同種療法的医療は、次の信念に基づいている。つまり、ある特定の罪の観念は、ある種の性格の順応を罪人に課す奇妙な魔術的効力をもっているが、他方、同じ観念の逆の同種療法的な薬が病気を治し追い払う、というものである。このダンテ的概念は、きわめて自然に、アレゴリー的細部の源泉として、大規模な宇宙的、詩的世界の描写に役立つように思われる。たとえば精神衛生の技術と経験的に関連する感染の統一概念はまったくない。つまり、冒す霊的危険の果てしない連鎖しかなく、どれひとつとってもキリスト教徒を病いへと、つまり罪の状態へと導くかもしれないものである。しかしながら、すべての事例において予想できることだが、ここには、予見された心身の医学の原型的学問がある。たとえば、『ペスト』のカミュが、シンボル的な汚れの体系を活用しているのは容易に見てとることができるが、カフカの、たとえば『審判』のような政治的アレゴリーにそれを見てとることはあまり容易ではない。しかし、汚染のイメジャリー、瘴気《しょうき》的濁り、伝染する細部、これはそれほど探しにくいものではなく、『城』ほどそれが中心となっているものはなない。そこでは一種の雲が測量師の世界に浸透しており、彼が彼の目標を「見る」のを妨げている。

一般化された魔術的影響力としての感染。この、感染魔術の一般的記述を認める必要がある。なぜなら、罪、病気、瘴気、疫病の内容を避けているように思われる主要アレゴリーが実際にあるからである。言うまでもないことだが、擬似医療的な内容よりも重要なのは、その内容がとる形式である。そしてこの場合、感染魔術が暗示するのが儀式的形式であることは明らかだ。[30]呪い、あるいは祝福のメトニミー的項目は、感染魔術を使うまじない師が提供するように、多数であるので、それらは、規則的な系列をなすように整序化し、一種の目録にする必要がある。たとえば以下のエジプトの詩にほとんど完璧な例がある。

呪いの連禱

あなたがけっして存在しませんように、あなたの体がけっして存在しませんように。

あなたの手足がけっして存在しませんように。

あなたの骨がけっして存在しませんように。

あなたのことばの力がけっして存在しませんように。

あなたがけっして存在しませんように。

あなたのかたちがけっして存在しませんように。

あなたの属性がけっして存在しませんように。

あなたから湧き出るものがけっして存在しませんように。

あなたがけっして存在しませんように、あなたの力 (ka) がけっして存在しませんように、あなたがけっして存在しませんように。

あなたがけっして存在しませんように。

あなたがけっして存在しませんように。

あなたがけっして存在しませんように。

あなたがけっして存在しませんように。

あなたがけっして存在しませんように。

あなたがけっして存在しませんように。

あなたの髪がけっして存在しませんように。

あなたの所有物がけっして存在しませんように。

あなたの発するものがけっして存在しませんように。

あなたの体の物質がけっして存在しませんように。

あなたの土地がけっして存在しませんように。　あなたがけっして存在しませんように。

あなたの墓がけっして存在しませんように。　あなたがけっして存在しませんように。

あなたの地下室がけっして存在しませんように。　あなたがけっして存在しませんように。

あなたの埋葬部屋がけっして存在しませんように。　あなたがけっして存在しませんように。

あなたの道がけっして存在しませんように。　あなたがけっして存在しませんように。

あなたの季節がけっして存在しませんように。　あなたがけっして存在しませんように。

あなたのことばがけっして存在しませんように。　あなたがけっして存在しませんように。

あなたの入口がけっして存在しませんように。　あなたがけっして存在しませんように。

あなたの旅がけっして存在しませんように。　あなたがけっして存在しませんように。

あなたの前進がけっして存在しませんように。　あなたがけっして存在しませんように。

あなたの帰還がけっして存在しませんように。　あなたがけっして存在しませんように。

あなたの座居がけっして存在しませんように。　あなたがけっして存在しませんように。

あなたの増加がけっして存在しませんように。　あなたがけっして存在しませんように。

あなたの体がけっして存在しませんように。　あなたがけっして存在しませんように。

あなたの繁栄がけっして存在しませんように。　あなたがけっして存在しませんように。

あなたは打たれる、ああ敵よ。　あなたは死ぬ、あなたは死ぬ。

　あなたは滅びる、あなたは滅びる、あなたは滅びる。(31)


この威嚇の儀式は極端である。アレゴリー(32)的な詩における仲介者間の感染接触の系列的秩序は、通常、もっと硬直的でないものに変えられる。スペンサーにおいては、登場人物はたがいに影響を与えあう

——つまり、彼らは、この特定の型の因果律的な相互関係によってプロットをもたらす——が、それは偶然的と思われるような順序で、あまり厳格でない系列によってもたらされるのである。（一見同じ偶然的系列がピカレスク小説を特徴づけている。）アレゴリー的行列とつづれ織りと「年代記」においてのみ、スペンサーのような詩人は、自然な形式の感染魔術が虚構作品を支配するのを許容している。[33] 通常、儀式化された連鎖はあまり目立たない。詩が儀式的に見えるのは、遠く離れて見たときに限られる。最終的に実際にそう見えるのは、アエネーアスと同様に、スペンサーのヒーローたちは、勝利のあともけっして休まないからである。つまり、行動においていかなる休止も完全に実現することはなく、そのような詩においては、次の挑戦へと向かおうとする切望が感じられる。それは、その詩が霊的感染の観念をみずから甘受することによって、全体的に病んでいることを強く暗示している。

　魔術的感染の原理によってアレゴリーのなかの登場人物は相互に作用し、さまざまな美徳あるいは悪徳をたがいに感染させるのであるが、この原理は、魔術の実践、あるいはマーリン、魔術師シモン、トーマス・マンのチポッラのような魔術師に直接言及するまでもなく、しばしば起こることである。あるいは少なくとも作者は魔術師《メイガス》、つまりなんらかの賢者のような人物を提示する——SFの「マッド・サイエンティスト」、推理小説の「エルキュール・ポワロ」的人物、ロマンティックな「西部劇」の賢い田舎医師、あらゆる事例の賢人である。そしてもっとも偉大なアレゴリーは、『妖精の女王』や『エルサレム征服』（書き直された『エルサレム解放』）のような意図的なそれであれ、『オデュッセイア』や『アエネーイス』のような意図せざるものであれ、神託あるいは全能の神の布告のような魔術的布告を通してのみ作用しうる厳格な宿命に統制されている。そのような作品を、ただ認知的、合理的観点からのみ考えることはできない。それらの作品は本質的に力動的なのである。それらのシンボル的構造が、読者のなかに激しい、あるいはみなぎる感情を生む原因であり、それにはもっともな理由がある。儀式の秩序はつねに、一種の符号として、認知的レヴェルに働きかけることができ、それゆえ読者は、そのアレゴリー的意味を解読しようとするのであるが、喚情的レヴェルにおいては、そのような符号は形式そのものによって高度に充塡されている。のちに見るように、それらは、作者に押しつけられるある種の支配的関心に即応して生じる。アレゴリーは、タブーの項目に入れなくてはならない高度に充塡された主題的内容に関わっている。

感染——治療、シンボル的孤立。結論としてわれわれは、対称と儀式に強調を置く理由を示すことができる。しばらくこう仮定してみよう。キリスト教的アレゴリーに特徴的な罪に対する態度は、アレゴリー一般に支配的であり、それは、『神曲』にあてはまるようにポープの『愚者列伝』にもあてはまることであり、ミルトンの『コーマス』にあてはまるようにカフカの『城』にもあてはまることであり、「ラパチーニの娘」にあてはまるように『すばらしい新世界』にもあてはまる、と。さらにこう仮定しよう。ここで言う「罪」とは、どのような感染的過誤をも表わす一般的な語であり、作品が政治的アレゴリーであれば、政治的堕落がそれに包含され、科学的過誤もそれに包含され、さらにすべてのアレゴリー的文学の変奏についてもそう言えるのであろう、と。主として形式に関する批判が現われたが、そのなかでわれわれは、シンボル的孤立、対称、儀式のようなものについて語ってきた。すぐに明らかになるのは、感染の存在を信じることは、病気の伝播を避けるためにとられるかもしれない手段を信じることに通じることである。われわれは今、比喩的言語の観点から語っているが、もたらす結果は、本当の病気が恐怖の対象である場合に起こることと同じである。伝染病に対する古典的反応は、病気にかかった者を隔離することである。これは古代においてはハンセン病に、中世においては腸ペストにあてはまることであった（トゥキュディデスによると、アテネ人は紀元前四三〇年にはこの病気をそのように扱っていなかったようである）。検疫所は今もなお使われている。隔離と同じ手続きが、少しでも不浄の疑いのある者、タブーを犯すことによって不浄になった者に対してもなされる。不浄の者が汚されていない人々に少しでも接触することのないよう、最強の禁令が未開社会によって課されている。侵犯されたタブーに定められた隔離へのこの信仰は、伝染病の疑いのある人々を検疫のために隔離する実際の医療的必要性と相似的である。[34] 実際の疫病が、ラングランドがそう理解していたように、神の罰、あるいは他の超俗的な原因の所産であると理解されていた昔にあっては、二つの手続きはますます接近する。疫病は、タブーとなっている物、人々、土地を侵犯すると起こると考えられていた。

物語の語り手の世界には、言うまでもなく、架空の汚れと架空の隔離があるだけだ。しかし、きわめて多くのアレゴリーは、ヒーローは悪との接触から遠ざけなくてはならない、さもないと彼は邪悪な病気にかかることになるという考えに位相的に基づいているという事実がある。たとえば、汚れを免かれた神聖な場所——スペンサーの「清浄の館」と「節制の館」がその例——がある。[35] これら汚れのない場所は数種類ありうるが、それらが神聖な価値をもつ資格は、特定の宇宙の、それらに想定されている中心性にある。ミルチャ・エリアーデは、主要な数種類を次のように要約している。

1. 「神聖な山」——天と地が出会うところ——は世界の中心に位置している。
2. すべての神殿あるいは宮殿——ひいてはすべての神聖な都市あるいは王宮——は「神聖な山」であり、かくして「中心」となる。
3. 「世界の軸 *axis mundi*」である神聖な都市あるいは神殿は、天と地と地獄が出会う地点であるとみなされる。[36]

郵便はがき

おそれいりますが切手をおはりください。

101-0052

東京都千代田区神田小川町3-24

白水社 行

購読申込書

■ご注文の書籍はご指定の書店にお届けします．なお，直送をご希望の場合は冊数に関係なく送料300円をご負担願います．

書名	本体価格	部数

★価格は税抜きです

(ふりがな)

お名前　　　　(Tel.　　　　)

ご住所　(〒　　　　)

ご指定書店名（必ずご記入ください）	取次	（この欄は小社で記入いたします）
Tel.		

『高山宏セレクション〈異貌の人文学〉アレゴリー』について　(8309)

■その他小社出版物についてのご意見・ご感想もお書きください。

■あなたのコメントを広告やホームページ等で紹介してもよろしいですか？
1. はい（お名前は掲載しません。紹介させていただいた方には粗品を進呈します）　2. いいえ

ご住所	〒　電話（　）		
（ふりがな） お名前	（　歳） 1. 男　2. 女		
ご職業または学校名		お求めの書店名	

■この本を何でお知りになりましたか？
1. 新聞広告（朝日・毎日・読売・日経・他〈　〉）
2. 雑誌広告（雑誌名　）
3. 書評（新聞または雑誌名　）　4.《白水社の本棚》を見て
5. 店頭で見て　6. 白水社のホームページを見て　7. その他（　）

■お買い求めの動機は？
1. 著者・翻訳者に関心があるので　2. タイトルに引かれて　3. 帯の文章を読んで
4. 広告を見て　5. 装丁が良かったので　6. その他（　）

■出版案内ご入用の方はご希望のものに印をおつけください。
1. 白水社ブックカタログ　2. 新書カタログ　3. 辞典・語学書カタログ
4. パブリッシャーズ・レビュー《白水社の本棚》（新刊案内／1・4・7・10月刊）

※ご記入いただいた個人情報は、ご希望のあった目録などの送付、また今後の本作りの参考にさせていただく以外の目的で使用することはありません。なお書店を指定して書籍を注文された場合は、お名前・ご住所・お電話番号をご指定書店に連絡させていただきます。

イェイツの「メルー山」〔インド神話で世界の中心にある聖なる山。須弥山〕はエリアーデがあげる例のひとつである。われわれは『妖精の女王』の「無常篇」(*Mutabilitie Cantos*)の「アーロ・ヒル Arlo Hill」を思い浮かべる。このような神聖な宇宙的な山の頂上は「地上の一番高い地点であるばかりでなく、それはまた、『創造』が始まった地球のへそなのである」。かくして、そのような中心はどれも、ウェルギリウスの『アエネーイス』の神聖な神殿や『妖精の女王』の「家」や「城」のように、「すぐれて神聖なるものの圏域であり、絶対的現実の圏域である。同様に、絶対的現実の他のすべてのシンボル(生命と不死の木、「若さの泉」等)もまた、中心に位置している。[37]」われわれはそれゆえ、宇宙的中心の巨大な発現が小さな形体、コスモス、「銀色の海にはめこまれたこの宝石」に還元できると予想できる。(そのような例は、ソーローの『ウォールデン』の「ホワイト池」であろう。[38])エリアーデが述べているように、次のことは、これらのシンボルがロマンスやアレゴリーでもつ焦点化機能にとって重要である。

中心に通じる道は「困難な道」(*durohana*)である。このことは現実のどのレヴェルにおいても実証される。(ボロブドゥールのそれのような)神殿の骨の折れる渦巻状の段階、神聖な場所(メッカ、ハルドワール、エルサレム)への巡礼の旅、「金の羊毛」、「金のりんご」、「生命の草」を求めるヒーローの探検の危険にみちた旅、迷路のなかの徘徊、自己、おのれの存在の「中心」等への道を求める探索者の苦難。道は険しく危険にみちている。なぜなら道は、実際に、世俗的なものから神聖なるものへの、短命で幻想的なものから現実と永遠への、死から生への、人間から神への通過儀礼であるからだ。中心を獲得することは、清め、奥儀伝受と等価である。昨日の世俗的で幻想的な存在が、現実的で持続的で実効的な生命に代わられる。[39]

カモンイスは『ウズ・ルジアダス *The Luciads*』（第九篇）で、ウェヌスにこの種の神聖な場所、「愛の島」を考案させている。この「島」とそこでの喜びに関する詩人のアレゴリー的解釈にはいくつかの疑惑が投げかけられている。公的な宗教検閲の圧力のみがアレゴリーを必要なものにすると示唆する者が一部にいる。そうかもしれない。われわれはたしかにそのようなアイソポス的寓意になじみがある。しかし、こう想定するほうがより容易である。つまり、カモンイスが性愛の喜びを「人生を崇高なものに変えられる、それ自体が喜ばしい、名誉のシンボル」と呼ぶとき、彼はほとんど神話的、あるいは少なくとも黙示録的な観点から考えているのだ、と。この「島」は真の「魅惑的な場所 *locus amoenus*」であり、そういうものとして、それは、最高の報償をシンボル化しないわけにはいかないのである。その報償とは、カモンイスが念入りに指摘しているように、快楽ではなく多産性、そしてよりいっそう真に黙示録的な不死性である。というのも、彼は、ヒーローたちを不死にする「名声」は、ヴァスコ・ダ・ガマの東洋への苦難の探検のヒーローたちにほほえみかけていると言っているからだ。

エリアーデと『ウズ・ルジアダス』からの引用は、宇宙的中心は汚れを免れた場所であること、それゆえ、安全な場所と言えるかもしれないことを示している。古典の歴史は、それが事実であったことをたえずわれわれに思い起こさせる。というのも、「聖域の権能」は、神殿と神聖な場所のもつ魔術的属性を実証したからである。たとえば、逃亡者が神聖な土地のうえに立つと、彼は理論的には不可触となった。そのような積極的な価値は、つねに中心のシンボルに帰せられるわけではない。文学、そして不幸なことに歴史は、神聖な場所の正反対のものを提示してきた。われわれは通常それを「地獄」と呼ぶ。牢獄は、事実において、あるいは想像上の「牢獄文学」においてそのような場所である。

プロメテウスの岩はそのような場所だった。キリスト教神話の底なしの穴はそのような場所である。ゴールディングの『蝿の王』と『ピンチャー・マーティン』、とくに後者の島はそのような場所である。これらの事例はすべてわれわれに、汚れは塀によって閉め出すかわりに、塀で囲うこともできることを気づかせる。そのアイロニーを、多くのアレゴリー作家は鋭く意識している。[40] たとえばスペンサーは洞穴に魅せられているが、それらは通常、牢獄——「絶望の洞穴」、「マモンの洞穴」、「プロテウスの洞穴」——であり、そこでヒーローあるいはヒロインは、もっとも激烈な両価的な状態に無理やり置かれる。不安は「幸福の谷」の特徴ではない。それは、愛、結婚、踊り、歓楽の喜劇的世界からの恐ろしい疎隔の特徴である。

アレゴリーはこのように、善なる場所にも、隔離の邪悪な場所にも深く関わることはない。アレゴリーは、作者が自分の住む世界に寄せる信頼に応じて、内的疫病あるいは外的疫病のいずれかを指すことがある。

シンボル的中心のミクロコスモス的還元。心的および霊的圏域に作用する孤立化は、もうひとつ別の方法を示すことがある。アレゴリー作家は一種の心的空間を展開することができる。そのなかで、ヒーローの思考を特定の対象に集中させることにより、そのヒーローはシンボル的中心のなかに置かれるように思われる。神聖で隔離された「場所 *loci*」は、場所であることに加えて、聖別された護符的物体というかたち、あるいは聖別された瞬間というかたちをとることができる。われわれのアレゴリー的装飾という観念は、普遍的属から普遍的種への、マクロコスモス的意味のコスモスからミクロコスモス的意味のコスモスへの還元を要請する。われわれはまさにこのことを見出す。コスモスが「神聖な細部」となる。それは小規模でありながら、中心のはるかに大きく、より明白なシンボルの代役を果たしうるのである。

ホメロスの『イリアス』（第十八巻）は、そのようなすべての代役のもっとも目立つ例をわれわれのために保存している。ヘパイストスが鍛えて作ったアキレスの盾のことである。

彼はその上で大地を、空を、海の水を、疲れを知らぬ太陽を、満月へと変わる月を作り、その上に天を花綱で飾る星座を作った。……

彼はその上に、死すべき人間の、あらゆる美しさをそなえた二つの都市を作った。そしてひとつの都市では、結婚式と祭りがあった。

彼らは花嫁を、処女の部屋から導いて、都市を通ってたいまつの燃えあがる火の下を歩いた。大きな声の祝婚歌が湧きあがっていた。若者たちは踊りの輪に従った。輪のなかではフルートとリラが彼らの歓声を盛り上げた。そのあいだ、屋敷の戸口に立つ女たちは彼らを賛美した。人々は市場に集められた。口論が起こった。殺された男の血の代価をめぐって二人の男が議論していた。ひとりの男は公けの発言として完全賠償を約束したが、もうひとりは拒絶し、なにも受け取ろうとしなかった。二人はそれから、決着をつけるために、裁定者のもとへ赴いた。人々は二人を助けるために、両方の側に立って弁じた。……

しかし、もうひとつの都市の周りには、武具で輝く武装した男たちの二つの軍隊がいた。というのも、一方の軍隊では、急襲して略奪するか、美しい要塞がしっかり守っている財産と所持品を二つの軍隊で分けるか、意見が分かれていたからだ。しかし都市の人々は屈せずに待伏せ攻撃のために武装した。彼らの愛する妻と幼い子供は、塁壁を守るためにその上に立ち、彼らとともに老人たちも立った。彼らは脱出した。アレスとパラス・アテネが導いたのだ。彼らは二人とも金色で、金色の衣をまとっていた。二人の武装した姿は、神であるので美しく巨大で、遠くから見ても目立ち、まわりの人々はより小さく見えた。……

　彼はその上に、耕やされた土地の誇りである柔らかな畑を作った。その畑は広く三つのあぜがあり、多くの農夫がいて、引き返す場所に来るとつながれた牛を右か左に駆った。

そして引き返して畑の端に至ると、ひとりの男がやってきて、蜜のように甘いワインの入った瓶を渡す。すると彼らはまたみぞへ向きを変え、急いで畑へ向かい、深く耕やされた畑の端へとふたたび向かう。

彼らが進むと土は黒くなり、金色だった土が耕やされて土らしく見えた。

盾に刻まれた不思議な絵柄はそのようなものであった(41)。


そしてホメロスはさらに六十行、宇宙的イメージを拡大し、まるで音楽によって支配され、秩序化され、統治されているかのような平和な社会の全体像をさらに精緻なものにしている。このイメージはアキレスの盾に魔術的な力を与えている。これは「クラトファニー *kratophany*」である。つまり、これは「不死なる者たちの作品」である。このような事物の栄光はその理解の全体性にある。この盾は、トロイア戦争の行われた目的のすべてをシンボル的に包含している。最終的なイメージが無時間的なものであることは当を得ている。なぜなら、ホメロスの世界観は「永遠回帰」、つまり原型的な「黄金時代」の反復を要請しているからである。この盾は、ウルカヌスがアエネーアスのために鍛えて作ったウェルギリウスの盾とは際立って異なる。両方とも全体的な宇宙的イメージであり、中心のシンボルのシンボルであるが、時間構成が完全に違うのである。アエネーアスの盾は未来、つまりウェルギリウスが生きた現実のイタリアを予言的に垣間見させる。それはカティリナ、カトー、アウグストゥス・カエサル、アグリッパ、アントニウスを見せるのである。これらの歴史的人物には神話論的存在が付随しているが、その組み合せはけっして歴史性の喪失をもたらさない。実のところそれは、歴史的強度を増すのである。なぜなら、ローマの未来が予言的幻視によって予見できるので、切迫した必然性をもっているように感じられるからである。この盾は歴史そのものなのである。

これらすべてをアエネーアスは
母からの贈り物であるウルカヌスの盾に見、
理由もわからず、誇らしく幸せな気持ちになる、
幸運のすべて、彼の子の子の名声と栄光を
肩にかつぐときに。(42)

ホーソンがエセックス伯の印章指輪に込めたものは、この、歴史とその輝かしい運命の圧縮、思いがけない幸運と長考の末の精緻な計画の圧縮だったのである。このような護符のもつ力は結局魔術的なものであり、アキレスとアエネーアスの盾もそうだった。それぞれの事例において、読者は図像的な精神状態へと引き入れられる。これら護符的、宇宙的な道具のもつ傾向がそのようなものであることは、アキレスの盾のヘシオドス的模倣(あるいは相似物)にきわめて明瞭に現われている。つまり、いわゆる「ヘラクレスの盾」のことであるが、そこでは、ホメロスの記述のリアリズムが、もっと明白に図像的である様式にとってかわられている。われわれは、この詩人が、自由に擬人化された抽象概念を使っていることに気づく。

この盾の上には「追跡」と「逃亡」、そして「混乱」と「恐慌」と「殺戮」が細工されていた。

「不和」も、そして「騒動」もまた、そのあわてふためく姿があった。死をもたらす「運命」が、そこでは、傷を負ったばかりのひとりの男と、無傷のひとりの男をつかんでいた。死んだ人間を彼女は足をもって混乱のなかを引きずっていた。彼女は人間たちの血で染まった赤い衣を肩にかけ、恐ろしい形相でにらみつけ、歯ぎしりをした。

そして蛇の、ことばにならないほど恐ろしい十二の頭があった。それらは、ゼウスの息子に戦争をしかけた地上のすべての人間の諸部族をかつておびえさせたものだった。というのも、アンフィトリオンの息子が闘っているときに彼らはその歯をガチガチ言わせたのである。これら不思議な細工はまばゆく輝いた。そして、恐ろしい蛇には斑点があるかのようであった。その背中は濃い青で、あごは黒かった。(43)

ここには、「追跡」、「逃亡」、「混乱」、「恐慌」、「殺戮」の合理主義的な図柄があるばかりでなく、蛇に具現されたより原初的な恐怖の概念がある。それらのダイモン的力は、メデューサの巻毛のそれと似ている。

われわれがこれらの盾をエセックス伯の指輪の小さな環になぞらえるのは、シンボル的孤立化の共通する効果を認めるからというおそらくそれだけの理由からだろう。しかしそれで十分だ。指輪は夢見る人の精神のなかで、記憶の全宇宙となる。

しかし、依然としてエセックスは、夢中になって指輪を眺めた。この広い世界に、金の輪の範囲内にしか、彼にとって希望はまったくないとき、彼の楽観的な気質はここにのみ多くの希望を集中させていることをそれは証明していた。ダイアモンドのなかの輝きの閃光は、地上の火よりも強烈にきらめき、それは彼の、目もくらむような生涯の記念碑になっていた。それは、彼の恋人の寵愛の陽光のかげりのように色あせることはなかった。逆に、くすんだ赤の目立つ色合いにもかかわらず、これほど明るく輝いたことは一度もないと彼は思った。祭礼のたいまつの輝き——香をたきこめたランプの光——人民の寵児であった頃に彼のために燃やされた大かがり火——彼が特別の星だった宮廷の壮麗さ——これらすべてが、その道徳的あるいは物質的輝きを宝石のなかに集め、過去から集められたばかりでなく未来から取られた輝きで燃えているように思われた。その輝きはふたたび放たれるかもしれない。輝きが今押し込められているダイアモンドから炸裂し、最初はロンドン塔の陰鬱な壁にきらめき——それから、さらに、さらに、さらに広がり——ついには全イングランドとその崖の周囲の海がその光に喜ぶだろう。それは、長く続いた憂鬱のあとにしばしば起こり、死すべき人間の身に起こるかもしれないもっとも陰鬱な運命の諸状況の前に起こると思われている恍惚のようであった。伯爵はまるでそれが本当に護符であるかのように指輪を心臓にあてた。そこは、女王が戯れて彼に断言したように、霊の住まいだった——しかし、彼女の伝説が語るよりももっと幸福な影響力をもった霊だった。(44)

「金の輪の範囲」——頭韻詩『真珠』のなかの真珠——魔法の剣エクスカリバー——『神曲』の多葉の薔薇。これらのイメージは、それらが現われる作品のコスモスを含んでいる。それらのイメージは宇宙を含み、それと同時に、善または悪の、あるいは通常はこの方が多いが、善と悪がまじりあったものを生む魔術的な力をもっている。そのようなイメージが文字通り孤立して存在するように、ヒーローとヒロインも孤立して存在しているかもしれない。このことの最大の原因は、われわれが検討している霊的汚れへの圧倒的な恐怖と似た何かであるにちがいないことはたしかだ。興味深い事実は、コスモイの最良の例は、ある程度の両価性が感じられるすべてのものであるということ、つまりそれらは同時に善であり悪であるということである。アレゴリーの主題的意図を検討するときにわれわれが不可避的に向かうのはこの問題だ。

注

(1) William Empson, *Some Versions of Pastoral,* "Double Plots," 32. Empson, *Seven Types of Ambiguity,* 140 でエンプソンはアレゴリーを論じている。そのあとでこう述べている。「しかし、この形式の曖昧さは、初期エリザベス朝の文章に顕著であったが、まもなく些末なものに感じられ、劇作家たちによって捨てられた。というのも、もしあなたが同時にいくつかの状況を考えているとすると、あなたはそれらすべてから超然としており、どれをも直接的な注意力で観察していないことになるからだ。」

(2) ルネ・クレール(René Clair)はその映画『自由を我等に』(*A Nous la Liberté*)のなかで牢獄の囚人の軍隊式の行列と工場の労働者の同種の行列とのあいだに、厳密な対称的照応を作り出した。後者は最後、映画のクライマックスで完全に自動化するのである。クレールは、視覚世界における対位法に相当するものによって、観念の対位法を創造した。

(3) *Edmund Spenser*, a selection of poems, edited, with an introduction, by Yeats (Edinburgh, 1906). Yeats's letter to Lady Gregory, Dec. 4, 1902 もまた参照。

(4) この物語はペーパーバックの選集 *Death in Venice and Seven Other Stories* (New York, 1958) で簡単に入手できる。

(5) Ralph Tymms, *Doubles in Literary Psychology* (Cambridge, 1949). ティムズは分身の心理学的利用とアレゴリー的利用を対照させている。前者は精神生活の一現実、つまり幻覚の存在を伴う。アレゴリー的分身は、それとは対照的に、「些末」である。この概念は啓発的である。なぜならそれは、批評家がロマン派文学を美学的に価値評価するための基盤を確立するのを可能にするからである。わたし自身の観点からすると、分身の些末な利用も真に「心理学的」利用も、ともにアレゴリー的である。わたし自身のアレゴリーの定義を考慮すれば、ティムズはこの見解に賛成するであろうと確信している。

（6）アーネスト・シモンズ（Ernest Simmons）の報告によると、あるソヴィエトの恋愛物語には二人の恋人のあいだのこのような場面がでてくる。一番望んでいることは何かと恋人にたずねられた彼女は、即座に「同志スターリンにじかに会うこと」と答える。

（7）*Cervantes across the Centuries*, ed. Angel Flores and M. J. Benardete（New York, 1947）におけるマルクス主義的な『ドン・キホーテ』読解を参照。

（8）アリストテレスは、蓋然性のある不可能事の方が蓋然性のない可能事よりも好ましいと述べている。このもっともらしさの基準は、いかなる意味においてであれ「ミメーシス的」であると主張するすべての西洋芸術の美学の依然として核心部である。しかしながら、それは、極度に厳格な適用によって、アレゴリー的、自然主義的芸術の原因になる。

（9）たしかに少し学術的であるが、この基本的な区別は、フレイザーの『金枝篇』*The Golden Bough*（abr. ed., New York, 1951), ch. iii にある。

魔術の全般的機能については、今では細部において時代遅れになったものの、古典的と言えるテクストは Bronislaw Malinowski, *Magic, Science and Religion*（Boston, 1948）である。マリノフスキーは、魔術を、宗教とは近接しながらも異なる、「特定の目的のための特定の技術」と呼んでいる。「魔術は厳格な条件に取り巻かれている。呪文の厳密な想起、非の打ちどころのない儀式の遂行、魔術師を束縛するタブーと儀式への揺るぎない信奉。これらのうちどれかがないがしろにされると魔術は失敗する」（65）。第五節「魔術の技術と信仰の力」のすべてを参照。その多くの部分が、思うに、アレゴリーと神話の違いを理解するのに必要である。マリノフスキーは魔術と宗教を厳格に区別している。この区別は、魔術は一種の擬似科学であるという見解を中心にすえたものである。Durkheim, *Elementary Forms of Religious Life*, chs. i, iii, vii, viii, and ix 参照。慶應大学の *Studies in the Humanities and Social Re-*

lations, I（Tokyo, 1956）のために T. Izutsu［井筒俊彦］教授は、大変興味深い予備的研究 *Language and Magic: Studies in the Magical Function of Speech* を書いた。

（10）Prudentius, *Psychomachia*, in *Works*, 283.

（11）*Ibid*., 287.

（12）『アラビアン・ナイト』の詩、あるいはインディアンの恋愛詩がそうである。ユダヤ＝キリスト教的伝統における主要な例は「雅歌」である。この種のものはよくあるが、興味深い変奏がある。"To His Coy Mistress"（暴露詩）とカルー（Carew）の"A Rapture"がそうである。マーヴェルの挽歌"To His Mistris Going to Bed"は、ダンのそれのように、身体とその飾りをコスモス、世界と同一視している。

（13）Suzanne Langer, *Philosophy in a New Key*（Mentor Books; New York, 1942）, 141–148 参照。ランガーは、神話とおとぎ話を区別している。この区別は、神話体系と鬼神学、後者に基づくおとぎ話の区別に由来するものである。おとぎ話は、プラトンが言ったように、子供を怖がらせて言うことを聞かせるために乳母が語る物語である。その超自我への働きかけは直接的で永続的である。これは「詩的正義」の詩である。かくして『マリオと魔術師』（*Mario and the Magician*）は、物語のなかの子供たちの態度と存在感への見事なこだわりのおかげで、茶番的おとぎ話になっており、さらには、そのような物語の批判になっている。それは、戦後のドイツ映画 *Aren't We Wonderful?*〔原題 *Wir Wunderkinder*〕のアイロニーを想起させる。そこでは、全体主義的権力に対する子供たちの態度におかれた同じ強調点が、権力そのものの問題に関連づけられる。この映画は現代の偉大な映画のひとつであるクレマンの『禁じられた遊び』（*Forbidden Games*）を思い出させる。

（14）Frazer, *The Golden Bough*, abr. ed., 44.

（15）Fred Bodsworth, *The Strange One*（New York, 1959）. 動物と人間の生命＝形態の同じ二重化は、トルストイの主要な短篇小説のひとつである「ホルストメール」（"Kholstomer"）に現われる。この物語は、馬だけを考えれば、寓話ではない。この物語は、動物の思考の感覚、あるいは、動物の世界と人間の世界の、空想的に対する真の、連続性の感覚を伝えている点で独自のものである。これは、すべての「自然」の深い関連性というピュタゴラス的観念を受け入れている。

（16）文学研究者は、このオペラに特別の関心を見出すかもしれない。なぜなら、これはW・H・オーデン（W. H. Auden）とチェスター・カルマン（Chester Kallman）によって訳され、この翻訳で演じられているからである。モーツァルトのイタリア・オペラのダ・ポンテ（Da Ponte）による歌詞はかなりの文学的重要性をもっている。これらは質において、アッリーゴ・ボーイト（Arrigo Boito）によるヴェルディ（Verdi）のための歌詩、たとえば『オテロ』（*Othello*）や『ファルスタッフ』（*Falstaff*）に相当するし、あるいは、フォン・ホフマンスタール（Von Hofmannsthal）によるリヒャルト・シュトラウス（Richard Strauss）のための歌詞に相当する。

（17）パラケルスス（Paracelsus）（1493–1541）は「マナ *mana*」の概念を展開し、ついには、人間の想像力はシンボル的因果律の力をもつと信じるまでに至った。「もし彼［導師］が火を思い浮かべれば、彼は火の上にいる。もし彼が戦争を思い浮かべれば、彼は戦争を引き起こすだろう。すべてがただ、人間の、『太陽』であると想像する力に依存している。つまり、人間は、自分の意志するものを完全に想像するのである。」魔術師あるいは錬金術師は、このように、現実の物質的物体に内在するある種の魂＝力に対する統制力をもっている。彼はさらに、ある物体から別の物体への魂の転移を統御するかもしれない。この輪廻の各段階に特定の錬金術的シンボルが割りあてられる。

錬金術師の同種療法的魔術、つまり対称的魔術の使用は、パラケルススの「署名の教義」に現われる。それについては、Jolande Jacobi の *Paracelsus: Selected Writings*, 333 の用語集参照。「署名——内的特質に照応する外的特徴であり、記号としての役目を果たし、それにより内的で不可視のものすべてが露わにされる。『署名』の概念はパラケルススの教義の根底にある。その教義とは、同種のものは同種のものによって治療されるというものである。生物が創造の秩序において高次にあるほど、その内面性を露わにすることはより困難になり、内的性質が外的形式によってみずからを表示することはより曖昧になるとパラケルススは考える。万物のうちもっとも見えないものは、人間のなかの本質的核である。それに対してたとえば植物では、それはしばしば、かたちと色彩によって表現される。」T. S. Eliot, *The Dry Salvages*, line 191 におけるこの教義への言及を参照。

パラケルススはさらに、この署名の教義を星あるいは星座の支配の理論と結びつける。かくして Jacobi, "Glossary," 330 にはこうある。「惑星――……惑星はまた人間のなかにあり、人間の『解剖的組織』になっている。ミクロコスムとマクロコスムの有機的一体性についてのパラケルススの理論に対応して、彼は、各時代の宇宙的な状況（これには惑星の位置が含まれる）と、人間の歴史の流れ――たとえば戦争の勃発、新芸術、新発明の出現等――とのあいだに、内的な不可視のつながりがあると信じていた。

さらに Kurt Seligmann, *The Mirror of Magic*（New York, 1948）, 318–322 参照。霊の動く力、生きて万物に浸透している力としての *pneuma* については次の三つの論文を参照。*Spirit and Nature*（papers from the "Eranos Yearbooks," Bollingen Series XXX: New York, 1954）, by W. Willi, "The History of the Spirit in Antiquity"; by M. Pulver, "The Experience of the Pneuma in Philo"; and by M. Rahner, "Earth Spirit and Divine Spirit in Patristic Theology." *Paracelsus*, secs. v, and ii, "Man and His Body" からの抜粋も参照。ルネサンス期とバロック期の展開については以下の書を参照。D.P. Walker, *Spiritual and Demonic Magic from Ficino to Campanella;* F. H. Wagman, *Magic and Natural Science in German Baroque Literature: A Study in the Prose Forms of the later 17th Century*（New York, 1942）.

（18） Fraser, *The Golden Bough*, abr. ed., 32 と、とくに傷と傷つける仲介者とのあいだの、血を媒体とした想像上の関係については 41 参照。フレイザー自身は、この二種類の魔術はつねにたがいに混じりあい共存していると考えた。両者の境界線は主として、厳密な理論によるというより、便宜的なものである。

（19） コウルリッジはデフォーの作品と彼が「アジア的超自然的存在」と呼ぶものとのあいだのつながりを認識していた。ロビンソン・クルーソーの宗教的懐疑は、ある程度、彼の「『神』と『自然』の混同、多様なもののなかに統一性、個別的なもののなかに無限性を見つけられないこと」の結果である。デフォーについての重要な論評については Coleridge, *Misc. Crit.*, 191–194, 292–300 参照。

（20） たとえば Henryson, "The Deid Pollis"（*Poems and Fables*, ed. H. H. Wood［Edinburgh and London, 1958］）, stanza 4 がある。そこでは「紋章 *blason*」はアイロニックである。

ああ白き淑女よ、輝く衣を着て、
真珠と多くの宝石で洗練され、
白い袖をつけ優美な喉元を見せ
金と多くのサファイアに包まれた方。
あなたの装身具は小ぶりだが、骨灰色の凝乳のように白く、
指輪や多くのルビーをつけている。
われわれがこうして横たわるように、あなたも同じく横たわるだろう、
あなたの頭は、一皮むけ、磨かれて、浄められて。

通常「紋章」は恋愛詩のジャンルの基盤を形成している。たとえば『アラビアン・ナイト』がそうで、そこでは愛する人への賛美がまったく月並みなものになっている。「紋章」の記述への奇妙なひねりについてはFletcher, "The Purple Island," *Poems*, ed. Alexander Grosart（London, 1869）, IV, canto vii, stanzas 35–39 参照。そこでは性格に対応して、「偽善」の出現はほとんどすべてシミリーの観点で記述されている。そのためわれわれは、これが彼がそうであると思われる姿であると感じるだろう。

（21） Frazer, *The Golden Bough*, abr. ed., ch. iii, quoted by Freud in *Totem and Taboo*. *Totem and Taboo* の James Strachey の翻訳は今日 Freud, *Works*（Standard ed., London, 1955）, XIII で手に入る。

（22） Coleridge, *Misc. Crit.*, 30.

（23） オリゲネス（Origen）は *Contra Celsum*, tr. Henry Chadwick（Cambridge, 1953）で、アレゴリーと汚れへの恐れとの関連を十分に示している。IV, ch. xlviii 参照。グノーシス主義の宗教の禁欲的儀式はシンボル的浄化である。これらの儀式が汚れたものを清めるのである。Hans Jonas, *The Gnostic Religion*, 144, 231–233, 270–281 参照。わたしは聖画像に対するテルトゥリアヌスの攻撃にすでに言及した。それは、聖画像が汚れをもたらすという信念に基づくものである。アウグスティヌスの *City of God*, tr. G. E. McCracken（Loeb Classics ed., Cambridge, Mass., 1957）における

る舞台演劇に対する攻撃も同じ主張に基づいている。

汚れの恐怖とアレゴリー的鬼神崇拝との関係については E. R. Dodds, *The Greeks and the Irrational*, chs. ii とくに viii 参照。またレオンティウスの物語については Dodds, 213 参照。ドッズの本は、アレゴリー的文学の起源研究の主要文献のひとつである。

現代の衛生と殺菌に先立つ時代の、感染病に関する観念とシンボル的表現の特徴的様式との関係について一篇の論考が書かれる必要がある。Owsei Temkin は“An Historical Analysis of the Concept of Infection,” *Studies in Intellectual History*（Baltimore, 1953）で、ラテン語の *infectio* は染め、しみ、色付けを意味すると指摘している。（「罪とは何か。魂のしみだ」とホーソンは彼の物語のひとつで述べている。）「この語（*inficere*）の語源的意味は、何かを、とくに毒を盛る、入れること、あるいは、しみがつく、汚れる、腐るという意味で何かを汚すことである。実際、英語の ‘to stain’ は、汚すことに加えて染めるという二重の意味で今もなおも使うことができる。それゆえ感染は、基本的には汚染であることを覚えておこう。同じことは ‘contagion’ にもあてはまる。これは、とりわけ直接的な接触による汚れを示す。奇妙なことだが、ギリシャ語動詞 *miaino* はラテン語の *inficere* と対となるものを提示する。ここでもまた、たんなる色づけが、身体的あるいは道徳的汚れとともに含まれる。そしてそれに対応する名詞 *miasma* はもともとはどのような汚れあるいは汚れの仲介者をも意味した。……この短い言語学的脱線で感染の概念の基盤要素である不純さを導くのに十分だろう。」われわれは『荒涼館』の毒気を含んだ霧を思い浮かべる。テムキンは、キリスト誕生以前の古い時代においてさえも、ハンセン病の身体的原因についてのいくらかの理解はあったが、このような病気は主として、魔術によって引き起こされ、魔術によって治療される病気であったと考えている。「主導的な考えは、儀式的、宗教的タブーとするものだった。」のちに、いわゆるヒポクラテス文書は、「聖なる病い」である癲癇《てんかん》の自然的説明を試みる。「もうひとりのヒポクラテス派の著者は、空気の重要性に思いをめぐらし、悪疫あるいは疫病熱は、すべての人間が同時に吸う空気のせいにちがいないと推論する。『そういうわけで、空気がそのような人間に敵対的な汚染物質（*miasmasin*）で汚されているときはいつでも、人間は病気になる。……』毒気の古い用語のなかにとどまりつつも、世俗化が達成されている。疫病はもはや、宗教的あるいは道徳的汚れの罰とは考えられていない。そのかわり、それは、空気のなかに浮かぶある不可思議な仲介者による空気の汚れの結果となる」（128）。ここでわれわれは、自然主義的なアレゴリー、たとえばシンクレア、ノリス、ドライサーのようなアメリカ人、あるいはゾラのそれにおいては、世俗化は起こっているが、つまるところ、同様に魔術を助長しており、それは依然として空気中に「不可思議な仲介者が浮かんでいる」からであると言わなくてはならない。空気の概念そのものが、いつでもシンボル的倍音から完全に免れているわけではなく、空気を息もしくは魂（*pneuma*）と結びつけている。さらにテムキンは「古代からルネサンスまでの医学には、疫病と新しい病気を生む惑星やそれらの合への言及にみちみちている。『インフルエンザ』という名は、星の影響《インフルエンス》力に由来する」（128）と記している。Henry Sigerist, *A History of Medicine*（New York, 1951）, I, 267–296, and 395, n. 14 参照。簡単に手に入るものは Johannes Nohl, *The Black Death*, tr. C. H. Clarke（New York, 1960）がある。淋巴腺腫病の特性記述と、教会と医療行為との関係についてのノールの諸章は、中世を一貫して、感染病を、身体的な接触伝染病の理論と並行していた霊的鬼神学的体系によって説明しようという傾向があったことをすぐに明らかにするだろう。中世の診断は一種の擬似科学であり、シンボル的原因を想定する精神的習性をおそらく助長しただろう。この医療と病気の分野においては、錬金術と占星術の分野と同じくらい、「シンボル的因果律」への信仰がある。「健康《ヘルス》」という語でさえ、全体性を暗示するものであるが、全身、裂けていない衣、完全な楽園、閉じられた庭 *hortus conclusus* という基本的なアレゴリー的比喩を暗示する。「庭」が閉じられるのは、感染によって病気が侵入するのを食い止めるためなのである。

　最初の偉大な自然主義的アレゴリー作家であるダニエル・デフォーはまた、だまし絵的な『疫病年代記』（*Journal of the Plague Year*）の著者であった。これは、カミュが『ペスト』のアレゴリーの題詞をそこから引いたアレゴリーが中心を占める寓話的物語である。

（24）Prudentius, *Hamartigenia*, tr. H. J. Thomson（Loeb Classics ed.）, Preface, lines 48–63.

（25）*Piers the Ploughman*, tr. J. F. Goodridge（Penguin ed., 1959）, XX, 285–286. *Paradise Lost*, X, 532–545 参照。そこでは悪天使たちが落下する、「罪ゆえに／罰を受けたかのように、汚れにとらえられて。」

（26） Translated by Jessie Weston, in *Romance, Vision and Satire*（Boston, 1912）, 169–170. 作者未詳の『真珠』の宝石がちりばめられたような韻文は、接触感染とそれへの中和行動という信念に同じように基づいている。「真珠」は完璧である、つまり清潔で、護符の役目をもち、したがって詩のなかの乙女をも表わす。Milton, *Comus*, lines 451–474 参照。

（27） Henry Smith, *Micro-cosmo-graphia: The Little-Worlds Description, or, The Map of Man*, tr. Joshua Sylvester（Grosart ed., privately printed, 1880）, II, 97 より。

（28） Palingenius, *The Zodiacke of Life*, tr. Barnabe Googe, ed. with an introduction by Rosemond Ture（New York, 1947）, 163.

（29） M. W. Bloomfield, *The Seven Deadly Sins*（East Lansing, 1952）, 205.

（30） われわれは、この形式の起源をタブーに関するきわめて早い時期の理論、そしてそれからギリシャの神秘宗教にまでたどることができる。Louis Moulinier, *Le Pur et l'impur dans la pensée des Grecs d'Homère à Aristote*（Paris, 1952）とくに ch. ii, "Les Rites" 参照。

W. K. C. Guthrie は *In the Beginning*（Ithaca, 1959）で、食物に関するタブー信仰と輪廻のピュタゴラス派の教義とのつながりについて論じている。人々は肉のタブーを受け入れた。なぜなら、人々は、先祖のひとりの肉を食べているかもしれないと恐れたからだ。オウィディウスは『転身物語』をピュタゴラスの話（Bk. XV）で結んでいる。われわれはおそらく、オウィディウスが仮定した輪廻の教義に照らすと、彼がピュタゴラスに与えている重要な位置を理解することができるだろう。魂の転移は、ひとつの身体は可塑的に、あるいは有機的に別の身体に変わりうるという考えに必要条件であるように思われる。いずれの概念もともに、今度は、次の考えに基づいている。つまり、純潔は接触を避けることによって求められるべきであり、接触しながら生き、こうして自分自身の霊的抗毒素によってみずから強化することによってではない、という考えである。

（31） *Egyptian Religious Poetry*, ed. Margaret Murray（London, 1949）, 64–65（quoted by permission of John Murray Ltd.）. この「呪いの連禱」は「『太陽神』の敵である蛇アポフィス Apophis に対する呪文である。この儀式はシンボル的に、最後の行が示すように、敵の死を引き起こす。」

（32）ロバート・C・エリオット（Robert C. Elliott）は風刺の起源となる衝迫を、原初的な呪いにまでさかのぼって跡づけた。この見解は、言うまでもなく、わたしの見解のいくつかと類似している。Elliott の *The Power of Satire: Magic, Ritual, Art*（Princeton, 1960）は、わたしがごく付随的に扱ったアレゴリーの主要分野についての類似した分析である。E. D. Leyburn, *Satiric Allegory: Mirror of Man*（New Haven, 1956）とくに ch. i, "Definitions" 参照。

（33）スペンサーは、彼の時代の多くの詩人たちと同様に、一方では新プラトン主義的思想に、他方では、教会の典礼式の影響を受けた。スペンサーと彼の同時代人にとって、新プラトン主義的魔術が、フィチーノ（Ficino）の *De Vita Coelitus Comparanda* におけるように、次のような理論を復活させていることは重要かもしれない。つまり、「可感的宇宙全体に貫流し、かくして天体と地上世界のあいだの影響力の通路を提供する宇宙的霊（*spiritus mundi*）を前提とする、起源においては窮極的に禁欲的な、占星術的影響力の理論」である（Walker, *Spiritual and Demonic Magic*, 12）。ウォーカーは、神聖なミサの図像法がフィチーノ型の魔術にかたちを与えていることを示している。フィチーノの魔術には「多くの源泉がある。フィチーノは認めていないし、意識さえしていなかったかもしれないが、もっとも重要な源泉は、ミサ、そしてその音楽、聖別のことば、香、灯明、ワインと至高の魔術的効果――化体――である。これはすべての中世およびルネサンスの魔術に対する根本的な影響源であり、教会がすべての魔術的慣行を非難する根本的理由であるとわたしは示唆したい。教会にはみずからの魔術があり、他のいかなる魔術も容れる余裕はないのである。教会の儀式といかなるものであれすべての世俗的魔術とのあいだに厳しい区別をしようとする努力は、そのような話題についての多くの十六世紀の議論に歴然としている。予想されることだが、誰であれ、魔術と聖餐式のあいだのつながりを公然と認めることはまれなことなのである。」（*ibid.*, 36）。神秘的属性あるいは内在する力の理論の起源については E. R. Dodds, *The Greeks and the Irrational*, 246–247 参照。

（34）これのもっとも明確な例はカミュの『ペスト』である。しかし、中心人物の「自由」世界からの同様の検疫隔離はマンの『ヴェニスに死す』に起こっている。そこでは、アッシェンバッハは、ヴェニスの病いを受け入れようとするまさにその瞬間、その都市が観光客に見捨てられようとしているのに気づく。「ラパチーニの娘」には、ホニグが述べたように、汚れの物語があり、同じ隔離過程が庭園と世界（都市）を分離する。腐敗したエデンという概念は、言うまでもなく、文学においては無限に多様化されている。『ロビンソン・クルーソー』、コンラッドの『勝利』、オールダス・ハクスレーの『島』、ゴールディングの『ピンチャー・マーティン』（London, 1956）のような物語は、もっとも極端な隔離のイメージ、島、をとる。そしてそれらの物語は島をエデンの代わりとして扱う傾向がある。たとえば『勝利』（III, ch. vi）、「熱帯地方の文明化はそれと何の関係もありえなかっただろう。それはポリネシアに流布している神話の方に似ていた。神々であれ悪魔たちであれ、無垢な住民に善と悪——未知な物の贈り物と一度も聞いたことのないことば——をもたらす島にたどりついた驚くべき異人たちという神話である。」この隔離のイメージについては Wallace Fowlie, "Mallarmé's Island Voyage," *Modern Philology*, XLVII（1950）, no. 3, 178ff. と Walter de la Mare の論評 *Desert Islands and Robinson Crusoe*（London, 1930）参照。

（35）神殿については Yrjö Hirn, *The Sacred Shrine*（London, 1958）: W. R. Lethaby, *Architecture, Nature and Magic*（London, 1956）: M.-M. Davy, *Essai sur la symbolique romane: XII siècle*（Paris, 1955）: Otto Rank, *Art and Artist: Creative Urge and Personality Development*, ch. v, "Microcosm and Macrocosm": ch. vi, "House-building and Architecture" 参照。神殿は中世の美学にとって、建築と建築に由来するシンボル体系のいずれにおいても、中心をなしている。「美は四つの神殿、つまり霊が宿る四つの形式に見出される。それらとは、人体、教会の神秘的な身体、神が反映する魂、そして受肉したことばであるキリストである。」ここでド・ブリュヌ（De Bruyne）は、シトー会派の理論家であるシトーのトマス（Thomas of Citeaux）はこう問うていると記している。これら四つの体のそれぞれの美はどこに存在するのか。その影響は何か。聖書はそれについて何と言っているか。その道徳的価値は何か。その装飾は何か。「人体に関する主要な答えは、人体の美は、滅びるものであり、疑わしく空しく、魂、神、神の子の不滅の美とはつねに対照をなすものであるというものだ」（De Bruyne, *Etudes*, III, 53）。「人体の神殿」は宇宙的なイメジャリーとしてのちのアレゴリー的な詩へと引き継がれ、マーヴェル（Marvell）の *Upon Appleton House* のような詩にかたちを与えている。スペンサーの神殿と城はこの比喩をきわめて明示的に使用している。アレゴリー的絵画では、城は精緻化されて、ダンテの「神の都市」のように、都市に似さえするほどになる。

（36）「中心のシンボル」についてはEliade, *Cosmos and History*, "The Symbolism of the center," 12–17そしてまたEliade, *Sacred and Profane*, 73–76参照。古典文学においてもっとも重要な事例は、おそらく、神託の置場（その場所は「大地のへそ」と呼ばれる）と神殿の場と政府の所在地、たとえばローマの集会所（Comitium）である。プルタルコスは、そのロムルス伝でローマの神話的な創設を記述する際、この完璧な中心の事例を挙げている。「ロムルスは、［双子の］兄弟のレムスを、彼の二人の養夫とともに、レモニア山に埋葬したあと、彼の都市の建設に取りかかり、トスカナの人々を呼びにやった。彼らは彼に、宗教的儀式におけるように、すべての儀式において守るべき神聖な慣行と文字に書かれた規則によって指示を与えた。最初に彼らは、今日コミティウムあるいは集会場であるところの周囲に丸い壕を掘り、そのなかに、慣習により善とされているか、あるいは本質的に必要とされているか、いずれかによるすべてのものの初物を厳粛に投げ入れた。最後に、すべての人が、自分の出身地の土を少し取り、ごたまぜに投げ入れた。この壕を彼らは、天をそう呼ぶようにムンドスMundusと呼び、それを中心にして、その周囲に都市を円として描いた。それから建設者はすきに真鍮の刃をはめ、雄牛と雌牛をくびきでつないだ。彼は境界線のまわりに深い線あるいはみぞを掘った。他方、あとに続く者の仕事は、掘り返される土はすべて内側の都市に向け、どんな土くれも外に出さないようにすることだった。この線で彼らは壁の場所を描いたのだった。門を作る予定のところでは、彼らは刃先をあげてすきを運び、場所を残した。それゆえ彼らは、壁全体を、門のあるところを除いて、神聖なものと考えるのだ。というのも、彼らがそれら［すべて］を神聖であると宣言したなら、宗教を侵犯せずに、人間の生活の必要のために自由な出入口を作ることはできなかっただろう。生活の一部はそれ自体不浄のものだからだ。

「彼らが都市を建設し始めた日に関して言えば、四月二十一日だったということであまねく合意されている。ローマ人はその日を毎年神聖なものとし、その日を国の誕生日と呼んでいる。最初は彼らは、この日に生きている生物を犠牲にすることはなかったと言っている。国の誕生日の祭りを清く保ち、血の汚れのないようにすることが適切であると考えたからである」（*Lives*, "Dryden" tr.［Modern Library ed.］, 31）。Jacob Burckhardtはコンスタンティノープル創設の際に行われた同一の儀式を記述している（*The Age of Constantine the Great*, tr. Moses Hadas［New

York, 1949], 346–349)。

(37) Eliade, *Cosmos and History*, 18.

(38) 「池」と題された章全体を参照。神話学的／神学的用語による「ホワイト池」の記述に注目。「二マイル半西の『ナイン・エイカー・コーナー』に、これとそっくりのもうひとつの池、『ホワイト池』がある。しかし、この中心から十マイルあまりのなかにある池の大部分をわたしは知っているが、このように澄んだ井戸水のような池は三分の一も知らない。おそらく歴代の民族はそこから水を飲み、それを賛美し、その深さを測り、そして死んでいった。今もなおその水は、かつてと同様に新鮮で澄んでいる。けっして途切れることのない泉！　アダムとイヴがエデンから追放された春の朝、おそらく『ウォールデン池』はすでに存在していた。そしてその頃でさえ、おだやかに湧き出て、雨に霧と南風がともない、無数のアヒルとガチョウが一面にいた。アヒルとガチョウは滝の音を聞いたことはなかったが、そのような澄んだ湖で彼らには十分だった。その頃でさえ、それはすでに上昇と下降を始め、その水を清浄にし、今おびている色合いに染め、世界で唯一の『ウォールデン池』にして天上の露の蒸溜所である特許を天から得た。これが記憶しきれないほど多くの民族の文学において、『カスタリアの泉』とされていることを誰が知ろう。あるいは、『黄金時代』にはどのようなニンフがその泉をとりしきっていたか誰が知ろう。それはコンコードが、その小冠の部分に置く最初の水という宝石である。」

そしてさらに続く。「『ホワイト池』と『ウォールデン』は地表の偉大なクリスタル、『光の湖』である。もしそれらが永遠に凝結され、つかめるほど小さくなったら、たぶん奴隷によって運ばれ、宝石のように、皇帝たちの頭飾りになるだろう。しかしそれは流体で広々としており、われわれとわれわれのあとを継ぐ者たちに永遠に確保されているので、われわれはそれらを無視し、コーイヌールのダイアモンドを求めて走る。それらはあまりにも純粋であるので、市場価値はない。まったくゴミを含んでいないのだ。それらはいかにわれわれの生活より美しいことか、われわれの性格よりいかに澄んでいることか。われわれはそれらの卑俗さを一度も知ることはなかった。アヒルの泳ぐ農夫の戸口の前の水たまりよりいかに美しいことか。こちらに清潔な野生のアヒルがやってくる。自然には、自然の真価を認める人間の住民はいない。羽毛と歌声をもつ鳥が花々と調和している。しかし、どこの若者あるいは乙女が、自然の野生の絢爛たる美と手を組むというのか。自然はおおむねひとりで繁茂するのだ。彼らが住む町からは遠く離れて。天を語るとは。地を汚すお前が。」

(39) Eliade, *Cosmos and History*, 18.

(40) 歴史的アイロニーの感覚でトゥキュディデスは、そのような場所の原型を提供している。彼は第七巻の末尾に、シチリアにおけるアテネの敗北(413B. C.)のあとで、シラクサの捕虜キャンプを描いている。「採石場にいた者たちは、初めはシラクサ人に虐待された。彼らは多くいたが、狭い穴に押し込まれた。頭上に屋根がなかったので、初めは太陽の暑さと空気の息苦しさに苦しんだ。次には逆に冷たい秋の夜がやってきた。温度の変化は彼らのあいだに病気をもたらした。空間の狭さが、なにもかもその場ですることを余儀なくした。負傷や温度の変化や他の理由で死んだ死体が重ねられて山積みにされていたので、その匂いは耐えがたいものであった。それと同時に、彼らは飢えと喝きで苦しんだ。八か月間、ひとりの一日の配給は一パイントの水と一パイントの穀類だった。実際彼らは、そのような場所に投獄された人が苦しむであろうと想像できるすべての苦しみを味わった」(*The Peloponnesian War*, 488)。

(41) わたしはホメロス『イリアス』の Richmond Lattimore 訳 (University of Chicago Press, 6th impression, 1957), lines 474–607 を使用したが、簡略化のため行数は省略した。盾を描いた文章全体が関連している。

(42) Virgil, *The Aeneid*, tr. Rolfe Humphries (New York, 1951), 232 (copyright 1951 by Charles Scribner's Sons: quoted by permission). これは、アエネーアスと、盗賊的怪物カークスを殺したヘラクレスとの同一視に従っている。ヘラクレスは、超人的力の原型であるばかりでなく、文明、文化、法律、禁欲的美徳、そしてのちには——自然な中世的外挿により——キリスト教的美徳と歴史的なキリスト教化の進展の原型である。この点については Marcel Simon, *Hercule et le Christianisme*, 諸所と、また Jean Seznec, *The Survival of the Pagan Gods*, 25–26 参照。キリスト教の進展の仲介者としてのヘラクレスという人物像は、『妖精の女王』第五巻で中心を占め、この巻の中心のシンボル体系を提供する。ヘラクレスとオシリスは、「正義」のミュトスにおいて、スペンサーによって同一視されている。

(43) このホメロスとの類似は、ヘシオドス作とされる『アキレスの盾』の「ヘシオドスの盾」に現われる。わたしは Hugh G. Evelyn-White の訳 *The Homeric Hymns and Homerica*（Loeb Classics ed., London, 1929）, 231 を使用した。

（44）「古い指輪」より。これは最初 *Tales and Sketches* に収められた。今はホーソンの *Short Stories* で簡単に手に入れられる。ホーソンは、ひとつの、おそらくは極微の人工品でさえもが呪いあるいは祝福の図像的核心部となる焦点化効果を好む。

第五章　テーマ的効果——両価性、崇高、そしてピクチャレスク

文学作品がテーマによって支配されるときにはいつでも、それはアレゴリーと呼ばれる可能性がある。その根拠は、テーマ的内容は通常、論理的統制からそれほど自由ではないので、偶然そこにあるということもありうるからである(1)。ミメーシス的芸術はテーマ的過剰に抵抗するという逆の仮定は、アリストテレスのミメーシスの定義の仕方、つまり「行為の模倣」という定義に由来する。アリストテレス的な意味での「行為」(*praxis*)は、二次的合理化、彼が「思想」(*dianoia*)と呼んだ二次的レヴェルからの外的補助がなくても存在しうるし、実際に存在しているからである。このようなことはアレゴリーにはまったくあてはまらない。アレゴリーの場合、二次的意味は文字通りの語りあるいは劇の一次的表層から直接生じ、一次的表層の「存在理由」を構成する。アレゴリー的物語は、いわば、二次的意味を、周囲の軌道に乗せるために存在する。つまり、一次的意味は、その衛星ゆえに価値評価されるのである。おおむね、二次的意味は覆い隠され、実際に視界から隠されている。それは、対位法的な音楽が、一度にその旋律がすべて聞こえるのではなく、常に変化する背景から一連の音符が次々と浮上するのと似ている。これはフライのアレゴリー観であり、多義的意味をめぐる中世の発言

に由来する見解である。アレゴリーがこの意味において二元的あるいは多元的であることは今日注釈をほとんど必要としない。アレゴリーに対する悪評の大部分とアレゴリー正当化の一部の真摯な試みは、この様式の本質である特徴的な分裂に関心をもっている。いくつかの学問――たとえば歴史学、心理学、意味論、修辞学――に拠った批評実践は、当然のように文学を多義的に、ということはアレゴリー的に読解していると言うとき、フライは大部分の批評家の先を行っている[2]。

神学的二元論。この章でわたしが関心があるのは、アレゴリーと関連するもう一種の二元論である。これは二重の意味という二元論ではなく、神学的な意味の二元論である[3]。つまりそこでは二元論が、二つの独立した、相互に還元不可能で、相互に反目する実体の根源的対立を含意する。要するに、さまざまなマニ教的教義に見られるような「絶対的善」と「絶対的悪」の対立である。絶対者のテーマ的対立(「善」と「悪」、「無知」と「開明」、「懐疑」と「確信」など)が同じように二元的な、イメジャリーと仲介者の秩序化によって表現されることはすべてアレゴリーに見られる。

ミルトンの『快活の人』と『沈思の人』のいずれかが失われたと仮定しても、われわれは、残っている一方の詩から、他方の詩が何をめぐるものであるか十分に推測できるだろうし、たぶん、失われた詩のかたちがどのようなものであるか詳細に語ることさえできるだろう。これらの詩の対称性は何に基づいているのか。二つの詩は、対照的な観点から、ひとつの包括的な伝統、つまり、闇の力は永遠に光の力と戦うという信仰を指しているのではないか。この窮極的にはゾロアスター教的な教義は、光/闇の二元論の多数の下位区分を含んでいる。

それは次の点で倫理的で二元的である。つまり、善と悪の闘争は宇宙論に投影され、光と闇の戦争としてシンボル化される。その戦争は一方では自然主義的に概念化され、輝く天体の神格化、火の崇拝、汚れへの恐怖、浄化の儀式として現われ、他方では、オルマズド（Ormazd）とアーリマン（Ahriman）と彼らの天使と悪魔の軍勢の覇権争いとして神話論的に概念化される。人間は、光と闇、真理と虚偽、道徳的正邪のいずれかを選び、永遠の至福か苦悶のいずれかを手にしなくてはならない。(4)

対立の先鋭化、自然的道徳的連続体の否定、道徳的倫理的霊的諸問題の二極対立への退却が、同じように仲介者に影響を与える。神は最高レヴェルの力として永遠にサタンとの対照によって強調され、キリストは「反キリスト者」との対照によって強調され、「聖母マリア」は「バビロンの娼婦」との対照によって強調される。これらの二元性は、オーマズドとアーリマンの二元性、ギリシャ神話ではゼウスとプロメテウスの二元性に相当する。すべての宗教にそのような両極的対立者を見出すのはきわめて容易であるので、われわれはアレゴリーには宗教の言語があると考えるかもしれない。この様式は、原初的信仰における宗教の起源よりももっと複雑な知的教義へと、宗教が精緻化される手段を表現することを可能にする。詩人は神の直接的イメージを頻繁に創造することはできないが、われわれに騎士と貴婦人の行為を示すことにより、神々の水準における二元性を鏡映することができる。ここではまた、二元性は事物の自然の秩序である。赤十字の騎士はアーキメイゴーと、ユーナはデュエッサと、カリドアは「悪口獣」と死に到る戦いをしている。なるほど暗闇の力はしばしば複数化される。そのとき悪漢とヒーロー両者の「解体」が起こる。たとえば赤十字の騎士は、原型的に悪である

アレゴリーは、言うまでもなく、ゾロアスター教的あるいはマニ教的な異教あるいは崇拝といったかたちで近東起源にさかのぼれるわけではないが、それでもその種の際立った二元論は、キリスト教文学とロマン派以後の時代を通して現われる。(5)

副次的人物を数名生みだすことがわかる。彼はさまざまな変装をするアーキメイゴーと戦うが、彼自身は数名の助力者をもっており、彼らはすべて等しくヒーローによって生みだされるのである。

アレゴリー的文学のこの主要な特徴について長々と論じる必要はたぶんないだろう。これについてはしばしば言及されてきた[6]。この意味におけるアレゴリー的二元性は、アレゴリーの宇宙的機能の自然な結果である。われわれの時代よりも昔の宇宙論は「存在の連鎖」に基づいていた。そこでは、われわれが想像しうるもっとも低い段階よりもわずか一段でも下ると、一種の絶対零度に達する。ルシファーは地獄の穴で天を仰いだが、彼の相対物たるエホバは、神の力と善の絶対的な高所に立っていたのだった。

アレゴリー研究の重要問題の要点は、われわれのこの二元性の解釈の仕方にある。もしわれわれが、絶対者間の戦いを、たんにすべてのアレゴリーの基礎図として受けとめるだけなら、ひとつの重要な点において素朴な考えをしていることになる。なるほど、この戦いはつねに進行している。しかし、われわれは、対極のものが本当に距離を隔てて分断されていると想定すべきではない。このことはとりわけ、「両極端は一致する」という表現がメタファーではない場合にあてはまる。のちにみるように、これは心理学的事実なのである。

喚情的両価性。手短かに言うと、アレゴリー的文学は、つねにその両極的対立に対して、ある種の両価性を示す[7]。この多用されている用語は、「混在する感情」を意味しない。しかし、われわれがこの語句を、「絶対的に対立する感情の混合態」に修正するつもりなら別である。この語句はとても乱用されやすい。しかし、議論が心理学や比較宗教学にいくらかでも関係するなら使用可能である。これらにおいては、両価性はしばしばタブーの概念に関連づけられ、この概念によってわれわれは、アレゴリーにおいて起こること、起こらないことの多くを説明することができる。感染魔術の役割について論じたときに示唆したように、道徳的寓話は、きわめて明示的にタブーと関連している。道徳的寓話は、シンボル的に、ある対象は神聖であり、ある対象は罪深いと主張する。真の信者は、あるものを避け、あるものを受け入れなくてはならない。これは最初、明白な価値の二元性であるように思われる。神聖なものの観念はきわめて明確で自明であるように思われる。しかし、宗教的慣用における「神聖な」の真の意味を追求するとき、われわれはパラドックスに出会う。というのは、「神聖な」は善と悪の両方を意味し、両者の同時的出会いを意味することが判明するからだ。

フロイトは古典的な著作である『トーテムとタブー』（一九一八）におけるタブーの説明においてはきわめて正統的である。

われわれにとって、タブーの意味は、正反対の二つの方向に分かれる。一方ではそれは、神聖な、聖別された、をわれわれに意味する。しかし他方では、それは不気味な、危険な、禁じられた、不潔な、を意味する。タブーの反対語は、ポリネシアでは「ノア *noa*」という語で示され、それは何か正常なもの、全般的に理解できるものを意味する。このように、抑制の概念のようなものがタブーには内在している。タブーは本質的に禁止と制限でみずからを表現する。われわれの「聖なる恐怖」という連語がしばしばタブーの意味を表わしたものである。(8)

倫理的寓話のヒーローによって明らかにされる禁止は、条件的な合理的法というよりは、絶対的命令である。教化的行為の核心は誘惑となる。つまりそれは悪の好ましさを主張する（絶対的な道徳基準という概念そのものに内在するパラドックス）。人がタブーとされている欲望や考えに突然襲われて苦しむとき、そして、彼が自分の想像の産物から逃れられないとき、「その直接的結果は、かならずや、意志の部分的麻痺と、愛が動機づけの力を供給すべき諸行動への決断不能である。[9]」この麻痺は、「死者のタブー」、つまり死者を見ることに対する原初的禁止に焦点をあわせた両価的感情に関するプラトンの説明にもっとも明らかに現われている。

物語はこうである。アグライオンの息子レオンティウスは、ある日ピラエウスからやって来て、外側の北の壁の下の、処刑場の地面の上に数体の死体が横たわっているのを見た。彼はそれらを見たいという欲望を感じたが、それらに対する恐怖と嫌悪をも感じた。しばらく彼は葛藤し、目を覆っていたが、ついに欲望が彼を打ち負かし、目を力づくで開かせた。彼は死体に走り寄って言った、「見ろ、卑劣な目よ、このすばらしい光景を存分に味わえ。[10]」

麻痺状態が解けた瞬間、意識の分裂が起こり、レオンティウスは、いわば、彼の目の行動と彼の真の自己のそれとを分断する。[11]つまり、彼は行為の罪を目に転嫁し、そうするためにアレゴリーの中心的比喩である擬人化を用いる。

この両価性をもっとも鋭いかたちで例解するために、フロイトは『饗宴』から、アルキビアデスがソクラテスについてこう言う場面を引用した。「わたしは何度も彼が死ねばよいと願った。しかし、もし彼が死んだら、喜びよりも悲しみのほうがはるかに強いにちがいないとわかっていた。それゆえわたしは途方にくれている。」フロイトが述べたように、「詩人たちはわれわれに、愛の荒々しい段階では、二つの対立する感情が、まるで競合しているかのようにしばらく並存するかもしれないと言っている。[12]」この「同一人物に向けられる愛と憎しみの不断の共存」は、それが懐疑と確信の圏域に転移されるとき、より精妙なものになる。この共存が最強のときの両価的感情には、愛の対象の善および／あるいは悪に関する極端な懐疑というかたちで、知的等価物が存在する可能性がある。フランツ・カフカのアレゴリーは、喚情的両価性に関わるものであるのとまったく同じくらい、知的な懐疑に関わるものである。あるいはむしろ、彼にとっては、感情の両価性は知的なものにもなるのである。ヒーローの、存在状態であると同時に精神状態でもある聖性の探究を扱うアレゴリーは、神を愛する者の苦悶を示すばかりでなく、それと同じくらい、自知の苦悶を示す。ヒーローは、最終的な贖罪が彼を救うまで、自分自身に確信をもつことはけっしてない。外見はまやかしかもしれない。それゆえ彼は、デュエッサのような者たち、アーキメイゴーのような者たち、世間の「奸計」を打ち負かすことにもっとも関心をもっている。キリスト教のアレゴリーにおいては、まやかしは、罪深い不純であるのと同じくらい堕落した世界の特徴である。

「両価性」の知的付随物である懐疑は、われわれの世俗的恋愛詩の中心的事実である。このような詩においては、宮廷愛によって浮かび上がる修辞学は、つねに、「愛は戦争である」とか「欲望の対象は手の届かない対象である」といった等価式をめぐるものである。ドニ・ド・ルージュモンは、愛欲の両価性をめぐる論文『愛について』では行きすぎているかもしれないが[13]、宮廷愛が両価的修辞（その内的意味がなんであれ）を用いていることは疑いの余地はないように思われる。もしわたしが（「神聖な *sacer*」という意味での）タブーの神学的起源を強調したとするなら[14]、それは、愛の対象に対してつねに感じられる喚情的両価性というわれわれの現代的な心理学的概念とのあいだに均衡を保つためにすぎない。ドニ・ド・ルージュモンが扱ったようなロマンス的アレゴリーにとっては、この後者の強調は正しいように思われる。というのも、通常の意味でのロマンスは、両性間の関係を含意するからである。学識のある学者が『妖精の女王』を「両性間の戦争をめぐる」詩として言及するのは自然なことであった。

両価性の詩は激しい精神的葛藤の詩であり、それはとても攪乱的なので、哲学者は、そのような文学の創造にどのような美点があるのかと問うかもしれない。道徳的思索と神話的宇宙論の偉大な両極性は、弁証法的過程によって劇的対照に還元される必要があるとしても、プラトンの『国家』が提示しているように、結果として起こる葛藤を人間が目撃するのは好ましいことなのかという疑問は依然として残る。なぜなら、人間は、たとえ何であれ、目撃したものをかならず分かちもたなくてはならないからである。

哲学的両価性。両価的ミュトスのなかでもっとも壮大でもっとも挑発的な例は、西洋文学で最初の、アイスキュロスの『縛めのプロメテウス』にちがいないことは疑いない。この劇では、法の支配をアレゴリー的に正当化することが意図されているが、反抗者プロメテウスをヒーローにしている。この劇ではさらに、全能の神、完璧な存在としてのゼウス、「一者」への信仰を正当化することが意図されている。（ゼウスの残酷さは、プロメテウスの反抗的行動に感情的な正当性を与える。）コウルリッジはこの劇をわれわれのためにこう特徴づけた。「プロメテウスはフィロソフェーマ *philosophema*, ταυτηγορικόν——善悪の知識の木——であり、アレゴリー（προπαίδευμα）である。とはいってもその種のもののなかでももっとも高貴でもっとも多産なものである。[15]」この劇の主要な主題は「ヌース（*nous*）あるいは人間のなかの純粋な理性の生成」である。コウルリッジはプロメテウスの火のさまざまな側面を解釈し、この純粋な理性のさまざまな長所を示す。「ヌース」と正反対のものは神のごとき法（*nomos*）である。そして、この劇が話の展開をその上に基づかせているのはこの対立なのである。

さて、このギリシャのフィロソフェームあるいはミュトス（*mythus*）によれば、これらの、あるいはこの同一性（つまり神、一者）において、戦争、分裂、分断、つまりテーゼとアンチテーゼへの両極化が生じた。このト・テイオン（*to theion*）への分裂の結果、テーゼはノモス（*nomos*）あるいは法となり、アンチテーゼはイデア（*idea*）となる。[16]

コウルリッジは、われわれを、彼が「超越論的形而上学の聖なるジャングル」と呼ぶものから、劇のなかのゼウスは「『ノモス』の擬人化された表象あるいはシンボル」であることを示すことによって外へ連れ出す。他方、プロメテウスは「同じように、『イデア』あるいはジョウヴ〔ゼウス〕と同じ力の擬人化された表象であるが、生産に関与しない独立したもの——生産的エネルギーを欠いた法——として考えられている。[17]」ゼウスは、みずからの行為に完全に没入し、秩序化と創造を同時にする活動的存在だが、プロメテウスは受動的であり、苦しみ、そして理解する存在である。彼においては、「精神」が「岩に縛られている。岩は不毛性と非生産性に永続的につながれた不動の堅固さである。もしそれが生産的なら、『ノモス』となるだろう。しかし、それは『ヌース』である。なぜならそれは『ノモス』ではないからだ。[18]」「精神」と「法」の葛藤は、コウルリッジによって形而上学的用語で提示されているが、彼がこの劇に関する詳細な注釈でも強調しているように演劇的正当性をもっている。プロメテウスは、アイスキュロスの三部作の三番目の〔今は失われた〕劇で実は解放されるのだが、もし解放されなかったとすると、われわれは窮極的対立物のあいだの耐えがたい葛藤に直面したことだろう。しかし、解放者アルキデス〔ヘラクレスの別称〕は、プロメテウスをその不毛の岩から救いだすことになった——それがまさしくシェリーの『縛めを解かれたプロメテウス』で起こっていることなのだ。

アイロニー——両価性の極限。古典修辞学ならアイロニーをアレゴリーの下位範疇とするだろうが、これら二つの用語の関係はあまり明瞭ではない。たぶん『縛めのプロメテウス』の例がこの関係を明確なものにするだろう。なぜなら、もしヒーローの解放がまったくなかったら、この劇はヒーローは知的には自由だが肉体的には拘束されているという大いなるアイロニーの調子で終わっていただろう。それと同時に、アイスキュロスとシェリーがゼウスとプロメテウスの葛藤のイメージを描いたアレゴリー的様相がもっとも顕著に現われるだろう。

われわれはしばしばアイロニーをパラドックスと同等視する。パラドックスとは、通常はたがいに対極的に矛盾する教義が崩れてひとつの両価的陳述になる一見自己矛盾的な言表のことである。アイロニーとパラドックスにおいては両極端が出会う。他方、両価性の緊張は比例して増大する。アイロニーはアレゴリーの多層的分離を崩すように思われるので（たとえば四重の図式は崩れるだろう）、アイロニーは「反アレゴリー的」と言われている。[19] これはわたしには不幸な慣用であるように思われる。なぜなら、アイロニーは依然として意味の他者性を伴うからである。われわれが他の（*allos*）意味を解読する手段がどれほど弱くあてにならないものであれ、そうなのである。むしろ、わたしは、われわれはアイロニーを「崩壊したアレゴリー」、あるいはたぶん「圧縮されたアレゴリー」と呼んだ方がよいと思う。アイロニーは、二重あるいは多重の多義性の意味論的、統語法的な諸過程の、減小などではなく、たんなる混乱なのである。アイロニーがアレゴリー的範型と実際に違うところは、それらが表わす喚情的緊張の度合にあるかもしれない。つまり、ヨーロッパの文学作品では、それらがフライの言う「アイロニー的」段階に達すると、不安が増大するからである。われわれの現代のアイロニー作家、カフカのような作家たちは、おそらく最初のアイロニー作家テオプラストスの性格描写に出てくる人である「皮肉屋」が、はるかに単純な恐怖と不安を統御したように、恐怖と不安の両方をどうにか統御しようとしている。しかし、これを、現代文学の不適確さと判断する前に、プロメテウスの状況を再考しよう。

プロメテウスに関しては四つの伝説があるとカフカは言う。

第一の伝説によると、彼は、神々の秘密を人間にもらしたことでカフカス山脈の岩につながれた。神々はワシを送って彼の肝臓を食べさせたが、それは永遠に再生するのだった。

第二の伝説によると、プロメテウスは、切り裂くくちばしの痛みに責め立てられて、岩の深みへとだんだんとみずからを押し込み、ついには岩と一体化した。

第三の伝説によると、何千年もの時の流れのなかで、彼の裏切りは忘れられ、神々は忘れられ、ワシは忘れられ、彼自身も忘れられた。

第四の伝説によると、だれもが、この無意味な事態にうんざりした。神々もうんざりし、ワシもうんざりし、傷もうんざりして口がふさがった。

不可解な岩の塊が残った。――この伝説は不可解なものを説明しようとした。この伝説は真理の下層から生まれたので、今度は不可解なもののなかで終わった。[20]

わたしはわざとこのカフカの寓話を選んだ。なぜなら、これはコウルリッジを思い出させながら、アイスキュロス的態度と、プロメテウスに対する他のよりいっそうアイロニックな態度のもつさらなる可能性の両者を示しているからである。もとの劇は十分にアイロニックである。「ヌース」と「ノモス」の葛藤は勢力均衡状態に至る。そして、われわれが現在手にするアイスキュロスの劇は行き詰まり状態を暗示しており、それをシェリーは、古典的慣例に従い、「機械仕掛けの神」の導入で解決した。二種類の力（無私の美徳の不在における）の両価的な主張の結果、『縛めのプロメテウス』の話の展開はアゴーンであり、行き詰まり状態を打開するためには、超越的な神の介入を要請する。この劇に対する通常の人間の反応は「耐えがたい。行き詰まり状態を打開しなくてはならない」かもしれない。しかし、それが唯一の可能性ではない。カフカは、われわれの反応は、話の展開の真の核心を誤解していることに由来しており、その核心はプロメテウスではなく、岩なのであると示唆した。この岩という中心は人間という中心とはまったく似ていない。つまり、岩は無感情、不動、無思考、無変化なので、意味を欠き、目的を欠き、時間を欠き、人間の歴史と人間の進歩という脆弱な境界のまったきかなたにある。要するに、事態は自然に忘れ去られる。この寓話に対するひとつの反応はこうだろう。プロメテウスを解放する可能性をわれわれが否定したら、希望はまったくないのだろうか。カフカは自分の答えを出した。ある、一種の退屈な、非人間的な希望がある、と。いかにもカフカらしいが、彼の犠牲の概念は、不可解な敵との不可能な闘いにうんざりさせられるというものである。この闘いはきわめて悲しい。

しかし、プロメテウス的な行き詰まり状態からのもうひとつの出口の可能性が古典古代によって、つまりプラトンのソクラテス的対話によってすでに示唆された。わたしはこれを、もしわれわれがアイロニックな状況にあっても「そこにとどま」りさえすれば「機械仕掛けの神」に頼る必要はないという演劇的かつ哲学的証拠であると解釈する。

もしアイロニーが、みかけと現実の食い違いの認識と遠回しの言明と定義されるなら、われわれはアイロニーがソクラテスの方法をたえず生気づけていることに気づく。彼のアイロニーは哲学的である。われわれの精神生活のアイロニーを、ともに有効に生きられるように、意識の表層へそっと引き上げる精神分析家のアイロニーに似ている。このように、ソクラテスの対話は、不確かさの語調で、あるいは靄《もや》のなかで、あるいは複数の枠組み化の過程による曖昧さのなかで終わる。ソクラテスを古典的パロディのソクラテスと決めてかかるのは間違いである。彼は、クセノポンの『饗宴』におけるように、いつも人々に劣等感をいだかせようとしているわけではない。なるほどソクラテスの質問は、その相手が思い上がっているときには、身の程を知らせるだろう。しかし、その質問の口調は敵意を含むものではない。それらの質問は、平等性――われわれの、無知における平等性――の状態を生み出すためのものである。それゆえ、もしわれわれが最終的に賢明であると思いたいなら、われわれはみずからの愚かさを受け入れなくてはならない。（もしアレゴリーが、その口調が本質的に誇示的（epideictic）であるとするなら、アイロニーはその逆、つまり「非難による賞賛」である。）彼が政治的および社会的にどのようなことを議論しようと、プラトンのソクラテスは、人間の知的平等性を主張する方法を用いる。彼の言うもっとも聡明な人、つまり哲学者は、いかに自分は知るところが少ないかを知る人であるからだ。ソクラテスは、キリストと同様に、力の使用を否定することにより最大の力をもつ。アイロニックな方法は、外観と真理の矛盾とともに生きることを可能にする。なぜなら、われわれはみずからの状況を弁証法的に分析することができ、そうすることにより誤認からみずからを解放できるからである。アイロニーが残る。つまり、「ヌース」と「ノモス」の葛藤はこの世では解決されない。しかし、アイロニーは、その存在が気づかれないことはないし、ささいな日常的状況のなかで、おそらく今扱うことさえ可能である。

プラトン的対話のアイロニックな様式は、プラトンの認識論に由来するように思われる。彼にとっては、事物とは、イデアのアレゴリー的模倣なのである。あるいは、別の公式的表現をすれば、外観とは、高次の現実の、アレゴリー的等価性なのである。かくして、二重の運動が、ソクラテスの思考に関するプラトンの説明を特徴づけることになる。一方では、われわれが無知の平等性の実証に見出したアイロニーがある。他方では、しばしば注目した神話利用がある。この神話は、適切に言えば、出来事にみちた物語としてのミュトスではなく、範例的物語としてのミュトスである[21]。知覚体験に対するプラトンの不信は、建設的結果をもたらす。というのは、プラトンは、このような体験は、たんに真理のひな型にすぎないと言おうとするのだが（彼はそれを「影」と呼んでいる）、しかし彼にはひな型という考えが残っている。ひな型にはその効用がある。ひとつには、それがなければ哲学するプラトンは存在しえない。われわれは太陽から離れているが、それでもその熱と光を知覚する。われわれは少なくとも、われわれ自身の存在の輪郭をかろうじて知っている。

プラトンにおけるミュトスは超越論的機能をもっている。それは、顕現《エピファニー》へ接近しようとする哲学者の試みである。しかしそれは、一種の「退却と帰還」を可能にすることにより、現実の非神秘的側面へのわれわれの知覚を先鋭化するという低次の機能もまたもっている。それゆえ、プラトンのある種の対話篇、たとえば『饗宴』と『パイドロス』の神話的核心部は、二つの方法でわれわれの心を動かすものであると理解できると、わたしは思う。つまり、それは詩のようにわれわれを理念的世界へと実際に運び、それによりわれわれの知覚体験の真理を否定するが、それはまた、信念、行為、思考の理念的根拠への信頼を更新し、世俗的問題にわれわれが自信をもって回帰することを可能にする。さらにミュトスは、真の主張とはつねに疑問であること、真の陳述はつねに謎であることをわれわれに思い起こさせる。そのような神話利用は、アレゴリー的拡大が可能である。プラトンの洞穴のたとえ話のあとの認識論的議論がそうである（『国家』第七巻）。これらの神話は原型的であるので、解明することが絶対に必要というわけではないが、それらは実際に範例と数学的公式を暗示する。それらの謎めいたイメジャリーと陳述に、われわれはアレゴリーがおびる原型的形式を見る。それゆえ、それらがアイロニックな世界観の結果であることに注目することが重要である。神話的価値に対するプラトンの信頼は、一見したところ超越論主義に思われるものの、「それとともにいる」ことの正しさへの信念に由来する。かくして、『弁明』、『パイドン』、『クリトン』に現われるソクラテスは、アテネで生き、死ぬためにとどまり、最後には詩を書いている自分を見出すのである。

「難解な装飾」と現代的アレゴリーへの移行。『縛めのプロメテウス』とソクラテス以後の多数の作家によって、思考の最高レヴェルで表現されている両価性は、アイスキュロスとプラトン以後の多数の作家によって、強度と重要性の度合いは下がるものの、表現されている。もしわれわれが、中世とルネサンスのアレゴリーの、現代のそれへの移行を精査したいなら、この両価性について根本的な問いかけをしなくてはならない。つまり、装飾の修辞学的理論において、両価性の表現上の対応物は何か、ということである。心理学的観点から見ると、両価性はアレゴリーの歴史の全段階で現われるので、伝統と観念の文化的成長が、時代がひとつずつ進むにつれ、両価性に対するさまざまな態度をとる様相が示されねばならない。どのような種類の装飾が濃密かつ完璧にアレゴリー的かを問うとき——すべての装飾がある程度は解釈のきっかけを与えるので——われわれは、それぞれの時代をしてみずからを比類ない時代と考えさせる様式と流行の、ときに偶発的な変異体を洞察しようとしているのである。すべての歴史上の時代が、独自の好みの語彙と独自の特殊な修辞法をもっているのだろう。いったんこれらの特定の目的を除外して考えたとしたら、両価的、多義的文学の永続的な傾向とは何だろうか。中世の理論がわれわれに手がかりを与えてくれる。この理論は聖書のコスモスを「難解な装飾」[22]と名づけた。「難解」は、ここでは、読者に解釈的反応を誘発する計算された不明瞭さを含意する。不明瞭さそれ自体が喜びの源泉となる。とりわけ、文章の聖書釈義的内容を解読する実際の過程が、苦痛に感じられるほど骨が折れ不確かなものである、その度合に応じてそうなる。[23]不明瞭さは好奇心をかきたてる。読者はヴェールを引き裂きたいと思う。「比喩的表現の使用によって不明瞭になればなるほど」とアウグスティヌスは言う、「それらが明瞭になるとますます多くの喜びを与える。」[24]

スコラ学的術学を攻撃しなくてはならないと思っている現代の批評家は、アウグスティヌスを、たんなる屁理屈と、精神の副次的で表面だけ巧妙な活動へ通じる扉を開いた者として非難するかもしれない。フランシス・ベーコンは、ルネサンスを代弁して、エッセイ「学問について」において「彼らはういきょうの種を裂く者 *cymini sectores*〔細かいせんさくをする博学者〕」だと述べ、スコラ学者のみじめな肖像を示した。しかし、そのような批判は、聖書の明白な必要条件と真っ向から対立するものである。聖書には、いかに評釈者が誇張していたかもしれないにせよ、しばしば謎めいた表層がある。アウグスティヌスは、聖書の多くに具現されている宇宙規模の不確定性を指摘している。それに対して彼はただ、精神の解釈的性向を擁護することしかできない。それは彼にとって、克己（*ascesis*）のきっかけとなる。苦痛と快楽の混合態、釈義的努力の過酷な作業に伴う知的緊張は、なんであれ神聖な対象を観照することに内在する両価性の認知的側面にほかならない。なんであれ神聖な（*sacer*）ものは、われわれの「難解さ」の意識を構成する、喜びと畏怖のまじったおののきを引き起こすにちがいない。

二十世紀の読者は、ダンやハーバートを読んだ体験を思い出せば、「難解さ」と両価性の等号式をより容易に理解できるかもしれない。ダンの不明瞭さは、ジョンソン博士がそうほのめかしたと思うが、たんに小手先のものではない。また、ジョンソンが「彼らの企てについて書くためには、読んで考えることが少なくとも必要である」と言ったとき、すべてが言い尽くされたわけではない。というのも、ダンの詩の無媒介的興奮は、感情と思考の融合を伴うからである。ダンの拡大比喩は縮小アレゴリーであると主張するとき、それにはあらゆる技法上の理由がある。つまり、それらは拡大メタファーの標準的概念に一致するからである。ハーバートの詩は最近、十七世紀固有の慣行である「象形文字的な詩」[25]として論じられ、他方その主題——とりわけ「襟」のような詩の——は両価性そのものである。その詩の目的は聖なるものの定義であり、その形式、「神殿への階段」は儀式の明確な一事例になっているように。ハーバートは二つの「ヨルダン」詩で「難解な装飾」の美徳を定義しようとさえしているが、他方、「先駆け」では、彼は比喩的言語一般の本質を研究している。

疑いもなく、アレゴリーの歴史は、これらや他の形而上詩を重視するだろう。なぜなら、彼らの作品は、マージョリー・ニコルソンが「円環の破壊」と呼んだ既成概念の崩壊にともなう移行期の葛藤と懐疑を示しているからである。このような目的は目下の概括的論評の範囲を超えているので、その代わり、時間を一挙に十八世紀へと――それによっておそらく移行期という重要な時代を省略することになるが――飛びたいと思う。十八世紀には中世とルネサンスの世界観の崩壊はさらに進んでいる。そこにわれわれは、帰するところ、古い権威の源泉と古い詩的言語の基盤に対する信頼の喪失を見出す。多くの学者が、この崩壊の結果作家に課された重圧を示してきたので、ここでは、そこから予想される展開の一、二を示唆するにとどめる。

十八世紀中期までに、宗教的および世俗的な力の宇宙的ヒエラルキーに対する古い信仰は、全面的変更ではないにせよ、弱体化を経験した。スペンサー、シェイクスピア、そしてミルトンでさえも利用できたイメジャリーの宇宙的基盤が、科学的懐疑主義の高まる波と中産階級の物質的価値の前進と拡大の両方を等しく考慮しなくてはならない詩人にはもはや説得力をもたなくなった[26]。そして、ハード主教の十二の説教から啓示は今や「自然宗教」で補強されなくてはならなくなった。キリスト教のなる『予言研究序説[27]』のような、霊感による啓示の理解を復活させようとする十八世紀の試みを実際に見るとき、われわれは、一見したところ死にかかっている芸術の公然たる復活を目のあたりにしていることになる。ロマンスやゴシック文学に関する論評と同様に、ここでハードは好古家的なところを見せている。つまり、彼は、彼の同時代人にはもはやすぐには認識できない修辞を追求しているのである。これら十二の説教は、時代の徴候として特別な重要性をもっている。批評家が「黙示録の文体と方法」についての説教をしなくてはならないとき、われわれは、彼は聖書の権威の徐々たる浸食によって修辞学理論にできた空白を埋めようとしていると考えるかもしれない。予言と黙示録はもはや正しい反応を誘発しない。ハード主教は、その天分にもかかわらず、観念の世界では依然として二流である。しかし、空白は他の手段で埋められないわけでもない。「理性の時代」の変化する趣味の歴史は、批評家と詩人と神学者にとって、聖書の霊感とその文学的著作を復活することがいかに不必要であったかを示している。

「壮大な一般原理」には他の源泉、主として再解釈された「自然」、つまり、不変の宇宙的ヒエラルキーという古い観念にとって代わった「自然」と、それから第二に、おそらくこちらの方が重要であろうが、再解釈された「精神」があった。というのも、十八世紀は、自然の外観がますますみずからの資格において現象となるのを目撃するからである。自然は物質的に取り囲むものとされ、この環境が経験論的研究の対象となる。それと同時に、心理学が思考をみずからに向かわせ、徐々に、ますます心理的に説明される「人間性」を展開し始める。神聖な（*sacer*）ものを強調する啓示宗教は多種の自然宗教にとって代わられる。その変化をここで跡づけて記録する必要はまったくない。現在の探究によって重要なのは、こう問うことである。詩人はこの新しい世界観のどこに類比の基盤を見出すことができるのか、と。もし神聖なものが、キリスト教的な話題に基づく日曜の説教が継続されているにもかかわらず、中心性の喪失を経験したのなら、なんらかの方法で、再解釈された「自然」と「精神」が、少なくとも主要なアレゴリーが期待されているかぎりは、神聖なものに代わるものを提供できるかもしれない。

ラヴジョイは『存在の大いなる連鎖』のなかで、宇宙的ヒエラルキーという不可欠だった観念が十八世紀に死んだのではないこと、むしろ、自然宗教と宇宙的楽観主義と生物学の圧力のもとで徐々に変化したこと、そして偉大な存在の連鎖は「時間化」されるに至ったこと、つまり、その連鎖は永遠に固定された地位の静的ヒエラルキーではもはやなく、今や、ゆっくりと、そして時の経過に比例して、より完全になりつつある存在の進化するヒエラルキーであることを、詳細にわたって示した。(28) かくしてボネはこう論じる。

われわれが組織化された存在のさまざまな秩序のあいだに観察するのと同じ変化の諸段階が、われわれの地球の未来の状態にもきっと見出されるであろう。(29) しかしそれは、それぞれの種の完全化の可能性の程度によって決定される比率に従うだろう。

この世界観に、アレゴリー作家は不可避的に向かわなくてはならない。なぜなら彼は、彼の虚構作品をそのうえに基づかせるある種のヒエラルキー的基盤、なんらかの持続的な宇宙的構造を必要とするからである。最初にわれわれは、もし幻視的アレゴリーが死んだのなら、それは、上流社会のアイロニーの開陳にそれが利用された十八世紀の定期刊行誌のなかで死んだと思うかもしれない。(30) この文芸様式をときどき攻撃するジョンソン博士だが、それ以外のときは彼自身がこの様式の実践者なのである。(彼の『ラセラス』の成功については人によって意見が異なる。) おそらくウィリアム・ロウに影響されて、彼は初期の説教の伝統への奇妙な回帰を示している。(31) しかし、それは、この様式が従うべき唯一可能な道筋ではない。時間化された存在の連鎖は新しい世界の全体を開示する。そこでは古いアレゴリー的「前進」は、個々の完成が目標であったときよりももっと壮大な領域をもつだろう。今や社会全体、テクノロジー全体、文化的理念全体が、前進主義的な構想のなかで展開するさまが見られるだろう。われわれは、社会改良と政治的闘争の小説を前方に見ることができる。

おそらく、もっと前の十七世紀に、アレゴリーは目に見えてその立場を変えはじめ、事物の宇宙的秩序における人間の位置についての根本的に新しい観念のなかにふたたび生き返ったのであった。一例——ミルトンを論じるジョンソン——を挙げれば、ルネサンスからの移行期の精神構造を想起するのにメタファーとして役立つかもしれない。ジョンソンは『楽園の喪失』の文体を論じている。ミルトンに対してはいつもそうであるが、ジョンソンはここでもまた入り混じった感情を抱いているかもしれない。彼はミルトンのイメジャリーの拡大主義的特徴を賞賛している。

彼〔ミルトン〕は、偶発的なイメージを拡大し、必要以上に規模を大きくする。かくして、サタンの盾を月の円形になぞらえるとき、彼は想像力のなかに望遠鏡の発見と望遠鏡が発見する驚異のすべてを詰め込む。[32]

この想像力の充塡が起こるのは、科学革命の後である。そのとき、ガリレオは人々に、「自然」に畏怖をいだくのではなく、「自然」に直接対峙し知覚することによって、「自然」を改めて見させ、距離を置かせ、そして離れさせる。このとき、とても奇妙なことに、この視覚の直接性が、ふたたび、聖なるものに対する人間の態度を特徴づけているのと同じ感情を喚起するきっかけになるのである。ここで生み出される畏怖の念は、聖書の本文がアウグスティヌスの目のなかに生み出すものと似ていなくもない。似たような状況にあると、われわれは、似たような葛藤を感じても驚かない。ミルトンの想像力における嵩高さの充塡化は、みたされぬことはなはだしい精神状態なのである。[33] ジョンソンにとっては、まさにそれゆえに価値をもっているのである。「望遠鏡が発見する驚異」は、人間の実際的知識への欲望をあおるばかりでなく、「想像力の飢え」をもつのらせるのである。この飢えは、W・J・ベイトが『サミュエル・ジョンソンの偉業』のなかで雄弁に語ったように、ジョンソンにおいてはつねに、強力な両価性を生むきっかけとなっている。

望遠鏡はそれから、驚異の新たな二つの中心を発見した。最初に、そしてもっともはっきりしているのは、望遠鏡は星座のもつれたひもをほどき、われわれに自然をいくらか明瞭な姿で見せる。しかし第二に、望遠鏡は知覚器官として、われわれの精神に、知覚される自然に対する支配力、少なくとも深い関係をもたらす。宇宙の物質的境界が拡大するにつれ、精神の想像力の境界も拡大する。[34] この二重の過程においてわれわれは、新しいアレゴリーが生まれる根拠をもつ。前進の観念が詩人と哲学者の思考において大きな推進力をもつ前においてさえそうであるとわたしは考える。われわれはけっして権威を破壊したのではない。われわれは、「意味がないわけではないとわれわれが考える」偶然的出来事、要するに驚異にみちた出来事の可能性を破壊してはいない。われわれはヒエラルキーを破壊してはいない。われわれは畏怖の感情を不可能なものにはしていない。これらの観念的活動のすべては保持されるが、それは新しい枠組においてなのである。科学者（今や詩人は一種の科学者となる）は、新しいコスモスの征服者になるだろう。王立協会創設のあとの時代は一貫して、科学は詩人に、新しい技法上の障害を呈示する。[35] しかし、これらよりも偉大なのは、科学が、なんであれ、それが影響を及ぼすものすべて対して与える壮大さである。

新しい詩は、おそらくミルトンとともに始まる。しかし、彼においては、古い世界観が依然として多く残っている。とりわけ、彼の宇宙のひな型がそうである。もっと問題をはらんでいるのは前ロマン派の詩の場合である。批評家たちは、そこに新しい主観主義の出現を強調した。この主観主義は、ヒーローとしての語り手への意図的な偏向を生じさせるが、それはすでに『楽園の喪失』で形成されているのをわれわれは目にする。ロマン派のヒーローは認識する人であり、夢見る人であり、もっと重要なことだが、応答する人であり、観察する人であり、参加する人である。彼の目は望遠鏡の接眼レンズに据えられるかもしれない。それによって月はそっくり新世界となり、サタンの盾になぞらえられる――それからわれわれは、それがアキレスの盾、アエネーアスの盾に似ていることを思い出す。ヒーローは同時に、彼の生まれながらの環境の前に、不慣れな不安定さがあることを知る。そこから彼は、新しい宇宙体系を構築しようとするのである。

批評はほとんどすぐにこの新しい美的体験に一致する理論を形成する。そしてこの理論は二つの、これまで強調されることのなかった概念を含む。十八世紀の美学者は、美の定義に加えて、崇高とピクチャレスクという二つの項目を提示する。これらの用語は、「円環の破壊」のあとにアレゴリーがとった方向の名を示している。崩壊の過程は、われわれが「今や、アレゴリー的詩の源泉は再生されなくてはならない」と言えるような、破局的な、はっきりと識別できる瞬間をまったく示さなかった。しかし、詩と批評の両方における強調の、科学的能力、感受性と主観性、人間の無限の完成可能性に対する関心への徐々たる移動が状況の変化を形成するが、テーマと観念の詩がそのもとで生き残るであろう。

近年の崇高に関する大部分の歴史家と理論家は、いわゆる「崇高な感情」の主観主義をあまりにも強調しすぎてしまったとわたしは考える。心理学的な方向性をもつこれらの批評家は、ミルトン的崇高についてのジョンソンの説明、つまりそこにおいては科学が新しい力にして権威であるという説明の文章が、たんに新しい認識者――ルネサンスのヒーローであるガリレオ――を含んでいるばかりではなく、もっと重要なことであるが、観念論的哲学者をも含んでいることを認めるのにためらいを示している。その著作『崇高なもの』で豊富な歴史的説明を提供しているサミュエル・モンクは、「カントの主観主義」に第一の重要性を与えている。彼の議論では、崇高についての理論はそれに向かって徐々に動いているのである。(36)ある観点からは、それは疑いないことである。しかしカントなら、『主観主義』によってきみは『観念論』を意味しているのだろう」ときっと言ったことだろう。崇高についての理論は、権威主義的統制という新しい概念を強化する傾向にある。その結果、もし崇高を完全に主観的な体験、あるいは圧倒的に主観的な体験と考えるときでさえも、われわれは、個人的な態度と哲学的観念、主観主義と観念論を混同する危険をおかしている。観念は権威の、弁証法的に理解できる源泉である。しかし、詩人の、「自然」への自我の関与の増大を強調した結果、ある現代の批評家たちは、ロマン派的そして前ロマン派的体験の私的性格を過大評価している。ロマン派の詩の観念論的意図が、ロマン派の詩の幻視的、プラトン的起源（プラトンの亡霊に口先だけの関心が示されているのはたしかだが）と同様に、見失われている。ロマン派の時代への移行期を扱う大部分の歴史家と批評家は、心理学の発展に関する正しい関心をもっているが、それほど先には進んでいない。つまり、彼らは、心理学的動きが起こっていることを実証して終わっているのである。これは話の一部でしかない。エイブラムズの『鏡とランプ』(37)で提示されているような、新しい心理主義的方向の先に、はるかに深く進行している運動がある。それは神話詩的運動で、一部の事例では本当の神話を達成し、大部分の事例ではアレゴリーを達成している。新しい心理学は新しい図像学の基盤となる。事実上、図像学的発展が『鏡とランプ』の主要な関心事であるように思われる。

崇高とその小さな兄弟であるピクチャレスクの喚情的特徴の主要なものは、われわれがすでに注目したのと同じような両価性である。モンクは彼の崇高研究の冒頭のカント概説でこのことに言及しているが、両価性がカントと他のすべての系統的記述の中心的位置を占めているという事実にもかかわらず、このことを忘れているように思われる。同様に、われわれは、熱狂の本質を新たに評価する必要がある。それはたんにヒステリーに近似した興奮状態ではない。もしカントとシラーが、そしてその前にバークが、「自然」の壮麗さに対する感覚的歓喜に関心があったとしたら、彼らは実際に主観主義論を説いていただろう。しかし彼らの関心は、「自我」と宇宙との、大海のような広がりをもつ関わりに基づいた「熱狂的」体験に向いていた。われわれは、十八世紀における熱狂は宗教的概念であり、この語は儀式的行動のある種の結果を示唆していることに気づく必要がある。[38]

崇高を主観論としてではなく、観念論的思考の一種類として再検証すると、詩人のための宇宙論を提供するように思われる。それはとくに、「難解な装飾」の要請をみたすので、その点においては両価的文学の伝統を中断させることはない。

アレゴリーと崇高。カント的観点からみると、ミルトン的な想像力の「充塡」は「諸能力の絶対的緊張」である。[39]このようになる詩はどれも、知性を行使させ、精神を倦怠から目ざめさせるだろう。われわれは前に、アレゴリーのもつ誇張する力の効果は、行動を誘発する点にあることに注目した。まさにこの効果が、ロンギノスの論文『崇高について』のもともとの目的であったように思われる。それはさらに、ロンギノスの理論を改訂する美学者の目的を特徴づけている。ロンギノスから始めると、彼の論文は文化的停滞期に対する怒りと不安を表わしており、さらに文化的再生を目論んでいることは、論文全体の趣意から、とりわけ『崇高について』の最終章から明らかである。そこでロンギノスは、彼の主たる希望は、時代の堕落に対抗することだと述べている。[40]

わたしは、われわれの時代が生みだすさまざまな毒のなかには、われわれみんなの生活が、ほとんど例外なしにそのなかで過ごされる不熱心さが数えられるにちがいないと主張する。というのも、われわれは、賞賛もしくは快楽のため以外には労苦と努力は示さない。われわれ自身の努力の立派な目標や他人の敬意という確かな利益のために労苦と努力を示すことはけっしてないからである。[41]

要するにわれわれは、彼の言うとおり「快楽の奴隷」である。われわれは鈍感さから目ざめる必要がある。（崇高の観念が、十八世紀の関心事としてたちまち焦点化される。）崇高は「互いの競争に対する熱情と先頭の競争的追求」（XLIV, 2）を目的としている。この喚起が、富の適切な活用に関するポープの二つの『書簡』の主要目的だった。他方『愚者列伝』は、われわれがこっけいな崇高と呼ぶべきものの古典としてすぐに浮かぶように思われる。[42] コリンズとグレイの、そしてシェリー後期の、崇高なオードのような厳粛な詩は、快楽の奴隷状態を破壊する直接的で重要な機能をもっている。十八世紀の韻文の擬人化された抽象の、自慢過剰の「活気」は、この観点から見ると、きわめてアレゴリー的な何かを意味し始める。[43] それは、批評家がときにほのめかしたような、視覚的鮮やかさの問題ではない。それは、相当の観念構成的鮮やかさをそなえた技巧なのである。崇高詩は、自然あるいはメタファーの世界を、実際には暗示しない。[44] それが暗示するのは理想主義的なシェリー的世界——理想への熱狂——である。

論文『崇高について』は、崇高な効果を導く文学の五つの主要属性を列挙しながら、それ自体が非ミメーシス的で非神話的な様式であることを明確化する二つの属性から始める。モンクの要約のなかで、われわれは、崇高は観念詩の特殊なものであることに気づく。

> これら「の属性」のうちまず第一にすぐれているものは「思考」における大胆さと壮大さである。……第二は「喚情」と呼ばれるもの、あるいは情念を、激しく、そして場合によっては熱狂的な

までに高める力である。これら二つは「崇高」の純正の構成要素であり、自然の贈り物であるが、他のものは、ある程度、技巧に左右される。[45]

アリストテレス的ミメーシス、あるいはいかなる種類の原初的神話制作（ブレイクやシェリーの洗練された創作とは対照的なもの）も、このように説明することはできないだろう。なぜなら、ミメーシスは、行為の模倣に第一の地位を与えるが、これらの行為をめぐって生み出された思想に主要な地位を与えるわけではないからだ。他方、神話は、行為がアリストテレスの言う「思想」を完全に押し出す、よりいっそう根源的なミメーシスに第一の地位を与える。その代わりにわれわれは、含まれる情念が不思議なほど高馬力で誇大で人為的な推進力をもつイデオロギー的芸術を手にする。この誇大化は、熱狂崇拝にばかりではなく、「独創的天才」崇拝にも現われる。他方、いずれの傾向も、ダイモンの憑依への伝統的信仰の今日的復活を示す。[46]ダイモン的なものが洗練されたものに変えられる。モンク自身が、この新しいダイモン論を十分に例証し宗教的なものから美的領域への畏怖の念の転向を示すエドワード・ヤングの一節を引用した。「『学問』にわれわれは感謝し、『天才』をわれわれは敬う。前者はわれわれに喜びを与え、後者はわれわれに歓喜を与える。前者は情報を、後者は霊感を与え、かつみずからが霊感を付与されている。なぜなら、『天才』は『天上』からのもの、『学問』は『人間』からのものだからだ。[47]」

この様式においては、天才とは崇高な反応を引き起こす能力のことであるが、この様式のもつ神秘的とも言えるダイモン的響きは、注釈者によっておおむね見落とされているように思われる。その理由はたぶん、バークの『崇高と美の起源の哲学的探究』のような影響力のある著作が、崇高な感情のいわゆる「原因」に主たる強調を置いた、知覚体験を扱うもっぱら心理学的論文に思われるからであろう。しかし、バークの説明でさえ、完全に観念的な刺激への重要な言及を含んでいる[48]。自然界の対象がバークの主たる「原因」であるが、これらの対象に対する崇高な反応は、すぐに、観念的、知的傾向を帯びる。原因はつねに、さまざまな種類の過剰な感覚的刺激である。この「精神」の過負荷状態が、どういうわけかしばしば人間の高次の運命についての素朴な思索へと導くのである。

バークは、過度に壮大な風景、果てしなく続く、たとえば列柱の眺めや鐘の音のような、視覚的または聴覚的刺激は、一種の衝撃的喚起によって精神に影響を与えることができることに気づいた。彼は「人為的無限」を生み出しうる物質的構成に興味があった[49]。すべての場合において、精神は、崇高な対象の創造に伴う苦役に衝撃を受けなくてはならない。

偉大さのもうひとつの源泉は「難解さ」である。いかなる作品であれ、それが効果をあげるためには計り知れない力と労苦を必要としたと思われるとき、その観念は壮大である。ストーンヘンジは、その配置や装飾ゆえにではなく、すべての賛嘆すべきものをもっている。しかし、これら巨大で粗野な石の塊は、縦に積みあげられると、そのような作業に必要な厖大な力へと精神を向かわせる[50]。

とりわけ、無限の観念を伝えうるどのような対象も、崇高なものになるだろう。そして、バークが、崇高に特有の喜びを生み出すものとして、未完のままの作品にとくに言及しているのは驚くべきことである。それは予感の喜びである。その喜びのなかで精神は覚醒し、「想像力は何かそれ以上のものを約束するものによって喜びを得て、現在の知覚の対象に黙従することはないのだ[51]。」シラーは同じ論点を哲学的な立場から論じた。「われわれはかならずや物質的秩序を超えて」そのために崇高詩が存在する「まったく別の世界における行動原理を探求する。」[52] アレゴリーの謎めいた形式は、実際のところシラーによって引き出されたものである。というのも、彼は、知覚体験とは対照的な観念詩を要請しているからである。

語の厳密な意味における崇高は、いかなる感覚的形式にも包含されえず、むしろ理性の観念に関わるものであるからだ。それらの観念は、適切に表象することは不可能だが、感覚的表象を容認する不適切さそのものによって精神に喚起され呼び入れられるものである。[53]

アレゴリー作家は知っているように、もしわれわれが観念詩の諸概念に影響を与え、それらから影響を受けるつもりなら、「精神のなかに豊かに観念を蓄えて」いなくてはならない。[54] 荒れる海、巨大な山、口をあける裂け目という素朴なイメージでは十分ではない。われわれは、そのようなイメジャリーに、その範例的意味を知りたいという欲望をいだいて近づかなくてはならない。

アレゴリーとピクチャレスク。ピクチャレスクの理論は、崇高の理論と並行して展開する。ピクチャレスク芸術はおそらく一千年間存在したが、流行としては十七、八世紀を出発点とする。つまり、風景の「改良」、作庭における「特殊な効果」の促進、ひいては、視覚芸術、文芸、場合によっては音楽芸術におけるこれらの効果の促進という流行である。ピクチャレスクは、転倒した、あるいは顕微鏡的な崇高と定義するのがもっともよいかもしれない。つまり、崇高は大きな尺度と壮大さをめざすのに対し、ピクチャレスクは小ささと一種のつつましさをめざす。崇高は峻厳であるのに対し、ピクチャレスクは錯雑としている。崇高は「恐怖」、あるいはむしろ畏怖による不安を生み出すのに対し、ピクチャレスクは、ほとんど過剰なほどの安楽感を生み出す。一方の他のすべての局面に、他方の反転が見出されるだろう。

以下の議論の典拠であるピクチャレスクの先導的理論家にして作家であるユーヴデイル・プライスは、バークによるピクチャレスクの本質理解に――とはいえ、バークはこの主題についてほとんど語っていないが――全般的に同意しているように思われるだろう。バークは、「小ささの最極端はいくらか崇高である」（第二章第七節）と述べている。プライスは、ピクチャレスクが、バークの発言が示唆するように、大きさの、ある局面の特殊な誇張によって崇高を再現するばかりでなく、それがさらに、われわれが注目したのと同じ刺激機能――同じイデオロギー的機能、同じ強烈な両価性――をもっていることを示す。プライスのピクチャレスクは、本質的に「難解な」装飾を用いる。その「難解さ」がどれほど穏やかなものに見えようとも、そうなのである。

難解さの源泉はもはや中世とルネサンスにおけるそれとは異なる。かつては比喩的なことばの深遠で神秘的で不明瞭な性格のものであった。今や「難解さ」は、もっと純粋に感覚的機能へと移される。ピクチャレスクなものは観察者を挑発するが、一見したところ比喩的意味によってではない。それは感覚への直接的な攻撃によって挑発するのである。つまり、ピクチャレスク芸術は心地よいが、心地よい景色と、気味が悪く心乱す気がかりな景色とを混ぜ合わせる傾向がある。この心地よい苦痛が、ユーヴデイル・プライスの論文『ピクチャレスクについて』の主要な関心事である。[55] そこで著者は、外界の被造物の芸術的描写ではなく、現実の景色を考察している。

プライスの見解によると、ピクチャレスクな風景は、自然のなかのシュールレアリスム的な歪み、プライスが「木立ちの心地よい歪み」と呼んだものを巧みに用いている。[56] そのような風景は、触感的表層という観念そのものをもてあそぶ。画家が風景を模倣するとき、彼らの芸術は、見る者の感覚を興奮させせようとする表層にすぎないものとなる。この興奮は驚き以上のものである。それは諸感覚の軋轢《あつれき》、発作、憤激である。かくしてプライスは、ピクチャレスクな絵画の意図を伝えるために、戦争のメタファー――木立ちや低林を竜騎兵や軽装備の弓兵のように展開させる――を用いる(57)。たしかにプライスは、彼に先行する他の人々、「平準化的」改良者たちは、木々や灌木をまるで「儀礼的な行進の訓練を受ける兵士たちの身体」のように使ったと不満を述べている。そして彼は風景改良のこの硬直した形式を拒絶している。しかし彼は他方で、はるかに精緻な装飾、感覚の精妙な戦争を代わりに呈示しているにすぎない。そこでは、突然の待伏せ攻撃が正面攻撃にとって代わっているのである。実際、彼の論文『ピクチャレスクについて』は、まったく感覚的な興奮の技術についての驚くべき研究なのである。

> 文字通りの意味であれメタファー的意味であれ、滑らかさのひとつの主要な魅力は、それが休息の観念を伝えることにある。ざらざらしているのは、それとは逆に、苛立ちの観念を伝えるが、それと同時に生気、活気、変化の観念を伝える(58)。

建物と建築の列柱についてプライスは語る。

> もしそれらの全部もしくは相当部分が、鋭く突出した装飾で覆われていたら、目は疲れ錯乱するだろう。そして安らぎは失われるだろう。他方、もし全体が滑らかで均質であったなら、精気と活気は失われるだろう。しかし、森の風景はなんと違うことか。森のなかに入り、注意深く森のさまざまな部分の様子、野生のもつれた茂みが林間の空き地へと開かれるさま――枯れた枝がシカの角のようなオークの老木の幹とねじれた枝々のあいだからなかば見える――を観察した人は

だれでも、車輪の不規則なわだちと人間と動物が歩いてできた道に気づき、彼らがあらゆる方向に道を求め、力づくで進んでいるらしい様子に気づき、好奇心の刺激がそのような景色でそそられ、さらに光と影のさまざまな効果が、対象の多様性と錯綜によって高められるのを感じたに違いない(59)。

「刺激」という語の使用は、プライスが倦怠とその治癒の問題にいだく関心を示している。彼はそれと同時に、「枯れた枝がシカの角のようなオークの老木」に見られるように、ちょっとした精霊信仰者《アニミスト》、洗練されたダイモン論者である。過去五十年間という視座から見ると、ピクチャレスク芸術は、われわれにとって刺激的効果を失っている。とても奇妙なことだが、それは、ピクチャレスク芸術があまりにも直接的に刺激を求めたからであり、また、あまりにも皮相な基盤のうえでそうしたからである。しかし、ピクチャレスクの社会的目的は、その実践者、この国のコールやオールストンのような画家によっても、プライスのような理論家によっても、けっして隠されてはいない。この流行、そしてそれに対応する崇高の流行は、有閑階級のつのる倦怠に対する応答ではないのではと思うかもしれない。ピクチャレスクとともに、芸術は、有機的形式ではなく、「効果」を問題とし始める。

> 音楽における不協和音は、鋭くごつごつした視覚対象の相似物だが、もっとも思慮深い作曲家も、長く続く滑らかさがつねにもたらす物憂さと倦怠から耳を解放するために、きわめて甘美な流れるようなメロディーの伴奏部に導入している。しかし、他方、もし作曲家が、不協和音や主題とは無関係の転調を偏愛するあまり、メロディーの流れるような滑らかさを無視したとしたら、あるいは作曲家が、甘美で素朴な旋律をそれがきわめて豊かなハーモニーであっても重荷の下に抑

えこんでしまうなら、ピクチャレスクの誤った観念から、構想した安らぎと連続性のすべてを多くの裂け目と突起で破壊する建築家に似てくるだろう、あるいは、過剰な装飾を詰め込んで優美で素朴な建築物を改良しようとする建築家に似てくるだろう。[60]

ピクチャレスクな効果の乱用に警告を発するプライスは、装飾のための装飾を楽しむ傾向に警告を発しているのである。[61] 完全に感覚的な興奮が芸術の目的になるかもしれない。「効果」が独自の美学を必要とし始める。効果が、注意を喚起する機能において十分に意味があるとみなされる。そのような機能は、注意力が緩んだ場合にのみ理解可能である。

多くの人々は、視覚器官にある種のタコができているように思われる。他の人々が聴覚器官にタコができているように思われるのと同じだ。鈍感な聴者が音楽にティンパニとトロンボーンしか感じない［現代のハイファイ再生装置か］ように、鈍感な視者は、黒と白の強烈な対照か燃えるような赤にしか心を動かされない。それゆえわたしは、ロック氏の伝える、深紅をトランペットの音になぞらえた盲人をけっして笑わない。それどころかわたしは、彼がその発見を自慢してよい理由は十分にあると考える。[62]

この一節には、現代の聴き手は鈍くなっており、目をさまされて驚嘆するには過剰な刺激を必要とするという、いかにもプライスらしい示唆がある。しかしこのような過剰は望む効果をもたらすだろうか。ピクチャレスクについての中産階級的な認識はきっと、驚異をそっと扱うだろう――古ぼけたボートが砂浜に点在する「美しい」浜辺の光景は、休暇を過ごす都市居住者を興奮させるのに、おそらく十分なのだろう[63]。ほとんど頑迷と言ってよいほどの驚異の念の譲成方法は、「くっきりとした対照」に基づいている。しかし、ピクチャレスクな対象は崇高な対象と較べて小さく、観念や宇宙的概念との結びつきが弱いので[64]――人間的尺度により近いので――われわれは、もしアレゴリーが実際にときにピクチャレスクだとしたら、アレゴリーから何を学ぶか問うべきである。

このように過剰に苛立ちを与える細部の効果は知覚麻痺作用にある。ピクチャレスクな作品は、アリストテレス的な意味での「適切な大きさ」をもっていないと言ってよいかもしれない[65]。それは質感のみを提示する。ピクチャレスクの理論家が、質感を破砕するものとして並木道の眺望や「人造湖」を指摘したとしてもである。しかしながら、これらの破砕は、質感の充満の全般的効果を高めるのに役立つにすぎない。ここで装飾は、下にあるどのような構造からも離れた。これはピクチャレスクの教科書ではっきりと例解されている事実である。そこでは、ひとつの風景に二つの互いに異なる恣意的な「植林地」が与えられている。ひとつは新古典主義、もうひとつはピクチャレスクで、下部の形式は、これのみが有機的に「正しい」とされる単一の装飾を要請しているようには感じられないことを示している。この風景のピクチャレスクな装いが好まれるのは、精神がそれ自体好ましいものとして受け止める感覚的興奮を伴うからである[66]。身体の装いと同様に、風景の装いは、ここでもまた、より広い意味での宇宙論を含意している。人為的風景が、理論家によって、それが、ピクチャレスク風の、あるいは崇高な（ローマ風の）衣裳を着せられた女性の身体であるかのように扱われている[67]。

甘美な隠蔽の魔術によって
　あなたの迷路のような土地に服を着させよ。
そして視覚が一部のヴェールを取るあいだに

空想にはあとの部分を描かせよ。[68]

このスタンザは、崇高やピクチャレスクの流行の核心にあると思われる興味深い隠蔽をきわめてあざやかに示唆している。[69]ピクチャレスクな光景は、運動と最高点の喜びを約束することによって自然に興奮させるのではなく、快い刺激を与えることが意図されている。このスタンザは、ある種のピクチャレスク的、装飾的傾向を例解するために用いられたものである。わたしの読みには、非精神分析的な保守的批評家であるC・F・シャピンがすでに読み込んでいないようなものはなにもない。この韻文はまたわれわれに、ピクチャレスクの「空想的な」被造物は、空想の他の被造物がそうであるように、それらが装飾する構造物とは切り離されたものとして構想される。まとわりつき織り込まれる想像力の比喩とは違い、これらは軽やかな精霊のように、また、われわれのところに実際に降りてくるダイモンのように軽やかなままである。シャピンはその『十八世紀英詩における擬人化』のなかで、空想の比喩がピクチャレスク芸術の細部となる様相、そしてそれらが古いアレゴリーの「仕掛け」と関連している様相を、たとえばポープの『髪の毛盗み』のような詩を通して示している。だが、この詩においては、風刺的、擬似的な叙事詩の背景の一部が二次的な妖精の世界の創造であり、それはオンブル〔三人によるトランプ〕ゲームの三次的な相似的世界と並行しているのである。[70]

ポープは、トウィックナムの洞窟は「碑文のある立派な像以外、それを完成するのに欠けているもの」はないと書いている。そのような像は、洞窟全体のシンボルの役目を果たすだろう。それは、「その場所全体の水中的観念」を擬人化する機能をもつだろう。ジョウゼフ・ウォートンは、そのような風景のなかの影像が与える喜びを、風景描写の文章のなかで詩人によって挿入された

「遠回しの」道徳的思索から受ける喜びになぞらえている。(71)

もしここで、「仕掛け」の、それゆえピクチャレスな風景のアレゴリー的性格が、十分に自覚的なアレゴリーではなく、依然として心霊術的水準にあるとするなら、それは歴史的には、ルネサンスの仮面劇と王制復古期の英雄劇の仕掛けの自覚的なアレゴリー的活用にさかのぼるものである。

グロテスク性――両価的なピクチャレスク。このような心霊主義の促進が病的あるいは内観的になるとき、フローベールの『聖アントニウスの誘惑』のようなものができるが、その背後には絵画的グロテスク性の長い伝統が横たわっている。ヘンリー・ジェイムズはこう述べている。

とてつもなく絵画的なフローベール氏は、存在することに成功したことはたしかであり、われわれは彼の疲れを知らない精巧さに驚嘆する。彼は山のように綿密な学識を積み上げた。彼は山のような、よりいっそう綿密な推論を学識に浸透させた。そして彼は、全体を一連の絵画に溶解したが、彼には手本や先行者がいなかったことを考えると、とても見事なできばえであるように思われる。……しかしその大部分について言えば、フローベール氏のピクチャレスクは、奇妙に人為的で冷淡なピクチャレスクである――グロテスクなものとおぞましいものにあふれ、異常なものとかろうじてありそうに思われるもの、無限の労力と創意と探究によって達成されたように思われるものにあふれている――楽しく高邁な発明の才の見事な直感によるものではけっしてないのだ。(72)

ヘンリー・ジェイムズは、別種のピクチャレスク、つまり、快活なピクチャレスクを求めていたのだ。

しかし、たとえ彼がフローベールを「労力と創意と探究」ゆえに批判したとしても、それらはまさに、フローベールのピクチャレスクを後裔とする中世のアレゴリーの特徴なのである。そのようなものは、ほぼ必然的に、百科全書的アレゴリーの性質にほかならない。[73]

フローベールのグロテスクはゴシックの伝統に属している。[74] 同種のシンボル体系は、シノワズリー(*chinoiserie*)として知られる異国風の細部描写の流行に現われる。ピクチャレスクのこの支流は、特徴的な喚情的両価性に加えて、われわれが選びうるどれよりも、この様式の理想的機能を示す。われわれはすぐに、ピクチャレスク全般についてと同様に、ここでも、見る者を、死んだ、あるいは死につつある、あるいは衰退しつつある対象に直面させたいという強い欲望があることに気づく。[75] 通常はおぞましい対象が、ここでは、欲望の対象に変えられるのである。ウィリアム・チェンバーズの『東洋風作庭論』(一七七二)は、このグロテスク性をあざやかに描写している。

秋の景色の植林地は、多くの種類のオークの木とブナの木と他の落葉樹からなる……それらのあいだに、ピクチャレスクな形状の朽ちた木々、枝を刈り込んだ木々、枯れた切株が置かれ、それらをコケやツタが覆っている。これらの景色の装飾となる建物は全般的に、通りすぎる人に死の警告となるよう意図された衰微を示すものである。その一部は草庵と養老院である。そこでは一族の忠実な老僕たちが余世を、彼らのまわりに埋葬されている先祖たちの墓にまじって平穏に過ごすのである。他は城、宮殿、寺院の廃墟と寂れた教会である。あるいは、かつてはいにしえの英雄たちを記念していた、切れ切れの碑文の見えるなかば埋もれた凱旋門と陵墓である。あるいは先祖の墓、地下墓地、飼っていたお気に入りの動物の墓である。あるいは、なんであれ、人間の弱さ、絶望、死滅を示すのに役立つかもしれないものである。それらが、秋の自然の荒涼さと寒冷な大気の温度とあいまって、精神を憂鬱さでみたし、深刻な思索へと向かわせる[76]。

この陰鬱さの狂乱は、ゴシック的過剰への真に荒々しい自己惑溺への序曲となるものである。ピクチャレスクな光景は、旅人が次のような場所を通りすぎるよう誘われるにつれて、徐々にますます荒涼としたものに変わる。旅人は墓、「堂々たるベッドに横たわるいにしえの王や英雄の青ざめた像。頭には星の花輪、手には教訓が書かれた石板をもつ彼ら」を通りすぎ――彼を呑み込みそうな崖や滝を通りすぎ、「竜、地獄の怨霊、その他の恐ろしい姿の巨大な像が、奇怪な鉤爪で不可思議かつ神秘的な文言を刻んだ真鍮板をつかんでいる」深い峡谷を通りすぎ、激しく噴き出す火、苦悶の叫び、雄牛の咆哮、獰猛な動物の遠ぼえ、飢えた鳥の鳴き声しか聞こえない場所を通りすぎる。今や、この気ちがいじみた光景で奇妙なのは、それが精神に「深刻な思索」に向かわせることが意図されている（かくして、さまざまな板に刻まれた多数の「格言」がある）ばかりでなく、それが旅人にとっては少しも不快でないことである。角をまがってすぐに、彼は楽しい景色の変化に出会う。

彼の道は高い森のあいだを抜けていく。そこでは多くの美しい蛇とトカゲが地面を這い、数え切れないほどの猿と猫とオウムが、木々の上に登り、通りすぎる旅人の真似をする。あるいは、花咲く茂みを通り抜ける。そこでは彼は、鳥の歌声、笛のハーモニー、あらゆる種類の静かな楽器の音楽を楽しむ。ときどき、このロマンティックな遠出で、旅人は気づくと広々とした奥まった場所におり、ジャスミン、つる、バラのあずまやに囲まれている。あるいは、豪華に彩られ太陽に輝く壮麗な天幕のなかにいる。ここでは、美しいタタール人の乙女たちが、ゆったりとしていて透き通って見える、香のたちこめる風にそよぐローブを着て、彼に豊潤なワインをさし出す、あるいはめのうのゴブレットでチョウセンニンジンとコハクをまぜた元気の出る液体をさし出す。金の細線細工のかごに入れて、マンゴー、パイナップル、クワングシの果実をさし出す。彼女たちは彼に花輪をかぶせ、ペルシャじゅうたんとカムサススキンの羽毛のベッドの上で、甘美な休息を味わうように誘なう(77)。

われわれは、ここでチェンバーズの解説的な『作庭論』は、アイロニーに転じているという感覚に抗することはできない。最後の光景の豪奢な暗示は、しかし、通常は威嚇的な生物である蛇とトカゲが喜びの被造物に変えられるという奇妙な対照を示している。ここでもまた、態度の両価性が強烈である。というのも、この場所の危険事態でさえ喜びをもって迎えられるのである。しかし最後に、この異国的な風景が、チェンバーズの旅人が進むにつれて、恐ろしい対象に公然と対峙しながら喜びが体験される風景に変わる。チェンバーズは、完全な「シノワズリー」として想像できるものだけを描いているが、彼はそれでもある態度の本質を伝えている。以下の描写のなかに、われわれは、「難解な装飾」がどこまで、「宇宙的」比喩表現という古い価値に由来するのかを見る。それは今や、もっとも異国的で恐ろしいイメージを含む――「難解な」は、「不明瞭な」や「不可解な」を意味する代わりに、今や「威嚇的な」を意味しようとする。この変化には、アレゴリー的手続きが、前ロマン派の時代の始まりに至るときの全般的変化が映し出されている。これは黙示録ではあるが、聖書の図像学は消滅している。自然主義の時代はそれほど遠くはない(78)。

木々は、自然な方向から力づくでそらされて不格好であり、見たところ、嵐の激しい力でズタズタにされている。一部の木々は放り出されて流れをせきとめており、他の木々は、雷の力で吹き飛ばされて砕かれているように見える。建物は廃墟と化している、あるいは火でなかば燃え落ちている、あるいは水の流れの激しさで一掃されている。完全な姿で残っているものは何もなく、二、三の惨めな小屋が山々に散在するだけである。それらは、住民の生活とその哀れさをただちに示すのに役立つだけである。コウモリ、フクロウ、ハゲタカ、そしてすべての猛禽が森のなかをばたばたと飛ぶ。オオカミ、トラ、ジャッカルが森のなかで遠ぼえする。なかば飢餓状態の動物たちが平原を徘徊する。さらし台、はりつけ台、車輪そしてすべての拷問道具が道から見える。森のなかのとても暗い奥まったところでは、道はでこぼこで毒草がはびこり、すべてのものは住民不在のしるしを帯びているが、そこには、復讐の王に奉納された神殿、岩のなかの深い洞窟、やぶとノイバラのはびこる陰鬱な地下住居への下り坂がある。その近くには、悲劇的な出来事や、いにしえの無法者や盗賊がそこで犯した多くの恐ろしい残虐行為の様子が痛ましく刻まれた石の柱がある。これらの光景の恐怖と崇高の両方を深めるべく、これらの風景は、一番高い山々の頂のほら穴に、ときどき鋳物類、石灰がま、ガラス細工品を隠している。これらの山々は、それらに火山の外観を与える大きな炎と連なる濃い煙の雲を吐き出す。(79)

ラヴジョイが述べているように、『作庭論』のこの一節に主として基づいて、メイソンがサー・ウィリアム・チェンバーズに風刺的書簡を書いたのはまったく本当のことである。(80)他方、ホーソンがその『イーサン・ブランド』で大まじめに利用したのが、まさに、チェンバーズが描いた最後の光景なのである。そしてシェリーはのちに、ここに描かれたピクチャレスクで崇高な恐怖と似ていなくもない光景を利用することになった。チェンバーズ自身は、ラヴジョイによって、文学においてゴシック小説を生み出す「一種の美的『ロマン主義』を導入しようとしている」と理解されている。(81)今度はこの潮流が、最後には象徴主義運動に、その結果われわれが通常アレゴリーの書法とは区別する運動に道を譲ることになった[82]。しかし、つまるところ、チェンバーズの、「ゴシック的」ロマン主義独特の流儀には図像学がある。その独特の素材は、異国的で恐ろしいものであったが、とりわけ、ロマンティックな光景の崇高な種々相だった。その目的は、結局、精神に思索のための新たな刺激を与えようとしている点で道徳的なものであった。つまり、それは「格言」にみちみちていた。この点においてそれは、テーマが充満した芸術だった。

崇高とピクチャレスクと、アレゴリーの主流の伝統との本質的な心理的類縁性は、それらの道徳的傾向と喚情的両価性にある。シラーはこの両価性を強調する。

崇高の感覚は混合した感覚である。それは、突発状態においては一種の震えで表示される苦痛にみちた状態であると同時に、歓喜に高まるかもしれず、厳密には快楽ではないにせよ、繊細な魂にはあらゆる種類の快楽よりも大いに好まれる喜ばしい状態である。この正反対の感覚の同一感情における結合は、絶対的に、われわれの道徳的自律性を証明する。なぜなら、同一の対象が二つの正反対の関係でわれわれのところにあることは不可能であるから、その対象に対して二つの正反対の関係を維持するのはわれわれ自身だからである。したがって、これら二つの正反対の性質はわれわれのなかで結合されるのであり、それは、この対象の観念においては、二つの完全に正反対の仕方で活動させられるのである[83]。

このような精神状態をもたらす文化的決定因子に関係する両価性についてのこの完璧な記述は、われわれはもっているがシラーはもっていなかった用語群を要請した。かくしてカントはこう論じた。

「精神はたんに［崇高な］対象に引き寄せられるだけでなく、交互にそれによってはねつけられるのであるから、崇高の喜びは賛嘆や敬意のような肯定的な快楽を伴うというよりも、否定的快楽の名を受けるに値する。[84]」この方法によって、崇高のイメジャリーは「精神を現実の狭い輪、身体的生命の狭く抑圧的な牢獄のかなたに運び恍惚とさせる。[85]」

スペンサーの叙事詩――崇高詩。ミルトンの『楽園の喪失』[86]のあと、十八世紀が好む崇高詩の例は『妖精の女王』となるだろう。この作品はその構想において並はずれて広大かつ壮大であり、謎を含み、われわれの想像と思索のすべての力を挑発し、それは「絶対的に、われわれの道徳的自律性を証明する。」それはさらに、道徳的分裂に対する態度の両価性によって特徴づけられる。われわれは、スペンサーがどの程度、崇高やピクチャレスクを特徴づけている刺激と興奮を与える表層の構成を達成しているかを問うことによって、この両価性の評価に近づくことができる。スペンサーはどの程度、シラーが語る「痛ましい状態」を心に抱いているのか。『妖精の女王』は「同一の感情のなかの二つの正反対の感覚」を引きだすことがあるだろうか。

スペンサー的両価性。スペンサー的両価性は単純ではない。詩全体にわれわれはそれを見出す。第一巻、原型的なキリスト教のタブーである罪の意識に由来する両価性。第二巻、欲望と意志の両価性[87]（一部の読者が感じているように、ガイアンはアリストテレス的意味で「節制」の人であるわけではない）。第三巻、性的不純に対する恐怖の両価性。第四巻、第三巻の続きで、表向きは忠誠心の葛藤あるいは葛藤する友情に中心がある。第五巻、コウルリッジが『縛めのプロメテウス』の分析で語った、理想と法のあいだの両価性（アーテガルが、デイヴィスの言うように、G・H・Qのように、抑圧的残酷さをタラスに転移する）[88]。第六巻、全六巻のうちもっとも表立った両価性の希薄なもの（もっとも、ここでもまた、フライが指摘しているように、セリーナの最後の夢想は、スパラグモス

［*Sparagmos*］つまり女神切断の描写である）[89]。「無常篇」は大体において哲学的で宗教的であり、基本的に他のさまざまな巻の問題点を含んでいる。

一部の批評家はスペンサー的両価性をもっと狭く定義するだろう。ワトキンズは『妖精の女王』における「過剰な殺戮」について語った。それはサドマゾ的局面の両価性を暗示するものである[90]。ハズリットは、スペンサーは「東洋的壮麗の場面でも隠者の庵の静寂な独居の場でも、――つまり、官能と洗練の両極端においても――等しく耽溺する」と言った[91]。グリアソンはこう記した。

道徳的警戒心がこれらのスタンザによって眠らされるのは、ガイオンばかりでなく、読者もそうなのである。その調子は『妖精の女王』［第二巻第十二節七四―七五行への言及］についてのわれわれの記憶のなかで優勢を占めているものである。……道徳家は、より高次で持続的な善のために犠牲が求められること、感覚的なものは霊的なものに道を譲らなくてはならないことを、われわれに納得させなくてはならない。われわれがこのアレゴリー作品から知的にどのような教義を抽き出すにせよ、スペンサーが想像力によってできないことはこれなのである[92]。

これらの引用は、官能的耽溺とピューリタン的禁欲の両価性を暗示する。もうひとりの批評家Ｂ・Ｅ・Ｃ・デイヴィスは、「『正義の伝説』は明らかにみずからと調和していない」ことをわれわれに想起させる[93]。そしてこの問題に対する彼の分析は、「法」と「自由」の教義的両価性、古くからある「ノモス」と「エロス」のそれを暗示する。それについてはニューグレン司教がその宗教的側面から詳細に論じたが[94]、それはプラトンが広い意味での政治的観点から扱ったものであった。

大部分の批評家は、スペンサーは、彼の詩の内的葛藤を、彼自身のピューリタン主義（教条的なカルヴィン主義ではないが）を、自由な神話詩に代わるアレゴリー的厳密さあるいはプラトン的な均衡の理想のために、きわめて適切なときに捨てることによって解決している、と考えているようだ。たとえばH・S・V・ジョウンズは、第五巻を擁護して、アーテガルはグレイ卿という人物を「気質は慈悲深いが正義の行使には厳格な、ローマ人型裁判官に即応するように」造型していると論じた[95]。この霊的政治（*politique spiritualiste*）は、マキャヴェッリ的な物的政治（*politique materialiste*）と対立するものとして見られている[96]。この見解に評価を下さなくても、われわれは、この見解は、おそらく二つの「政治」はスペンサーの第五巻において自己破壊的に混じりあっているという疑惑の芽を含んでいると仮定することができる。

スペンサー的両価性のもうひとつの解釈はJ・W・ソーンダーズが気づいたものである。彼は論文「道徳のファサード[97]」のなかで、スペンサーは新しい道徳的礼節に基づいて書いていると論じた。これは「新しい」中産階級で強まりつつある二元論的倫理――「実力」をヒエラルキー的地位の尺度としたピーター・ウェントワース家のそれであり、商売の成功をみずからの信心深さのしるしとしたロンドン商店主のそれである。ソーンダーズは、スペンサーを論じる前に、「テューダー朝の詩の両価性」という表題で、社会的問題の概観をした。このような表題にまどわされてはならない。それは、この「作家」の根底にあるとわたしの信じる鋭い個人的両価性を指しているのではなく、「作家たち」に主として教訓的に、あるいはプロパガンダ的に書かせた大きな文化的力を指している。かくして不幸なことに、ソーンダーズは、イェイツ自身が到達した論拠を用いながらも、「統合失調症」ということばでつまずいた。われわれが少なくとも公的な芸術形式として知るかぎりの両価性に由来する強迫観念的な行動には、統合失調症的なところはまったくない。詩人はみずからの内省によって諸集団をたがいに切り離すかもしれないし、みずからを社会から切り離すかもしれないが、そのことは彼を

「統合失調症」にすることはない。これはひとつの症状であり、その症候に特別の効用はまったくなく、美しいとしても、撹乱的な美しさなのである。統合失調症は結局、極度の病理状態である。それは精神分裂の進行した症状を指す。しかし、スペンサーは社会集団の分類に深い関心をもち、彼自身の、つまり中産階級的な位置付けに照らして、この問題を取り上げる傾向があったという事実は依然として残る。彼は女王を攻撃することはできなかった。彼は顧問官たちを攻撃することはできたし、実際に攻撃した。中世以後の芸術家として、保護と保護の追求は、忠誠心のもっとも激しい葛藤を伴うかもしれない問題となる。

社会的両価性は、しかしながら、スペンサーにいつも容易に見ることのできるものではない。なぜなら、彼の詩は、おおむね理想化された既成社会擁護だからだ。もっと容易に見えるのは、われわれがすでに見た、もっと深い心理的葛藤である。これらはタブーという項目に含めることができるかもしれない。というのも、タブーの対象となった人や物は、絶対的葛藤状態の感情を誘発するものとして定義されるからである。フロイトが『トーテムとタブー』で論じた三つのタブー――敵の、統治者の、死者のタブー――のすべてがスペンサーの詩によって例証することができる。すべてのなかでもっとも際立っているのは統治者のタブーである。グロリアーナは、宮廷的欲望の、近づきがたいが、それでもきわめて望ましい対象である。彼女は同時に、復讐するブリトマート、感じやすいアモレット、純潔で強健なベルフィービー、透き通るほど美しいフロリメル、正義のマーシラ、正直なユーナである――そして彼女は、わたしたちがまだ出会っていない、のちの書物でヒロインとなるその他の人々なのである。つねにわれわれは、スペンサーは詩を完成させなかったことを忘れてはならない。これはスペンサー批評において、形式面から考察しなくてはならない主要な事実である。グロリアーナにまつわるタブーが、たとえ未完であれ、この詩を統合している。それはまるで、遠くから見るとやわらかく光っているが、近づくと死をもたらす、神のまわりの光の遠ざかる輝きのようである。タブーがこの廷臣を現実の女王から遠ざけ、読者を作品の女王の最後の幻視から遠ざけるが、そのことは廷臣も読者も、女王の抱擁のなかへ否応なしに引き寄せるのである。

これらの思索は、スペンサーの叙事詩に多くの両価性があることを示唆する。われわれはその名前をめぐって議論する必要はない。批評家がその存在を否定するとき、彼はそうすることによって、詩の真の重大性を弱めているのである。ダグラス・ブッシュは、その『イギリス詩における神話とルネサンスの伝統』のなかで、多くの批評家の代弁をしているが、彼はそこで、スペンサーに特徴的な様式について、動揺させられるほど味気ない解説をしている。

実際彼は、タッソーがそうであったような、攪乱的葛藤に自覚的な性質の人ではなかった。彼はとりわけ、想像上の騎士道の物思わしげな賛美者、醜悪な現実の大胆な風刺家、宇宙的哲学者にして牧歌的な夢見る人、教訓的な道徳家にして官能的な異教徒、ピューリタンの説教師にしてカトリック崇拝者、熱く愛する人でありながら神秘的な新プラトン主義者である。(98)

しかしながら、両価性の理論に照らしてみると、この説明は矛盾しているように見える。ブッシュ自身が列挙する属性は、葛藤にみちみちたスペンサーを提示するが、スペンサーのなかの暴力性は、スペンサーとタッソーとのあいだの（この点における）相似性の否定と矛盾する。どうしてひとりの人間が、終わりのない闘い、暴政、欺きについて多く書きながら、「攪乱的葛藤に自覚的」でないなどということがあるだろうか。ブッシュはスペンサーを感傷的に扱うことによって彼に不当な仕打ちをしている――スペンサーに「物思わしげな」ところはまずない。『妖精の女王』における劇的興奮の衝撃的なほどの欠如を説明しようと試みるほうが公正だっただろう。スペンサーを読む興奮は、スペンサーのではなく、いわばわれわれの興奮なのである。われわれは興奮を作品に運び入れるのである。この作品は、ミメーシス的作品のように、その自律性においてわれわれの注意や共感をかきたてる力をもつ一連の出来事をわれわれに提示するのではない。われわれが最初に出会うとき、人物たちは、プルーストがベッドのなかで想像した、幻灯のたゆたう光のなかで馬上槍試合をする騎士のようなミニチュアである。しかし、われわれが読み進んでスペンサーのなかへ入っていくと、人物は、われわれのとは違う他の文化、他の宗教、他の哲学に言及することによって、別の寸尺の、鈍い残響音のする大きな人物に成長する。

無限の大きさと細部をもつ形式。『妖精の女王』のような詩が、深い両価性を核としてもつとき、そして、詩が「対照的根源語」群の上に築かれるとき、全体にわたる崇高な壮大さと細部におけるピクチャレスクな厳密さを達成する傾向は、予想外のことではまずありえない。主題（ディアノイア *dianoia* とヒュポノイア *hyponoia*）は詩の大きさと特質に重要な影響をもたらす。一方で、崇高な作品は、はてしなく大きな輪郭をもつ、あるいは暗示するものと定義されるが、他方、ピクチャレスクな作品は、全体的輪郭のなかの細部のはてしなく細かい精緻化をもつ、あるいは暗示する。ジョンソン博士が「これ以上長くあってほしいとは誰も望まない」と言った『楽園の喪失』は両方の傾向を示している――それは詩がアレゴリー的意味を帯びるのとぴったり比例している。スペンサーの叙事詩も同様に、その完結を想像できないほど崇高である。他方、そのピクチャレスクな特質は、終わりのない批評的註釈と驚嘆の源泉である。

「ロマン派的」、「ゴシック的」、「中世的」見解に立つと、これらの過剰は高い価値をもつ。ハード主教は、詩が挿話的「ゴシック的」錯綜化に向かう動きを十分に賞賛することができた。しかし、アリストテレスによって『詩学』で明確化されたもっと古典的な見解は、アレゴリー的作品における崇高な外形とピクチャレスクな特質の展開を拒絶するだろう。アリストテレスは、生きている適度な大きさの生物——人間が彼の尺度の標準であるように思われる——の有機的、有機体的な統一性を共有する演劇を賛美する。リヴァイアサンと昆虫——いずれもミメーシス的ヒーローの模範の役目は果たさないだろう。彼らは自然な人間の尺度とは演劇的関係をまったくもてない。これをもとに、アリストテレスは、叙事詩より演劇を好むことを正当化している。叙事詩は、ホメロスだけは免れているが、「薄く水っぽく」なる危険を冒す。拡散的効果という危険に加えて、おそらくそれよりも悪いものとして、作品が長すぎたり、当惑させられるほど細部が精緻だと、感覚的な目にも精神の目にもあまり知覚されないだろうという危険がある。記憶力も想像力も「たとえば千マイルの長さの生物」のイメージを保持できないだろう。アリストテレスは、そのような困難で間接的な知覚の価値を疑問視している。そしてわれわれは、彼は同様に「難解な装飾」を疑問視するだろうと想像できる。これはおそらく趣味の問題だろう。もしアリストテレスが、『オイディプス王』よりも、『プロメテウス』の方にもっと十分な注意を向けたならば、崇高の存在理由に気づいたかもしれない。実際は、われわれは、自然の大きさの歪曲のテーマ的利用の名前として、後世の、崇高とピクチャレスクという用語を待たなくてはならない。

用語集を用意するような具合に、新しい用語を考え出す、あるいは「マニエリスム」や「バロック」という用語を修正することは可能かもしれない。しかしながら、現在の目的のためには、十八世紀のレッテルで間に合うだろう。わたしは、さまざまな歴史的時代の差異を埋めることには関心がないので、とくにそうである。わたしは、崇高とピクチャレスクというレッテルを十八世紀の芸術史のみに限定することにこだわるつもりはない。これらのレッテルが現在の理論と適切な関係をもっているとしてもである。これらのレッテルを自由に利用すれば、前後いずれの時代の技巧も十分に指し示すからだ。

崇高もピクチャレスクも、ともに新しい装いをおびることができる。それは、たとえば商業芸術やシュールレアリスムで起こっていることである。ダリ、エルンスト、デ・キリコ、ピーター・ブルームや他の多くの人々が視覚芸術におけるその証拠を提供している。文学はもっと複雑である。われわれは、シンボル的崇高とピクチャレスクを見つけるために探求しなくてはならない。しかしながら、『城』の測量師の無知の、そして、『審判』の囚人の、茫漠とした不明瞭な擬似的細密表現を考察してみよう。カフカの短篇「流刑地にて」[99]における機械は、ゴシック小説とSFの恐怖を想起させる。しかしそれはまた、チェンバーズの『作庭論』における風景の仕掛けも想起させる——それは地獄の道具なのである。ユーヴデイル・プライスによって描かれた衰退と老朽への願望は、カフカの「断食芸人」[100]にふたたび現われる。他方、彼の寓話は、神託的な崇高言語ともっとも明白なつながりをもっている。たとえば「狩人グラフス」[101]は、並列的形式に由来する典型的な図像学的「コード化」の過程で始まる。それはある謎として一貫して連続しており、最後にカフカは無限に開かれた語調で終わらせることができる。

「尋常じゃないね」と市長は言った、「尋常じゃない。——ところであなたは、ここリヴァにわれわれとともにいるつもりかね。」

「いいえ」と狩人はほほえみながら言った。言い訳がましく彼は手を市長のひざに置いた。「わたしがここにいる理由がまったくわからない。進めないんです。わたしの船には舵がありません。死のもっとも深い場所を吹く風に、流されているんです。」

ジャンルが何であれ、この文学は「開かれた形式」をとり、つねに、イメジャリーとテーマのきわめて多くの錯綜状態、あるいはきわめて広い視界を全体的に展開する傾向があり、その結果最後には、現実に、あるいは心理的に未完の作品を生み出す。それゆえ、アレゴリー的作品は有機的に統合されうるかは、もっぱら大きさという観点からの問題となる。動物学者たちは、身体のすべての物理的機能の単位には、大きさの最適範囲がある――逆に、ある種の巨大な大きさと極小の大きさは物理的機能に限界を課すと考える。これとほぼ同じように、ピクチャレスクの特質には、機能障害が内在しており、崇高の外形には、おそらくそれ以上に多く内在している。しかし、このことは最終的には不利でないかもしれない。逆方向からの包み込む力によって緊張をはらんだ目的の開放性は、この様式の真の強みかもしれない。

今や、測定不可能な全体を美的に評価するにあたって、崇高は、数の多さというよりは、われわれが前進運動において、つねにそれに比例して大きくなる単位に到達するという事実にある。宇宙の体系的分割がこの結果を導く。というのも、それは自然における大きなもののすべてを、次には小さくなるものとして表わしているからだ。あるいは、もっと厳密に言うと、それは境界のいっさい無い状態のわれわれの想像力を表わしている。そして、それらの適切な呈示がいったん試みられると、それとともに、理性の諸観念の前で取るに足らない小さいものへ縮んでいく自然を表わしている。[102]

カントにとって、現実世界のどこかに「真の」、「自然な」崇高を見出すことにまったく問題はない。

彼はアルプスも、現実のグランド・キャニオンも、現実のサハラも必要としない。なぜなら、これらの荒涼とした風景や偉観の観念だけで、中間的ではあるが高次の崇高を誘い出すのに十分だからだ。そしてこの崇高は、真の崇高、つまり、概念作用において完全に理想的な力になる途次にあるのである。カントの言うように、そしてここで彼はプラトンとアレクサンドリアの解釈学者ユダヤのフィロンの両方を反復しているのであるが、自然の崇高は精神に「みずからの、場合によっては自然を超える、圏域の適切な崇高性を知覚」させる。そういうわけで、たとえ自然が、詩のなかで崇高のイメージを呈示するほど十分に壮大でなくても、不気味でなくても、謎めいていなくても、読者が不適切な現実の詩で直感の恍惚に到達できるなら、そのことはあまり重要でない。これらの観点からわれわれは、シェリーのロンギノス的な『詩の弁護』と、『縛めのプロメテウス』を含む主要な詩の両方における、理念的な仲介者を模倣する欲望の復活という目的を評価することができる。この窮極的意味において、アレゴリーのための喚情的機能がある。シェリーは、読者が彼のオードの壮大で混乱した光景と、『プロメテウス』の不明瞭な形而上学と格闘することを欲した。そのために彼は、高度に装飾的な文体を苦労して作り出したのだった。この文体が難解だった、そして今もなおそうだとしたら、それはこの文体を予言文学の中心をなす伝統のなかに置く。われわれはこの章を、こう結んでもよいかもしれない。「難解な装飾」がきわめて「難解」であるとき、その理由は通常、聖書の予言書やブレイクの予言詩『四つのゾア』のように予言的であることにある。詩人はみずからの不明瞭さを、それがどれほど深刻でも、つねに正当化することができる。なぜなら、彼は霊感を受けたメッセージを呈示していると主張するからである。これはたんにアレゴリー的な技巧ではない。これは、逆に、何かより高次の「存在」の精神を読んでいる予言者の態度である。われわれがこの見解を信じられるか否かは、私的な形而上学の問題である。しかし、シェリーが偉大な詩人たちに、彼らが「立法者」であることを要求したとき、それはたしかにシェリーの見解だった。彼らは人類に、便利な実践性の、ではないにせよ、思考の法を与えると言いたかったように思われる。アレゴリーはかくして、精神の行為を伝えるシンボル体系において、最高の局面に到達するだろう。

注

（1）Frye, *Anatomy*, 90.「われわれは、詩人が彼のイメージと例示と規則との関係を明示的に示し、そうして、彼についての論評がどのように進むべきかを示そうとするとき、現実のアレゴリーを手にする。」

（2）わたしは、わたしの論評から「性格」を省略する。なぜなら、アリストテレスの枠組においては、それはミメーシスの定義にとっては「行為」ほど重要ではないからだ（Auerbach, *Dante*, 1–10）。しかし散文作品においては、「性格」は第一の重要性をもつ。そして実際、ロマンス形式と（a）高次のミメーシス的演劇と叙事詩あるいは（b）小説とのあいだに区別のための線引きをしなくてはならないときにはいつでも、われわれは違いの要点として、「性格」の概念を引き合いに出す。アレゴリーは、仲介者性においてダイモン的であるというわたしの見解は、一般に行われているロマンスとアレゴリーの同一視の理由を示唆するだろう。というのも、ダイモンはフライの、ヒーローの五つのレヴェルの第二のレヴェルのメンバー（神と人間の中間）であり、第二に、ダイモン的行為は、ロマンス的探求のパターンに従って運命づけられ単純化されているからである。しかしフライは、ほぼ同じ理由で、ロマンスと小説の区別をすることができる。「小説とロマンスの本質的違いは、性格描写の概念にある。ロマンス作家は、『現実の人々』を創造しようとせず、心理学的原型に拡大する様式化された人物を創造しようとする。われわれがユングのリビドー、アニマ、影が、ヒーロー、ヒロイン、悪漢のそれぞれに反映しているのを見出すのはロマンスにおいてである。それゆえ、ロマンスはしばしば、小説には欠けている主観的彩度の輝きを発するのであり、アレゴリーを示唆するものがロマンスの縁辺から忍び込んでくるのである。性格のある要素がロマンスに放出され、そのことがロマンスを、当然のことながらより革命的な形式にするのである」（*Anatomy*, 304–305）。このことは、アレゴリーにとってはつつましすぎる要求と思われるかもしれない。アレゴリーはロマンスの縁辺に忍び込む以上のことをするのである。アレゴリーは類型のまさに生命なのである。というのも、性格の原型的単純化がなかったら、ロマンスはそれ以外の「存在理由」をもたないだろうからだ。しかし実際は、ロマンスはアレゴリー的表現――もしわれわれがアレゴリーを価値付けすることができるなら、その語の最良の意味のアレゴリー――のための自然で人気の媒体なのである。

（3）たとえば *Dictionary of Philosophy*, ed. Dagobert Runes（New York, 1942）の「二元論」の項目を参照。キリスト教神学の観点からは、正統派的立場に対する二元論的攻撃の問題は、とても範囲が広いので、ここでは言及するにとどまる。しばしばこの問題は、異端中の異端であるマニ教的信仰のある変型に集中する。

（4）Runes, *Dictionary of Philosophy* の「ゾロアスター教」の項目。

（5）マニ教は異教のなかでももっとも覚えやすいし、さまざまな分派を含んでいるので、あまりにも注意を引きすぎ、十分な精査がおそらくなされていない。人間の精神の性質を考えると、二元論的思考はいずれにせよ十分に自然なものであるので、それをマニ教起源に帰する必要はない。

（6）Coleridge, *Misc. Crit.*, 191–194 のすでに言及した一節には、善悪に関する不十分な二元論的哲学に由来する近東の多神教が取り上げられている。二元論的な概念作用から多元論的なそれへは、短い一歩しかないことは、カトリック正統思想も認めている。アプレイウスについてのコウルリッジの議論（30–31）を参照。「かつて書かれたなかでもっとも美しいアレゴリーである『クピドーとプシュケの物語』は、異教徒によって書かれたものであるが、キリスト教が全般的に流布したあとに現われたものであり、一種の東洋的かつエジプト的プラトン主義を、キリスト教に対抗できるようにキリスト教化しようと試みた哲学者のひとりによって書かれた。しかし、その形式において完全に近代的な最初のアレゴリーは、五世紀のキリスト教詩人プルデンティウスによる『サイコマキア』あるいは『魂の闘い』である――これらの事実は、物語体のアレゴリーの起源と性質の両方を、多神教の神話的イメジャリーの代用物として十分に説明し、その違いはただアレゴリーのほうが意味とシンボルの区別がより明確で意図的なこと、また神話的イメジャリーのよく知られた非現実性にあることを明らかにする――物語体のアレゴリーは現実の人間とたんなる擬人化のある種の中間段階なのである」（強調は引用者）。この様式の混淆機能は、ある程度の多神論を必然的に伴うように思われる。要するに、この多神論がこの場合に混淆が意味するものである――つまり、異教の神々とキリスト教的一神教体系の結合。コウルリッジは、アレゴリーのダイモン的起源を十分に受け入れている。

（7）後出、第六章三九〇―三九四ページ参照。

（8）Freud, *Totem and Taboo*, in *Basic Writings*, III, on "Animism, Magic and the Omnipotence of Thought." フロイトはタブー論に対するみずからの貢献を次のように要約した。「タブーの慣習と強迫神経症の徴候との照応はきわめて明確に表示される。一、命令の動機の欠如、二、内的欲求による命令の強制、三、命令のもつ転置の能力と禁じられているものからの汚染の危険、四、儀式的行為の因果律あるいは禁じられたものから発する命令」（*ibid.*, 829）。そして最後に「タブーの基盤は、無意識のなかにそれに対する強い願望が存在する禁じられた行為である」（832）。Frantz Steiner, *Taboo* (London, 1956) と J. C. Flugel, *Man, Morals, and Society* (New York, 1961), ch. x, "Taboo and Its Equivalents" 参照。

（9）Freud, *Totem and Taboo*, 821. アリストテレスは『ニコマコス倫理学』第三巻第二章で、「選択」してはならない一連のことを挙げている。そのなかにあるもの、「さらに選択すべきでないものは怒りだ。というのも、怒りによる行為は、他の何よりも選択の対象とは考えられないからだ。」アリストテレスはここで、レオンティオスの物語に関するプラトン的注釈に言及しているのかもしれない。この物語でプラトンは、「ときどき怒りは欲望との戦争を始め」、理知的で均衡のとれた選択の代わりに、激しい道徳的葛藤状態を生み出す、と述べている。シェイクスピアの両価性の扱いについては Watson, *Shakespeare and the Renaissance Concept of Honor*, chs. viii, ix.

（10）*Republic*, 439–440.

（11）Freud, *Totem and Taboo*, 857.「原始人の投影法的創造は、詩人がみずからの戦闘衝動を、切り離された個々人としてみずからの外へ投影する擬人法に似ている。」

(12) Freud, "Notes on a Case of Obsessional Neurosis" (1909), in *Collected Papers*, III, tr. A. and J. Strachey, ed. Joan Riviere (London, 1950), 374.

(13) 両価的感情の比喩については Denis de Rougemont, *Love in the Western World*, tr. Montgomery Belgion (Anchor ed., New York, 1957), 162–170 参照。Maurice Valency, *In Praise of Love: An Introduction to the Love-Poetry of the Renaissance* (New York, 1961) ――この本はド・ルージュモンの本よりも、より文学的な目的をもっている。この本は、トゥルバドゥール詩の実践を扱っているが、ド・ルージュモンはひとつのテーマ、「愛－死」と、西洋の恋愛詩の比喩の底流をなすものに関心をもっている。

(14) 聖なるもの (*sacer*) の概念については Rudolf Otto, *The Idea of the Holy* 参照。

(15) "On the Prometheus of Aeschylus," in *Essays and Lectures*, 334.

(16) *Ibid.*, 338.

(17) *Ibid.*, 342–343.

(18) *Ibid.*, 345.

(19) Frye, *Anatomy*, 91–92.

(20) "Prometheus," in *Parables* (New York, 1947) ――この寓話は Willa and Edwin Muir によって翻訳された。Reprinted by permission of Schocken Books Inc. from *Parables and Paradoxes* by Franz Kafka; copyright 1936, 1937, by Heinr. Mercer Sohn, Prague; copyright 1946, 1947, 1948, 1953, 1954, 1958, by Schocken Books Inc.

(21) Vladimir Jankélevitch, *L'Ironie ou la bonne conscience* (Paris, 1950) とくに ch. ii, "La Pseudologie ironique, ou la feinte," 32–115.

(22) Edgar de Bruyne, *Etudes d'esthétique médiévale*, II, 36ff. そして Edmond Faral, *Les Arts poétiques du XII et du XIII siécle* (Paris, 1924), II, ch. iii, 89–91. ド・ブリュヌは、中世の理論を次のように要約している。文体には三つのレヴェルがある――(1) いっそう高く、壮大あるいはとくに崇高な様式、(2) 中庸あるいは適度あるいは中間の様式、(3) とくに精妙な様式。「崇高な装飾は、それゆえ強調的文体の特徴にいくぶん似ている。『[この文体では] われわれは自分の思考を、新語と古語、主題よりも壮大な、難解な、あるいは無理にこじつけたメタファーで表現する』(Cornificius, IV, ii, 16)。壮大な文体は強調的な文体に接近するが、そのなかにすっかり含まれるわけではない。中世の理論家は、文学理論のこれらの規則にとても愛着を示す。彼らはこれらの規則を取り上げて独自の意味を与える。彼らは威厳 *gravitas* を難解さ *difficultus* と置き換える。その結果、彼らにとっての壮大な文体――*oratio gravis*――は、難解な装飾 *difficultas ornata* によって特徴づけられる」(De Bruyne, *Etudes d'esthétique médiévale*, I, 53 (引用者訳)。

ボッカッチョもまた、彼の『ダンテの生涯』のなかで、こう述べている。「労苦によって得られたものは、努力なしに獲得されたものより甘美であるように思われるのは明らかだ。」これはアレゴリーの難解さの標準的な正当化である。この古い態度は、エリオットおよび他の現代詩人の「不明瞭さ」に関する逆の見解と比較されるべきである。Bk. XIV, sec. 12 of Boccaccio, *Genealogy of the Gods*, tr. by C. G. Osgood, as *Boccaccio on Poetry* (Princeton, 1930) 参照。

(23) 聖書の不明瞭さは「堕落」の結果としての人間の洞察力の鈍化に帰せられる。かくしてミルトンは語る。「それゆえ学問の目的は、神をふたたび正しく知ることによって、われらが最初の『父祖』の廃墟を修復し、神を知ることから、彼を愛し、彼を模倣し、彼のようになることである。信仰の天上の恩寵に結ばれることが最高の完成を構成する」(*Tractate of Education* [1644], quoted by G. W. O'Brien in *Renaissance Poetics and the Problem of Power* [Chicago, 1956], 47)。

(24) 訓練は「難解さ」をある程度補った。シャルルマーニュの、フルダの大修道院長ボーグルフへの、修道院教育の必要性を説く指令(七九四頃)参照。「それゆえ、われわれはあなたに、学問の研究をおろそかにしないように勧告するだけでなく、神の是認されるもっとも謙虚な熱心さで、学問で競うように勧告する。それは、あなたが、聖典の神秘を、もっと容易にかつ正しく、浸透させられるようにするためなのである。しかし、聖典のページには比喩、文彩、その他の同様の形式のことばが埋め込まれているので、だれであれ、あらかじめ文献の規則を十分に教授されていればいるほど(彼が読むものを)霊的な意味でより敏速に理解することは疑いえない」

(quoted by Laistner, in *Thought and Letters in Western Europe: A. D. 500 to 900* [Ithaca, 1957], 197)。ラブレーとジョイスの問答形式の文章にアイロニックな類似性をもつアルクウィンの謎かけの方法についてはLaistner, 198–200参照。アルクウィンは「討論*disputatio*」のなかで、弟子にこう言う。「お前はすぐれた能力と生まれつきの才能をもつ若者だから、お前の前にいくつかの不思議（つまり謎々）を出そう。自分ひとりの力であてられるかどうかやってみよ。」

ベルナール・ユッペ（Bernard Huppé）は、聖アウグスティヌスからの他の例を出している。「あることは比喩によってより容易に理解されること、そして、何かを捜すのに困難を伴うとき、それは、その結果、発見がより楽しくなることは誰も疑わない」（*De Doctrina*, 2, 7–8）。ユッペは、こう指摘している。「彼［アウグスティヌス］が攻撃するのは、意味のある不明瞭さではなく、意味のない修辞的誇示である。第二ソフィスト派の修辞は彼をたじろがせたかもしれないが、それは、その派が不明瞭さを教えたからではなく、不明瞭さをそれ自体目的として扱ったからであった」（*Doctrine and Poetry* [Albany, 1959], 11）。「たんなる装飾」という見解との類似性に注目。

ルネサンス期には、ドレイトンの『ポリオビオン』は大衆の喝采は得られなかった。それは、すでに流行遅れの聖書釈義的な労力を要請したからであり、ドレイトンの地誌的な詩がそれに与えた新しい形式のもとでは容易に理解できなかったからであるようにわたしには思われる。彼は、ロンギノスの論文『崇高について』に見られるのと同じ基準の精神的努力に訴えることによってロンギノス復活を先取りした。彼は「序文——一般読者へ」のなかで、数回、同時代人の「退屈で怠惰な無知」、「愚鈍さと退屈さ」を攻撃し、読書が、彼の詩の隠された学問的で好古家的意味を発見するために努力することを要求した。「もしあなたが、わたしが言うように、詩神とともに歩き出す努力をせずに、（労苦を求められるからといって）今いる場所にとどまっていたら、過失は、わたしの勤勉さの欠如からではなく、あなたの怠惰から生じる。」『ポリオビオン』は、『妖精の女王』と『楽園の喪失』とともに、もっとも包括的で力強い英語の崇高詩のひとつであることを示すことができるとわたしは思う。しかし、身体イメージのアレゴリー的利用を理解できないことが、この詩を、一般大衆の好意を得ることを妨げてきた。

「難解な美」の現代的概念は A. Warren and R. Wellek, *Theory of Literature*, 233–234 に記されている。そこで著者たちは Bosanquet の *Three Lectures on Aesthetic*（London, 1915）を論じている。

（25） John Hughes, *An Essay on Allegorical Poetry*（London, 1715）はこの用語を使った――彼のアレゴリーの定義は、聖書釈義の伝統に影響されているように思われる。「アレゴリーとは寓話あるいは物語であり、そのなかで架空の人物あるいは事物に、何か現実の行為あるいは教育的な教訓が投影される。あるいは、プルタルコスによってどこかできわめて手短かに定義されていると思うのだが、それは、あることが語られ、それとは別のことが理解されるものである。それは一種の『詩的絵画』あるいは『象形文字』であり、それは適切な類似性によって精神に教訓を、感覚との類比で伝え、理解を形成しつつ空想力を楽しませる。それゆえアレゴリーでさえも、字義通りの意味と神秘的な意味の二つの意味をもっている。字義通りの意味は夢や幻視に似ており、その神秘的意味が真の意味あるいは解釈である。」（傍点部分はコウルリッジを予感させる。）

（26） 機械的因果論の科学的意味での「物質主義」が、アレゴリー的語彙に直接的影響を与える。十八世紀なかばに、ラ・メトリ（Lamettrie）のような自然哲学者が「人間機械」と「人間植物」を考え出すとき、われわれはダイモン的なものの新しい図像学を手にする。メスマー（Mesmer）の動物磁気の理論の多少同時的な展開は、重大かつ面白いダイモン的アレゴリーを提供する。たとえばモーツァルト（Mozart）の『コジ・ファン・トゥッテ』（*Cosi fan tutte*）と初期のオペラ『バスティアンとバスティエンヌ』（*Bastien und Bastienne*）（K. 50）がそうである。催眠がダイモン的ヒーローに特別な力を与える。

（27） *An Introduction to the Study of the Prophecies Concerning the Christian Church; and, in Particular, Concerning the Church of Papal Rome: In Twelve Sermons, Preached in Lincoln's-Inn-Chapel, at the Lecture of The Right Reverend William Warburton, Lord Bishop of Glouster*（2d ed., London, 1772）.

（28） *The Great Chain of Being: A Study of the History of an Idea*. chs. iv-x.

（29） *Ibid*., 286. 引用は Bonnet の *Palingénésie*, I, 174 より。

（30） E. C. Heinle, "The Eighteenth Century Allegorical Essay"（Ph, D. dissertation, Columbia University, 1957）参照。

（31）W. J. Bate, *The Achievement of Samuel Johnson*（New York, 1955）, 134 and 162 参照。

（32）"Life of Milton," in Johnson, *Works*, II, 43.

（33）ジョンソンはミルトンの崇高詩について次のように（*ibid.*, 42）書いている。「彼は創造を全範囲にわたって考察した。それゆえ彼の描写は学問的である。彼はみずからの想像力を無制限に解放した。それゆえ彼の概念は広範囲に及ぶ。彼の詩の特徴は崇高である。……彼の本来の態度は壮大な高尚さである。……自然の表われと生活の出来事は、彼の偉大さへの欲求をみたすことはなかった。事物をあるがままに描くには、微細な注意力を必要とし、空想力よりも記憶力を使う。ミルトンの喜びは、可能性の広大な領域に遊ぶことであった。現実は彼の精神には狭すぎる光景だった。彼は自分の諸能力を、発見、想像力のみが旅をすることのできる世界へと送り出し、新しい存在様式を形成し、至高の存在に感情と行為を供給し、地獄の会議を描き、天上の合唱隊に加わることを楽しんだ。」

結果として生まれた文体は「想像力をかならずみたす」が、「直接的な観察の新鮮さ、生彩、力強さ」に欠けている。ジョンソンは、ミルトンにおける引喩を強調する。「書物における壮観さ」は崇高さのための手段である。というのも、読者はどの時点においても、ある場面から、引喩された第二の場面、第三の場面等々へ導かれるからである。ジョンソンの描くミルトンは、「転喩的 transumptive」文体をもっていると言ってよいかもしれない。トマス・ウィルソン（Thomas Wilson）は *The Arte of Rhetorique* でこう述べている。「転喩法とは、われわれが、これから示されるものに徐々に向かうことである。たとえば、しかじかのものが暗い土牢に横たわっている。さて、われわれが暗闇について話すとき、われわれは閉塞感を理解し、閉塞感によってわれわれは暗黒を推量し、暗黒によってわれわれは深淵を判断する。」クウィンティリアヌスが記述しているように、転喩法は小さな技巧、「ひとつの比喩から別の比喩への変化」でしかなく、その場合、詩人は一般的に、ある語からそれに音が似た別の語、さらに別の語へと進み、かくして音の連想の連鎖を形成し、詩をあるイメージから、遠くへだたった別のイメージへと連れていく。「しかし、メタレプシス（転喩法）は、利用するためのものではなく、知っていると主張するための比喩である。もっともよく知られている例は *cano*〔歌う〕は *canto*〔歌う〕に等しく、*canto* は *dico*

〔歌をつくる〕に等しく、それゆえ *canto* は *dico* に等しい（*canto* が転喩）というものである」（Quintilian, *Institutes*, VIII, vi, 37–39）。ミルトンはそれほど手のこんでない方法を使っており、彼の引喩（それ自体が通常、比喩と考えられるもの）は「転喩的」である。

（34）「『自然的崇高』、このロマン派的感受性の強迫的形式は、新しい規範（新しい『無限の宇宙』）のシンボル的投影だった。それはちょうど、ロマン派的想像力が、ある意味で、精神の新しい規範であったのと同じである」（Ernest Tuveson, *The Imagination as a Means of Grace: Locke and the Aesthetics of Romanticism* [Berkeley, 1960], 2）——また ch. iii, "The Rationale of the 'Natural Sublime.'" 参照。テューヴソンは Henry More の "*Democritus Platonissans*" を引用している。

「それゆえ許しを得て——わたしは歌おう、
時間と空間の無限を、あるいは許しもなしに。
わたしはガンだ。わたしのすべての精気は心地よい震えとともに動く、
わたしの心は喜びへと向かって飛び立つ、熱く激しく。」

それから注目すべき点は以下のことである。「新しい哲学と宇宙の神秘は新しい認識論を要請した。……神の概念化は純粋に霊的かつ合理的で、想像力によって、ということはつまり、身体感覚によって『汚染されていない』状態でなくてはならなかった」（*ibid.*, 63）。

（35）Basil Willey, *The Seventeenth Century Background*, ch. x, "The Heroic Poem in a Scientific Age," 219–262. 主としてトマス・ブラウン（Sir Thomas Browne）に関する ch. iv, "On Spiritual Interpretation" もまた関連する。

（36）Samuel Monk, *The Sublime: A Study of Critical Theories in XVIII-Century England*（Ann Arbor, 1960）.

（37）Chs. iv, vi, vii, viii.「驚異の詩」については ch. x, sec. 3, "The Poem as Heterocosm," 278 参照。Bodmer のような批評家が理解しているこの種の詩とは（Abrams の要約より）「第二の被造物、それゆえ世界の複製でもなければ、合

理的複写物でさえなく、自分自身の法則にのみ従う独自の世界、独特の物 *sui generis* であり、その存在は（示唆されるところによると）それ自体が目的である。」

（38） Ronald Knox, *Enthusiasm: A Chapter in the History of Religion with Special Reference to the XVIIth and XVIIIth Centuries* (Oxford, 1950).

（39） わたしは Paul Goodman の *Structure of Literature* における彼の崇高をめぐる発言に負っている。グッドマンは崇高の心理学、つまりカントの「諸能力の絶対的緊張」に関して、考察されるべき主要問題を正確に言い当てた。そして彼は、この緊張と、謎めいた、あるいは謎々的なアレゴリーによって引き起こされる緊張とを連結した。わたしはこの観察についてさらにいくつかの局面を展開しようとしたにすぎない。「『デルポイの神託』を考察しよう。それにおいては同じ語が二重の意味をもつ。このような両義性においては、われわれは明確化の作業の外へと連れて行かれる――たとえば、われわれは『祭壇《トリポッド》』〔巫女がそこで神託を告げる〕のよく知られている巧妙さを思い浮かべる。しかし、われわれが提示されたもの以上のものを感じたり考えたりしなくてはならないのは、提示されたものと、困惑するほどの豊かさとの一体性を長々と考えることによってなのである」（*Structure*, 253）。しばしばこの困惑という効果は、グッドマンが指摘するように、だまし絵的作品で（そしてシュールレアリスム的作品で、と付け加えてよいかもしれない）、あるいは「不気味な」作品、つまり、意図がもっと深刻なデーモン的作品で、きわめて矮小なかたちで起こる。フロイトの論文 "The Uncanny" (1919) in *Collected Papers*, IV 参照。

　ケイムズ卿はカント的な「諸能力の緊張」という観念を援用するが、彼にとってそれは批評の基盤を形成するものである。彼はアレゴリーの拡大を嫌う――「中心となる主題を例解したり、活気を添えたりするのではなく、程度はどうあれ引き伸ばされたメタファーは精神を緊張させすぎることにより不愉快なものになる」（傍点引用者）。ケイムズ卿はアレゴリーを、それ以前の数世紀が賞賛したまさにその理由、つまり「難解な」装飾ゆえに非難している。次の文を読んだらスペンサーはどう思っただろうか。「長いアレゴリーは、最初はその新奇さで心地よいかもしれないが、けっして持続的な喜びは与えない。『妖精の女王』がその証拠である。大きな表現力とイメージの多様性と韻律の快い音は、二度読まれることはまずない。」彼は均衡を欠いた、二次的美徳の賞賛に反対し、こう問いたかったのだろう。この詩の全体的設計は何か、と。明らかにこれは、ケイムズ卿を、彼の最大の弱点のひとつを攻撃していることになる。というのも、この引用の文章のすぐあとに、彼は間違った視覚的メタファー論を始めるからである。Richards は *Philosophy of Rhetoric* で、少し Campbell の *Philosophy of Rhetoric*（London, 1776）に依拠して、そのことを暴き出している。

（40） Charles P. Segal は論文 "ΥΨΟΣ and the Problem of Cultural Decline in the *De Sublimitate*," *Harvard Studies in Classical Philology*, LXIV（1959）, 121–146 で十分にこの見解を証明した。シーガルは「ヒュプソス *hypsos*」の宇宙論的含意を強調している。

（41） Longinus, *On the Sublime*, tr. W. Rhys Roberts（Cambridge, 1907）, ch. xliv.

（42） Reuben A. Brower, *Alexander Pope: The Poetry of Allusion*（Oxford, 1959）, ch. vii, "Essays on Wit and Nature," sec. 2, "The Scale of Wonder," 206–239 参照。驚異は宇宙的思索に固有の感情である。

（43） C. H. Chapin, *Personification in Eighteenth-Century English Poetry*, 45, 50 はこの技巧の使用に伴う「激しい感情」を論じている。

（44） A. O. Lovejoy, *Essays in the History of Ideas* v. "'Nature' as Aesthetic Norm," 69–78 参照。また Lovejoy の *Great Chain of Being*, chs. vi-x の諸所も参照。

崇高効果の多くが自然の風景、荒々しい滝、アルプス山脈、嵐の海などに求められるが、正当性付与は自然崇拝の外に求められたとわたしが主張したいのは奇異に思われるかもしれない。しかし、正当性が、より高次の認可、たんなる物理的イメジャリーの源泉よりも高次の何かを含意するかぎり、ここには何の矛盾もない。何であれ大きな芸術様式の正当性は、形而上学的もしくは宗教的でなくてはならない。そしてわたしは、崇高の背後の形而上学と宗教は、物理的状態そのままの自然自体（「自然主義的」作品の記録化を提供するようなもの）ではなく、新しい理念的な自然の概念化であったと考える。ラヴジョイは、多数多様な、「自然」の規範の概念化がありうること――あるものはアレゴリーを正当と認め、あるものはミメーシスを正当と認め、あるものは神話的書法さえも正当と認めること――を示した。「自然」は「ことばの何でも屋」となった――これまでもつねに

「西洋の思考のすべての規範的分野の用語のなかで主要かつもっとも多産な語」であった。「そしてその意味の複数性は、ひとつの内包的意味から別の内包的意味へ、程度の差こそあれ、知らず知らずのうちに移ることを容易かつ普通のことにし、かくして最後には、名目上は同じ諸原理を公言しながら、ひとつの倫理的もしくは美的基準からその正反対のものへと変わることを容易かつ普通のことにした」(*Essays in the History of Ideas*, 69)。かくして「自然」の規範(崇拝ではないが)が平均的な種類の記述に基づくアレゴリー(統計的な、ソヴィエト型のアレゴリー)に正当性を与えることができた、あるいは、全活動範囲にわたる自然な人間的情念の真のミメーシスに正当性を与えることができた、あるいは、本質、つまり「経験的現実においては不完全にしか実現されない」プラトン的「イデア」の厳密なアレゴリーに正当性を与えることができた。わたしの全般的な論点は、これらさまざまな「自然的」規範のすべては、真に聖書的な規範とは区別されるべきであるということである。それらは異なる種類の概念である。しかしそれでも概念であり、客観的、経験的「外的自然」の素朴な表現ではない。もしわれわれが、「自然」の美的規範における崇高の、特定の正当性付与を求めるのなら、ラヴジョイがその諸変奏の概略を描いてみせたように、彼の言う「C型」にその正当性付与を見出すであろう。「自然一般、つまり全体としての宇宙的秩序、あるいは、作用の属性もしくは様態が人間の芸術をも特徴づけている範例としてそこに表示される半擬人化的力(創造された自然 *natura naturans*)」、そして、この規範のある下位区分、つまり第七、「均一性」、第十「規則性——幾何学化としての自然」、第十一、「不規則性、野生性」、第十二、「内容の十全性、豊かさ、多様性、貪欲な多産性——そしてこれらの結果として、ときどき概念化される鋭い対照を示す特徴の並置」に見出すであろう。これらはすべて崇高の、ありうる特徴であり、ときどき——たとえば最後の特徴は——崇高に(もしくはアイロニカルな異母兄弟であるピクチャレスクに)欠かせない特徴である。それゆえわれわれは、崇高は「自然」の規範のひとつの変奏の子でしかないと言える、あるいは逆に言えば、ここには「自然」の規範の崇高な変奏がある——変奏のひとつが崇高である。何らかの理由で、アレゴリーは、ロマン派の理論のこの変奏とは公然と同一視されることはなく、それゆえロマン派作家はアレゴリーの正当化を容易に見つけ出すことはできなかった。彼らは、何であれ崇高なものは、内在的にアレゴリー的であるとは認識しなかったように思われる。ラヴジョイの第十二の説明については *Great Chain of Being*, ch. x, "Romanticism and the Principle of Plenitude" 参照。

(45) Monk, *The Sublime*, 13.

(46) ジョンソンは、霊感をもつ生まれながらの天才というこの見解には抵抗しているように思われる。しかし彼自身は、独自の反ロマン派的観点から天才を定義する試みにとても関心があった。そういうわけで、彼は "The Life of Cowley" において、天才を、ある特定の目的に偶然的に限定された大きな全般的力として語っている。

(47) Monk, *The Sublime*, 102.

(48) Edmund Burke, *A Philosophical Inquiry into the Origins of the Sublime and the Beautiful*（World's Classics ed., London, 1906–1907）, II, sec. ix, 125.

(49) *Inquiry*, II, sec. ix. 125.「なぜ円形がこのような高貴な効果をもつのか、その原因を探るべきは、この種の人為的無限のなかであるとわたしは信じている。というのも、円形においては、それが建築物のであれ、植林地のであれ、どこにも境界を固定することができないからである。どちらを向いても同じ対象が連続しているように思われ、想像力に休息がない。」人間はこれらの自然的な分割と連続を人為的に再生産できる。カフカの寓話「万里の長城」（"The Great Wall of China"）は「新しいバベルの塔のためのしっかりとした基礎」、一種の宗教的ペンタゴン——「絶対」の達成のための官僚的基礎——の構築を示している。帝政中国は、信念、言語、競合する利権、両価的感情の集合を暗示する——「われわれの土地はあまりにも広大なので、どんな寓話によってもその広大さを十分に言い表わすことはできないし、空も覆いきれないほどである——北京はそのなかの点でしかなく、宮殿は点以下である。」この徒労感を与える広大さがアイロニカルに受けとられることをカフカは意図している。というのも、帝室宮殿は、悪夢であることにおいて帝国そのものと等しく、次にはそれが天にも等しいからである。カフカはこのことを、寓話のなかの寓話で示している。壁は、強迫観念的シンボル化の原型である。というのも、それはシンボル的「中心」、閉じられた庭 *hortus conclusus* あるいは何であれ内包的領域を閉じるための手段であるからだ。

（50） *Inquiry*, II, sec. xii, 127. ホーソンを読んだポーのことば。「アレゴリーとしてもっとも深いアレゴリーだが、われわれとしては、この作家が克服しようとしなければよかったのにと思うような困難を克服しようと創意を尽くしているというまったく不完全な満足感を与える。」

（51） *Inquiry*, II, sec. ix, 125. 精神の過度の拡張はけっして十八世紀においてのみ開発された概念ではない。それは古い宗教的起源をもっている。アレクサンドリアの聖書釈義家のオリゲネスは「『ことば』で創造されたすべてのものの美と優雅さを熟考考察する際の思考の拡大」について語っている（*The Song of Songs: Commentary and Homilies*, tr. and annotated R. P. Lawson [Westminster, Md., 1957], 29: see also 40）。彼の前には、ユダヤのフィロン（Philo Judaeus）が同じ考えをもっており、拡大の範囲を伝えるのに天文学的イメージを用いた。すなわち彼の注釈 "On the Creation," in *Works* of Philo（tr. and ed. F. H. Colson and G. H. Whitaker [Loeb Classics ed., London, 1929], I, 55）のことである。これは人間の知性の崇高さへの偉大な賛歌のひとつである。「人間の精神は、偉大な『統治者』が全世界に占める位置とぴったり対応する位置を人間のなかで明らかに占めている。それは、万物を見、他のものの実質を理解しながらも不可視であり、みずからの実質に関しては知覚されることはない。それは技芸と学問によって多数の方向に向かう道を開き、それらの道はいずれも偉大な公道である。それは陸と海を通り抜け、両者が含むものを調べる。のみならず、それは天駆けると、大気とそのすべての相を凝視する。さらに高く、完全な音楽の法則に合わせ、すべての歩みを導く英知への愛に従い、エーテルと惑星と恒星の軌道へと運ばれる。そして、感覚によって識別されるすべての物質の境界のかなたに視線を移し、それはある地点に来ると、英知的な世界に達しようと努め、その世界に、とびぬけて美しいもの、それがそこに見た感覚の事物のひな型と原型の光景を見ると、それは醒めた酔いにとらえられる。それはコリュバンテス〔古代小アジア神話で女神キュベレーの祭司、その祭儀は音楽と熱狂的な踊り〕の熱狂をおびた人々のようである。それは、自分以外の者への憧憬と高貴な欲望を吹き込まれ、とらえられる。精神が知覚できる事物の一番上のアーチへとこれによって運ばれ、それは『偉大な王その人』のところへ行く途中のように思われる。しかし、『あの方』を見たいという憧憬に包まれているとき、一点に集中した光の純粋で軽減されない光線が滝のように流れ出し、その輝きで知性の目はくらまされる。」

(52) ブレイクは、彼の有名な宣言でこう言ったとき、シラーのように考えているように思われる。「有形の悟性からはまったく隠されているものの、知的な力に訴えるアレゴリーが、もっとも崇高な詩のわたしの定義である」(*Complete Writings*, II, 246)。

(53) Friedrich Schiller, *Essays Aesthetical and Philosophical* (London, 1882), 134. 論文「崇高」は主として人間の「道徳教育」に関わるものである――「明らかにそこに置かれたように思われる美的傾向。ある能力が、ある種の感覚的対象を前にしておのずと覚醒する。そしてそれは、われわれの感情が純化されたあと、強力な理念的発展を遂げるに至るまで育成することができる。この才能は、その原理と本質において理念的であることをわたしは認める。」われわれはそれを「崇高に心動かされる能力」あるいは「心動かされて崇高に考える能力」と呼んでよいかもしれない。それは知的に自由である様態である。その原型的な働きはベートーヴェンのオペラ『フィデリオ』に似たものであろう。

(54) Kant, *The Critique of Aesthetic Judgment*, tr. and ed. J. C. Meredith (Oxford, 1911), "Analytic of the Sublime," 97 参照。カントは望遠鏡によって近づけられた星々は崇高ではなく、無限に遠いものが近づけられるという観念が崇高になりうると論じている。「それは、それ以外のすべてにおいて小さいものと比較したとき崇高である。ここでわれわれは……なんであれ、われわれがそれをどれほど偉大であると判断するにせよ、それは自然のなかの所与のものではないことがわかる。それも、何か他の関係において見れば、無限に小さなもののレヴェルにまで格下げされるかもしれない。とても小さなものも、さらに小さな基準と比較すれば、われわれの想像力には世界の大きさにまで拡大されるかもしれない。望遠鏡は、最初の観察で着手すべき大量の素材をわれわれの手の届くところにおき、顕微鏡も第二の観察で同様のことをする。それゆえ、なんであれ、知覚の対象になりうるもので、このような関係で扱われるとき、崇高と名づけられるものはない。しかし、われわれの想像力のなかに無限の前進への苦闘があり、他方理性は現実的な観念として絶対的全体性を要請するとき、まさにその理由により、この観念に到達するための感覚世界の事物の能力を評価するわれわれの能力の側における無能力が、われわれのなかに超感覚的能力の感情を覚醒させるのである。」このように想像された望遠鏡がジョンソンがミルトンのなかで賞賛したものである。

(55) わたしが使用したテクストは Price, *On the Picturesque*, edited, with interpolated commentry, by Sir Thomas Dick Lauder (London, 1842) である。この作品は最初 *An Essay on the Picturesque, as Compared with the Sublime and the Beautiful* (London, 1794) として出た。

(56) 心地よい歪みについては Price, *On the Picturesque*, ch. ix, 182 参照。「木立ちは、兵士たちの密集した隊のように、あらゆる方向からの攻撃に抵抗する。あらゆる点で彼らを点検してみよ――彼らのまわりをぐるぐる回ってみよ――すき間はない、空白はない、落伍者はいない。真に軍隊らしく、彼ラハアラユル方向ニ立チ向カッテイル（*ils font face partout*）。わたしは、ブラウン氏が州長官だったころ、彼の随行員がだらだらと進むのを見たあるふざけた男が、彼に向かって『きみの槍兵たちをひとかたまり〔木立ち〕にしたまえ』と叫んだという話を聞いたのを覚えている。」プライスはそれから、彼の軍隊的メタファーをきわめて顕著なかたちで拡大する。彼は「〔緑地〕帯《ベルト》」の話を続ける。「この円形の木立ちに次ぐ重要な形で、ロマンス的な状況では歪みを作る力で木立ちに匹敵する形状は、帯《ベルト》である。しかしながら、その圏域はもっと縮められる。木立ちは丘の頂上のかがり火のように、何マイルも離れたピクチャレスクな旅人を慌てさせ、敵に近づいていると警告する。緑地帯はさらに待伏せの状態にある。それにはまってしまい、改良者といっしょにひとめぐりしなくてはならない哀れな人は、口に尾をくわえた蛇もこれに比較すると永遠の弱々しいエンブレムであることを認めるだろう」（183）。このウロボロスへの言及は、たとえふざけたものであろうと、風景のそのような改良のシンボル的意図、つまり道徳的風景画 *paysage monalisé* を示している。

(57) コスモスの主要な同意語は、「軍隊の秩序」を表わす用語 *taxis* であることを思いだそう。

(58) Price, *On the Picturesque*, 111.

(59) *Ibid.*, 114–115.

(60) *Ibid.*, 108.

（61）「ほとんどすべての装飾は凸凹しており、その大部分は鋭いが、それは凸凹のひとつの様相である。そして類比的に考えると、どの様相であれ、美はそれとは正反対のものである。しかし、装飾は凸凹であるように、地は一般的に滑らかである。そのことは、滑らかさは美のもっとも重要な特質であり、それがなければ美はまず存在しえない――しかし、そこにさまざまな様相と程度で現われる凸凹は装飾であり、美のふさ飾りであり、美に生命と活気を与え、美を単調さと味気なさから守るものであることを示している」（*ibid.*, 107）。この文章は装飾の刺激特性を強調しており、その点で美しいものとは違う。しかしそれはまた、装飾の理念的機能、つまり、「類比的に考え」られた、この点でも美しいものとは対照的な機能を指摘している。というのも、プライスの装飾は、人間の反応を活性化し、生気づけ、かきたてることが意図されており、おそらくそれゆえ、道徳的な目的、つまり精神がより高次の目的に向かうように精神を全般的に刺激することが意図されているからである。純然たる感覚の崇拝は、この点において反知性的で没道徳的かもしれない。ある意味でそうである。しかしそれは、新しい偶像、新しい神々と神殿の創造――見通した景色の奥にある洞窟に隠されたピクチャレスクな神々と神殿の創造である。フライは（十八世紀の理論におけるピクチャレスク流行に関連して）芸術における美の崇拝を論じたとき、「文学の（原型的）見解の妥当性を受け入れたあと、道徳と美と真実という外的目標を拒絶したことの重要性」について「それらが外的なものであるという事実は、それらを窮極的には偶像的、それゆえデーモン的なものにしている」と述べている（*Anatomy*, 115. 傍点引用者）。ピクチャレスクの刺激も同様にデーモン的である。バルトルシャイティス（Balrušaitis）は *Aberrations*, ch. iii and iv でこの問題を集中的に論じている。「われわれの注意をひくもの」としてのピクチャレスクについては Geoffrey Scott, *The Architecture of Humanism*（Anchor ed.）, 70–78 を参照。

（62） Price, *On the Picturesque*, 129.

（63） シュールレアリスムの絵画はピクチャレスクと崇高との際立った類縁性を示している。マックス・エルンスト（Max Ernst）はピクチャレスクな「密林」を用いている。デ・キリコ（De Chirico）は、あたかもバークの『崇高と美』で示された必要条件を視覚化しているかのように、崇高な列柱や眺望を用いている。James Thrall

Soby, *Giorgio de Chirico*（New York, 1955）, 120参照。キリコの後期の「構成された風景画」の一部は、画架の上にある挿入された風景画を用いている。これらは意図的なピクチャレスクである。エルンストは、中産階級のピクチャレスクに対する風刺において、帝政時代の版画のコラージュを作り、そのなかで、上流婦人の私室の光景と、レースのカーテン、ダマスク織りのカヴァーのあるソファと部屋の陰になった隅や角を混ぜ合わせており、そのため、昔あった風景の「改良」の室内版等価物ができる。Marcel Jean, *The History of Surrealist Painting*, tr. S. W. Taylor（New York, 1960）も参照。

（64）ピクチャレスクと崇高との違いについてはPrice, *On the Picturesque*, ch. iv, 96ff参照。違いはプライスにとって主として大きさ、均一性、厳粛さの問題であり、それらすべてにおいて崇高はピクチャレスクをしのぐ。

崇高な光景もピクチャレスクな光景もともに、両価的な魅力をかきたてる力を共有しているが、それらは以下の二つの大きな特徴によってたぶん最終的には区別できるかもしれない。（1）それぞれの要素の大きさ、つまり巨大対微細、（2）ピクチャレスクが、崇高な壮大さを微細な質感の錯綜へとピクチャレスク的に還元した結果、より身近で、より魅力的で、より快適な、ピクチャレスクな光景の効果が生まれる。「ピクチャレスク」とは「絵のような」あるいは「描写的な」を意味するという標準的な考え（たとえばJean Hagstrum は *The Sister Arts: The Tradition of Literary Pictorialism and English Poetry from Dryden to Gray*［Chicago, 1958］において十分に論じている）は、思うに、ほとんど無意味である。しかし、ハグストラムも示唆しているように、「絵のような」と図式的もしくは紋章的とのあいだにつながりが作れれば話は別である。ピクチャレスク風に絵を描くとは、観念を風景にして描くこと、自然にテーマを押し付けること、あるいは事態を逆に見て、ある特定の自然の風景から、ある同様に特定の観念を抽出すること、もっと漠然と言うと、特定の感情を喚起することを意味した。崇高な光景もピクチャレスクな光景も描くことはできる。しかし、後者は、もっと近づきやすくもっと上品な崇高さ、つまり、弱い崇高さのなかへと移動することの結果であるように思われる。この事例は美術のなかに見出しうるであろうが、もう少し印象的な事例は実生活からのものであろう。わたしはJames Boaden の *Memoirs of Mrs. Inchbald*（London, 1833）, II, 131–134から説明を選んだ。そこには多くのロンドンの劇場の火災が描かれている。ボーデンはこう述べている。「インチボールド夫人はいつも崇高な対象を好む。そして燃え上がるコヴェント・ガーデン劇場の光景を見損なった。しかし、ニュー・チャーチの傍のストランド通り百六十三番地の高台という彼女の位置は、ホランド通りのドゥルアリー・レーン劇場の破壊に伴う恐怖の、直接的な眺めと水に映った眺めの両方が見渡せたので、われわれはさいわいにも、その主題に関する彼女の描写的手紙を読者の前に示すことができる。

フィリップス夫人へ一八〇九年二月二十六日　日曜日

『わたしはコヴェント・ガーデン劇場の大火事はまったく目にしませんでしたが、ドゥルアリー・レーンの惨事の一部始終の悲しい目撃者となりました。わたしは十時に床に就きましたが、十二時十五分前に目を醒まし、わたしの部屋の向かいの、通りに面した部屋に入りました。そのあいだ、炎は劇場の屋根のてっぺんにあるアポロ像を包み、風にあおられてニュー・チャーチの方になびいていました。教会にも刻々と危機が迫っていました。『わたしは崇高で恐ろしい光景が大好きですが、この光景は恐ろしすぎてわたしはその場から走り去りました。自分の部屋のなかにいて、これまで目にしたことのないほど美しく、輝かしく落ち着いた天上的な眺めに驚かされました。わたしの窓から見えるのは火の光だけでした。これがとても力にあふれたもので、川、土手の家、その向こうのサリーの丘、川の上のすべての小船、すべての教会の塔の尖頂、サマセット・ハウスとこちら側のテラス――すべてが魔法にかけられた場所のように見えました。この霧深い島でかつて自然が見せたことのないほどの鮮やかな色彩で詩人が描いてみせたもののようでした』」この手紙からわれわれは、ピクチャレスクとは恐怖の美化であると結論づけることができるかもしれない。たしかにインチボールド夫人は、火事の直接的光景からみずからを遠ざけることによって、極度の恐怖をいだくことなく、火事を「詩人が描いてみせたもののように」見ることができたが、恐怖の残滓とその恐怖の結果としての入り混じった「天上的」喜びを伴うものであった。インチボールド夫人は、そこには両価性があまりに大きくて支えられないほどの崇高性があるが、ピクチャレスクはこの緊張を受容可能なレヴェルにまで軽減すると実際に言っている。

(65)「ピクチャレスクはいかなる大きさとも関係なく、もっとも大きな対象にももっとも小さな対象にもしばしば見られる。」(Price, *On the Picturesque*, 96) プライスは、この様式は、いかなる外形的要因よりも、質感的特質によって定義されるということを言おうとしている。

(66) Lovejoy, "The Chinese Origin of a Romanticism," *Essays*, 127 に引用されている Sir William Chambers の *Dissertation on Oriental Gardening* の以下の一節にある衣裳に関する化粧のメタファーに注目。「われわれはあなたと同じくらい『自然』を賛美する。しかし、より粘液質的な気質であるので、われわれの感情は少しうまく制御される。われわれは、『自然』はあらゆる場合に、もっとも効果的に活用するにはどうしたらよいかを考察する。われわれは『自然』を、いつも同じ衣で導入するわけではなく、多様なかたちで示すのであり、ときどき、あなたがそうしようと試みているように、裸で見せ、ときどき仮装させ、ときどき飾りをつけさせ、ときどき技の力を借りて見せるが、われわれがもっとも多く共有する気質から、『庭』というとすぐにそれを取り囲む田園というありきたりの顔に似るのは入念に避ける。それは、同じ表情の野原から野原へと移ることは、どのような特別の喜びを与えることもできないからであり、いかなる種類の強力な感覚をかきたてることもできないと確信しているからだ。」

(67) 装飾と身体との関係については Kenneth Clark, *The Nude: A Study in Ideal Form* (Anchor ed., New York, 1959), 369–370 参照。「装飾は目を楽しませるために存在する。そのイメージは、精神と深刻に関わるべきではなく、また、想像力に深く食い込むべきでもなく、古代の行動規範のように、問いただされることなく、受け入れられるべきである。それゆえ、装飾は、起源が何であれ、すでに十分な象形文字に還元された常套句と比喩を自由に利用しなくてはならない。」

(68) Shenstone の韻文は Chapin, *Personification*, 56 に引用されている。プライスは、ピクチャレスクについても同じことを言っている。「オーク、ブナ、イバラの錯綜した状態にほとんど関心をもたない多くの人々は、もっと興味深い対象における部分的隠蔽の効果を感じるかもしれないし、情念が美の大っぴらで放埒な誇示にさまざまに動かされること、そして情念が、ときどき慎しみの配慮から逃れる無防備な乱れ、媚態が上手に模倣する無防備な乱れにさまざまに動かされることを経験したかもしれない」（*Of the Picturesque*, 70）。しかし、ピクチャレスクの全芸術は明らかに覆い隠すためのものなので、評言は必要ないかもしれない。その芸術は、この隠蔽が生気を刺激するのではないにせよ、好奇心を刺激するさまざまな種類の技巧を用いる。「好奇心」はここでは、何であれ隠されているものに対してほとんど好色的といってよいほどに魅惑されることを意味する。そしてそれは、病理学の天秤ばかりの末端においては、神経症的な呪物崇拝と関係するが、それは好奇心の極端な、あるいはパロディ的形態となるだろう。プライスはピクチャレスクの体験をこう要約している。「ピクチャレスクの効果は好奇心である」（98）。

（69） アレゴリーそのものが、聖書釈義者と「神のことば」とのあいだに挿入された「覆い」であるという古い概念を思い浮かべざるをえない。たとえば聖アウグスティヌスは、*The City of God*（Bk. XVII. 20）においてオリゲネスのことばをそのまま繰り返している。「しかし今や、『雅歌』は、国王と女王＝都市、つまりキリストと教会の結婚における清浄な精神のある種の霊的な喜びである。しかしこの喜びはアレゴリーの覆いに包まれており、そのため『花婿』はもっと熱烈に求められ、もっと楽しげに覆いがとられて現われるかもしれない。」

（70） Chapin, *Personification*, 54 ff.

（71） *Ibid*., 56.

（72） Henry James, "Flaubert's *Temptation of St. Antony*," in *Literary Reviews and Essays*, ed. Albert Mordell（New York, 1957）, 149–150.

（73） 彼の聖アントニウスはM・G・ルイスの『マンク』（*The Monk*）におけるアンブローシオと同類である。

（74） 以下の議論は Lovejoy の論文 "The Chinese Origin of a Romanticism," in *Essays*, 99–135 に基づいている。

（75） Price, *Of the Picturesque*, ch. ix 参照。プライスは入念に処理された大量の「がらくた」を求めている。これは帝国の消滅の伝統的寓意画である。そのイメージについては O. W. Larkin, *Art and Life in America*（New York, 1949）, ch. xvi, "Westward the Course of Landscape" 参照。

（76） Lovejoy, *Essays*, 130 に引用された Chambers の *Dissertation*（2d ed.）, 37–38.

（77）*Ibid.*, 42–44. Lovejoy, *Essays*, 131 に引用。

（78）わたしは意図的に言っているのである。ラヴジョイはチェンバーズのシノワズリー〔シナ風〕*Chinoiserie* を「反自然主義」と解釈している。*Essays*, 126 ff. 参照。「チェンバーズは中国の芸術家を、すべての改良は自然的なものからの逸脱であるという根拠でみずからの方法を明白に正当化している者として表わしている。」これは、このかぎりでは十分に正しい。しかし、この反自然主義のアイロニーは次の点にある。つまりそれは、一種の、細部をさらに細部化するシュールレアリスム的洗練を促進し、次にはそれが「自然主義」作家の過剰なドキュメンタリーに発展するということである。ラヴジョイはおそらく、「自然の常態に順応すること」という単純な意味で「自然主義」を意味している。実際ゾラの『ムーレ神父のあやまち』（*La Faute de l' Abbé Mouret*）のような後期の作品は（「パラドゥー Paradou」という新しいエデンを生みだすための）純然たるピクチャレスク風景庭園作りであり、チェンバーズの想像上の風景とほぼ同じようにダイモン的である。

（79）*Ibid.*, 44–45, quoted Lovejoy, *Essays*, 132.

（80）Lovejoy, *Essays*, 132.

（81）マチューリン（Maturin）のゴシック小説『放浪者メルモス』（*Melmoth the Wanderer*, 1820; reprinted Lincdn, 1961）に付されたWilliam Axton の序文を参照。アクストンは、ゴシック小説は本質的に革命小説であると論じている。われわれはシェリーの初期の、未完のロマンス *The Assasins* を思い浮かべる。

ラッセル・カーク（Russell Kirk）のゴシック小説 *Old House of Fear* についての *Times Magazine*, LXXVIII, no. 1（July 7, 1961）の書評参照。この書評家はよくある過ちを犯している。カークの本は『オトラントの城』の恥ずかしいほどの直系の末裔である」という作者自身の主張を引用したあと、書評家はこう続ける。「彼は間違っている。歴史家カーク（*The Conservative Mind*）は彼の本にゴシック・ロマンスのすべてのナンセンスを専門家の手際で詰め込んだ。しかし彼が実際に達成したものは政治的な道徳物語である。」それから書評は、それがゴシック・ロマンスを定義しているのにも気づいていないかのごとくに *Old House of Fear* を完全にダイモン的用語で説明している。この記事の二つの小見出しは「デーモン・イデオロギー」と「政治的エクソシスト」であり、両方とも、イデオロギーは狂信的限界まで押し進められるとつねにダイモン的になることを想起させる。この小説は古典的なアレゴリーである。ヘブリディーズの外輪諸島という「現代生活のミクロコスモス」にある「カーングラス島」の利用に至るまでそうなのである。

(82) シュールレアリストたちとダダ運動は、活気のない中産階級を刺激したいという欲望を共有している。アクストンはサドを引用して、「地獄を救い出すことが必要だった」と言っている。ほとんど同じ悪魔崇拝がこれら二つの現代の運動を特徴づけている。観念のピクチャレスク的連結における相似の過程が、現代のシュールレアリスムに容易に見てとることができる。そこでは芸術家たちが、「日常の驚異 *merveilleux de quotidien*」を求めてあたりを見まわしている。「シュールレアリストの反小説は、どうでもよい決まり仕事の転写ではなく、人生の驚くべき予想外の衝撃の直接的転写である」(Brée, in *An Age of Fiction*, 137)。

この点についてはまた Anna Balakian, *Surrealism: The Road to the Absolute* (New York, 1959) も参照。バラキアンはブルトン (Breton) の挙げるシュールレアリスム的イメージの必要条件を引用している (123 ff.)。(1) それは矛盾を体現している。(2) イメージの視覚のひとつは隠されている。(3)「イメージは扇情的に始まり、突然、その広がりの角度を閉ざす。」——つまり、それはだましであり、なんであれわれわれが期待していたことを唐突かつ衝撃的に頓挫させることである。(4)「イメージは幻覚の性質をもっている。」(5)「イメージは抽象に具象の仮面を貸し与える。」(6)「イメージはある基本的な物理的属性の関係を含意する」——われわれが無効にされたアレゴリーを扱っていることをよりよく証明する。この種のアレゴリーの目的はツァラ (Tzara) とブルトンが主張したように、新しい絶対、新しいドグマを求める自動化された探究である。

「われわれには、世界は無駄に道に迷い、文学と芸術は制度になってしまったように思われた。それは人間に仕える代わりに、生活の周辺で、みずからを時代遅れの社会の手先にしてしまった。文学と芸術は戦争に仕えた。すぐれた意見を表明しながら、ひどい不平等と、不正と俗悪の感傷的な悲惨さを、その威信で包んだ。……ダダは攻勢に出て、世界システムの全体性と基盤を攻撃した。というのは、このシステムは人間の愚鈍さを体現しているからだ。人間が、人間をその物質的および霊的価値とともに破壊することで終わる愚鈍さだ」(T. Tzara, *Le*

Surréalisme et l'après-guerre [Paris, 1947], 19)。この大破局説的見解は、大きな比喩のひとつ、地上の生命がすべて死滅したあと新しい生命が芽ぶくという信仰へと通じている。不死鳥神話、至福千年神話である。

(83) Schiller, "The Sublime," in *Essays Aesthetical and Philosophical*, 133.

(84) Kant, "Analytic of the Sublime," in *Critique of Aesthetic Judgment*, 91.

(85) Schiller, "The Sublime," 110.

(86) 「罪深い性質の下部意識、外的事物のはかなさ、客体よりも大きな精神あるいは主観」を反映するミルトンの崇高についてはColeridge, *Misc. Crit.*, Lecture X参照。

Hazlitt, "On Chaucer and Spencer." 「それにもかかわらず、スペンサーは、われわれを笑わせもしないし、泣かせもしない。……しかし彼は不正にも、情熱と力強さが欠如していると非難されている。彼は両方とも計り知れぬほどに具えている。彼はなるほど、より厳密に言えば演劇的なものである直接的な行為や苦悩という情念をもっていない。しかし、彼は、感情とロマンスの情念――遠く離れた恐怖の対象と不確かな想像上の苦難に属するすべてのもの――をもっている。彼の力強さは同様に、意志あるいは行為、骨と筋肉の力強さでもなく、荒々しくもなく触知できるものでもない――しかしそれは、幻視媒体を通して見られ、超自然的な作用のぞっとさせられる連想のまじった広大さと崇高さという性格を帯びる。われわれは、これを証明するためには、『絶望の洞窟』あるいは『マモンの洞窟』あるいは『嫉妬で変身するマルベコ』の話へ赴けばよい」(*Hazlitt on English Literature*, ed. Jacob Zeitlin [Oxford, 1913], 30)。

しかしながら、ここには問題がある。崇高は初期の注釈者には、漠然としていること、感知できないものを暗示していたように思われる。それゆえわれわれは、その意味作用は明瞭なものではないことを認めなくてはならない。Anton Ehrenzweig は *Psychoanalysis of Artistic Vision and Hearing* (London, 1953), 54 において、サタンのミルトンの描写「彼の身の丈は空に届き、彼のかぶとには羽飾りのある『恐怖』がすわっていた」に関するウォートンの注釈を引用している――「われわれは」とウォートンは言う、「ミルトンが何を意味しているのか、正確な、あるいは確定的な概念はまったくもてない。そしてわれわれは、それを説明し、明確な意味を与えようとして、この一節の崇高さを減じる。ここには、観念の混合とイメジャリーの混乱の結果生まれる名状しがたい恐ろしい優美さがある。」もうひとりの注釈者ニュートン博士は標準的な読解をした。「突飛である。……恐怖が擬人化され、彼のかぶとの羽飾りにされている。」

　同様に、以下の引用におけるスペンサーの「偽善」の描写はシュールレアリスム的であり、初期の批評家にとって説明するのは困難である。『妖精の女王』（III, xii, 14）における「偽善」を描写した一行、「そして彼女の輝く額は借り物の髪で飾られていた」についてコウルリッジはこう言っている。「ここには、そしてこの偉大な詩にあまりにも多くあることだが、知られているか、知られているかもしれないが特定の視点からは現われえないことが、目に見えるものとごっちゃにされている。それはもはや仮面をつけた人物ではなく、『偽善』という人物である」（*Misc. Crit.*, 39）。

（87）第二巻を、アキレスの怒りの物語をかたどった寓話とする解釈は、支配的なスペンサー的両価性の概念と十分に調和する。というのも、このような怒りは、あからさまな挑発からよりも、挫折感から生まれるからである。アキレスは第一級の思索家、怒りにみちた思索家であり、彼の感情の構造にあるある程度の慎しみを暗示している。この見方については、A. C. Hamilton, *The Structure of Allegory in The Faerie Queene*（Oxford, 1961）, 116–123 参照。

（88）B. E. C. Davis, *Edmund Spenser*, 125.

（89）Frye, *Anatomy*, 148.

（90）W. B. C. Watkins, *Shakespeare and Spenser*（Princeton, 1950）.

（91）Hazlitt, *Lectures on the English Poets*, "On Chaucer and Spenser," in *Complete Works*, ed. A. R. Waller and A. Glover（London, 1902）, V. 35.

（92）Grierson, *Cross Currents in English Literature*, 54.

（93）Davis, *Edmund Spenser*, 124.

（94）Anders Nygren, *Agape and Eros*, tr. A. G. Hebert and P. S. Wilson（London, 1933）の諸所。M. C. D'Arcy, *The Mind and Heart of Love*（New York, 1947）, ch. ii はニューグレンの見解をルージュモンの見解とともに論じた。

（95） Jones, “Spencer’s Defence of Lord Grey,” *University of Illinois Studies in Language and Literature*（Urbana, 1919）, V, 151–219.

（96） この全般的主題については論文集 *Christianismo e ragion di stato: L’Umanesimo e il demoniaco nell’arte*, ed. Enrico Castelli（Rome, 1953）参照。相当な程度にまで、国家経営におけるダイモン的なものの観念が、マキャヴェッリの登場とともに顕著になる。たとえば Daniélou, “Le Démoniaque et la raison d’etat,” in *ibid.*, 27–34 参照。また Gerhart Ritter, *The Corrupting lnfluence of Power*, tr. F. W. Pick（London, 1952）, from *Die Dāmonie der Macht* も参照。

（97） Saunders, “The Façade of Morality,” in *That Souereign Light: Essays in Honor of Edmund Spenser 1552–1952*, ed. W. R. Mueller and D. C. Allen（Baltimore, 1952）. またイメジャリーに対するイデオロギーの影響については J. B. Fletcher, “Some Observations on the Changing Style of *The Faerie Queene,” Studies in Philology*, XXX（1934）も参照。

（98） Bush, *Mythology and the Renaissance Tradition in English Poetry*（Mineapolis and London, 1932）, 88.

（99） “In the Penal Colony” は 選 集 *The Penal Colony: Stories and Short Pieces*, tr. Willa and Edwin Muir（New York, 1961）, 191–230 と *Selected Short Stories of Franz Kafka*, tr. Willa and Edwin Muir, with an Introduction by Philip Rahv（New York, 1952）で読むことができる。現代SFの開拓期段階におけるH・G・ウェルズの役割についてキングスリー・エイミスはこう述べている。「タイム・マシンそのもの、『宇宙戦争』（*The War of the Worlds*）における火星人と奇妙な抵抗不可能な武器、『神々の糧』（*The Food of the Gods*）の前半のモンスター、「奇妙な蘭の花が咲く」（“The Flowering of the Strange Orchid”）におけるわれわれの世界と隣接する別世界、これらすべてが数えきれないほどの子孫をもっている。これらについて注目すべき点は、これらが、アレゴリー的あるいは風刺的目的のためというより、驚異、恐怖、興奮をかきたてるために使われていることである」（*New Maps of Hell*, 32–33）。この種の区別は、アレゴリーの極端に狭い概念に由来するとわたしは信じている。崇高の様相として、それは、エイミスが記述した驚異と恐怖と興奮にみちた文学に一致する。機械は、少しでも人間的視点から見れば、言うまでもなく内在的に驚異にみちている。

（100） *The Penal Colony*, 243–256. 芸術家は、キリストの中世の寓意であるヒョウに姿を変えられることに注目。それについては『動物寓話集』（*The Bestiary*）参照。Heinz Politzer, *Franz Kafka: Parable and Paradox*, 307 は、この獣とはヒ

ヨウであるというメーノ・スパンの推断を注記している。
(101) *Selected Short Stories of Frantz Kafka*, 129–147. 万里の長城の物語もまた、アレゴリーにとって原型的である——建物は果てしなく続き、手段は分割されて官僚的であり、語調は疑わしげで、不安にさいなまれ、最後には退屈で知覚麻痺的である。
(102) Kant, *Critique of Aesthetic Judgment*, 105.

第六章　精神分析学的類比——強迫観念と強迫衝動

フロイトが『夢判断』[1]でシンボル体系の精神分析学理論の土台をすえてから半世紀以上が経ち、その間に、彼の方法とシンボル的行動の力動的性格への指向が、日常生活であれ、宗教や文学のような特殊な使用であれ、言語に関するわれわれの観念を根本的に変えた[2]。心理学者と哲学者から寄せられた専門的な異論にもかかわらず、フロイト的概念の適度な利用を正当化する必要はまったくない。というのも、フロイトと彼の継承者たちは、実験的に検証できる適切な行動理論を構築できず、哲学からの認識論的批判に対処できなかったかもしれないが、シンボル的行動の記述には失敗しなかった。素朴な思いこみは、精神分析学のなかに還元的方法論を見ようとするだろう。そしてそれは、夢、神経、「日常生活の心理機能不全」のなかに広範囲の文化内容をあまりにも積極的に見ようとするだろう[3]。この方法論に拘束的なところはまったくない。あるとすればその欠点は、感情がシンボル的に表現される過程を過度に複雑化させる正反対の傾向にある。わたしが強調したい特定の症候についてフロイトはこう言った。「精神科医のもっとも奔放な幻想でさえも、徴候学ほど多様で衝撃的で個性的な病気を考え出せなかっただろう[4]。」彼は、自身が提唱する解釈技術にもかかわらず、多くの夢は最後に完全な解釈に抵抗し、あまりにも謎めいていて分析では理解できないままであること、他方、非常に考案の才のある解釈者は夢のなかにあまりにも多くのことを読み取るということが起こるかもしれないことを進んで認めた。フロイトと、彼の継承者のなかでもっとも明敏な人たちは、シンボル的行動の錯綜に十分に気づいていた。われわれは、彼が文学者の紋切型の手くだと技法に無自覚であったというおそれをいだく必要もない。これらの技法に対する彼の畏怖に際限はなく、解明の技法に示す彼自身の技術のみがそれに匹敵した。(5)

精神分析学の応用。精神分析学の概念は、それゆえ、全般的な正当化をまったく必要としない。しかし、文芸批評特有の概念使用には困難がある。それらの概念はあまりにも発生論的に、つまり、ある特定の作家はなぜこのように書いたのか、あるいは、作品のなかのある特定の人物はなぜこのように行動するかを確定する方法として、あまりにも多く使われすぎている。これら二種の発生論的批評はひと言注釈が必要である。

第一は、文学史への性格分析的伝記研究法である。ある特定の作家の文学的行動を説明するために、批評家は、文学的徴候と伝記的に知られている原因とを関係づける診断医の役割を果たす。これらの原因は、通常、作家の子供時代と青年期のトラウマとなる出来事だろう。批評家はフランツ・カフカの「父への手紙」を読むかもしれない。そしてこれや他の私的文書から、彼はカフカの執筆行動の原因を構築する。あるいは、スウィフトの手紙と『ステラへの日誌』の分析によって、批評家は、スウィフトの作品に浸透している偏執的スカトロジーを説明する。あるいは、批評家は、エズラ・パウンドの手紙の同種の分析によって、彼が『詩章』*Cantos* において正気を保っている境界線をどこに引くことができるか確定しようと試みる。フロイトの、芸術家に関する論文は主としてこの種のものである。「詩人と白日夢の関係」(一九〇八年)において、彼は、技術的工夫によって詩人は、みずからの空想と白日夢を公けにすることができること、それらを読者に共有させるため心地よいものにすることができること、それらをその芸術家の人生における、そうしなければ欠如することになる——主として性的な——現実の満足の適切な代替物にすることができること、以上を論じた。このような議論は必ずや、大部分が、詩人の生活と性格と環境に関心をもつものとなる。この関心は、われわれは批評家として、文学史家のためにとっておきたいと思うかもしれない。性格分析的伝記は厳密には非形式論的、非美学的な関心を語るものだからだ。

フロイト理論に由来する第二の、よく知られている発生論的批評は、第一のものとよく似ているが、このように創造された作品世界に焦点があてられている。『ハムレット』における動機づけに関するアーネスト・ジョウンズの研究は、ハムレットの行動における見かけ上の矛盾を説明するために、オイディプス・コンプレックスの理論を用いる。[7] ヘンリー・マレーは同様に、メルヴィルの『ピエール』を論じた。[8] フロイトはふたたび、彼のドストエフスキー論[9]と「三つの小箱のテーマ」[10]に関する論文と、『ヴェニスの商人』と『マクベス』における性格の現われ方を扱った「成功で破滅した人々」[11]に関する論文で、このための方法を定めた。他の事例と同様にここにおいて、批評家は源泉、起源、行動の原因を見つけ出そうとする。彼は文学形式には二次的関心しかもっていない。とはいっても、性格分析は、逆転と発見、そこから劇的形式の分析へと変わる可能性が十分にある。

しかしながら、もしわれわれが精神分析学に適切な形式的基準を見つけるつもりでいるなら、行動のパターンとして神経症を精査する必要がとくにあるだろう。神経症は不均衡な行動の典型的な具現化であり、その文化的類比物を見つけるのは実際に可能である。なぜなら、ひとつひとつの神経症は、創造的で建設的で教化的な「シンボル的行為」であるからだ。

心理学的類比物。『トーテムとタブー』でフロイトは三種類の神経症と三種類の非神経症的行動のあいだに類比性を見た。つまり強迫観念と宗教的儀式、誇大妄想と哲学、ヒステリーとミメーシス的芸術である。[12] これらの最後——われわれは芸術について語っているので、われわれに関わると思われる類比物——における類似の基本的な点は、ミメーシス的な、物真似、同一化、身振りの過程で、これは芸術にもヒステリーにも共通して見られる。ヒステリー患者は、いわゆる「転換」、つまり一種のミメーシス的身振りによって性的接触への恐怖と欲望を行動で表わす。他の類似点も存在するが、この根本的なミメーシス的機能に従属していた。しかしながら、われわれは、すべての芸術がミメーシス的であるわけではないことを知っている。それゆえ問題は、何が、神話とアレゴリーの非ミメーシス的芸術の、あるとすれば、正しい類比物かということに対して開かれている。

精神分析学的な証拠は、神話は夢に相関物があること、つまり極度の「圧縮」[13]、「転移」[14]、「否定」[15]、「無時間性」[16]、「願望充足」[17]の性格があることを十分に示唆した。カール・アブラハム、ゲザ・ローハイム、オットー・ランクのような精神分析家たちは、すぐに民話から、夢と神話の類比性を確認するために必要な材料を収集した。夢のいわゆる「真のシンボル」（われわれなら「フロイト的シンボル」と呼びたいもの）は、多種の神話的語彙に存在していることが実際に発見された。[18] ここまではよい——神話は夢に相関物をもっている。しかしわれわれにはさらに別の種類の文学、つまりアレゴリー文学があり、それを探究するための類比物を見つけなくてはならない。もしわれわれが正しい公式を見つけあてたなら、内的原動力のもっとも広い意味でのアレゴリー形式について何か新しいことを言っていることになるのは明らかだろう。

アレゴリーの類比物。次には、アレゴリーの厳密な類似物は強迫衝動的な症候であると想定しよう。それをフロイト自身は宗教的行動の相似物とした。[19] ひとつの条件を定めなくてはならない。われわれは人間としての作家の強迫衝動的行動について話しているのではない。われわれはこの形式、その原因のいかんにかかわらずわれわれが見わけられる形式、われわれの目的のために物そのものとして存在している形式をもつ文学的産出物について語っているのである。われわれが区分けした五つの領域——仲介性、イメジャリー、話の展開、因果律、テーマ——のひとつひとつに、アレゴリーの真の性格に対するなんらかの精神分析学的な説明がなくてはならない。

仲介性——強迫観念的不安。アレゴリー的作品の典型的仲介者はダイモンと見なされてきた。ダイモンに対しては積極的選択の自由はまず存在しない。これは、強迫観念的行動の理論に大きな相関物をもっているように思われる。この行動においては、精神が突然、制御できない観念にとりつかれることが観察されている。それはいわば精神を「所有する」のである。強迫観念的な神経症患者のもっともよくある経験は、突然、一見合理的な意味をまったくもたず、それゆえ恣意的で外的な「指令」とみなされる衝動に襲われるというものである。精神分析学者が強調するのはこの外来性である。

強迫観念とは、患者の精神に執拗に力づくで入りこんでくる観念もしくは欲望であり、患者はそれを不合理なこととして体験する。強迫衝動的行動とは、同じように患者に強制的に働き、実際に実行される行動である。強迫観念と強迫衝動的行動はしばしば密接に結びついている。たとえば、手に危険な細菌があるかもしれないという強迫観念は手洗いという強迫衝動的行動につながる。小さな強迫観念と強迫衝動的行動は、すべての人々が経験するよくあるものである。われわれは、ガス・バーナーを止めたかどうか疑い続けたり、幸運を口にすると〔あとのたたりを恐れて〕木をたたく。これら日常的な現象は、不合理と感じられるほどに、神経症的強迫観念と強迫衝動的行動に似ている。われわれは、それらが愚かしいことを知っている。しかし、それらは、独自の小さな衝動をもっているように思われる。それらに勝手にやらせる方が簡単である。神経症的強迫観念と強迫衝動的行動では、この特質が大きく拡大される。これらの観念と行為は体内の異物に似ている。患者のなかに無理やり入り込んでくるが、自分の一部とは感じられないのである。そのうえ……もし患者が自分の強迫観念的反芻あるいは強迫衝動的儀式を止めようとしたら、彼は不安の襲撃の中に投げ込まれる[20]。

この不安は、まさに、ダイモン的人物によって実践される行動の特質である。なぜなら、彼はいつも何かの目的地にたどりつきたい、故郷へ帰りたい、「天上の都市」へたどりつきたいと決意しているからである。その目的地にたどりつかないという恐怖心は、途中にある特定の脅威に対する恐怖心よりもさらに大きいのである。他方、アレゴリー的プロットの特徴は、字義通りの意味のあるレヴェルにおいて、高度に秩序化された出来事の連鎖を保持していることである。それは、不安は強迫衝動的な虚構作品の裂け目のない表面を通常は貫通しないことを暗示する。不安は、探究の勝利に通じる出来事の厳密な連鎖によって境界内にとどめられる[21]。強迫衝動的神経症患者のよく知られている頑固さ、慎重さ、理想主義は、文学作品では、人物の揺るぎない、完全に立場を明確にした、絶対主義者的な倫理として現われる。ホーソンにおける創造的思想家、バニヤンのクリスチャンのような人々、スペンサーの騎士や淑女、『神曲』の永遠に不変不滅の魂がそうである。高次の文化目的を追求して活動し、それゆえ神経症の境界を超越して、それでもなお神経症に暗示される形成力をもつ性格類型を保持している強迫衝動的人物の完璧な例はアエネーアスであろう。ウェルギリウスのヒーローは、定められた道からそれることはない。中世においては、『アエネーイス』がアレゴリーとして読解されたのはきわめて自然なことである。アエネーアスは原型的な、エリオットの言う「追放された人」である。そのことは、彼がつねに引き寄せられ、その代替物を創造せざるをえない故郷からの疎隔状態を暗示する。われわれの理論が示すように、アエネーアスはまた、彼の前もって定められた「運命」を装うことで、仲間への敵意という非難をどうにか回避している。強迫衝動に特徴的な攻撃は、この場合、文化的な夢という「高次の」目的に仕えている。それはのちのクリスチャンのような人物たちにあっては、攻撃が、定められた摂理的運命というキリスト教的概念に仕えているのと同様である。このことは、神士的落ち着きという表面的外見、もしくは落ち着いた神士的態度によって覆われているにすぎない潜在的な敵意に、われわれが気づくのを妨げないはずである。この、いわゆる「感情の退却」は、神経症の主要な特徴である。文学においては、それは明らかに、アレゴリーの理路整然とした無感情の語調を定着させる。その場合、真の暴力が、秩序立った意味に内在している。[22]たしかに、ときには昔の「サイコマキア」の闘争におけるように、アレゴリーに公然たる暴力が現われる。スペンサーにおける過剰な暴力が適例だろう。なぜなら、スペンサーの詩は、暴力、攻撃、憎悪が、妖精の世界においてさえ主要な問題であるという事実を十分に認めているからだ。[23]

とりわけ、強迫衝動的神経症との類比によって暗示される仲介性は心理的強迫観念の仲介性となるだろう。強迫衝動的人物（ここでわれわれは作家自身のことを話しているのではないことは明らかだ）は、あたかもダイモンになるかのように、狭い単線的機能に特化される。この一種の狭小化は、強迫衝動の強みでもあれば弱みでもある。というのも、一方ではそれは、彼がひとりでひとつの困難な課題に精力的に長期間取り組むことを可能にするが、他方それは、彼が順応性のある道、新しい近道を発見する妨げになるかもしれないからである。

イメージ——固定観念。イメジャリーの場合にも、並行性は、ほとんど同じ種類の狭小化をともなう。強迫観念的行動については、何か不合理な行為を行おうとするダイモン的衝動は、すぐに、何か連想上かけ離れたイメジャリーのひとつに転移されることがわかっている。愛する人を殺したいという衝動は、神経症の精神によって意識に受けとめられる。なぜなら、この不合理な衝動は、愛する人にただ間接的に結びついている何らかの対象に附着しているからである。この種の典型的な衝動は凍結して固定観念と化し、それは強迫衝動になる。つまり、われわれがアレゴリー的イメジャリーの事例ですでに注目した強迫衝動的な行動と同じ過程である。それは一種の凍結した仲介性であることが多い。仲介者がイメージになる傾向は、仲介者がアレゴリーの「宇宙的」秩序を表象することを可能にしたのだが、精神分析学においては、「圧縮化」あるいはいわゆる「孤立化」の過程において等価物をもつ(24)。

患者を苦しめる反社会的な衝動は、それと同時に解毒剤を強く求める。それは、患者がその衝動とみずからのつながりを否定する精神過程に見出される。彼はそれをシンボル的境界で取り囲む。もしそれが、みずからを汚そうとする衝動であるならば、そうしても大丈夫（*noa*）であるとする、一日の特定の瞬間を取りのけておくだろう。そして他のすべての時間には、頑強にそのような誘惑に抵抗するだろう(25)。この衝動は欲望の小さな島となる。それに、ある反復的イメージが附着し、そのうち、これらは（メトニミーによって）この衝動の適切な代替物となるだろう。このことは、強迫衝動の症候は、コスモスという意味の装飾を用いることを意味する。その理由のひとつは、強迫衝動を魅了する呪物崇拝的な細部は、きわめて厳密な線で取り囲まれた宝石のような護符であるからだ。その理由のもうひとつは、ひとつひとつの細部が、「強迫衝動的儀式」として知られる高度に体系的な行為の秩序に統合されているからである(26)。

行為——強迫衝動的儀式。強迫衝動的行動は高度に秩序的である。それは極度に系統的である。それは、特定の異例の「儀式」がいっさいなされない場合でさえも、過剰に綿密細心である。強迫衝動的神経症についてホワイトはこう言っている。「秩序正しさは、彼の生活においてデーモンとなり、彼に、整頓、配列、記録、保存の終わりのない課業を課すかもしれない。[27]」掃除が進められる形式は二重である。つまり、それは、項目の対称的分類、もしくは項目の儀式的分類を含むことがあるのである。神経症患者が一日のなかのある時に一連の攻撃的、敵対的行為のすべてを表わす可能性がある。彼はこういうことをシンボル的に、非公然と行うかもしれない。そして、これらの攻撃とは正反対に、彼は、一連の、それと正確に対応する同等かつ正反対の「善行」の積み重ねによって反社会的衝動を「取り消し」ながら、その日の残りを過すだろう。[28]「秩序正しさ、儀式、清潔さ、融和的行為、みずからに課した義務、罰、それらすべては、みずからの反社会的傾向を打ち消し正したいという患者の欲求を証言している。[29]」このサイコマキアは、当然のことながら、シーソー運動を示す。その形式は高度に対称的である。

それと同時に、患者は、強迫衝動的神経症の古典的な症候パターン、つまり儀式に従って行動する。そのような儀式は、たとえば、部屋のなかのある厳密な数の物体の一連の再配列になるだろう。物体には最初にひとつの秩序が、次に第二の秩序が、次に第三、次に第四という具合に与えられ、ついには、患者は、ある種の汚れを適切に償うのに十分な長さ、十分な正確さ、十分な厳密さをもつ儀式をくぐり抜けたと感じる。強迫衝動的な儀式は無限の数の材料をもっている。ほとんどすべての物体、イメージ、語、語群、画像がこの目的に役立つであろう。というのも、あるものを儀式に変えるのは、特定の物質ではなく、諸部分の特定の秩序と反復だからである。強迫衝動患者は不安を静めるために儀式を行う。ヒツジの数を数えたり、天井のマス目を数えたり、柵の棒くいを数えたりする——それも一回だけではなく、数回にわたってそうするのである。そして、全体の数を新たに数えるたびに、彼は前よりも自信がなくなる。なぜなら、統計的には彼は確実性に近づいていると言えるかもしれないが、気づくと全体数を数え直しているという事態は、彼には、間違いがあるかもしれないということとを暗示するからである。かくして、これらの儀式においては、反芻の要素がある。そして、もしアレゴリーの形式が最後に「前進」形式に還元されるとしたら、われわれは、この前進が本当は進んではいないことを忘れてはならない。アレゴリーは「見かけの運動」をしながら前進し、「運命の車輪」の円環運動をする。変化ガ多クテモ、ソレハ同ジコトナノダ（*Plus ça change, plus c'est la même chose.*）

そのような儀式的行動の反芻的性格から、既存の連鎖に新たな儀式が追加されるだろう。この、儀式の増殖は、アレゴリーにおいて実際につねに起こっていることを暗示する。アレゴリーにおいては、前進は「脱線」へとそらされるか、さもなければ、二重、三重、四重のプロットが、ゴシック的過剰さで同時に進行する。『恋する男の告解』や『歓楽の慰み』のような百科全書的アレゴリー(30)は、なるほどある種の経済性があるが、それは豊かさの経済性である。そこでは詩人によって、忍耐力そのものを越える境界が引かれることはまったくない。簡潔さという古典的な基準は、ここでは占めるべき場所はない。例外は、「不死鳥と山鳩」やマーヴェルの「自己と魂の対話」のような詩における恣意的な枠付けである。これらの詩においてわれわれは、明確な抑制と可能なかぎり絞りこまれた形式の探究を感じる。この形式は諸部分の名の言挙げである。というのも、強迫衝動的な反芻は、ことばの呪文によって与えられる感情の安定性を求めるからである。

因果律——魔術の実践。『トーテムとタブー』において、フロイトは、強迫観念的行動は、感染魔術の使用を必要としたと指摘した。というのも、儀式がその効力をもつのは、ひとつの記号から次の記号への感染によるからである。名前の魔術は(31)、他のどのような要素である。名前は物の適切な、場合によってはを支配しているが、これも同様に、神経症の本質的な要素である。名前は物の適切な、場合によっては適切である以上にすぐれた代替物だと感じられる。というのも、物を扱うより名前を扱うほうが容易だからだ。呪いたい、あるいは祝福したい人に関連する物をたくさん集めるよりも、彼にあてはめられる名前を見つける方が容易であろう――子供に多くの洗礼名を与えるというカトリックの習慣は「ことばのイコン」の非原始的な例である。アレゴリーにおいては多くの「数のシンボル体系」の例があるが[32]、それはおそらく、名前の魔術がかつて帯びたもっとも純粋な形式であろう。しかし、いかなる種類のものであれ、どのようなイコンも「語の力」をもちうるという信仰は、疑いなく、自然主義的な種類のアレゴリー的作品の根底にある。そのような作品は、記録的細目から全世界を構築する。それは、最初は、読者に情報を与えることが意図されているように思われるが、ふたたび見ると、読者を制御することが意図されているように思われる。

現実世界のこの複製の創造は、現実の行為がなされる前に、あらかじめこの「模造世界」で計算し行動に移すことを可能にする……。語と語に表わされた概念は物の影であり、現実の物の混沌のなかに、試験的行為によって秩序をもたらす目的で構築されたものである。外部の現実の物のマクロコスムは内部の物＝表象のミクロコスムのなかに反映される。物＝表象は物の性格をもっているが、物がもっている「有意性」という性格を欠いている。そしてそれらは「所有物」である。つまり、それらは自己によって支配されている。それらは、物に対する支配力を獲得するという目的のために、物に「自我の性質」を与える試みである。ある物を指す語を知っている者は、その物を支配する。これが「名前の魔術」の核心であり、この魔術は、魔術全般において重要な役割を果たす。それは、ルンペルシュティルツヒェン〔ドイツ民話の小人〕の古いおとぎ話のなかに表わされている。そこでは、デーモンは、いったん名前を知られるとその力を失う[33]。

わたしは、道徳的アレゴリーの積極的理想である美徳は、そのもともとの意味である「力」を与えられる必要があり、道徳的寓話は、キリストの恩寵と堕落した状態という理念的な配置ではなく、むしろ強さと弱さ、自信と恐怖、確信と疑惑という両極に主として関係あるものとして再解釈される必要があると主張してきた。

典型的な寓話における高度に秩序化された出来事の連鎖は、最初は、まやかしの、一見科学的な秩序をもっている。しかし、フェニケルが述べているように、「現実を支配するという目的のためではなく、むしろ現実のある局面、偽りの現実を否定するためになされる強迫衝動的な体系化は、科学の戯画である。」これはまさに、スウィフトが『ガリヴァー旅行記』第三巻で故意に用いた戯画であり、今日のあまり洗練されていないSFの一部で、あまりアイロニーを含むことなく起こっていることである。そこでは、専門的仕事の精緻な特殊用語が、それがなければむきだしの古いロマンスの本文にちりばめられている。フレッチャーの『深紅の島』の擬似科学は、おそらくそのようなものかもしれない。この作品では、まさに同時代にウィリアム・ハーヴェイによって実際になされたような思索と本当の解剖学的著作に奇妙な学識がとって代わっている。ハーヴェイは、フィニアス・フレッチャー同様、どういうわけか、国家を人体になぞらえる古いイメジャリーを信じている。しかし彼は、国王への献辞のためにこの信念を守っているのであり、そのようにして彼の本文を科学と経験的観察、「現実を支配する目的」のために自由な状態に保つのである。これとは逆に、フィニアス・フレッチャーは、健全な知識を伝えようとしているというよりは、検証可能な仮説的構築物の代わりに、変化しない固定したイメージとなるであろう仕切りのなかに知識を固定させようとしている。このような詩人が「物のマクロコスムから語のミクロコスムへ逃走する」のは自然なことである。あるアレゴリー的体系の図像的な複雑さほど顕著なものはない。しかし、この精緻さは、名前の魔術、つまり、ことばの宇宙への極度に抽象的な退却として説明される、いわゆる「語の全能性」と同時存在する信念の観点から説明することができる。

強迫衝動的思考は、抽象的であるばかりでなく、概括的でもあり、体系化と類別化に向けられている。それは現実的ではなく理論的なのである。患者たちは、国々や風物ではなく、地図とさし絵に興味をもっている。……知性を過大に評価することはしばしば、強迫衝動的神経症患者の知性をきわめて高く開発させる。しかしながら、その高い知性は古めかしい特徴を示し、魔術と迷信にみちている。彼らの自我は、ある部分は論理的で、別の部分は魔術的という分裂を示す。孤立化の防御機構がそのような分裂の持続を可能にする。(34)

この論理と迷信の混合は、神託のアレゴリー的使用にもっとも明瞭に現われる。そしてそれにはしばしば、未来を予見することのできる「分身」の創造を伴う（かくしてマーリンのような人物の魔法の鏡が生まれる）。この神託的精神はまた、強迫衝動をも特徴づけている。

患者は神託にはかり、神と賭けをし、他人のことばの魔術的効力を恐れ、幽霊、デーモン、とりわけきわめて悪意のある賢人を信じているかのように行動するが、そうでないときには知的な人間であり、これらの観念の不合理さを完全に自覚している。(35)

精神分析学はこの不合理さに懐疑的な態度をとっているが、宗教的アレゴリーの主流は、精神分析家の観点からすると、精神的に危険な、神託信仰にきわめて近いということは理解しなくてはならない。この主流は予言的である。聖書釈義は聖書を歴史的観点から解釈する。聖書釈義は、予言者たちは神または天使の声を通して神的霊感を受けたと仮定することにより、未来を予言し、過去と現在を説明できるからである。この方法は、ダイモン的仲介性と霊感への信仰を絶対的に必要とする。それゆえ精神分析学者は、神託的メッセージと神秘的記号の真理に価値を置く点で、聖書釈義家と異なる。精神分析学者の発見は、古代世界の詩において神託が利用されていることで、さらに支持される。古代世界の詩においては、神託は、特定の行動指針に権威を与える。

神託に聞くことは、原理的に、通常は禁じられていることに許可もしくは赦しを引き出すこと、あるいは、人が神に対して罪悪感をいだいていることに対する責任を転移する試みのいずれかを意味する。神託は神の許しを得るために聞かれ、神の許しは良心に対する平衡おもりとして働くのかもしれない(36)。

この良心の平衡おもりは、強迫衝動的な道徳生活を特徴づける強い誘惑を含意する。強迫衝動的人格は、欲望の対象に引き寄せられると同時に拒絶される。

テーマ――「対照的な主要語」における両価性。精神分析学者は、強迫衝動的神経症の核心には、高度の両価性があり、次にはそれがかならず、超自我もしくは良心の極度の発達を伴うという点では意見の一致を見ているように思われる。償いの儀式は両価性の結合を断つ必要性から生じる。シュテーケルの「思考の二極性」は、古い用語では「道徳的二元性」と呼ばれたものだが、後者はあまりにも意識的過程の含意をもつ。この二極性は言うまでもなく、二極的対立物の融合によって果てしなく複雑化される。この融合は論理的に不可能であるように思われるだろう。しかし、心理学的には十分に可能である。そして、無意識においては、そして一般的に神経症的行動においては、どんなこともそれと正反対のことを意味しうるという意味での転移と「否定」によってこの融合は進行する。高いと深いという両方の意味をもつラテン語の *altus* のような「対照的主要語」の場合と同様に、強迫衝動的な儀式においては、ひとつのイメージが二つの正反対の意味作用をもちうる。[37]

そのような二重の意味は、どのようなタブー化された対象にも本質的にあるものである。このような対象は、精神が考えうるもっとも望ましい（聖なる）ものと、もっとも嫌悪を催させる（恐ろしい）ものの両方をつねに意味するだろう。精神分析学的発見におけるこの最良の例は、おそらく、金銭に対する両価的な価値評価であろう。金銭は一方ではもっともすばらしく豊かな対象であり、かつ、他方ではもっとも汚く、卑俗な対象であることがわかっている。（このことは、貧困の美徳についてのキリスト教の教えのなかに制度化されている。この教えは両義的なことば遣いで表わされる。というのも、善良なキリスト教徒は、地上ではそうでなくとも、「天上」においては「富」を使わずに置くよう勧告されるからである。）この種の両価性は、オーウェルの小説『葉蘭をそよがせて』のなかに明瞭に現われている。

> カネの悪臭、いたるところにカネの悪臭。彼はこっそりナンシー（めめしい男）を盗み見た。……彼の首の後ろの肌は、貝殻の内側のように絹のなめらかさだった。そんな肌をもつ人は五百年にひとりもいない。彼には一種の魅力、金持ちすべてがもっている色っぽさがあった。カネと魅力――これらを誰が切り離すだろうか。[38]

金銭は、タブーとされる対象にふさわしく汚される。金銭は十分に望ましいものであるが、一種の毒性の魔法の「魅力」をもっているので、触れるのもまた命にかかわる。

この二重の精神集中（cathexis）はときどき、もっとよく知られている形式である道徳的二元論へと還元される。そこでは、アレゴリー的文学の伝統と関係をもちやすいように思われる。強迫衝動的神経症を扱う際、精神分析家は、主として、危険な権威主義の治療的転移に従事する。(39)この治療法は、ある権威主義的人物の支配力を絶たなくてはならない。というのも、とくにこの神経症は、もっとも厳格な親のしつけの時期、つまりトイレのしつけの時期に原因をもつからである。この時期に子供は初めてみずからの排泄過程を制御すること、それゆえ（一般論として）親の権威が行動の基準を定めるすべての領域において、みずからを制御することを学んでいるのである。(40)いわゆる「権威主義的人格」は、強迫衝動的人格とぴったりと並行するものであるが、「良心の自動化」を簡単に（あるいはそれほど簡単ではないかもしれないが）達成する。道徳的寓話に出てくる多くの自動化したロボットのような人物を説明しようとするとき、われわれは、それゆえ、彼らの行為に、どの程度、葛藤する感情のある固定されたイメージが内在するのかを検証すべきである。というのも、親という人物と親からの指令は、かならずやそのような感情を誘発するからである。『ファウスト』第二部は、「母」に対する複雑な態度の重要なアレゴリー的表現である。(41)第二部が際立ってミメーシスの要素が少ないという特質は、権威の問題の分析にもっと厳密な組織化を与えなくてはならない必要性に由来するように思われる。第一部は実際、愛の力に関与することができたのに対し、ゲーテの続篇は力の愛に関与している。

われわれは最後に、重要なアレゴリーの分析的性格を、感情の両価性の一般化された効果に帰することができる。

道徳的葛藤は、もしそれが激しく頑強なものであれば、分断、和解の余地のない二元論、あらゆる種類の感情と思考という結果をもたらす。そのことは患者の統覚作用に大きな影響を与えるので、すべての有意味の対象が彼にとっては両価的になる、つまり彼を引き付けると同時に拒絶するからである。彼の見る通り、それは、二つの正反対の要素、ひとつは善、もうひとつは悪から構成されており、それらを和解させたり混ぜ合わせたりすることはできないのである。彼はそのうちに、彼が気に入っているすべての人に、根本的な欠陥を発見し、彼がこれまで愛していたものを憎み始める。とはいっても、彼は無意識に憎悪の対象を愛し続ける。かくして、誰を相手にしても、それを心から受け入れることはできないのである。総合と統合に向かう建設的傾向は永遠に妨げられる[42]。

結論として、精神分析学の理論は、テーマに関する最後の論点、つまりアレゴリーはつねに、われわれが「両価性」と呼ぶある度合の内的葛藤を証明するというテーマへとわれわれを連れてきたことは明らかである。精神分析学は、すでに強調された以下の他の大きな特徴を記述した。ダイモン的仲介者（強迫衝動患者はダイモンの憑依を信じている）、宇宙的イメジャリー（彼はメトニミー的記号は彼の大規模な問題を「含む」あるいは「内包する」と信じている）、魔術的因果律（彼は感染魔術、「名前の魔術」、神託的運命を信じている）、儀式化された行為（彼は強迫衝動的儀式を、神秘的な、あるいは世俗的な形式で執り行う）、そして最後に両価的なテーマ構造（彼はつねにみずからの欲望を反芻し、極度の誘惑に苦しんでいる）。強迫衝動患者がこれらのさまざまな幻想を「信じている」と言うとき、われわれは、彼は彼の信念に従って行為し、それゆえ彼の行動は、それ自体ひとつのパターンとして研究しうることを示唆している。もしあなたがある人が歩くのを見れば、その人が不具であることを知るのにいかなる伝記的情報も必要としない。同様に、ある特定の行為が強迫衝動的に命じられたものであることを示すために、そのような情報は必要としない。分析家は、たんに行為のリズムを観察しさえばよい。かくして同じことが文学批評にもあてはまる。作家の創造する作品が、既知のパターンに対応するとき、作家の性格分析的伝記は、有効な制御になりうるにせよ、まったく必要とされない。このいくぶん理想化された批評においては、パターンそのものだけが考察の必要がある。もしわれわれがさらに先に進み、性格分析的伝記を書きたいと思うなら、できるだろう。しかし、作家の生活と性格の個人史は、精神分析学的批評の必要条件ではない。どんなにそれがそれ自身の価値によって興味深いものになるとしても、そのような批評が作品の形式的特徴に焦点をあてているかぎり、そうなのである。

類比の効用。強迫衝動的症候とアレゴリー的文学の類比点をふり返って見ると、われわれは、形式と内容の数多くの類似性を認める。しかし、類比の効用は何か、という疑問が起こるかもしれない。われわれは、そのような比較は、コミュニケーションの一様式としてのアレゴリーを、強迫衝動的儀式の骨格構造に見出されるある種の本質的な行動に差しむける、と答えることができる。さらに、強迫衝動的行動は、しばしば、身体的人間行為の一形式である（儀式は、たとえば、実際の身体運動から構成される）が、それはもっと深層においては、「シンボル的行為」の一形式であり、それゆえ、アレゴリーとして知られる「シンボル的行為」に適切になぞらえることができるのである。アレゴリーでは、何がこれから起こるかを予測するのが可能になる。われわれの言う類比性によって、われわれはこの様式を新鮮な目で見ることができるようになる。それゆえ、いずれの場合にも、われわれは、権威主義的行動は硬直していて、不安をかかえ、宿命論的であることに気づく。アレゴリー的叙事詩のヒーローは、強迫衝動的な人が物事を処理するように、規則的に、綿密細心に、やみくもに処理する姿がわれわれに呈示されるだろう。いずれの場合にも、魔術的影響力、心理的憑依、タブーによる制限が働く余地が大いにある。いずれの場合も、われわれは、出来事がたがいに孤立化されて、高度に挿話的な形式に変わり、そうして感染と至福の特定の瞬間を「カプセル化」することを予想するだろう。行動の強迫衝動的パターンは、拘束的と感じられる神託的前兆の使用をしばしば示す。そしてこのことは、予言文学に、全体的な崇高のパターンを提供する。この種の文学においては、ヒーローはつねに前進するように強いられるが、途上でこれら運命づける前兆と神託で引き止められる。いずれの場合においても、われわれは、単一の語が正反対の意味を含み、アレゴリーの核心部でパラドックスやアイロニーを可能にするタブーの言語や「対照的な主要語」の言語に出会う。パラドックスの存在は、つねに現われるわけではないので、未熟な作家はそれが手近にあることに気づかないかもしれない。しかし、偉大なアレゴリーは、アイロニーの不在を示すことはまったくない。タブーのパラドックスは、強迫衝動的行動の他の大きな特徴と結びついて、アレゴリーに、われわれの心理生活の大きな部分を表現する機能を与える。そのようなものとして、それは、図像学に特有の微妙な点を学んでいない読者のあいだにおいてさえ、広範囲にわたる興味と一部自覚的な理解をかならずやもたらすだろう。結局われわれはみな、なんらかの点において強迫衝動的なのである。

注

（1） Sigmund Freud, *The Interpretation of Dreams*, tr. James Strachey（2d print., New York, 1956）. これは古い Brill edition（Modern Library ed.）に取って代わるものである。夢のアレゴリー的解釈については 96–100 を、Silberer の「神秘的（anagogic）解釈」の概念については 524 参照。

（2）「力動的」心理学の概念については Freud, *Interpretation*, chs. vi と vii; "Formulations regarding the Two Principles in

Mental Functioning," *Collected Papers*, IV. そしてまた同じ本のなかの論文"Repression"を参照。Sandor Rado の書評"Psychodynamics as a Basic Science"は彼の *Psychoanalysis of Behavior: Collected Papers*（New York, 1956）にある。この分野におけるもっとも啓発的な論文集は David Rapaport の *Organization and Pathology of Thought*（New York, 1951）だとわたしは考える。ラパポートは「シンボル体系」と「空想＝思考」に関する論文の二つの抜粋を収めている。

（3） Freud, *The Psychopathology of Everyday Life*（1901）（Standard ed., London, 1953–1962）, VI, or in *Basic Writings of Sigmund Freud*.

（4） Quoted by Wilhelm Stekel, *Compulsion and Doubt*, tr. Emil A. Gutheil（New York, 1949）, Introduction, I.

（5） Ernest Jones, *The Life and Work of Sigmund Freud*（New York, 1957）, III, ch. xv, "Art," ch. xvi, "Literature"参照。また Ludwig Marcuse, "Freuds Aesthetik," PMLA, LXXII（June, 1957）, 446–463 も参照。フロイトによる関連する論文は *On Creativity and the Unconscious*, ed. Benjamin Nelson（New York, 1958）に集められている。

（6） *Collected Papers*, IV, 182–192.

（7） Ernest Jones, *Hamlet and Oedipus*（Anchor ed., New York, 1955）.

（8） Melville の *Pierre*（New York, 1949）への序文参照。

（9） Freud, "Dostoevsky and Parricide"（1928）, *Collected Papers*, V, 222–242.

（10） Freud, "The Theme of the Three Caskets"（1913）, *Collected Papers*, IV, 244–256. この論文は小箱選びとリアの三人の娘の選び方との類似性に注目し分析している。

（11） Freud, "Those Wrecked with Success," *Collected Papers*, IV, 323–341. この論文は"Some Character-Types Met with in Psychoanalytic Work"（1915）という標題のもっと長い論文の一部である。この論文の初めの方はシェイクスピアの『リチャード三世』を扱っている。

（12） 「ある点において、神経症は、芸術、宗教、哲学という偉大な社会的作品との、際立った広範囲に及ぶ照応を示すが、さらに神経症はそれらを歪曲したものに似ているように思われる。われわれは、ヒステリーは芸術的創造の戯画、強迫衝動的神経症は宗教の戯画、偏執狂的妄想は哲学体系の戯画と言ってよいかもしれない。つまるところ、この逸脱は、神経症は非社会的な形成物であるという事実にさかのぼる。神経症患者は、社会においては集団労働によって現われることを、私的手段によって達成しようとする。……遺伝学的には、神経症患者の非社会的性格は、不満足な現実からもっと楽しい空想の世界に逃避しようとするもともとの傾向に由来するものである。神経症患者が避ける現実世界は、人間の社会と人間が創造した制度に支配されている。現実からの疎隔は、同時に、人間との連帯からの退却である」（Freud, *Totem and Taboo*, in *Basic Writings*, 863–864）。

芸術とヒステリーのつながりは、一、二の前提条件を立てれば、それほど驚くにはあたらない。（1）フロイトは、「心理学的」小説は人物を別々のダイモンへと分割するという事実に気づいていたが、この思考経路をたどらなかった（"Relation of the Poet to Day-dreaming," in *Collected Papers*, IV）。その代わりにフロイトは、芸術は神話作成あるいはアレゴリー的作品の様式主義へ逃避したあと、われわれの芸術が伝統的に立ち戻る中心、つまり、ミメーシス的中心に群がるのを見た。（2）ヒステリーはその社交的、外向的性格において理解されなくてはならない。ヒステリー患者は、通常の条件のもとでは、際立って社交的な人であり、他人と親密な接触——性愛的接触と言ってよいかもしれない接触——をもとうとする。ミメーシス的様式、つまり、フロイトが「芸術」と同等視した様式をも特徴づけているのは、この、親密な知識と接触をもとうとする衝動である。芸術をヒステリーの類比物にしている主たる根拠は、それゆえ、同一化という共通の事実である。詩人は、劇や作品を作るために、他の現実の、あるいは想像上の人物と「同一化」し、彼らの行為や情念を模倣する。ヒステリーにおいては、同一化は「患者がその症候において、彼ら自身の体験ばかりでなく、多くの他の人々の体験を表現することを可能にする。それは、彼らが、いわば全群衆のために苦しみ、劇のなかでひとりですべての役柄を演ずることを可能にする。これは、よくあるヒステリー的模倣でしかなく、ヒステリー患者が、彼らの注意を惹きつけた他の人々のなかの徴候を模倣する能力——いわば再生産するに至るまで強化された共感力——でしかないと言われるだろう。……同一化とは、たんなる模倣ではなく、同種の病因学的想定に基づく一体化である。それは類似性を表現し、無意識に残る共通の要素に由来するものである」（*The Interpretation of Dreams*, 149–150）。

フロイトによる、強迫衝動と宗教の（パロディを通じての）同等視に関して言えば、アレゴリーはもっとも宗教的な様式であり、超自我の命令に実際に従い、罪深さを信じ、儀式を通しての償いを演じるとわれわれが言うのを妨げるものは何もない。それはまた哲学的にもなりうるということは、偏執病と強迫衝動の近接性を示す。

(13) Freud, *Interpretation*, 279–305 参照。

(14) Freud, *Interpretation*, 305–310 参照。Frye, *Anatomy*, 188.「文芸批評においては、神話は通常、ロマンスの転移のためのメタファー的鍵となる。」「転移の中心的原理は、神話においてメタファー的に同一視されうるものは、なんらかの形式のシミリー——類比、有意味の連想、偶然的に付随するイメジャリー等——によってのみロマンスと結合させることができるということである。神話においては、われわれは太陽神や樹木神をもつことができる。ロマンスにおいては、われわれは、太陽や樹木と有意味に結びつく人物をもつかもしれない。もっと現実主義的な様式においては、連結は、あまり有意味でなくなり、もっと付随的な、場合によっては暗合的な、もしくは偶然的なイメジャリーの問題になる」(*Anatomy*, 137)。この転移の概念は、指示対象のシンボル的変化によって、われわれは危険な、反社会的な、もしくは邪悪な思想を、受け入れ可能なものにするというフロイトのもともとの考えに由来する。

(15) Freud, *Interpretation*, 310–319 参照。またフロイトの論文 "Negation" (1925) in the *Collected Papers*, V, 181–183 参照。「肯定は、合一の代替であるので『エロス』に属するが、排除の派生形である否定は、破壊の本能に属している」(185)。フライは否定を「デーモン的転調」と呼んでいる (*Anatomy*, 156–157)。そのもっとも明確な例は、グノーシス主義に見出すことができる。これについては、とくに Hans Jonas, *The Gnostic Religion*, ch. iii, "Gnostic Imagery and Symbolic language," 48–100 参照。

ド・ルージュモンは *Love in the Western World*, 162 で、宮廷愛の修辞に流布している否定のリストを挙げている。そこでは、感情の両価性が古典的定式表現のなかに現われる。「死ぬことができないので死ぬ」、「打ち負かされる必要のある愛の闘争」、「傷つけることはあっても殺すことのないクピドーの矢」、「甘い腐食剤」等。ある点で、フロイトの用語「否定」は、精神がその両価性を表現する用語を無意識に選択する過程を名づけたものである。極端な二元論はかならずや、シンボル的反用法〔語句を本来の意味と正反対に用いること〕を生みだす。われわれはときどき、もっとも力強い風刺家は、二元論者、素朴なグノーシス主義者になるほどの「否定」の使用者であるという印象をいだく。彼らは、グノーシス主義者のように、完全に極端な自由思想へと下降することがある極端な禁欲主義の縁辺を浮遊する。Jonas そしてまた Huizinga, *Waning of the Middle Ages*, 109 参照。ホイジンガの衰微の概念は、それは、一方では野蛮さと道徳的混沌の極端を、他方では装飾的洗練と厳格な宇宙論をないまぜにしたものである。

（16） Freud, "The Unconscious," in *Collected Papers*, V, 119. また、神話的時間の無時間性については Mircea Eliade, *The Myth of the Eternal Return* 参照。エリアーデは、「古代の人々は、『歴史』をやっとの思いで耐え、周期的にそれを廃止しようとする」さまを詳細に研究している。それは、フロイトの用語を使えば、夢の時間枠への退却になるだろう。エリアーデは、未開人が「原型の楽園」（彼の言う無時間的世界）にとどまるためには、周期的に「罪」の意識を取り除かなくてはならず、かくして悪魔祓いの儀式を創造する、と主張する。これらの儀式は、罪の意識が意識から締め出される、あるいは、心理的強度が減殺される強迫衝動的技術である。Benjamin Lee Whorf, "Time, Space and Language," in *Culture in Crisis: A Study of the Hopi Indians*, ed. Laura Thompson（New York, 1950）, 152 ff. 参照。

（17） 願望充足についてのもっと専門的な説明については Freud, *Interpretation*, ch. iii と ch. vii 参照。また "Formulations regarding the Two Principles," *Collected Papers*, IV 参照。

（18） Géza Róheim, *The Eternal Ones of the Dream*（New York, 1945）, 248 参照。「アレゴリーのためのシンボル使用を支配する法則は、精神分析学的人類学の将来の課題のひとつである。おそらく、わたしの言わんとすることはあまり明瞭ではないだろう。わたしがシンボルと言うとき、無意識の内容をもつシンボル（「神話的シンボル」）を意味している。この場合、結合された親概念を表わす水＝虹＝蛇のことである。アレゴリーによってわたしは原住民が抑圧する理由のないあるものを意味する。たとえば、雨、雲、水を表象する蛇がその例である。アレゴリーとしてのシンボル使用は、このように、環境との関係における人間の無意識を指示するものである。達成される最初の目標は、それゆえ、内的緊張を投影することであるが、二番目の機能は、周囲の危険を幼児的状況、つまり、過去においてのみ危険であった危険と同等視することによって危険を最小化することである。」Otto Rank,

Art and Artist, "Myth and Metaphor," 207–235; *The Myth of the Birth of the Hero and Other Writings*, ed. Philip Freund（New York, 1959）（この版は *Art and Artist* の諸章を含むものである）もまた参照。

たとえば Ernest Jones の論文 "The Theory of Symbolism"（1916）, *British Jounal of Psychology*, IX（1918）, 181。（カッシーラーは精神分析学と神話理論のあいだの境界を越えることに抵抗した。）Karl Abraham, *Traum und Mythus*（Vienna, 1909）参照。ユングとその弟子たちは、数えきれないほど多くの文学作品の神話的解釈に霊感を与えた。たとえば Maud Bodkin の *Archetypal Patterns in Poetry* そして言うまでもなくフライのもっとも重要な著作がそうである。神話についての一般的、そして典型的な解説については Warren and Wellek, *Theory of Literature*, 195 ff. 参照。「神話」は多くのことを意味するようになり、ときに固定した儀式を、ときに流動的な夢のイメージを、ときに物語を、ときに物語の崩壊を含意する。その古典的で主要なギリシャ語的意味は「寓話」、「物語」、「伝説」である。フライは論文 "Myth as Information," *Hudson Review*, Summer, 1954 でいくぶん特殊な使い方をしている。「形式的原理は、概念的神話、つまり、両義的で感情的負荷のある観念や感覚データの構造である。この意味の神話は容易に翻訳可能である。それらは、事実、文学の伝達可能な表意文字的構造である」（234–235）。ここでは「神話」はアリストテレスのディアノイア（*dianoia*）に等しく、アレゴリー的枠組、あるいはそれ以上に、宇宙的枠組を強く示唆する。われわれが何を言おうと、この用語は変幻自在である。

（19）強迫観念＝強迫衝動に関する主要なフロイトの文書は "Notes on a Case of Obsessional Neurosis," *Collected Papers*, III である。彼の後期の *The Problem of Anxiety*（1926）（Standard ed. XX）参照。カール・アブラハムの著作は、メランコリーと強迫観念的行動の関係には重要なものである。シュテーケルの二巻本の『強迫衝動と疑惑』は、詳細に報告されたきわめて多様な症例研究を含んでいる。そこからわれわれは　強迫衝動の問題の広さを垣間見ることができる。要約形式の全般的論述については Bertram D. Lewin, "Obsessional Neuroses," in *Psychoanalysis Today*, ed. Sandor Lorand（London, 1948）参照。死後出版された J. W. Beach の *Obsessive Images* は、ビーチの言うところでは強迫観念が頻出する現代文学に繰り返し現われる多くの重要なイメージの洞察力にあふれた解説である。

（20）R. W. White, *The Abnormal Personality*（New York, 1948）, 291（copyright©1956, The Ronald Press Co.）. ホワイトはこ

の症候群のすぐれた要約を書いている。もっと詳しい解説については Otto Fenichel, *The Psychoanalytic Theory of the Neuroses*（New York, 1945）, ch. xiv, "Obsession and Compulsion" 参照。

(21) Fenichel, *Psychoanalytic Theory*, 284 参照。

(22) *Ibid.*, 304. この防御的行動は、体が筋肉を緊張させ硬直させるときの、身体の「甲冑化」として特徴づけられてきた。Wilhelm Reich, *Character Analysis*（New York, 1961）, 39–77, 158–179 参照。

(23) White, *Abnormal Personality*, 293 参照。「患者は、強迫観念と強迫衝動が自分のなかにあることを知っている。彼は投射作用を使って、それらを外部の力に帰すことはない。しかしそれらは彼には、異質な身体と感じられ、自己の組織の一部とは感じられない。それらは彼の精神の未知の部分から突出する。」

(24) Freud, "A Case of Obsessional Neurosis," 377–378 参照。Fenichel, *Psychoanalytic Theory*, 288.「強迫衝動的範疇の思考は論理的思考の戯画を表わしている。論理的思考もまた、一種の疎隔に基づいている。しかし、論理的疎隔は客観性という目的に役立ち、強迫衝動的疎隔は防御という目的に役立つ。……疎隔は、古代の、接触にまつわるタブーと関係があると言及されている。数多くの強迫衝動的体制は、対象に触れるべき、あるいは触れてはならない様式を規制する。……『清潔な』物は『不潔な』物とつながりをもってはならない。……疎隔はしばしば、全体の構成要素をたがいに切り離す。この場合、非強迫衝動的人物は、全体に気づくだけであって、構成要素には気づかないであろう。強迫衝動的神経症患者は、それゆえ、統一体ではなく総体をしばしば体験する。そして多くの強迫衝動的な性格特徴は、『形成する（*gestalten*）という経験のなかの抑圧』と呼ぶのがもっともよい。」

(25) ときどき儀式は、フェニケルが彼の患者に見出したもの、強迫衝動的無秩序、つまり、いかなるかたちのいかなる秩序も頑なに避けること——スターンが『トリストラム・シャンディ』で伝えようとしていた効果——によって表わされる。これは「意識の流れ」文学の主要目的である。この種の文学においては、パラドックス的な秩序＝無秩序の関係が、意図に関する、重要な問題をもたらす。しばしば、強迫衝動的神経症患者は、自分の世界の、秩序立った半分と無秩序な半分への分裂を示す。一方ではすべてが整然としており、他方ではすべてが混沌である。古典的な例はエリック・サティ（Erik Satie）の、公けの場と私的な場とで分かれた、衣服と態度であろう。「多くの場合に驚くほど時間にルーズな人が時間厳守の鑑《かがみ》であり、ある奇妙な点では驚くほど汚い人が最高に清潔な人である」(Fenichel, *Psychoanalytic Theory*, 280)。

(26) F. W. J. Hemmings, *Emile Zola*, ch. iii, "Blueprint for a Life's Work" 参照。これはゾラの完璧癖(*manie de perfection*)とプロスペロ・リュカ(Prosper Lucas)の生得遺伝論 *Traité de l'hérédité naturelle* への依存を論じたものである。後者は、「選択」に関する、便利で力のこもった擬似科学的体系である。ゾラの、リュカ由来の遺伝概念が、魔術的なものになっている。ゾラは自分を真の科学者と考えるほど思い違いはしていない(41)。そうではなく、彼は、「彼らを圧倒する宿命に完全に翻弄され、彼らを流し去る生理学的必然性の流れのなかであまりにも受動的である」人物たちを創造したのであり、「『テレーズ・ラカン』(*Thérèse Raquin*)と『マドレーヌ・フェラ』(*Madeleine Férat*)は、神秘的な〝生理学の法則〟が、ドイツ・ロマン派の一部の劇を動かしている先祖の呪いと、ギリシャ悲劇の主人公を追跡するエリニュスたち〔復讐の三女神〕に取って代わっている運命悲劇にすぎない。これら二つの小説は、そのような生まれの偶然的特徴を数多くもっている」(30)。

　創作家の側に立つと、ゾラがきわめて意識的に「百科全書的本能」を発揮した証拠をわれわれはもっている。彼自身もこう認めている。「わたしはいつも、よく言われることだが、かみ砕ける以上にかみ切るようにしている。私がある主題に攻撃をしかけるとき、わたしは全宇宙をそのなかに詰め込みたい。ここにわたしの苦悩がある。巨大なものに対する、そしてけっしてみたされることのない全体性を求める欲望に」(傍点引用者)。これらのものは崇高のための完璧な基準を構成し、それゆえ、わたしは思うに、キリスト教の聖書的規範の弱体化したルネサンスより後の時代において、本質的にアレゴリー的なものの完璧な基準を構成している。ゾラにおいては、強迫衝動的「収集狂」が完璧な文学的体現者を見出したという考えと、彼自身が、ヘミングズが言うように「ガラクタ商人の生まれながらの犠牲者」だったという考えには、確証的な事実がある――「ゾラには、優美さと選択よりも、巨大さと包括性を自然に出現させるものがあった。彼は収集家の本能と建築家の頭脳をもっていた。「彼のメダンの家では、二つのものがシンボル化されていた。……屋内では、客は、名状しがたいほど雑多な家具と骨董品(*objets d'art*)に当惑させられた。というのも彼はガラクタ商人の生まれながらの犠牲者だったからだ。

家の内部の現代風のプリント地は、小物類の濃縮度をよく示している。家の外では、建築業者が手を休めていることはまずなく、ゾラの個人的指示のもと、付け加えたり、さらに手を加えていたりした。メダンは、石とモルタルと家具で編集された『ルゴン＝マッカール叢書』だった」(36)。「収集狂」の観点では、ラブレーがもっと前に、スコラ学的思弁に対して宇宙的風刺をした。

(27) White, *Abnormal Personality*, 292. ティリヤード(E. M. W. Tillyard)はこのことを、それによってアレゴリーを擁護しなくてはならない重要な論点としている。「実際、自由な動きをきわめて妨げる厳密さを目指しているように見えるものが、実際には、とらえどころがなく、両義的で、玉虫色のものに結局はなるかもしれない。もし三つ、あるいは四つの感覚すべてが一貫して維持されず、移り変わるのであれば、複雑なアレゴリーから単純なアレゴリーへ、そしてそれとは逆の転移があるにちがいない。そのような転移の行為は、それ自体が精神の習慣となるだろう。それは、古代ギリシャ人とは正反対のものであり、ひとつの固定した参照軸に固執するのを拒み、地上から天上へその場所を変えるものである。この精神の習慣は、霊的な形式の度合は減小するが、スペンサーへと続いた。彼の『妖精の女王』は、アレゴリー的意味が必要とする注意力の量をたえず変化させる」(*Poetry Direct and Oblique* [London, 1945], 144)。

(28) Fenichel, *Psychoanalytic Theory*, 288ff と White, *Abnormal Personality*, 294 参照。

(29) White, *Abnormal Personality*, 292.

(30) Lewis, *Allegory of Love*, 280–281. 「おそらくホーズ自身は、自分の詩の深層の薄暗がりにあまり光を当てられなかっただろうし、そうすることをあまり望まなかっただろう。彼は暗闇と異様さ、彼の言う『宿命的な作品』、『ぼんやりした形象』それ自体を愛している。彼は、みずからの想像力の放恣な内容に目をくらまされた夢見る人、つぶやく人であり、ブレイクのように憑依された(彼なりに)詩人である。一種の強迫衝動のもとで書くことは、彼の強みであると同時に弱みである。ここから彼の物語の冗長さとしばしば起こる退屈さ(*longeurs*)が生まれるが、ここからまた、ときどき現われ、このもの寂しさを『幻視的もの寂しさ』に近づける、素朴であろうと空想的であろうと、印象に残る画像が生まれるのである。」ホーズの突然現われる幻視の、精神分析学における類似物を見つけださなくてはならないとするなら、それは、フロイトが「精神錯乱 deliria」と呼ぶ奇妙な突発現象――この場合は混成的症候――であることはたしかであろう。“Notes on a Case of Obsessional Neurosis,” *Collected Papers*, III, 358 参照。ここでの「精神錯乱」は、畑のみぞから跳び上がる鋤《すき》というもともとの意味をもっている。

（31） Fenichel, *Psychoanalytic Theory*, 295–296 そして 300 ff. 参照。また Freud, *Totem and Taboo*, in *Basic Writings*, 849–851 参照。Otto Jespersen, in *Mankind, Nation and individual*（London, 1949）, 169 はこう言っている。「もしわれわれが、われわれの出発点として、今日の科学的に訓練された人の冷静な態度を取り上げるなら、われわれは言語の性格をけっして完全には理解しないだろう。彼らは、彼らの使う語を、コミュニケーション、さらには思考を展開する手段とみなしている。子供たちや未開人にとっては、語は、きわめて異なるものである。彼らにとって、名前には何か魔術的、あるいは神秘的なものがある。」

（32） Vincent F. Hopper, *Medieval Number Symbolism: Its Sources, Meaning and Influence on Thought and Expression*（New York, 1938）の、とくに数シンボル体系と天文学と、それに含意される人間行為への支配力に関しては 90 ff. そしてこのシンボル体系と身体イメージの結びつきについては n. 30, page 17 参照。フランチェスコ・シッツィ（Francesco Sizzi）はガリレオによる七つ以上の惑星の発見に反論する。「頭部には七つの窓がある、二つの鼻孔と、二つの目、二つの耳、ひとつの口である。天にも同じように、二つの好意ある星、二つの好意をもたない星、二つの輝く星、そしてひとつの定まらない無関心な水星がある。」Curtius, *European Literature and the Latin Middle Ages* の、Excurses XV と XVI, “Numerical Composition” と “Numerical Apothegms” は、ホッパーの著作とは無関係に書かれたものである。最近 A. Kent Hieatt は、注目すべき数秘学的釈義を実践した。*Short Time's Endless Monument: the Symbolism of the Numbers in Edmund Spenser's Epithalamion*（New York, 1960）. また詳述された論文 Hieatt, “The Daughters of Horus: Order in the Stanzas of *Epithalamion*,” in *Form and Convention in the Poetry of Edmund Spenser*, ed. William Nelson（English Institute Essays; New York and London, 1961）, 103–121 も参照。われわれが二十世紀の読者であるかぎり、そのような釈義のわれわれにとっての問題は、数字を魔術的に受けとめることの困難さにある。

（33）Fenichel, *Psychoanalytic Theory*, 295（by permission W. W. Norton & Co.）

（34）*Ibid.*, 296–297.

（35）*Ibid.*, 302.

（36）*Ibid.*, 270. また両価性の古典的な陳述である Freud, "Notes on a Case of Obsessional Neurosis," *Collected Papers*, III, 374 参照。「もうひとつの、愛と憎しみのあいだの葛藤は、われわれにもっと奇妙な印象を与える。われわれは、初期の愛はしばしば憎しみとして認識されること、愛は、もしそれが満足を与えられないと、容易に一部が憎しみに転換されるかもしれないことを知っている。そして詩人たちは、愛のもっと激しい段階では、これら二つの対立する感情は、あたかもたがいに競合しているかのように、しばらくのあいだ並んで存在するかもしれないことを教えてくれる。しかし、同じ人物に向けられ、ともに最高の強度をもつ愛と憎しみの慢性的共存は、かならずやわれわれに驚愕を与える。情熱的な愛は、とっくの昔に、憎しみを征服したか、憎しみにのみこまれたか、いずれかだと予想するからだ。実は、そのような、引き延ばされた二つの対立物の残存は、きわめて特殊な心理的条件のもと、無意識における事態の共働があってのみ可能なものなのだ。愛は憎しみを消すのに成功せず、ただ憎しみを無意識へと追いこんだだけである。無意識のなかで憎しみは、意識の働きによって破壊される危険からは免かれ、残存し、生育することとさえ可能になる。このような状況において、意識のなかの愛は、概して反発というかたちで、とりわけ高い強度をもち、敵対者をたえず抑圧し続けるという永続的課題を果たせるほどに強くなる。」

（37）「機構」については Stekel, *Compultion and Doubt* の翻訳者の序文 iii, 10–23 を参照。Freud, "Antithetical Sense of Primal Words"（1910）参照。

（38）この一節についての Anthony West, *Principles and Persuasions*（New York, 1957）の論評を参照。オーウェルに関するこの章は、もともとは *The New Yorker* に掲載された。金銭と財産に対する入りまじった態度については J. C. Flugel, *Man, Morals and Society*, 295–297 参照。この著作は、良心の研究にとってきわめて重要である。というのも、この本は、「超自我の投影」を分析しているからである。フルーゲルはさらに、コスモスとアレゴリーの研究に関連するもう一冊の本を書いた。それは *The Psychology of Clothes*（London, 1930）であるが、そのなかの、とくに ch. ii, "Decoration—Purposive Aspects" 参照。Baudelaire, "The Painter of Modern Life" とくに sec. ii, "In Praise of Cosmetics" 参照。

（39） Adorno, Frenkel-Brunswik, Levinson, and Sanford, *The Authoritarian Personality*（New York, 1950）参照。そこでエルザ・フレンケル＝ブランズウィクは、彼女の、「両義性の不寛容」の概念を展開している。さまざまな精神分析学的立場の要約を含む、「心構え」（"einstellung."）に関する文献の総覧については Abraham and Edith Luchins, *Rigidity of Behavior*（Eugene, Ore., 1959）ch. i も参照。二人の人物が、この分野において最高の重要性をもつ者として浮上するように思われる。*Character Analysis* の著者ライヒ（Wilhelm Reich）と *Comparative Psychology* の著者ヴェルナー（Heinz Werner）である。厳密な行動の問題に対する二人の研究方法はあきらかにまったく異なる。

（40） Fenichel, *Psychoanalytic Theory*, 278–284 参照。

（41） **ファウスト**　それでは急いで話してくれ！

メフィストフェレス

わたしは今、深い神秘を明かす気にはなれない。
女神たちは、崇高な孤独のなかにいる、
場所や時間の世界のかなたの王座に。
彼女たちのことを話題にするだけでも、勇者をうろたえさせる。
彼女たちは母なのだ。

ファウスト　母だって。

メフィストフェレス　ひるんだか。

ファウスト　母とは！　母——不思議な響きがつきまとう。

メフィストフェレス

なるほど、人間の心のあずかり知らぬ女神たちだ、われわれのあいだでも、実際、恐れをいだきつつ、そう名づけられた。

『ファウスト』第二部は、「女」の二重のイメージで終わる。最初は、地獄の口が「恐ろしい母」と同一視されているように思われる第五幕の埋葬場面のイメージであり、二番目は、償いの最終場面である。そこでは「女」が、悔悛者グレートヒェンと母グロリオーサを含む悔悛者たちによって表象される処女神となる。「女」に対する態度は、それゆえ、第一部におけると同様、きわめて両価的である。第一部では、グレートヒェンがファウストの恋人でありかつ「母」であることをたえず暗示している。（わたしは、Philip Waynes の翻訳 Penguin ed., Baltimore, 1959 を使用した。

（42） Henry Murray, ed., Introduction to Melville's, *Pierre*, xv.

第七章　価値と意図——アレゴリーの限界

アレゴリーの価値は、ゲーテに従うロマン派の批評家たちと「ニュー・クリティシズム」の批評家[1]たちによって疑問視されたが、その機能を考察せずに決定することはできない。批評家たちは、アレゴリーがうまくやりこなしていることを、つねに積極的に捜し求めてきたわけではなかった。われわれはさらに、彼らがアレゴリーのような変幻自在な方法を攻撃するとき、彼らが好む何か別の方法を賞賛するためにそうしているのだという印象をいだく。

アレゴリーは話の展開《アクション》とイメージに対するテーマの支配を含意し、それゆえ、フライが述べたように、「彼〔詩人〕の、イメージと範例および教示との関係を明確に示す」ので、この様式は、必然的に読者が特定の作品に近づく方法に高度の支配力を発揮する。作家のもつすべての技法が「彼に関する論評がどのように進むべきかを指示しようとする。[2]」フライは、巧妙にもこう論じた。「論評する批評家たちは、真の理由を知らずに、アレゴリーに偏見をいだいていることが多い。真の理由は、連続するアレゴリーは、彼の論評の方向を規制し、そのため彼の自由を制限することにある。[3]」かくして、たとえば『恐るべき均衡』におけるフライ自身のブレイクに関する論評は、読者にブレイクに対する偏見をいだかせるかもしれない。というのも、彼の論評は、ブレイクにおける思想の豊かさを実証するまさにその瞬間に、読者がこの詩人に今示しうる読解（あるいは読解の種類）の数を削減するのである。この議論は、アレゴリーの形式は儀式化されており、その特性全体は強迫衝動的であるというわたし自身の同様の議論に支えを見出す。

強迫衝動から強制行動への一歩は短い。実際、これら二つの用語は、強いられる行為に伴う異なる意識の度合を指す点においてのみ異なるのである。強迫衝動的行動は、その行動の背後の動機をあまり意識することはなく、強いられた基盤のうえに組織化されるが、それに対して強制行動は、交通整理をする警官のような、何か外的権威によって、明らかに実質的に外部から統御される。アレゴリー的作品は、権威があり、テーマに即した「正しい」読解を含意し、他の可能な読解を排除しようとする美的表層を呈示するので、この種の作品は故意に読者の自由を制限する。エリザベス朝の修辞学者たちは、アレゴリー作家たちに、一方では、公然と曖昧かつ謎めいた比喩を使わないように、他方では軽薄でわいせつな比喩を使わないように警告し、自由な空想とウィットが、この様式に特有の権威主義的で純理論的な機能を無効にできる場合には効果をあげられると示唆した。これらの警告の含意は、アレゴリーは教示しないわけにはいかないので、明確に教示させ、旧式の学校教育のやり方で、たえず「実物教育」をしなくてはならないということである。この様式は、読者の自由を制限するばかりでなく、道徳的態度と謎の度合の範囲において、みずからを制限しているように思われる。

無私の基準の侵犯としてのアレゴリー。テーマ的機能は、読者がそれによりアレゴリーの価値を知り判定する主要な特徴である。しばしば目的が教訓的であるアレゴリーは、ある陳述は良い、他の陳述は悪いと主張して、価値の問題を直接的に提起するかもしれない。典型的なものとしては、『妖精の女王』のような詩は、無私というカント的規範を破る芸術を構成する[4]。スペンサーはたえず、行動の規範と彼が「有徳」と呼ぶ魂の力を肯定する。読者は、是認か拒絶の、いずれかの態度をとらされる。この理由から、この様式に対するたんなる美的嫌悪以上のものが入る余地がある。われわれは、アレゴリーに対する批評家の嫌悪のなかに、ある特定のアレゴリーは実のところ間違ったことを教えているという強い留保を含めることができる。無私の批評家が、彼の目の前の文学そのものが、偏見をもっているという意味できわめて差別的であるとき、「非差別的な普遍性に向かう着実な前進[5]」をするのは困難である。フライは「普遍性」を、文学の領域の外の倫理的行動ではなく、すぐれた批評の美徳としている。しかし、たとえそうであれ、アレゴリーは、美の基準に従って適切に判定できるか否かの疑問がたてられなくてはならない。第五章の論旨は、アレゴリーはそのようには判定できない、というのもアレゴリーは崇高の様式であるからだ、ということを示唆した。つまり、アレゴリーにカント的な無私の必要条件を適用し、それが欠けていることに気づくのは、崇高は定義上、けっして無私ではないので間違っている。崇高は、悲劇または喜劇の媒介物ではない。悲劇も喜劇も、ヒーローを判定しない、あるいは彼に「詩的正義」で報いない、むしろ彼に彼のありのままの姿、つまり悪に負けるか勝利する姿を見せる傾向がある。

「**詩的正義**」――**意図の目的論的統制**。「詩的正義」は、文学作品の末尾の自然な蓋然性を故意に、計算のうえで、道徳的に破ることを要請する。この語句は、「あなたにそう言ったでしょう」的口調とともに、このように終わるどのような作品ももつ恣意的性質を暗示する、課せられた道徳性（*moralitas*）を含意する。「詩的正義」が話の展開の結末に適合するためには、詩人は、言うまでもなく、話の展開がテーマと教えに一致するようにそれに手を加えなくてはならない。少し狭いアレゴリー観を仮定すると、われわれはエルダー・オルソンに同意することができる。彼はこう言っている。「アレゴリー的出来事が起こるのは、他の出来事に照らしてそれが必然的あるいは蓋然的であるからではなく、ある教義上の主題はかならずある教義上の賓述をもたなくてはならないからであり、話の展開における秩序が、話の展開そのものによってではなく、教義としての話の展開によって決定されるからである。[6]」これは教義への依存に対する厳しい評価であるように思われるが、強迫衝動的な話の展開を強調している点で明らかに正しい。たとえそうであれ、オルソンのきわめて典型的な見解が決定的なものであり、アレゴリーはその教義的硬直性によって美的価値が削減されると想定する前に、われわれは、にもかかわらず、詩人がその意図的、合目的的な構造を多様化したり統御したりする技法を探究しなくてはならない。アレゴリー的意図は通常、作家の高度な統御のもとにあるが、統御の厳格さが柔らげられる手段は手近にある、あるいは、統御の単純化の効果は、複雑化のさまざまな技巧によって打ち消されるようである。そのような技巧の主要なものは、作品そのものに向けられたアイロニカルな視線である。これらの打ち消しの技巧は、アレゴリーの可変性、それゆえ美的価値を増すように思われる。

意図の自己批評。統御の技巧はしばしば十分に明白である。寓話と謎々、もっと長い作品でさえ、結末でとってつけたような注釈や「教訓」を与える。これらの標識は作品の目的を表明している。それらは明確に、作品が伝えることとを意図する二次的意味に注意を引きつける。動物寓話は、自然なクライマックスに至る話の展開の自足的瞬間(海岸へ出るネズミ、捕らえられるキツネ、タカを逃れるハト)ではなく、通常、格言的表現や警句というかたちの、金言的な、外から適用された道徳で結ばれる。われわれが、アイソポスの『寓話』にあるような、「普通のメタファー[7]」を扱っているとき、道徳はアレゴリー的意味の明確で率直な表明であるように思われ、われわれは、明快な解釈のための補助を期待するようになる。しかしジェイムズ・サーバーがその『われらの時代の寓話』で使うアイロニックな道徳をわれわれはどう考えるか。その道徳は、少なくとも、それに伴うアレゴリーと同じくらい謎めいている。

われわれが、文化的に標準的な、名目上は曖昧さのない寓話から不規則に（*de travers*）走るアレゴリーに移り、みずからの時代の道徳的格言を、まゆつばものとは言わないまでも、疑わしげなものと受けとめ、他方、既存の道徳的規範からのアイロニックな自由（たとえばスウィフト、カフカ）を楽しむとき、そのときわれわれの前にあるのは、はるかに明白さに劣る意図の統御である。カフカは読者をからかって、図像学的不確定性の状態に追いやっているように思われる。他方、スウィフトの『桶物語』は一連の、呈示される意図の是認と否認をくぐり抜けるので、読者が作家の目的に関して最初に手にした説明は、数回にわたって取り替えられるあいだに、すっかり抹消される。『桶物語』の「序文」と「脱線」のひとつひとつが、内容を新たに再定義し、新しい段階ごとに、風刺はその指示作用の基盤を移動する。このような作品によってスウィフトは、実のところ、風刺そのものの方法を相手に戯れている。シェイクスピアが『ハムレット』で、話の展開の劇化のただなかで、作劇術を相手に戯れているのとおそらく同じである。『ハムレット』が、少なくともひとつの「劇中劇」を呈示しているように、『桶物語』は、少なくともひとつの「風刺内風刺」を呈示している。

これは異例の方法ではない。あらゆる種類の芸術作品は、みずからがたまたま使っている方法にアイロニーを向けることによって、みずからが属す「種類」を批判することがあるからだ。（かくしてシェイクスピアは、しばしば、イマジスト的輝きと修辞学的誇示をからかう。）作家が叙事詩というジャンルそのものの驚異を嘲弄する人物を導入するロマン派の叙事詩は、その意図を複雑化するためにアイロニーを用いている。スウィフトが脱線そのものを嘲弄するとき、彼は『桶物語』の風刺目的を複雑化しているのである。彼は風刺からパロディを作り出しているのである。その結果が、この自己批判を欠いた作品よりも多くの活力と鮮かさと真理をもつ芸術形式となる。

たとえそうであれ、内側に向けられた「アイロニックな観想」がつねに文学作品に強度を与えると想定するのは間違いだろう。アイロニーは、感情の過剰を抑制するために存在するが、アイロニーそのものでさえが、ひとつの感情となり、何かさらなるアイロニー、あるいは何か他の反対の力によって抑制される必要が生じるだろう。パロディ的作品もまた、しばしば過度にアイロニカルになる。これらの作品はあまりにも執拗にその対象を攻撃し、読者はその攻撃に疲れる。アイロニーは通常、意図を複雑化させるものだが、長すぎるパロディにおいては、アイロニーは再び過度の単純化へと進みはじめる。下手なパロディはつねに、読者に、パロディの対象である悪徳にあまりにもぴったりつきすぎているという印象を与えて終わり、この執拗なアイロニーは、批判の対象に対してさえ不公平であると感じられる。

ときどき作家は、ある特定の作品で始めたアイロニーからみずからを解放する。彼は、もともとの風刺的意図をゆるめることによってアイロニーを抑制する。フィールディングの『シャミラ』は純然たるパロディであり、その極限の簡潔さによって効果をあげている。この作品はあまり長くは続けられない。他方、『ジョウゼフ・アンドルーズ』は、初めのうちは、リチャードソンの『パミラ』をパロディ化している。しかしフィールディングは、次第に当初の目的から離れる。当初の目的は、『シャミラ』と同様に、パミラのわざとらしい敬虔さをからかうことにあった。『ジョウゼフ・アンドルーズ』は、自由に進行するピカレスク的な話の展開に向かって独自の歩みを進めることが許されている。これはまた、フィールディングの手本である『ドン・キホーテ』にも起こったことだと思われる。フィールディングの作品もセルバンテスの作品も、ともに意図の混合、もしくは転移を例証している。これと同じ転移が、ある特定の種類の語りに存在するアイロニーの度合が、突然、あるいは徐々に変化することが許容されるときにはいつでも、起こる可能性がある。

『ジョウゼフ・アンドルーズ』の事例は、ダンテのような謎めいたアレゴリー作家の寓話とは似ていない。ダンテの不明瞭さは、ある特定の瞬間の特定のアレゴリー的意図にある。フィールディングは、彼の物語の意味を不明瞭で謎めいたものにしようとしているのではない。彼は徐々に、ある種類の作品から別の種類の作品へ、アレゴリー的書法から若干ミメーシス的な書法へと転移しているのである。もしこの通りだとすると、ここには二つの大きな問題があることは明らかだ。

最初に、アレゴリーには、作品の特定の意味がただちに明瞭とはならない事例にみちあふれており、『神曲』の神秘的で教条的章節、あるいはトロバー・クリュス（*trobar clus*）として知られているトゥルバドゥール詩の故意の不明瞭さにおけるように、作品の意図が抽象観念を、ぼんやりとしか理解できないイメジャリーの覆いで包むことにある事例にみちあふれていることに気づく必要がある。(8) 謎めいた芸術が盛んになるのは、その「難解な装飾」が読者の好奇心をかきたてるからである。それゆえそれは、故意に不明瞭になろうとする。同様に、機会詩を書く詩人は、賞賛したいが当惑させたくないので、あるいはののしりたいが口汚くはなりたくないので、彼の詩の真の対象——実在の人、というのも、これが機会詩だから——の正体を隠そうとするだろう。そして繰り返すが、ある特定の「意図」は故意に不明瞭にされると言ってよいかもしれない。しかし、このことは、われわれが、含まれている意図の探究の種類に関して疑惑をいだいていることを意味しない。この探究は、ペルソナの同定にある。この方法がアレゴリー的であることに、いかなるときも疑惑はない。同じことは、イギリス最古のアレゴリー的な詩である古英語の謎詩にもあてはまる。一般的に、アレゴリー的な詩の、謎めいた、エンブレム的な、機会詩的な、あるいは秘術的な伝統は、特定のシンボルの意図に関してわずかに個別的な疑問をかきたてるにすぎない。（このサルは知恵をシンボル化しているのか、いたずらをシンボル化しているのか。このハトはウェヌスのものなのか、ノアの箱船のものなのか。このアメジストは酔払わないためのお守りなのか。このオパールは不運を表わしているのか。）

しかし第二に、われわれがアレゴリー的解釈をしてよい保証があるか否かがまったく不明瞭である作品がある。エンブレム的技巧がときどき現われるものの、それらが支配的になることはない、あるいはミメーシス的対抗運動に優先することはないような作品がある。これらの作品は、アレゴリー的意図が一貫してあるか否かも明瞭でないので、意図に関して特定の疑問があるかもしれない他の作品よりも、アレゴリー理論にとってはより重要になる。これらの作品はわれわれに、第二のより一般的な問題を呈示する。これらの作品は、アレゴリーと他の文学の様式とのあいだの境界に関して疑問をかきたてるからである。

様式の境界をゆるめる。アレゴリーは純粋な様式として存在することはけっしてない。[9] わたしが選び出した特徴は、絶対的に極端なかたちで提出されることはまれである。ダイモン的なもの、「宇宙的な」もの、「孤立化」、感染魔術、喚情的両価性の極端なものはまれであり、これらの特徴のさまざまな度合のものがあるにすぎない。わたし自身が定めた識別特徴に加えて、主要な伝統的基準である二重の意味がある。この場合でさえ、さまざまな度合のアレゴリーがある。よく知られた事例はダンテによって観察されている。つまり、両義性がゆるやかに維持される多義的（*polysemous*）構成である。[10] 中世の、アレゴリーの四重の枠組、つまり逐語的、アレゴリー的、比喩的、神秘的、[11] のレヴェルを厳密に探究したことのある者で、ひとつのレヴェルがどこで他のレヴェルを支配するか、ひとつのレヴェルがどこで始まり、別のレヴェルがどこで終わるかを正確に知ることの困難さを疑問に思わない者はいない。この困難さは、ロマンス形式の研究で極限に達する。というのも、大部分のロマンスは主として冒険を求めて読まれるからであり、動きの速い物語は、しばしば十分にまばゆく、深層のアレゴリー的メッセージから注意を遠ざける。

ロマンスにおいては、物語は主として、読者を誘惑してアレゴリー的メッセージから遠ざけるものであるが、イメジャリーもまた、読者を誘惑してアレゴリー的意味から遠ざけるかもしれない。われわれはこの逆戻りが、批評家たちが『妖精の女王』や『深紅の島』のような詩の「例解的」で「視覚的」な性格を強調し始めるときにはいつでも生じているのを目にする。十九世紀になると批評家たちは、スペンサーは、豪華なつづれ織とまばゆい行進を、それらがもっていると想像されるエンブレム的意図ゆえに、というより、そのものとして楽しむ詩的官能主義者であったという見解を助長する。イメージが豪奢で、動きがゆるやかで、脱線的で迷宮的な、典型的な「スペンサー流」の詩の様式があるという考えそのものが、アレゴリーを真摯に受けとめるのを拒むことから出ている。たとえば、ハズリットは読者に、スペンサーの主要な関心である図像を無視させようとした。スペンサーは「ゴシック的」であるという十八世紀の見解でさえ、アレゴリー的読解に通じる扉をほんのわずか開けたにすぎない。というのも、「ゴシック」は、グロテスク、様式主義的なもの、衝撃的なものと隣り合わせであり、その目的が表層の興奮と戦慄にあり、かならずしもアレゴリー的メッセージにはないからである。厳密な意味での伝統的な寓喩の同じような衰退が、すでにわたしが論じたように、ピクチャレスクと崇高として知られる風景美術に起こる。そこでは、ダイモン的風景の「宇宙的」細部が、多くの読者にとって、きれいさ、あるいは気取った虚飾以上のメッセージはもっていないと感じられがちである。[12] しかし、プライスが理解していたようなピクチャレスクと、カントとシラーが理解していたような崇高は、深層に強烈なアレゴリー的意図をもっている。両方の種類の芸術――主として「無限の」大きさをもつ形式と定義されるもの――は、見る者の精神に理想的な概念化作用を引き起こす傾向がある。そのような芸術によってわれわれは、読者に対するきわめて微妙なシンボル的支配力に達する。コリンズやグレイの崇高な頌詩の読者は、彼らの詩が二重の意味をもった詩であることに気づいていない可能性がきわめて高い。というのも、一方では、彼らの描く風景は、自足的な自然の描写に見えるが、他方では、彼らの擬人化された抽象観念の使用は、激しい感情にみちた主題提示の詩に見えることがあるからである。しかし、この詩は、本質において範例的ではないだろうか。われわれがアレゴリー的意図にはさまざま度合があることを考慮に入れた場合にのみ、この問いかけに知的に答えることができる。コスモスが「たんなる装飾的なもの[13]」に衰退するという理由づけは、コスモスが宇宙の構造との関連性を完全に失ったことを意味しない。むしろ、たんに装飾的であるものに固執する読者は、まさにその身振りによって、彼らがアレゴリー的機能から取り除く装飾に含意される宇宙へのイデオロギー的関与を拒んでいると考えてよいかもしれない。ある詩人が「詩的語法」を使っていると主張することは、彼の人文学的重要性を否定していることなのである。

　ピクチャレスクと崇高について言えば、この芸術の抽象的な目的と自然美の驚異の探究としての機能を区別するのは容易ではない。十八世紀は自然美を見たが、都会の醜悪さは拒絶した。いつ、自然を楽しもうという衝動が「観念」、崇高芸術もしくはピクチャレスク芸術によって体現される抽象的かつ理論的目的になるのか、いつ、その衝動は理想的抽象に届かず、現実的な自然崇拝になるのか。われわれはそう問うてよいかもしれない。（われわれは、詩的登山家と現実の登山家を区別しなくてはならない。）他の芸術もまた、この種の意図の葛藤を示している。たとえば、本論文は、自然主義的小説——大部分の読者が「現実的」と呼ぶもの——はアレゴリー的であると主張する。なぜなら、ヒーローはダイモンとして単純化され、運命を選択する力に欠けているからであり、イメジャリーはつねに「宇宙的」だからであり、通常、そのような作品の基底には二元論的葛藤があり、その結果、これらの小説はタブーの劇化にみちているからである。通常の自然主義的小説の全体的効果は、強力なテーマ的概念化が話の展開を支配しているのを暗示することにある。このことは、イメジャリーと話の展開における抽象化に向かう運動は、かならずや読者の心を動かし、小説家が追求しているように思われるまさにその「リアリズム」を相殺することを意味する。ここまではよい――「抽象化」であれ「リアリズム」であれ、それらの、アレゴリーの何か想定される本質との不変の関係を見つけ出す必要はまったくない。しかし依然として、自然主義的作品にはある程度の素朴なリアリズムがあり、他方、そのような「科学的小説」を書く作家たちは、自分は可能なかぎり最高の正確さで、世界を表象しているにすぎないと考えていたように少なくとも見える。彼らがそのような表象の内的力動性を見ていたか否か、彼らが、そのような強迫衝動的な記録がどれほど抽象的にならざるをえないかを知っていたか否か、そしてその結果、彼らの作品がどれほどテーマによって意図されたものであるかを知っていたか否か、そういうことは重要な問題ではない。自然主義がメッセージから逃れる単純な結果として、アレゴリー的意図がつねに変化もしくは挫折の可能性に開かれている事例が少なくともひとつある。アプトン・シンクレアが、彼の主人公であるユルギスは社会立法では救えないと決断したと仮定しよう。それはメッセージの否定になるだろう。[14] そのような瞬間、このような作品を典型的に特徴づけているアレゴリー的目的は、もっとミメーシス的な意図に取って代わられていたことだろう。ユルギスは、ミメーシス的演劇である悲劇の典型的な主人公となっていただろう。

ある種の風刺には、アレゴリー的意図の純粋さに関して別の種類の葛藤があるように思われる。スウィフトのような作家は、彼の風刺がその強迫観念的経路をたどって進行するその技巧そのものをからかうことができる。もっとも顕著に見られるのは『桶物語』と『控え目な提案』だが、『ガリヴァー旅行記』にも見られる。そこで彼は、ガリヴァー自身を、ひとつの類型ではなく、成長する性格という複雑な人物像にすることによって、われわれが訪問国で得る視座を複雑なものにしようと骨折っている。この風刺の自己批判は、独自の最強の武器である。というのも、このようにしてそれは、過剰な辛辣さと厳しさという非難から守られるからである——われわれは、そのアイロニーが現実世界で起こっていることすべてを故意に否定する人を信用しないが、自分自身の方法をからかう人からは多くのことを得るだろう。風刺家のこの自由はバイロンにおいてふたたび現われ、その後は、メニッポス的風刺の現代の実践者であるチャペックの『山椒魚戦争』、ザミャーチンの『われら』に現われ、ホワイト、サーバー、ペレルマンの『ニューヨーカー』の風刺に現われる。これらの作家がみずからのシンボル的方法をからかうとき、われわれは、彼らをあまり厳密に読まないように導かれ、これは、彼らの作品が伝えるアレゴリーの度合の減小に至る。作品のメッセージは価値が減小するが、作品のリアリズム、迫力、生きていること自体の喜びは、どんなに意味が離れていても、それとは無関係に、かならずや増大する。

逐字的表層に対する注釈の優位。ここまでわたしは、ある種のアレゴリーの逐字的表層が、通常のアレゴリー的意図から解放されて、作品がもはや強く図像学的なものとは感じられなくなる、つまり、その逐字的表層が完全に逐字的に受けとめられる傾向をもつ様相を考察してきた。逐字的表層はそれゆえ、自足的なものになり、読者は図像学的統御からの自由を感じる。しかし、ダンテ、ラングランド、バニヤンがそうしているように、詩人がみずからのシンボル体系に長い注釈をほどこすという共通の状況もまた起こる。いくつかの注釈の方法が可能である。作家が、彼が説明している作品とともに公表された序文のなかで、あるいはその後、批評家たちに質問されたときに、自分自身で（*in propria persona*）で語ることができる。作家の説明は現代では一般的である。一例は、ウィリアム・ゴールディングが彼のもっとも重要な本である『蠅の王』に付した以下の注釈である。

テーマは、社会の欠陥を人間本性の欠陥にまでたどる試みである。教訓は、社会の形態は個人の倫理的性質に依るべきで、どれほど一見論理的あるいは立派な政治組織であろうと、それに依存すべきではないというものである。この本全体が性格においてシンボル的である。ただ結末の救出は別である。そこには、大人の生活が現われる。威厳があり有能だが、実際は島の子供たちのシンボル的生活と同様の悪にからみとられた生活である。士官は、人間狩りをやめさせたあと、クルーザーで子供たちを島から連れ去る準備をするが、そのクルーザーはやがて、同じように容赦なく、敵を狩りたてるだろう。大人とクルーザーを救出するのは誰か[15]。

ゴールディングは、彼の寓話のテーマ的内容を説明するだけではない。彼はさらに、そのシンボル的方法も説明する。彼は完全に作品の外に立ち、自分自身として書いているので、作品のなかでペルソナを使う場合よりも、おそらく容易にこの方法論的批評をすることができるのだろう。ペルソナの方法は、スペンサーとダンテ、そして大部分のアレゴリー作家によって使われている方法である。ダンテは登場人物「ダンテ」を導入する。彼はダンテ自身と多くの明白な同一性をもっているが、「あの世」の幻視を体験し、理解できるようになるにつれ、それについて論評する。この「ダンテ」は、次第に多くのことを学び、「煉獄」と「天国」に昇って徐々に浄められることにより、段々と変化する。「地獄」における彼は、本質的に彼とは無縁なもの、つまり地獄に落ちた者のその後の生活の（怒りやおごりといった罪を共有してはいるものの）観察者であったが、彼は徐々に、観察者ではなく関与者になる。これは事実上、論評者「ダンテ」が浮上するにつれ、客観性が減小することを意味する。詩人はこのことを「天国」できわめて強く示唆する。ここでは、天使の力の光が、旅人には耐えられないほどつねに拘束的に働くのである。要するに、論評者はゆっくりと脇へ押しのけられ、神秘的な関与者が彼に取って代わる。これは、それだけでも、『神曲』を特殊例として特徴づけるのに十分な、複雑な展開であるが、ペルソナを複雑化するものがもうひとつある。「ダンテ」には二人の案内人がいる。ウェルギリウスとベアトリーチェである。そのため論評はつねに二次的な話し手をもつ。もっと正確に言うと、ウェルギリウスとベアトリーチェが主要な論評者であり、彼らの旅の仲間の「ダンテ」は二次的論評者である。結局、二人の方が彼よりも、幻視が意味することを深く理解している。彼らは「ダンテ」を導くように、意図の分析を導く。二人の案内人の利用に加えて、詩人はこの詩で一貫して、端役に、彼らが何者で、何をしているのか説明するのを許容している。要するに、『神曲』は、アレゴリー的作品に見出されるもののなかではもっとも精緻な、意図の修辞学的統御を示している。

スペンサーによるペルソナとしての語り手の使用は、はるかに複雑さが減小する。彼は「彼自身」を「わたし」と言及する。この代名詞的名称は、彼が第四巻で、コリン・クラウトという牧歌的な名前でみずからに言及するときにのみ代わる。しかしながら、コリン・クラウトとしての彼は、公然と前景に歩み出ることはけっしてない。詩はからかうように尋ねる、「コリン・クラウトを知らない者はいるだろうか」。スペンサーの場合、一般的にわれわれは、この詩の「わたし」は仲介者であり、その機能は、スペンサー自身が感じていたかもしれない何かというより、詩の要請に依存していると感じる。とは言っても、第四巻の序文の、バーリーに対する不平で彼は、ダンテが『神曲』で一貫して達成しているような自己啓示に接近している。

『妖精の女王』の意図は、語り手のペルソナによってそれほどくっきりと明らかにされるわけではない。この叙事詩全体の目的は、詩の「わたし」の直接的な論評によってよりも、ハリー・バージャーが示唆したように、[16]スペンサーのシミリーの使用によって明確に明らかにされるのかもしれない。スペンサーは、ダンテとは違い、論評で話の展開を包み込むそぶりはまったく示さない。スペンサーはいつでも説明を惜しんでいる。彼はダンテ、ラングランド、バニヤンといった、適切な権威から引用するあいだに物語を放棄しそうになる作家に較べて、その脱線においてはるかに教条主義的でない。

ジャンルと話の展開の包み込み。 ある種のアレゴリー的ジャンルは、この話の展開の包み込みへと自然に向かう傾向がある。ジャン・ド・マンによる『薔薇物語』の続篇が適例になるであろう百科全書的叙事詩は、物語の余地がほとんど無くなるほど、多量の事実や意見を関係づけようと試みる。この意味において、ダンテが、カングランデ宛の手紙で、自分独自の方法は、「脱線的」であると言ったとき、百科全書的叙事詩への親近性を認めているにすぎない。アレゴリーの脱線は、通常、解説的になる傾向がある。とは言っても、脱線は、大部分のロマンスにおいてそうであるように、脇筋の形式をとるかもしれない。注釈のなかで自身を失う第二のアレゴリー的ジャンルはアナトミーである。ボエティウスの『哲学の慰み』が、アレゴリーの偉大な時代におけるもっとも広く読まれた例になるだろう。ここにおいて、擬人化された抽象観念である「哲学」は、もっとも限られた話の展開の力しかない。哲学は話を展開せずに、幽閉されたボエティウスに語りかけ、彼はそれを聞いて質問する。同様の解説の増殖は、バートンの『憂鬱の解剖』のなかで大量に生じており、そのため読者は、この作品が本質的にアレゴリー的作品であり、この作品の主要なペルソナであるデモクリトス・ジュニアがヒーローであることをかならず忘れるほどである。スウィフトは、攻撃してくる者を攻撃することによって、自分自身の試合で悪魔を打ち倒す。注釈が『桶物語』のなかでピーター、ジャック、マーティンの寓話を包み込もうとする。しかし、効果は風刺的であることが保たれ、アナトミーに特徴的な重苦しい方法をどうにか切り崩す。ラブレーにおけると同様、『トリストラム・シャンディ』では、注釈はみずからのバーレスクへと拡大し、新しい幻視的もしくは空想的機能を帯びることが許容されている。

これらの作品はすべて、「討論」の散文的傾向を共有しており、「討論」に似て、これらの演劇的構造は、過度の重圧を受ける。一、二の他の形式は、明らかに、過度の意図的統御の侵入に開かれている。ユートピア文学と空想旅行記である。これらは、見慣れない架空の世界の幻視を呈示する点においておたがいに似ている。これらのジャンルにおいては、作家は、このすばらしい新世界について彼が道徳的もしくは政治的に意義深いと考えることを詳説する自由が許される。もし、サミュエル・バトラーのように、作家がこの方法で言いたいことが多くあるなら、彼のユートピアは、一見したところ、一連の演劇的な枠組を取ったエッセイのように思われるだろう。『エレフォン』の材料のある部分は、バトラーが前に、進化に関するダーウィン的見解に応答して書いたものから直接発展したものである[17]。旅行談形式は、ユートピアが解説的陳述となって固く凍りつくのを防ぐ。見知らぬ国にいる旅人が、不思議なことに驚き、目にする物の説明を原住民に求め、帰還したときにこれら「奥地」について尾ひれをつけた話をするのは自然なことである。しかし、これでさえ、容易に陳腐な技巧になる。

クーパーの『課業』のような「論説詩」は、侵略する注釈が到達する極限をおそらく示しているだろう。これらの詩においては、注釈が作品の本体となる。残されたものは重要性が低い。しかしこれは、詩人はみずからの解釈者として行動し、ここでは、すべての彼のイメージ、彼の旅人が目にするすべてのものをコスモイ（kosmoi）として扱っていると言うのと同じかもしれない。われわれにとっては観念の平明な説明と時事的事実であるものが、詩人にとっては強度の緊張をはらんだ装飾的な詩となる。何かそのような過程によって、ワーズワース的物語詩は、活力にみちた幻視的な性質を開発する。このような作品についてわれわれは、教義の本体を明るみに出す欲求、あるいはある種の、個人的に実証された情報を呈示する欲求の方が、自律的イメジャリーを創造する欲求よりはるかに大きいと推定することができる。論説詩とワーズワース的物語詩は、韻文によって書かれた、わずかにヴェールをかけられたエッセイである。とは言っても、後者は、作家のペルソナの心理学的肖像に向かっている。

アレゴリーから神話への意図の移動。もしアレゴリーが、その逐字的表層が自足的で、明白かつ十分な「リアリズム」作品の背後に退くなら、そしてもしアレゴリーが、注釈が比喩的レヴェルを乗っ取るときに退くなら、アレゴリーはまた、無意味なものへと退くのである。それはアレゴリーが神話的で夢幻的になるときだ。スペンサーが「アドーニスの園」における生命の永遠回帰を描くとき、あるいは彼が第五巻の「イシスの神殿」の神秘に突入するとき、『妖精の女王』にそのような瞬間が訪れる。このような瞬間は、読者に圧倒的なパラドックスの受容を要請する。というのも、このような瞬間は、窮極的に説明不可能な、イメジャリーと話の展開の結節部を創造するからだ。最後に読者は「庭」と「神殿」を神話的に説明しなくてはならないが、合理化に対してそれらが抵抗するからといって、それは意味作用の力の欠如を含意しない。完全に両価的なイメジャリーの受容を強制するのは、真の神話に特有の性格であると言ってよいかもしれない。それに対し、真のアレゴリーは、死あるいは生が「庭」を支配していた、正義と慈悲あるいは不正と過酷な厳しさが「イシスの神殿」を支配していたと論じることによって、両価性のひとつの局面の厳格な転移を達成するだろう。しかし、そのような転位は、スペンサーの詩のこのような瞬間には起こらない。むしろ彼は、両価的態度の両極的対立の対等性を維持し、両極は結ばれ、かくして黙示録は全面的意識の瞬間に達成されなくてはならないと言わんばかりである。スペンサーの目的は、たんにアレゴリーを書くことではなかったというのが、近年ますます確信をもって感じられていることである。彼はまた、神秘と、永遠の運命の合理的に説明できない局面に関心をもっている。もしわれわれが、「庭」と「神殿」(とそれらに似た他の場面)を、中世の聖書釈義の流儀にならって「神秘 anagogy」と呼びたいなら、これは適用を容認できる用語である。というのも、神秘は、われわれが普通「アレゴリー」と呼ぶ厳密な対応のある詩を越える神秘的で幻視的な構造を含意するからである。さらに、もしわれわれがカフカの現代的なアレゴリーを「神話的」ではなく「神秘的」と呼ぶなら、われわれは同じ用語を現代の文脈で適用しているにすぎないことになるだろう。スペンサーの場合もカフカの場合も、アレゴリーと神話の境界を固定することはつねに困難である。この困難は両者に関する批評が証言するだろう。同じ困難が、ブレイクについては、もっと深刻なかたちで存在する。ハロルド・ブルームの最近の著作は、神話とアレゴリーの区別という問題を提起した。ブルームは、シェリーとロマン派一般の幻視的な詩は、神話作成的な詩であると結論した。[18]もし実際に、「無媒介の幻視」があるのなら、それは、われわれがアレゴリーから神話へ、アレゴリーからゲーテなら「シンボル」と呼んだであろうものへ移行する境界地帯にきっと見出されるだろう。しかしこの境界線は、明確な輪郭を結びえない。ただ言えるのは、アレゴリーの場合、窮極的パラドックスの意図はまったくないが、神話と「シンボル」では、詩人は、理性あるいは認識が最高の知恵を提示することを認めるのを拒絶するということである。

意図のアレゴリー的単純さ——目的の衝迫。アレゴリーに関しては、意図の問題は、ミメーシス的芸術あるいは神話的芸術のいずれよりもはるかに単純である。前者の場合、自然はそれだけで読者を喜ばせ「楽しませる」のに十分であるし、後者の場合、共通体験の存在論的確実性に関してある疑問が生じ、高次の現実が、存在そのものに関するある枢要な根底的疑問というかたちで読者に押しつけられる。アレゴリーはカント的「無私」をもっていない。[19]アレゴリーは疑惑を受け入れない。アレゴリーの謎は、その代わりに、疑惑との強迫観念的な闘争を示す。アレゴリーは経験の世界と感覚を受け入れない。アレゴリーは感覚を打ち負かし、感覚を観念と入れ替えることによって成功する。このようにしてアレゴリーは、ミメーシスと神話から離れる。アレゴリーの意図は、明確に合理化された「意味のアレゴリー的レヴェル」に関わる問題であるように思われる。これらのレヴェルは美的表層の二重の目的である。これらのレヴェルがアレゴリーの意図である。アレゴリーの儀式化された形式は、読者から、何らかの聖書釈義的応答を誘発することが意図されている。単純な物語は洗練された読者には不可解なまま残り、神話も、かりに読者がいても、不可解なまま残るが、それに対してアレゴリーの照応は、解読の技術をもった者であれば誰にでも開かれている。このように、とても奇妙なことだが、アレゴリー的意図は一般的に単純な問題である。しかし、神話的およびミメーシス的瞬間は、寓話のただなかでつねに起こりうることなので、われわれは、聖書釈義的問題は、どのような作品の特定の意図についてもつねに起こりうることに気づく。

われわれは今や、読者は自由ではない、つまり関与していると言えるということの意味を明らかにすることができる。読者は、自分の好むどのような態度をとることも許されず、作家の、意図的統御の技巧によって、読者が目の前にあるものをどう解釈してよいか教えられる。読者は、おそらくいくぶん間接的に、本文にどのような注釈をしたらよいか教えられる。この議論は、自由と自由の欠如を、作品のなかにではなく、作品に対する読者の応答――心理学的には健全な位置――に位置づけるだろう。[20] 他方わたしは、読者の自由を阻むものはすべて作品のなかにある何かだと想定することはきわめて便宜性のあることだと考える。われわれはそれゆえ、自由の欠如はどういうわけか作品に内在するかのように語ることができる。形式によるにせよ、内容のなんらかの制限によるにせよ、詩人は圧縮された芸術作品を作る。今度はそれが読者にみずからの圧縮性を課す。アレゴリーを「シンボル的行為」の一種として語ることが必要と思われるなら、われわれは、自由の欠如は、作品のなかに重要なかたちであるのではないと言いたくなるかもしれない。この場合、重要なのは、読者の読書体験が進行中のときよりも、読者が作品を読み終えたあとの、アレゴリーが読者をいくぶん厳密に行動させるその仕方にある。もしアレゴリーが、たとえばロシアの文芸で典型的にそうなったように、プロパガンダ的になると、アレゴリーは読者を集団とともに行動させるかもしれない。この、読者と政治集団の連帯は、どのような文学作品であれ、その外に存在するものである。

政治的アレゴリーにおける意図的統御。「アイソポス的言語」のテーマ的機能が正当化できるのは、主として政治的アレゴリーの領域である。批判的柔軟性のない「現状」を強化する「社会主義リアリズム」[21]の現代ロシア芸術をわれわれはいかがわしく思うかもしれないが、それが柔軟性を欠いた政府の検閲に対して向けられるとき、われわれはまさに同じプロパガンダ的方法に敬意を払う。共産主義ロシアと中国は、「典型的なもの」の芸術を賞賛してきた。この語によって彼らは、西洋は悪党で東洋は有徳であるという紋切型の芸術を理解している。しかし、芸術家が、政治路線から逸脱した「典型」を生み出すとき、われわれには彼らの方法を弁護すべきことが多くある。そしてこの方法それ自体が、以前より好ましいものに思われ始める。われわれは、アレゴリーはまた、風刺の主要な武器でもあることを認めるまで、それが普遍的な帰依のための道具であると非難することはできない。

　宇宙的規模の道具としてのアレゴリーは、トルストイ美学に対するのと同じ反対論にさらされている。つまり、それは、もっともらしい全人類の統合を試みているというものだ。われわれは、もし後期トルストイの立場を受け入れるのであれば、古典的（悲劇的あるいは喜劇的）芸術が最高のものであるとは主張できない。

　キリスト教芸術、つまりわれわれの時代の芸術は、語の直接的意味でカトリック的――つまり、普遍的――にならなくてはならない。そして全人類を結合しなくてはならない。全人類を結合する感覚にはわずか二種類しかない。人間の、神に対する子の関係と人間が同胞であるという関係の認知から生まれる感情であり、喜び、謙譲、気力、熱意、冷静等の感情のような、全人類がもつもっとも単純で重要な感情である。われわれの時代の芸術の主題を形成するのは、これら二種類の感情のみである。芸術は、その内容に応じてすぐれたものになる[22]。

「ジョークでさえ」とI・A・リチャーズは言った、「トルストイにとっては、全人類が共有できるときだけジョークであった。真に革命的な修正案である。共有の方が笑いより重要なのだ[23]。」この立場からトルストイは、『リア王』よりも『アンクル・トムの小屋』、自分の『戦争と平和』よりも『復活』を上位に選ぶ。彼は固定されたヒエラルキー、宇宙的統合、そして特に「感情の退却」、そして、ほとんど夢想的と言っていいほどの冷静と謙譲を要求する。この全体主義的世界観の最終的な結果は、無感覚的芸術の賞賛である。

この批評家は、トルストイ的な統一の美学を恐れている。アレゴリーの様式はこの美学に完全に適合する。この様式は、イメジャリーにおいて、そして全体的秩序において、つねに「宇宙的」であるからだ。それゆえこの批評家は、アレゴリー自身が促進すると考えられるまさにその過ちをおかすかもしれない。どちらにしても彼は、宇宙的イメジャリーと秩序が含意する自由の制限に早まった判断を下しているのかもしれない。彼は、厳格な社会的秩序と態度はすべて悪だと考えているのかもしれない。しかし、虚構作品は、アレゴリーにおいてそうであるように、有効性をもつには目的に即した統御が必要なときがある。それは、検閲が極端なとき、あるいは、世俗的であろうと宗教的であろうと、全体主義的政府が、公的コミュニケーションの手段を完全に統制するときである。いかに厳格な検閲手段が抑圧的な政府によってとられようとも、なんらかのアレゴリー的口実が可能である。ケネス・バークはこのような状況を巧みに記述した。

今日のわれわれの高度に流動的な世界では、地下墓地に通常相当するものは亡命である。亡命あるいは沈黙は、リベラリズムの流儀のなかで生まれたにせよ、それを教育されたにせよ、自身の教育とはまったく異質の絶対的専制の状況に突然直面させられた作家に可能な唯一の選択肢であるように思われる。ひとつの状況に合わせて育てられ、その状況によって形成された方法をもつと、彼らはまったく異質な状況が突然自分に押しつけられたと思う。そういうわけで、たとえ家にとどまっていても、彼は一種の亡命生活を送っていることになるだろう。これは新たな剥奪と、それに見合う新たな希望のない世界である。

しかしわたしは、この新しい状況に合わせて育てられた若い世代の作家たちのなかから、配備と策略のための新しい言語と、表層的意味をはるかに超える重みのある意味を含んだ悪賢い突撃が徐々に現われるのを想像することができる。要するにわたしは、いかなる政治構造も、人民がそのやり方を習得できるほど長く続くなら、利権政治の極限を牽引する表現形式を妨害することはできると示唆しているのである。利権政治は表現の条件に影響を与えるかもしれないが、極限状態に対抗する圧力を妨げることはできない。たとえば、ロシア皇帝の検閲下にあってさえも、皇帝が退位させられる日を指す、知識のある読者はみな知っている遠回しの表現があった。この表現は、読者に劣らず検閲者にも知られていた。この表現は部分的に許容されていたが、おそらくそれは、政府のスパイに、このように態度を表明することでもっと重大な謀議の「手がかり」を提供するかもしれない特定の作家を知らせる一方法だったのだ。[24]

バートラム・ウルフは、この「配備と策略のための言語」が、どのようにレーニンが「ドイツの事態を統計的、理論的に分析することによって、戦時中のロシア帝国主義と戦う」ことを可能にしたかを記述した。「さらにその後、ブハーリンは、バチカンを攻撃するパンフレットを書いたとき、もっと用心深く容赦のない検閲の裏をかくために同じ技巧を用いることになった。このパンフレットの、ロヨラと『イエズス教徒の死んだような従順さと戒律』の批判は、スターリン体制批判を含意していた。(25)」われわれは、この種の文学は厳密に言えば文学であるとは考えず、その方法は厳密な意味での美学とはまったく関連性はないと考える傾向がある。しかしバークは、「アイソポス的言語」によって語り、その主たる目的が政治的転覆である「芸術」を進んで寛大に扱おうとしている——これは弁護できるものである。というのも、転覆される権力は政治的自由を否定しているからである。

われわれは、表面的にはひとつの思想もイメージも「転覆的」ではなく、それでいて徒党(*Bund-schuh*)として機能する特定の美学的集団の出現を想像することさえできるだろう。たとえば、ポーランドのナチスは、白いソックスをはいていた。それ自体は無害なものだが、ポーランドの愛国者を憤激させるには十分な意味作用をもっていた——そういうわけで、文体にはポーランドにおける白いソックスのように機能する微妙な側面があり、場合によっては、ヒトラーのドイツにおいて反白ソックスを表わす文体的用法さえあるかもしれない。タキトゥスのそれのような「旅行文学」についても同じことが言える。彼は専制政治の状況下で書いたが、ローマ批判を含意するゲルマニアの理想化を呈示したとき、両義的技巧によって地方の政治状況を攻撃したのだろうか。……ユートピアは、免責の条件下で「現状」を批判する戦略として、このようにして定期的に発生した。そして、自由主義のもとでよりも、検閲体制下の方が、風刺にとって条件は「より好ましい」とさえ言えるかもしれない。というのは、芸術家がその大胆さゆえに危険をおかすと同時に処罰から逃れようとし、自分が賞賛されるか罰せられるか、けっして確信がもてないときに、もっとも独創的な風刺が生まれるからである。自由主義化によって、あなたがこれらの危険の条件を取り除くのに比例して、風刺は恣意的で弱々しくなり、はるかに気慨に欠け、才能も乏しい作家を引きつけるようになる。[26]

ときに風刺的、ときに夢想的、つねに一見無害な、この転覆的様式は、専制政治に対して自由を守る。アレゴリーはおそらく、政治的検閲下で盛んになる。ソヴィエト支配の初期の段階は、風刺の活躍を目撃した。なぜなら、残った旧体制と勃興する新体制のいずれにも明白な弊害があったからだ。しかしソヴィエトが十分に確立されたとき、完全な抑圧を回避するには、きわめて微妙な手段が必要とされた。かくしてイルフとペトロフはスターリン時代を生きのびたが[27]、メイエルホリドはそうではなかった。メイエルホリドの毒舌が、かつて旧体制を打倒した新体制に向けられたとき、彼自身が新しい支配者に嫌疑をかけられ、十分な婉曲さを持ちそこねた彼は踏みつぶされたのであった。

パットナム――エリザベス朝の破壊分子。エリザベス朝の修辞学は、アレゴリーの破壊的機能の完全な解説をわれわれに呈示する。ジョージ・パットナムは『英詩の技法』(一五八九)で、アレゴリーは「詩学においても雄弁術においても、他のすべての比喩のなかで主要な首謀者であり隊長である」と論じているが、これは、エリザベス朝人のヒエラルキー的宇宙概念に由来する主張である。彼はさらに、アレゴリーは「いつわりの外見をもつ」、人を惑わす転覆的「比喩」であると論じる。[28]彼は、宮廷人はもしアレゴリーを利用できなかったら、つまりもし人を惑わすあいまいな話し方ができなかったら、「この世界ではけっして、あるいはごくまれにしか、成功あるいは出世することはないだろう」と主張する。[29] パットナムは古い諺《ことわざ》「いつわることを知らない者は統治することを知らない *Qui nescit dissimulare nescit regnare*」を引用する。パットナムは繰り返し繰り返し下位区分のリスト——謎（*aenigma*）、諺[30]（*paremia*）、「さりげないからかい」（*ironia*）、「辛口のあざけり」（*sarcasmus*）、「陽気なあざ笑い、もしくは上品なからかい」（*asteismus*）、「愚弄 fleering frump」（*micterismus*）、「下品なあざけり」（*antiphrasis*）、「隠れた皮肉 privie nippe」（*charientismus*）、「大言壮語のうそつき、もしくは陰謀家」（*hyperbole*）、「迂遠な比喩 figure of ambage」（*periphrasis*）、「生き生きした奇想の比喩」（*synecdoche*）——をざっとたどりながら、これらの比喩はすべて、真意を隠すという特定の目的のために使われ、それゆえ、全般的アイロニーの事例であるように思われると主張する。ときには謎（*enigma*）の場合のように、真意を隠すことは、きわめて型通りの政治的なものである。というのも、この場合、「隠れた秘密のことばづかい」という方法で、われわれはいかがわしく、きわめてわいせつでさえある奇想にふけることができるからである。大部分の事例において、特定の技巧のもつ真意を隠すという性格は明らかである。われわれがふた心を大目に見がちなところでも、パットナムはそれをわれわれの前にはっきりと提示する。

それから「迂遠表現 *Periphrasis*」という比喩がある。それは、秘密の意図がことばでは現われないという理由で、猫かぶりの人の性質をいくぶんもっている。われわれが遠回しに言い、知ってもらいたいことを一語もしくは数語で表現せず、多くのことばを使ってそうするときがそうである。[31]

要するに、アレゴリーは明らかにすることが意図されているかもしれないが、明らかにするのは、すぐの、あるいは安易な解釈からは遠ざけておきたい遅れて伝えられるメッセージにヴェールをかけてからなのである。

パットナムの美学は、苦労して獲得したものは高い価値をもつというアウグスティヌス的原則から正当化することができる。われわれは、パットナムの見解ではないが、このような見解を支持する標準的なルネサンスの信念を引き合いに出すことができる。ここで考えているのは主として「宮廷人」のことで、宮廷の幸運と愛顧の波に乗り、政治的駆け引きの技術ひとつで溺死をまぬかれる、海神プロテウスのように変幻自在なタイプである[32]。駆け引きの緊張のもとで生きのびるには、態度を計算し、相手の態度に合わせる修辞学者の能力がつねに要請される。不安というのが、ここでも他の場合でも、アレゴリー的方法に伴う支配的な感情である。

われわれは、「現状」が上からの検閲によって支えられているとき、「いつわりの外見の比喩」を政治的に正当化することができる。というのも、そのようなときには、この様式が作家に、攻撃を可能にさせるからである。別の視点から見るとき、われわれは、「現状」の宇宙的擁護を、もしその支配的状況が見たところ妥当なものであれば、おそらく正当化することができるだろう。もし革命は危険であると感じるなら、われわれは、アレゴリーがときどきテーマ的に、現在の適正さを承諾する仕方を賞賛することしかできない。これはおそらく、『神曲』にその宇宙的広がりとかたちを与えている偽ディオニュシオスとトマス・アクィナスの枠組の目的である。まさにこの目的が、その『教会の異教的隷従』でディオニュシオスを攻撃したルターを動揺させるだろう。ダンテは、偽ディオニュシオスとトマス・アクィナスの神学に含意される、「この生活に生きる人々を、悲惨な状態から引き離し、幸せな状態へと導く」という幻像を利用しようとする。彼は啓蒙の体系を攻撃しているというより、むしろ創造しているのである。来世のイメージは、人々のこの世に対する見方を変化させるだろうという彼の願望は、どのような政治的敵意を感じているにせよ、あるいは引き起こすにせよ、われわれは依然として考慮すべき魂をもっているという信念に基づいている。魂の考慮は、窮極的に、唯一重要なものである。ダンテは『神曲』で一貫して建設的な目的をもっている。われわれに対してとっていたように見えた優越的態度にもかかわらず、彼は主として、神の「摂理」を厳密に実証することに関心をもっている。

適合と混淆。「現状」の攻撃と擁護の中間に、仲介的役割を果たす芸術がある。[33] それは抜きんでて、エンプソン的意味の、階級葛藤と階級移動の芸術である牧歌だろう。一種の社会的混淆がここには作用している。[34] 二つの競合する宗教が合併された教義のもとで提携するかもしれないときの、大きなアレゴリー的過程に相当するものである。そのようなものとしてのアレゴリーは、適合と妥協の道具である。この様式のこのような利用がなかったら、文学は文化的生き残りの重要な手段を欠くかもしれないだろう。というのも、たとえばスペンサーにおけるように、二つの世界観のあいだの妥協から、新しい、真に統合された感性と方法が生まれるかもしれないからだ。これは、ミルトンがスペンサーに大きく依存するようになる基盤かもしれない。中世的道徳とルネサンスのヒューマニズムの妥協は、『妖精の女王』のなかで、少なくともミルトンによって前提とされうるまでに入念に練られている。同様に、バニヤンは、デフォーの小説的技法の先駆けであるリアリズム作品と、深刻なテーマ的下部構造の手本をデフォーに与えた聖書と道徳劇に由来する抽象的テーマの芸術を妥協させている。デフォーが書くようになるまでに、この妥協は自然な複雑さ、「有機的形式」とさえ呼びうるかもしれないものに定着した。

これは、アレゴリーの宇宙的機能に関しては簡単に批評することはできないことを示唆する。たとえわれわれが、あまりにも簡単に自由の制限に陥りやすいこの様式を疑わしく思うとしても、そうなのである――というのも、一方でわれわれは、これが風刺へと向かいうるものであり、その攻撃の対象たる「現状」に縛られた従僕である必要はないことを見てきたが、他方では、これが新しい文化的成長の基盤として役立ちうるのである。

アレゴリーの混淆的機能は、ダイモン的仲介者の配備に似た対応物をもつ。この様式は、本質的に相違する宇宙的見解を、妥協的関係で統合するばかりでなく、特定の宗教が、仲介的精霊、つまりダイモンで空中をみたすことを可能にするのである。一神教はそのような仲介者が存在することを必要とする。なぜなら、一神教は異端者的崇拝の対象をもつ必要があるからであり、民間の迷信や空想で創造される下級の、分派的な小さな神々を必要とするからである。(35)「一者」のこれらの分裂は、攻撃にふさわしい対象となる。というのも、それらは、正統的信仰の分裂の原因だからである。正統派キリスト教は異端説を攻撃するとき、単一の、全能で、完璧に善である神の、本質において統合された観念を分解する傾向のあるすべての信仰を攻撃する。そして正統説は対立者、つまり、それを相手に闘うべき何かを必要とする。もしわれわれが、一神教から多神教に向かうなら、ダイモン的仲介者の現われる場所が即座に生まれることは明白である。というのも、「多くの神々」は、何であれ単一の、あるいは場合によっては二元論的な事物の秩序に取って代わるため、偉大なダイモン的共謀の関与者になるからだ。あらゆる種類のマニ教的思考は、ダイモン的宇宙でくつろぐ。アレゴリー全般は、それゆえ、マニ教的外観を示すのである。

もしダイモン的仲介者が、正統説と異端説のあいだの宗教的争いにかならず現われるものなら、彼らは同様に、正統的キリスト教徒（と、どんな宗教であれ、正統的構成員が、と言う誘惑にかられるが）が彼の信仰の真の基盤を「仕上げ」ようとするときにはいつでも、ごく自然に現われるだろう。

彼は正統派である。しかし彼自身が、正統説を攻めるダイモン的諸力を拒けられるか否かを知ろうとしなければならない。赤十字の騎士は、自分が何を信じるべきかを知っているし、睡眠中に彼に仕掛けられた空《むな》しい空想を拒絶すべきことを知っている。しかし彼はまだ、敬虔の習慣を学ばなくてはならない。彼は、アーキメイゴーとデュエッサの策略を迎え撃たなくてはならない。二人はともに、詩のなかで分裂的機能を果たし、実際に、ヒーローたちをだまして間違った神学へ導くダイモンを創造している。大気中のダイモンの充満に対する同じ闘いが、バニヤンとデフォーによって一貫して行われている。そこでもまた、正統的信者は宗教の基盤を探求しているが、そこでは二義的役割以外はけっしてダイモンに認めるべきではない。

『ロビンソン・クルーソー』そしてとりわけ、この本にデフォーがみずからアレゴリー的注釈をしている『ロビンソン・クルーソーの宗教的省察(36)』における心理学的方向づけは、ダイモン的仲介性に興味深い光をあてる。というのは、ロビンソン・クルーソーはダイモン的仲介性の実在を信じているように思われるが、彼はまたそれを、心理学と医学の観点から説明して片付けようとしているからだ。彼は、自分の幻視は疑いなく彼の衰弱した身体および精神の状態によるものだと指摘する。彼は明確に、島に滞在中の多くの時間、あまりにも不安で動転していたので、宗教的瞑想の真の、崇高な対象を適切に考えることができなかったと述べている。デフォーの作品は、この点で、神学と心理学のあいだの裂け目を埋めている。これは、彼の論説文である『幽霊の歴史と実在性についての試論』、『魔術体系』、『悪魔の政治史』を考えれば予想できることである。

現代の心理学的アレゴリーは、ダイモン的仲介性を全面的に受け入れ、それに対して擬似科学的説明をしている。『蛇の穴』のような大衆作品は、あらゆる種類のダイモン的仲介性でふんだんに飾られているが、最後には、それらを説明して片付ける試みがなされている。どういうわけか、説明して片付けることの効果は、われわれが正統派宗教の文脈にそって読書している場合とさほど変わらない。というのも、正統派宗教はつねに悪魔とその手先の最終的な敗北を示すからである――この敗北は、コンプレックス、固着、トラウマ、抑圧された攻撃性に対する精神科医の勝利と似ていないこともない。このダイモン的なもののイメージにはある正当性がある。というのも、フロイト自身認めたように、古典的な精神分析学の理論は「二元論的」でプラトン主義[37]的であり、それゆえ、ダイモン的なイメージを生み出す傾向があるからだ。ときどき、精神分析学の大衆版はこの二元論をきわめて遠くまで押し進める。ハバードの「ダイアネティックス Dianetics〔この作家によって開発された精神治療テクノロジー〕」は明らかに一種のアレゴリーであり、善良な妖精に加えて小鬼や悪鬼にあふれている[38]。エドワード・グローヴァーのユングに対する攻撃は、同じ理由で、つまり、ユングは理論的構築物に物質的存在を与え、観念を物象化したのでアレゴリー作家であると非難している[39]。そういうわけで、精神分析学的思考の多くには、アレゴリー的偏りが欠如しているということはまったくない。結局、科学と芸術のいずれもが、ある種の「サイコマキア」に起源をもっている。

　しかし、われわれはときに、まさにこの理由でアレゴリーを美学的に正当化する。というのも、アレゴリーは、すべての心理学的運動のなかでももっとも影響力のある精神分析学と密接な並行関係にあるからだ。真の精神分析学的理論は、フロイト派が見るように、アレゴリーを回避する。なぜなら、精神分析学の理論はつねに、人間が実際に何をするか、そして人間は実際に何を経験したかに関する行動理論および発達理論に立ち返るからである。しかし、この科学的方法からほんの少し離れると、魔術めいた擬似科学的方法がある。『蛇の穴』のような本は、科学をわれわれの印象主義的な精神概念に適合させる一種の優美な擬似科学を暗示する。

SF――ダイモン的仲介の開かれた空間。心理学的アレゴリーは、ダイモン的仲介者が現代において自由に支配する文学の唯一の領域ではない。SFはダイモン的仲介者をもっと自由に活動させている。SF作家はロボットやあらゆる種類の自動装置を利用するばかりでなく、人間を自動機械に変え、古い宗教の中間的仲介者、つまり天と地のあいだの「使者」の「科学的」等価物を創造する。コスモスは拡大し、科学的物質主義は蔓延している。しかしそれでも、仲介性は、われわれがダイモン的と形容してきた、統御され、宿命づけられ、制限されたものである。[40] このことは、たとえば、ロバート・シェクリーのとてもウィットに富み、わくわくさせる物語に見ることができる。彼は登場人物としてダイモンを創造するばかりでなく、彼らに、自作『ロボット文明』におけるように、必須とされるヒエラルキー的序列を与える。[41] もっと抑制のきいたSFが、ハクスレーの作品や他の現代のユートピア風刺作家の作品を特徴づけているが、それらの作品ではまた、機械が、現実にであろうとアイロニカルであろうと、勝利を収めている。そしてこのことは、われわれはその可能性を否定するが、ますます自動化《オートメーション》が支配的になる未来の世界では可能な生活様式の完璧なイメージであるダイモン的仲介性へと通じている。

力の崇拝——ダイモンの役割。ダイモン的仲介性は、通常、良い目的のためであれ、悪い目的のためであれ、大きな力を求める人間の願望の表現方法として導入される。サタン的精神は悪魔的仲介者を通して、メシア的精神は天使的仲介者を通して力を求めるが、いずれもダイモン的である。ダンテはわれわれに、悪魔的なものから天使的なものまで、サタン的なものからセラフ的なものまで、すべての範囲にわたって呈示する。彼の『神曲』は、もっとも広い範囲にわたって力を、善もしくは悪のダイモン的影響力の一種として単独で扱った唯一の書である。近代では、ダイモン的なもののサタン的性格のみを強調する傾向がある。たとえばホーソンは、罪と罪悪の状態を引き起こす力にもっぱら関心がある。サミュエル・バトラーは、ダーウィンに対する攻撃のなかで、進化論的変化の世界を創造しているが、そこでは、科学は、ダイモンによって統御された悪意のある、無思慮な変化のみ目撃する。彼は『エレフォン』では、手足を機械の一部にする。『生活と習慣』では、科学者を、「まじない師、卜占官、神官」、「自由を重んじる者が十分に監視する必要のある」人間的思考の統制者になぞらえる。(42) これは、SFのページにあふれている現代の科学者である。彼は遠隔操作された天才で、進歩を構成するものについての個人的見解のいかんによって、「狂人」かそうでないかを判断される。彼は、バトラーが示唆するように、悪よりも善、人間的自由の破壊者であるよりも保護者である可能性は低い。その典型は、おそらく『楽園の喪失』のサタン、宇宙空間を飛ぶ哲学的冒険者によって確立された。彼の「開拓者的性格」と正反対なのは、恩寵を求めるキリスト教徒の闘いのヒーローの、そして、悲劇的全一性のための異教徒の闘いのヒーローの完全に保守的な性格である――後者の典型のいずれも、進歩もしくは自己改良を求めないし、物質的な意味での力も求めない。

すべてのアレゴリー的探究の核心にある純然たる力の探究は、その根源的な不合理性にもかかわらず進行する。登場人物が、ダイモンのみに許された現実からの自由をもつ物語を創造することによって、アレゴリー作家は、あやしげな秩序体系を考案する。力がつねに正義である世界、倫理がつねに便宜性と有用性の観点に転換される世界においては、「現実原則」の占める場所はない。問題を共同体として解決する喜劇にも、ヒーローの死または共同体からの排除によって解決する悲劇にも、占めるべき場所がない。理論的根拠ではなく合理主義化がある。(43) アレゴリーは、他のどのような文学様式よりも秩序立っているようにしばしば思われる。実際、アレゴリーは、あの理性の過剰に訴える。理性の過剰は――わたしは故意に極端な見方をしている――権威主義的狂気の現代の形式、つまり、自己を鞭打つことを求めるが、次にはそれが鞭打つ者のまわりのすべてにサディスティックに苦痛を加えることを求めるという罪悪感のことである。アレゴリー作家が、ダイモンによって強化された死の仲介者を悪者の陣営に送ることによって悪を滅ぼすとき、その背後にある「理性」は、過度に秩序づけられた理性であり、抽象作用の主張と経験の主張とのあいだの釣合いがまったくとれていない。ユートピア的善とユートピア的悪の表現（サー・トマス・モア対ジョージ・オーウェル）は経験における堅固な地盤をまったく提供しない。その代わり、そのような表現は、みずからの瞑想から生まれた見せかけの合理性を容認するようわれわれに要請する。それはさらに、われわれのなかの不合理に強く訴える。というのも、ダイモン的性格への共感はダイモンの力を読者に与えるからである。プロパガンダ文学は、この共感を、大きな武器として自分のものにする。われわれがこの「指示」を受け入れられるか否かは、われわれ個人の態度、もしくは、異質な文化に適応することによってその文化で生き延びたいか否かに左右される。

一部の現代のアレゴリー作家は、ダイモン的力は善であるという内包された概念を嘲弄した。それは結局、力は正義であるという信念だからだ。その嘲弄において彼らは、われわれがすでに見たやり方で意図をかき乱す。チャペックは『山椒魚戦争』と『R・U・R』で、プラズマ的物質からダイモン的仲介者を創造し、いずれの作品でも、これらのダイモン的仲介者の利用に基づく社会の邪悪な性質を示した。彼は、動物以下の山椒魚と人間以上のロボットは、人間の管理のもとに置けないこと、それゆえ、所有者には当座はきわめて有益だが、最終的には破壊的であることを示した。チャペック兄弟の『虫の生活』では、現代生活の多くの寓話がそうであるように、ヒーローが人間以下のレヴェルに縮小される。オーウェルは動物を取り上げ、通常は人間だけが発揮するダイモン的力を彼らに与えることによって、彼らが意志決定と価値判断においてきわめて不適当で、そのためにみずからの世界を崩壊させるさまを示した。なるほど、動物は人間的行動の「典型」であるが、性格を限定することによって、彼らはか﹅ろ﹅う﹅じ﹅て﹅人間になるのであって、われわれが通常「性格」と呼ぶものをもっていない。オーウェルの動物はとりつかれた存在であり、小さな農場で共産主義国家を組織化する彼らの力は、無能さを隠している。それは、彼らが人間だとしたら、社会組織が存立する目的を尊重できない無能さのことである。この、自動化された力への嘲弄は、『一九八四年』ではもっと進み、調子は総じて厭世的である。現代において力を行使することは、アレゴリー作家にはアイロニックな印象を与えることを思い起こさせるには、カフカに言及すればよい。というのも、カフカはつねに、力のもつもっとも強烈な両価的イメージをわれわれに提示するからである。われわれは、彼のヒーローたちが自分の看守を愛しているのか憎んでいるのか、上司を愛しているのか憎んでいるのか、まったくわからない――とは言っても、秤は最後には憎しみの方に傾くだろうとうすうす感じている。オーウェルとカフカのアレゴリーからウィリアム・ゴールディングのそれへと向かうとき、われわれは、『蠅の王』の難破した子供たちの邪悪な性格に体現される人間の力に対する、より激しい嘲弄を目にする。ゴールディングは、力そのものを行使する人間の能力を強く恐れているので、彼の寓話を絶対的厭世観を響かせて終わらせている。というのも、子供たちをその島の王国から救出する大人たち自身が、子供たちがその基本的な枠組を構築していたまさにその戦争に関わっているからである。

このようにしてアレゴリーは、フライが「反アレゴリー的」と呼び、それによってアイロニカルであることを意味しているものへと変わる。彼は、現代に近づくと、この傾向がますます力強く起こるさまを見ている。彼はそこに、西洋文学の全般的にアイロニックな（緩叙法的 meiotic と言った方がもっと正確かもしれないが）傾向の一局面を見ている[44]。たとえどれほどわれわれが、全般的「下降」傾向に関する彼の分析に合意しようと、アイロニックなものを「反アレゴリー的」と呼ぶのは賢明ではないように思われる。というのも、アレゴリーそのものがイロニニアであり、伝統的に修辞学者によってそれと分類されているからである。（あるいは、イロニニア（*ironia*）の一形式であり、イロニニアがアレゴリーの一種である。）いずれにせよ、起こっていることは、アレゴリーが現代では使われなくなった、ということではない――これほど生み出されたことはかつてなかった。むしろ、生み出される作品は、アレゴリーの教えに否定的な見方をしている。現代のアレゴリーは自動化は悪いと言うが、中世のアレゴリーは、キリスト教的「罪」に対する自動的反応はつねによいとほのめかす傾向がある。今では、よい衝動でさえ、それが条件反射である場合には信じないのがはやっている。現代の作家は「ビッグ・ブラザー」、「ボス」、「エンペラー」のたぐいには極端に否定的な態度をとる。しかし現代の作家は依然として、この態度を、間接的で図像学的なことばを媒介して表現する。手短かに言うと、フライの「反アレゴリー的」という用語の代わりに、批評家は、もっと正確な「反肯定的」あるいは *kakodaemonic*、つまり、「悪いダイモン的な」を使うべきなのである。しかし用語の修正は、フライの主要論点、つまり、現代のアレゴリー作家は、伝統的に人間の完成可能性に関する楽観的な見解であったもの（「神秘」と呼ばれようと「進歩」と呼ばれようと）を抑制しているのである。さらに、これが真相なら、アレゴリーは強制のもやのなかで書かれているというより、強制のもやについて書かれている大きな証拠がある。風刺家とアイロニカルな厭世家の超然とした態度は、そのなかに治療的な力をもっており、ダイモン研究と、力そのものの善に対するある程度の懐疑とのあいだに均衡を保つことにより、アレゴリーを美学的に正当化しているように思われる。

魔術と思考の拡大。われわれがアレゴリーの魔術的性格に向かうときでも、アレゴリー擁護は同じように可能である。われわれの世界においてさえ、まだ驚異の占める場所はあるからだ。未知の圏域が狭まっても、おそらくその場所はいっそう広くなる。もしアレゴリーが、哲学の発生のもとである好奇心を生かし続けるのであれば、アレゴリーは大きな機能を果たす。アレゴリーはそういうことをすべきであり、できるということは、われわれがすでに扱った崇高の美学から明らかである。崇高

（シェリーの『擁護』は、最高の詩に関する見解のなかで、この必要条件を繰り返している）は麻痺した精神を目覚めさせるためのものである。なるほど、シェリーのような詩人は、古いアレゴリーを退屈で平凡なもの、スペンサーを二流作家と考えそうである。しかし、これはおそらく個人的な対抗心である。というのも、彼はその深遠な技巧の一部をスペンサーに負っているからである。彼の見解全般は、崇高なもの（そのなかにはスペンサーの多くが含まれるだろう）に関する標準的な見解と一致する。「しかし、詩はもっと神々しい働きをする。詩は精神そのものを、思想の、千もの感知されない組み合せの受け皿にすることによって、目覚めさせ拡大させる。[45]」なるほどシェリーは、感覚的覚醒の詩を賞賛するときブレイクを追っている。しかし、彼の主要な関心は、彼自身の詩がたえず実証しているように、精神の拡大にある。彼の詩は、身体、そして自然について語るが、知性に話しかけている。それはなかんずく魔術的な詩であり、たいてい、きわめて直接的に魔法を呼び求める。この場合、美学的正当化は畏怖の念の誘発に基づく。畏怖とは、われわれが何であれ神聖なもの、あるいはタブーに対して感じる、恐怖と魅力のあの特殊な両価性のことである。

タブー化された対象が中心を占める詩を開発することによって、アレゴリー作家は、われわれのもっとも原始的な反応を引き出す。このような対象は、魔術的意味作用をもっているので、それらは、合理的精神によって素朴に知覚されたり、静かに感知されることはけっしてない。しかしそれらは、われわれにより真剣に考えさせ、より深く悩ませる。そのことがおそらく、それらが運ばれる媒体に高い価値を与える。「ニュー・クリティシズム」の批評家が、パラドックスをあれだけ賞賛しながら、アレゴリーを取り上げないのは驚くべきことだ。アレゴリーはなんといっても、両価性を含み、不安を表現するものである。彼らはこの様式をあまりに狭く定義し、フライが「素朴なアレゴリー」と呼んだものと同等視したように思われる。くわしく言うと、彼らの攻撃がアレゴリーを混合メタファーの一事例にしたのだが、それは、フライの言うように、素朴なアレゴリーの過激なものである。[46] この貧困な定義の概念を受け入れても、「ニュー・クリティシズム」の批評家は弱い立場にあるように思われる。というのも、両価性は素朴なアレゴリー――「論弁的書法の仮装された形式」――の核心にあるからだ。このような書法は、両価性を前提とするが、それについては忘却するからである。素朴なアレゴリーは、開拓期的、あるいは高度に競合的な社会条件が関与するときに盛んになる。生存そのものがあやぶまれるときの条件である。弁証法的精妙さの余地はない。しかしながら、その場合でも、両価的態度は、作品の根本に現われる。雑誌広告のように、明らかに「素朴な」芸術でさえ、公衆に、たんなる欲望の対象にとどまらない、それ以上の欲望の対象が差し出されていることを示している。それらは、公衆がきわめて入りまじった態度をいだく対象、タブーでもあれば望ましいものである対象なのだ。広告は、マモン追求の価値をめぐる古くからのキリスト教的問題から逃れることはない。

防御的儀式――「下級」機能。両価性への反応は、言うまでもなく重要である。入りまじった態度そのものが、すべての人間的思考において自然なものであるからだ。われわれは両価性から逃れられないが、このような感情の状態を引き起こす状況に対しては、さまざまに応答することができる。ここにもまた、アレゴリー的様式の美学的な理論的根拠がある。[47]

儀式は、両価性に対する人間的反応を示す、特徴的なアレゴリー的様式である。わたしは「儀式」のなかに、アレゴリーが極限まで進める対称と均衡のすべての技巧を含める。[48] 愛と憎しみの強烈な同時的混成体には、他の反応の仕方があることは明確に理解されていなくてはならない。われわれは、怒りまたは愛情のヒステリー的突発、それは涙と激しい叫びをもたらす可能性が高いが、それによって応答することができる。われわれは、知性の統御のもとで、しかし同時に、強迫衝動的行動の特徴である際立った冷淡さと超然とした態度を示すことなく、次第に落ち着いて応答することができる。われわれは、白昼夢と自由な空想へと徐々に移ることができる。そのときわれわれは、「神話的」シンボル的反応と呼んでよいものを示す。アレゴリー作家は、すでにわたしが論じたように、別の応答をする。彼は儀式を創造する。そして儀式は、それのもつ反復性そのものと対称性の力によって、両価的感情の脅威を「運び去」り、虚構作品で起こっているのと同じ転位過程を示す。両価性に対する強迫衝動的反応の中心的特徴は、この特定の行動に形式を与える秩序立てられた儀式である。その効果は、流動世界にある程度の確実性を加えることにある。リストを作ること（自然主義）によって、複雑な「ダブル・プロット」を作ること（牧歌）によって、「討論」における「要約の枠組」と対照的両極性を構築すること（サイコマキア）によって、アレゴリー作家は、彼の作品が表象する存在の速度をゆるやかにし規制する。彼はさらに、脅迫的な両価性が、参照のもっとも厳格な両極的枠組によって確定された焦点以外の焦点をとらないようにする。両極化に向かう傾向は、実際にはつねに働くわけではないかもしれないが、表層の複雑さと精緻さの下に、われわれは、闇の力と光の力を対立させる基礎となる構造をつねに見分けることができる。

悲劇であろうと叙事詩であろうと「高度にミメーシス的な」話の展開に最高の賛辞を送り、それらのすぐ下の喜劇的形式を賞賛するミメーシスの美学は、行動と性格の可変性が儀式によって制限される話の展開には、同等の高い地位は与えない。「自然の演劇的調節」は出来事の非演劇的秩序を正当と認めない。それゆえアリストテレス的美学（われわれがそれについて推測できるかぎりの）は、話の展開に「機械仕掛けの神」のように恣意的なテーマ上の技巧によって結末をつけなくてはならないような「演劇」に最高の地位を与えない。リチャーズは、この様式評価に関する最良の理論的根拠を示した。

十全の悲劇的経験においては、抑圧はまったくないことを認識するのは重要である。精神は何からもしりごみしない。精神は幻想でみずからを守ることはない。精神は、慰められることも、威嚇されることもなく、単独で、自己のみを頼んで屹立する。その成功の試金石は、精神が目の前にあるものに直面できるか否か、精神が通常は経験の十全な展開をそれによってそらす数えきれないほど多くのごまかしをいっさい用いずに、目の前にあるものに応答できるか否かにある。抑圧と昇華はともに、われわれをうろたえさせるかもしれない問題を、それにより避けようとする技巧である。「悲劇」の本質は、それがわれわれにそれらの技巧なしにつかのま生きるよう強いることにある。われわれが成功するとき、われわれは、例のごとく、困難はまったくないことに気づく。困難は、抑圧と昇華から生まれたのだ[49]。

ほぼ同じ価値評価を、その語のもっとも豊かな意味での喜劇に与えることができる。われわれはその語によって、ヒーローが経験のあらゆる挫折、苦痛、当惑に直面しながら、それらを甘受し、社会への復帰に成功する姿が示されることを意味している。しかし、そのような「ごまかし」の回避は、アレゴリーについてはまったく主張できない。とりわけごまかしの技術は、専制的な検閲がはびこる政治国家におけるように、ごまかしのみが効果のあるときに固有の技術として正当化される必要がある。それが劣った様式に見えるということが、それが唯一可能な芸術形式である時代に、劣った文化的価値を与えるにすぎない。実際、ごまかしは、高度に宗教的な時代、あるいは政治的に全体主義の時代に、主要な様式となる。このような時代は、そのようなもっともらしいレッテル貼りを無視するだろうが、それでもたぶん、多少は距離を置くことはできるだろう。死と悪の恐怖に対する宗教的自己防衛は、そのような恐怖との悲劇的、現実的、非超越的な対峙よりも弱い、それゆえ、仮装的芸術もしくは霊的芸術は、ミメーシス的芸術よりも序列は低いと主張してよいかもしれない。これらの価値は議論の余地があることはたしかだ。

他方、個人の自我あるいは大衆の文化が絶望的なほど強力な攻撃を受けているときに、防衛の必要性を完全に否定することにはなんの価値もない。儀式が唯一の、精神的生き残りのために利用できる手段であるとき、そして、さらに身体的生き残りが脅威にさらされているとき、この秘密の精神的生き残りは、全然ないよりはましである。(50) これ以外の議論は、宗教的信仰の土台そのものを攻撃することになるだろう。防衛についてあまり厳しい見方をしない場合でさえ、われわれがたまたまアレゴリーが遊び戯れているのを見出すと、そこにはまた、健全な代替的機能が現われる。図像的芸術におけるある種の錯綜状態、そのシュールレアリスム的複雑性は、子供のゲームと同じ喜びを与えうる。そのような空想にあふれた儀式は、気晴しと回復を目標とする。

幻視的儀式——「高次の」機能。儀式の機能は、わたしが記述してきたように、心理学的に防御的である。つまり、アレゴリー的儀式は、行動の強迫衝動的症候群における儀式と似ている。というのも、いずれの場合も、シンボル化の形式は、「両価性」と呼ばれる緊張を軽減するように思われるからである。アレゴリー文学における感情的両価性の度合の高さそのものは否定することはできない。それはときどき、作家の名前——スウィフト、バニヤン、メルヴィル、カフカ——と同義でさえある。しかし、これらの作家によって開発された儀式形式を、たんに精神神経症の観点から見ることは、ほかにも不首尾が数あるなかで、この種の精神分析学的方法の典拠であるフロイトの原理に逆行することになるだろう。彼はかつて、芸術作品が神経症の産物であると言ったことも、ほのめかしたこともけっしてない——彼はたんに、芸術作品と神経症的行動パターンの類似性を示し、それから、白昼夢の幻想と芸術作品の起源は同一のものでありうると論じたのであった。この美学的技術、フロイトが「本質的なアルス・ポエティカ」と呼んだものは、彼には芸術家のみが知る「内奥の秘密」に思われた。フロイトはそこに、芸術がそれによってみずからの私的な、おそらくは恥ずべき白昼夢を公的に受容可能な形式に変える仮装の技術を見てとったが、それでも彼は、芸術家の技術は、「彼の幻想を呈示することによって、純粋に形式的な、つまり美的な喜びを与えることを申し出てわれわれを買収する」職人の技術であると主張した。[51] 彼は、私的幻想のたんなる防御的保管ではなく、きわめて建設的な活動を見ていた。彼が強迫衝動的神経症とある種の宗教儀式の類似性に注目したとき、さらにそこに建設的な活動を見ていた。この類似性は、強迫衝動的あるいは宗教的と呼びうる芸術を手にするときにはいつでもわれわれの関心をひく類似性である。

宗教的世界観に対するフロイトの総攻撃にもかかわらず、強迫衝動的神経症と、彼には神経症の滑稽な模倣に見えた宗教的活動との区別をフロイトが受け入れていたことが見てとれる。「われわれは、あえて強迫衝動的な神経症を、宗教形成の病理学的対応物とみなし、この神経症を私的宗教体系、宗教を普遍的、強迫観念的な神経症と記述してよいかもしれない。[52]」神経症は「病理学的」なので、宗教儀式で用いられるものよりもきわめて低い序列の「儀式」を伴う。形式的には儀式的行為はいずれの場合も同じように形成されているのである。これは判断と価値評価の問題であり、われわれを即座に窮極的価値の圏域と、競合するさまざまな生の哲学へと導く。しかし、神経症的症候群と宗教的症候群の相対的価値をまったくよりどころにしなくても、われわれのアレゴリー的文学は、儀式的行動の「高次の」例と「低次の」例とを提供してくれることがわかる。わたしはすでに、作家が読者に、激しい感情的両価性の状況を示したとき、その緊張を軽減する必要性があるかもしれないこと、そしてそれは作家も読者も等しく共有する必要性であるかもしれないことを示唆した。そして、アレゴリー的儀式（たとえば、単調なほど並列的な文の秩序）は、実際に、そのような緊張を軽減する。しかし、おそらく、より高次の儀式、あるいはむしろ、より高次の儀式的効果がある。防衛機構に加えて、それは、繁栄と喜びの建設的瞬間のための手段になりうる。そういうものが、実際、わたしが「幻視的儀式」によって意味するものである。

多くの伝統的アレゴリーは、ひとつのジャンルと呼んでよい種類、つまり「幻視」に属する。われわれはすぐに、アエネーアスの黄泉《よみ》の国への下降、農夫ピアスの夢、『神曲』(53)、夢で体験するような寓話的物語が呈示されるドン・キホーテのモンテシノの洞窟への下降におけるアレゴリー的比喩を思い起こす。中世後期のアレゴリーのおきまりの始まり方は、ヒーローが目をさますと夢の幻視のなかへ入っていくものが多い。この幻視は心理学的に定義できるものではないかもしれない。これはむしろ、ヒーローがどういうわけか日常的世界から疎外され、彼の周囲のすべてのものを異常な明晰さと新鮮さで感知することかもしれない。庭のなかで起こることが、夢の幻視という性格を帯びるのは、閉じられた庭（*hortus conclusus*）を用いることに由来する。というのも、庭は、覚醒している現実の世界から切り離されているからである。十六世紀初期の『歓楽の慰み』の著者であるスティーヴン・ホーズは、ヒーローが動くときの身軽さを強調することにより、非現実性と幻視的自由の効果を上げている。「わたしはそれから、何の障害もなく歩みを進めた／はなやかでまばゆい牧草地のなかへと。」バニヤンもまた、夢のなかで魂は完全に自由に歩みを進め、地上の広い領域を疾走するが、これは夜明けの目をさます時刻の前に肉体のなかに戻るという人類の原始的な考えと一致している。かくして彼は『聖なる戦い』をこう始める。「旅の途次で多くの地域や国々を通り抜けたとき、たまたま宇宙という有名な大陸に入った。それはとても大きく広々とした国である。」われわれは、逆に、それがいかに小さいものであるかを感じることになる――まさに「閉じられた庭」の効果である――われわれはそれを、『天路歴程』の冒頭でよりいっそう強く感じる。バニヤンはそこで古典的な技巧を用いる。「わたしはその場所で、眠るために横たわった。するとわたしは夢を見た。」

　夢で始まるのが標準的な技巧となる。常套表現として、それは現代ではメタファー的価値はあまりもっていない。しかし、はるかに深いところにある幻視的傾向は、アレゴリー的文学に残存しているように思われるし、さらには、その儀式的形式の所産あるいはたぶん付随事項であるように思われる。まず第一に、アレゴリーは理念的性格をもち、完全に精神的な構築物を相手に戯れる自由をもっている。それら精神的な構築物は、物語のなかに具現化されると、われわれが夢のなかに見出すのと同じ、現実からの超然とした態度を可能にするように思われる。イメージの宇宙的整序という考えそのものが、夢と同時発生の幻視のなかで一挙に理解されることを声高に求める、哲学的あるいは科学的体系がここにあることを示唆している。夢は現実との意識的接触からみずからを切り離し、アレゴリー的幻視も、わたしがすでに論じたように、アレゴリーが「自然主義的」な場合でさえ、われわれが知覚する日常世界からみずからを切り離す。しかし、アレゴリー的幻視は夢と決定的に異なる。アレゴリー的幻視は儀式的に組織されているので、強迫衝動的もしくは強迫観念的人格の「覚醒中の夢」にむしろ順応する。しばしばそれは、ロッシーニのクレッシェンドの楽節の高まりの数分間のあとで幕が上がるときのような、儀式的集中のクライマックスに現われる。

　そのような幻視すべてのなかで、キリスト教的な原型は、『聖ヨハネの黙示録』だろう。そこでは、空想のこのうえなく荒々しい氾濫とともに、幻視の対象の秩序だった華やかな目録がわれわれに与えられる。『黙示録』は、まるで大規模な典礼的演劇のように展開する。そのようなパターンをたどって、キリスト教詩人たちは、「死・審判・天国・地獄《ラースト・シングズ》」とはあまり関係ないかもしれないが、それでも『黙示録』のヒエラルキー的性格を保った幻視を展開することができた。天啓の開示の過程は、儀式、つまり参与者のメトニミー的列挙になる傾向がある。この傾向はダンテやスペンサーに顕著である。彼らにとってアレゴリー的ページェントは主要な技巧である。アレゴリー的ページェント自体、それが中世後期とルネサンスの都市に君主が凱旋入場するときに公けの場で上演されるものであれ、私的な仮面劇で上演されるものであれ、儀式と幻視が協同する伝統の活力を十全に証明するものである。詩人が、ジョンソン、スペンサー、ダンテの域には達しない小物であるときはつねに、この列挙はいっそう顕著になる。伝統的な知恵の役柄を儀式的に呈示するホーズの『歓楽の慰み』[54]がその証拠である。あるいは、それぞれの巻が十二宮の特定のしるしに統御された『人生の十二宮』を組織化するためにパリンゲニウスが用いる、よりいっそう顕著な宇宙的儀式がその証拠である。

一歩先に進むと、大部分のそのような儀式の中心には、特有の氾濫、特有の激しさ、特有の幻視の特別の瞬間があることがわかる。そしてこれらの瞬間は、われわれが「中心のシンボル」と呼んだものを伴う。主要な基準を思い出そう。空間的な観点から見ると、そのようなシンボルは、エリアーデが記述したように、神殿、あるいは、ヒーローがそれへ引き寄せられ、そのなかでみずからの真の宿命の幻視へと移る通過儀礼を受ける、神聖でさえあればよい場所となるだろう。[55]スペンサーは、おそらくウェルギリウスに従って、中心のシンボル――神聖の館、アルマの館、アドーニスの庭――を、ヒーローの「中心」への到着の位置設定によりもたらされる特別な幻視的効果のために利用する。スペンサーは『妖精の女王』のどの巻でも、中間点のあとにシンボル的中心を置くように思われるが、それは彼が、それぞれの巻の後半でヒーローの力を増強するためなのである。その結果ヒーローは、すべての決闘のなかでも最終かつ最大のもの、つまり、通常は悪の諸力との最後の、頂点をなす闘いのための用意ができる。そのとき、それぞれの巻は、ヒーローにとっての緊張高まる挑戦の二重の坂に見えてくる。それぞれの坂は勝利によって乗り越えられる。最初に起こりうる自己に対する勝利、二つ目は、サタンの手先に対する現実の壮大な勝利である。

ダンテにおける類似の事例は、「煉獄篇」の終わりの「勝利の教会」の幻視であろう。それはキリストの将来起こりうる勝利を明示するものであり、「天国篇」の終わりのいくつもの葉のある薔薇の幻視に匹敵するものである。それによってわれわれは、窮極的な、永遠の、しかし現実の「愛」の全面勝利を理解すべきである。さらにこの幻視は、つねに視覚的なわけではない。特有の激しさをもてば時間的契機はどれも、中心のシンボルの役を果たすことができるようである。別の言い方をすると、空間が「神殿」のなかで「聖なる空間」であるように、時間は「神殿」のなかで「聖なる時間」であるのだ。他方われわれは、ときどき、適切な神殿を作るための空間的装飾がまったくなくても、聖なる時間の瞬間を示されることがある。少し自由に解釈すると、これらの概念は、きわめて多様な事物や体験が神聖さの特質をもつことを可能にする。たとえば『ドン・キホーテ』において、物語全体は幻視（と暴露的、対抗的な幻視）を織りまぜたものであるが、ある場所――十字路ととりわけ宿屋――が、ドン・キホーテにとって神聖なものになる。というのも、それらにおいては時間は止まっており、彼の精神が自由に駆けめぐるからである。しかし、これらの場所は、通常は何か神聖なものをもつとは想定されないだろう。このような卑俗な通常の場所とは違い、「モンテシノの洞窟」は神秘的な夢の世界を表象するだろう。ちょうど喜劇的にではあるが、サンチョの「バラタリア島」がそうであるのと同様である。もしわれわれが儀式の高次の機能を理解したいのなら、セルバンテスのような作家に、好みの幻視的な場所と時間の独自の形式を認めるために、少し解釈の自由を保持しなくてはならない。

メルヴィルは、見慣れない風景が、窮極的幻視の背景と異常な瞬間、そして原因となるもうひとつの事例を提供してくれる。エイハブと「白鯨」の最終的遭遇は、二つのダイモン的力の戦いの黙示録的な幻視である。そういうものとして、それは、メルヴィルのロマンスと『聖ヨハネの黙示録』によって確立された主要な伝統とを結びつける。最後の遭遇の直前、エイハブ自身が、ある微小な行為によって、わたしが「中心のシンボル」になぞらえた集中が高まる時間的契機のひとつを確立する[56]。実際、次の一節では、そのようなシンボル的中心が、装飾的語法によって、小説文学の境界内に創造される方法のひとつのパターンを見る。

> ゆっくりと舷窓から甲板を横切り、エイハブは舷側に寄りかかり、海面の自分の影が、見つめるほどに深く深く沈んでいくさまを見守り、ますますその深淵を見通そうとつとめた。しかし、魔法にかかったような空気中のやさしい芳香は、ついに、彼の魂のなかの腐食性のものを、一瞬、払いのけたように思われる。あの喜ばしい幸せな空気、魅力的な空は、ついに彼をさすり愛撫した。かくも長いあいだ残酷だった——恐ろしかった——継母たるこの世界が、今や愛情あふれる両腕を彼の頑強な首に回し、彼の上からうれしそうにすすり泣いているように思われた。まるで、いくらわがままで過ちを犯しても、救って祝福を与えたいと思っている子に対するかのように。だらりと垂れた帽子の下で、エイハブはひとしずくの涙を海に落とした。太平洋は、その小さなひとしずくほどの富を含んだことはなかった。
>
> 　スターバックはこの老人を見た。舷側に身を深く乗りだしている彼を見た。彼は自身の真の心で、周囲の静寂の中心からもれてくる無限のすすり泣きを聞いているように思われた。彼にふれないように、また気づかれないように用心しながら、スターバックは彼に近づいて、そこに立った。

あとに続く部分は、エイハブの探求の全体的意味の、よりいっそう深い幻視をわれわれに与える。彼はアダムとなる。「楽園以来、積み上げられた数世紀の下でよろめく」アダムに。サー・トマス・ブラウンの『壺葬論』を思い出させる一瞬、エイハブは人間の宿命を、一種終わりのない時間の略奪、静止と運動の同時存在として表現する。

「誓って言うが、きみ、われわれは、この世界でぐるぐる回っているのだ、あそこの巻き上げ機のようにな。『宿命』はてこだ。つねに見よ！　あのほほえむ空を、この底なしの海を！　かなたのビンナガマグロを見よ！　トビウオを追いかけキバでかむことを奴に思いつかせたのは誰だ。殺し屋たちはどこへ行くんだ、きみ。裁判官本人が法廷へ引きずられていくのに、誰が宣告するというのだ。でも静かな、静かな風だ、そして穏やかに見える空だ。空気は今、遠くの牧草地から吹いてくるような匂いがする。彼らは、アンデス山脈の斜面のどこかで干し草を作っているんだよ、スターバック。草刈人たちは、刈ったばかりの干し草のあいだで眠っているのだ。眠っているかだって、そうだよ、どんなにあくせく働いても、われわれはみな、最後には野原で眠るんだ。眠るだって、そうさ、緑野のなかでさびるのさ。半分刈った草のなかに投げ捨てられ、置きざりにされた去年の大鎌のように――スターバックよ！」

すべての偉大なアレゴリーは、この種の瞬間に向かって動く。冥界への下降のような瞬間、『アエネーイス』におけるパリヌルスの溺死のような瞬間に向かって、である。もしわれわれが常套的なイメジャリーだけを捜すようなことをしなければ、いわゆる「自然主義的な」作品のなかにも、ほとんど予想していないようなところに、そのような瞬間を発見することさえあるだろう。結局、『白鯨』でさえ、もっとも純粋な自然主義の大きなひろがりを、捕鯨生活の記録文書にもっている。メルヴィル、そして彼の前のセルバンテス、彼の後のカフカのような作家の場合、批評家は、解釈の自由をいくらか保持し、これらの作家を、彼らにはきっとなじみのものだが単なる教訓以上のものを目指すために避けたにちがいない枠組にあてはめてはならない。アレゴリーの作家が、彼の宇宙的言語を、ひとつの完璧で神聖な語彙――多くのそのような語彙は手近にある――から選ぶ絶対的必要性はまったくない。同様に作家は、ヒーローの探求において作家の望むどのような場所にも、彼の黙示録的な「中心」を自由に設定することができる。とはいっても、位置の相違はヒーローの宿命に異なる決定をもたらすだろう。即座に「騎士団」に加入する(ドン・キホーテのような)ヒーローは、『黄金のろば』のルキウスのように最後まで待たなくてはならないヒーローよりも、最初から一貫してダイモン的力を持っているかもしれない[57]。スペンサーの、各巻の中央に中心的シンボルを置く方法は、彼のヒーローが、進行の途中で特別の力を帯びることを可能にする。そして各巻の後半は新たな関心をかきたてる。これらの事例における幻視は、力の獲得と符合する。というのも、ヒーローが体験することが秘儀伝授を構成するからである[58]。

最後に、幻視の中間の瞬間、主として参入の瞬間よりもおそらく重要なのは、幻視の最後の瞬間であろう。これらの瞬間は、『白鯨』におけるそれのように、大部分の主要なアレゴリー的作品のクライマックスをなし、アレゴリー様式に付与される最高度の機能を構成する。破壊の諸力の終末論的幻視のあと、『黙示録』は、生命の水の川、生命の木、「聖霊」そして「キリスト教的真理」の窮極の勝利をわれわれに開示する。フライが示したように、神のこれらの崇高な勝利は、伝統的な黙示録的イメージとなる物質的要素によって表現される。悪事を働く者たち(犬、魔術師、売春婦を買う者たち、殺人者、偶像崇拝者、嘘つき)は「天上の市」の塀の外に閉めだされ、他方そのなかでは、キリストと教会の結婚式が執り行われる。(59) 最後の黙示録的幻視は、人類に永遠の豊かな実りを約束する。それは、悪との破壊的な戦いのあとの、そして罪の告白と信仰の明言のあとの、愛と創造の勝利を示す。最終的な宇宙的破局、反キリスト者の勝利、あるいは『一九八四年』のような、至福千年を信じる、政治秩序の破壊あるいは世界の純然たる機械的破壊――現代のSFにみちあふれているもの――を想定した場合でさえ、最終的な黙示録的幻視は、同様の頂点を形成する性格をもっている。(60) それは窮極的な希望、あるいはむしろ、生を求めてであれ、死を求めてであれ、窮極的な願望充足の鏡であるように思われる。そのようなものとしてアレゴリーは、その終わりのない儀式的形式を、一種の閉じられた頂点形成的な形式と交換することができるように思われるだろう。

幻視的瞬間は、イメジャリー、行為、思考の頂点形成的な拡大と感じられる。そのためわれわれは、典礼的儀式の縛めを解かれて、瞑想の純粋な洞察のなかへ浮上したように感じる。そのようなものが、エリオットの『聖灰水曜日』の最終的幻視であり、『荒地』の「水死」と「火の説教」の応答と絶対的確実性である。とりわけ、『四つの四重奏曲』の「無時間的」運動がそうである。儀式はその速度を変え、準備的段階を、最終的成就、あるいはむしろ、より高次の真理の秩序と取り替える。本書の議論は、この取り替えは根源的なものであり、いったんアレゴリーが真に黙示録的なものになると、それはたんなるアレゴリーであることをやめ、その代わりに、われわれがたぶん神話的言語と呼ぶかもしれない神秘的言語の高次の秩序を分かちもつようになることを示唆している。(61) しかしこれは、意味論的な区別にすぎないかもしれない。というのは、主要なアレゴリーの崇高な大きさは、ダンテあるいはブレイクが示すように、黙示録的なものへの十全な反応を特徴づけているのと同じ恍惚と熱情を喚起するように思われるからである。ダンテの宇宙上昇に浸透している増大する驚異の感覚、ブレイクやクリストファー・スマートのような詩人の歌に浸透していることばの恍惚は、実は、おそらく

「神話的」、「黙示録的」あるいは「終局的」と呼ばれるだろう――しかし同時に「アレゴリー的」と呼んでいい――幻視に対する自然な応答であるように思われる。『神曲』の「神秘の薔薇」の終局的幻視は、意味論的観点から見るとアレゴリーであることはたしかである。スペンサーにおける美の三女神の幻視あるいは他のそのような幻視、あるいは、『聖ヨハネの黙示録』であれ、『恐ろしい夜の都《ま》市《ち》』、『荒地』、『すばらしい新世界』、『城』のようなアイロニックな現代の等価物であれ、それらにおける世界の終わりの幻視もアレゴリーである。（これら窮極的幻視において、詩が、物理的、政治的あるいは霊的宇宙と、人間的有機体とのメタファー的同一視をめぐって展開するときにはいつでも、最終的、黙示録的な幻視は、そのイメジャリーを、もっとも単純で、もっともなじみのある源泉、つまり、身体の中の身体ともいうべき人体から得ているように思われる。身体イメージはあまり明確である必要はない。それは、風景が顔、胴、手足などになるブレイクの『エルサレム』のように、つねに明確であるわけではない[62]。）事物の意味論的秩序と形而上学的秩序のあいだの区別は、黙示録的および予言的伝統において、「神話的」とは何か、「アレゴリー的」とは何かに関するすべての混乱を突破したいなら必要かもしれない。これらの伝統の意味論的性格はアレゴリー的であると思われるだろうが、その形而上学的性格は神話的であると思われるだろう。ほぼ同様に、夢は形而上学的には神話であるが、意味論的には、つまりわれわれがそれを解釈するとき、それをアレゴリーとみなす。アレゴリー的文学のある張りつめた瞬間の形而上学的な性格を強調することにより、われわれは実際には、絶対的価値を強調している。というのも、これらの瞬間は、人類にはより高い重要性をもつように思われるからである。

　ある特定の作品がアレゴリー的であると言うのは、それゆえ、その価値については何も言っていないのである。というのも、アレゴリーはシンボル化の一様式でしかないからだ。しかし、ある作品の分析的機能、あるいは風刺的機能に注目することは、積極的な価値評価であるように思われる。そして、あるアレゴリーの黙示録的機能に注目することは、それらがある種の最終的な意味作用、ことによると多くの読者にはそれらが通じなくても、もっている価値を付与されていると示唆することである。アレゴリーとフィグーラの予言的伝統は、普及するために、あるいは一般に知られるためにさえ、窮極的な真理を必要としない。予言は通常、神秘を見てそれを解釈する、より抜きの予言者をもっている。われわれは、その観点から、ブレイクの予言的な詩に、彼の歌よりも高い価値を与えることができるかもしれない。その理由は、意志伝達は絶対的真理とは関係がなく、絶対的真理は、たとえそれが小さなより抜きの読者グループに向けてのものだったとしても、彼の幻視がもたらすことを意図しているものだからである。さらに、われわれは、そのような幻視的真理は、ある特定の一組の教義、ブレイクの場合はある種のキリスト教的教義をみずから進んで受け入れることの結果として起こることをつねに素直に認める必要があるだろう。

この制限的条件がアレゴリーの大きな弱点か否かは、美学者が決めるべき問題である。それはそれとして、われわれは、この条件が、作品の真の詩に加わったり享受したりすることが期待されているかもしれない読者の範囲を狭めるかもしれない。ブレイクの詩的卓越性は、それが「何を言っているのかまったくわからない」と楽しげに認める人々にはわからないだろう。同じ制限は、最近翻訳されたアウエルバッハの『ダンテ、世俗世界の詩人』のなかのダンテのミメーシスの見事な擁護にもかかわらず、ダンテを含む他のすべての主要なアレゴリー作家にあてはまるように思われる。不明瞭さは、普遍的で共通の、教義的背景の欠如に対してかならず払わなくてはならない代価であるようだ。読者がその背景を作家と共有しない場合にも、彼らは、「たんなる装飾」として幻視の装飾に感銘を受けるかもしれない。しかし、これらの装飾は、そういう読者には、真のアレゴリー的言語の宇宙的指示性をもつことはないだろう。しかしながら、その訴える力は依然として、いずれの場合も、つまり素朴な読者にも、洗練された読者にも、強烈に残るかもしれないことははっきりしている。

注

（1）典型的な事例は Cleanth Brooks and R. P. Warren, *Understanding Poetry*（rev. ed., New York, 1950）, 274–278 のアレゴリーについての評言であろう。

（2）Frye, *Anatomy*, 90.

（3）*Ibid.*

（4）かくしてカントは、「美は、概念は別にして、普遍的満足の対象として表象されるものである」と論じる（*Critique of Aesthetic Judgment*, 55, quoted by Knox, *Aesthetic Theories of Kant, Hegel and Schopenhauer*［London, 1958］, 28）。ノックスはさらにバウムガルテンを引用し次のように述べている。「明瞭に心に思い浮かべられ、適確で完全な観念は感覚的ではなく、したがって詩的ではない。明確な、あるいは生き生きとした観念は詩的であるが、明瞭な観念は詩的ではないので、詩的な観念とは、混乱した［つまり、感覚的な］、しかし生き生きとした観念だけである」。Baumgarten, *Reflections on Poetry*, tr. and ed. K. Aschenbrenner and W. B. Holther（Berkeley, 1954）参照。この教義は、芸術は、可変的なものと「選択」的事柄、つまりわれわれがそれについて「熟考する」事柄を扱わなくてはならないというアリストテレス的考えにまでさかのぼることができる。Aristole, *Nicomachean Ethics*, IIIlb.「熟考は、主としてある仕方で、しかし、出来事が不明瞭な事柄、そして出来事が不確定な事柄に関わる。われわれは、重要な問題に関する熟考においては、助けてもらうために他人を呼び入れ、自分自身は決定するだけの力がないとして信用しない。」これはアレゴリー的不明瞭さに、なるほど、あてはまるかもしれない。そしてその程度に応じてアレゴリーは芸術を構成しうるであろう。しかし、その事柄が「明瞭に心に思い浮かべられる観念である」程度に応じて、それはアリストテレスやカントがその用語を理解するかぎりでの芸術ではない。芸術的機能は美しい対象の創造だからである。可変的なもの、そして芸術の真の本質の可変的性格については Aristotle, *Nicomachean Ethics*, 1140a 参照。「芸術は」ここではそう理解されているのだが、「あるものを作るときに伴う技術」をたんに意味するにすぎない、あるいはたぶん「熟考する必要があるものをうまく作ることに伴う技術」を意味するにすぎない。カントにとって「芸術」は他の「立派に行われた」活動を排除するほどの美的機能を含意する。

（5） フライの『解剖』の「論争的序文」の主要なテーマである。

（6） "William Empson, Contemporary Criticism, and Poetic Diction," in Olson's *Critics and Criticism*, ed. R. S. Crane (abr. ed., Chicago, 1957), 46.

（7） この形容語句はコウルリッジのもので、*Misc. Crit.*, 29 に出てくる。「寓話においては、あらかじめそれに普遍的に帰せられているある主要な特性をもたないようなアレゴリー的媒体またはイメージはけっして使われるべきではない、と言って実際正しいかもしれない。他方、アレゴリーにおいては、類似点は、初めて著者によって呈示されたものかもしれない。これが、名前そのものが属性を想起させる動物、異教の神々、木々が、寓話固有のほとんど唯一の登場人物である真の原因である。熊、キツネ、虎、ライオン、ディアナ、オーク、柳が、無骨さ、狡猾さ、獰猛さ、あるいは度量の大きい勇気、純潔、不屈、柔軟性を表わすために誰もが使うメタファーである。メタファーにおいてすぐに、そして一般的に理解可能ではないようなものは、アレゴリーには導入されるかもしれないが、寓話には導入されるべきではない、というのが確かな規則になるだろう。しかしながらこれは、寓話一般の定義というよりは、すぐれた寓話の条件のひとつである。幸いなことに、事物や用語の定義の困難さは、ほとんどつねに、その必要性に反比例する。」

（8） *trobar clus* については Maurice Valency, *In Praise of Love*, 125–130.「*trobar clus* の最良のものは、比喩的特質によって特徴づけられるが、これは、熟慮のうえのあいまいさの結果であり、平均的知性の理解を越えた意味の抑制を含意する。詩は、目に入る以上のことが意味されているという感じを伝える。そして目に入るものはけっしてたしかではない。われわれは、このように、意志伝達の全般的な苛立しい途絶に加えて、意図されていたかもしれないし、あるいは意図されていなかったかもしれないあいまいな意味作用に気づく。このような詩は精神を刺激して、精神みずからに詩的活動をさせる。それは、平易な詩のもっと受動的な喜びと心地良い対照をなす運動的反応を誘発し、聞く者あるいは読む者の側での強化された参加をもたらす。聞く者あるいは読む者は、詩人が意味せんとすることの洞察に成功すれば、さほど排除的でない詩が与える親密感よりも、より深い親密感をもつ。トゥルバドゥールのあいだで閉じられた様式を実践した人びとで、ダンの「聖ルーシーの日の夜想曲」ほどの大きさをもつ傑作を作りえたものはいなかった。しかし、この十七世紀詩人の、閉じられた様式の先行者との関連性は間違いなくある。

「この種の詩は、ある方向で、必ずアレゴリーと境界を接していた。いかなる熱望も『愛の装いで』（'in semblace of love'）表現できることは、シャンソンの発展のきわめて早い時期に注目された。歌のなかの貴婦人は、たとえば、聖母マリアを言外に意味するものと容易に解釈された。やがて、何であれ欲望の対象として考えられたもの――『理想』、『知恵』、『正義』、『美』、『栄光』、『救済』――は『愛の装い *sembianza d'amore*』で呼びかけることが可能になった。トゥルバドゥールのうち、いかなる意味であれ学者と呼べる人は多くなかったが、中世になると、愛とシンボル的方法は同じくらい必然的なものとなった。アウグスティヌスを経て伝えられ、教会の博士によってきわめて自由に応用された聖書解釈のアレゴリー的方法と、ダンテによって彼の『饗宴』において例証され、その後はフィチーノとピコによって例証された世俗的事柄の解釈の方法とのあいだには、きわめて明白な関係が存在する。ブルーノが『激しい恋情』*Gli Eroici Furori* の愛のソネットから抽出した種類の至上の感覚 *sovra-senso* は、この思考の流れの自然の所産である。この異様な作品は、言うまでもなく、ルネサンスの時代の恋愛詩のアレゴリー的解釈の孤立した例ではまったくない」（copyright 1958, quoted by permission of The Macmillan Company）。

これにわたしは、*trobar clus* の基準、その方法と意図は、わたしがその概念を解釈した崇高のそれと並行することだけを付け加えよう。闘争、刺激、「運動的反応」におくロンギノスの強調は、すべてここにある。ピクチャレスクの理論に含意されるもっと親密な芸術に向かうとき、われわれはヴァレンシーの「より深い親密感」に近いものを手にする。詩の素材は時代によって異なるかもしれないが、それらの意図のあいだには「もっとも明白な関係が存在している」。この関係は時代を下ってプライスの「ピクチャレスクの効果は好奇心である」という基準にまで至る。「この、景色の様式に通常見られるような深い洞穴と空洞は、目を、そのくぼみを透徹して見るよう誘うが、目の好奇心は生かしつつみたされない状態に保つ」(*On the Picturesque*, 114)。これはさらに、宮廷愛の観念と十八世紀理論の「改良された」風景の比較研究がなされるべきであることを示唆する。この点については Frank E. Manuel, *The Eighteenth Century Confronts the Gods* (Cambridge, Mass., 1959), ch. i, "The New Views of Pagan Religion," と ch. ii, "The English Deists," sec. 3, "A Psychopathology of Enthusiasm," と ch. iii, "The Birth of the Gods," sec. 4, "President de Brosses: In Memory of the little Fetish," and ch. v, "The New Allegorism," 諸所参照。

(9) Isaac Disraeli, *Amenities of Literature* (London, 1859), in the chapter "Allegory" は、これを、「あることが述べられて、別のことが理解される芸術」と呼ぶが、さらに彼は、この見解は「あまりにも狭く、アレゴリーが、その性質の繊細さにおいても粗雑さにおいてもとる多様な形態を包含することができない」と言う。

(10) カングランデに宛てた手紙で、ダンテはこの用語を、彼の方法に適用できるかもしれない他のすべてを包含するものとして用いている。彼は、神学者としてではなく、詩人として扱われることを切望している。

(11) 四重のレヴェルの枠組は、中世聖書釈義の学徒にとって、そしてとりわけダンテ研究家にとって意味論的謎となっているが、アリストテレスの原因の四重の枠組を意味論的用語に移し替えたものであることはあまり注目されていない。しかし、照応関係があるのである。つまり、逐字的—物質的、アレゴリー的—形式的、比喩的—動力因的、神秘的—目的因的、である。

(12) この命題はトムソンの『四季』(*The Seasons*) のような詩で検証しなくてはならないし、トムソンの他の主要なアレゴリー的作品『自由』(*Liberty*) と『怠惰の城』(*The Castle of Indolence*) を心に留めておかなくてはならない。

(13) このように、スペンサーとシェリーの装飾的、感覚的側面を強調する批評家は、おそらく、彼らの詩を信じることに伴う宇宙的帰結を受け入れることに気が進まないのであろう。「たんなる装飾」という観念は、それゆえ、信仰の問題をめぐる深刻な思考を回避する一方法となる。この回避は、卑俗な形式では、「純粋」芸術あるいは「芸術のための芸術」崇拝へと通じる――明らかに非論理的あるいはせいぜい逆説的な立場である。というのも、芸術が美学的価値、つまり、差別化の極点にまで高められた公的価値の観点から定義されているからである。「たんなる装飾」を見る傾向は、十八世紀におけるスペンサーとタッソーのゴシック的読解のなかで一部開発されたように思われる。しかしゴシックという観念自体が、強い喚情的価値評価が注入されている。「ゴシック」という用語は、もしそれが芸術史の用語にとどまっていたらもっていたであろう意味よりも強く威嚇的な意味をおびている。われわれはここで、「危険 danger」が、たとえばチョーサーでは、支配 *control* を意味すること、そしてゴシック小説の恐怖は、人物への、そして読者への支配の一種であることを思い出す。

(14) Upton Sinclair, *The Jungle* (New York, 1960), 177.「ユルギスは今や全真相がわかった――彼は自分自身が、出来事の長い連続の全体によって、彼の臓器を切り裂いて彼をむさぼるひどく飢えたハゲタカの犠牲者であること、彼を責めさいなみ、拷問の苦しみを与え、彼を嘲弄し、他方では面と向かって冷笑する悪鬼たちの犠牲者であることがわかった。ああ、神様、その恐ろしさ、ひどさ、おぞましさ、デーモンのような邪悪さよ。」同じ調子でさらに続く――これは自然主義の伝統のゴシック的かつ悪魔的なピクチャレスクの側面を示している。

(15) William Golding, *Lord of the Flies* (Capricorn ed., New York, 1959). この小説に付された注釈のなかで E. L. Epstein によって引用された著者のことば。

(16) Harry Berger, Jr., *The Allegorical Temper*, 122 ff.

(17) ダーウィン理論における擬人化された自然力の使用については Basil Willey, *Darwin and Butler* (New York, 1960), 49–50 を、そして *Erewhon*, chs. xiii and xxiv における人間の四肢の「機械」としての発達については 67–72 参照。

(18) Bloom, *Shelley's Mythmaking* (New Haven, 1959). 文献表を参照。

(19)「趣味とは、ある対象もしくはそれを表象する方法を、まったく無私の満足あるいは不満足によって判断する能力である。そのような満足の対象が美と呼ばれる」(*Critique of Judgment*, I, 5)。この「目的のない目的性」については Israel Knox, *The Aesthetic Theories of Kant, Hegel and Schopenhauer*, 11–53 参照。

（20）ゴンブリッチはこれを、主としてミメーシス的芸術のことを考えているが、「創造の負担の一部を見る者に転移すること」と呼んでいる。彼の基準は崇高の方によくあてはまる。ゴンブリッチについては Peter Mckellar, *Imagination and Thinking*（New York, 1957）, 142 参照。また E. H. Gombrich, *Art and Illusion: A Study in the Psychology of Pictorial Representation*（New York, 1960）参照。

（21）アレゴリーのソヴィエト版は、『国家』で記述されているような、理想的なプラトン的芸術を想起させる。そこには、少しでも政治的に不健全なイメージは禁止され、すべての健全なイメージは奨励されると記述されている。

「社会主義リアリズム」とその帰結の公的解釈については毛沢東『文芸講話』（Mao Tse-tung, *Problems of Art and Literature*, New York, 1953）参照。この本と他の同種の本は、通常のソヴィエトの、「典型的」人物の探究は、模倣に関する古い「コピー理論」の復権で終わる。これは一種の新中世主義的「人物像的リアリズム」であるが、それを（プラトン的に）「現実的」なものにする中世の宗教的構造を伴わない。かくして毛［沢東］は言う、「あなたは大衆を、彼らを表象することによってのみ教育することができる」と。そしてわれわれは、「彼ら」とは誰かと問う。われわれは、毛は、革命理論に即して勇敢な若者を表象する決断をしたが、彼ら（「彼ら」はせいぜい統計学的平均値）あるいは彼らの誰かがそうなるかもしれないものとして表象するのではないことに気づく。文学はとりわけ国家に有益である。「われわれはプロレタリアートのなかの革命的功利主義者である。」

この主題の資料は急速にふえている。手に入る原典のなかには、スターリン主義者 Andrei Zhdanov, *Essays on Literature, Philosophy and Music*（New York, 1950）がある。そこにはソヴィエト文学の教育的機能が定義されている。「基幹要員を補給し、彼らを教え、教育すること」（35–37）。ペンネーム Abraham Tertz, *On Socialist Realism*, tr. George Dennis（New York, 1960）は、スターリン主義の綱領を攻撃し、その反美学的帰結を示した。「建設的ヒーロー」と「他の役柄の、プロットと言語における、厳密にヒエラルキー的な分配」についてテルツは、こう書いた。「一九三〇年代から始まった、厳粛さへの情熱は［ソヴィエト文学に］みずからを刻印する。そしてこれみよがしの様式の素朴さと［特別なソヴィエト的意味での］古典主義の特質が流行する。われわれはわれわれの国家を

『力』、農民を『パンを作る人』、兵士を『戦う人』、剣を『サーベル』と呼ぶ。われわれは多くの単語を大文字化する。アレゴリー的比喩と擬人化された抽象がわれわれの文学に侵入する。そしてわれわれはゆったりとした厳粛さと大げさな身ぶりで話す」（83–84）。この本はソヴィエト連邦からこっそり持ち出さなくてはならなかった。

この文学の背景については Harold Swayze, *Political Control of Literature in the U. S. S. R. 1946-59*（Cambridge, Mass., 1962）; E. J. Simmons, *Through the Glass of Soviet Literature: Views of Russian Society*（New York, 1953）, "Introduction: Soviet Literature and Controls," 3–27; Simmons, *Russian Literature and Soviet Ideology*（New York, 1958）; N. A. Gorchakov, *The Theatre in Soviet Russia*, tr. Edgar Lehrman（New York, 1957）; Jules Monnerot, *The Sociology and Psychology of Communism*, tr. Jane Degras and Richard Rees（Boston, 1953）、とくに the chapter, "Projections of the Sacred"; R. W. Mathewson, *The Positive Hero in Russian Literature*（New York, 1958）参照。

（22）Tolstoy, *What is Art?* quoted by I. A. Richards, *Principles of Literary Criticism*（1925; reprinted New York, 1952）, 65. オーウェルのエッセイ "Tolstoy, Lear and the Fool" も参照。

（23）Richards, *Principles*, 65.

（24）*Philosophy of Literary Form*（Vantage ed., New York, 1957）, 198ff.

（25）Bertram Wolfe, *Three Who Made a Revolution*（Boston, 1955）, 23. ミドラシュ〔旧約聖書に対する古代ユダヤ人の注釈〕解釈の偉大な時代に起こったユダヤ人聖職者に対する似たような迫害については *Encyclopedia of Religion and Ethics*, ed. James Hastings, VIII, 627b–628a 参照。

（26）*Philosophy of Literary Form*, 199.

（27）Maurice Friedberg's Introduction to Ilf and Petrov, *The Twelve Chairs*, tr. John H. C. Richardson（New York, 1961）. メイエルホリドについては Gorchakov, *Theatre in Soviet Russia* 参照。

（28）「いつわりの外見」は、ジャン・ド・マンによる『薔薇物語』続篇の主要人物のひとりであることに注目。Puttenham, *The Arte of English Poesie*, III, vii, 154.「すべての言語において比喩が装飾の道具であるように、それらはまた、話しことばにおいては、いわば悪習あるいはむしろ違反である。なぜなら、それらは、普通の発話の通常の境界を越え、耳とそしてまた精神を欺くためにわざと使われ、発話を平明さと単純さからある種の二重性へと引き寄せるので、われわれの話はよりいっそう狡猾で誤りの多いものになる。というのも、あなたのメタファーは、転移による意味の逆転以外の何ものでもないからだ。あなたのアレゴリーは、隠れている分かりにくい真意のもとでの意味の二重性あるいは偽装による意味の逆転である。ある者は不明瞭に、そして *Aenigma* と呼ばれる謎で話すが、別の者は *Paremia* と呼ばれるよくある格言や諺で話す。次には *Ironia* と呼ばれる陽気な嘲弄で、次に *Sarcasmus* と呼ばれる口汚いあざけりで、次に、一語か二語ですべて言えるかもしれないのにまわりくどく、遠回しに、次に誇張（*Hyperbole*）のように、信じがたいたとえで信じさせることで、そして精神をたぶらかし興奮させる他の多くの方法で話す。」

(29) アレゴリーについては Puttenham, *The Arte of English Poesie*, Book III, ch. xviii, 186–196 参照。

(30) オリゲネスの『雅歌』に対する注釈。「格言という語は、あることが公然と言われ、別のことがひそかに意味されることを表わす。」標準的な英語の例はジョン・ヘイウッドの格言であるが、格言はアレゴリー的様式であるという考えは古くは、チョーサとガワーの「格言 sentence」に現われ、われわれの「金言的な sententious」を暗示する。

(31) Puttenham, *Arte of English Poesie*, 193. ディケンズ『リトル・ドリット』と、公文書保管庁の迷路のイメージである、『荒涼館』の毒気のある霧の相似体である繁文縟礼局を参照。

(32) 「シンボルが、長い時間の経過のなかで、身分的地位と結びつくようになると、シンボル自体が大きな価値をもち、シンボルを自分の大義に結びつけられるようになる者は誰でも、権力の座に登る。聖職者の地位は敬虔な信者に影響を与える。なぜなら、地位のヒエラルキーは神で終わるからである。そして、聖体拝領者がひざまずくとき、彼は聖職者にではなく神にひざまずいているのである。」「しかし、高い身分的地位にある人々にとっての問題が、いかにしてみずからのシンボルの純粋さを守りながら、同時に、シンボルを容易に理解できないほど排他的なものにしないか、というものだとすると、低い身分的地位にある人々にとっての問題は、彼らを権力の座にある者と同一化させるシンボルをどのように確実に用いるかということである。というのも、低い人々も、高い人々とまさに同じように、彼の意志伝達が社会空間の多くの裂け目を通じて必ず聞かれるようにしなくてはならないからだ。われわれが空間と時間において離れれば離れるほど、われわれの意志伝達はますます不確実になる。シンボルを魅力的なものに保つには、それを異様なものに保たなくてはならない。これは、それを排他的なものにすることによって、そして応用を制限することによってなされる。そうすれば、それは親密に利用できなくなり、軽蔑にさらされることもなくなる。われわれは、地位が高い人々を除いて利用困難にすることによってシンボルの利用を制限する」(Duncan, *Language and Literature in Society* [University of Chicago Press, 1953], 123 and 126)。

(33) 神学的葛藤の局面については Anders Nygren, *Agape and Eros*, 320 参照。「一般的に、寓意と融合は容易に協力しあうということが観察できるかもしれない——それには明白な理由がある。寓意は恣意的であり、どのようなものにもどのようなことをも意味させることができる。輪郭は消され、さまざまなモチーフが容易にたがいに流れ込む。」

イギリス国教会の見解については H. J. Paton, *The Modern Predicament: A Study in the Philosophy of Religion* (London and New York, 1955) の "The Way of Allegory" の章参照。「にもかかわらず、限界点に達するまでは、信仰には事実上の連続性があるかもしれない。信仰はその発展のさまざまな段階で、非常に異なる知的解釈を見出すからである」(123)。この見解におけるアレゴリーは、それにより古い信仰が保持される、ひとつの世界観から別のそれへの転移の一手段になりうる。聖アウグスティヌスは、アレゴリーが (*Confessions*, Book. V, ch. xiv と Book VI, ch. iv におけるように) 教義の移行の瞬間に媒介機構になった信仰者のよい例になるだろう。司教アンブロシウスをアレゴリー的に解釈することによって、アウグスティヌスは、さもなければ拒絶したにちがいないことを吸収し受容することができた。

コンパレッティはこれが偽善的であったという考えに反論する。「われわれは容易にそうする誘惑に駆られるのであるから、それが冷静な計算の結果であるかのように、あるいは熟慮のうえの『敬虔な詐欺』であるかのように、方便のために頼るからといって、誰をも信心を悪く考えてはならない。人間の精神は同じ力をもつ二つの矛盾する影響力に支配されており、どちらからも自分を自由にできない。これはそういう人間の本能的で正直な才覚である。」(Comparetti, *Virgil in the Middle Ages*, tr. E. F. M. Benecke [London, rn 1895]), 105–106.

(34)「道徳的レヴェルとは社会的レヴェルである。というのも、芸術作品が地域社会の焦点になるのは、それの原型あるいは神話の力によるからである」(Frye, "Levels of Meaning in Literature," *Kenyon Review*, 1950, 259.)

(35) プルタルコスの論文「迷信について」に、われわれは異教的、多神教的世界が、信仰と不信仰の範囲が「唯一神」に狭められていく事態に直面したときの態度を垣間見る。それに付随して、われわれは、「神聖な対象」によって両価性が誘発されるのを見る。「しかし、迷信深い人々は神々についてどのようなことを考えているのか——神々をたけり狂う、不実な、きまぐれな、復讐心に燃えた、残酷な、貪欲な存在と想像しているのだ。これらすべてのことから、迷信深い人が神々を憎悪しかつ恐れるということが必然的に起こる。というのも、迷信深い人が、もっとも大きな災いが神々の仕業によって自分の身に起こった、そして再び起こるだろうと信じるとき、どうしてそれ以外のことができようか。彼は神々を憎み恐れているのだから神々の敵である。彼は神々の神殿で崇敬し、服従し、犠牲をささげ、不寝番をするかもしれないが、それは驚くにあたらない。というのも、人々は暴君の前で腰をかがめ、機嫌をとり、金で像を作るかもしれないが、犠牲を捧げているあいだじゅうひそかに憎悪しているからである」(*Plutarch's Morals*, tr. King, 272)。「無神論者は神々はまったく存在しないと考える。迷信深い人はまったく存在しないことを願っている」(272)。この論文の初めの方でプルタルコスは、「美徳」と「悪徳」の身体的体現化への信仰について論評している。これもまた迷信であると彼は論じる。「他方、ある人は、『美徳』と『悪徳』は一体であると空想する。おそらく不名誉な失態であるが、泣いたり嘆いたりするにも値しない。しかし、次のような格言や意見、

『かわいそうな美徳！ それでは汝は名前だったのだ、でもわたしは
汝を真理として追求した、

そして、富の原因である不正と、すべての幸福の真の源である不節制を捨てた』が何であれ――これらの感想は実際に、われわれが憐れみと怒りを抱くべきものなのだ。」プルタルコスはこう結ぶ。「無神論は欺かれた理性であり、迷信は間違った論証より生まれる情念である。」これは、「悪い神学」としての異端という考えを強く示唆する。

(36) Defoe, *Serious Reflections of Robinson Crusoe*, III とくに ch. i, "Of Solitude."

(37) Freud, *Beyond the Pleasure Principle*, tr. James Strachey (London, 1950), 72.「われわれの見解は最初から二元論的であり、今日それらは、これまでよりも明確に二元論的である。」

(38) L. Ronald Hubbard, *Dianetics* (New York, 1950). 大部分の信仰治療術師は、きわめて装飾的な特殊用語を使うので、彼らのメッセージは漠然と治癒を予言するが、肯定すべき、あるいは否定すべき経験論的真実に少しでも似たものはまったくない。ある種の作家たちの装飾的語法は、ことばの精神安定剤として作用するように思われる。そしてこのことは、その特殊用語が漠然と科学的に聞こえる場合にとくにあてはまる。

(39) Glover, *Freud or Jung?* (London, 1950).

(40) バートンの動機の心理学と彼の空想の型は、現代のSFを暗示する。彼は宇宙旅行の可能性を喜ぶ。というのも、それは思弁的精神に新しい領野を開くからであり、過去、現在、未来をひとつの広大な宇宙的光景のなかに結合するからである。

「わたしは、オルペウス、オデュッセウス、ヘラクレス、ルキアノスのメニッポスとともに降り立てる便利な場所が欲しい、聖パトリックの煉獄、トロポニオスの洞穴、アイスランドのヘクラ、シチリアのエトナへ降りて、地球の内部で何が行われているかを見たい。石や金属は今でもそこで大きくなるのか。ヨーロッパ全域の苔や沼のなかでのように、モミの木は山のてっぺんから掘り出されるのか」という具合に続く。バートンは彼の思弁を地球の中心部に制限せずに、外側にも向けた。「ケプラーは（わたしは告白するが）けっしてブルーノの無限の世界を認めないだろうし、恒星は太陽であり、取り囲む惑星をもっていることを認めないだろう。しかし前述のケプラーは、［ガリレオの］恒星の使者に関する論考以外にも、彼の見通し、月の地理、彼の夢において、冗談と真面目のあいだで、一部これに同意し、一部これを否認しているように思われる。惑星に関しては、彼はそこに棲息するものがいることを認めるが、恒星については疑っている。ティコ・ブラーエもその天文学的書簡で、恒星の広大さと大きさを考えて同じように疑っているが、突然こんな趣旨のことを言いだす。つまり、これら大きく広大な天体が、われわれが見るところ全体からすればあるかなきかの点である地球を照らすためだけの用途に作られたとはけっして信じない、と。しかし、棲息するものがいるとして、これら広大な天体、地球、世界に誰が住むだろうか。ケプラーが求めるような、理性をもった生物だろうか。彼らは救済されるべき魂をもっているのだろうか。彼らはわれわれよりも、世界のなかでよい場所に住んでいるのだろうか。世界のあるじはわれわれなのか彼らなのか。万物は人間のために作られたのか。これは解きほぐすのが困難な結び目だ。決定するのはむずかしい。彼はこれだけを証明する。われわれは太陽の中心に一番近い、最良の場所、最良の世界にいることを」(*Anatomy of Melancholy*, 412)。この種の科学的空想は先例がないわけではない。それはおそらくルキアノスに最初に現われる。それはまた *The Travels of Sir John Mandeville* にも現われる。これは、イギリスの最初の印刷本のひとつとして重要であり、非常に人気を博した作品である。

(41) New York, 1960. Walter M. Miller, *A Canticle for Leibowitz*（New York, 1959; Bantam ed., New York, 1961）も参照。

(42) Butler, *Life and Habit*（London and New York, 1910）, 41.

(43)「アレゴリーは、まじめな中世文学の骨、筋肉、神経を構成していると言えるかもしれない。中世の精神は、われわれの世界よりもわかりやすい世界に住んでいるので、事実の集合と、われわれには関係がないように思われる観念とのあいだに、いたるところで照応を見た。……われわれはそれ（プラトン以前にさかのぼるアレゴリーの習慣、つまり書物にアレゴリーを読み込むこと）から、十七世紀後期の合理主義が、神秘的な事物に、冷静で厳しい凝視によって穴をあけるとき初めて逃れることになるだろう」（Bush, *Mythology and the Renaissance Tradition*, 15）。公式にはこれは公正な発言である。しかしアレゴリーはその弦楽器に他の弦ももっていたのである。崇高がそのひとつである。中世の世界が「われわれの世界よりわかりやすい世界」であったというのは、「わかりやすい」がスコラ哲学を含意しているのならともかく、本当に疑問である。

（44） Frye, *Anatomy*, 91–92.

（45） *The Defence of Poetry*, as quoted by I. A. Richards, in *Principles of Literary Criticism*, 67.

（46） Frye, *Anatomy*, 90. フライは、直接的で図式的な訴えが必要な、教授法、広告等における素朴なアレゴリーの重要性を注記している。

（47） 芸術的および他の種類の昇華行動の一般的問題についてはJ. C. Flugel, *Studies in Feeling and Desire*（London, 1955）そしてまたEdward Glover, "Sublimation, Substitution and Social Anxiety," *International Journal of Psychoanalysis*, XII（1931）参照。この用語はアーネスト・ジョウンズによって導入されたとわたしは信じている。Ernest Jones, "Theory of Symbolism," reprinted in *Papers on Psychoanalysis* 参照。また、環境に対する反応としての芸術の機能の精神分析的論述の文献目録はJones, *Life and Work of Simund Freud*, III, 521–522 参照。

（48） Frye, *Anatomy*, 105–110は「儀式」という用語をわたしよりゆるやかに使っている——彼の目的を考えれば、きわめて妥当なことである。わたしは一貫して、強迫衝動的儀式のパターンについて考えているのであって、反復的行為についてはまったく考えておらず、儀式のこの特定の種類と機能だけを考えている。

（49） Richards, *Principles of Literary Criticism*, 246. これが、重要なことだが、想像力にあてた章の一部を形成している。

（50） Honig, *Dark Conceit*, 53.「始めからアレゴリーは、理性的意識に対して、規制がなければ矛盾によって混乱し、破壊的な含意にみちているように見える想像力の素材を規制する方法を提供した。アレゴリーにおいては、不合理なものが、差異化作用と呼んでもよい協働的方法によって有効なものとなる。つまり、物語は、『意味のレヴェル』のあいだ、そして偶然的なものと目的のあるもののあいだ、明示的なものと暗示されたもののあいだ、などから引き出される差異の意識を作り上げる。不合理なものが、それによって真正の、軽減されない力を与えられる。それはさもなければ——法則、習慣、教養に即して——歪められる、あるいは不明瞭なものにされるだろう。物語における絶えざる意味の重層化は、文学作品がわれわれにもたらしうる全効果を生み出すうえで決定的であることが判明する。われわれが、聖書、『オイディプス王』、ホメロスの詩のような偉大な神話作成時代の作品を考えるとき、それらは広範囲にわたる注釈で統制されているものの、解釈者たちがその努力を、もし字義通りに解釈されたら社会がそのうえに築かれているまさにその慣習を破壊するであろう、不規律で危険な洞察を馴致することに注いでいるのはきわめて印象的である。」

（51）"The Relation of the Poet to Day-Dreaming"（1908）, in *Collected Papers*, IV, 183.

（52）Freud, "Obsessive Acts and Religious Practices"（1907）, in *Collected Papers* II, ed. Joan Riviere（London, 1950）, 34.

（53）Curtius, *European Literature*, 214ff. ジョヴァンニ・デレ・ヴィルジリオ（Giovanni del Virgilio）はダンテを「神学者ダンテ Theologos Dantes」と呼ぶことができた。異教とキリスト教の寓話がそのなかで結合されるいわゆる「神話的神学」の伝統のなかにいたこの詩人は、歴史の摂理的枠組をほのめかす幻視的な詩を書くことができた。

（54）テューヴ女史は、パリンゲニウス（Palingenius）のグージ（Googe）による翻訳を編集した本のなかで、次のような逆説を注記している。「この本は、提案されている解決策の大部分がもつ中世的性格により、典型的にルネサンスの本である。悪の問題は繰り返し繰り返し提起されているが、おなじみの論拠でからかい気味に扱われている。その論拠とは、偶然性、受難による純化、ストア派的無視、善のキリスト教的再定義、存在の階梯の概念の陳述におけるプロティノス的楽観主義、悪魔を最下層とする原因の連鎖の序列、汚れた肉体と天上的魂の二元論的概念化、『ひとつに圧縮された……遠くかけ離れた正反対の二つ』（Scorpius, 144）。悪の現実性は、恐怖と力についての文章のなかで主張されているようだが、その文章は、それを書いた人々とマニ教的異端説で非難されている著者たちを同列に並べているかもしれない。マーストンやナッシュでさえも、細部に見られる鞭打ち的蛮行、あるいは彼が人々に、教会を建てろと言い、みすぼらしい生活を長びかせることを求める賛歌をがなりたてろと言うときの、口汚いことばを上まわることはできないだろう（Virgo, Capricornus）。しかしこういったことはすべて、これら後期の作家たちにおいてそうであるように、悪行のこらしめなのである。神ではなく人間が悪党なのだ」（*The Zodiacke of Life*［reprinted in facsimile, New York, 1947］, xxi］）。

（55）ウィリアム・ブレイクの目から見れば「最後の審判は寓話でもなくアレゴリーでもなく幻視である。寓話あるいはアレゴリーは全体的に明白な下級の詩である。幻視あるいは想像力は、永遠に、現実に、不変に存在するものの表象である。寓話あるいはアレゴリーは記憶の娘たちによって形成される。想像力は霊感の娘たちに取り囲まれている。彼女たちは集団のなかでエルサレムと呼ばれる。寓話はアレゴリーであるが、批評家たちがこれこそ寓話と呼ぶものは幻視そのものである。ヘブライ語聖書とイエスの福音はアレゴリーではなく、存在するすべてのものの永遠の幻視あるいは想像である。ここで、寓話あるいはアレゴリーは、なんらかの幻視を伴わないことはまれであることを銘記せよ」(*Complete Writings*, 604–605)。

(56) わたしは ch. cxxxii, "The Symphony" の結びの一節を選んだ。

(57) キルケによるルキウスのろばへの変身は、それ自体が、その結果彼が野獣に変えられるダイモン的変身である。しかし、それはまさに、アプレイウスが言うのを避けたかったことである。むしろ彼は、いったん人間の地位を失ったあと、人間であるということはどういうことであるかを示し続けている。変身は、とりわけ人間的な人物であるこの本のヒーローの新たな定義を可能にする。ルキウス・アプレイウスの改宗についてはA. D. Nock, *Conversion*, ch. ix, "The Conversion of Lucius" 参照。また、宗教的改宗と啓発による魂の「改良」についてはGerhart B. Ladner, *The Idea of Reform: Its Impact on Christian Thought and Action in the Age of the Fathers* (Cambridge, Mass., 1959) とくに sec. 4 of ch. v 参照。そこでラドナーは、霊的改良の概念――われわれは「再生」と呼ぶ方が多いかもしれないが――を時間の流れに関連づけている。彼は『告白』におけるアウグスティヌスの見解を論じている。

(58) マロリーにおけるランスロットとガラハッドの、それぞれが聖杯の幻視を願うときの両者の違いを比較せよ。ランスロットの例が示すように、奥義参入はすべての人に可能であるわけではない。

(59) フライの『解剖』の「神話の理論」のなかの黙示録的イメジャリーの節を参照。また「魅惑的な場所 *locus amoenus*」についてはFrye, "New Directions from Old," in *Myth and Mythmaking*, ed. Henry Murray (New York, 1960), 124–125 参照。「下の世界の植物の種子がそこから生まれ、そこへと戻る永遠に穏やかな気候の場所。」スペンサーにおける「アドーニスの庭」はもっとも重要な事例である。しかしダンテは『煉獄篇』の第二十八歌章で「魅力的な場所」を利用している。おそらくそのような利用のすべては、「エデンの園」のような原始的な原型をふりかえっている。

(60) 大破局的幻視の主要な例は、サミュエル・ベケットの劇であろう。ベケットは大破局を、受信不能地帯への段階的な摩耗と減速として提示する。彼は、自分の描く人々の孤立状態にとりつかれている。実際、孤立状態は、ベルトルト・ブレヒトと同様に、彼の大きな主題である。

(61) わたしは数回、神話とアレゴリーは、ひとつの原型的な物語の語りの過程の二つの異なる段階であることを示唆した。神話は、わたしには、おおむね夢に対応しており、アレゴリーは合理化と強迫衝動的思考に対応しているように思われる。アレゴリーは、それが別々のレヴェルに引き離している物語はかつては一体であったに違いないという点において、神話に続くもののように思われる。(芸術家は、それにもかかわらず、この過程の逆転を試みるかもしれない。たぶんエズラ・パウンドはそのような事例である。おそらくエリオットは、まさしくこの企てで成功した。)ヒーローの神話型とアレゴリー型とのあいだに、分析─総合の両極性の証拠を求めることができるかもしれない。われわれは、フライにしたがって、神話のヒーローたちは本当に神々であると言ったが、アレゴリー(フライの「ロマンス」)のヒーローたちは、ダイモンか、ダイモン的力を与えられた人間であると言った。前者はすべての力をもっており、後者は条件的な力しかもっていない。後者は「条件的な不死性」しかもっていないことが多いからだ──たとえば、アキレウスのかかと、タラスの魔法の電光、アンタイオスの大地に触れているときに限られた力。神話的ヒーローとアレゴリー的ヒーローとの違いは、彼らの性的性質にもっとも強烈に現われる。

そういうわけでエリアーデは *Myth, Dreams and Mysteries*, tr. Philip Mairet (London, 1960), 174–176 の「両性具有と全体性」の節でこう述べている。「われわれは、実際、古代人の『至高存在』のある数のものは両性具有であったことを知っている。しかし、神の両性具有性という現象はきわめて複雑である。それは、神聖な存在における両性の共存──あるいはむしろ融合──以上のことを意味する。両性具有は、全体性、反対物の共存、反対の一致 *coincidentia oppositorum* の表現のための古風な普遍的形式である。両性具有は、性的完全性と自足の状態以上のものであり、根源的な、条件が課されていない状態の完壁性をシンボル化している。」われわれは、『妖精の女王』におけるヒーロー、そしてそれ以上にヒロインの、アレゴリー的意味作用の状態から神話的意味作用の状態への浮上をこれらの用語で説明することができる。スペンサーにおける傾向は、すべての主要人物が両性具有に向かう運動である。もっとも顕著な例は、スペンサーによってもっとも豊かに展開された人物であるブリトマートである。アモレットも同様である――彼女のためにスペンサーは、実際に、彼の詩の最初の版の第三巻の末尾で、ヘルマフロディトス〔両性具有者〕のイメージを使った。彼はのちに、第二版で公刊された第四巻への移行をよりなめらかに、より連続的なものにするために、これらの連を削った。

エリアーデはさらに、神性を、両性具有者の観点から定義しさえする。「しかし両性具有性は、すぐれて男性的あるいは女性的である神々にまで及ぶ。このことは、両性具有性が、自律性、力強さ、全体性を意味する一般的定式になったことを意味する。神についてそれが両性具有的であると言うことは、それが窮極の存在、窮極の現実であると言うのと等しい。」たしかに、神話群は、この発言がほぼ正しいことを示している。アレゴリーに特徴的な技巧は、このもともとの全体性を基本的な部分へと分割することである。これらの部分が次にはおそらく原型となるが、それらは、アリストパネスのエロスの神話のなかの性的に二等分された生物のように、再結合を求め続ける。アレゴリーはマクベスとマクベス夫人をわれわれに与えてくれる。アレゴリーのヒーローは男と女ではなく、分断された両性具有者である。

(62) ブレイクの『エルサレム』*Jerusalem*（*Comlete Writings*, 745）は、たとえば、地球＝身体の連合で終わる。

そしてすべての人は四重に立っていた。ひとりひとりが四つの顔をもっていた。ひとつは西、
ひとつは東、ひとつは南、ひとつは北、馬は四重だった。
そして薄暗い混沌が、下、上、周囲で明かるくなった。クジャクのように目をあけた、
生命の水の四つの川である人間の感覚神経にしたがって。

南には目の神経があった、東には、鼻孔を膨張させる筋肉である
至福の川があった。西には親のような感覚である味覚が流れていた。北には迷宮のような
耳があった。排泄物のような殻や皮を取り囲んだり除去したりして、

蒸発する真空に変え、人間の輪郭を明らかにし、
死の体を外へ駆り出し、永遠の死と再生のなかに入れ、
ベウラの花々のあいだで生に目覚めさせ、四つの感覚、
輪郭、境界線、形態の統一を、
そして自己消滅である罪の赦しを永遠に喜ぶ。これがエホバの聖約だ。

この大胆な、宇宙的「生物」としての身体イメージの使用はブレイクの独創でもなければ、幻視の詩のみにかぎられるものでもない。われわれはそれを後者に予想する。われわれは、エリザベス朝人の一見もっと散文的で地勢図的な詩、たとえばドレイトンの『ポリオビオン』に見出して最初は驚く。そのような散漫な詩を理解したり大きな喜びを引き出すことはできそうにもないことである。しかし、われわれが、ドレイトンはイングランドを「世界の身体」に変えようとしていること、それゆえにたえず、果てしなく反復的に、田園と身体の四肢と器官を同等視するメタファーを使っていることを知れば話は別である。この詩的イメジャリーは『ポリオビオン』の扉に相似物と説明がある。そこでは、女神であるイングランドが、島国イングランドの地図の描かれたガウンを着ている姿が示されている。そのような解説から始めると、われわれは、この詩を、偉大なエリザベス朝の宇宙的幻視のひとつであると説明することができる――それと似たものは、『妖精の女王』のなかのテムズ川とメドウェイ川の結婚のような妙技の一瞬のみにたぶん見出されるだろう。われわれは、ドレイトンのイングランドを「幻視化する」ことができ、その意味で、散文性の汚れを取り除くことができる。

あとがき

このような本の最後に、確定的な要約記述をするのは困難である。内容の性格からして、さらに研究すべき問題はあるし、さらに行うべき詳細な区別がある。おそらく、特殊な技巧に対する準備を整え、それによって特定の文学作品を設定された大きなパターンにあてはめるのが、理論のあるべき目的だろう。個性的な様式と個性的な創造性は、アレゴリー作家にもつねに可能である。この自由度が、アレゴリーと強迫衝動の類比性にもかかわらず、この様式を「抑圧された」とか「神経症的な」とか呼ぶのは間違っている大きな理由である。むしろ、この様式の作品にもっと建設的な機能を認めるのが一番よい。簡単に言えば、それらの作品は、われわれの理想の記念碑ではないかという気がする。(1)それらの作品は、これらの理想を必要とする人間をミメーシス的にわれわれに示すことはないが、われわれが行動する際の哲学的、神学的、道徳的前提を検証し、それから、われわれを、ある理想の完璧さと他の理想の堕落に直面させる。さらに、アレゴリーはしばしば、邪悪な精神をもつ人の理想でさえも、人道的な世界観あるいは何か物理的必然性がこの悪への改宗を妨げることがなければ、妥当性をもちうるであろうことを示唆する。実際にときどき、アレゴリーはわざわざ、スペンサーが『妖精の女王』の第五巻でしたように、悪の記念碑と狂気の合理性を創造するだろう。スペンサーは、善の絶対的敵対者であるラディグンドが、彼女独自の法、彼女独自の権利、彼女独自の理想をもっていることを示しているのである。

記念碑的であることの効果は、たとえ悪の幻視においてさえ、絶えることなく残る。ある支配的な文化的理想は、記念される、あるいは公的に賞賛される必要がある。ルネサンスの詩人たちが、彼らが「歴史」と呼ぶものを道徳的教示の手本とするとき、彼らは、そこから「勝利」を手にすることができる闘いに注目しているのである。彼らは、文化的理想の記念碑に間違いなくなれる英雄的行動の瞬間を取り出す。(2) 彼らはかならず、過去の歴史における不名誉な、あるいはありきたりな瞬間をすべて無視する――シェイクスピアは元来アレゴリー作家ではないという小さな、しかし確かなしるしは、普通の人々が個人として彼の歴史劇に参加する度合による。というのも、われわれは、アレゴリー作家なら、純粋に英雄的な行為を誇張すること、そしてどこかに、このような記念碑性が存在する可能性があると期待するかもしれないからである。同じ理由で、シェイクスピアの歴史劇が摂理的歴史のアレゴリー――イングランドの理想的な現世の運命――を提示しているとき、彼はまさしくその記念碑性を最高度に示している。

もちろん、「記念碑的」という用語に図像学的な、あるいは次元的な意味を与えるべきか否かを決定するには少し困難が伴う。わたしは主として前者の意味で解釈しているように思われるが、明らかなことは、伝統的なアレゴリー的作品は崇高な壮大さをもっていることが多いということである。そしてわれわれは、それらの大きさに直接的に強襲される。一種の倒立した壮大さが可能であるということは、ピクチャレスクをめぐるわれわれの議論のなかから出てきたことである。この様式においては、全体的形式は、攪拌《かくはん》された表層の組成と較べるときほど重要でなくなる。そして次にはこの組成が強迫観念的、ダイモン的になり、高度に織り込まれたものになる。これら形式的属性の直接的で図像的な強襲から逃れることは不可能であるように思われる。彩飾写本『シャフツベリー詩篇』の聖母マリアの絵に関する最近の解説で、D・W・ロバートソンは、主として形式的な属性から結果する神秘儀式性（hierophany）を表わすために「記念碑的」という用語を使った。

彩飾においては、人間の姿形の自然な表現は、均衡のとれた線や対称的に配列された表面のために犠牲にされた。聖母は、自分の姿形に課された幾何学的パターンの厳格さゆえに、「神官書体的 **hieratic**」もしくは「記念碑的」外観を帯びる。……部分を、人為的に秩序化された全体に従属させるこの幾何学的対称性は、不可視のものの抽象的領域に向かう一歩である。この領域もまた人為的秩序に統制されているのである。それ以外の場所でも、同じ種類の秩序は、聖者にも怪物にも課される。しかし、これは当然のことである。というのも、すべてが「神の秩序」の美の一部だからだ。[3]

崇高な、あるいはピクチャレスクな大きさという観点に加えて、厳格さ、「孤立性」、過度の対称性という観点から定義すると、謎やエンブレム詩のような小さな形式のアレゴリーでさえ、「神官書体的」で「記念碑的」であるように思われる。これらの小さな形式は、訴える力の点でしばしば人気があるという意味で特別な重要性をもっている。きわめて古い時代より、謎とエンブレムは、なじみのある伝承された知恵と行動指針の格言の媒体であった。それらは、われわれが一番よく知っている諺的な図像を利用する。かつては、何百回と印刷して輪郭線が摩耗しても再版して利益をあげられた木版であり、最近では、人気のある雑誌、テレビ、広告掲示板で無限に再生産されていっそうなじみのあるものになった広告の図像がそうである。われわれは今日、奇妙な状況にある。つまり、テレビであれ、何か他の人気のある宣伝手段であれ、月並なイメージを、連続的に、過度に単純化し、威圧的に反復することによって、ほとんど一晩で伝統を作れるのである。しかし、現代のエンブレム作家にとって重要なのは、これらの伝統の創造を手助けし、今度はその伝統から、自分の物語《ロマンス》の基礎となる価値を抽き出すことであるように思われる。(4) われわれの「ハリウッド」的理想は、大規模な製造業者が、自分の製品をそれに結びつけたいと思っている理想と近い。つまり、われわれの消費財はかならず、地位を表わす典型的なロマンス的シンボルと結びつけられる。それらのシンボルは、はるかにまじめな昔の図像法に、対応するものをもっている。(5) 神学的な価値が疑わしいわれわれの世界は、物質的であれ霊的であれ、存在することの善を、形而上学の高級な用語で表わすことは期待できない。それゆえ、現代のアレゴリーには威厳の衰退が見られる。フライは、わたしがすでに注記したように、われわれは「反アレゴリー的」段階にあると言った。たしかに、栄光が作家の理想ではないその度合に応じて、われわれはそのような段階にあるといえる。伝説的ヒーローを創造するのは困難である。(6) 今日は、しかしながら、一種の逆転した栄光がある。われわれの孤立したヒーローをわれわれの時代に結びつけるために彼らに課す、われわれが大好きな道徳的堕落である。典型的なヒーローであるウィンストン・スミスは、オーウェル自身のように、みずからの弱さに喜んでいるように思われる。ウィリアム・ゴールディングのピンチャー・マーティンは、動きの不能状態の絶対零度からほんの一度高いだけである。この作家はありえない苦闘を楽しんでいる。

古いアレゴリー観によると、この記念碑性の倒立は、この様式そのものを破壊した。しかし、わたしがその概略を描いた理論からはそのような結論は出てこない。この理論はむしろ、読者は、どのような図像学的語彙にも「暗い奇想」を捜すことができると主張する。映画を考えよう。最近の映画にはアレゴリーの欠如はない。現代の映画の巨匠たちはみな、視覚的儀式の「高次の」範疇で作品を試みた。以下の作品がその証拠である。デ・シーカ『ミラノの奇蹟』、クレマン『禁じられた遊び』、『居酒屋』、ベルイマン『第七の封印』、『処女の泉』、『鏡の中にある如く』、『魔術師』、フェリーニ『道』、『甘い生活』、『アントニオ博士の誘惑』、ブニュエル『ビリディアナ』、アントニオーニ『情事』、『夜』、アラン・レネ『去年マリエンバードで』[7]──マルグリット・デュラス脚本の映画『ヒロシマ・モナムール』ととりわけ『かくも長き不在』[8]は、映画製作の主要なシュールレアリスム的伝統に従っている。その伝統は明確に図像学であり、クレール、コクトー、ブニュエルによって確立された手法を引き継いだものである。最後に、エイゼンシュテインが、歴史に基づく「図像的リアリズム figural realism」のロシア映画における用法を確立した。(この点において、彼は、ロシア芸術におけるはるかに大きな運動に属していた。二十世紀のロシア芸術家は、政治的混沌から政治的コスモスへの革命的変化の記念碑を創造している。形式においても主題の選択においても、社会的リアリズムが、中世の宗教的記念碑性にもっとも近い現代の類比物を提供している。)映画製作者は、作家と同じように、エンブレム的様式への絶えざる欲求を反映する。作家と同じように、映画製作者は、政治的、社会的忠誠という高度に緊迫した領域に主題を見出す。彼らはしばしば、公然と政党綱領に従った政治的あるいは社会的運動のなかで活動した。デ・シーカとフェリーニは、社会に意識的な戦後の共産主義者の見解によって鋭く切り取られた経済的不正のなかに主題を見出し、ベルイマンは、北欧に典型的な内省の厳格な宗教=性的関心に主題を見出し(この点で彼はおそらくカール・ドライヤーの影響を受けている)、クレマンは戦争と社会的無秩序への対抗に主題を見出した。アントニオーニと「ヌーヴェル・バーグ」の一部の監督たちは、性的モチーフと政治的モチーフを混ぜ合わせる。シナリオライターとしてのマルグリット・デュラスは、性的モチーフと世界の調和と進歩の主題を混ぜ合わせる。ここで重要なのは、正確にどの程度、これらの芸術家が「アレゴリー的」であるかではなく、むしろ、彼らが多少なりともアレゴリー的と呼べるかもしれないことである。中世文学の学者が、自分が歴史的空白のなかで研究しているのではないことに気づくのは重要なことである。彼は持続する伝統のなかで研究しているのであり、その伝統は一度たりと死に絶えたことはなく、芸術家が特徴記述することができ、それと同時に、疑問、不安、希望をいだくことができるかぎり続くだろう。

「われわれがそのイメージを理解できる立場に立てるようにわれわれに内省の努力を要求する芸術は、凡庸な芸術である。(9)」批評家ラモン・フェルナンデスは、かつてジョージ・メレディスの装飾的文体についてこう語った。わたしが提示したアレゴリーの説明は、凡庸さを暗示しない。しかし、わたしは、それが要求する「内省の努力」を強調した。フェルナンデスは、わたしがまさに彼の見解を証明し、この様式が夢やミメーシスよりも価値のないものに見えるようにしたと言うだろう。おそらくわたしはそのようなことをした。価値がここでは問題になる。この根本的問題を認めよう。

この様式の潜在的弱点は今や明らかだ。その弱点は「無感覚 anesthesia」という一語で要約できるかもしれない。読者が謎とロマンスの儀式的秩序によって無感覚にされることはありうることだ。この様式の崇高的、ピクチャレスク的傾向にはさらなる弱点が内在している。つまり、内的一貫性の拡散である。というのも、百科全書的な詩の大きさは恣意的に統御されるが、それは内在的境界がないということだからだ。われわれは、アレゴリーが違犯しがちな「適切な大きさ」の維持という美学的美徳を認めるのに、教条的な新アリストテレス主義者になる必要はない。アレゴリーの崇高な大きさは、真の有機的秩序を許さない。

この様式の強みもまた同じくらい明らかだ。この様式は、教示、合理化、特徴記述と集大成、呪縛と自発的強迫衝動の表現、スペンサーの「心地よい分析」、そして美的喜びは美徳でもあるので、ロマンス的語り、風刺的錯綜、純然たる装飾的誇示を許容する。結論として、アレゴリーは、イデオロギーの自然な鏡である。

注

（1）この、なおざりにされることの多い記念碑性という概念が Siegfried Giedion の論集 *Architecture, You and Me: The Diary of a Development*（Cambridge, Mass., 1958）の主題である。この用語は適確に、特別な大きさ、つまり、崇高的壮大さと、特別な機能、つまり、伝統または既成社会を支える公的芸術をともに暗示する。記念碑は、内在的目的ではなく、将来の目的のために建造される。イェイツはこの点で問題をはらむ人物になるだろう。というのも、彼の『幻想録』の図像法の最終的拒絶は、将来の目的の拒絶になるかもしれないからだ。おそらく、イェイツは、自身のアレゴリー的な詩の初期と中期を乗り越えたと端的に言った方がより公正であろう。「サーカスの動物たちは逃げた」はアレゴリーと呼ぶことが十分にできるだろう。これは後期のものである。したがって彼は、けっしてこの様式からは完全に抜け出ていない。彼のビザンティウム詩篇は、公然と記念碑的である。

（2）ホイジンガはある記念碑的図像法、つまり「歴史上の人生の理想」、たとえば騎士道のイメージ、単一民族国家のイメージ、ローマ支配下の平和（*pax romana*）のイメージのもつカリスマ的力を描いた。彼はこの用語を、文化的投影の一種と定義している。「それゆえ、歴史上の人生の理想は、人間が過去に投影する卓越性の概念と定義できるかもしれない。」これらの投影は時代が進むにつれて、ますます非神話的になる（Huizinga, *Men and Ideas: History, the Middle Ages, the Renaissance*, tr. by J. S. Holmes and Hans van Marle［New York, 1959］, "History," 17–158）。

Paul Goodman の卓抜な論文 "Notes on a Remark of Seami," *Utopian Essays and Practical Proposals*, 130–137 のエマソンの『コンコード讃歌』の橋に関する評言を参照。この論文は、詩的および演劇的記念碑の理論を提示しているが、能作者世阿弥の発言から始めている。「もし近隣に有名な場所や古代の記念碑があるなら、［それへの言及が］『展開部［破］』の末尾近くのどこかに挿入されれば、最上の効果を発揮する。」グッドマン自身、能の形式の *Stop-Light: 5 Dance Poems*（Harrington Park, N. J., 1941）を書き、著者による能に関する論文を添えている。

（3）　*A Preface to Chaucer*, 148–149.

（4）　この過程は、仲介性の、イメジャリーへの転換と似ている。それは本書の第一章と第二章に記述されている。「月並な反応」は通常は不安定な反応の固定化を必要とする。この固定化は活動が不活動へと鎮静化される必要があるし、活動中の感情が止められて、固定観念に取って代わられる必要がある。どのような記念碑も、同様に、時間の流れを特定の歴史的瞬間に鎮静化させる。彫像は、仲介性をイメジャリーに転換するように思われる。そういうわけで、『冬物語』のような劇と『ドン・ジョヴァンニ』のようなオペラは、本質的に、時間、運動、歴史（記憶、メメント・モリ的なもの、記念碑的なもの）の概念の分析を伴うように思われる。古代の凱旋門と祝勝の円柱は、それらが敬意を表する人々の様式化され抽象化された歴史を語った。ペトラルカの『勝利』は、時間の流れの、二重に効果的な表象である。なぜなら、六つの連続するそれぞれの『勝利』は、その前の勝利者の敗北を示し（それぞれの勝利が経験の一次元）、ついには、「永遠」のみが、経験を超えた勝利者として残される。

（5）　フィッツジェラルドとウェストは、「ハリウッド」の理想を、前者は『夜はやさし』と『ラスト・タイクーン』と多くの短編小説で、後者は『孤独な娘』と『イナゴの日』でパロディ化した、あるいは実際にその図像法を利用した。

（6）　E. R. Curtius, "The Poetry of Jorge Guillén," tr. R. W. Flint, *Hudson Review*, VII（Summer, 1954）, 222–223 参照。「アリストテレスによると、起源以来のすべての詩は、賞賛か非難である。ゲーテもまた、詩を、『神が喜んで耳を傾けるかもしれない人間の賞賛の賛歌』（'Lobgesang der Menschheit, dem di Gottheit so gern zuhören mag'）と定義した。最近百年間の文学は、賞賛以上に、非難の種々相を開発した。全国家全大陸の二十から三十の『自然主義』、『表現主義』、『実存主義』が、人類、生、存在を叱責するために素材として集めたすべてのものは、事実上、責めという中立的な概念のもとに集めることができる。これらの発言の合計は、ニーチェが診断したヨーロッパのニヒリズムの結末を表わしている。『あなたは、あなたの崇敬の念を破壊するだろう——あるいはあなた自身を。』現代文学は、すべての崇敬の念を破壊することによって、歴史的使命を果たした。」

最近の人気のある、伝説的人物を描いた娯楽映画『アラビアのロレンス』でさえ、真にロマンス的なヒーローを作ることの困難さを示している。エウヘメロス〔神話を合理的に歴史に還元した哲学者〕が今日生きていたら、「伝説はこのようにして始まる」と言うかもしれないが、ロレンスの話のなかのアイロニーに気づくだろう。生きている、あるいは生きていると言ってよい伝説は、ロレンス自身が作ったものである。この事実は、『知恵の七柱』の九十九、百、百三章にもっとも顕著に現われている。これらの章と他のある章は、ロレンスの本ばかりでなく、もっと根底から、彼がアラブの反乱中に計画し実地に体験した人生の、図像法的意図を逐一説明している。彼は、非力さから始める。「叙事詩様式は、わたしの世代にそうであったように、わたしには異質のものだった。」そしてどうにか彼は、ロマンス的叙事詩を構築しようとする。その表題が『知恵の七柱』である。彼の抽象的なロマンス形式のほんの一例をあげるために、第九十九章から引用しよう。ロレンスは、ジェファーにおけるアラブの首長たちの平和会議を記述している。そこでは団結と反乱の目的がついに疑問視される——しかし、予言者的政治家であるファイサル王子が、相変らず、霊感を受けたリーダーの図像的役割を果たしている。

「ファイサルはひとつの語句で彼らに愛国心を思い出させた。それは彼らに、アラブの歴史と言語を考えさせた。……もうひとつの語句が、彼らに、民族の自由のためにすべてを犠牲にしている同志にしてリーダーであるファイサルの気概を見せた。それからふたたび沈黙。そのあいだ彼らは、昼も夜もテントにいて、教え、説教し、命令し、友人をふやしている彼を想像した。彼らは、この絵のような人間が、まるで図像のように、欲望、野心、弱さ、欠点をなくした状態ですわっている背後に、観念の存在をすこし感じた。このような豊かな個性が、抽象に支配され、片目片腕にされ、仕えて生きるか死ぬかのひとつの感覚と目的しかもっていなかった。

「もちろん、これは、血肉をそなえた人間ではなく、絵のような人間だった。しかしそれでも本物の人間だった。というのも、彼の個性は観念に第三の次元を与え、世界の富と策略を放棄していた。ファイサルはテントのなかに隠され、ヴェールに覆われていたが依然としてリーダーだった。しかし実際は、彼は民族の最良の従僕、道具であり、所有者ではなかった。しかし、テントの薄明かりのなかでは彼ほど高貴なものはなかった。」

　このような人物たちからアレゴリーはできている。人間がロレンスのような現実の人間であるときでも、彼の伝説は、ファイサルのそれのようにフィグーラであり、彼自身も「抽象に支配された個性」である。しかし、ついに彼は抽象を捨てる。そこに、歴史のなかで行動することのアイロニーがある。

（7）監督レネはこう語った。「われわれは『マリエンバード』は、像をめぐるドキュメンタリーだと想像することができる。そこには身振りに対する解釈上の跳躍があり、彫像となって凍りついて立っているときのように身振りへの回帰が毎回ある。二人の人間の像を使って、さまざまなアングルからとられた一連の視点をつなぎあわせ、さまざまなカメラの運動の助けを借りて、全体の物語をこのように語って成功するドキュメンタリーを想像してみたまえ。最後にあなたは、出発点である像そのものに戻ったことがわかるだろう」（*New York Film Bulletin*, III, no. 2）。

（8）この偉大な映画は、これに比較すると二流の作品であるブールギニョン『シベールの日曜日』によって世間の注目から押し出される格好となったが、はるかに複雑で、完璧に秩序化され、無限に暗示的な組成と形式をもっている。『日曜日』と同様に、キュベレーの神話に基づいた『かくも長き不在』は、監督アンリ・コルピの卓抜な技量を示している。この映画はまた、本物の神話、「恐ろしい母親」キュベレーの神話の深い資源を示している。ジャーナリズムの批評家は、この事例において、新聞の締切りの圧力のもとにあって、「難解な装飾」の作品を味わうことができないことを示したように思われる。彼らはまたアントン・エーレンツヴァイクの「目くらましの細部」の理論の正しさを示した。それは、推理小説家が、物語の「真の」意味から通常読者の注意をそらすための誤った判断をさせる技巧のことである。ここにはまた、ジャーナリストの側の、ただ目の前にあるものを見るという驚くべき無能さがあるように思われる。この抵抗は、用いられる装飾の不可避的な結果かもしれない。『かくも長き不在』のような「難解な」映画はどれも、数回観て、熟考し、長い議論をし、その文学的歴史的起源を参照しなくてはならない。映画館にいるだけでは十分ではない。Ehrenzweig, *Psychoanalysis of Artistic Vision and Hearing*, 43–44, 134 参照。「数個のプロットの重ね合わせ、もしくはプロットのポリフォニー」についてエーレンツヴァイクは語りながら、そのような方法によって「読者はけっして集中することができない」ことを示す。読者の注意はたえずそらされ、他方、読者は徐々に、ある種の謎の奇妙な喜びである「最後の一分の論理的満足」へと導かれる。「物語を曖昧にして、いくつかの手がかりの系列を、同時に並行させて走らせるのは」と彼は言う、「並々ならぬ偉業である。」

（9） "On Philosophical Criticism," in *Messages*, tr. by Montgomery Belgion（London, 1927）, 8.

図版集

この本の本文を補うために選ばれた絵画は、アレゴリー的絵画のいくつかの主要な様式上の要素を例証する。選ばれた絵画は、わたしが提示した文学的アレゴリーの理論を明らかにするためのものである。この目的が正当化されるのは、批評家のあいだには、寓話とたとえ話を類比的な視覚的対応物に関係づける傾向がつねにあるからであり、さらにわたしは、儀式化された図像的物語は固定点に向かい、その仲介者は静的イメージに変形されることを示してきたからである。（絵画における類比の過程は、それによりイメジャリーがいわゆる「文学的」意味を帯びる過程である。）絵画は、図像的になるために、伝統的で秘教的なエンブレムを使う必要はない。図像法は、それ自体アレゴリー的ではないおなじみの「がらくた」を使うことができる。描かれた要素は、個々の項目として、アレゴリー的謎を導入することはない。むしろ、それらの配列、とくにそれらの関係における不連続性が、謎を創造する。

ここに集められた絵画は、厳密な歴史的連続性を顧慮することなく提示される。絵画は七つのグループに配列されており、ひとつひとつが、文学理論との大きな並行性を強調することが意図されている。さらに、すべての絵画に、他のすべての絵画を包含するあのアレゴリーの要素、つまり部分の孤立――全体のなかに周到な不連続性を生み出すために、大きな枠組のなかに圧縮された視覚的単位を用いること――を見出すことができる。この「孤立」は、装飾的イメジャリー（グループⅠ）、ダイモン的抽象（グループⅡ）、全体的シュールレアリスム（グループⅢ）の直接的な結果である。そのような様式に付随するものとして、崇高な風景とピクチャレスクな風景の使用（グループⅢ、Ⅳ、Ⅴ）と記念碑的形式と儀式的反復の使用（グループⅣ、Ⅵ）がある。

絵画への注には、図像的内容についてときどき添えた注と、そのためにそれぞれの絵画が選ばれた形式的要素についての短い評言が見出されるだろう。個々の評言は、Ⅰ―Ⅶの一般的項目でグループ分けされているが、全体のなかである程度の相互参照が想定されている。この点で、エンブレムの形式と位置は、それらの特定の起源より重要である。エンブレムの昔の宗教的起源に関心があるであろう美術史家とは違い、わたしは第一に、絵画に内在する超現実的形式を、絵画がそれによってアレゴリー的メッセージを伝える過程を解く鍵として示したい。

読者は、絵画が選ばれた背景について少し知りたいかもしれない。このような三十二枚の図版のグループは包括的であることを主張できない。それゆえわたしは、割愛された多くのすぐれた絵画について注記したい。

中世の彩飾写本、教会の装飾、家庭および公共の場のつづれ織りは、すべて、ダイモン的技巧と魔術的標章（impressa）の保管所である。多くの中世西洋美術は、ビザンチン美術と同様に儀式化され、ダイモン的で装飾的であり、直接わたしのアレゴリーの理論の裏付けとなるほどである。錬金術的、神智学的な芸術は、魔術的シンボルを、タロット・カードがそうであるように、視覚形式で表現することに恵念する。この資料の図版の総数はほとんど無尽蔵である。しかし、ある種の中世の宗教的イメージは、たぶんあまりにも常套的すぎて標準的グループを提供することはできないし、ある種の魔術的技巧もあまりにも突飛すぎて標準的グループを提供することはできない。

偉大な絵画アレゴリー作家から選択するにあたって、わたしは、あまり再録されていない作品を好む傾向があった。それゆえわたしは、多くのよく知られたアレゴリー作家、たとえばアンブロージオ・ロレンゼッティ（Ambrogio Lorenzetti）、ピエロ・ディ・コジモ（Piero di Cosimo）、ジョヴァンニ・ベッリーニ（Giovanni Bellini）、ペルジーノ（Perugino）、マンテーニャ（Mantegna）、ボッティチェッリ（Botticelli）、ティツィアーノ（Titian）、ヴェロネーゼ（Veronese）を必然的に割愛した。ボッス（Bosch）、ブリューゲル（Brueghel）、ゴヤ（Goya）、ルソー（Rousseau）もまたみな、ダイモン的なものに関心があった。たぶん今世紀もっとも有名なシュールレアリストであるダリ（Dali）が読者の心に浮かぶことだろう。というものも、彼は実践においても理論的著述においても、シュールレアリスム芸術の強迫観念的、図像的性格を主張したからである。そのようなよく知られた人物の代わりに、わたしはマックス・エルンスト（Max Ernst）の作品を強調した。しかし、論文（パノフスキー［Panofsky］、セズネック［Seznec］、ウィント［Wind］、プラーツ［Praz］その他の論文）にしばしば掲載されるアレゴリー的イメジャリーの別の種類は、ルネサンスのエンブレム集に見出される。

ある種の有名なアレゴリー的出来事は、この視覚様式の包括的歴史のなかで表現されるだろう。その出来事とは、美徳と悪徳の葛藤、ルネサンス仮面劇における凱旋行進と祝祭、聖アントニウスの描写のような誘惑の場面、政治的、社会的意図をもつ時局漫画や戯画である。

視覚的アレゴリーのより大きな展示と関連する多くの特殊な事例も言及するに値する。ジュゼッペ・アルチンボルド（Giuseppe Arcimbold）（一五三〇年頃―一五九三年）は、数人の現代芸術家、とくにアメリカの「魔術的リアリズム作家」に道を開いた空想的でアレゴリー的な頭部やダイモン的風景――道徳的風景 *paysages moralisés*――を描いた。オペラ的、演劇的装飾、とりわけ仮面劇におけるそれ

（たとえばイニゴ・ジョウンズ Inigo Jones）の展開は、すぐにエンブレム表現の儀式的側面を強調する理論を支える。同様に、ジャック・カロ（Jacques Callot）（一五九二年―一六三五年）の銅版画に示されるコメディア・デラルテ *commedia dell'arte* の衣裳と戯画は、この様式のグロテスクの機能を実証する。モロー（Moreau）の高度に装飾的な芸術は、ここでは比較的に簡素な『オイディプスとスフィンクス』（*Oedipus and the Sphinx*）によって代表されているが、そのかたわらに、われわれは、ピクチャレスク後期の巨匠ロドルフ・ブレスダン（Rodolphe Bresdin）の風景の場面を置いてもよいかもしれない。最後に、シュールレアリスム作家の作品のかたわらに、われわれは、夢の体験と、それと「魔術的リアリズム」のドキュメンタリー様式とのつながりを描く実験をしたフューズリ（Fuseli）、ブレイク、多くのラファエル前派の画家たちの作品を置いてもよいかもしれない。

これらが、三十二枚の例解のための絵画をそこから引き出した芸術の偉大な富である。ここに選ばれた絵画は、わたしが文学作品にたどってきたのと同じ技法をくっきりと思い描かせてくれるだろうと信じている。

1. ピーター・ブルーム『エレモシナ』(1933)。(ニューヨーク近代美術館。ジョン・D・ロックフェラー・ジュニア夫人寄贈)

2. カルロ・クリヴェッリ（1435頃–1493頃）『聖ゲオルギウス』。（メトロポリタン美術館、ロジャーズ基金、1905）

3. レンブラント・ファン・レイン（1606–1669）『ベローナ』。（メトロポリタン美術館、マイケル・フリードサム・コレクション、1931）

4. ジローラモ・ダイ・リブリ（1474–1555）『聖者たちといる聖母マリアと御子』の細部。（メトロポリタン美術館、フレッチャー基金、1920）

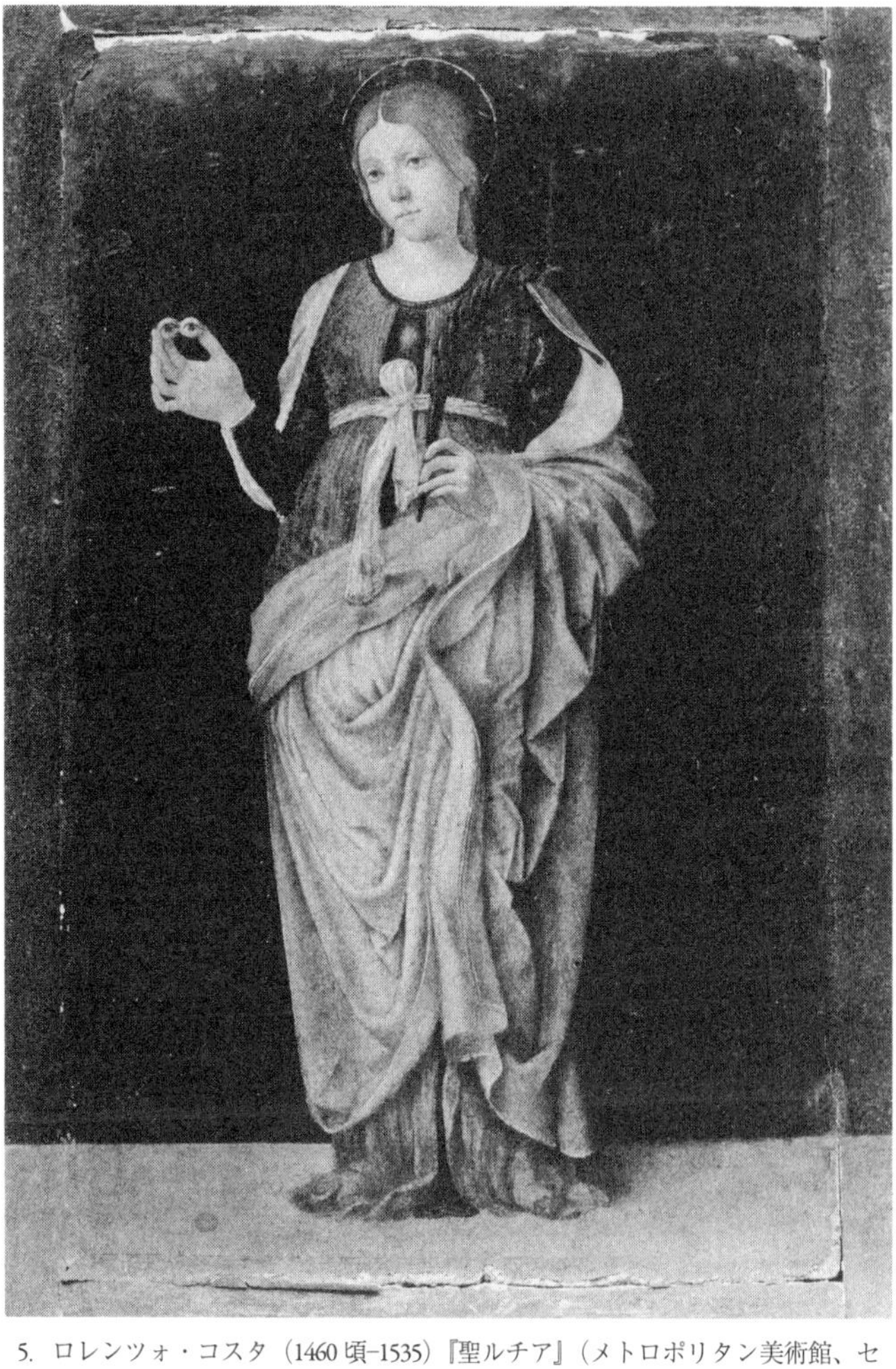

5. ロレンツォ・コスタ（1460頃–1535）『聖ルチア』（メトロポリタン美術館、セオドア・M・デイヴィス・コレクション、セオドア・M・デイヴィス遺贈、1915）

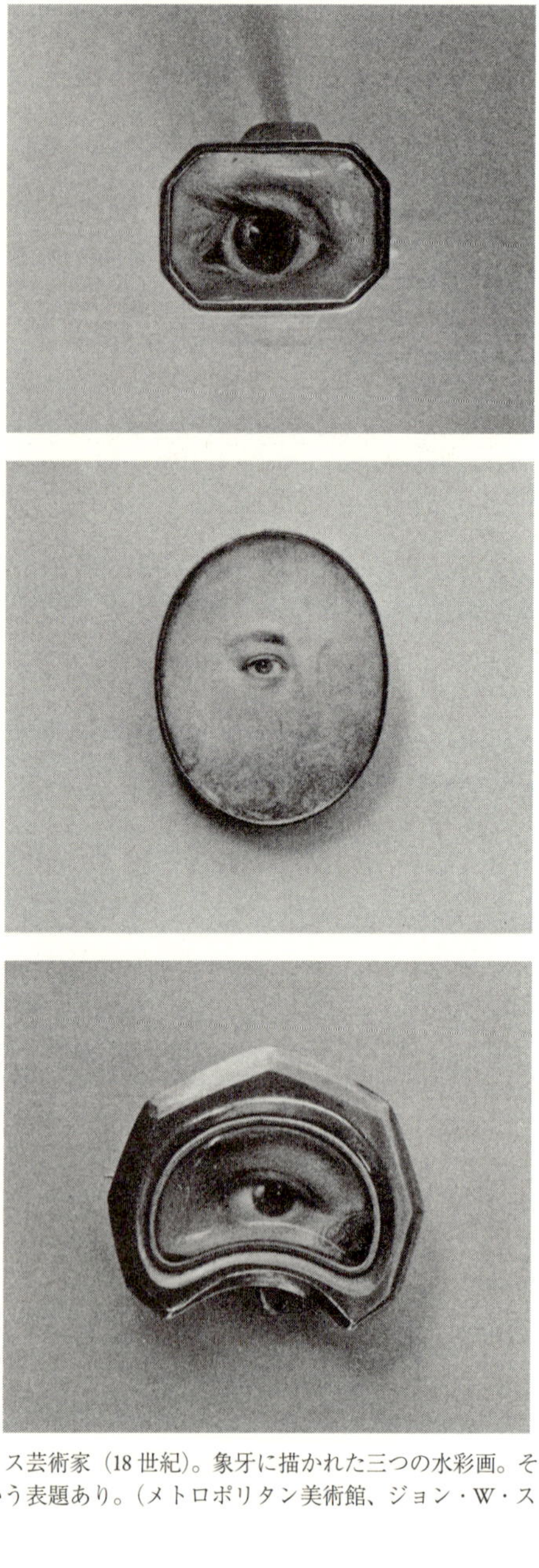

6. 未詳のイギリス芸術家（18 世紀）。象牙に描かれた三つの水彩画。それぞれに『目の細密画』という表題あり。（メトロポリタン美術館、ジョン・W・スター夫妻寄贈、1954）

7. オディロン・ルドン（1840–1916）『エドガー・ポーへ』の図版Ⅰ、『目は奇妙な気球のように無限に向かう』、1882。（ニューヨーク近代美術館、ピーター・H・デイトシュ寄贈）

8. アルブレヒト・デューラー（1471–1528）『ネメシス』。（ニューヨーク公立図書館、版画部門）

9. ジョヴァンニ・バッティスタ・ティエポロ（1696–1770）『ユーノーとセレーネ』（メトロポリタン美術館、リリアン・S・ティムケン寄贈、1951）

10. ジャン・レオン・ジェローム（1824–1904）『ピグマリオンとガラテア』。（メトロポリタン美術館、ルイス・C・レイグナー寄贈、1927）

11. ギュスターヴ・モロー（1826–1898）『オイディプスとスフィンクス』。
（メトロポリタン美術館、ウィリアム・B・ヘリマン寄贈、1921）

12. マックス・エルンスト『荒野のなかのナポレオン』(1941)。(ニューヨーク近代美術館)

13. マックス・エルンスト『夜明けの自然』(1938)。(ニューヨーク近代美術館)

14. ニコラ・プッサン（1594–1665）『のぼる太陽を捜す盲目のオリオン』。（メトロポリタン美術館、フレッチャー基金、1924）

15. トマス・コール（1801–1848）『タイタンの酒杯』（メトロポリタン美術館、サミュエル・エイヴリー・ジュニア寄贈、1904）

16. トマス・コール（1801–1848）『帝国の歩みⅠ――野蛮状態あるいは帝国の始まり』。（ニューヨーク市ニューヨーク歴史協会の厚意による）

17.『帝国の歩みII――アルカディア的あるいは牧歌的状態』。（ニューヨーク市ニューヨーク歴史協会の厚意による）

18. 『帝国の歩みIII——帝国の絶頂』。（ニューヨーク市ニューヨーク歴史協会の厚意による）

19.『帝国の歩みIV——破滅』。（ニューヨーク市ニューヨーク歴史協会の厚意による）

20. 『帝国の歩みV——荒廃』。(ニューヨーク市ニューヨーク歴史協会の厚意による)

21. ピーター・ブルーム『永遠の都』(1937)。(ニューヨーク近代美術館、サイモン・グッゲンハイム夫人基金)

22. アルブレヒト・デューラー（1471-1528）『凱旋門』。（ニューヨーク公立図書館、版画部門）

23. エラスタス・ソールズベリー・フィールド（1805–1900）『アメリカ共和国の歴史的記念建造物』。（マサチューセッツ州スプリングフィールド美術館モーガン・ウェッソン記念所蔵品）

24. ジョヴァンニ・パオロ・パンニーニ（1691-1765）『古代のローマ』。（メトロポリタン美術館、グウィン・M・アンドルー基金、1952）

25. ジョヴァンニ・パオロ・パンニーニ『ルネサンス期のローマ』。（メトロポリタン美術館、グウィン・M・アンドルー基金、1952）

26. ロレンツォ・モナコ（1370頃–1425）『ピエタ』。（フィレンツェ、ギャレリア・アカデミア）

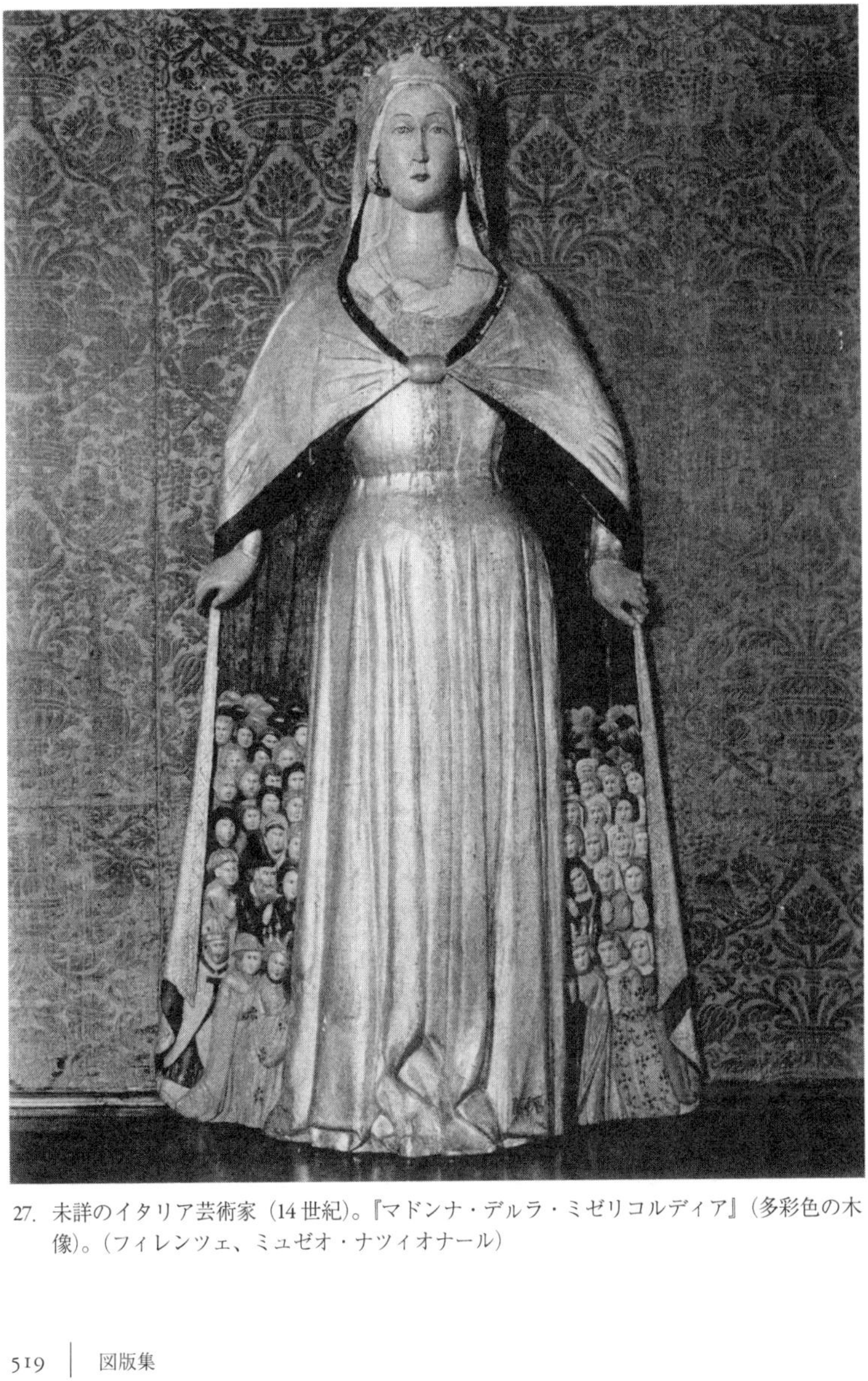

27. 未詳のイタリア芸術家（14世紀）。『マドンナ・デルラ・ミゼリコルディア』（多彩色の木像）。（フィレンツェ、ミュゼオ・ナツィオナール）

28. カルロ・クリヴェッリ（1435頃–1493頃）『聖母マリアと御子』（メトロポリタン美術館、ジュールズ・S・ベイチ・コレクション、1949）

29. ジローラモ・ダイ・リブリ（1474–1555）『聖者たち（カタリナ、レオナルド、アウグスティヌス、アポロニア）といる聖母マリアと御子』（メトロポリタン美術館、フレッチャー基金、1920）

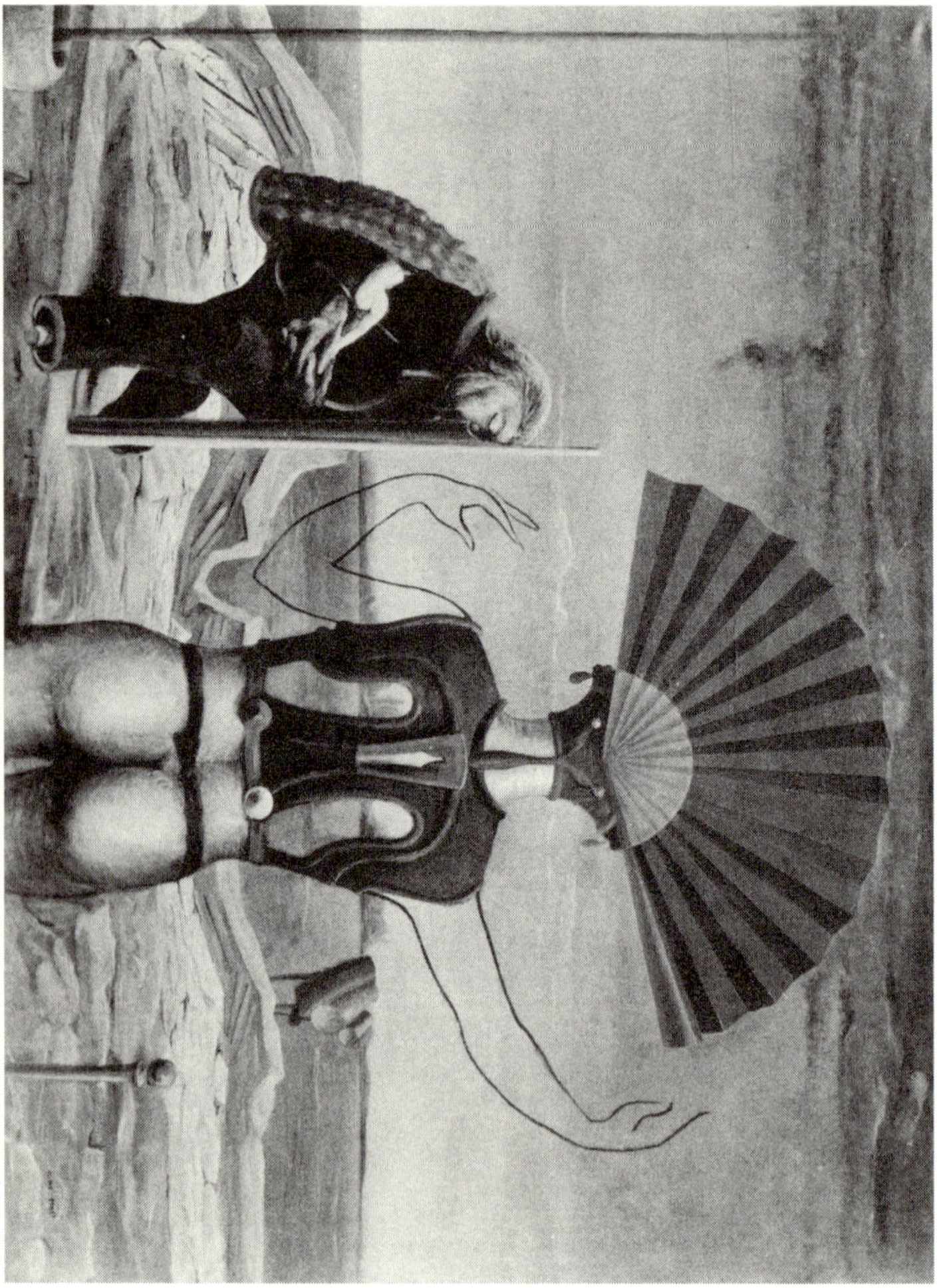

30. マックス・エルンスト『女、老人、花』(1923–1924)。(ニューヨーク近代美術館)

31. ポール・デルヴォー『月の相』(1939)。(ニューヨーク近代美術館)

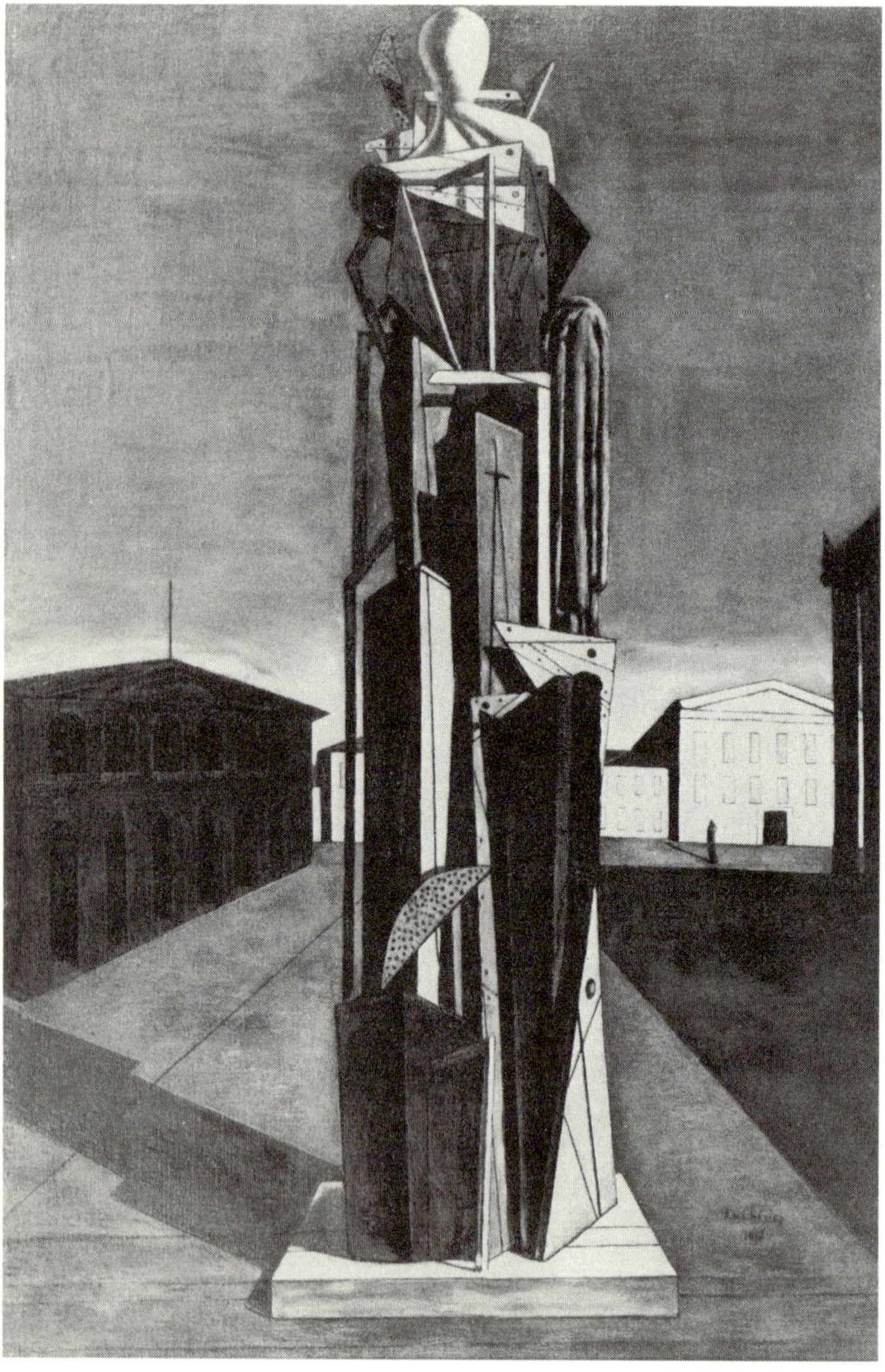

32. ジョルジオ・デ・キリコ『偉大な形而上学者』(1917)。(ニューヨーク近代美術館)

I　コスモス

1　ピーター・ブルーム（Peter Blume）。『エレモシナ *Elemosina*』（一九三三年）。
2　カルロ・クリヴェッリ（Carlo Crivelli）（一四三五年頃―一四九三年頃）。『聖ゲオルギウス *Saint George*』。
3　レンブラント・ファン・レイン（Rembrandt van Rijn）（一六〇六年―一六六九年）。『ベローナ *Bellona*』。
4　ジローラモ・ダイ・リブリ（Girolamo dai Libri）（一四七四年―一五五五年）。『聖者たちといる聖母マリアと御子 *Madonna and Child with Saints*』の細部。
5　ロレンツォ・コスタ（Lorenzo Costa）（一四六〇年頃―一五三五年）。『聖ルチア *Saint Lucy*』。
6　未詳のイギリスの芸術家（十八世紀）。象牙に描かれた三つの水彩画。それぞれに『目の細密画 *Miniature of an Eye*』という表題がある。
7　オディロン・ルドン（Odilon Redon）（一八四〇年―一九一六年）。『エドガー・ポーへ *To Edgar Poe*』（一八八二年）の図版Ｉ『目は奇妙な気球のように無限に向かう *The Eye like a Strange Balloon Moves towards Infinity*』。

この一組の絵は、コスモスあるいはアレゴリー的装飾の使用を強調している。『エレモシナ』（図版1）は、『永遠の都』（図版21参照）のためのブルームの下絵だが、彼が何者かを明らかにする茨の王冠と十字架を身につけたキリストを描いている。しかしこの画家はコスモスをさらに進め、受難のキリストをさまざまなエンブレム、つまり指輪、時計、オペラグラス、剣、心臓で飾る。これらと、軍人の勲章に共通するもうひとつの特徴である肩章が、座像のまわりに装飾的囲いを作るために使われている。これらのコスモスは、うぬぼれた人間が自分の力だと信じているものを囲んでいる。

図版の2と3では、画家たちは、人体を包み守るために、おそらくは魔法の力をもつ空想的な甲冑を用いる。ライオンの顔（図版2）は、これが竜を殺した聖ゲオルギウスであることを含意している。ベローナの盾の上のゴルゴンの頭部は、彼女が戦争の女神であることを含意している。

コスモスの違う使用は、ダイ・リブリの『聖者たちといる聖母マリアと御子』（図版29参照）からの二つの細部（図版4）に現われている。そこでは、聖レオナルドと聖アウグスティヌスの衣がともに他の聖人の護符的な絵、たとえばアウグスティヌスの衣は聖ヴェロニカの絵によって飾られている。一方、その聖ヴェロニカはエンブレム的なハンカチあるいはタオルをもっていて、その上にキリストの絵がある。この、絵のなかの絵は、装飾的過程の魔術的効果を強める。

自分自身の目をもっているコスタの聖ルチア（図版5）は、図像的装飾の使用をさらに拡大する。彼女の目である魔術の小物は、その自己義性をほのめかしており、かくして彼女の聖人性を含んでいる。ここでは、デル・コッサ（Del Cossa）の『聖ルチア』（Ferguson, *Signs and Symbols in Christian Art* の図版79参照）の場合と同様に、装飾は人体の外へ投射されている。ルドンの目の扱い方（図版7）は、通常の意味で宇宙的である。彼は「宇宙の目」、つまりマクロコスモス的な目を描いている。十八世紀の細密画家は、指輪あるいは服の上にピンでとめられるブローチというかたちで、護符的飾りを表わすために同じエンブレムを用いた（図版6）。

II　ダイモン的仲介者

8　アルブレヒト・デューラー（Albrecht Dürer）（一四七一年―一五二八年）。『ネメシス *Nemesis*』。
9　ジョヴァンニ・バッティスタ・ティエポロ（Giovanni Battista Tiepolo）（一六九六年―一七七〇年）。『ユーノーとセレーネ *Juno and Selene*』。
10　ジャン・レオン・ジェローム（Jean Léon Gérôme）（一八二四年―一九〇四年）。『ピグマリオンとガラテア *Pygmalion and Galatea*』。
11　ギュスターヴ・モロー（Gustave Moreau）（一八二六年―一八九八年）。『オイディプスとスフィンクス *Oedipus and the Sphynx*』。
12　マック・エルンスト（Max Ernst）。『荒野のなかのナポレオン *Napoleon in the Wilderness*』（一九四一年）。
13　マックス・エルンスト。『夜明けの自然 *Nature at Daybreak*』（一九三八年）。

これら六枚の絵はすべて、アレゴリー的文学を特徴づけるダイモン的仲介者を示している。デューラーは、ネメシスが致命的影響力をふるう世界の上に立つ姿を示している。彼女はその力のエンブレムを身につけている。図版9では、月の女神セレーネは、彼女が支える「月のなかの男」によってその正体がわかる。この絵は、二つのダイモン的力、つまり、天界の女王（ユーノー）と彼女の姿定まらぬ臣下セレーネとのあいだの葛藤を表わしている。図版10は、ダイモン的変身を用いている――ガラテアの像が生命をもち始め、他方エロス（プラトンがダイモンの完璧な例としてあげたもの）は魔術的出来事を起こしている姿が示される。モロー（図版11）は、もうひとつの神話的主題を、実際にダイモン、つまり、人間の半身が獣の下半身の非人間的な力によって汚されているスフィンクスを示すことによって、アレゴリーへと展開している。人間の半身はまた、オイディプスの体から生えているようにも見える。蛇と、聖杯を飾っている夢幻的な頭部は、二次的な魔術的仲介者である。図版12では、人間から植物への変化（ナポレオンと女が樹木のようなかたちに変わる）と機械から動物への変化（楽器のホルンが不思議な獣へ変わる）が、マックス・エルンストの絵画によくある「ダイモン的転調」（フライ『解剖』、一五六―一五七頁）の二つの源泉を示している。ここで彼はさらに、その尾が花に変身する海の怪物を描いている。彼の『夜明けの自然』（図版13）は、もっとも極端な、自然のダイモン化を示している。存在のヒエラルキーのいくつかのレヴェルが木の葉の濃密な組成から出現する。小動物の爪と鼻、鳥の頭部、奇怪な顎とその他の口のような形のもの、人間の足。これらのものはみな、このグループの他の絵のダイモン的姿形と同様、かなりの装飾的錯綜を示す。

Ⅲ　崇高における巨大な力

14　ニコラ・プッサン（Nicolas Poussin）（一五九四年―一六六五年）。『のぼる太陽を捜す盲目のオリオン *The Blind Orion Searching for the Rising Sun*』。

15　トマス・コール（Thomas Cole）（一八〇一年―一八四八年）。『タイタンの酒杯 *The Titan's Goblet*』。

これら二枚の絵画は、十八世紀の理論家なら崇高な風景と呼ぶであろうものを描いている。このような風景は、極限的な宇宙的力（バーク『崇高と美』Ⅱ、5参照）をシンボル化している。その結果、これらの絵は、ここに提示されているような特定のアレゴリーのために、それにふさわしい背景を提供する。巨人オリオンの身体的な力は、彼の盲目という欠陥のために制限されている。プッサンは、この力と人間のちっぽけな力を対照させているが、それでも盲目ではない人間は巨人の肩の上に立ち自然力を導く力を持っている。オリオンが力競べを挑んだアルテミスは、遠くの雲から見守っている。

崇高な風景とアレゴリー的な主題を結びつける絵画的な効果は、『タイタンの酒杯』でより明白になる。ここでは、巨大な力のエンブレムである巨人の酒杯は、風景そのものから現われる。コールは微細な神殿、住居、帆船、湖を描いているが、それらはすべて酒杯によって支えられており、酒杯の巨大さを強調している。（そのような微小さについてはバーク『崇高と美』、Ⅱ、7参照）。この絵の謎の一例として、人間と巨人がいだく時間概念を考察しよう。酒杯の縁の上には文明が栄えているが、これはおそらくタイタンが最後に一口すすった後に発展したものである。

Ⅳ　トマス・コール——崇高とピクチャレスク

16　トマス・コール（一八〇一年—一八四八年）。『帝国の歩みⅠ——野蛮状態あるいは帝国の始まり *The Course of Empire: I—Savage State or Commencement of Empire*』。

17　『帝国の歩みⅡ——アルカディア的あるいは牧歌的状態 *Arcadian or Pastoral State*』。

18　『帝国の歩みⅢ——帝国の絶頂 *Consummation of Empire*』。

19　『帝国の歩みⅣ——破滅 *Destruction*』。

20　『帝国の歩みⅤ——荒廃 *Desolation*』。

この連作は円環を構成するので、「帝国の歩み」の儀式的反復を形成する。円環的諸段階を描くにあたって、コールは、崇高芸術とピクチャレスク芸術両方のすべての技巧を用いた。彼は汚されていない自然の光景（図版16）から始める。そこでは人間は野蛮な狩人であり、環境に及ぼす彼の影響力は微々たるものである。背景の雲の形状と巨大な岩は、自然の広大さと人間の相対的な弱さを暗示している。図版17の『アルカディア的状態』は、農夫、羊飼い、女羊飼い、遊ぶ子供たちのピクチャレスクな光景を示し、これらを、発生期の文明の他の二つの例、つまり砂に幾何学的模様を描く哲学者と絵の中心にあるドルイド教の神殿と結びつける。文化的発展のテーマは、このように、描かれている行為によって確立される。これらの行為は、崇高な風景からピクチャレスクな風景への変化によって対比される。しかし、恐ろしく敵対的な環境から、秩序化され、放牧され、刈り込まれる環境への全般的軟化は、そそり立つ山々の崇高な権威を完全に減小させるほどには進行しない。

文化的発展の観念にとって重要なのは、われわれが土地の変化するさまを見るにあたり、それが同じものであることを示すしるしを失わないことである。コールはこの同一性を、巨大な岩を二度使うことで確立する。岩は同一性を識別するための技巧になる。そしてそれは、つねに少し違う視点からだが、五枚すべての絵に繰り返し現われていることに気づくだろう。円環的進行のなかで岩は変化しないので、それはまた、人間の構築物の盛衰とは対照的な「不変の自然」を表わすのかもしれない。『帝国の絶頂』（図版18）は円環の、勝利の最高点を示している。ここでは、自然のなかの崇高が、岩だけを除いて、崇高な人工物に取って代わられている。バークの『崇高と美』は列柱の正面、大きな堤道、力の壮麗な誇示をあげている。これらの記念碑はすべて、帝国の冒険的事業の神格化に現われる。自然は人間によって飾られ、他方、人間は、神々（帝国のダイモン）の像を建て、自分の作った建造物を、掛け布、植物、奇怪な噴水で飾る。

五つの絵画のうち、おそらくもっとも完璧な崇高である『破滅』（図版19）は、都市を建設するのに必要な力に匹敵する巨大な力を表わしている。コールがここで想像している恐怖と驚きは、バークによってあげられている崇高（『崇高と美』、Ⅱ、1と2）の第一原因である。円環の進行のあいだじゅうコールは宗教のダイモン化を示した。ここで彼は、都市の破壊を、偶像破壊的な野蛮な攻撃として扱っている。『荒廃』（図版20）では、統御されない自然がふたたび自己主張する。人間は完全に不在である。荒廃し朽ち果てていく過去の遺跡だけが残っている。これら荒廃した記念碑は植物の覆いによって飾られている。円環の進行は停止した。

この最後の絵画は、プライスによって提起された特殊な問題を例解するのに役立つ。『荒廃』において、崇高の様相は、特殊な種類のピクチャレスクにとって代わられている。つまり、プライスが攻撃し、『アルカディア的状態』の一局面である「改良者」のピクチャレスクではなく、プライスの言う「荒々しさ」、「歪み」、衰退である。廃墟と荒廃の光景はピクチャレスクである、なぜなら、それらの組成の錯綜とダイモン的形式は、見る者に両価的な喜びを生み出すからだ、とプライスは注記している。蔓性植物と低木の茂みは、一見したところ装飾的であるが、脅威でもある。ついには人間の作ったものを侵略する運命にあると思われるからだ。それらは、ダイモン的自然、プライスの概念の本質をふたたび主張する。

V　現代のアレゴリー

21　ピーター・ブルーム。『永遠の都 *The Eternal City*』（一九三七年）。

ブルームは先行する図版に例示されたすべての技巧を用いている。彼の描く、神殿に幽閉されたキリスト（図版1参照）は、きわめて装飾的で――全構図のミクロコスモスである。彼の描くムッソリーニは、竜の尾をもつ緑色の顔をした悪魔で、びっくり箱のかたちをした「機械」である。彫像の断片は、人間のダイモン的突然変異を暗示するが、左前景の乞食女の包帯をまいた脚部は、彼女を部分的に彫像に見せる。遠くの背景には崇高な山々が見えるが、前景と中央はピクチャレスクな廃墟である。ブルームは、帝国の歩みの全円環過程をたった一枚のキャンバスに圧縮した。A・H・バー（A. H. Barr, *What Is Modern Painting?* [New York, 1946], 39）は、この作品は予言的であり、「視覚的儀式」の観点から分析できるだろうと述べている。

VI　アレゴリー的記念碑

22　アルブレヒト・デューラー（一四七一年―一五二八年）。『凱旋門 *Triumphal Arch*』。

23　エラスタス・ソールズベリー・フィールド（Erastus Salisbury Field）（一八〇五年―一九〇〇年）。『アメリカ共和国の歴史的記念建造物 *Historical Monument of the American Republic*』。

24　ジョヴァンニ・パオロ・パンニーニ（Giovanni Paolo Pannin）（一六九一年―一七六五年）。『古代のローマ *Ancient Rome*』。

25　ジョヴァンニ・パオロ・パンニーニ。『ルネサンス期のローマ *Renaissance Rome*』。

マクシミリアン一世の『凱旋門』（図版22）についてパノフスキーはこう述べた。「この夢幻的構造の図像法は、歴史的出来事のたんなる記録から神秘的なエンブレム的言及にいたるすべての既知の技巧を用いている」(*Albrecht Dürer*, 176–177)。この門は約三メートルの高さがあり、おびただしい数のきわめて小さなコスモスに、儀式化された模様のモザイクのなかのすき間を、収まるべき場所として与えている。対称的に配置された「窓」は、ドイツとローマの歴史の場面、紋章付き陣羽織、ダイモン的鳥、獣、植物、人間の浮き彫り像、全体のアレゴリーについての文字で書かれた注釈、皇帝の系譜と神格化を見せている。いたるところにわれわれは、魔術的「二重化」を見出す。これらの技巧はすべて、フィールドの『歴史的記念建造物』(図版23)にも、もっと壮大なスケールで現われている。フィールドのダイモン的仲介性は技術の進歩を反映している。塔の頂上と頂上のあいだに、彼は、鋼鉄の橋の上を走る蒸気機関車を置いている。

ヒエラルキー的序列づけの修辞学的技巧としてのアレゴリーは、しばしばわれわれに、文化の理想的記念碑——地位のシンボル——を見せる。これらは、パンニーニの描く二つの室内(図版24—25)に現われる。そこでは、壁を覆う装飾パネルのひとつひとつ、彫塑のひとつひとつが、過去の栄光の特定の記念碑なのである。壁は、窓によって、いわば穴があけられており、それを通してわれわれは、理想化された過去の記念碑的イメージを見る。別の意味では、この客間は、夢幻的な博物館なのである。そこへこの画家は、古代ローマから、パンテオン、コロッセウム、ラオコーン群像、瀕死のガリアなどを——ルネサンス期とバロック期のローマから、ミケランジェロのモーゼ、ベルニーニの噴水や彫像、聖ペテロ像を集めた。パンニーニの構成は、分割された建築上の構造のなかにひとつひとつのイメージを孤立させることによって、カタログから装飾的儀式を作り出す。これは絵による案内書以上のものである。ひとつひとつの記念碑が魔術的効力をもっている。ひとつひとつがクラトファニー Kratophany〔隠れた力の開示〕なのだ。儀式はさらに、二つの時代の対称的「二重化」に現われる。

古代の客間とルネサンスの客間が、同形的並列関係にあって背中合わせになっており、「永遠の都」の魔術的あるいは破滅的宿命を暗示している。最初の二つのあとには、三番目の『現代のローマ』が続くことができるだろう。

Ⅶ 新旧アレゴリーにおけるシュールレアリスム

26 ロレンツォ・モナコ（Lorenzo Monaco）（一三七〇年頃―一四二五年）。『ピエタ *Pietà*』。
27 未詳のイタリア芸術家（十四世紀）。『マドンナ・デルラ・ミゼリコルディア *Madonna della Misericordia*』。
28 カルロ・クリヴェッリ（Carlo Crivelli）（一四三五年頃―一四九三年頃）。『聖母マリアと御子 *Madonna and Child*』。
29 ジローラモ・ダイ・リブリ（一四七四年―一五五五年）。『聖者たちといる聖母マリアと御子 *Madonna and Child with Saints*』。
30 マックス・エルンスト『女、老人、花 *Woman, Old Man and Flower*』（一九二三年―一九二四年）。
31 ポール・デルヴォー（Paul Delvaux）。『月の相 *Phases of the Moon*』（一九三九年）。
32 ジョルジオ・デ・キリコ（Giorgio de Chirico）。『偉大な形而上学者 *The Great Metaphysician*』（一九一七年）。

「シュールレアリスム」という用語は、二十世紀の画家の一流派を意味する。彼らの宣言と実践が、この語の近似的定義を示す。この語は、強迫観念的な夢のイメジャリー、異種の対象の予想外の、衝撃的でさえある連結、心理学的なエンブレム（通常フロイト的なそれ）、過度に明確な素描術、遠近法の歪みを含意する——これらがすべていっしょに作用し、素材の謎めいた組み合せを生み出す。とりわけ、不連続性と不自然なグループ分けが、シュールレアリスム芸術を特徴づけているように思われる。それ自体きわめて「現実的な」対象が、それらの相互関係によって、あるいはむしろ、ひとつの枠のなかで結びつけられたとき、合理的な相互関係を一見欠落させることによって、「非現実的」、つまりシュールレアルになる。この故意に謎めいた、じらすような、奇妙な様式は、この簡潔な抜粋が示すように、初期のアレゴリーにも見出されうるものである。

ロレンツォ・モナコの『ピエタ』（図版26）は、一枚の絵のなかに、すべて「受難」のエンブレムである、多量の夢幻的な、バラバラにされて孤立し圧縮された品目を集めている。くっきりとした境界線が「魔術的リアリズム」を生み出す。マドンナ・デッラ・ミゼリコルディアの木像（図版27）は、図像法は常套的であるが、尺度の極端な歪曲を誇示している。聖母マリアの異様な外套はヒエラルキー的体系になっており、そのシュールレアリスム的な「小さな人々」は、彼らは聖母マリアの包み込むスカートで庇護される無力な子供たちであるという神学的観念から生まれたのである。これと同じ「不条理」は、図版28の特大のハエ（死のエンブレム）に現われる。ここでは、平和、親切、肥沃のエンブレムである果物が、過度の明晰さと大きさをもっている。図版29では、宗教的アレゴリーがあまりにも伝統的なので、われわれは、この絵画的要素の集合がいかに夢幻的であるかに気づかないのである。風景、クジャク、オリーヴの木の左右相称の形状、聖者の衣服、その上に描かれた絵（図版4参照）——これらはすべて、われわれのなかのキリスト教的図像法に慣れている者にとってのみ「現実的」でありうるだろう。われわれは慣れているので、呈示されている場面がいかに不自然であるかに通常気がつかないのである。

エルンストの図像法はなじみの薄いものなので、彼の『女、老人、花』(図版30)は、見る者に、要素の衝撃的な不連続性を受け入れるよう強制しなくてはならない。ダイモン的突然変異、面食らわされる透明性、悪夢のような状態が、この典型的なシュールレアリスム現代絵画を構成している。「花」は影像のようなマネキン人形であり、装甲チョッキと腕は、風景に開かれた窓である。デルヴォーと同様、エルンストは謎を目指している。デルヴォーの『月の相』(図版31)のなかの女性たちは、二人の男性と同様に、自分が裸であることを忘れている——儀式は忘我状態で進行する。デルヴォーは、幻想と細部の精密な自然主義的描写とを組み合わせる。この組み合せは、程度の差こそあれ、シュールレアリスムと同じ意味あいをもつ。同じ強迫観念的幻想が、デ・キリコの『偉大な形而上学者』(図版32)を支配している。そこでは、建物に神秘的な正面があり、前景のアレゴリー的「機械」、アルチンボルド的な像は、具体化された観念からできた「合成の」体である。諸部分の極端な孤立状態は、われわれにこう問いかけることをしている。このアレゴリーによって表わされている形而上学とは何か。そして、われわれがこの謎に答えるとき、われわれは、このように孤立化された要素の観点から答えているのである。

訳者あとがき

本書はAngus Fletcher, *Allegory: The Theory of a Symbolic Mode* (Cornell U. P., 1964) の全訳である。アンガス・フレッチャーは一九三〇年にニューヨークに生まれ、イェール大学で学士号と修士号、ハーヴァード大学で博士号を取得した。六二年から六八年までコロンビア大学准教授、七四年までニューヨーク州立大学教授、九九年までニューヨーク市立大学教授、同年に同大学名誉教授になった。

著者三十四歳のデビュー作である本書のあと *The Prophetic Moment* (1971); *The Transcendental Masque* (1971); *Colors of the Mind* (1991)(『思考の図像学』拙訳、法政大学出版局); *A New Theory for American Poetry* (2004); *Time, Space, and Motion in the Age of Shakespeare* (2007); *Evolving Hamlet* (2011) などの著書がある。そのいくつかを簡単に紹介したい。

『預言的瞬間』(七一)は、ヘネップとターナーの通過儀礼の理論を「適合システム」として応用した独自の「識閾《リミナル》詩学」を展開したものである。伝統的修辞学におけるアレゴリーのその後の展開をたどり、その特徴をメタレプシス(比喩のさらなるメトニミーによる言い換え)に見、それは語音の「変身」により追想と予期を同時に可能にする瞬間であるとする。

『思考の図像学』(九一)で著者は、虚構作品の強みは「混乱と挫折によって引き起こされたかもしれない漠たる不明瞭な思考という体験」に「占めるべき場所」を与えられること、「問題を考え抜こうとし、そのような精神の苦闘が進むにつれ精神内の葛藤が露わになる様相」を描けることにあると言う。「人生における不完全で一貫性に欠け、非体系的な思考の絶対的必要性と呼んでしかるべきものの実体を、虚構作品はわれわれに示すことができる。」このような事態はすべて思考が「鈍重な肉体という物質から発する」からである。これが作家に図像的記述を実質的に強制する限定条件なのだと言う。「純粋かつそれ自体としての陳述された思考はありえない。ありうるのは思考のイメージであり、さまざまな図像である。要するに思考の図像学しかありえない」と断言する。

『アメリカ詩のための新理論』（二〇〇四）でフレッチャーは「環境詩」というジャンルの存在を指摘する。これは、詩人を取り巻く事実を記述しながらも、詩人によって事実は変容し、知覚的特質を失うことなく超越論的価値を保持している詩のことであり、エマソンの影響下にあったホイットマンの詩にその原型が見られると言う。「環境詩」は詩でありながらも韻文と散文の「中間体」で書かれる。「環境詩人」は周囲の世界について書くのでもなければ、それをテーマ化するのでもなく、また分析的に表象するのでもなく、読者がその詩を読むことによって環境を「体感」することをめざす。そのための文体が、「参入」を可能にする、能動態と受動態のあいだの「中間態」であるとする。

『シェイクスピア時代の時間、空間、運動』（二〇〇七）で著者は、初期近代の科学と英詩は、どちらも、当時の発見と表現のひとつの過程を構成していたと言う。フレッチャーは初期近代の言語芸術と科学のあいだに断絶を認めず、両者がともに属していた知的文化的多面体を想定する。たとえば当時のメタファーは「即時的に活動する比喩形象」という「構造原理」によって、人間存在の、不安定性への従属をもたらし、窮極目的への懐疑、生と思考の安定は運動の持続状態でしかないという意識を生み、そこに言語芸術と科学の相同性が見られると指摘する。

二〇一二年には本書の新版がプリンストン大学出版局から出た。本書を、汲めども尽きせぬ「理論の百科全書的宝庫」と絶賛し、その後のフレッチャーの著作も高く評価しているハロルド・ブルームの「個人的なまえがき」と、著者の四十数頁におよぶ「二〇一二年版あとがき」が加えられている。

これから諸家のアレゴリー論を駆け足でたどってみたい。結果的にフレッチャーのアレゴリー論の独自性が照射されるはずである。

最初に、文学史、思想史、美術史でアレゴリーはどういうものと理解されているか、標準的な研究書によりまとめてみたい。ダグラス・ブッシュによれば、アレゴリー的解釈の淵源は、文学そのものの起源と同じくらい古い。ギリシャの思想家たちはみずからの教義を正当化するために古い神話をもちだし、それを教義にあわせて解釈しようとした。神話のなかに真理が隠されている、神話は真理を具象化しているという考え方は、その後も、異教の神々を語るホメロスやヘシオドスを非キリスト教的であるという非難から救い出すために採用された。アレゴリーによる神話解釈が、合理的な立場をとる者にも信仰的な立場をとる者によっても前面に出された。アレゴリーは「あい異なったそれぞれの次元のうえに対応関係を見出そうという明らかに乱暴な方法」ではあったが、中世の考え方のなかでもっとも根強い信念、つまり「神と人間との一致、天界のものと地上のものとの一致」という信念に由来するものであった（『ルネサンスとイギリス・ヒューマニズム』）。

バジル・ウィレーによれば、聖書に対するアレゴリー的解釈も長い歴史があった。それはアレクサンドリアにおけるユダヤ教とヘレニズムの結合に始まった。ウィレーによれば、紀元一、二世紀のアレクサンドリア文化と、十七世紀のヨーロッパ文化には類似点があった。いずれの時代も哲学と宗教が対峙し、聖書の文字に忠実であろうとする態度を維持しながら、哲学的であるための努力を続けるという、調和への志向があった。この点でユダヤのフィロン（紀元前二〇頃—紀元後四五頃）のアレゴリー的方法が重要な意味をもつ。この方法がアレクサンドリアのひとりのユダヤ人に始まったことは偶然ではないと言う。「聖書に対する西洋的崇拝はヘブライ起源のものであり、フィロンはヘレニストでもあったからである」（『十七世紀の思想的風土』）。

中世とルネサンスの聖書釈義には解釈の四つのレヴェルまたは意味があった。字義的《リテラル》、アレゴリー的、道徳的、神秘的《アナゴジカル》の四つである。リラのニコラスのエピグラム的要約によると「文字は行われたことを教え、アレゴリーは信ずべきことを、道徳は行うべきことを、神秘は向かうべきことを教える」。エルンスト・カッシーラーによると、第一の解釈においては、特定の出来事がその純粋に経験的な事実性においてとらえられ、他の三つの解釈において、その真の内容の道徳的形而上学的意味が明るみに出される。たとえばアレゴリー的解釈では現実を見る特色ある新たな視点、現実に対する遠近の新たな関係が与えられる。「今や宗教的精神は、現実のうちに、個別的事実的なもののうちに埋没しながら、しかもそれにとらえられずにいることができる。」事物や出来事が別の事物や出来事を指示する同一平面上の直接的関係ではなく、「反省によって媒介された関係」だけが支配的になる。中世的思考はこれらの関係性を固定した規則にまとめようとして、宗教的解釈学が生まれた（『シンボル形式の哲学』）。ピエール・イヴ・バデルも『フランス中世の文学生活』で、字義的解釈・意味と他の三つの解釈・意味が同じレヴェルにはないことを指摘している。時間と空間のなかに位置づけられたイスラエルの民の過去の事実という字義的解釈・意味と、その事実が今日の信者の信仰、生活、希望に対して表象する精神的解釈・意味とが対立し、後者が三つに下位区分される。アレゴリー的解釈・意味は、過去の事実がキリストあるいは教会の歴史におけるこれこれの事実を予言していることを示し、道徳的解釈・意味はこの過去の事実から引き出すべき教訓を明らかにし、神秘的解釈・意味は、この事実が未来の生、永遠の生に対して予示するところを明らかにする。バデルは、中世の作家は、プラトン的イデアをこの世の仮象の世界に引きおろすことは容易だと信じていたと言う。彼らは「理性」「美」「愛」を登場させ、それらに肉体的特徴を与えた。このような擬人法は内面的生活を理解可能なものにした。それは、どのような道徳上の超越的な力が人間の心をめぐって相争っているかを劇的に表現し、人々は心という舞台における内奥のありさまを拡大して見せる俳優たちの演技を見物したのだと言う。

ヤコブ・ブルクハルトは中世全体がアレゴリー化の時代であったと言い、「当時の神学と哲学は、そのもろもろの観念を独立の存在として取り扱ったので、それが一個の人物になるのに足りない分は、文学や美術がこれを容易に付け加えることができた」とする（『イタリア・ルネサンスの文化――一試論』）。アンドレ・マソンは、アレゴリーとは「不可視の現実の表徴と考えられる対象を視界に住まわせる」ことにほかならず、美術の領域にあっては「抽象観念をあるイマージュで表象すること」にほかならないと言う（『アレゴリーの図像学』）。クリバンスキー、パノフスキー、ザクスルの共著『土星とメランコリー』によると、中世のイコノロジアの目的は「人間の徳、悪徳、感情、情念などの姿像」を体系的に収集し、「弁論家、説教師、詩人、画家、素描画家」が詩作や挿絵のために用いることができるように、これらに手を加え分類することにあった。そのなかでももっとも有名で、大きな影響を及ぼしたイコノロジアは、チェーザレ・リーパによるものだった。マージョリー・ホープ・ニコルソンは『円環の破壊』で、寓意画集《エンブレム》は知恵の箱だったとして二つの証言を引いている。「世界は大きな一巻の書物であり、人間はその書物の索引である。人体を見るだけでも、全世界に向きあうことができる」（ジョン・ダン）、「エンブレムは黙したアレゴリーである。……文字ができる前は、神は絵文字によって知られた。たしかに天と地、そしてあらゆる被造物は、神の栄光を表わす絵文字とエンブレム以外の何であろうか」（フランシス・クウォールズ）。エルヴィン・パノフスキーは『イコノロジー研究』で、神話的な人物たちをアレゴリー的な方法で解釈している（中世の言い方をすれば教訓化している）古代後期における著述のなかで重要なものとして、マルティアヌス・カペラ『メリクリウスと学識の結婚』、フルゲンティウス『神話集《ミトロギアエ》』、セルウェウス『ウェルギリウスについての注解』を挙げている。パノフスキーによれば、ギリシャの異教思想においては（少なくとも古典美術に反映しているかぎりでは）人間は肉体と魂が完全に統合されたものとして考えられていた。それに対し、ユダヤ・キリスト教的な人間の概念は「人間は、力ずくにであれ奇跡によってであれ、とにかく不死なる魂に結びつけられた『土くれ』にすぎないという観念」のうえにうちたてられていた。こうした中世的観点から見て、ギリシャ・ローマ美術において有機的な美や動物的な情熱を表わしている優れた美術上の方式が受け入れられるのは、それに超有機的、超自然的な意味が与えられた場合、つまり、それが聖書や神学のテーマに役立つものとされた場合に限られていた。これが美術におけるアレゴリーの意義であった。

ジョン・マッキーンによると、アレゴリーの強みは、そこで扱われる一般的問題が、個別的なものと関連をもつことによっていっそう力強く道徳的感覚や想像力に訴える点にあった。しかしそのことは、方向性こそ違え、風刺にもあてはまると言う。「風刺でも、個別的な問題は、一般に受け入れられている道徳的な価値の体系から見るとき、一時的な問題の域を超える力をおびる」からだ。たとえばスウィフトの『ガリヴァー旅行記』は普通風刺と呼ばれているが、その根本的な構造は明らかにアレゴリー的だと言う。「小人国、大人国、飛島、馬人間は、みな、人間の本性のさまざまな側面を描くアレゴリーであって、はじめからアレゴリーと名乗っている中世やルネサンスの物語のなかに入れても、申し分なく通用したに違いない」。さらにブレイクの描くロンドンも「あるひとつの精神状態のアレゴリーであると同時に、ブレイクの宗教的世界観にとってはまったく忌まわしい現実のロンドンでもある」。近代小説の確立者のように言われているジェイン・オースティンも「標題そのものからして、ほとんど十六世紀のアレゴリー的な道徳劇を思わせる」(『アレゴリー』)。

次にはアレゴリーに対して批判的な言説をいくつか拾ってみたい。ツヴェタン・トドロフは、シンボルとアレゴリーの対比を始めたのはヨーハン・ヴォルフガング・フォン・ゲーテであることは明らかだとして、『箴言と省察』から引用する。「詩人が普遍をめざして個別を探すか、特殊個別のなかに普遍的なものを見るかでは大きな相違がある。前者からはアレゴリーが生じる。特殊個別は普遍的なものの実例としてのみ価値がある。しかしながら後者は本来の意味でポエジーの本性である。ポエジーは普遍的な基盤について考えることもそれを指示することもなく個別を述べる。しかしこの個別を生き生きと捉える人［読者］は同時に普遍的なものを、それと知らずに、あるいは後になってから受けとるのである。」ゲーテは明らかに自分にシンボルの詩人の役をあてているとトドロフは言う。そしてゲーテのこの評言を次のように解釈する。「ゲーテはシンボルとアレゴリーの生産と受容のプロセスに注意を向けている。完成された作品においては誰しもつねに個別とかかわりをもち、しかもまたこの特殊個別はつねに普遍を喚起する。しかし創造のプロセスにおいては、個別から始まり、後から普遍的なものを発見する(それはシンボルである)か、あるいはまず最初に普遍をもち、ついでそのために特殊個別的な具体化を行うか、によって相違が生じる。この道程の相違は作品そのものにも影響を与える。生産物から生産活動を分離することはできない。したがってこれがもっとも重要な対比である。アレゴリーにおいては意味作用は必然的であり……また作品のなかにあるイメージはしたがって他動詞的である。シンボルにおいては、そのなかのイメージは別の意味をもつことをそれ自体によっては指示しない。再解釈の作業に導かれるのはもっぱら『より後』あるいは無意識においてである。ここで生産活動のプロセスから、作品自体を媒介として受容のプロセスにいたる。結局のところ、ここにある決定的な相違は、とくに人が解釈する手法に宿っているように思われる。あるいはゲーテの用語によれば、特殊から普遍に移行するその仕方にある。」トドロフはゲーテ以降のロマン派による、シンボルに与えられた価値の特徴をこうまとめる。「シンボルは生産的、自動詞的、有縁化的であり、反対物の融合を行い、それは存在すると同時に意味作用を行う。その内容は理性で捉えられず、言語に絶するものを表わす。それとは対照的にアレゴリーは明らかに既成のもの、他動詞的、恣意的で、純然たる意味作用、理性の表現である。」(『象徴の理論』)

エーリッヒ・アウエルバッハは『世界文学の文献学』で「われわれはアレゴリーの文学性をもはや自然に感じることはできない」と断言する。ダンテは『神曲』でアッシジのフランチェスコをアレゴリー的な衣装に包んでわれわれに提示しているが、「人間そのもののことばと身振りでこのうえなく具体的かつ個性的に形態化すること、それを彼はここでは実行していない」と『ミメーシス』の著者らしい批判をする。アウエルバッハがその存在を指摘する「フィグーラ」的な解釈は、もっとも広い意味でのアレゴリーに属するものの、「意味するものと意味されるものとの両方の側からの歴史内在性によって、明らかに区別される」。アレゴリーにおいては、歴史内在的な出来事は哲学的な学説の隠れた表現として解釈された。「フィグーラ的解釈が聖書を説明する際に絶えず戦わなければならなかったアレゴリー的方法はこの種のものであった。」アレゴリーの様式においては、結びつけられた二つの要素のうちの少なくともひとつは純粋な記号であるが、予型論的な関係においては意味する事実と意味される事実が現実的で具体的な歴史的出来事である。「愛のアレゴリーあるいは宗教的なシンボルのなかでは、少なくとも用語のひとつは人間の歴史に属してはいない。それはひとつの抽象あるいは記号である。しかし、キリストの犠牲の比喩形象と考えられるイサクの犠牲においては、予示する出来事も予示される出来事も、それらの比喩形象的な意味や相互関係によって、その文字通りの歴史的現実性を失うことはない、ということが本質的であり、それは少なくとも西洋の伝統のなかで、大いに力をこめて強調されてきた。」アレゴリーではなく「フィグーラ」がミメーシスへ到る道というわけである。

アレゴリーの魅力を語るのは、当然のことかもしれないが、中世史家に多い。ヨーハン・ホイジンガは『ホモ・ルーデンス』で、ヘシオドスの『神統記』は多くの抽象観念（労苦、忘却、飢餓、苦悶、殺戮、闘争、虚偽、口論など）を悪しきエリス（不和の女神）の子孫としてわれわれの前にくりひろげてみせるが、「これらはみな、色あおざめた比喩、心のうちに創りあげた形姿にすぎないのだろうか」と問う。「おそらくそんなものではない。むしろ、これら各種の性質を擬人化することは、原始人が自分の周囲を取り巻いているのを感じた自然力、暴力にかたちを与えようとしても、まだそれに人間の輪郭をとらせるには至らなかった、原始時代の宗教的形態化の働きのひとつだったのであろう。この仮説の理由はいくらもある。人間の心が、神々を人間の姿をしたものとして表象する前は、心は自然と生命の神秘的な、威嚇的な力に襲われて衝撃を受けたとき、この威圧したり、興奮させたりするものに対して、はっきりとは決まらない名前を与えたのである。彼はそれを存在としては見ている。しかし、まだほとんど形態あるものとして思い浮かべるに至っていないのだ。」ホイジンガは現代にも擬人化、アレゴリーは生きていると言う。「今日の哲学、心理学は比喩という表現手段を完全に放棄してしまったのだろうか。……いったいこれまでに、比喩、アレゴリーなき抽象言語などというものが、そもそも存在したのだろうか。」ホイジンガは『薔薇物語』を例に挙げて説明する。「擬人化という手段を欠いては、人々は、さまざまな感情の動きを表現し、またそれを追体験することができなかったのである。この比類のない人形劇の多彩優美な色と線とは、愛の概念体系を作るのに不可欠のものであった。この世界でこそ、ことばが通じあったのである。危険、新たな想い、悪口などのイメージに対するに、ちょうど今日、わたしたちが心理学の用語に出る流行語に対するのと同様な扱いをしていたのである」（『中世の秋』）。

『愛のアレゴリー』のC・S・ルイスも、アレゴリーを中世人に固有な思考形態とは考えず「人間またはその心一般」のそれであり「非物質的なものを図示できることばで表わそうとするのは、思考と言語に本来的に備わった特徴である」と言う。アレゴリーの本質は「非物質的なものに想像的な肉体を与える」ことにあり、われわれはメタファーなくしては「内なる戦い」について語ることも考えることも不可能であると言う。「すべてのメタファーはアレゴリーの縮小版である。そして葛藤がますます深刻になるにつれて、これらのメタファーは拡大され、合体し、最後には立派な一人前のアレゴリー詩に成長するのである。」

中世史家にかぎらず、現代批評を代表するひとりであるポール・ド・マンは、単純な文学形式という印象を与えるアレゴリーのもつ高度な「課題」をこう説明する。「アレゴリーとは要求水準の高い真理を伝達しようとするものである。だからこそアレゴリーには、真偽に関わる認識論的な秩序を、説得に関わる物語り的ないし創作的な秩序と接合させるという、困難な課題が負わされているのである」（『美学イデオロギー』）。

ヴァルター・ベンヤミンがバロック悲劇のアレゴリー的形式を重視するのは、バロック悲劇がこの構造のおかげで「同時代の時事的な制約のなかから生じてきた素材を自身に同化して、内実と化すこと」ができると考えたからである。アレゴリー的なものの見方の根源は、「キリスト教の定めた罪を負った自然《フィジス》がパンテオンに体現されたより純粋な神々の自然《ナテユラ・デオルム》と対決する」その対決のうちにある。「ルネサンスとともに異教的なものが、そして反宗教改革とともにキリスト教的なものが、新たに生気を得ることによって、アレゴリーもまた、両者の対決の形式として復活せずにはいなかった。」「事物のはかなさの認識、および、それらの事物を永遠のなかに救い取ろうとする配慮こそ、アレゴリー的なるものにおけるもっとも大きな動機のひとつであった。」それゆえ「無常と永遠とがもっとも接近し、衝突する場所にこそ、アレゴリーはもっとも長く住みつく」(「アレゴリーとバロック悲劇」)。

本書でもたびたび言及があり、フレッチャーに与えた影響が推測できるノースロップ・フライは、詩の注釈はすべて「詩の心象構造に観念を付与する」という意味でアレゴリー的解釈であると言う(『批評の解剖』)。フライは聖書と文学を論じた『大いなる体系』で、キリスト教神学が文化的優位を占めるにつれ、反駁できない前提の必要性から、すべてが神の完全性に由来する演繹的形式を思考がとり始めたと言う。「この過程において、メトニミー的思考をする人々が、前の時代のメタファー的構築体を深刻に受けとめなくてはならず、それらとのあいだに、ある種の緊張が必然的に生じた。」メタファー的要素の解体と他の言語学的手続きへの同化吸収は通常アレゴリーによってなされたとフライは言う。「アレゴリーとは特殊な類比形式であり、メタファー的言語と概念的言語を対比し、後者が主たる権威をもつ技法である。アレゴリーは、メタファー的構築体の諸矛盾を、メトニミー的構築体をある概念的標準に適合させることによって取り除く。」これを可能にしたのは、メトニミー的時代の主たる思考道具である連続的散文の発達であった。「連続的散文においては、AとBが両立しないように思われる場合には、ことばによって媒介的定式を挿入したり、あるいは、両者を『調停』するようなかたちで、注釈のなかで両者を言い換えることはいつでもできる。そのような媒介的な文を十分に書きさえすれば、どのような陳述も、結果的にはどのような陳述とも調和させることができる。かくして注釈は、主導的なメトニミー的ジャンルのひとつとなる。伝統的なメタファー的イメージが、ある概念的な論法の例証として利用されるわけである。」

本書の要約は不可能に近いので、章ごとに簡単に論点を紹介しておきたい。実際はいくつもの留保がつけられていることが多く、著者の本意ではないだろうが、少し詳しい目次程度のものと理解していただきたい。

著者は序論で、本書はアレゴリーの様式の本質を把握することを目的とし、その文学的要素の理論的な、主として非歴史的な分析であり、精神分析理論に多く言及しているものの、アレゴリーの発生論というよりは形式論であると述べている。コウルリッジの「シンボル的著述がアレゴリーに対して優位にある理由は、シンボル的著述は諸能力の分離はまったく想定せず、まったき支配のみを想定している点にある」という、今日も一般的に容認されているシンボル優位説に疑問を呈している。著書はアレゴリーは「テーマとイメージの混合体」であると考えている。アレゴリー的イメージについて本書で使われる「コスモス」という概念は、科学史ではなく古代の修辞学に由来するものであると断っている。

第一章「ダイモン的仲介者」で著者は、アレゴリーのヒーローたちはダイモン的である、つまり、ダイモンにとりつかれていると考えられる人々が示す行動の型（単一軌道的精神、厳格な習慣によるパターン化）に合致していると言う。擬人化された抽象観念がたぶんもっとも明白なアレゴリー的仲介者であり、同時代的あるいは歴史的人物を表象する仲介者よりも、時事性が少ないので、より多くの問題をはらみ、永遠の重要性をもつと言う。異教古代においてもキリスト教古代においても、一部人間一部神であるダイモンはしばしば人間という種の守護者であり、人間ひとりひとりがダイモンという守護天使に導かれていると考えられていたと述べ、もっとも有名なのはソクラテスのダイモンだと指摘する。田中美知太郎の『ソクラテス』によると、ギリシャ人のいうダイモンは「未だ擬人化されぬ、最も原始的な宗教的対象」だった。「オリュンポスの神々は、その間から出生して、はっきりとした形や名や役目をもつようになったけれども、そのように限定しつくされぬ、何か漠としたものが、ダイモンの名と共に、なお後の時代まで、生命を保っていたと考えられる。」フレッチャーはアレゴリーの魅力について、アレゴリー作家に与えられた最大限の願望充足と最大限の拘束という逆説的な結びつきにあるとする。

第二章「宇宙的イメージ」は、アリストテレスの考える詩的言語を構成する語の、八種類からなるリストに出てくる装飾的語法を表わすもっとも古い語「コスモス」について、生活の世俗化、ヒエラルキーの多数化に対応して、多くのアレゴリーが、現代の価値判断の不安と不確定と適合する装飾をもつと予想する。実際、「両価的コスモス」がカフカのような作家においてアレゴリー的イメージの支配的な型となっていると指摘する。ちなみにパトリシア・ファマトンはフレッチャーのコスモス＝装飾概念に触発されて『文化の美学——ルネサンス文学と社会的装飾の実践』を書いた。装飾は文化的価値をもつひとつの世界を寓意的に示したり、それとなくほのめかしたりするが、この世界は遠回しに、暗示的に飾り立てるという手段でしか表象しえない、つまり純粋な装飾は存在しえないと考えて、ルネサンスの装飾が宿す寓意を明らかにしようとしたものである。

第三章「シンボル的行為——前進と闘い」では、アレゴリーは、ミメーシス的プロットの特徴である蓋然性とは対立する儀式的必然性に従って構造化されるため、多様性が少なく、輪郭が単純であり、二重の意味をおび、かならずダイモン的仲介性と宇宙的イメジャリーをもつと指摘する。

第四章「アレゴリー的因果律——魔術と儀式の形式」では、アレゴリー的な話の展開がもつ独自の結合原理に注目する。アリストテレスの「蓋然性」以外の、もうひとつの部分連結原理を著者は「魔術的因果律」と呼ぶ。アレゴリー作家は、二つの敵対する力の対等性を強調するが、美徳が攻撃の瞬間に悪徳を模倣するとき、まさにその同形模倣によって、敵対者を破壊することができると想定している。アレゴリーでは、プロットは、儀式化されているか対称的であるかのいずれかになる。メタファーを使うミメーシス的詩人は自然を理解しようとしているだけである、つまり燃え尽きた感情のカタルシスを引き起こそうとしているだけであるが、アレゴリー的詩人は自然を統制し、読者を統御しようとしている。「彼［アレゴリー的詩人］は魔術的技巧によって読者を揺さぶり、知的あるいは道徳的あるいは精神的な高みを受け入れさせようとしているのである。」

第五章「テーマ的効果――両価性、崇高、そしてピクチャレスク」では、アレゴリー文学の、みずからの両極的対立に示すある種の両価性を指摘する。たとえば『妖精の女王』は「対照的根源語」群の上に築かれ、深い両価性を核としてもち、全体にわたる崇高な壮大さと細部におけるピクチャレスク的厳密さを達成していると言う。

第六章「精神分析学的類比――強迫観念と強迫衝動」では、不均衡な行動の典型的な具現化である神経症の文化的類似物に注目する。ひとつひとつの神経症は、創造的で建設的で教化的な「シンボル的行為」であり、アレゴリーの類似物は強迫衝動的な症候であると言う。アレゴリー的叙事詩のヒーローは、強迫衝動的な人が物事を処理するように、規則的に、綿密細心に、やみくもに処理する。「高次の文化目的を追求して活動し、それゆえ神経症の境界を超越し、それでもなお神経症に暗示される形成力をもつ性格類型を保持している強迫衝動的人物の完璧な例はアエネーアスであろう。ウェルギリウスのヒーローは、定められた道からそれることはない。」

第七章「価値と意図――アレゴリーの限界」では、通常はアレゴリーに分類されない文学作品をアレゴリーとして読むことの可能性と意義を探っている。たとえば自然主義小説において、ヒーローに運命を選択する力に欠けていれば、それはダイモンとして単純化されていると考えられ、イメジャリーも宇宙的で、その基底に二元論的葛藤があり、テーマ的概念化が話の展開を支配しているという意味で抽象的であれば、作家が追求しているように思われる「リアリズム」も相殺されて、アレゴリーに近づくと言う。フレッチャーはエンプソン的意味の牧歌を、「現状」に対する攻撃と「現状」の擁護のあいだに位置する仲介的役割を果たす文学、階級葛藤と階級移動の文学とみなし、一種の社会的混淆がここに作用していると言う。そのような牧歌は、二つの競合する宗教が合併された教義のもとで提携するかもしれないときの大きなアレゴリー的過程に相当するものであると言う。「そのようなものとしてのアレゴリーは、適合と妥協の道具である。この様式のこのような利用がなかったら、文学は文化的生き残りの重要な手段を欠くかもしれないだろう。」著者がスペンサーに見る可能性も、二つの世界観のあいだの妥協からの、新しい感性と方法の出現である。アレゴリーの混淆的機能は、本質的に相違する宇宙的見解を、妥協的関係で統合するばかりでなく、特定の宗教が、仲介的精霊であるダイモンを周囲に配備することを可能にする。一神教はむしろ、そのような仲介者の存在を必要とする。もしわれわれが一神教から多神教へ向かうなら、ダイモン的仲介者の現われる場所が即座に生まれることは明白である。「あらゆる種類のマニ教的思考は、ダイモン的宇宙でくつろぐ。アレゴリー全般は、それゆえ、マニ教的外観を示すのである。」著者が両価性に反応することが重要であると考えるのは、混成的態度が人間的思考においては自然なものであるからだ。「われわれは両価性から逃れられないが、このような感情の状態を引き起こす状況に対しては、さまざまに応答することができる。ここにもまた、アレゴリー的様式の美学的な理論的根拠がある。」

フレッチャーは本書の後、*Dictionary of the History of Ideas* に「文学史におけるアレゴリー」(高山宏訳、『西洋思想大事典』、平凡社、所収)を書いた。著者が本書でとくに強調したい論点がよくわかる論文である。著者は、メタファーとは違い、アレゴリーは感覚・経験の世界から遠ざかり、思考の世界に向かう傾向があることを強調する。「メタファーは見、アレゴリーは考えるのである。」アレゴリー作家は論理的、理性的にふるまおうとしているために見えにくくなっているが、それはふりでしかなく、アレゴリーの論理は合理主義とは無縁であり、われわれはそこに、高まる知的、意味論的洗練のただ中で何とか生き残ろうとする「魔術的思考の闘い」を見るべきだと言う。アレゴリーの創造と解釈は、宗教的、哲学的、文化的な諸信念の混淆（syncretism）を受け入れられるか否かにかかっている。混淆は総合（synthesis）とは違う。混淆は撚り合わさった諸信念の個々の特徴をそっくり保存する。「それ［混淆］は放逐せず、結集させる。そして同時に多様な起源、多彩な知的スタイルの感覚を保存する。」このような混淆の豊饒の第一の源泉は敬虔（piety）であると言う。

本書の「二〇一二年版あとがき」で著者は、より広い文明史的視野のなかでみずからの主張を確認している。フレッチャーは、現代のポストモダンの精神は、超越的観念、機械的に機能するアルゴリズム体系、個人の感覚や検証された科学的情報を含む客観的情報、これらのあいだの関係が理解できずにいるように思われると言う。テクノロジーの変化のただ中にあって、アレゴリーは依然として中心的な重要性をもつ問題であり続けている。「なぜなら、それ［アレゴリー］は、もっとも重要な人間的欲求、すなわち、未検討の進歩に向かうわれわれの雑然とし混乱した推進運動に目的と理由を発見したいという欲求に対峙しているからである。」フレッチャーは、われわれは精神的生き残りの方法を求めてもう一度、想像的思想家に注目しなくてはならないと言う。コンピューターテクノロジーの進化につれ、物質的測定法と数字のみが人間が考え想像できる唯一の現実と化しつつあり、プラトン的イデアは実質的に消滅させられつつあるのが現代である。しかしレッテル貼りと図像は政治権力のなかで力を増している。このような文化の過激な突然変異は前例がないとフレッチャーは言い、アレゴリーの創造と理解の必要性を確認する。

翻訳について。一九八九年の秋、当時の勤務先のあった市ヶ谷の某所で、故井出弘之氏と高山宏氏から「面接試験」(?)を受けた。私がそれまでに書いたものをすべて読まれた高山氏は開口一番「テーマ無いね」と言われた。作家研究に自足していた、というか、汲々としていた私には青天の霹靂だった。爾来、作品を文学史、思想史、文化史のなかで読む、あるいは作品のなかにそれらを読むように心がけてはきたが道半ばである。高山氏との縁で転職した大学を去る年に、高山氏の「セレクション」に入れていただいたことにも奇遇を感じる。これまでの学恩と御厚誼に感謝したい。編集の藤原義也氏は、表記不統一、誤記、誤訳の指摘は言うまでもなく、最新の情報を次々に教示して下さり、本書をアップデートすることができた。難解な本書が少しでもリーダブルになれたとするなら、その功績は藤原氏にある。校正刷の訳文に添えられた小気味よいコメントが印象的だった。

二〇一七年　定年退職の日を九十日後に控えた元旦の朝に記す　　訳者

参考文献

この文献リストは本書で用いた版を掲載したもので，必ずしも初版の発行年，場所を示してはいない。また，アレゴリー研究に関する書籍や論文，その他のテキストの完璧，あるいはほぼ完璧な書誌を意図したものでもない。

Abraham, Karl. *Traum und Mythus*. Vienna, 1909.

Abrams, M. H. *The Mirror and the Lamp: Romantic Theory and the Critical Tradition*. New York, 1953. エイブラムズ，M・H.『鏡とランプ――ロマン主義理論と批評の伝統』水之江有一訳，研究社，1976.

Adams, Robert M. *Strains of Discord: Studies in Literary Openness*. Ithaca, 1958.

Adorno, T. W, E. Frenkel-Brunswik, et al. *The Authoritarian Personality*. New York, 1950. アドルノ，T・W.『権威主義的パーソナリティ』田中義久・矢沢修次郎・小林修一訳，青木書店，1980.

Aichinger, Ilse. *The Bound Man and Other Stories*. Tr. by Eric Mosbacher. New York, 1956.

Alanus de Insulis（Alain de Lille）. *The Complaint of Nature*（*De Planctu Naturae*）. Tr. by Douglas Moffat.（"Yale Studies in English Literature," XXXVI.）New York, 1908.

Alexander, P. J. "The Iconoclastic Council of St. Sophia（815）and Its Definition（*Horos*）" *Dumbarton Oaks Papers*, Number 7. Cambridge, Mass., 1953.

Amis, Kingsley. *New Maps of Hell*. New York, 1960. エイミス，キングズリイ.『地獄の新地図』，山高昭訳，早川書房，1979.

Anastos, M. V. "The Ethical Theory of Images Formulated by the Iconoclasts in 754 and 815," *Dumbarton Oaks Papers*, Number 8. Cambridge, Mass., 1954.

Andrew, S. O. *Syntax and Style in Old English*. Cambridge, 1940.

Aristotle. *The Ethics of Aristotle*（*The Nicomachean Ethics*）. Tr. by J. A. K. Thomson. Penguin ed., 1958. アリストテレス.『ニコマコス倫理学』，高田三郎訳，岩波文庫，1971–73.

——. *The Poetics*.（*Works*, XI.）Ed. by W. D. Ross; tr. by Ingram Bywater. Oxford, 1924.『詩学』藤沢令夫訳，世界の名著 8『アリストテレス』，中央公論社，1972，所収.

——. *The Rhetoric*.（*Works*, XI.）Ed. by W. D. Ross; tr. by W. R. Roberts. Oxford, 1924.『弁論術』戸塚七郎訳，岩波文庫，1992.

Athanasius, St. *Life of St. Antony*. Tr. by R. T. Meyer. Westminster, Md., 1950. アタナシウス，アレクサンドリアの.『アントニオス伝』，上智大学中世思想研究所編，小高毅編訳・監修『中世思想原典集成 1』，平凡社，1995，所収.

Auden, W. H. *The Collected Poetry of W. H. Auden*. New York, 1945. オーデン，W・H.「詩」工藤昭雄・深瀬基寛・宮崎雄行・加納秀夫・沢崎順之助訳，世界文学大系 71『イェイツ／エリオット／オーデン』，筑摩書房，1975，所収.
——. "The Guilty Vicarage: Notes on the Detective Story, by an Addict," in *The Critical Performance*. Ed. by S. E. Hyman. New York, 1956.「罪の牧師館　探偵小説についてのノート」鈴木幸夫訳，『推理小説の詩学』研究社，1976，所収.
Auerbach, Erich. *Dante: Poet of the Secular World*. Tr. by Ralph Manheim. Chicago, 1961. アウエルバッハ，エリック．『世俗詩人ダンテ』小竹澄栄訳，みすず書房，1993.
——. "Figura," in *Scenes from the Drama of European Literature: Six Essays*. New York, 1959. アウエルバッハ，エーリッヒ．「フィグーラ」，『世界文学の文献学』高木昌史・岡部仁・松田治訳，みすず書房，1998，所収.
——. *Mimesis: The Representation of Reality in Western Literature*. Tr. by W. R. Trask. Anchor ed., New York, 1957; originally published Princeton, 1953.『ミメーシス——ヨーロッパ文学における現実描写』篠田一士・川村二郎訳，筑摩書房，1967.
Augustine, St. *The City of God*. Tr. by G. E. McCracken. Loeb Classics ed., Cambridge, Mass., 1957. アウグスティヌス．『神の国』服部英次郎訳，岩波文庫，1982–91.
Balakian, Anna. *Surrealism: The Road to the Absolute*. New York, 1959.
Baltrušaitis, Jurgis. *Aberrations: Quatre essais sur la légende des formes*. Paris, 1958. バルトルシャイティス，ユルギス．『アベラシオン——形態の伝説をめぐる四つのエッセー』，種村季弘・巖谷國士訳，国書刊行会，1991.
——. *Anamorphoses ou perspectives curieuses*. Paris, 1955.『アナモルフォーズ——光学魔術』，高山宏訳，国書刊行会，1992.
——. *Le Moyen age fantastique. Paris*, 1955.『幻想の中世——ゴシック美術における古代と異国趣味』，西野嘉章訳，平凡社ライブラリー，1998.
Barfield, Owen. *Poetic Diction*. London, 1952. バーフィールド，オウエン．『詩の言葉：意味の研究』，松本延夫・秋葉隆三訳，英宝社，1985.
Bate, W. J. *The Achievement of Samuel Johnson*. New York, 1955.
Baumgarten, A. G. *Reflections on Poetry*. Tr., with the original text, and ed. by Karl Aschenbrenner and W. B. Holther. Berkeley, 1954.
Beach, J. W. *Obsessive Images: Symbolism in Poetry of the 1930's and 1940's*. Minneapolis, 1960.
Beckford, William. *Vathek: An Arabian Tale,* in *Shorter Novels of the Eighteenth Century*. Ed. by Philip Henderson. London, 1956. ベックフォード，ウィリアム．『ヴァテック』，私市保彦訳，国書刊行会，1990.
Beer, J. B. *Coleridge the Visionary*. London, 1959.
Bentham, Jeremy. *Handbook of Political Fallacies*. Ed. with a preface by H. A. Larrabee. Baltimore, 1952.

Berger, Harry. *The Allegorical Temper: Vision and Reality in Book II of Spenser's* Faerie Queene. New Haven, 1957.

The Bestiary. Tr. by T. H. White. New York, 1954.

Bezanker, Abraham. "An Introduction to the Problem of Allegory in Literary Criticism." Unpublished Ph. D. dissertation, University of Michigan, 1955.

Black, Max. *Models and Metaphors: Studies in Language and Philosophy*. Ithaca, 1962.

Blair, Hugh. *Lectures on Rhetoric and Belles Lettres*. Edinburgh, 1783.

Blake, William. *Complete Writings*. Ed. by Geoffrey Keynes. London, 1957. ブレイク，ウィリアム．『ブレイク全著作』，梅津濟美訳，名古屋大学出版会，1989.

Bloom, Edward. "The Allegorical Principle," *Journal of English Literary History* ［hereafter abbreviated as *ELH*］, XVIII （1951）.

Bloom, Harold. *Blake's Apocalypse*. New York, 1963.

——. *Shelley's Mythmaking*. New Haven, 1959.

Bloomfield, M. W. *The Seven Deadly Sins*. East Lansing, 1952.

Boaden, James, ed. *Memoirs of Mrs. Inchbald: Including Her Familiar Correspondence with the Most Distinguished Persons of Her Time*. London, 1833.

Boccaccio, Giovanni. *Genealogy of the Gods*, Book XIV, sec. 12. Tr. as *Boccaccio on Poetry*, by C. G. Osgood. Princeton, 1930.

Bodkin, Maud. *Archetypal Patterns in Poetry: Psychological Studies of Imagination*. London, 1934; reprinted New York, 1958.

Bodsworth, Fred. *The Strange One*. New York, 1959.

Boethius. *The Consolation of Philosophy*. With an introduction by Irwin Edman. Modem Library ed., New York, 1943. ボエティウス．『哲学の慰め』，渡辺義雄訳，世界古典文学全集 26『アウグスティヌス／ボエティウス』，筑摩書房，1966，所収．

Boisacq, Emile. *Dictionnaire étymologique de la langue grècque*. Paris and Heidelberg, 1938.

Borges, J. L. "The Fearful Sphere of Pascal," *Noonday* 3. New York, 1960. ボルヘス，ホルヘ・ルイス．「パスカルの球体」，『ボルヘス・エッセイ集』，木村榮一訳，平凡社ライブラリー，2013，所収．

Bowra, C. M. *From Virgil to Milton*. London, 1948.

Brecht, Bertolt. *Selected Poems*. Tr. by H. R. Hays. New York, 1959.

Brée, Germaine, and Margaret Guiton. *An Age of Fiction*. New Brunswick, 1957.

Bronson, Bertrand. "Personification Reconsidered," *ELH*, XIV （1947）.

Brooke-Rose, Christine. *A Grammar of Metaphor*. London, 1958.

Brooks, Cleanth, and R. P. Warren. *Understanding Poetry*. New York, 1950.

Brower, Reuben. *Alexander Pope: The Poetry of Allusion*. Oxford, 1959.

Browne, Sir Thomas. *The Pseudodoxia Epidemica*. （*Works*, II, III, V.） Ed. by Geoffrey Keynes.

London, 1928–1931.
——. *Religio Medici*. Ed. by J.-J. Denonain. Cambridge, 1953. ブラウン，サー・トマス．『医師の信仰』．『医師の信仰・壺葬論』，生田省悟・宮本正秀訳，松柏社，1998，所収．
——. *Urne Buriall and The Garden of Cyrus*. Ed. by John Carter. Cambridge, 1958.『壺葬論』，上掲書所収．
Bruyne, Edgar de. *L'Esthétique du moyen age*.（An abbreviated version of *Etudes d'esthétique médiévale*.）Louvain, 1947.
——. *Etudes d'esthétique médiévale*. Bruges, 1946.
Buchan, John. *A History of English Literature*. New York, 1923.
Buchanan, Scott. *Symbolic Distance in Relation to Analogy and Fiction*. London, 1932.
Bukofzer, Manfred. "Allegory in Baroque Music," *Journal of the Warburg Institute*, III（1939–1940）, nos. 1–2.
——. "Speculative Thinking in Mediaeval Music," *Speculum*, XVII（April 1942）.
Burckhardt, Jacob. *The Age of Constantine the Great*. Tr. by Moses Hadas. New York, 1949. ブルクハルト，ヤーコプ．『コンスタンティヌス大帝の時代——衰微する古典世界からキリスト教中世へ』，新井靖一訳，筑摩書房，2003.
——. *The Civilization of the Renaissance in Italy*. Ed. by B. Nelson and N. Trinkhaus; tr. by S. G. C. Middlemore. New York, 1958.『イタリア・ルネサンスの文化——一試論』，柴田治三郎訳，世界の名著 45『ブルクハルト』，中央公論社，1966.／中公文庫，1974.
Burke, Edmund. *A Philosophica Inquiry into the Origins of the Sublime and the Beautiful*. World's Classics ed., London, 1906–1907; reprinted 1920 and 1925. バーク，エドマンド．著作集 1『崇高と美についての我々の観念の起原の哲学的探究』，中野好之訳，みすず書房，1973.
Burke, Kenneth. *The Philosophy of Literary Form: Studies in Symbolic Action*. New York, 1957. バーク，ケネス．『文学形式の哲学——象徴的行動の研究』，森常治訳，国文社，1974.
——. *A Rhetoric of Motives*. New York, 1955.『動機の文法』，森常治訳，晶文社，1982.
Burnet, John. *Early Greek Philosophy*. New York, 1957. バーネット，ジョン．『初期ギリシャ哲学』，西川亮訳，以文社，2014.
Burton, Robert. *The Anatomy of Melancholy*. Ed. by Floyd Dell and P. Jordan-Smith. New York, 1927; reprinted 1948. バートン，ロバート．『戀愛解剖學』，斎藤美洲訳，桃源社，1964.
Bush, Douglas. *Mythology and the Renaissance Tradition in English Poetry*. Minneapolis and London, 1932.

Butler, Samuel. *Life and Habit*. New York, 1910.

Calderôn de la Barca. *Four Plays*. Tr. by Edwin Honig. New York, 1961. カルデロン・デ・ラ・バルカ．「愛に愚弄は禁物」，「名誉の医師」牛島信明訳，『スペイン黄金世紀演劇集』，名古屋大学出版会，2003，所収．／『人の世は夢／サラメアの村長』，高橋正武訳，岩波文庫，1978.

Campbell, George. *The Philosophy of Rhetoric*. London, 1776.

Campbell, Joseph. *The Hero with a Thousand Faces*. New York, 1949. キャンベル，ジョーゼフ．『千の顔をもつ英雄』，倉田真木・斎藤静代・関根光宏訳，ハヤカワ文庫NF，2015.

Campbell, L. B., ed. *The Mirror for Magistrates*. New York, 1960.

Camus, Albert. *L'Exil et le royaume*. Paris, 1957. カミュ，アルベルト．『転落・追放と王国』，大久保敏彦・窪田啓作訳，新潮文庫，2003.

Čapek, Karel. *In Praise of Newspapers*. Tr. by M. and R. Weatherall. New York, 1951. チャペック，カレル．『カレル・チャペックの新聞讃歌』，田才益夫訳，青土社，2005.

——. *War with the Newts*. Tr. by M. and R. Weatherall. New York, 1959.『山椒魚戦争』，栗栖継訳，岩波文庫，1978.

——, and Josef Čapek. *R. U. R. and the Insect Play*. Tr. by P. Selver. London, 1961.『ロボット（R. U. R.）』，千野栄一訳，岩波文庫，1989.

Casa, Giovanni della. *Galateo: or, The Book of Manners*. Tr. by R. S. Pine-Coffin. Penguin ed., 1958.

Cassirer, Ernst. *An Essay on Man*. New York, 1953. カッシーラー，エルンスト．『人間』，宮城音弥訳，岩波書店，1953.

——. *The Philosophy of Symbolic Forms*. New Haven, 1955.『シンボル形式の哲学』，生松敬三・木田元・村岡晋一訳，岩波文庫，1989–97.

Castelli, Enrico, ed. *Christianismo e ragion di stato: L'Umanesimo e il demoniaco nell'arte*. Rome, 1953.

Castiglione, Baldassare. *The Book of the Courtier*. Tr. by C. S. Singleton. New York, 1959. カスティリオーネ，バルダサーレ．『カスティリオーネ　宮廷人』清水純一・岩倉具忠・天野恵訳，東海大学出版会，1990.

Chambers, William. *Dissertation on Oriental Gardening*（1772）, quoted in A. O. Lovejoy, "The Chinese Origin of a Romanticism," *Essays in the History of Ideas*. New York, 1960.

Chapin, C. F. *Personification in Eighteenth-Century English Poetry*. New York, 1955.

Charney, Maurice. *Shakespeare's Roman Plays: The Function of Imagery in the Drama*. Cambridge, Mass., 1961.

Chastel, André. *Marsile Ficin et l'art*. Paris, 1954.

Chenu, M. D. *La Théologie au douzième siècle*. Paris, 1957.

Cicero, Marcus Tullius. *The Orator* (*De Oratore*). Ed. and tr. by E. W. Sutton and H. Rackham. Loeb Classics ed., London, 1948. キケロ.『弁論家について』, 大西英文訳, 岩波文庫, 2005.

——. *Rhetorica ad Herennium*. Ed. and tr. by Harry Caplan. Loeb Classics ed., Cambridge, Mass., 1954.

Clark, Kenneth. *The Nude: A Study in Ideal Form*. New York, 1959. クラーク, ケネス.『ザ・ヌード——理想的形態の研究』高階秀爾・佐々木英也訳, ちくま学芸文庫, 2004.

Cochrane, C. N. *Christianity and Classical Culture: A Study of Thought and Action from Augustus to Augustine*. New York, 1957.

Cohen, Morris, and Ernest Nagel. *An Introduction to Logic and Scientfc Method*. New York, 1934.

Coleridge, S. T. *Essays and Lectures on Shakespeare and Some Other Old Poets and Dramatists*. Everyman ed., London, 1907.

——. *Miscellaneous Criticism*. Ed. by T. M. Raysor. London, 1936.

——. *The Statesman's Manual*. (*Complete Works*, VI.) Ed. by W. G. T. Shedd. New York, 1875.『「政治家必携の書 聖書」研究——コウルリッジにおける社会・文化・宗教』, 東京コウルリッジ研究会編, こびあん書房, 1998.

Collingwood, R. G. *The Idea of Nature*. New York, 1960.

Comparetti, Domenico. *Vergil in the Middle Ages*. Tr. by E. F. M. Benecke. London, 1895.

Constandse, A. L. *Le Baroque espagnol et Calderôn de la Barca*. Amsterdam, 1951.

Cooper, Lane. *Aristotelian Papers*. Ithaca, 1939.

Cornford, F. M. *Origins of Attic Comedy*. Introduction by Theodor Gaster. New York, 1961.

——. *From Religion to Philosophy*. New York, 1957.

——. *The Unwritten Philosophy*. Ed. by W. K. C. Guthrie. Cambridge, 1950.

"Cronaca prima d'anonimo," *Il Tumulto del Ciompi*. ("Rerum Italicarum Scriptores," XVIII, iii.) Ed. by Gino Scaramella. Bologna, 1934.

Cruttwell, R. W. *Virgil's Mind at Work*. Oxford, 1946.

Cudworth, Ralph. *The True Intellectual System of the Universe* (1678). Ed. with a translation of the notes of J. L. Mosheim, by John Harrison. London, 1845.

Cumont, Franz. *After Life in Roman Paganism* (1922). Tr. by H. D. Irvine. New York, 1959.

——. *Astrology and Religion among the Greeks and Romans* (1912). Tr. by J. B. Baker. New York, 1960.

Curtius, Ernst. *European Literature and the Latin Middle Ages*. Tr. by W. R. Trask. New York, 1953. クルツィウス, エルンスト.『ヨーロッパ文学とラテン中世』南大路振一・岸本通夫・中村善也訳, みすず書房, 1971.

——. "The Poetry of Jorge Guillén," *Hudson Review*, Summer, 1954. クルティウス,「ホルヘ・ギリエン」小竹澄栄訳,『ヨーロッパ文学評論集』みすず書房, 1991, 所収.

Cyprian, St. "The Dress of Virgins," in *The Fathers of the Church*, XXXVI. Tr. and ed. by R. J. Deferrari. New York, 1958.

——. "That Idols Are Not Gods," in *The Fathers of the Church*, XXXVI. Tr. and ed. by R. J. Deferrari. New York, 1958.

——. "On the Unity of the Catholic Church," in *The Library of Christian Classics*, V. London, 1956.

Danby, J. F. *Poets on Fortune's Hill: Studies in Sidney, Shakespeare, Beaumont and Fletcher*. London, 1952.

Daniélou, Jean. "Le Démoniaque et la raison d'état," in *Christianismo e ragion di stato*. Ed. by Enrico Castelli. Rome, 1953.

——. *Philon d'Alexandre*. Paris, 1958.

——. *Platonisme et théologie mystique: Essai sur la doctrine spirituelle de St. Gregoire de Nysse*. Paris, 1944.

Dante Alighieri. *Eleven Letters*. Tr. by C. S. Latham. Boston and New York, 1892.

D'Arcy, M. C. *The Mind and Heart of Love*. New York, 1947.

Darwin, Erasmus. *The Temple of Nature, or, The Origin of Society*. London, 1803.

Davis, B. E. C. *Edmund Spenser: A Critical Study*. Cambridge, 1933.

Davy, M.-M. *Essai sur la symbolique romane: XII siècle*. Paris, 1955.

Defoe, Daniel. *Serious Reflections of Robinson Crusoe with His Vision of the Angelic World*. London, 1790. デフォー, ダニエル.『ロビンソン・クルーソー反省録(抄)』, 山本和平訳, 世界文学全集 13『デフォー』, 講談社, 1978, 所収.

De la Mare, Walter. *Desert Islands and Robinson Crusoe*. London, 1930.

Déonna, Waldemar. *Du Miracle grec au miracle chrétien: Classiques et primitivistes dans l'art*. Basel, 1956.

Dieckmann, Liselotte. "Renaissance Hieroglyphics," *Comparative Literature*, IX (1957), no. 4.

Disraeli, Isaac. *Amenities of Literature*. London, 1859.

Dodds, E. R. *The Greeks and the Irrational*. Berkeley, 1951. ドッズ, E・R.『ギリシァ人と非理性』, 岩田靖夫・水野一訳, みすず書房, 1972.

Donatus, Aelius. "On Comedy and Tragedy," in *European Theories of the Drama*. Ed. by Barrett Clark. New York, 1947.

Drayton, Michael. *Works*. Ed. by J. W. Hebel. Oxford, 1931.

Dubos, J. B. *Critical Reflections on Poetry, Painting and Music* (1719). Tr. by Thomas Nugent. London, 1748.

Duncan, H. D. *Language and Literature in Society*. Chicago, 1953.
Durkheim, Emile. *The Elementary Forms of the Religious Life*. Tr. by J. W. Swain. Glencoe, III., 1947. デュルケム，エミール．『宗教生活の原初形態』，古野清人訳，岩波文庫，1941–42. ※ちくま学芸文庫に新訳あり．
Dvornik, Francis. "The Patriarch Photius and Iconoclasm," *Dumbarton Oaks Papers*, Number 7. Cambridge, Mass., 1953.
Edelstein, Ludwig. "The Golden Chain of Homer," in *Studies in Intellectual History*. Baltimore, 1953.
Egerton, J. E. "King James's Beasts," *History Today*, XII (June, 1962).
Ehrenzweig, Anton. *The Psychoanalysis of Artistic Vision and Hearing*. London, 1953. エーレンツヴァイク，アントン．『芸術の隠された秩序——芸術創造の心理学』，岩井寛・中野久夫・高見堅志郎訳，同文書院，1974.
Einhard. *The Life of Charlemagne*. Tr. by S. E. Turner, with a foreword by Sidney Painter. Ann Arbor, 1960.
Eliade, Mircea. *Images et symboles*. Paris, 1952. (Tr. as *Images and Symbols* by Philip Mairet, New York, 1961.) エリアーデ，ミルチャ．エリアーデ著作集 4『イメージとシンボル』，前田耕作訳，せりか書房，1988.
——. *The Myth of the Eternal Return*. Tr. by W. R. Trask. New York, 1954. (Reprinted as *Cosmos and History*, New York, 1959.)『永遠回帰の神話』，堀一郎訳，未來社，1963.
——. *Myths, Dreams and Mysteries*. Tr. by Philip Mairet. London, 1960.『神話と夢想と秘儀』，岡三郎訳，国文社，1972.
——. *The Sacred and the Profane*. Tr. by W. R. Trask. New York, 1961.『聖と俗——宗教的なるものの本質について』風間敏夫訳，法政大学出版局，1969.
——. *Traité d'histoire des religions*. Paris, 1949. Tr. as *Patterns in Comparative Religion* by Rosemary Sheed. Chicago, 1958.『大地・農耕・女性——比較宗教類型論』，堀一郎訳，未來社，1968.
Elliott, Robert C. *The Power of Satire: Magic, Ritual, Art*. Princeton, 1960.
Elyot, Thomas. *Bibliotheca Eliotae: Eliotes Dictionarie*. Ed. by Thomas Cooper. London, 1559.
Empson, William. *Seven Types of Ambiguity*. London, 1930; reprinted New York, 1955. エンプソン，ウィリアム．『曖昧の七つの型』，岩崎宗次訳，研究社，1974.／岩波文庫，2006.
——. *Some Versions of Pastoral*. New York, 1960.『牧歌の諸変奏』柴田稔彦訳，研究社，1982.
——. *The Structure of Complex Words*. London, 1951.
Erlich, Victor. *Russian Formalism*. The Hague, 1955.
Evans, Joan. *Cluniac Art of the Romanesque Period*. Cambridge, 1950.

——. *Magical Jewels of the Middle Ages and the Renaissance, Particularly in England*. Oxford, 1922.
——. *Nature in Design: A Study of Naturalism in Decorative Art from the Bronze Age to the Renaissance*. London, 1933.
——. *Pattern: A Study of Ornament in Western Europe from 1180 to 1900*. Oxford, 1931.
Faral, Edmond. *Les Arts poétiques du XII et du XIII siècle*. Paris, 1924.
Feldman, A. B. "Zola and the Riddle of Sadism," *American Imago*, XIII, 1956.
Fenichel, Otto. *The Psychoanalytic Theory of the Neuroses*. New York, 1945.
Fernández, Ramón. *Messages*. Tr. by Montgomery Belgion. London, 1927.
Fisher, P. F. "Blake's Attacks on the Classical Tradition," *Philological Quarterly*, XL（Jan. 1961）.
Fisher, Seymour, and S. E. Cleveland. *Body Image and Personality*. New York, 1958.
Fletcher, J. B. "Some Observations on the Changing Style of *The Faerie Queene*," *Studies in Philology*, XXX（1934）.
Fletcher, Phineas. "The Purple Island," in *Poems*, IV. Ed. by Alexander Grosart. London, 1869.
Flores, Angel, and M. J. Benardete, eds. *Cervantes across the Centuries*. New York, 1947.
Flugel, J. C. *Man, Morals and Society*. New York, 1961.
——. *The Psychology of Clothes*. London, 1930.
——. *Studies in Feeling and Desire*. London, 1955.
Fontenrose, Joseph. *Python: A Study of Delphic Myth and Its Origins*. Berkeley and Los Angeles, 1959.
Fowlie, Wallace. "Mallarmé's Island Voyage," *Modern Philology*, XLVII（1950）, no. 3.
Francis, W. N. *The Structure of American English*. New York, 1958.
Frank, R. W. "The Art of Reading Medieval Personification Allegory," *ELH*, XX（1953）.
Frankfort, Henri. *Ancient Egyptian Religion*. New York, 1948.
——. J. A. Wilson, T. Jakobsen, and W. A. Irwin. *Before Philosophy*. Penguin ed., 1951.
Frazer, J. G. *The Golden Bough*. Abridged ed., New York, 1951. フレイザー，J・G．『金枝篇』，永橋卓介訳，岩波文庫，1951–52.
——. *The New Golden Bough*. Ed. and abridged with notes by Theodor Gaster. New York, 1959.
Freeman, Rosemary. *English Emblem Books*. London, 1948.
Freud, Sigmund. "The Antithetical Sense of Primal Words"（1910）, in *Collected Papers*, IV. Ed. by Joan Riviere. London, 1950. フロイト，ジークムント．「原始言語における単語の意味の相互性について」，著作集 10『文学・思想篇 I』，高橋義孝・生松敬三他訳，人文書院，1983，所収.
——. *Basic Writings*. Ed. by A. A. Brill. Moden Library ed., New York, 1938.

——. *Beyond the Pleasure Principle*. Tr. by James Strachey. London, 1950.「快楽原則の彼岸」，著作集 6『自我論・不安本能論』，井村恒郎・小此木啓吾訳，人文書院，1970，所収.
——. *On Creativity and the Unconscious*. Ed. by Benjamin Nelson. New York, 1958.
——. "Dostoevsky and Parricide"（1928）, in *Collected Papers*, V. Ed. by James Strachey. London, 1950.「ドストエフスキーと父親殺し」，著作集 3『文化・芸術論』，高橋義孝他訳，人文書院，1969，所収.
——. "Formulations Regarding the Two Principles in Mental Functioning"（1911）, in *Collected Papers*, IV. Ed. by Joan Riviere. London, 1950.「精神現象の二原則に関する定式」，著作集 6『自我論・不安本能論』，井村恒郎・小此木啓吾訳，人文書院，1970，所収.
——. *The Interpretation of Dreams*. Tr. by James Strachey. New York, 1956.『夢判断』，高橋義孝訳，新潮文庫，1957.
——. "Negation"（1925）, in *Collected Papers*, V. Ed. by James Strachey. London, 1950.「否定」，著作集 3『文化・芸術論』，高橋義孝他訳，人文書院，1969，所収.
——. "Notes on a Case of Obsessional Neurosis"（1909）, in *Collected Papers*, III. Tr. by A. and J. Strachey; ed. by Joan Riviere. London, 1950.「強迫神経症の一症例に関する考察」，著作集 9『技法・症例篇』，小此木啓吾訳，人文書院，1983，所収.
——. "Obsessive Acts and Religious Practices"（1907）, in *Collected Papers*, II. Ed. by Joan Riviere. London, 1950.「強迫行為と宗教的礼拝」，著作集 5『性欲論・症例研究』，懸田克躬・高橋義孝他訳，人文書院，1969，所収.
——. *The Problem of Anxiety*（1926）, in *Standard Edition of the Complete Psychological Works*, XX. Ed. by James Strachey. London, 1953–1962.
——. *The Psychopathology of Everyday Lift*（1901）, in *Standard Edition*, VI. London, 1953–1962. 全集 7『日常生活の精神病理学』，高田珠樹責任編集，岩波書店，2007.
——. "The Relation of the Poet to Day-Dreaming"（1908）, in *Collected Papers*, IV. Ed. by Joan Riviere. London, 1950.「詩人と空想すること」，著作集 3『文化・芸術論』，高橋義孝他訳，人文書院，1969，所収.
——. "Some Character-Types Met with in Psycho-Analytic Work"（1915）, in *Collected Papers*, IV. Ed. by Joan Riviere. London, 1950.「精神分析的研究からみた二，三の性格類型」，著作集 6『自我論・不安本能論』井村恒郎・小此木啓吾他訳，人文書院，1970，所収.
——. 'The Theme of the Three Caskets"（1913）, in *Collected Papers*, IV. Ed. by Joan Riviere. London, 1950.「小箱選びのモチーフ」，著作集 3『文化・芸術論』，高橋義孝他訳，人文書院，1969，所収.
——. *Totem and Taboo*, in *Basic Writings*. Also in *Standard Edition*, XIII. Ed. and tr. by James

Strachey. London, 1953–1962.「トーテムとタブー」, 著作集 3『文化・芸術論集』, 高橋義孝他訳, 人文書院, 1969, 所収.
——. "The Unconscious" (1915), in *Collected Papers*, IV. Ed. by Joan Riviere. London, 1950.「無意識について」, 著作集 6『自我論・不安本能論』, 井村恒郎・小此木啓吾他訳, 人文書院, 1970, 所収.
Frye, Northrop. *Anatomy of Criticism: Four Essays*. Princeton, 1957. フライ, ノースロップ.『批評の解剖』, 海老根宏・中村健二・出淵博・山内久明訳, 法政大学出版局, 1980.
——. *Fearful Symmetry: A Study of William Blake*. Princeton, 1947.
——. "Levels of Meaning in Literature," *Kenyon Review*, Spring, 1950.
——. "Myth as Information," *Hudson Review*, Summer, 1954.
——. "New Directions from Old," in *Myth and Mythmaking*. Ed. by Henry Murray. New York, 1960.「古いものから新しいものへ」, 駒沢大学 N・フライ研究会訳,『同一性の寓話』, 法政大学出版局, 1983, 所収.
——. "Notes for a Commentary on Milton" in *The Divine Vision*. Ed. by V. de Sola Pinto. London, 1957.
——. "The Typology of *Paradise Regained*," *Modern Philology*, LIII.
Gascoigne, George. *The Steele Glas,* in *English Reprints, George Gascoigne, Esquire*. Ed. by Edward Arber. London, 1869.
Gelli, G. B. *Circe*. Tr. by Tom Brown; ed. with an introduction by R. M. Adams. Ithaca, 1963.
Giedion, Siegfried. *Architecture, You and Me: The Diary of a Development*. Cambridge, Mass., 1958.
Gierke, Otto. *Political Theories of the Middle Age*. Tr. by F. W. Maitland. Boston, 1959.
Givry, Grillot de. *A Pictorial Anthology of Witchcraft, Magic, and Alchemy*. Tr. by J. C. Locke. New Hyde Park, N.Y., 1958.
Glover, Edward. *Freud or Jung*? London, 1950.
——. "Sublimation, Substitution and Social Anxiety," *International Journal of Psychoanalysis*, XII (1931).
Goethe, J. W. *Faust: Part II*. Tr. by Philip Wayne. Penguin ed., Baltimore, 1959. ゲーテ, ヨハン・ヴォルフガング.『ファウスト』, 高橋健二訳, 角川文庫, 1967, 他.
Golding, William. *Lord of the Flies*. New York, 1959. ゴールディング, ウィリアム.『蝿の王』, 平井正穂訳, 集英社, 1973.
——. *Pincher Martin*. London, 1956.『ピンチャー・マーティン』, 井出弘之訳, 集英社, 1977.
Gombrich, E. H. *Art and Illusion: A Study in the Psychology of Pictorial Representation*. New York, 1960. ゴンブリッチ, E・H.『芸術と幻影——絵画的表現の心理学的研究』,

瀬戸慶久訳，岩崎美術社，1979.
Goodman, Paul. “Notes on a Remark of Seami,” *Kenyon Review*, XX（1958）, no. 4.（Also in *Utopian Essays and Practical Proposals*, New York, 1962.）
——. “The Real Dream,” *Midstream*, V（1959）, no. 1.
——. *Stop-Light: 5 Dance Poems*. Harrington Park, N. J., 1941.
——. *The Structure of Literature*. Chicago, 1954.
Gorchakov, N. A. *The Theatre in Soviet Russia*. Tr. by Edgar Lehrman. New York, 1957.
Grant, R. M. *The Letter and the Spirit*. London, 1957.
Grierson, H. J. C. *Cross Currents in English Literature of the Seventeenth Century*. London, 1929.
Grube, G. M. A. *Plato's Thought*. London, 1935; reprinted Boston, 1958.
Guthrie, W. K. C. *In the Beginning*. Ithaca, 1959.
Haarhof, T. J. *The Stranger at the Gate*. Oxford, 1948.
Hamilton, A. C. *The Structure of Allegory in* The Faerie Queene. Oxford, 1961.
Hanson, R. P. C. *Allegory and Event*. London, 1959.
Harington, John. *A New Discourse of a Stale Subject, called the Metamorphosis of Ajax*. Ed. by E. S. Donno. New York, 1962.
Hartman, Geoffrey. *The Unmediated Vision: An Interpretation of Wordsworth, Hopkins, Rilke, and Valéry*. New Haven, 1954.
Hastings, James. *Encyclopedia of Religion and Ethics*. New York, 1916.
Hawes, Stephen. *The Pastime*［original: *Passetyme*］*of Pleasure*. Ed. by W. E. Mead. London, 1928.
Hawthorne, Nathaniel. *Short Stories*. Ed. by Newton Arvin. New York, 1955. ホーソーン，ナサニエル．『ナサニエル・ホーソーン短編全集』全 3 巻，國重純二訳，南雲堂，1994–2015.
Hazlitt, William. “On Chaucer and Spenser,” in *Lectures on the English Poets*.（*Complete Works*, V.）Ed. by A. R. Waller and A. Glover. London, 1902.（Also in *Hazlitt on English Literature*, ed. by Jacob Zeitlin, Oxford, 1913.）
Heinle, E. C. “The Eighteenth Century Allegorical Essay.” Unpublished Ph. D. dissertation, Columbia University, 1957.
Hemmings, F. W. J. *Emile Zola*. Oxford, 1953.
Henryson, Robert. *Poems and Fables*. Ed. by H. H. Wood. Edinburgh and London, 1958.
Hesiod. *The Homeric Hymns and Homerica*. Tr. by H. G. Evelyn White. Loeb Classics ed., London, 1929.『ヘシオドス　全作品』，中務哲郎訳，京都大学学術出版会，2013.
Hesse, Hermann. *The Journey to the East*. Tr. by Hilda Rosner. New York, 1957. ヘッセ，ヘルマン．全集 13『荒野の狼・東方への旅』，日本ヘルマン・ヘッセ友の会編集，臨川書店，2006.

Hieatt, A. K. "The Daughters of Horus: Order in the Stanzas of *Epithalamion*," in *Form and Convention in the Poetry of Edmund Spenser*. (English Institute Essays.) Ed. by William Nelson. New York, 1961.

——. *Short Time's Endless Monument: The Symbolism of the Numbers in Edmund Spenser's* Epithalamion. New York, 1960.

Hinks, Roger. *Myth and Allegory in Ancient Art*. London, 1939.

Hirn, Yrjö. *The Sacred Shrine*. London, 1958.

Hobsbawm, E. S. *Social Bandits and Primitive Rebels*. Glencoe, Ill., 1959.

Holt, E. G. *A Documentary History of Art*. New York, 1957.

Homer. *The Iliad*. Tr. by Richmond Lattimore. Chicago, 1957. ホメロス.『イリアス』, 松平千秋訳, 岩波文庫, 1992.

Honig, Edwin. "Calderon's Strange Mercy Play," *Massachusetts Review*, III (Autumn 1961).

——. *Dark Conceit: The Making of Allegory*. Evanston, 1959.

Hopper, V. F. *Medieval Number Symbolism: Its Sources, Meaning and Influence on Thought and Expression*. New York, 1938.

Hoyle, Fred. *Astronomy*. New York, 1962.

——. *The Black Cloud*. New York, 1957. ホイル, フレッド.『暗黒星雲』, 鈴木敬信訳, 法政大学出版局, 1958.

Hubbard, L. R. *Dianetics*. New York, 1950.

Hugh of St. Victor. *Soliloquy on the Earnest Money of the Soul*. Tr. with an introduction by Kevin Herbert. Milwaukee, 1956.

Hughes, John. *An Essay on Allegorical Poetry*. London, 1715.

Hugnet, Georges. *Fantastic Art Dada Surrealism*. Ed. by A. H. Barr. New York, 1936.

Huizinga, Johan. *Men and Ideas: History, the Middle Ages, the Renaissance*. Tr. by J. Holmes and Hans van Marle, with an introduction by B. F. Hoselitz. New York, 1959.

——. *The Waning of the Middle Ages*. Tr. by F. Hopman. New York, 1954. ホイジンガ, ヨーハン.『中世の秋』, 堀越孝一訳, 世界の名著 55『ホイジンガ』, 中央公論社, 1967./中公文庫, 1976.

Huppé, Bernard. *Doctrine and Poetry*. Albany, 1959.

Hurd, Richard. *An Introduction to the Study of the Prophecies concerning the Christian Church, and, in Particular, concerning the Church of Papal Rome, in Twelve Sermons*. London, 1772.

Ilf and Petrov. *The Twelve Chairs*. Tr. by J. H. C. Richardson. Introduction by Maurice Friedberg. New York, 1961.

Inge, W. R. *Mysticism in Religion*. London, 1948.

Isidore of Seville. *Etymologies* (*Etymologiarum Sive Originum*). Ed. by W. M. Lindsay. Oxford, 1911.

Izutsu, Toshihiko. *Language and Magic: Studies in the Magical Function of Speech*. Tokyo, 1956.

Jacobi, Jolande. *Complex/Archetype/Symbol*. Tr. by Ralph Manheim. New York, 1959.

Jacquot, Jean, ed. *Les Fêtes de la Renaissance*. Paris, 1956.

Jakobson, Roman. "The Cardinal Dichotomy in Language," in *Language: An Enquiry into Its Meaning and Function*. Ed. by R. N. Anshen. New York, 1957.

James, Henry. "Emile Zola," in *The Future of the Novel*. Ed. by Leon Edel. New York, 1956. ジェイムズ，ヘンリー．「エミール・ゾラ」，海老根静江訳，『ヘンリー・ジェイムズ作品集 8　評論・随筆』，国書刊行会，1984，所収．

——. "Flaubert's *Temptation of St. Anthony*," in *Literary Reviews and Essays*. Ed. by Albert Mordell. New York, 1957.

Jankélevitch, Vladimir. *L'Ironie ou la bonne conscience*. Paris, 1950.

Janson, H. W. *Apes and Ape Lore in the Middle Ages and the Renaissance*. London, 1952.

Jean, Marcel. *The History of Surrealist Painting*. Tr. by S. W. Taylor. New York, 1960.

Jespersen, Otto. *Mankind, Nation and Individual*. London, 1946. イェスペルセン，オットー．『人類と言語』，須貝清一・真鍋義雄訳，荻原星文館，1944.

Johnson, F. R. *Astronomical Thought in Renaissance England*. Baltimore, 1937.

Johnson, Samuel. "The Life of Milton," *Works*, II. Ed. by Arthur Murphy. New York, 1843. ジョンソン，サミュエル．『ミルトン伝』，朱牟田夏雄訳，世界批評大系 1『近代批評の成立』，筑摩書房，1974，所収．

Jonas, Hans. *The Gnostic Religion: The Message of the Alien God and the Beginnings of Christianity*. Boston, 1958.

Jones, Ernest. *Hamlet and Oedipus*. New York, 1955. ジョーンズ，アーネスト．『ハムレットとオイディプス』，栗原裕訳，大修館書店，1988.

——. *The Life and Work of Sigmund Freud*. New York, 1957.

——. "The Theory of Symbolism," *British Journal of Psychology*, IX.（Reprinted in *Papers on Psychoanalysis*, 5th ed., London, 1948.）

Jones, H. S. V. "Spenser's Defence of Lord Grey," *University of lllinois Studies in Language and Literature*, V. Urbana, 1919.

Jung, Carl. "The Archetypes of the Collective Unconscious," in *Collected Works*, IX. New York, 1953–1961. ユング，カール．「集合的無意識の神話類型」，『無意識の心理』，高橋義孝訳，人文書院，1977，所収．

——. "The Paradigm of the Unicorn," in *Collected Works*, XII. New York, 1953–1961.

——, and Karl Kerenyi, *Essays on a Science of Mythology*. Tr. by R. F. C. Hull. New York, 1949. カール・ケレーニイとの共著，『神話学入門』，杉浦忠雄訳，晶文社，1975.

Juret, A. *Dictionnaire étymologique grec et latin*. Mâcon, 1942.

Kafka, Franz. *The Great Wall of China: Stories and Reflections*. Tr. by Willa and Edwin Muir.

New York, 1948. カフカ，フランツ．「万里の長城」，池内紀訳，『ノート 1　万里の長城——カフカ・コレクション』，白水 U ブックス，2006，所収．
——. *Parables*. Tr. by Willa and Edwin Muir. New York, 1947.『カフカ寓話集』，池内紀訳，岩波文庫，1998.
——. "In the Penal Colony," in *The Penal Colony: Stories and Short Pieces*. Tr. by Willa and Edwin Muir. New York, 1961.「流刑地にて」池内紀訳，『流刑地にて——カフカ・コレクション』，白水 U ブックス，2006，所収．
Kant, Immanuel. *The Critique of Aesthetic Judgment*. Tr. and ed. by J. C. Meredith. Oxford, 1911. カント，イマヌエル．『判断力批判』，坂田徳男訳，世界の大思想 11『カント（下）』河出書房，1965，所収．
Kantorowicz, Ernst. *The King's Two Bodies*. Princeton, 1957. カントーロヴィチ，E・H.『王の二つの身体——中世政治神学研究』，小林公訳，ちくま学芸文庫，2003.
Katzellenbogen, Adolf. *Allegories of the Virtues and Vices in Mediaeval Art*. London, 1939.
Ker, W. P. *Epic and Romance: Essays on Medieval Literature*. London, 1896; reprinted New York, 1957.
Kirkman, Francis. *The Counterfeit Lady Unveiled and Other Criminal Fiction of Seventeenth Century England*. Ed. by Spiro Peterson. New York, 1961.
Kitzinger, Ernst. "The Cult of Images in the Age before Iconoclasm," *Dumbarton Oaks Papers*, Number 8. Cambridge, Mass., 1954.
Knox, Israel. *Aesthetic Theories of Kant, Hegel and Schopenhauer*. London, 1958.
Knox, Ronald. *Enthusiasm: A Chapter in the History of Religion with Special Reference to the XVIIth and XVIIIth Centuries*. Oxford, 1950.
Kolb, G. J. "Johnson's 'Dissertation on Flying' and John Wilkins' *Mathematical Magic*," *Modern Philology*, XLVII（1949）, no. 1.
Körner, Stephan. *Conceptual Thinking: A Logical Analysis*. Cambridge, 1955.
Krappe, A. H. *La Genèse des mythes*. Paris, 1952.
Kroner, Richard. *Speculation in Pre-Christian Philosophy*. Philadelphia, 1956.
Ladner, G. B. "The Concept of the Image in the Greek Fathers and the Byzantine Iconoclastic Controversy," *Dumbarton Oaks Papers*, Number 7. Cambridge, Mass., 1953.
——. *The Idea of Reform: Its Impact on Christian Thought and Action in the Age of the Fathers*. Cambridge, Mass., 1959.
——. "Origin and Significance of the Byzantine Iconoclastic Controversy," *Medieval Studies*, II. New York and London, 1940.
Laistner, M. L. W. *Thought and Letters in Western Europe: A. D. 500 to 900*. Ithaca, 1957.
Lambert, Margaret, and Enid Marx. *English Popular Art*. London, 1951.
Langer, Suzanne. *Philosophy in a New Key*. New York, 1942. ランガー，スザンヌ．『シン

ボルの哲学』，矢野萬里・池上保太・貴志謙二・近藤洋逸訳，岩波書店，1960.
Langland, William. *Piers the Ploughman*. Tr. with an introduction by J. F. Goodridge. Penguin ed., 1959. ラングランド，ウィリアム．『農夫ピアズの幻想』，池上忠弘訳，中公文庫，1993.
Langton, Edward. *Essentials of Demonology*. London, 1949.
Larkin, Oliver W. *Art and Life in America*. New York, 1949.
Legge, M. D. " 'To Speik of Science, Craft, and Sapience' in Medieval Literature," in *Literature and Science*. Oxford, 1955.
Lesser, S. O. *Fiction and the Unconscious*. Boston, 1957.
Lethaby, W. R. *Architecture, Nature and Magic*. London, 1956.
Levi, Carlo. *Of Fear and Freedom*. Tr. by Adolphe Gourevitch. New York, 1950.
Lévy-Bruhl, Lucien. *L'Ame primitive*. Paris, 1927.
——. *Les Fonctions mentales dans les sociétés inférieures*. Paris, 1910. レヴィ＝ブリュル，ルシアン．『未開社会の思惟』，山田吉彦訳，岩波文庫，1953.
Lewin, B. D. "Obsessional Neuroses," in *Psychoanalysis Today*. Ed. by Sandor Lorand. London, 1948.
Lewis, C. S. *The Allegory of Love*. Oxford, 1936. ルイス，C・S．『愛のアレゴリー――ヨーロッパ中世文学の伝統』，玉泉八州男訳，筑摩書房，1972.
——. *A Preface to Paradise Lost*. London, 1960.
Lewis, Matthew. *The Monk*（1796）. New York, 1952. ルイス，マシュー．『マンク』，井上一夫訳，国書刊行会，1976.
Lewis, Wyndham. *Time and Western Man*. New York, 1928.
Leyburn, E. D. *Satiric Allegory: Mirror of Man*. New Haven, 1956.
Longinus. *On the Sublime*. Tr. by W. Rhys Roberts. Cambridge, 1907. ロンギノス．『崇高について』，小田実訳，河合文化教育研究所，1999.
Lovejoy, A. O. *Essays in the History of Ideas*. Baltimore, 1948; reprinted New York, 1960. ラヴジョイ，A・O．『観念の歴史』，鈴木信雄・内田成子・佐々木光俊・秋吉輝雄訳，名古屋大学出版会，2003.
——. *The Great Chain of Being: A Study of the History of an Idea*. Cambridge, Mass., 1953.『存在の大いなる連鎖』内藤健二訳，晶文社，1975.／ちくま学芸文庫，2013.
Luchins, Abraham and Edith. *Rigidity of Behavior*. Eugene, Ore., 1959.
Lynn, Kenneth. *The Dream of Success*. Boston, 1955.
MacDonald, George. *Phantastes*（1858）. Ed. by Greville MacDonald. Everyman ed., 1916. マクドナルド，ジョージ．『ファンタステス』，蜂谷昭雄訳，国書刊行会，1981.
Mâle, Emile. *The Gothic Image: Religious Art in France of the Thirteenth Century*. Tr. by Dora Nussey. New York, 1958. マール，エミール．『ゴシックの図像学』，田中仁彦・磯

見辰典・池田健二・細田直孝訳，国書刊行会，1998.
Malinowski, Bronislaw. *Magic, Science and Religion*. Boston, 1948. マリノフスキー，B.『呪術・科学・宗教・神話』，宮武公夫・高橋巌根訳，人文書院，1997.
Mann, Thomas. *Death in Venice and Seven Other Stories*. New York, 1958. マン，トーマス．『ヴェニスに死す』，関楠生訳，世界の文学 35『トーマス・マン』，中央公論社，1965，所収．
Manuel, F. E. *The Eighteenth Century Confronts the Gods*. Cambridge, Mass., 1959.
Mao Tse-tung. *Problems of Art and Literature*. New York, 1953.
Marcuse, Ludwig. "Freuds Aesthetik," *PMLA*, LXXII（June, 1957）.
Marignac, Aloys de. *Imagination et dialectique*. Paris, 1951.
Mathewson, R. W. *The Positive Hero in Russian Literature*. New York, 1958.
Maturin, C. R. *Melmoth the Wanderer*（1820）. Ed. with an introduction by W. F. Axton. Lincoln, 1961. マチューリン，C・R.『放浪者メルモス』，富山太佳夫訳，国書刊行会，1977
Mazzeo, J. A. *Medieval Cultural Tradition in Dante's* Comedy. Ithaca, 1960.
——. "Metaphysical Poetry and the Poetic of Correspondence," *Journal of the History of Ideas*, XIV（April 1953）.
McKellar, Peter. *Imagination and Thinking*. New York, 1957.
Melville, Herman. *Pierre*. Ed. with an introduction by Henry Murray. New York, 1949. メルヴィル，ハーマン．『ピエール』，坂下昇訳，国書刊行会，1999.
［Metropolitan Museum of Art.］*Historical Armor: A Picture Book*. New York, 1957.
Miller, W. M. *A Canticle for Leibowitz*. New York, 1959.
Monk, Samuel. *The Sublime: A Study of Critical Theories in XVIII-Century England*. Ann Arbor, 1960.
Monnerot, Jules. *The Sociology and Psychology of Communism*. Tr. by Jane Degras and Richard Rees. Boston, 1953.
Moulinier, Louis. *Le Pur et l'impur dans la pensée des Grecs d'Homère à Aristote*. Paris, 1952.
Mourey, Gabriel. *Le Livre des fêtes françaises*. Paris, 1930.
Mueller, W. R. *John Donne, Preacher*. Princeton, 1962.
Murray, Margaret, ed. *Egyptian Religious Poetry*. London, 1949.
Murry, J. Middleton. *The Problem of Style*. London, 1960.
Neumann, Erich. *The Great Mother: An Analysis of the Archetype*. Tr. by Ralph Manheim. New York, 1955. ノイマン，エーリッヒ．『グレート・マザー——無意識の女性像の現象学』，福島章訳，ナツメ社，1982.
——. *The Origins and History of Consciousness*. Tr. by R. F. C. Hull. New York, 1954.『意識の起源史』，林道義訳，紀伊國屋書店，2006.

Newdigate, Bernard, ed. *The Phoenix and Turtle: by William Shakespeare, John Marston, George Chapman, Ben Jonson, and Others*. Oxford, 1937.
Nicolson, Marjorie. *The Breaking of the Circle: Studies in the Effect of the "New Science" upon Seventeenth-Century Poetry*. New York, 1960. ニコルソン，マージョリー・ホープ．『円環の破壊――17 世紀英詩と〈新科学〉』，小黒和子訳，みすず書房，1999.
——. *Voyages to the Moon*. New York, 1960.『月世界への旅』，高山宏訳，国書刊行会，1986.
Nilsson, M. P. *Greek Folk Religion*. Ed. by A. D. Nock. New York, 1961.
——. *Greek Piety*. Tr. by H. J. Rose. Oxford, 1948.
Nock, A. D. *Conversion: The Old and the New in Religion from Alexander the Great to Augustine of Hippo*. London, 1933.
Nohl, Johannes. *The Black Death*. Tr. by C. H. Clarke. New York, 1960.
Nygren, Anders. *Agape and Eros*. Tr. by A. G. Hebert and P. S. Wilson. London, 1933.
O'Brien, G. W. *Renaissance Poetics and the Problem of Power*. Chicago, 1956.
Ogden, C. K. *Bentham's Theory of Fictions*. London, 1932.
——, and I. A. Richards. *The Meaning of Meaning*（1923）. 8th（Harvest）ed., New York, 1959. オグデン，C・K＆リチャーズ，I・A.『意味の意味』，石橋幸太郎訳，新泉社，1967.
Olson, Elder. "William Empson, Contemporary Criticism, and Poetic Diction," in *Critics and Criticism*. Ed. by R. S. Crane. Abridged ed., Chicago, 1957.
Origen. *Commentary on* The Song of Songs. Tr. and ed. by R. P. Lawson. Westminster, Md., 1957. オリゲネス．キリスト教古典叢書 10『雅歌注解・講話』，小高毅訳，創文社，1998.
——. *Contra Celsum*. Tr. by Henry Chadwick. Cambridge, 1953. キリスト教教父著作集 8・9『ケルソス駁論』，出村みや子訳，教文館，1987，1997.
Otto, Rudolph. *The Idea of the Holy*. Tr. by J. W. Harvey. New York, 1958. オットー，ルドルフ．『聖なるもの』久松英二訳，岩波文庫，2010.
Ovid. *Fasti*. Tr. by H. T Riley. London, 1890. オウィディウス．『祭暦』，高橋宏幸訳，国文社，1994.
Owst, G. R. *Literature and Pulpit in Medieval England*. Cambridge, 1933.
Palingenius, Marcellus. *The Zodiacke of Life*. Tr. by Barnabe Googe. Ed. in facsimile by Rosemond Tuve. New York, 1947.
Panofsky, Erwin. *Albrecht Dürer*. Princeton, 1948.『アルブレヒト・デューラー――生涯と芸術』，中森義宗・清水忠訳，日貿出版社，1984，は別本？
——. *Galileo as a Critic of the Fine Arts*. The Hague, 1954.
——. *Meaning in the Visual Arts*. New York, 1955. パノフスキー，エルヴィン．『視覚芸

術の意味』，中森義宗訳，岩崎美術社，1971.
——. *Studies in Iconology: Humanistic Themes in the Art of the Renaissance*. New York, 1939; reprinted New York, 1962.『イコノロジー研究——ルネサンス美術における人文主義の諸テーマ』，浅野徹・阿天坊耀・塚田孝雄・永澤峻・福部信敏訳，美術出版社，1987.／ちくま学芸文庫，2002.
Paracelsus. *Selected Writings*. Ed. by Jolande Jacobi. New York, 1951.
Parker, A. A. *The Allegorical Drama of Calderón*. London, 1943.
Patch, H. R. *The Goddess Fortuna in Medieval Literature*. Cambridge, Mass., 1927.
——. *The Tradition of Boethius: A Study of His Importance in Medieval Culture*. New York, 1935.
Paton, Alan. "The South African Treason Trial," *Atlantic Monthly*, CCV（Jan. 1960）.
Paton, H. J. *The Modern Predicament: A Study in the Philosophy of Religion*. London and New York, 1955.
Peacham, Henry. *The Garden of Eloquence*（London, 1593）. Ed. in facsimile by W. G. Crane. Gainesville, Fla., 1954.
Pearl. Ed. with an introduction by E. V. Gordon. Oxford, 1953.『白珠』，宮田武志訳，大手前女子学園アングロノルマン研究所，1980.
Pépin, Jules. *Mythe et allégorie*. Paris, 1958.
Perrow, E. C. "The Last Will and Testament as a Form of Literature," reprinted from *Transactions of the Wisconsin Academy of Sciences, Arts, and Letters*, XVII（Dec. 1913）Part I.
Peter, J. D. *Complaint and Satire in Early English Literature*. Oxford, 1956.
Phillips, Edward. *The New World of English Words*（1658）. 4th ed., London, 1678.
Philo Judaeus. *Works*. Tr. and ed. by F. H. Colson and G. H. Whitaker. Loeb Classics ed.; London, 1929.
"The Phoenix," *Early English Christian Poetry*. Tr. by C. W Kennedy. London, 1952.
Plutarch. "On the Cessation of Oracles," *Plutarch's Morals*. Tr. by C. W. King. London, 1903. プルタルコス.「神託の衰微について」，丸橋裕訳，『モラリア 5』，京都大学学術出版会，2009，所収.
——. *Moralia*. Tr. by W. W. Goodwin. Boston, 1878.『モラリア』，京都大学学術出版会，2008–刊行中（既刊 13 巻）.
Pohl, Albert, and C. M. Kornbluth. *The Space Merchants*. New York, 1953.
Politzer, Heinz. *Franz Kafka: Parable and Paradox*. Ithaca, 1962.
Porphyrius. *Commentary on Odyssey XIII*（*Treatise on the Homeric Cave of Nymphs*）, in *Select Works of Porphyry*. Tr. by Thomas Taylor with an appendix explaining the allegory of the wanderings of Ulysses. London, 1823.
Poulet, Georges. *The Interior Distance*. Tr. by Elliott Coleman. Baltimore, 1959.

——. *Studies in Human Time*. Tr. by Elliott Coleman. Baltimore, 1956. プーレ，ジョルジュ．『人間的時間の研究』井上究一郎・山崎庸一郎・二宮フサ・山田𣝣・小林善彦・篠田浩一郎訳，筑摩書房，1969–77.

Pound, Ezra. *Personae*. New York, 1926.

Praz, Mario. *The Flaming Heart: Essays on Crashaw, Machiavelli, and Other Studies in the Relations between Italian and English Literature from Chaucer to T. S. Eliot*. New York, 1958.

——. *Studies in Seventeenth Century Imagery*. London, 1939.

Price, Uvedale. *On the Picturesque*. Ed. by Sir Thomas Dick Lauder. London, 1842.

Priestley, Joseph. *A Course of Lectures on Oratory and Criticism*. London, 1777.

Propp, Vladimir. *The Morphology of the Folktale*. Tr. by Laurence Scott. Introduction by Svatava Pirkova-Jacobson. Bloomington, 1958. プロップ，ウラジーミル．『昔話の形態学』，北岡誠司・福田美智代訳，書肆風の薔薇，1987.

Prudentius. *Works*. Tr. and ed. by H. J. Thomson. Loeb Classics ed.; London, 1949.

Pseudo-Dionysius the Arcopagite. *On the Divine Names and Mystical Theology*. Tr. by C. E. Rolt. New York, 1940. ディオニシオス・アレオパギテース「神名論」「神秘神学」，キリスト教神秘主義著作集 1『ギリシア教父の神秘主義』，谷隆一郎・熊田陽一郎訳，教文館，1992，所収.

——. *Oeuvres complètes du Pseudo-Denys L'Aréopagite*. Tr. by Maurice de Gandillac. Paris, 1943.

Pulver, M. "The Experience of the Pneuma in Philo," in *Spirit and Nature*（"Eranos Yearbooks," Bollingen Series, XXX）. New York, 1954.

Puttenham, George. *The Arte of English Poesie*（London, 1589）. Ed. by Gladys Willcock and Alice Walker. Cambridge, 1936.

Quintilian. *The Institutes of Oratory*. Tr. by H. E. Butler. Loeb Classics ed., London and Cambridge, Mass., 1953. クインティリアヌス．『弁論家の教育』森谷宇一・渡辺浩司・戸高和弘・伊達立晶訳，京都大学学術出版会，2005.

Rado, Sandor. *Psychoanalysis of Behavior: Collected Papers*. New York, 1956.

Raglan, Lord. *The Hero*. London, 1936; reprinted New York, 1956.

Rahner, M. "Earth Spirit and Divine Spirit in Patristic Theology," in *Spirit and Nature*（"Eranos Yearbooks," Bollingen Series, XXX）. New York, 1954.

Rank, Otto. *Art and Artist: Creative Urge and Personality Development*. New York, 1932.

——. *The Myth of the Birth of the Hero and Other Writings*. Ed. by Philip Freund. New York, 1959. ランク，オットー．『英雄誕生の神話』，野田倬訳，人文書院，1986.

Rapaport, David, ed. *Organization and Pathology of Thought*. New York, 1951.

Raven, C. E. *Natural Religion and Christian Theology*. Cambridge, 1953.

Réau, Louis. *Iconographie de L'art chrétien*. Paris, 1955–1959.

Reich, Wilhelm. *Character Analysis*. New York, 1961. ライヒ，ウィルヘルム．『性格分析

——その技法と理論』，小此木啓吾訳，岩崎書店，1964.
Richards, I. A. *The Philosophy of Rhetoric*. London, 1936. リチャーズ，I・A.『新修辞学原論』，石橋幸太訳，南雲堂，1961.
——. *Practical Criticism*（1929）. New York, 1956.『実践批評——英語教育と文学的判断力の研究』，坂本公延訳，みすず書房，2008.
——. *Principles of Literary Criticism*（1925）. New York, 1952.『文芸批評の原理』，岩崎宗治訳，八潮出版社，1970.
——. *Speculative Instruments*. Chicago, 1955.
Ritchie, A. D. *Studies in the History and Methods of the Sciences*. Edinburgh, 1958.
Ritter, Gerhart. *The Corrupting Influence of Power*. Tr. by E W. Pick. London, 1952.
Robbins, R. H., ed. *Historical Poems of the XlVth and XVth Centuries*. New York, 1959.
Robertson, D. W., Jr. "The Doctrine of Charity in Mediaeval Literary Gardens," *Speculum*, XXVI（1951）.
——. *A Preface to Chaucer: Studies in Medieval Perspectives*. Princeton, 1962.
Robinson, H. W. *Inspiration and Revelation in the Old Testament*. Oxford, 1946.
Róheim, Géza. *The Eternal Ones of the Dream*. New York, 1945.
Roques, René. *L'Univers dionysien: Structure hiérarchique du monde selon le Pseudo-Denys*. Paris, 1954.
Rougemont, Denis de. *Love in the Western World*. Tr. by Montgomery Belgion. New York, 1957. ルージュモン，ドニ・ド.『愛について——エロスとアガペ』，鈴木健郎・川村克己訳，平凡社ライブラリー，1983.
Runes, Dagobert, ed. *Dictionary of Philosophy*. New York, 1942.
Rynell, Alarik. "Parataxis and Hypotaxis as a Criterion of Syntax and Style," *Lunds Univ.* Artskrift, N.F. Avd. 1, XLVIII（1952）, no. 3.
Sabbattini, Nicolo. *Manual for Constructing Theatrical Scenes and Machines*（*Practica di fabricar scene e machine ne' teatri, Ravenna*, 1638）, in *The Renaissance Stage: Documents of Serlio, Sabbattini, and Furttenbach*. Tr. by Allardyce Nicoll, J. H. McDowell, and G. R. Kernodle. Ed. by Barnard Hewitt. Coral Gables, Fla., 1958.
Säve-Söderbergh, Torgny. *Pharaohs and Mortals*. Tr. by R. E. Oldenburg. Indianapolis, 1961.
Saintsbury, George. *The Flourishing of Romance and the Rise of Allegory*. New York, 1897.
Sambursky, Samuel. *Physics of the Stoics*. London, 1959.
Saunders, J. W "The Façade of Morality," in *That Souereign Light: Essays in Honor of Edmund Spenser 1552–1952*. Ed. by W. R. Mueller and D. C. Allen. Baltimore, 1952.
Schiller, Friedrich. "The Sublime," in *Essays Aesthetical and Philosophical. London*, 1882. シラー，フリードリッヒ.「崇高について」，杉山誠訳，『シラー選集 02』冨山房，1941，所収.

——. *Wallenstein: A Historical Drama in Three Parts*. Tr. by C. E. Passage. New York, 1958. 『ヴァレンシュタイン』, 濱川祥枝訳, 岩波文庫, 2003.
Schneweis, Emil. *Angels and Demons According to Lactantius*. Washington, 1944.
Schwartz-Metterklume, Ludwig. *Der Weltschmertz und die Frau Potter*. Leipzig, 1905.
Sciama, D. W. *The Unity of the Universe*. New York, 1961.
Scott, Geoffrey. *The Architecture of Humanism*. 2d ed., 1924; reprinted, Anchor ed.
Seboek, T. A., ed. *Myth: A Symposium*. Bloomington, 1958.
Segal, C. P. "ΥΨΟΣ and the Problem of Cultural Decline in the *De Sublimitate*," *Harvard Studies in Classical Philology*, LXIV (1959).
Seligmann, Kurt. *The Mirror of Magic*. New York, 1948.
Seznec, Jean. *The Survival of the Pagan Gods*. Tr. by Barbara Sessions. New York, 1953.
Shaftesbury, Anthony Ashley Cooper, 3rd Earl of. *Second Characteristics*. Ed. by Benjamin Rand. Cambridge, 1914.
Shakespeare, William. *Coriolanus*, in *Bell's Shakespeare*. London, 1773. シェイクスピア, ウィリアム. シェイクスピア全集補『コリオレイナス』, 福田恆存訳, 新潮社, 1971, 他.
Sheckley, Robert. *Notions: Unlimited*. New York, 1950. シェクリイ, ロバート. 『無限がいっぱい』, 宇野利泰訳, 早川書房, 1963.／新版 2006.
——. *The Status Civilization*. New York, 1960. 『ロボット文明』, 宇野利泰訳, 創元 SF 文庫, 1965.
——. *Untouched by Human Hands*. New York, 1960. 『人間の手がまだ触れない』, 稲葉明雄訳, ハヤカワ文庫 SF, 1985.
Shelley, P. B. *Defence of Poetry*. Oxford, 1932. シェリー, P・B. 『詩の弁護』, 森清訳, 研究社, 1967.
Sigerist, Henry. *A History of Medicine*. New York, 1951.
Simmons, E. J. *Russian Literature and Soviet Ideology*. New York, 1958.
——. *Through the Glass of Soviet Literature: Views of Russian Society*. New York, 1953.
Simon, Marcel. *Hercule et le Christianisme*. Paris, 1955.
Sinclair, Upton. *The Jungle*. Signet ed.; New York, 1960. シンクレア, アプトン. アメリカ古典大衆小説コレクション 5 『ジャングル』, 大井浩二訳, 松柏社, 2009.
Skinner, John. *Prophecy and Religion: Studies in the Life of Jeremiah*. Cambridge, 1961.
Smith, Henry. *Micro-cosmo-graphia: The Little-Worlds Description, or, The Map of Man*. Tr. by Joshua Sylvester. Grosart ed., privately printed, 1880.
Soby, James Thrall. *Giorgio de Chirico*. New York, 1955.
Solmsen, Friedrich. *Aristotle's System of the Physical World*. Ithaca, 1960.
Soury, Guy. *La Démonologie de Plutarque*. Paris, 1942.

Spink, J. S. "Form and Structure: Cyrano de Bergerac's Atomistic Conception of Metamorphosis," in *Literature and Science.* (Proceedings of the 6th Triennial Congress, Oxford, of the International Federation for Modem Languages and Literatures.) Oxford, 1955.

Spitzer, Leo. *Classical and Christian Ideas of World Harmony.* New York, 1944 1945.

——. *Linguistics and Literary History.* Princeton, 1948. 11 シュピッツァー，レオ．『言語学と文学史——文体論事始』，塩田勉訳，国際文献印刷社，2012.

Steiner, Franz. *Taboo.* London, 1956.

Stekel, Wilhelm. *Compulsion and Doubt.* Tr. by Emil Gutheil. New York, 1949.

Stevens, Wallace. *Collected Poems.* New York, 1954. スティーヴンズ，ウォレス．『ウォレス・スティーヴンズ詩集』，池谷敏忠訳，千種正文館，1969.

Stravinsky, Igor. *The Poetics of Music.* New York, 1956. ストラヴィンスキー，イーゴリ．『音楽の詩学』，笠羽映子訳，未來社，2012.

Summers, J. H. *George Herbert: His Religion and Art.* Cambridge, Mass., 1954.

Swayze, Harold. *Political Control of Literature in the U. S. S. R. 1946–59.* Cambridge, Mass., 1962.

Temkin, Owsei. "An Historical Analysis of the Concept of Infection," in *Studies in Intellectual History.* Baltimore, 1953.

Tertullian. "On Idolatry," in *The Library of Christian Classics,* V. Tr. and ed. by S. L. Greenslade. London, 1956.

Tertz, Abraham. *On Socialist Realism.* Tr. by George Dennis. New York, 1960.

Thucydides. *The Peloponnesian War.* Tr. by Rex Warner. Penguin ed., 1954. トゥキュディデス．『戦史』，久保正彰訳，世界の名著 5『ヘロドトス／トゥキュディデス』，中央公論社，1980，所収.

Tillyard, E. M. W. *Poetry Direct and Oblique.* London, 1945.

Troeltsch, Ernst. *The Social Teaching of the Christian Churches.* Tr. by Olive Wyon. New York, 1960. トレルチ，エルンスト．「キリスト教会およびキリスト教諸集団の社会教説」，東京都立大学トレルチ研究会訳，東京都立大学法学会雑誌 44，2003.

Tuve, Rosemond. *Elizabethan and Metaphysical Imagery.* Chicago, 1947.

Tuveson, Ernest. *The Imagination as a Means of Grace: Locke and the Aesthetics of Romanticism.* Berkeley, 1960.

Tylor, E. B. *The Origins of Culture* (1871). New York, 1958.

Tymms, Ralph. *Doubles in Literary Psychology.* Cambridge, 1949.

Tzara, Tristan. *Le Surréalisme et l'après-guerre.* Paris, 1947. ツァラ，トリスタン．『ダダ・シュルレアリスム——変革の伝統と現代』，浜田明訳，思潮社，1971.

Valency, Maurice. *In Praise of Love: An Introduction to the Love-Poetry of the Renaissance.* New York, 1958. ヴァレンシー，モーリス．『恋愛礼讃——中世・ルネサンスにおけ

る愛の形』，沓掛良彦・川端康雄訳，法政大学出版局，1995.
Vallins, G. H. *The Pattern of English*. Penguin ed., 1957.
Van Ghent, Dorothy. "Clarissa and Emma as Phèdre," *Modern Literary Criticism*. Ed. by Irving Howe. Boston, 1958.
——. *The English Novel*. New York, 1953.
Vernon, M. D. *A Further Study of Visual Perception*. Cambridge, 1954.
Virgil. *The Aeneid*. Tr. by Rolfe Humphries. New York, 1951. ウェルギリウス.『アエネーイス』，岡道男・高橋宏幸訳，京都大学学術出版会，2001.
Wagman, E. H. *Magic and Natural Science in German Baroque Literature: A Study in the Prose Forms of the Later 17th Century*. New York, 1942.
Waites, M. C. "Some Aspects of the Ancient Allegorical Debate," *Studies in English and Comparative Literature*.（Radcliffe College Monographs, No. 15.）London and Boston, 1910.
Walker, D. P. *Spiritual and Demonic Magic from Ficino to Campanella*. London, 1958.
Wallerstein, Ruth. *Richard Crashaw: A Study in Style and Poetic Development*. Madison, 1935.
Warner, Rex. *The Cult of Power*. London, 1946.
Warren, Austin, and René Wellek. *Theory of Literature*. New York, 1949.
Warton, Thomas. "Of the Plan and Conduct of the *Fairy Queen*"（1762）, in *Spenser's Critics*. Ed. by William Mueller. Syracuse, 1959.
——. "Of Spenser's Allegorical Character"（1762）, in *Spenser's Critics*. Ed. by William Mueller. Syracuse, 1959.
Watkins, W. B. C. *Shakespeare and Spenser*. Princeton, 1950.
Watson, C. B. *Shakespeare and the Renaissance Concept of Honor*. Princeton, 1960.
Webber, Joan. *Contrary Music: The Prose Style of John Donne*. Madison, 1962.
Wellek, René. *A History of Modern Criticism*. New Haven, 1955.
Wells, Henry. *Poetic Imagery*. New York, 1924.
Werner, Heinz. *Comparative Psychology of Mental Development*. Chicago, 1948.
West, Anthony. *Principles and Persuasions*. New York, 1957.
Weston, Jessie, tr. *Romance, Vision and Satire*. Boston, 1912.
White, R. W. *The Abnormal Personality*. New York, 1948.
Whorf, B. L. "Time, Space and Language," in *Culture in Crisis: A Study of the Hopi Indians*. Ed. by Laura Thompson. New York, 1950.
Willey, Basil. *Darwin and Butler*. New York, 1960. ウィリー，バジル.『ダーウィンとバトラー――進化論と近代西欧思想』，松本啓訳，みすず書房，1979.
——. *The Seventeenth Century Background*. New York, 1953.『十七世紀の思想的風土』，深瀬基寛訳，創文社，1958.
Willi, W. "The History of the Spirit in Antiquity," in *Spirit and Nature*（"Eranos Yearbooks,"

Bollingen Series, XXX). New York, 1954.
Williams, Charles. *The Greater Trumps*. New York, 1950.
Wilson, R. McL. *The Gnostic Problem: A Study of the Relations between Hellenistic Judaism and the Gnostic Heresy*. London, 1958.
Wilson, Thomas. *The Arte of Rhetorique* (1585). Ed. in facsimile by G. H. Mair. Oxford, 1909. ウィルソン，トマス．『修辞学の技術』，上利政彦・藤田卓臣・加茂淳一訳，九州大学出版会，2002.
Wimsatt, W. K., and Cleanth Brooks. *Literary Criticism: A Short History*. New York, 1957.
Wind, Edgar. *Pagan Mysteries in the Renaissance*. London, 1958. ウィント，エドガー．『ルネサンスの異教秘儀』，田中英道・藤田博・加藤雅之訳，晶文社，1986.
Windsor, H. R. H. the Duke of. *Windsor Revisited*. Cambridge, Mass., 1960.
Wolfe, Bertram. *Three Who Made a Revolution*. Boston, 1955.
Wolfson, H. A. *Philo*. Cambridge, Mass., 1947.
——. *The Philosophy of the Church Fathers*. Cambridge, Mass., 1956.
Worringer, Wilhelm. *Abstraction and Empathy*. Tr. by Michael Bullock. New York, 1953. ヴォリンゲル，ウィルヘルム．『抽象と感情移入』，草薙正夫訳，岩波文庫、1953.
Yeats, W. B., ed. *Edmund Spenser*. Edinburgh, 1906.
Zamiatin, Eugene. *We*. Tr. by Gregory Zilboorg. New York, 1959. ザミャーチン，エヴゲーニイ．『われら』，小笠原豊樹訳，世界の文学 4『ザミャーチン／ブルガーコフ』，集英社，1976，所収．
Zhdanov, Andrei. *Essays on Literature, Philosophy and Music*. New York, 1950.

索　引

ア

アイソポス　Aesop　80, 155, 255, 411
アイソポス的言語　Aesopism　20, 427, 430
アイヒンガー　Aichinger, Iise　200
アイロニー　Irony　15, 309–310, 413, 432, 441–442
アーヴィン　Arvin, Newton　164
アウエルバッハ　Auerbach, Erich　20, 73, 168, 172, 189, 219, 220, 239, 243, 244, 245, 247, 350, 458
アウグスティヌス（聖）　Augustine, St. 258, 290, 314, 315, 319, 355, 370, 433, 461, 467, 473, 521, 526
アエニグマ（エニグマ，謎）　*Aenigma*　19, 20, 74, 105, 115, 116, 231, 432
『アエネーイス』　*Aeneas*　76, 77, 209, 213, 274, 277, 382, 454; →ウェルギリウス
アキレスの盾　Shield of Achilles　138, 280–282, 298, 321
アクストン　Axton, W. F.　90, 371, 372
アゴーン　*Agon*　214, 241, 311
アダムズ　Adams, R. M.　6, 172, 202, 246
アナゴギー　Anagogy　118, 154, 395, 425
アナトミー（解剖）　Anatomy　17, 32, 212, 422
アナフォラ　Anaphora　145, 224, 226, 231, 245
アブラハム　Abraham, Karl　380, 400
アプレイウス　Apuleius, Lucius　99, 172, 351, 473
『アラビアン・ナイト』　*The Arabian Nights* 290
アラン・ド・リール　Alain de Lille　17, 189, 193, 221, 240
アリストテレス　Aristotle　20, 68, 69, 88, 101, 106–109, 116, 119, 129, 135, 142, 159, 172, 208, 250, 255, 256, 261, 286, 300, 325, 346, 350, 400, 484; 原因の四重の枠組 462;『詩学』*Poetics*, 107, 139, 146, 159, 205–207, 249, 346;『ニコマコス倫理学』*Nicomachean Ethics*, 58, 100, 352, 459, 460;『弁論術』*Rhetoric*, 108–109, 141–142, 146
アリストパネス　Aristophanes　475
アルクウィン　Alcuin　355
『アルゴ探検隊』　*The Argonautica*　209
アルチンボルド　Arcimboldo, Giuseppe 491, 536
アレゴリー　Allegory: 定義 26, 31, 106, 129, 356; 教訓的機能 140–141;—とジャンル 16–18, 422, 424, 449; 宗教との結びつき 28–29, 44–101passim, 397, 434–436, 448–459
アングロサクソン語の口誦詩　Anglo-Saxon oral poetry　146, 224
アントニウス（聖）　Anthony, St.　52, 77, 90, 91, 281, 370, 491
アントニオーニ　Antonioni, Michelangelo 481

イ

イェイツ　Yeats, W. B.　17, 114, 161, 185, 252, 277, 342, 483
イコノグラフィー（図像学）　Iconography and iconology　33
イシドール，セビリアの　Isidore of Seville 197
衣裳　Costume　87, 136, 139–140, 151–152, 156, 182, 186, 191, 194–195
井筒俊彦　Izutsu, Toshihiko　287
意図　Intention: —の批評 410–415; —の変化 415–425; 政治的アレゴリーにおける

統御 427–431; 目的の衝迫 425–427
『縛めのプロメテウス』 *Prometheus Bound* 17, 130, 214, 307, 309, 310, 314, 340, 346, 349
『縛めを解かれたプロメテウス』 *Prometheus Unbound* 308
イメージ（固定観念としての） Image, as idée fixe 383–384
イヨネスコ Ionesco, Eugène 17, 243
『イリアス』 *Iliad* 138, 139, 280, 298
イルフとペトロフ Ilf and Petrov 431
因果律 Causality 249–299, 386–390
インプレッサ *Impresa* 40, 71, 236

ウ

ヴィヨン Villon, François 239
ウィリアムズ Williams, Charles 84
ウィルソン Wilson, Thomas 160, 223, 357
ウィント Wind, Edgar 177, 184, 491
ウェスト West, Nathanael 484
ウェルギリウス Virgil 51, 184, 256, 277, 281, 382, 451
ウェルズ Wells, H. G. 375
ヴェルディ Verdi, Giuseppe 288
ヴェルナー Werner, Heinz 218–219, 245, 406
ヴェルヌ Verne, Jules 17
ウェレック Wellek, René 38, 40, 75, 176, 355, 400
ヴェロネーゼ Veronese, Paolo 491
迂遠表現 Periphrasis 432
ウォートン，ジョウゼフ Warton, Joseph 333
ウォートン，トマス Warton, Thomas 72, 373
ウォラースタイン Wallerstein, Ruth 163, 171, 172, 191
ヴォリンガー Worringer, Wilhelm 95, 163, 169, 176
ウォルポール Walpole, Horace 60
宇宙旅行 Cosmic space travel 93, 469–470
宇宙発生論の装飾化 Cosmogonie ornamentation 148–150, 212
美しいかたち *Formosum* 149, 196
美しさ *Speciosum* 149; →コスモス
ウルフ Wolfe, Bertram 430, 465
運命 Fate 63–67, 69
運命の宇宙的体系 Cosmic systems of fate 63–67

エ

エイジー Agee, James 244
エイゼンシュテイン Eisenstein, Sergei 131, 254, 481
エイブラムズ Abrams, M. H. 23, 39, 95, 322
エイミス Amis, Kingsley 93, 375
エヴァンズ Evans, Joan 174, 190
エウダイモニアイ *Eudaimoniai* 54
エウリピデス Euripides 176, 188
SF Science fiction 18, 62, 63, 92, 93, 94, 95, 150–151, 157, 198, 214, 274, 347, 375, 388, 437–439, 456, 469
エニグマ Enigma;→アエニグマ
エマソン Emerson, R. W. 483
エリアーデ Eliade, Mircea 5, 27, 100, 163, 181, 199, 200, 238, 276, 277, 278, 296, 297, 298, 399, 451, 474, 475
エリオット，R・C Elliott, R. C. 294
エリオット，T・S Eliot, T. S. 84, 186, 289, 354, 382, 456, 474
『エルサレム征服』 *Jerusalem Conquered* 274
エルンスト Ernst, Max 131, 347, 366, 367, 491, 504, 505, 522, 527–528, 534, 536
エーレンツヴァイク Ehrenzweig, Anton 373, 486
エンゲルベルト，フォルカースドルフの

Engelbert of Volkersdorf　182
エンプソン　Empson, William　5, 21, 37, 92, 103, 157, 177, 188, 250–255, 259, 262, 285, 434
エンブレマ　Emblema　236
エンブレム　Emblems　44, 121, 133, 167, 177, 489, 490, 526

オ

『オイディプス王』　*Oedipus Rex*　346, 471
オウィディウス　Ovid　65, 79, 166, 293
オーウェル　Orwell, George　16, 32, 53, 155, 215, 216, 391, 405, 440, 441, 480
大きさ　Magnitude　232–234, 345–350, 416
『送られなかった手紙』　*The Letter That Was Never Sent*　204
『オデュッセイア』　*Odyssey*　139, 209, 239, 274; →ホメロス
オーデン　Auden, W. H.　34, 288
オペラ　Opera　198, 248, 253–254, 288, 356, 364, 484
オリゲネス　Origen　33, 290, 363, 370, 466
オールストン　Allston, G. W.　330
オルソン　Olson, Elder　410, 460
音楽的演劇　Musical drama　153; →オペラ

カ

解釈の四重の枠組　Fourfold method of interpretation　415, 462
凱旋，勝利　Triumphs　165, 451, 478; →ページェント
概念的ヒーロー　Conceptual heroes　51–54
ガウディ　Gaudi, Antonio　178
カーク　Kirk, Russell　371
カークマン　Kirkman, Francis　186, 191
カスティリオーネ　Castiglione, Baldassare　180, 191, 196
数のシンボル大系　Number symbolism　387, 404
カタゴジー　Katagogy　154, 214
カッシーラー　Cassirer, Ernst　84, 89, 153, 168, 180, 400
カドワース　Cudworth, Ralph　81–82, 88, 164
カフカ　Kafka, Franz　23, 53, 66, 78, 83, 131, 155–157, 172, 210, 213, 216, 230–232, 246, 271, 275, 306, 309–311, 347, 353, 362, 378, 412, 425, 441, 447, 455
カペラ　Capella, Martianus　87
カミュ　Camus, Albert　103, 104, 170, 271, 292, 294
仮面劇　Masque　152–153, 177, 235, 247, 259, 334, 451, 491
カモンイス　Camoens, Luis de　278
カーライル　Carlyle, Thomas　146
カルー　Carew, Thomas　287
カルデロン　Calderón de la Barca　32, 33
カルマン　Kallman, Chester　288
「感情の退却」　Withdrawal of affect　383, 428
緩叙法　*Meiosis*　186, 441
感染，汚染　Contagion　87, 266–279, 352
感染魔術　Contagious magie; →魔術
『カンディード』　*Candide*　210
カント　Kant, Immanuel　27, 322–323, 339, 348, 349, 359, 364, 373, 376, 409, 410, 416, 425, 459, 460

キ

ギエルケ　Gierke, Otto　182
機械　Machines　61–63, 97, 347
機械仕掛けの神　*Deus ex machina*　62, 92, 205, 207, 208, 237, 250, 255, 310, 311, 445
機械的形式　Mechanic form　24
機械的作用　Automatism　61–66, 438–442
キケロ　Cicero, Marcus Tullius　102, 106, 119, 158, 244
儀式　Ritual　263, 265, 490

擬人化　Personification　41, 45–51, 54, 244, 264–265
奇蹟　Miracle　255–256; →機械仕掛けの神
偽ディオニュシオス　Pseudo-Dionysius　65, 83, 99, 146, 150, 188, 433
記念碑　Monuments　163, 514, 515, 524, 532–533
記念碑性　Monumentality　239, 479, 483, 490
キーブル　Keble, John　41
逆転，転換　Inversion　31, 158
ギャスコイン　Gascoigne, George　226–227, 245
キャロル　Carroll, Lewis　171
驚異，不思議なもの　Wonder　237, 261; →奇蹟
「驚嘆すべきもの」 *Thaumastos*　237
強迫観念　Obsession; →強迫神経症
強迫観念的不安　Obsessional anxiety　381–383
強迫衝動的儀式　Compulsive rituals　384–386
強迫神経症　Compulsion neurosis　352, 377–407
ギョーム，コンシュの　William of Conches　193
キリコ　Chirico, Giorgio de　231, 347, 366–367, 524, 534, 536
ギンズバーグ　Ginsberg, Allen　17

ク

クウィンティリアヌス　Quintilian　102, 106, 117–120, 158, 159, 160, 162, 176, 196, 197, 358
クザーヌス　Nicholas of Cusa　181
クセノポン　Xenophon　312
グッドマン　Goodman, Paul　172, 187, 237, 359, 483
グノーシス主義　Gnosticism　86, 166, 290, 398, 399
クーパー，ウィリアム　Cowper, William　423
クーパー，レーン　Cooper, Lane　176, 185
クラショー　Crashaw, Richard　163, 171
クラトファニー　Kratophany　121, 281, 533
グリアソン　Grierson, H. J. C.　177, 341, 374
クリヴェッリ　Crivelli, Carlo　494, 520, 525, 534
クリーヴランド　Cleveland, S. E.　183
クリス　Kris, Ernst,　183
クルティウス　Curtius, E. R.　32, 76, 77, 87, 171, 182, 183, 184, 198, 238, 246, 404, 472, 484
グレイ，ゼイン　Grey, Zane　19, 20
グレイ，トマス　Gray, Thomas　48, 324, 417
クレマン　Clément, René　203, 387, 481
クレール　Clair, René　285, 481
グローヴァー　Glover, Edward　437, 469, 471
グロテスク性　Grotesquerie　334–340

ケ

ゲオルゲ　George, Stefan　242
ケイムズ卿　Kames, Lord　130, 359–360
ケストラー　Koestler, Arthur　215, 216
ゲーテ　Goethe, J. W. von　22, 24, 38, 80, 392, 408, 425, 484
権威，権力　Authority　20, 150–156, 227–230, 316, 320, 392, 409
検閲　Censorship　29, 31, 153, 278, 427–431, 433, 446
幻視　Vision　17, 449
幻視的儀式　Visionary ritual　447–459

コ

『恋する男の告白』 *Confessio Amantis*　386

口誦詩　Oral poetry　146, 219, 221, 224, 243
コウルリッジ　Coleridge, S. T.　20, 24–27, 37, 39, 40, 41, 42, 72, 76, 86, 125, 130, 214, 223, 244, 265, 289, 290, 307, 308, 310, 340, 351, 352, 356, 373, 374, 460
コクトー　Cocteau, Jean　481
ゴーゴリ　Gogol, Nicolai　50, 76, 260, 261, 263
ゴシック　Gothic style　339, 345, 416, 463
誇示的修辞　Epideictic rhetoric　141–147, 239
コジモ　Cosimo, Piero di　131, 491
コスタ　Costa, Lorenzo　497, 525, 526
コスモス　Cosmos; →コスモス Kosmos
コスモス（装飾）Kosmos（ornament）: 教会装飾 185–186; —の一般化 147–148; —の語源学 183–184; —の図版 493–499, 525–526;「たんなる装飾」139, 184, 355; 定義 135–141; 同系語 136, 178, 180–181; 難解な装飾 314–323, 414; 法としての— 136; ミクロコスモス的還元 147, 279–285; 両価的— 157; →衣裳，装飾，端正
「国家の船」 The Ship of State　109–114, 160
コッサ　Cossa, Francesco del　526
コメディア・デラルテ　*Commedia dell'arte*　492
ゴヤ　Goya　131, 132, 491
孤立化（シンボル的な）Isolation, symbolic　120–135, 275–279, 384, 489–490
コリンズ　Collins, William　89, 324
コール　Cole, Thomas　330, 507–512, 528–531
ゴールディング　Golding, William　279, 295, 419, 420, 441, 463, 480
ゴールドスタイン　Goldstein, Kurt　241
コルピ　Colpi, Henri　486
混淆　Syncretism　434–437
コンパレッティ　Comparetti, Domenico 467–468
ゴンブリッチ　Gombrich, E. H.　464
コンラッド　Conrad, Joseph　295

サ

サイコマキア　Psychomachia　29, 38, 45, 65, 209, 214, 238, 247, 257, 263, 266, 268, 351, 383, 385, 437, 445
サッカレー　Thackeray, W. M.　155
サティ　Satie, Erik　401
サド　Sade, Comte D. A. F. de　372
サーバー　Thurber, James　411, 419
サバティーニ　Sabbatini, Nicolo　94
ザミャーチン　Zamiatin, Eugene　212–213, 240, 419

シ

シェイクスピア　Shakespeare, William　87, 316, 478;『アントニーとクレオパトラ』*Antony and Cleopatra*, 182;『コリオレイナス』*Coriolanus*, 83, 87–88, 92, 137, 138, 184, 261;『シンベリン』*Cymbeline*, 182, 186, 207;『テンペスト』*The Tempest*, 83, 207, 238;『トロイラスとクレシダ』*Troilus and Cressida*, 250, 251;『ハムレット』*Hamlet*, 186, 207, 379, 412;「不死鳥と山鳩」"The Phoenix and the Turtle," 45, 47, 50, 51, 106, 211, 215, 233, 386;『冬物語』*The Winter's Tale*, 49, 92, 484;『ヘンリー五世』*Henry V*, 177;『リア王』*King Lear*, 87, 107, 428;『リチャード二世』*Richard II*, 142–146;「わが恋人の目は太陽とは似ても似つかない」"My mistress' eyes are nothing like the sun," 154
ジェイムズ　James, Henry　155, 201–203, 218, 219, 244, 334
シェクリー　Sheckley, Robert　95, 204, 438
ジェフリー　Jeffery, Grant　93
シェリー，メアリー　Shelley, Mary　62

シェリー，P・B　Shelley, P. B.　43, 187, 221–222, 308–310, 324, 325, 338, 349, 350, 371, 425, 443, 462
ジェローム　Gérôme, J. L.　502, 527
シーカ　Sica, Vittorio de　481
地獄（元型）　Hell, archetype of　278–279
自然（規範としての）　Nature as a norm　360–362
自然主義　Naturalism　155, 157, 197, 249, 266, 387, 417–418, 445
詩的正義　Poetic justice　237, 287, 410
「死と生」　Death and Life　241
死の舞踏　Dance of death　66, 211, 239, 247
シノワズリー　Chinoiserie　335, 337, 371
シネクダキー　Synecdoche　25, 118–120, 133, 135, 136, 217–218, 242, 245, 266
シミリー　Simile　138–139, 158, 159, 172–173, 245, 290, 398, 421
シモンズ　Simmons, E. J.　286, 465
シャステル　Chastel, André　184
シャフツベリー　Shaftesbury, Lord　176
シャルルマーニュ　Charlemagne　165, 354
ジャンソン　Janson, H. W.　100
ジャンル　Genre; →アレゴリー（とジャンル）
シュヴァイツァー　Schweitzer, Albert　199
シュジェ　Abbot Suger　185, 197
シュテーケル　Stekel, Wilhelm　390, 396, 400, 405
シュトラウス　Strauss, Richard　242, 288
シュールレアリスム　Surrealism　131–135, 168, 170, 171, 176, 185, 328, 347, 359, 371, 372, 374, 447, 481, 490–492, 518–524, 534–536
ジョイス　Joyce, James　239, 355
象形文字　Hieroglyphics　127, 192–193, 223, 356, 369
条件的な不死性　Conditional immortality　474
ジョウンズ，アーネスト　Jones, Ernest　87, 96, 379, 396, 400, 471
ジョウンズ，イニゴ　Jones, Inigo　26, 492
ジョウンズ，H・S・V　Jones, H. S. V.　342, 375
ジョンソン，サミュエル　Johnson, Samuel　6, 75, 94, 104, 157, 162, 168, 175, 176, 210, 223, 244, 315, 318–321, 345, 357, 362, 365
ジョンソン，ベン　Jonson, Ben　100, 153, 186, 188, 232, 261, 451
シラー　Schiller, Friedrich　27, 128, 165, 323, 326, 327, 339, 340, 364, 373, 416
シルヴェスター　Sylvester, Joshua　269, 293
シンクレア　Sinclair, Upton　151, 292, 418, 463
進行　Progression　232–234
『真珠』　*Pearl*　135, 176, 284, 293
身体のイメージ　Body-image　103, 138, 292, 295, 355, 457
「身体の城」　Castle of the body　183
人体の装甲　Armoring of the body　138
新プラトン主義的イメジャリー　Neoplatonic imagery　83
シンボル（象徴）　Symbol　22–25, 156
シンボル的孤立　Symbolic isolation　120–135, 275–279, 384, 489–490
神話　Myth　23–24, 312–314

ス

スウィフト　Swift, Jonathan　17, 52, 78, 93, 156, 157, 212, 214, 241, 263, 378, 388, 412, 418, 422, 447
崇高　the Sublime　81, 321–327, 328, 330, 338–340, 345–350, 416, 461, 490, 528–531
スキーマ　*Schema*,　236
スタイン　Stein, Gertrude　221, 244
スターン　Sterne, Laurence　37, 76, 401; 『トリストラム・シャンディ』*Tristram Shandy*, 33, 42, 76, 94, 401, 422

スティーヴンズ　Stevens, Wallace　17, 33
ストラヴィンスキー　Stravinsky, Igor　191
スパン　Spann, Meno　376
スピッツァー　Spitzer, Leo　88, 182, 243
スペンサー，エドマンド　Spenser, Edmund　43, 44, 51–52, 66, 72, 171, 177, 184, 188, 226, 240, 247, 260, 273, 274, 276, 279, 294, 295, 298, 316, 340–345, 373, 382, 383, 420–422, 443, 451, 455, 457, 462–463, 473, 482; 「無常篇」*The Mutabilitie Cantos*, 277; 『妖精の女王』*The Faerie Queene*, 19, 28, 51, 53, 59, 60, 66, 72, 86, 87, 148, 156, 168, 216, 217, 232–234, 238, 246, 252, 259, 274, 277, 298, 306, 340–345, 355, 359, 374, 403, 416, 421, 424, 434, 451, 474–475, 476, 477; 「ローリーへの手紙」"The Letter to Raleigh," 71
スペンサー，シオドア　Spencer, Theodore　35
スマート　Smart, Christopher　221, 456

セ

清潔　Cleanness　268–269
政治的アレゴリー　Politicai allegory　271, 275, 427–431
聖書　Bible　349, 434
聖書釈義　Biblical exegesis　18–19, 28
『聖ヨハネの黙示録』*The Revelation of St. John the Divine*　450–451, 453, 455, 457
セズネック　Seznec, Jean　76, 298, 491
摂理　Providence　149; →運命
セルバンテス　Cervantes, Miguel de　25, 88, 413, 452, 455
前進　Progress　209–214, 256, 386
戦闘，闘い　Battle　214–217, 256–259

ソ

装飾　Ornament　147, 159, 163, 182, 237, 490, 532;→コスモス
創世記　Genesis　193
ソクラテス　Socrate　56, 117, 141, 214, 305, 311–312, 314
ソクラテス的アイロニー　Socratic irony　117–118, 311–312
ソポクレス　Sophocles　207
ゾラ　Zola, Emile　151, 155, 201–203, 213, 241, 292, 371, 402–403
ソーロー　Thoreau, H. D.　277
「ソロモンの雅歌」　The Songs of Songs　183, 287
存在の偉大な連鎖　Great Chain of Being　137, 261, 303, 317–318

タ

対称　Symmetry　145, 223, 252–253
対照的主要語　Antithetical primal words　390–394
ダイモン　*Daimon*　55, 56, 82, 84–85
ダイモン的な力　Daemonic powers: エネルギー 57, 70, 80, 81; 仲介性 44–101, 198, 435–442, 527–528; 媒介 42, 140; 憑依 58–59; ヒーロー 59–61
ダイモンの語源　Daemon, etymology　56
ダーウィン，エラズマス　Darwin, Erasmus　141, 187, 212
ダーウィン，チャールズ　Darwin, Charles　423, 438
ダヴナント　Davenant, William　153
多義的意味　Polysemous meaning　104, 300, 415
ダダ　Dada　131, 372
脱線　Digression　212–213, 386, 412, 422
タッソー　Tasso, Torquato　72, 188, 344, 463
旅　Travel　70, 210–211, 423
タブー　Taboo　304, 391
ダ・ポンテ　Da Ponte, Lorenzo　288
ダリ　Dali, Salvador　131, 347, 491
ダン　Donne, John　33, 37, 154, 167, 171,

192, 287, 315, 461
端正　Decorum　136, 178, 191–192, 200–201
ダンテ　Dante Alighieri　37, 45, 51, 52, 65, 83, 104, 146, 234, 240, 243, 295, 414, 415, 419–422, 433, 451, 456, 458, 461, 472;『神曲』*The Divine Comedy*, 20, 28, 37, 59, 77, 82, 148, 151, 189, 213, 217, 233, 239, 275, 284, 382, 414, 421, 433, 434, 438, 449, 457;「地獄篇」"Inferno," 37, 208, 243;「天国篇」"Paradiso," 452;「煉獄篇」"Purgatorio," 452–473; カングランテ宛の手紙 422, 462

チ・ツ

チェンバーズ　Chambers, William　335, 337–339, 347, 369, 370, 371
力の崇拝　Power, cult of　438–442
チャペック，カレル　Čapek, Karel　32, 62, 214, 241, 419, 440
チャペック，ヨゼフ　Čapek, Josef　440
注釈　Commentary　419–422
中心のシンボル　Symbols of the center　260, 276–285, 451–453
彫像　Statuary　92, 163, 484, 486;→記念碑
ツァラ　Tzara, Tristan　372
「月並な反応」　Stock response　484

テ

ディアノイア　*Dianoia*　20, 345, 400
デイヴィス　Davis, B. E. C.　78, 340, 341, 374
ティエポロ　Tiepolo, G. B.　501, 527
ディケンズ　Dickens, Charles　50, 466
ティツィアーノ　Titian　491
ティムズ　Tymms, Ralph　253, 285–286
テイラー　Taylor, Jeremy　173
ティリヤード　Tillyard, E. M. W.　137, 403
テオプラトス　Theophrastus　309
テオプラトス流の性格描写　Theophrastian character　246
テサウロ　Tesauro, Emanuele　172
デフォー　Defoe, Daniel　37, 42, 60–61, 90–91, 155, 249, 263, 289, 292, 434, 436, 469
テーマ　Theme　390–394
テムキン　Temkin, Owsei　291–292
テューヴ　Tuve, Rosemond　21, 27, 37, 103, 104, 105, 157, 161, 162, 164, 172, 184, 186, 189, 191, 198, 200, 472
テューヴソン　Tuveson, Ernest　358
デュ・バルタス　Du Bartas, Guillaume　212
テュポス　*Typos*　236;→フィグーラ
デュボス　Dubos, Abbé　90
デューラー　Dürer, Albrecht　71, 131, 132, 161, 177, 500, 514, 527, 532
デュラス　Duras, Marguerite　481
デルヴォー　Delvaux, Paul　523, 534, 536
テルツ　Tertz, Abraham　464
テルトゥリアヌス　Tertullian　64, 85, 98, 185, 290
転移　Displacement　380, 391, 424
伝道の書　Ecclesiastes　224
転喩　Transumption　357
『天路歴程』　*The Pilgrim's Progress*　19, 29, 42, 151, 209, 213, 216, 238, 450; →バニヤン

ト

投影　Projection　73, 78
トゥキュディデス　Thucydides　31, 32, 275, 298
同種療法的（模倣）魔術　Homeopathic (imitative) magic　256–263
道徳劇　Moralities　17, 87, 434
『道徳的オイディウス』　*Ovide Moralisé*　65
道徳的風景画　*Paysage moralisé*　19, 365, 491
動物磁気　Mesmerism　356
討論　Debate　17, 214, 423

ド・クィンシー　De Quincey, Thomas　87
閉じられた庭　*Hortus conclusus*　161, 292, 362, 449
ドッズ　Dodds, E. R.　79, 85, 95, 291, 294
ドッペルゲンガー　*Doppelgänger*　89, 253
トマス，シトーの　Thomas of Citeaux　295
トムソン，ジェイムズ　Thomson, James （1700–1748） 89, 462
トムソン，H・J　Thomson, H. J.　238
ドライサー　Dreiser, Theodore　151, 292
ドライデン　Dryden, John　94, 175
ドライヤー　Dreyer, Carl　481
トルストイ　Tolstoy, L. N.　287, 427–428, 465
ドレイトン　Drayton, Michael　79, 335, 476
トロバー・クリュス　*Trobar clus*　414, 460, 461

ナ・ニ・ノ

ナッシュ　Nashe, Thomas　472
「七つの大罪」 Seven Deadly Sins　47, 77, 211, 226, 259
名前の魔術　Magic of names　263, 387, 388, 393
二元論　Dualism　19, 85–86, 253–256, 301–303, 390–393
ニコルソン　Nicolson, Marjorie　78, 93, 164, 167, 316
二重化（シンボル的な） Doubling, symbolic 250–263
ニュー・クリティシズム　New Criticism 27, 35, 408, 443, 444
ニュースピーク　Newspeak　16, 31
ノック　Nock, A. D.　79, 83, 99, 473
ノックス　Knox, Israel　459, 463
ノリス　Norris, Frank　292

ハ

バー　Barr, A. H.　161, 532
ハイポタクシス　Hypotaxis　218–219, 223, 229, 243
バイロン　Byron, Lord　419
ハーヴェイ　Harvey, William　388
バウムガルテン　Baumgarten, A. G.　459
パウンド　Pound, Ezra　17, 33, 378, 474
バカン　Buchan, John　173
バーク，エドマンド　Burke, Edmund　323, 325–326, 328, 362, 366, 529, 530, 531
バーク，ケネス　Burke, Kenneth　5, 21, 27, 37, 118, 172, 192, 216, 236, 429, 430
ハグストラム　Hagstrum, Jean　367
ハクスレー　Huxley, Aldous　295, 438
バージャー　Berger, Harry　177, 421
ハズリット　Hazlitt, William　41, 341, 373, 374, 416
パーセル　Purcell, Henry　248
パットナム　Puttenham, George　34, 72, 147, 159, 160, 191, 198, 245, 431–433, 466
バッハ　Bach, J. S.　199, 248
ハード　Hurd, Richard　43, 72, 316, 317, 345
バトラー　Butler, Samuel　94, 423, 438–439, 470
バートン　Burton, Robert　173, 422, 469
バニヤン　Bunyan, John　37, 51, 53, 60, 238, 247, 382, 419, 422, 434, 436, 447, 449, 450
バーネット　Burnet, John　93, 99, 164
パノフスキー　Panofsky, Erwin　33, 71, 161, 177, 241, 491, 532
ハーバート　Herbert, George　37, 133, 246, 315–316
バーフィールド　Barfield, Owen　159
パラケルスス　Paracelsus　197, 262, 288–289
パラタクシス　Parataxis　218–223, 229
パラデイグマ　*Paradeigma*　78, 236
『薔薇物語』 *The Romance of the Rose*　75, 162, 232, 422, 465;→マン，ジャン・ド
パリンゲニウス　Palingenius, Marcellus

270, 293, 451, 472
ハリントン　Harington, John　85
バルトルシャイティス　Baltrušaitis, Jurgis　161, 366
バロック　Baroque　146, 154
パロディ　Parody　412–413
パンニーニ　Pannini, G. P.　516, 517, 532, 533

ヒ

ビア　Beer, J. B.　57, 86
ビアボーム　Beerbohm, Max　219
ヒエラルキー　Hierarchy　29–30, 63–71, 102–204passim, 241, 243, 528
ピカレスク　Picaresque　16, 66, 239, 274, 413
ピクチャレスク　Picturesque　146, 203, 327–334, 416–417, 462, 490, 530
秘蹟劇　*Autos sacramentales*　17
ピーチャム　Peacham, Henry　34, 72, 129
美徳　*Virtus*　55, 86
百科全書的形式　Encyclopedic form　17, 198, 211, 386, 402
ヒュポノイア　*Hyponoia*　31, 134, 169, 176, 345
ヒューム　Hulme, T. E.　247

フ

フィグーラ　*Figura*　40, 45, 73–74, 78, 236, 458, 485
フィチーノ　Ficino, Marsilio　83, 294, 461
フィッシャー，シーモア　Fisher, Seymour　183
フィッシャー，P・F　Fisher, P. F.　86
フィッツジェラルド　Fitzgerald, F. Scott　484
フィールディング　Fielding, Henry　75, 94, 239, 413–414
フィールド　Field, E. S.　515, 532, 533
フィロン，ユダヤの　Philo Judaeus　81, 149, 193, 195, 349, 363
風刺　Satire　16, 30, 294, 427, 431, 458
フェニケル　Fenichel, Otto　401, 402, 403, 404, 405, 406
フェリーニ　Fellini, Federico　481
フェルナンデス　Fernândez, Ramôn　482
フォークナー　Faulkner, William　23, 243, 244
フォルトゥナ（女神）　Fortuna, goddess　256
ブーカフザ　Bukofzer, Manfred　199, 248
不気味　the Uncanny　81, 92
ブキャナン　Buchanan, Scott　245
「フクロウとナイチンゲール」 “The Owl and the Nightingale”　17, 214, 241
フゴ，サン・ヴィクトールの　Hugh of St. Victor　194–195
『不死鳥』 *The Phoenix*　190, 224, 245
プッサン　Poussin, Nicolas　506, 528, 529
ブッシュ　Bush, Douglas　344, 375, 470
プトレマイオス　Ptolemy　164, 180–181
ブニュエル　Bunuel, Luis　481
フューズリ　Fuseli, Henry　492
フライ　Frye, Northrop　5, 20, 21, 32, 38, 42, 88–89, 97, 154–155, 162, 168, 179, 198, 215, 240, 246, 247, 249, 300, 301, 309, 341, 350, 353, 366, 374, 398, 400, 408, 410, 441, 442, 443–444, 455, 459, 460, 468, 471, 473, 474, 480, 528
プライス　Price, Uvedale　328–331, 347, 365, 366, 367, 369, 370, 416, 462, 531
ブラウン　Browne, Thomas　162, 192–193, 223, 246, 358, 454
プラーツ　Praz, Mario　40, 127, 165, 171, 193, 491
ブラッドレー　Bradley, A. C.　87
プラトン　Plato　48, 56, 63, 75, 93, 101, 130, 155, 160, 199, 287, 305, 307, 311–314, 322,

341, 349, 352, 470, 527
フランクフォート　Frankfort, Henri　92, 166, 169, 181, 246
ブラント　Brant, Sebastian　247
プリーストリー　Priestley, Joseph　157
ブリューゲル　Brueghel, Peter　131, 491
ブリュヌ　Bruyne, Edgar de　189, 193, 197, 295, 353, 354
ブールギニョン　Bourguignon, Serge　486
プルースト　Proust, Marcel　345
プルタルコス　Plutarch　31, 80, 84, 92, 179, 181, 182, 296, 356, 468, 469
プルデンティウス　Prudentius　209, 214, 238, 247, 257, 266, 267, 287, 292, 351
ブルトン　Breton, André　170, 372
ブルーム，ハロルド　Bloom, Harold　425, 463
ブルーム，ピーター　Blume, Peter　172, 347, 493, 513, 525, 531–532
ブレア　Blair, Hugh　158
ブレイク　Blake, William　43, 86, 87, 97, 221, 240, 246, 325, 349, 364, 403, 408–409, 425, 443, 456–458, 472, 475, 476, 492
フレイザー　Frazer, James　27, 286, 287, 289, 290
ブレスダン　Bresdin, Rudolphc　492
フレッチャー，フィニアス　Fletcher, Phineas　131, 290, 388
ブレヒト　Brecht, Bertolt　17, 115, 128, 161, 474
フレンケル＝グランズウィク　Frenkel-Brunswik, Elsa　406
フロイト　Freud, Sigmund　5, 23, 25, 73, 76, 133, 204, 264, 290, 304, 305, 343, 352, 353, 359, 377–380, 386, 395, 396, 397, 398, 399, 400, 401, 404, 405, 437, 447, 448, 469, 472
プロソポペイア　*Prosopopoeia*　119, 163
プロティノス　Plotinus　199, 472
フローベール　Flaubert, Gustave　334–335
分解　Decomposition　96
「文体の衣服」“Garment of style”　151–154, 217

ヘ

ヘイウッド　Heywood, John　466
『ベーオウルフ』　*Beowulf*　243
ベケット　Beckett, Samuel　17, 473
ベーコン　Bacon, Francis　78, 79, 236, 315
ページェント　Pageants　72, 198, 235, 451; →凱旋
ヘシオドス　Hesiod　209, 212, 238, 282, 298
ベックフォード　Beckford, William　60, 90
ヘッセ　Hesse, Hermann　210
ベッリーニ　Bellini, Giovanni　131, 491
ペパン　Pépin, Jules　31, 33, 169, 176, 183, 184
『蛇の穴』　*The Snake Pit*　436, 437
ヘミングウェイ　Hemingway, Ernest　244
ヘミングズ　Hemmings, F. W. J.　241, 402
ヘラクレス　Hercules　50, 76, 77, 79, 176, 207, 282, 298, 308, 469
ベルイマン　Bergman, Ingmar　481
ベルジュラック　Bergerac, Cyrano de　196–197
ベルナール（聖）　Bernard, St.　185, 197
ベルナルドゥス　シルヴェストリス　Bernard Sylvestris　193
ペレルマン　Perelman, S. J.　419
『ヘレンニウスによる修辞学』　*Rhetorica ad Herennium*　106
ベンサム　Bentham, Jeremy　162, 178, 201
ベントレー　Bentley, Richard　188
ヘンリソン　Henryson, Robert　169, 289

ホ

ポー　Poe, E. A.　363
ボアザック　Boisacq, Emile　184
ホイジンガ　Huizinga, Johan　41, 75, 239,

399, 483
ホイットマン　Whitman, Walt　161, 221
ボーイト　Boito, Arrigo　288
ホイル　Hoyle, Fred　62, 93, 180
『放蕩児の遍歴』 *The Rake's Progress*　198
ボエティウス　Boethius　32, 81, 422
『ポーギーとベス』 *Porgy and Bess*　198
星のシンボル体系　Astral symbolism　79, 85, 98, 128–130, 404
ホーズ　Hawes, Stephen　116, 131, 160, 162, 403, 449, 451
ホーソン　Hawthorne, Nathaniel　53, 116, 121–125, 161, 164, 208, 282, 291, 299, 338, 363, 382, 438
ポター　Potter, Beatrix　35–36
牧歌　Pastoral　16, 251–254, 434, 445
ボッカチョ　Boccaccio, Giovanni　171, 354
ボッス　Bosch, Hieronymus　131, 132, 491
ボッティチェッリ　Botticelli, Sandro　491
ホッブズ　Hobbes, Thomas　82
ホニグ　Honig, Edwin　21, 22, 33, 38, 295, 471
ポープ　Pope, Alexander　275, 324, 333
ホフマン　Hoffmann, E. T. A.　253
ホフマンスタール　Hofmannsthal, Hugo von　184, 288
ホメロス　Homer　109, 138, 172, 173, 184, 188, 207, 280–282, 298, 346, 471
ポール　Pohl, Frederik　204
ボールドウィン　Baldwin, William　200
ホルバイン　Holbein, Hans　211
ポルピュリオス　Porphyry　139
ホワイト，E・B　White, E. B.　419
ホワイト，R・W　White, R. W.　384, 400, 400, 403
ホワイト，T・H　White, T. H.　100

マ

マーヴェル　Marvell, Andrew　47, 241, 287, 295, 386
マクドナルド　Macdonald, George　181
マコーレー　Macaulay, T. B.　247
魔術　Magic　84, 180, 184, 198, 386–390, 442–444, 526; 感染— 27, 256, 263–275, 303, 386, 393, 415; 名前の— 263, 387, 388, 393; —と偶然 255–256; メトニミー的— 256; 模倣— 256–259, 260
マチューリン　Maturin, C. R.　90, 371
『マドンナ・デルラ・ミゼリコルディア』 *Madonna della Misericordia*　519, 534, 535
マニ教　Manichaeism　258, 301–302, 351, 435, 472
マリノフスキー　Malinowski, Bronislaw　286
マーリン　Merlin　274, 389
マレー　Murray, Henry　379, 407, 473
マーロウ　Marlowe, Christopher　128
マロリー　Malory, Thomas　473
マン，ジャン・ド　Meung, Jean de　422, 465
マン，トーマス　Mann, Thomas　203, 253, 274, 294
マンテーニャ　Mantegna, Andrea　491

ミ

ミクロコスモス　Microcosmos　147, 279–285
ミクロコスモスとマクロコスモスの関係　Microcosmos and macrocosmos, unity of　136, 173, 181, 260, 289, 387, 388
ミメーシス　Mimesis　15, 59, 68–69, 89, 134, 172, 206–209, 235, 260, 300, 324–325, 350, 360–361, 380, 392, 426, 445, 458, 482
ミショー　Michaux, Henri　17
ミルトン　Milton, John　57, 75, 90, 168, 182, 275, 293, 301, 316, 319–321, 323, 340, 354, 357, 358, 365, 373, 434
「魅惑的な場所」 *Locus amoenus*　278, 473

ム

無意識　the Unconscious　24–25, 94, 352, 390, 397, 399, 405
無感動　*Apatheia*　77
無私の美的基準　Disinterest, asthetic criterion of　409–410

メ

メイエルホルド　Meyerhold, Vsevelod　431
メイソン　Mason, William　338
メタファー（隠喩）　Metaphor　21, 31, 107–116, 156, 205
メトニミー　Metonymy　118–120, 217–218, 264–266, 384
メルヴィル　Melville, Herman　53, 379, 396, 447, 452–453, 455
メレディス　Meredith, George　482

モ

モア，トマス　More, Thomas　440
モイラ（運命）　*Moira*　63, 64, 96
毛沢東　Mao Tse-tung　464
黙示録　Apocalypse　28, 424, 450–458
モスヘイム　Mosheim, J. L.　81, 164
『モーセ伝』　*Life of Moses*　77
モーツァルト　Mozart, W. A.　92, 288, 356
モナコ　Monaco, Lorenzo　518, 534
モリエール　Molière　100, 207
モロー　Moreau, Gustave　492, 503, 527, 528
モンク　Monk, Samuel　321, 322, 324, 325, 358
紋章　*Blason*　259, 263, 289

ヤ

ヤコブソン，トーキル　Jakobson, Thorkild　92
ヤコブソン，ロマン　Jakobson, Roman　241, 242, 263
ヤング　Young, Edward　43, 325

ユ・ヨ

遺言書形式　Testament form　211–212, 221
有機的形式　Organic form　24
ユッペ　Huppé, Bernard　355
ユートピア　Utopia　16, 78, 423, 430, 438, 440
ユング　Jung, Carl　39, 350, 400, 437
「要約の枠組」　Summation schemes　445
預言，予言　Prophecy　28, 457–458

ラ

ライヒ　Reich, Wilhelm　401, 406
ラヴジョイ　Lovejoy, A. O.　89, 91, 182, 193, 203, 317, 338, 360, 361–362, 369, 370, 371
ラクタンティウス　Lactantius　56, 57, 59, 62, 85
ラドナー　Ladner, G. B.　98, 473
ラファエル前派　Pre-Raphaelites　492
ラブレー　Rabelais, François　37, 42, 76, 213, 355, 403, 422
ラ・メトリ　Lamettrie, J. O. de　356
ランク　Rank, Otto　183, 295, 380, 399
ラングトン　Langton, Edward　79, 82
ラングランド　Langland, William　47, 127, 267, 276, 419, 422
ランド　Rand, Ayn　151

リ

リア　Lear, Edward　171
リアリズム　Realism　242
リズム，アレゴリー的　Rhythm, allegorical　216–217, 219, 229–230
リチャーズ　Richards, I. A.　5, 21, 37, 39, 73, 130, 167, 168, 180, 188, 247–248, 360, 428, 445, 465, 471
リチャードソン　Richardson, Samuel　413
律動的解読　Rhythmic encoding　230–232

リドゲイト　Lydgate, John　131, 241
リブリ　Libri, Girolamo dai　496, 521, 525, 526, 534
リュカ　Lucas, Prosper　402
両価性　Ambivalence　27, 57, 303–350, 390–394, 424, 447
『良心のとがめ』　*The Pricke of Conscience* 270
両性具有　Androgyny　474–475
リンゼイ　Lindsay, David　128

ル

ルイス，ウィンダム　Lewis, Wyndham 244
ルイス，C・S　Lewis, C. S.　28, 38, 42, 77, 162, 187, 238, 403
ルイス，M・G　Lewis, "Monk"　90, 370
ルカヌス　Lucan　188
ルキアノス　Lucian of Samosata　17, 93, 469, 470
ルージュモン　Rougemont, Denis de　306, 353, 374, 398
ルソー　Rousseau, Henri　491
ルター　Luther, Martin　433
ルドン　Redon, Odilon　499, 525, 526
ルネサンスの宇宙論　Renaissance cosmology　316

レ

レイヴン　Raven, C. E.　79, 99
レーヴィ　Levi, Carlo　227–228, 245
レネ　Resnais, Alain　481, 486
錬金術　Alchemy　63, 288, 292
レンブラント　Rembrandt van Rijn　495, 525

ロ

ローク　Roques, René　99, 180, 189, 193
ロシアの社会主義リアリズム　Russian socialist realism　204, 427, 464
ロートレアモン　Lautréamont, Comte de 131, 133
ローハイム　Róheim, Géza　380, 399
ロバートソン　Robertson, D. W.　161, 162, 171, 173, 244, 479
『ロビンソン・クルーソー』　*Robinson Crusoe*　61, 91, 263, 295, 436;→デフォー
ロマンス　Romance　16, 20, 415, 474
ローリー　Raleigh, Walter　245
ロリス　Lorris, Guillaume de　232
ロール　Rolle, Richard　270
ロレンス　Lawrence, T. E.　484–485
ロレンゼッティ　Lorenzetti, Ambrogio　491
ロンギノス　Longinus　323, 349, 355, 360, 461
論説詩　Treatise poems　423–424

ワ

脇人物の創造　Generation of subcharacters 262
ワーグナー　Wagner, Richard　242, 248, 253
話題への言及　Topical allusion　45
ワトキンズ　Watkins, W. B. C.　87, 171, 341, 374

A～Y

Alexander, P. J.　98
Allen, D. C.　375
Anastos, M. V.　98
Andrew, S. O.　243
Aren't We Wonderful?　287
Aschenbrenner, K.　459
Athanasius, St.　77

Balakian, Anna　372
Bate, W. J.　357
Baudelaire, Charles　406
Beach, J. W.　34, 400

アンガス・フレッチャー（Angus Fletcher）

一九三〇年、ニューヨーク生まれ。イェール大学で学士号と修士号、ハーヴァード大学で博士号を取得した。六二年から六八年までコロンビア大学准教授、七四年までニューヨーク州立大学教授、九九年までニューヨーク市立大学教授、同年同大学名誉教授。ハロルド・ブルームに、汲めども尽きせぬ「理論の百科全書的宝庫」と絶賛された三十四歳のデビュー作『アレゴリー』（本書、一九六四）のほか、『預言的瞬間』（一九七一）、『思考の図像学』（一九九一。法政大学出版局）、『アメリカ詩のための新理論』（二〇〇四）、『シェイクスピア時代の時間、空間、運動』（二〇〇七）などの著書がある。中世英文学、ルネサンスの詩と演劇、仮面劇、欧米の小説、アメリカ現代詩を縦横無尽に論じる博覧強記にして、精神分析学、社会学、文化人類学、科学史の該博な知識を駆使するポリマス。

訳者略歴

伊藤誓（いとう・ちかい）

一九五一年生まれ。東京教育大学大学院文学研究科英文学専攻修士課程修了。首都大学東京名誉教授。著書に『ロレンス文学のコンテクスト』（金星堂）、『スターン文学のコンテクスト』、『〈ノヴェル〉の考古学——イギリス近代小説前史』（以上、法政大学出版局）、訳書にD・ロッジ『バフチン以後』、E・リード『旅の思想史』、M・ホルクウィスト『ダイアローグの思想』、N・フライ『大いなる体系』、A・フレッチャー『思考の図像学』、G・スタイナー『言葉への情熱』、W・イーザー『解釈の射程』（以上、法政大学出版局）などがある。

高山宏セレクション〈異貌の人文学〉

アレゴリー

ある象徴的モードの理論

二〇一七年四月一〇日 印刷
二〇一七年四月三〇日 発行

著 者 アンガス・フレッチャー
訳 者 © 伊 藤 誓
発行者 及 川 直 志
印刷所 株式会社 理 想 社
発行所 株式会社 白 水 社

東京都千代田区神田小川町三の二四
電話 営業部〇三（三二九一）七八一一
編集部〇三（三二九一）七八二一
振替 〇〇一九〇-五-三三二二八
郵便番号 一〇一-〇〇五二
http://www.hakusuisha.co.jp
乱丁・落丁本は、送料小社負担にてお取り替えいたします。

株式会社 松岳社

ISBN978-4-560-08309-3

Printed in Japan

高山宏セレクション〈異貌の人文学〉

道化と笏杖

ウィリアム・ウィルフォード　高山宏訳

中世の愚者文学、シェイクスピア劇から20世紀の映画まで、秩序と混沌の間に立ち、世界を転倒させ祝祭化する元型的存在〈道化〉の正体を解き明かす名著、待望の復刊。

シェイクスピアの生ける芸術

ロザリー・L・コリー　正岡和恵訳

『パラドクシア・エピデミカ』の著者が、英国ルネサンス最大の作家にしてパラドキスト、シェイクスピアに取り組み、その文学世界を様々な角度から論じた画期的大著。

形象の力

エルネスト・グラッシ　原研二訳

論証では到達できない認識がある。反合理主義の系譜を古代ギリシアの雄弁術から辿り、形象の力の優位を説く、稀代の碩学による発見術原論にしてフマニスム復興宣言。

アレゴリー

アンガス・フレッチャー　伊藤誓訳

アレゴリーの宇宙的スケールを絢爛と語り、「思考の仲介者」として再評価。18世紀以来のシンボル優位に異議をとなえ、現代におけるアレゴリーの復権を謳った名著。

ボーリンゲン＊

ウィリアム・マガイアー　高山宏訳

世界中の知性を集めたエラノス会議と、ユングに傾倒したアメリカの富豪が創設したボーリンゲン基金と出版活動。20世紀を変えた〈知〉が生成される現場を活写する。

＊＝未刊（タイトルは仮題です）

高山宏セレクション〈異貌の人文学〉

文学とテクノロジー

ワイリー・サイファー　野島秀勝訳

産業社会に反逆した芸術家たちもまた、テクノロジー思考に支配されていた。近代を蝕む「方法の制覇」「視覚の専制」をあばき、距離と疎外の問題を論じた文化史の名作。

ノンセンスの領域

エリザベス・シューエル　高山宏訳

『不思議の国のアリス』やエドワード・リアの戯詩は厳格なゲームの規則に支配されている。分析的知によって人間と世界を引き裂くノンセンスの正体を明らかにする。

オルフェウスの声

エリザベス・シューエル　高山宏訳

オルフェウスの神話に分断された世界を統合する詩の力を重ね合わせ、詩的思考が近代の分析的思考を克服し、人間を世界へと再び結びつける方法を探った画期的名著。

絶望と確信

グスタフ・ルネ・ホッケ　種村季弘訳

絶望と確信の間で揺れる世界舞台の上で、人間はどのような役を演じるのか。終末へ向かう絶望の中からマニエリスム的結合術によって確信に達する道を探る警世の書。

ピープスの日記と新科学

M・H・ニコルソン　浜口稔訳

ピープスの『日記』を通して、王立協会の科学者たち、顕微鏡や輸血実験、双底船の発明、科学ブームへの諷刺など、17 世紀英国〈新科学〉時代の諸相をいきいきと描く。

高山宏セレクション〈異貌の人文学〉叢書口上

高山　宏

二十世紀、ふたつのグローバルな終末戦争を介してヒューマニティ即ち人間であることが問われ、それは同時にヒューマニティーズを名乗る人文諸学の死、ないし失効と考えられました。然し、このクリティカル（危機的）な時代はまさしくもうひとつの意味に於てクリティカル（批評的）な時代でもあり、かえって開ける展望、深まる洞察を通して未曾有に活力ある人文学をうんだのです。これが二十一世紀の難題を解く鍵を示してくれる財産だったはずなのですが、その半ばも紹介されない。無知のまま私たちはいよいよ迫りくる文明の終りに立ち向かおうとして右往左往しています。勿体ないではありませんか。二十世紀が誇る領域越えの知恵の書を新たな光を当てて復刊し、また新たに訳しては、知恵を望んでいる皆さんにお届けしたい。知恵よりは快楽をと仰有る感心な読書士も満足される読む喜びにも満ちた本ばかりです。